Deutsch

Das Oberstufenbuch • Lehrermaterial
Baden-Württemberg

Herausgeber:
Prof. Dr. Michael Kämper-van den Boogaart

D1666373

Duden Schulbuchverlag
Berlin · Mannheim

Herausgeber
Prof. Dr. Michael Kämper-van den Boogaart

Autorinnen und Autoren

Dr. Gerrit Appenzeller

Dr. Jens Bienioschek

Luise Eisenbeiß

Dr. Gerd Gerhardt

Sol González Gerndt

Dr. Sabine Hertweck

Martina von Heynitz

Prof. Dr. Michael Kämper-van den Boogaart

Helmi Karst

Dr. Manuel Köppen

Dr. Detlef Langermann

Maike Löhden

Tanja Münch

Ralf Osterwinter

Ulrike Porst

Ingrid Wollmann

Dr. Carola Wuttke

1. Auflage, 2010

© 2010 Duden Paetec GmbH, Berlin

Internet www.duden.de

Redaktion Dr. Astrid Kalenberg, Dr. Detlef Langermann, Dr. Carola Wuttke
Layout Nina Geist, Marlis Konrad
Grafik Nina Geist, Marlis Konrad
Titelfoto zwei Schülerinnen, iStockfoto/Chris Schmidt
Druck und Bindung Saale-Druck Naumburg GmbH

ISBN 978-3-8355-6521-0

Inhaltsverzeichnis

Bildquellenverzeichnis:
C. H. Beck, München: S. 102; Bibliographisches Institut, Mannheim: S. 181; Duden Paetec GmbH: S. 184, S. 195.

1 Vorwort

Das Oberstufenbuch ist auf einen *kompetenzorientierten Deutschunterricht* ausgerichtet. Eine solche Selbstdarstellung wird zurzeit kaum verwundern, scheint doch die Rede von Kompetenzen usw. derart allgegenwärtig zu sein, dass man schon gar nicht mehr weiß, was damit gemeint ist.

Gängigerweise greifen Autorinnen und Autoren, die sich zum Thema Kompetenzen verbreiten, auf die in der Tat einschlägige Definition zurück, die der 2001 verstorbene Psychologe und Erziehungswissenschaftler FRANZ E. WEINERT (geb. 1930) lieferte. Demnach sind **Kompetenzen**

> „[...] die bei Individuen verfügbaren oder durch sie erlernbaren Fähigkeiten und Fertigkeiten, um bestimmte Probleme zu lösen sowie die damit verbundenen motivationalen, volitionalen und sozialen Bereitschaften und Fähigkeiten, um die Problemlösungen in variablen Situationen erfolgreich und verantwortungsvoll nutzen zu können".

Geht es darum, die Entwicklung von Kompetenzen zu messen, wird in vielen Fällen auf eine sogenannte engere Definition verwiesen. Hierbei werden die „damit verbundenen [...] Bereitschaften und Fähigkeiten" ausgespart, da diese in quantitativen Messverfahren nur unsauber erfasst werden könnten. Konsens besteht aber darin, dass sich der Unterricht an der weiten Definitionsversion auszurichten habe.

Was heißt das für den Deutschunterricht auf der gymnasialen Oberstufe? Was sind die Probleme, die sich mithilfe des in diesem Unterricht Gelernten lösen lassen sollen? Bei Lichte betrachtet, kann vieles als ein Problem aufgefasst werden. Und nicht immer stimmen Bildungsexperten und Lernende bei der Identifikation von Problemen überein. So kann es beispielsweise für den Physiklehrer ein interessantes Problem sein, wieso der Strom aus der Steckdose kommt oder ein Holzstück nicht im Wasser versinkt. Für seine Schülerinnen und Schüler mag sich das aber sehr oft anders darstellen. Solange der Strom fließt und der Computer läuft, sehen sie eben kein Problem. Probleme entstehen vor ihren Augen erst dann, wenn etwas nicht klappt oder eine gewünschte Handlung nicht sofort gelingt.

Das Problem mit den Problemen hat natürlich nicht nur der Physiklehrer. Auch im Deutschunterricht kennen wir alle die Situation, dass wir als Lehrende zum Beispiel ein interessantes Problem darin sehen, wie die lexikalisierten Metaphern des fließenden Stroms oder des laufenden Computers zu erklären sind. Für Schülerinnen und Schüler mag auch hier ein Problem erst dann wahrzunehmen sein, wenn sie in die Lage geraten, die besagten Metaphern erklären zu sollen. Eine solche Situation kann erst lange nach der Schulzeit auftreten, zum Beispiel dann, wenn sie, inzwischen Eltern, von ihrem kleinen Kind mit der Äußerung konfrontiert werden: „Papa, der Computer läuft doch nicht!" Antwortet Papa dann: „Ach, das sagt man doch nur so", darf man fragen, ob hier das gestellte Problem kompetent gelöst wurde. In der Sicht des wissbegierigen Kindes wohl eher nicht.

Konzentriert man sich bei der Identifikation der zu lösenden Probleme auf Schülerhandlungen innerhalb der Schule, muss man fairerweise sagen, dass viele Problemlösungen angestrebt werden, um Anforderungen der Institution gerecht zu werden. In der gymnasialen Oberstufe werden solche Erwartungen gegenwärtig namentlich durch die Einheitlichen Prüfungsanforderungen in der Abiturprüfung (EPA) kodifiziert. Interessant ist die Art dieser Kodifikation nicht allein für Schülerinnen und Schüler, die ihr Abi machen wollen, sondern auch kompetenztheoretisch.

– Die **EPA Deutsch** stellen mit Blick auf die bundeseinheitlichen Anforderungen an die gymnasiale Oberstufe zunächst fest, dass ein „verlässliches und vernetztes literatur-, geistes- und kulturgeschichtliches Orientierungswissen" gesichert sein sollte. Was hiermit fachlich gemeint ist, wird an anderer Stelle aufgeführt. Es handelt sich mehr oder weniger um den kompletten Epochenkanon, um Gattungspoetik und anderes mehr. Dieses bei Schülerinnen und Schülern erwartete und wohl deklarativ zu nennende Wissen wird in den EPA kaum begrenzt. Allerdings wird von *Orientierungswissen* gesprochen, das mit einer *Grundbildung* in Verbindung gebracht wird. Auch wenn wir nicht wissen, ob sich die Autorinnen und Autoren der EPA dasselbe dabei gedacht haben: Von einem Orientierungswissen zu sprechen, bringt eine *subjektive* Komponente ins Spiel. Ein Wissen, das man aufbaut, um sich zu orientieren, hat nämlich sehr individuelle Prägungen. Man kann sich das leicht verdeutlichen, indem man sein eigenes räumliches Orientierungswissen als Beispiel heranzieht. Denken wir etwa an die eigene Stadt, den eigenen Landkreis; wohl niemand hat hier, anders als ein Navigationsgerät, einen kompletten Stadtplan oder eine Straßenkarte abgespeichert. Vielmehr merken wir uns jeweils unterschiedliche, aber natürlich ebenso intersubjektiv übereinstimmende Orientierungspunkte. Die individuellen Orientierungspunkte mögen das Haus sein, in dem einst eine verflossene Jugendliebe lebte, oder die Leuchtreklame, die nicht mehr zu dem Geschäft passt, über dem sie angebracht ist, usw. Die intersubjektiv geteilten Orientierungspunkte können z. B. der große Fluss, die Skyline der Hochhäuser oder ein Dom sein. Umso dichter unser Orientierungswissen ist, desto impliziter wird es sein. Bewegen wir uns in unserem unmittelbaren Umfeld – und dies schon eine ganze Weile – denken wir gar nicht mehr bewusst daran, dass wir an der zweiten Ampel die Straße überqueren sollten, um bequem zum Bioladen zu gelangen. In uns weniger vertrauten Urlaubsorten werden wir hingegen Passanten nach bei uns eingespeicherten

Orientierungspunkten fragen, weil wir hoffen, von dort aus wieder zurück zu unserem Auto zu finden.

Zurück zu den EPA. Da das von den Schülerinnen und Schülern erwartete Wissen nicht präzise qualifiziert bzw. quantitativ begrenzt werden kann und da es als Orientierungswissen auch subjektive Komponenten haben muss, ist es nachvollziehbar, dass das Abitur auf eine explizite Überprüfung dieses Wissens verzichtet. Natürlich wäre es möglich, Abiturprüflinge mit Testaufgaben zu konfrontieren, die Antworten auf die Fragen verlangen, inwiefern Jena für einen Zusammenhang von Weimarer Klassik und Romantik steht oder welche Merkmale Sonette aufweisen sollen. Strittig bliebe aber, inwiefern das in den Antworten zu entsprechenden Fragen gezeigte Wissen repräsentativ ist für das erwartete Orientierungswissen.

Was aber hat das alles mit **Kompetenzen** zu tun? In Kompetenzen sieht man, etwa nach der sogenannten Klieme-Expertise zu nationalen Bildungsstandards, eine Passung von domänespezifischem, also fachlichem Wissen und Können. Salopp gesagt, ein enzyklopädisches Wissen, das ich aber nicht für entsprechend anspruchsvolle Problemlösungen zu nutzen vermag, trägt zunächst einmal wenig zu Kompetenzen bei. Viel wahrscheinlicher ist der umgekehrte Fall, dass ich etwas nicht kann, weil mir das zum Können erforderliche Wissen fehlt. Das Können der Schülerinnen und Schüler wird nach den EPA in den Abiturprüfungen selbst evaluiert. Die hier erwarteten Leistungen bilden ein Amalgam aus sehr unterschiedlichen Bereichen des Wissens und Könnens. Für die Fachdidaktik ist damit eine Menge letztlich offener Fragen verbunden, etwa nach dem Verhältnis von Sprachwissen (bzw. Sprachbewusstheit) und dem Können im Bereich anspruchsvollen Schreibens. Das in den EPA herausgehobene Orientierungswissen wird in den Anforderungen der Abiturprüfung zum *Kontext- und Vorwissen.* Demonstriert wird das Verfügen über dieses Wissen durch **kontextualisierende Operationen** etwa bei der Erschließung eines poetischen Textes.

Solche Operationen besitzen zumindest bei einem Großteil der Aufgabenformate des Deutschabiturs einen Schlüsselcharakter. Deshalb lohnt es, sich einige Gedanken darüber zu machen, ob man das Kontextualisieren oder das kontextualisierende Erschließen als eine Kompetenz modellieren kann. Dem entgegen steht eine Schwierigkeit, nämlich die Gegenstandsabhängigkeit solcher Operationen. Das lässt sich leicht verdeutlichen. Stellen wir uns einen jungen Mann vor, der ein ausgewiesener Fan von Science-Fiction-Romanen ist. Diese Person wird möglicherweise derart kompetent über einen solchen Roman sprechen, dass wir uns schwertun, ihm zu folgen, da er so viele Querverbindungen zu anderen Texten des Genres herstellt, sich „intertextualisierend" an zahlreiche Prätexte erinnert und den Text in die Diskursgeschichte technischer Visionen auf erhellende Weise einrückt. Dieselbe Person wird aber möglicherweise völlig versagen, wenn es darum geht, den imaginären Todeswunsch des lyrischen Sprechers in einem Heine-Gedicht durch Kon-

textualisierung als Form der Ironie zu erkennen, da ihm das erforderliche Kontextwissen zu romantischen Mustern fehlt.

Ist es also unmöglich, vom *kontextualisierenden Erschließen als einer Kompetenz* zu sprechen? Vielleicht nicht. Man kann sich nämlich auf den Standpunkt der EPA stellen und ein möglichst breites Kontextwissen fordern, muss sich dann natürlich auch fragen, wie realistisch dies ist. Mit HARTMUT EGGERT (geb. 1937) lassen sich immerhin drei **Erscheinungsformen von Kontextualisierungen** unterscheiden, allerdings wegen der jeweiligen Gegenstandsspezifik nicht global als gestufte Kompetenzen ausweisen. Eine **elementare Kontextualisierung** läge demnach dann vor, wenn recht eingeschränktes Wissen auf einen Text appliziert wird. Das wäre zum Beispiel der Fall, wenn jemand zu einem Gedicht richtigerweise schreibt, dass es sich hierbei nicht um ein Sonett handelt. Oder fälschlicherweise, dass es sich wegen des fehlenden Reims um kein Gedicht handelt. In beiden Fällen führt die Kontextualisierung zu keinem neuen Verständnis des Textes.

Eine im Unterrichtsalltag sehr oft zu beobachtende Form der Kontextualisierung ist die **Schematisierung.** Hier wird z.B. Autor- oder Epochenwissen in einem deutlichen Top-down-Prozess zum Anker des Textverstehens. Im extremen Fall werden Kausalbeziehungen verdreht: „Weil es sich um ein romantisches Gedicht handelt, geht es um die Sehnsucht." Und nicht: „Der sehnsüchtige Blick des lyrischen Sprechers aus dem Fenster erinnert an andere Texte der späteren Romantik. Deshalb kann man von einem romantischen Gedicht sprechen." (Womit übrigens auch noch nicht viel gewonnen ist …) Prekär gerät ein solch schematisches Prozedere, wenn es sich auch noch um ein ganz unpassendes Kontextwissen handelt, z.B., wenn eine Keuner-Geschichte BRECHTS als Kafkatext mit einem Kafka-Schema gelesen wird (HEINZ HILLMANN).
In Oberstufenarbeiten vielleicht noch häufiger anzutreffen ist eine lediglich **formale Kontextualisierung.** Davon kann gesprochen werden, wenn Schülerinnen und Schüler ein Kontextwissen ausbreiten, dies aber nicht zu einer wirklichen Kontextualisierung des zu erschließenden Textes führt. Wie es zu diesem Vorgang kommt, ist gut nachzuvollziehen. Schülerinnen und Schüler wollen verständlicherweise zeigen, dass sie sich Wissen erarbeitet haben. Deshalb breiten sie das Erarbeitete zunächst einmal aus, auch wenn sie keine mehrwertschaffende Passung zu dem konkret zu erschließenden Text finden. Verwandtes zeigt sich, wenn in einer Gedichtanalyse metrische Eigenschaften identifiziert, die rezeptionssteuernden Funktionen dieser Eigenschaften aber nicht thematisiert werden.
Von einer *überzeugenden* Form der Kontextualisierung lässt sich sprechen, wenn das entsprechende Vorwissen kontrolliert, flexibel und zielführend eingesetzt wird. Von Souveränität zeugt es, wird vorhandenes Wissen nur selektiv zur Sprache gebracht und ist mit der gezielten Kontextualisierung eine Erweiterung und Vertiefung des Textverständnisses verbunden, wobei gegebenenfalls

auch noch Methodenbewusstsein deutlich wird. Souveränität und Flexibilität gewinnt man wohl in der Regel nur auf der Basis eines breiten Wissens und eines persönlichen Interesses an seinen Beständen und tatsächlichen Erkenntnisprozessen.

Inwiefern schlagen sich nun diese Überlegungen zu dem in der Sekundarstufe II erwarteten Kompetenzaufbau, dem kontextualisierenden Einsatz von Wissen, in der Struktur des Oberstufenbuchs nieder? **Das Lehrbuch** ist in vier Teile gegliedert, die jeweils eine besondere Funktion für den Kompetenzerwerb übernehmen.

Der erste Teil beleuchtet eine Vielzahl von Umgangsweisen mit Texten und zielt auf ein *reflektiertes Handeln an und mit Texten*. Dabei setzt das Buch mit sehr basalen Fragen an, um von Beginn an zu *Metakognitionen* anzuregen. Was heißt es eigentlich, wenn wir sagen, dass wir einen Text oder ein Zeichen verstünden? Was lese ich in einen Text hinein? Fokussiert wird sodann die *Realität der Interpretationen*. Dabei geht es sehr bewusst nicht allein um die Praxis schulischer Interpretationsübungen, sondern auch um Interpretationspraktiken des literarischen Lebens, um literaturkritische Beiträge in journalistischen Medien, um die Art und Weise, wie unsere Theater tagtäglich dramatische Literatur interpretieren und natürlich auch in propädeutischer Perspektive um Verfahrensweisen literaturwissenschaftlicher Interpretationen.

Unmittelbar auf die Kompetenzerwartungen in der Abiturphase gerichtet sind zwei weitere Kapitel, die sich mit den *Aufgabenformaten des Abiturs* und mit dem Prozedere einer Facharbeit befassen. Adressiert sind hier Lernende, die genau wissen wollen, was für Leistungen von ihnen erwartet werden, und die für diese Leistungen mit Recht Hilfen und Orientierungen suchen. Auch die abschließenden Kapitel zu den Grundbegriffen – gattungspoetologisch differenziert – folgen dem oben beschriebenen kompetenzorientierten Ansatz. Es wird hier nicht allein illustrativ festgehalten, was wesentliche *literatur- und filmwissenschaftliche Grundbegriffe* in der Sache bedeuten, sondern insbesondere kann gelernt werden, wie diese Fachbegriffe als Instrumente der Erkenntnisgewinnung funktionieren.

Der zweite Teil rückt die entscheidende Frage nach den *Kontexten* explizit ins Zentrum. Hier finden sich Beiträge, die unterschiedliche Perspektiven auf Sprache eröffnen, indem sie die Auseinandersetzung mit dem *Phänomen der Sprache* als Frage des jeweiligen Kontextes vorstellen. Berücksichtigt wird natürlich der historische Kontext, für den sich die diachrone Linguistik interessiert, aber etwa auch Sprache im Kontext zwischenmenschlicher Verständigung oder im Kontext einer Erzeugung von Realität.

Darüber, dass insbesondere poetische Texte auf eine aktive, kontextualisierende Lektüre hin angelegt sind, unterrichtet die literarische Hälfte des zweiten Teils. Gelernt werden kann hier, dass durch die Einbeziehung von Kontexten nicht allein Einsichten in Zusammenhänge gewonnen werden können, die das Verständnis des einzelnen Textes vertiefen. Darüber hinaus kann erfahren werden, wie über bestimmte Kontextualisierungen auch Werte und Identifikationsangebote transportiert werden.

Der dritte Teil bietet den Lernenden die Chance, das geforderte literar- und kulturhistorische *Orientierungswissen* zu erwerben. In seiner Grundstruktur folgt dieser Durchgang durch die *Literaturgeschichte* einem chronologischen Prinzip. Das chronologische Prinzip wurde bewusst gewählt, um mit einem derart klaren Muster den Orientierungsbedürfnissen der Lernenden entgegenzukommen. Man findet hier nicht nur poetische, sondern zum Beispiel auch philosophische, politische oder soziologische Texte, damit deutlich werden kann, dass Literatur sich stets im Kontext anderer Diskurse entwickelt und dass die hier bearbeiteten Weltbilder, moralischen Konzepte oder Realitätsvorstellungen auch den Erwartungshorizont des historischen Publikums absteckten.

Epochen oder Strömungen sind nicht nur durch programmatische Übereinstimmungen geprägt, sondern lassen sich auch durch spezifische Gegensätze charakterisieren, durch Fragen etwa, um die im Streit miteinander gerungen wird. Entsprechende Lernmöglichkeiten soll die Textauswahl in den einzelnen Kapiteln eröffnen. Dies erschien uns wichtiger als eine ohnehin zum Misserfolg verdammte Ausrichtung auf Vollständigkeit oder kanonische Repräsentativität. Ohnehin ist ja davon auszugehen, dass eine mehr oder weniger kontinuierliche Ganzschriftenlektüre die Arbeit mit dem Oberstufenbuch ergänzt. Gedankengänge voraussetzungsreicher, aber gleichwohl für ein Zeitverständnis konstitutiver Texte werden stark kommentiert – zum Beispiel IMMANUEL KANTS „Kritik der Urteilskraft". Bei Texten, die leichter selbstständig erarbeitet werden können, wurde auf lenkende Hilfen bewusst verzichtet.

In diesem dritten, aber auch bereits im zweiten Teil bieten **Themenseiten** die Gelegenheit zu einer Vertiefung. So wird im zweiten Teil die Problematik des Epochenkontextes am Beispiel des Stilpluralismus um 1900 anschaulich gemacht und das Kapitel Rhetorik kann zur Vorbereitung von eigenen Vorträgen genutzt werden. Im dritten Teil lassen sich auf Sonderseiten etwa die Fragen bearbeiten, ob „Aufklärung" als ein abgeschlossener Prozess betrachtet werden kann oder wie ein deutsches Theater entstanden ist.

Den Abschluss findet die historische Erkundung des dritten Teils mit der Ankunft in einem multimedialen und zunehmend globalisierten *Literaturbetrieb der Gegenwart*. Selbstverständlich lassen sich diese und andere Kapitel zur jüngeren Literaturgeschichte auch vorziehen, sofern das curricular geboten ist oder bei der jeweiligen Lerngruppe, etwa aus Motivationsgründen, als sinnvoll erscheint.

Der vierte Teil kommt den Bedürfnissen gar nicht so weniger Lernender entgegen, die ihre orthografischen und grammatischen Unsicherheiten beim Schreiben abbauen wollen, um auch das normgerecht schreiben zu können, was sie schreiben wollen.

Dieser vierte Teil enthält wie die Ausführungen zu den Grundbegriffen keine **Aufgaben.** Alle anderen Passagen sind mit Aufgaben(vorschlägen) ausgestattet, die in diesem Lehrerhandbuch mehr oder weniger intensiv erläutert werden. Hierbei handelt es sich um Aufgabenformate, über die z. B. das Textverständnis erleichtert wird, über die zusätzliche Kontextinformationen recherchiert werden sollen, Vernetzungen angeregt werden, zur Urteilsfindung angeregt wird, das Erschließen von Texten gelernt und geübt wird. Fast immer stehen bei den Aufgaben nicht richtige Lösungen im Vordergrund, sondern die durch sie ausgelösten kognitiven und metakognitiven Prozesse. Deshalb kann man hier auch auf Fragen stoßen, die gerade deshalb interessant und lehrreich sind, weil sie sich nicht eindeutig beantworten lassen. In welchen Sozialformen die Aufgaben zu bearbeiten sind, wird zumeist offengelassen. Ob Einzel, Partner- oder Gruppenarbeit gewählt oder eine Verständigung im gesamten Kurs gesucht werden soll, ist eine Entscheidung, die in der Regel sinnvoll nur im konkreten Fall zu treffen ist.

Von vielen **Texten** hätten wir im Oberstufenbuch gerne längere Auszüge präsentiert; auf andere, die uns wichtig erschienen, mussten wir ganz verzichten, um das Lehrbuch nicht zu sehr anschwellen zu lassen. Hier bietet die **DVD** die ausgezeichnete Möglichkeit einer individuellen Vertiefung, führt sie in der Regel die vollständigen Texte und weitere Schriften auf, die zu den einzelnen Kapiteln passen. Die Option, passgenau auf die DVD zurückzugreifen, wird im Lehrbuch durch grafische Verweise gekennzeichnet. Querbezüge zwischen einzelnen Teilen des Oberstufenbuchs lassen sich ebenso leicht über entsprechende **Seitenverweise** und über den **Registerteil** identifizieren.

Wir wünschen Ihnen ertragreiches und anregendes Unterrichten mit dem Oberstufen- und dem Lehrerhandbuch. Über Anregungen Ihrerseits, auch über kritische, freuen wir uns.

2 Empfehlungen und Materialien zur Unterrichtsgestaltung

1 Kompetent mit Texten arbeiten

1.1 Texte interpretieren

Didaktische Zielsetzungen

Dieses erste Kapitel soll die Schülerinnen und Schüler einführen in grundlegende (literatur-)wissenschaftliche Denkweisen und Methoden im Umgang und in der Auseinandersetzung mit literarischen Texten. Die hier gewonnenen Einsichten stellen eine Basis für jede weitere analytische und deutende Arbeit mit und an literarischen Texten dar.

Um die Schülerinnen und Schüler für die Welt des Interpretierens zu sensibilisieren, bietet sich ein Einstieg in die Unterrichtseinheit zunächst über *Formen des alltäglichen Interpretierens* an. Im Zentrum dieser Überlegungen steht die Einsicht, dass Deutungen von Handlungen, Gesten und Worten (allg.: Zeichen) das lebenspraktische Handeln der Schülerinnen und Schüler fortwährend bestimmen. Auf der Grundlage dieser automatisierten Formen alltäglichen Interpretierens wird eine Überleitung zu *methodisch kontrollierten, zielgerichteten Interpretationsweisen* im Rahmen hermeneutischer Überlegungen geschaffen.

Den Ausgangspunkt der literaturdidaktischen Überlegungen bildet ein *rezeptionsorientiertes Konzept literarischen Verstehens,* das die Aktivitäten des Lesers in den Vordergrund stellt. Im Rahmen dessen werden die Schülerinnen und Schüler sowohl mit verschiedenen hermeneutischen Positionen der Literaturwissenschaft als auch mit neueren Erkenntnissen der Lesepsychologie vertraut gemacht. Vor diesem Hintergrund sollen die Schülerinnen und Schüler reflektieren, dass literarische Texte im Zuge der Bedeutungskonstruktion durch den Leser zu unterschiedlichen Lesarten anregen können, die aber am Text selbst belegt und plausibel gemacht werden müssen. Exemplarisch veranschaulicht und für die Schülerinnen und Schüler nachvollziehbar wird dies in vertiefender Weise am Beispiel unterschiedlicher Interpretationen zu HEINRICH VON KLEISTS (1777–1811) „Bettelweib von Locarno".

Die Diskussion der Literaturkritiker verschiedener Zeitungen zu einem 2008 erschienenen Erzählband von CLEMENS MEYER (geb. 1977) kann die Reflexionen um strittige Interpretationsmöglichkeiten vertiefen. Im Besonderen wurde das Feld der *Literaturkritik* v. a. ausgewählt, um daran zeigen zu können, dass Interpretationen literarischer Texte nicht nur in der Schule gefordert werden, sondern auch innerhalb einer darüber hinausgehenden Lebenswelt zu finden sind bzw. dort ihren eigentlichen Ort haben. Ebensolche Gründe haben zur Wahl des Themas „Theaterpraxis" in Unterkapitel 1.1.4 geführt

(↗ Lehrbuch, S. 54 ff.), da auch Inszenierungen am Theater Interpretationen eines literarischen Textes darbieten. Beispielsweise die Diskussion um Fragen von Regietheater oder werkgetreuer Inszenierung fordert auf, die Möglichkeiten und Grenzen der Interpretation vertieft im Unterricht zu thematisieren.

Gleichzeitig bietet sich hier eine Überleitung zu Formen literarischer Interpretation im schulischen Unterricht an, die mithilfe der szenischen Interpretation und in der Auseinandersetzung mit Aspekten von Dramaturgie und Regie eingeübt werden können.

Die Schülerinnen und Schüler sollen im Besonderen erkennen können, dass

- Interpretieren einen maßgeblichen Bestandteil menschlicher Lebenspraxis darstellt;
- Interpretationen konstruktive Akte der Bedeutungsgenerierung jeweiliger Rezipienten sind;
- diese Konstruktionen maßgeblich durch das Vorwissen des jeweiligen Lesers beeinflusst werden;
- literarische Texte aufgrund ihrer Vieldeutigkeit zu unterschiedlichen, z. T. widerstreitenden Interpretationen anregen können;
- Leser zu je verschiedenen Deutungen gelangen können, die sich aber an der Plausibilität des Textes erweisen und anderen Interpretationen standhalten müssen;
- verschiedene literaturwissenschaftliche differenzierte Herangehensweisen an einen Text möglich sind und die Sicht auf diesen verändern können;
- Rezensionen und Theaterinszenierungen Ausdrucksformen literarischer Interpretation in der menschlichen Lebenswelt darstellen;
- sie sich literarischen Interpretationen mithilfe bestimmter Kenntnisse und Methoden annähern können.

1.1.1 Verstehen und interpretieren

Hinweise zu den Aufgaben

S. 13, Aufgaben 1–2; S. 15, Aufgaben a)–b); S. 16, Aufgaben 1–3; S. 17, Aufgaben 1–2; S. 18/19, Aufgaben 1–6; S. 22, Aufgaben 1–7; S. 23, Aufgaben 1–2:

Das erste Unterkapitel bietet eine Einführung in Bereiche des *alltäglichen Interpretierens.* Dies zielt auf die Überlegung, dass Interpretieren kein Vorgang ist, der ausschließlich mit Blick auf Literatur – und dazu nur in der Schule – gefordert wird, sondern unser alltägliches Handeln bestimmt.

Auf dieser Grundlage findet eine Überleitung zum Leseprozess aus Sicht der Leseforschung sowie hermeneutischer Verstehensformen statt.

S. 13, Aufgaben 1–2; S. 15, Aufgaben a)–b):

Ein Einstieg in den Themenkomplex wird hier zunächst über den Begriff des „Verstehens" selbst vorgenommen. Die nachfolgenden Aufgaben sollen die Schülerinnen und Schüler dafür sensibilisieren, dass
(1) der Begriff des „Verstehens" vielfältige Bedeutungsvarianten beinhaltet und
(2) Zeichen, die zu ihrem Verständnis einer Deutung durch den Betrachter bedürfen, in der Alltagswelt vielfach vorhanden sind. Bewusst bzw. meist automatisiert vorgenommene Deutungen sollen als Teil menschlicher Lebenspraxis anschaulich werden.

S. 13, Aufgabe 1:
Ermitteln Sie, welche Bedeutungsvariante – 1, 2a, 2b, 2c, 2d, 3a, 3b, 4, 5a, 5b, 5c, 5d, 6 – im folgenden Satz vorliegt: „Ich habe das Gedicht einfach nicht verstanden."

Der Satz „Ich habe das Gedicht nicht verstanden" umfasst eine Vielzahl der im Wörterbuch angegebenen Bedeutungsvarianten des Begriffs „Verstehen". In einem ersten Schritt kann hier ein Eindruck der Komplexität des Verstehensprozesses auch im Umgang mit literarischen Texten gewonnen werden.
Mögliche Verständnisschwierigkeiten in der Auseinandersetzung mit Texten können an diesem Beispiel bereits differenziert betrachtet werden; „Verstehen" kann auf verschiedenen Ebenen scheitern: sowohl an der Unkenntnis eines Wortes als auch beispielsweise an der Unverständlichkeit eines gedanklichen Zusammenhangs.

S. 13, Aufgabe 2:
Auch Verkehrszeichen werfen Verstehensprobleme auf. Überlegen Sie, welches Wissen die abgebildeten Schilder bei den Verkehrsteilnehmern voraussetzen und inwiefern sich die „Zeichensprache" der beiden Schilder unterscheidet.

Die richtige Auslegung des ersten Verkehrsschildes beruht auf dem vorausgesetzten Wissen, dass es sich hier um ein Zeichen zur Beachtung der Vorfahrt handelt. Demgegenüber stellt das zweite Verkehrsschild die auf einem Straßenabschnitt drohende Gefahr eines Auffahrunfalls bildlich dar.
Das Verstehen des zweiten Zeichens gründet nicht zuerst auf erlerntem Wissen, sondern auf der Deutung einer bildlichen Darstellung, die weniger auf zuvor erlernte Kenntnis setzt.

Die Schülerinnen und Schüler sollten in diesem Zusammenhang angeregt werden zu reflektieren, warum es neben Zeichen, die Wissen voraussetzen, zunehmend solche gibt, die sich auf der bildlichen Ebene erschließen lassen. Begründen lässt sich dies u. a. mit einer stetig wachsenden Anzahl von Zeichen innerhalb der menschlichen Lebenswelt, deren Botschaften angesichts ihrer Vielfalt nicht mehr mithilfe erlernter Zeichen transportiert wer-

den können. Erinnert sei beispielsweise an die überbordende Konfrontation mit Zeichen beim Gang durch die Einkaufsstraßen, die den Schülerinnen und Schülern bekannt sein dürfte.
Diese zweite Aufgabe bietet einen Einstieg bzw. die Überleitung zu dem sich im Schulbuch anschließenden Sachtext UMBERTO ECOS (geb. 1932) zur Semiotik.

S. 15, Aufgabe:
Diskutieren Sie, zu welcher Klasse von Zeichen – Index, Icon, Symbol – die folgenden Beispiele zu rechnen sind. Halten Sie dabei fest, ob die Zuordnung leichtfällt.
a) „Wenn bei einer Erkältung Kopf- und Gliederschmerzen auftreten, so ist dies ein Zeichen dafür, dass die Virusinfektion den ganzen Körper erfasst hat."

Index: Die Symptome der Krankheit sind Anzeichen für ihre Ursache.

b) ↗ Abb. S. 15

Im Rahmen dieser Aufgabe soll thematisiert werden, dass sich die meisten Zeichen einer eindeutigen Zuordnung trotz genauer definitorischer Beschreibungen beispielsweise von CHARLES SANDERS PEIRCE (1839–1914) entziehen. Ebenso lässt sich an diesem Beispiel der wenig differenzierende Alltagsgebrauch des Wortes „Symbol" kritisch und im Unterschied zu den Ausführungen bei UMBERTO ECO thematisieren.
– *Computerbildschirm:*
   Die verschiedenen Zeichen auf dem Bildschirm sind teilweise den Ikonen („Papier", „Drucker") oder den Symbolen („E-Mail") zuzuordnen. Meist fällt aber eine eindeutige Zuordnung zu einer der beiden Kategorien nicht leicht („Diskette", „ABC" für Rechtschreibkorrektur).
– *Justitia:*
   Im engeren Sinne bezieht sich dieses Symbol auf Vorstellungen eines „gerechten Rechtswesens" und im Weiteren auf Vorstellungen von „Gerechtigkeit" im Allgemeinen. Die römische Göttin Justitia hält die Waage als Zeichen des Abwiegens von Schuld bzw. Unschuld in der Hand, deren Schrägstellung wiederum den Grundsatz „in dubio pro reo" symbolisiert. Sie trägt dazu das Schwert, den Richtspruch durchzusetzen, und die Augenbinde, um das Urteil ohne Ansehen der Person des Angeklagten zu fällen. Damit vereint das Symbol selbst verschiedene weitere einzelne Symbole (Waage, Schwert, Augenbinde) in sich.
– *Taube vor dem Erdball:*
   (1) Taube: Symbol;
   (2) Erdball: Ikon.
   Die symbolische Funktion der Taube geht auf die biblische Sintfluterzählung zurück: Es ist die Taube, die mit einem Ölzweig zur Arche Noah zurückkehrt und mit dem Absinken des Wasserspiegels friedlichere

Zeiten ankündigt (1. Mose, Gen. 8, 8–12). Tauben galten bereits in der Antike als besonders rein aufgrund der Annahme, sie besäßen keine „gelbe Galle"; diese wurde im Rahmen der „Säftelehre" des menschlichen Körpers als Sitz des Bösen angesehen.

Im 17. Jahrhundert findet sich die Taube mit dem Ölzweig im Schnabel im Rekurs auf die biblische Erzählung als Prägung auf Münzen.

Zur Gestaltung des Plakats anlässlich des Weltfriedenskongresses 1949 in Paris greift PABLO PICASSO (1881–1973) erneut auf dieses Motiv zurück. Seitdem gilt die Taube weltweit als Symbol für Frieden bzw. die Friedensbewegung.

Interessant ist auch der Hinweis, dass die symbolische Funktion des Abbildes „Taube" keine verhaltensbiologische Entsprechung zum Vogel „Taube" aufweist, denn die Tauben verhalten sich in der Gruppe untereinander eher angriffslustig, denn friedlich.

- *Pace-Regenbogen-Flagge:* Die Pace-Flagge wurde zuletzt in besonderem Maße als **Friedenssymbol** zum Protest gegen amerikanische Militärinterventionen im Irak 2002 genutzt, da man eine Verwendung auch in den USA gebräuchlicher Symbole vermeiden wollte (Kampagne „Pace da tutti i balconi" – „Frieden von allen Balkonen"). Entworfen wurde die Flagge mit dem umgekehrten Regenbogen 1961 von dem italienischen Pazifisten ALDO CAPITINI (1899–1968). Der Schriftzug „Pace" wurde erst später hinzugefügt.
- *CND-Symbol:* Das ursprünglich von GERALD HOLTOM (1914–1985) 1958 entworfene Logo für die britische Organisation „Campaign for Nuclear Disarmament" wurde in der Folge zum allgemeinen Friedenssymbol.

S. 16, Aufgabe 1:
Überlegen Sie, welche Gemeinsamkeiten (Wissen, Weltbild, Vorurteile usw.) der Zuhörer mit dem Witzeerzähler haben muss, damit ein Witz funktioniert.

S. 16, Aufgabe 2:
Fertigen Sie eine schriftliche Übersetzung des nachfolgenden Romananfangs an.

Diese beiden Aufgaben bieten sich an, um die *Pluralität des Verstehens* am Beispiel von Zeichen nun auf den Prozess des Lesens von Texten zu übertragen. Dabei sollen die Schülerinnen und Schüler im Besonderen für die leserseitigen Einflüsse auf das Verstehen sensibilisiert werden. Von zentraler Bedeutung ist hier die Erkenntnis der besonderen Rolle des *Vorwissens* eines jeweiligen Lesers für den Verständnisprozess beim Lesen. Neben aller Individualität des Vorwissens eines Lesers soll hier aber auch deutlich werden, dass Texte meist v. a. solches Vorwissen voraussetzen, auf das in Form „allgemeinen Weltwissens" von den meisten Lesern eines Kulturkreises zurückgegriffen werden kann.

Zu Aufgabe 1:
- Warum stehen Studenten schon um sechs Uhr auf? – Weil um sieben der Supermarkt zumacht.

- Ein Lehrer unterrichtet in einer Klasse über Julius Cäsars Gallischen Krieg. Als er geendet hat, fragt ein Schüler: „Und auf welcher Seite standen die Amerikaner?"

Die beiden Witze „funktionieren" nur unter der Voraussetzung ähnlichen Vorwissens bei Erzähler und Zuhörer(n) (1. Klischees hinsichtlich des studentischen Tagesrhythmus, 2. Kenntnisse zum aktuellen/historischen weltpolitischen Geschehen).

Zu Aufgabe 2: Die *potenzielle Ambiguität* eines Textes kann am Beispiel der Übersetzungsschwierigkeiten bei literarischen Texten erarbeitet werden. Der literarische Text bietet Entscheidungsspielraum hinsichtlich der Auswahl der jeweils äquivalenten deutschsprachigen Ausdrücke. Am Beispiel der Übersetzung englischer Belletristik ins Deutsche soll für die Schülerinnen und Schüler erfahrbar werden, dass der Originaltext im Prozess des Übersetzens, also im Bemühen um den jeweils adäquaten Ausdruck, bereits gedeutet wird. Dies kann zu Bedeutungsunterschieden zwischen dem Original sowie den einzelnen Übersetzungen führen.

Zur exemplarischen Veranschaulichung sei hier beispielsweise auf die englische Formulierung „[...] followed by an invisible dog" (↗ Lehrbuch, S. 16, Z. 2) hingewiesen.

S. 16, Aufgabe 3:
Vergleichen Sie Ihre Übersetzungen und diskutieren Sie voneinander abweichende Formulierungen. Verallgemeinern Sie Ihre Ergebnisse, indem Sie die Schwierigkeit des Übersetzens eines belletristischen Textes benennen.

Diese Aufgabe ist von den Schülerinnen und Schülern *individuell* zu lösen.

S. 17, Aufgaben 1–2; S. 18/19, Aufgaben 1–6:

Die ersten beiden Aufgaben fordern die Schülerinnen und Schüler dazu auf, den eigenen Leseprozess schrittweise zu reflektieren. Die Schülerinnen und Schüler sollen erkennen, dass sie beim Lesen eines Satzes oder auch beim Lesen eines einzelnen Wortes bereits Annahmen über den weiteren Verlauf bilden, ohne den Satz oder das Wort ganz gelesen zu haben. Diese Aufgaben geben Gelegenheit zu einem „warming up" für den Einstieg in die Beschäftigung mit dem nachfolgenden, anspruchsvollen Text des PISA-Konsortiums (↗ Lehrbuch, S. 17–18).

Die Schülerinnen und Schüler sollen die in den ersten beiden Aufgaben am eigenen Beispiel gewonnene Kenntnis verschiedener Lesemechanismen/-strategien in der Auseinandersetzung mit Erkenntnissen der empirischen Leseforschung vertiefen. Der Text des PISA-Konsortiums birgt u. a. aufgrund der enthaltenen Fachbegriffe sowie der Komplexität seiner Ausführungen einige Verständnisschwierigkeiten. Es sollte genug Zeit eingeplant werden, den Text zu erschließen, da er Grundlegendes zum Zusammenhang von Lesen und Verstehen beiträgt.

S. 17, Aufgabe 1:
Überprüfen Sie beim Lesen, welche Vorstellungen Sie aufbauen, wenn Sie den folgenden Satz Wort für Wort lesen:

    Der
    Der Ball
    Der Ball muss
    Der Ball muss leider
    Der Ball muss leider ausfallen.

Interpretieren Sie Ihre Befunde.

Diese Aufgabe sollte zunächst in Einzelarbeit bearbeitet werden. Dabei ist es hilfreich, die einzelnen Zeilen schrittweise aufzudecken. Die Schülerinnen und Schüler erfahren die Bedeutung des Vorwissens für die Inferenzbildung beim Lesen bzw. für den Konstruktionsprozess des Verstehens am eigenen Beispiel.
Es wird anschaulich, dass bereits das erste Wort „Der" Fragen beim Leser aufwirft, die zu weiteren Assoziationen veranlassen. Dass dabei bestimmte Erwartungen an den Fortgang des Satzes gestellt werden, dürfte vor allem am Bruch mit dieser Erwartung am Ende des Textes plausibel werden. (Die meisten Schülerinnen und Schüler werden hier erfahrungsgemäß im Zusammenhang mit dem Begriff „Ball" den Kontext einer Sportart assoziieren, nicht aber einen Ball, auf dem getanzt wird.)

S. 17, Aufgabe 2:
Lesen Sie sich die folgenden Wörter korrekt vor und schätzen Sie die jeweilige Lesegeschwindigkeit ab:
Kartoffelsalat
Kanatziklon
Katamaran
Keywords
Kamonofen
Interpretieren Sie Ihre Befunde.

Die Leseforschung hat gezeigt, dass ein geübter Leser beim Lesen eines Wortes nicht das ganze Wort liest, sondern lediglich Anfang und Ende detailliert wahrnimmt. Dieser Automatismus wird unterbrochen, sobald es sich um ein unbekanntes, neues Wort handelt. Die Erwartungshaltung des Lesers wird gestört; er muss Buchstabe um Buchstabe genau lesen, um das ganze Wort „decodieren" zu können.

S. 18, Aufgabe 1:
Recherchieren Sie im Internet, was als „mentales Lexikon" verstanden wird.

S. 18, Aufgabe 2:
Recherchieren Sie, was jeweils in der Linguistik, der Psychologie und in der Logik als Proposition verstanden wird. Prüfen Sie, ob im Text klar wird, welches Verständnis gemeint ist.

Es sollen zentrale fachwissenschaftliche Begriffe zum Verständnis des Textes geklärt werden.

S. 19, Aufgabe 3:
Markieren Sie, welche Passagen des Textauszugs mit den Tests zu tun haben, die Sie vor der Lektüre machen sollten.

S. 19, Aufgabe 4:
Lesen wird im Text als „aktive (Re-)Konstruktion der Textbedeutung" (↗ Zeile 17 f.) aufgefasst. Klären Sie, welche Konstruktionsleistungen vom Leser ausgehen sollen.

Die Aufgaben 3 und 4 stellen den Zusammenhang zwischen der Leseerfahrung der Schülerinnen und Schüler (↗ Aufgaben 1–2, Lehrbuch S. 17) sowie den Ergebnissen der Leseforschung in den Mittelpunkt.

S. 19, Aufgabe 5:
An anderer Stelle heißt es: „Lesen ist ein höchst komplexer Vorgang der Bedeutungsentnahme" (↗ Zeile 28). Prüfen Sie, wie zutreffend im Rahmen der zitierten Ausführungen die Rede von Bedeutungsentnahme ist.

S. 19, Aufgabe 6:
Für einfache Inferenzen gibt Umberto Eco in seinem Buch „Lector in fabula" das folgende Beispiel: Giovanni sollte eine Party geben und ging zum Supermarkt.
Prüfen Sie, was in diesem Satz explizit nicht gesagt wird, und erläutern Sie, weshalb Sie ihn trotzdem zu verstehen glauben. Benennen Sie das Vorwissen, auf das Sie bei diesem „Akt der Bedeutungsgenerierung" zurückgreifen.

Diese Aufgaben können v. a. zur Vertiefung und Sicherung des bisher Gelernten genutzt werden. Zum einen soll kritisch diskutiert werden (Aufgabe 5), inwiefern von Bedeutung*entnahme* gesprochen werden kann, wenn zugleich die Konstruktionsleistung des Lesers betont wird.
Unter der Prämisse der Konstruktion kann Bedeutung einem Text nicht einfach *entnommen* werden, da es diese zunächst *zu generieren* gilt. Zum anderen kann eine differenzierte Betrachtung der unterschiedlichen Arten bzw. Kategorien von Vorwissen an einem weiteren Beispiel nun vertieft angewendet werden.

S. 22, Aufgaben 1–7:

Die nachfolgenden Aufgaben sollen in den Bereich der *wissenschaftlichen Hermeneutik* einführen. Dabei kann ein Zusammenhang zwischen den Erkenntnissen der empirischen Leseforschung und der wissenschaftlichen Hermeneutik hergestellt werden. Gleichzeitig wird in der Unterscheidung zwischen einer allgemeinen Hermeneutik und Spezialhermeneutiken wiederum sowohl die Alltäglichkeit von Interpretationen als auch ihre Anwendung in verschiedenen wissenschaftlichen Disziplinen ersichtlich.

S. 22, Aufgabe 1:
Fassen Sie zusammen, was die drei Ebenen, auf denen von Hermeneutik gesprochen wird, unterscheidet.

Zunächst sollen hier grundlegende Textinformationen erarbeitet werden.

JOCHEN VOGT spricht von verschiedenen **Ebenen der Hermeneutik:**

1. lebenspraktischer, meist automatisierter Vollzug des Verstehens sprachlicher Äußerungen sowie anderer Zeichen/bedeutungstragender Strukturen;
2. Regelwerke und Anleitungen, die sich zentral auf gesellschaftliche Praxisfelder beziehen (Spezialhermeneutiken: juristische/theologische Hermeneutik);
3. Theorie des Textverstehens und der Interpretation (allgemeine/philosophische Hermeneutik).

S. 22, Aufgabe 2:
Diskutieren Sie an Ihnen vertrauten Beispielen, was der Unterschied zwischen geisteswissenschaftlichem „Verstehen" und naturwissenschaftlichem „Erklären" sein kann.

Hermeneutisches Verstehen bezieht sich auf die Beschäftigung mit bestimmten philosophischen Modellen und Denkweisen, die im Bereich des abstrakten Denkens verbleiben. *Hermeneutisches Verstehen von Kunstwerken* basiert im Rahmen dessen auf dem Horizont des Verstehenden und seinen subjektiven Annahmen bezüglich des Gegenstandes seiner Betrachtung. Anders als solche Betrachtungen können naturwissenschaftliche Phänomene objektiv beobachtet und mittels anerkannter Verfahren falsifiziert werden (vgl. Beispiele aus der Medizin, der Biologie, der Astronomie usw.).

S. 22, Aufgabe 3:
Stellen Sie fest, worin sich nach Vogt eine literarische Hermeneutik von einer juristischen und einer theologischen unterscheidet.

Den **Spezialhermeneutiken** wie der juristischen oder theologischen Hermeneutik geht es um die richtige Auslegung beispielsweise ihrer Gesetzestexte oder heiligen Schriften. Im Unterschied dazu beschäftigt sich die **allgemeine Hermeneutik** mit den Bedingungen und Anforderungen des Verstehensprozesses und sucht diese in Form allgemeiner Regeln zu ergründen.

S. 22, Aufgabe 4:
Erläutern Sie an einem Beispiel, wieso die Interpretation von Metaphorik als ein Kernstück literarischer Hermeneutik aufgefasst werden kann.

Hier sollte thematisiert werden, dass sich die Mehrdeutigkeit literarischer Texte v. a. auch auf ihren metaphorischen Sprachgebrauch zurückführen lässt. Erschlossen werden kann dieser Zusammenhang über die Schulbuchtexte hinaus sowohl an ausgewählten literarischen Beispielen als auch an einfachen, konstruierten Beispielen:

- ... die Sonne lacht ...
- ... der Mond weint ...
- ... die Wolke hüpft ...

Die Metapher „die Sonne lacht" kann als durchaus gebräuchliches sprachliches Bild angesehen werden. Bei der Anwendung dieses metaphorischen Ausdrucks in anderen Regionen, beispielsweise einer Dürrezone, dürfte die in unserem Sprachgebrauch positive Konnotation aber hinfällig werden. An diesem Beispiel lässt sich die Abhängigkeit des Verstehens vom Horizont des Verstehenden innerhalb hermeneutischer Verfahren illustrieren (↗ Aufgabe 2). Besonders anschaulich wird dieses Verhältnis zwischen Verstehendem und dem Gegenstand seiner Betrachtung darüber hinaus an weniger konventionellen Metaphern, da es hier keinen – beispielsweise regional oder kulturell bedingten – intersubjektiven Konsens des Verstehens gibt. In diesem Zusammenhang ist es sinnvoll, die Schülerinnen und Schüler zum Finden eigener Beispiele anzuregen.

S. 22, Aufgabe 5:
Erläutern Sie, weshalb Vogt dafür wirbt, dass eine literaturwissenschaftliche Hermeneutik poetische Texte behutsam deuten solle.

↗ Lehrbuch S. 22, Z. 113–118.

S. 22, Aufgabe 6:
„Es gibt keine Tatsachen, es gibt nur Interpretationen." Erörtern Sie diesen Satz des Philosophen Friedrich Nietzsche.

Dieses Zitat NIETZSCHES lässt sich auf die erste Ebene der Hermeneutik, die lebenspraktische, alltägliche Auslegung von Zeichen, beziehen. Zur Verdeutlichung sei auf ein weiteres Zitat NIETZSCHES hingewiesen:
„Unsere Bedürfnisse sind es, die die Welt auslegen […]"

(Nachlass, 1886/87, S. 315)

Maßgeblich für das Verstehen auf der lebenspraktischen Ebene der Interpretation von Zeichen sind Horizont, Motive und Interessen des Verstehenden (↗ Aufgaben 2 und 4).

Vor diesem Hintergrund können die Schülerinnen und Schüler aufgefordert werden, Beispiele aus ihrem eigenen Alltag zu finden, die diese Ebene hermeneutischen Verstehens zusätzlich veranschaulichen.

S. 22, Aufgabe 7:
„Nicht nur gelegentlich, sondern immer übertrifft der Sinn eines Textes seinen Autor. Daher ist Verstehen kein nur reproduktives, sondern stets auch ein produktives Verhalten." Diskutieren Sie diese These Hans-Georg Gadamers.

Es soll eine Übertragung des *lebenspraktischen Verstehens* der ersten Ebene der Hermeneutik auf die dritte

Ebene, die Hermeneutik *literarischen Verstehens,* stattfinden. Die Schülerinnen und Schüler sollen erkennen, dass auch literarische Texte zu Deutungen veranlassen, die über eine möglicherweise ursprüngliche Absicht des Autors hinausgehen können. Literarische Rezeption wird als Prozess der Bedeutungskonstruktion durch seine Leser betrachtet. Der Leser reproduziert nicht nur den Inhalt des Textes, sondern generiert – im Rahmen der Plausibilität im Textzusammenhang – seine Bedeutung.

S. 23, Aufgabe 1:
Erläutern Sie anhand folgender Zitate, was mit „zirkulärer Bewegung" gemeint ist.

S. 23, Aufgabe 2:
Erkennen Sie Parallelen zum psychologischen Modell des Leseverstehens in der PISA-Studie (↗ S. 17 f.)?

Diese beiden Aufgaben stellen einen Zusammenhang zwischen den Erkenntnissen der Leseforschung (Text des PISA-Konsortiums, ↗ Lehrbuch, S. 17–18) und den literaturwissenschaftlichen Ausführungen JOCHEN VOGTS her.

Zu Aufgabe 1: **Hermeneutischer Zirkel:** Der jeweils umfassendere Zusammenhang kann nur durch seine einzelnen Elemente verstanden werden. Umgekehrt aber werden die Stellung der einzelnen Teile, ihr Verhältnis zueinander und damit ihre Bedeutung bestimmt durch ihre jeweilige Beziehung zum Gesamtzusammenhang. So wird beispielsweise das einzelne Wort erst im Zusammenhang eines Satzes, der Satz erst im Kontext größerer Satzzusammenhänge verständlich usw. Später in einem Text auftretende Aussagen wirken ergänzend und verändernd auf das Verständnis des früher Gesagten zurück.

Zu Aufgabe 2: Parallelen finden sich...
- hinsichtlich der Art und Weise der Bedeutungsgenerierung, die sich als zirkuläre Bewegung in der Begegnung von Vorwissen und literarischem Text beschreiben lässt (↗ PISA-Konsortium, Lehrbuch, S. 17/18, Z. 1–27);
- hinsichtlich der „Gleichzeitigkeit" der Anwendung der zum Verständnis erforderlichen Kenntnisse und Fähigkeiten, die keiner hierarchischen Ordnung innerhalb des Verstehensprozesses folgen (↗ PISA-Konsortium, Lehrbuch, S. 18/19, Z. 28–54).

1.1.2 Wissenschaftliche Praxis: Interpretationsverfahren

Hinweise zu den Aufgaben

S. 25, Aufgaben 1–4; S. 27, Aufgaben 1–6; S. 32/33, Aufgaben 1–7; S. 37/38, Aufgaben 1–7; S. 41, Aufgaben 1–8:

Die Schülerinnen und Schüler sollen verschiedene grundlegende **literaturwissenschaftliche Interpretationsverfahren** kennenlernen, die Herangehensweisen für eigene Zugänge zum Umgang mit literarischen Texten schaffen können. Trotz vieler unterschiedlicher Verfahrensweisen in der Literaturwissenschaft, von denen im Lehrbuch nur einige exemplarisch näher gebracht werden können, lassen sich grundsätzlich zwei Hauptströmungen unterscheiden: *werkimmanente* sowie *kontextualisierende* Vorgehensweisen. Dabei sollte thematisiert werden, dass die vorgestellten Verfahren sich in ihrem Vorgehen zwar in der Ausrichtung ihres Fokus unterscheiden, verschiedene Schwerpunkte setzen und somit den Leser zu durchaus unterschiedlichen Ergebnissen gelangen lassen können; es sollte aber auch angesprochen werden, dass die Diskursanalyse ebenso eine genaue Wahrnehmung des Textes voraussetzt, wie auch die werkimmanente Interpretation nicht gänzlich auf den Bezug zu weiteren Kontexten verzichtet.

Die Schülerinnen und Schüler sollen verschiedene Interpretationsverfahren kennen und auf ihre Plausibilität hin, bezogen auf HEINRICH VON KLEISTS „Bettelweib von Locarno", reflektieren. Ebenso sollte den Schülerinnen und Schülern in diesem Rahmen Gelegenheit gegeben werden, selbst mindestens eines der vorgestellten Interpretationsverfahren an einem weiteren Text anzuwenden und dieses zu begründen.

S. 25, Aufgabe 1:
Recherchieren Sie im Internet, wie die Begriffe Dekonstruktivismus und New Criticism erklärt werden. Vergleichen Sie die Erklärungen mit den Erläuterungen auf der DVD.

S. 25, Aufgabe 2:
Recherchieren Sie im Internet, welche Instruktionen amerikanischen Studierenden für das Verfahren eines „close reading" erteilt werden.

S. 25, Aufgabe 3:
Fassen Sie zusammen, was über das werkimmanente Interpretieren ausgeführt wird.

S. 25, Aufgabe 4:
Diskutieren Sie Staigers Devise „begreifen, was uns ergreift" und setzen Sie sich kritisch mit dieser Bestimmung von Interpretationspraxis auseinander.

Informationen zu den Rechercheaufträgen (Aufgaben 1–2) finden sich auf der dem Lehrbuch beigelegten DVD. Mit den Ergebnissen der Rechercheaufträge wird eine Grundlage für die vergleichende Auseinandersetzung mit unterschiedlichen Interpretationen zu KLEISTS „Bettelweib von Locarno" geschaffen (↗ Lehrbuch, S. 25 ff.). Ein besonderer Fokus liegt hier zunächst auf Verfahren der werkimmanenten Interpretation. Dabei sollte vor dem Begründungszusammenhang der Interpretation EMIL STAIGERS (1908–1987; „zu begreifen, was uns ergreift") auch thematisiert werden, was als Ziel literarischer Interpretation angesehen werden könnte oder: Warum es sich lohnt, zu interpretieren.

S. 27, Aufgabe 1:
Ermitteln Sie, welche Informationen Kleists Erzähler dem Leser im ersten Satz zukommen lässt.

S. 27, Aufgabe 2:
Stellen Sie fest, welche Informationen zur Lage und zur Ausstattung des Spukzimmers im Fortgang der Erzählung gegeben werden.

S. 27, Aufgabe 3:
Erklären Sie, an welchem Ort die Knochen des toten Marchese liegen und weshalb sie dort zu finden sind.

S. 27, Aufgabe 4:
„Der Erzähler gibt dem Marchese Schuld am Tod der alten Frau." Prüfen Sie, was für und gegen diese These spricht.

S. 27, Aufgabe 5:
Setzen Sie sich mit der künstlerischen Interpretation der Kleistnovelle „Das Bettelweib von Locarno" (↗ S. 33), die die zeitgenössische Malerin Vera Simanek-Schenk gestaltet hat, auseinander. Bilden Sie sich eine Meinung darüber, ob bzw. wie es der Künstlerin gelungen ist, die Novelle bildnerisch umzusetzen. Tauschen Sie Ihre Meinungen untereinander aus.

S. 27, Aufgabe 6:
Am Ende der Erzählung von Kleist heißt es, der Marchese sei „von Entsetzen überreizt" (19). Erläutern Sie diese Zustandsbeschreibung.

Die Aufgaben zu KLEISTS „Bettelweib von Locarno" fordern die Schülerinnen und Schüler dazu auf, den Text auf ausgewählte Stellen hin zu untersuchen. Dies soll eine *genaue Textwahrnehmung* der Schülerinnen und Schüler fördern, die besonders auch die Widersprüche und Unstimmigkeiten im Text bemerken lässt. Diese sind besonders offenkundig beispielsweise in der mit Aufgabe 3 angesprochenen Textstelle: Die Knochen des Marchese liegen heute, so der Erzähler, im ehemaligen Spukzimmer des Schlosses. Das muss den Leser erstaunen, da das Schloss doch in Trümmern liegt. Mindestens ebenso erstaunlich ist es, dass die Knochen des Marchese erst zusammengetragen werden mussten; schließlich ist das Schloss bei einem Feuer verbrannt, mit ihm der Marchese.

Von zentraler Bedeutung ist in diesem Zusammenhang mit den Unstimmigkeiten eines literarischen Textes, dass die Schülerinnen und Schüler den Umgang mit Literatur als *Spiel mit Fiktionalität* begreifen und *literarische Dignitätskonventionen* akzeptieren können. Denn Literatur ist als Welt nach eigenen Regeln und Gesetzen aufzufassen.

Wenngleich Literatur teilweise auch (scheinbar) Alltägliches aufgreift, spiegelt sie die gewohnte Realität nicht unmittelbar, sondern mit den Mitteln literarischer Darstellung. Deswegen müssen die Widersprüche und Unstimmigkeiten eines Textes als potenziell bedeutungtragende Einheiten aufgefasst und behandelt werden, statt

sie beispielsweise der vermeintlichen Unfähigkeit ihres Autors zuzuschreiben. In einem weiterführenden Sinne kann hier auch die Frage nach der *Rolle* und *Haltung* sowie der *Perspektive des Erzählers* in einem literarischen Text (↗ Aufgabe 4) weiter vertieft werden.

Das in Aufgabe 5 angesprochene Bild der Malerin VERA SIMANEK-SCHENK zu KLEISTS „Bettelweib von Locarno" bietet eine weitere Möglichkeit der deutenden Auseinandersetzung im Rahmen eines Text-Bild-Vergleichs. Dabei wird der deutende Umgang mit Zeichen in Form von Texten erweitert auf den Bereich anderer künstlerischer Darbietungsformen wie des Bildes im Lehrbuch auf S. 33.

Zugleich werden die Schülerinnen und Schüler für das Verständnis der im Lehrbuch auf S. 28–41 folgenden unterschiedlichen Interpretationen zu KLEISTS Novelle sensibilisiert, da in den Aufgaben 1–6 auf S. 27 v. a. diejenigen Textstellen fokussiert werden, die von tragender Bedeutung für die verschiedenen nachfolgenden Beispielinterpretationen sind.

S. 32/33, Aufgaben 1–7; S. 37/38, Aufgaben 1–7; S. 41, Aufgaben 1–8:

Dieser Aufgabenkomplex bietet die Möglichkeit, *verschiedene Interpretationsverfahren* in der Anwendung auf KLEISTS „Bettelweib von Locarno" genauer kennenzulernen und die Vorzüge und Nachteile hinsichtlich ihrer Plausibilität am literarischen Text aus der Sicht der Schülerinnen und Schüler zu reflektieren bzw. zu diskutieren.

S. 32/33, Aufgaben 1–7:

Hier soll zunächst das Verfahren der *werkimmanenten Interpretation* am Beispiel der Interpretation eines ihrer prominentesten Vertreter, EMIL STAIGER, veranschaulicht werden.

S. 32, Aufgabe 1:
Ermitteln Sie, auf welche grammatischen Strukturen Staiger hinweist und welche Funktionen er diesen Strukturen zuspricht.

STAIGER richtet sein Augenmerk im Besonderen auf die *Analyse der Form und der stilistischen Merkmale* der Geschichte von KLEIST, um „zu begreifen, was uns ergreift". Diese Argumentation STAIGERS soll auf der Grundlage seines Kommentars zu KLEISTS Novelle von den Schülerinnen und Schülern nachvollzogen werden. Hier kann eine Verbindung von Form und Inhalt eines Textes für die Schülerinnen und Schüler anschaulich werden.

S. 32, Aufgabe 2:
Legen Sie dar, warum Staiger an einigen Stellen in der 1. Person Plural formuliert.

Das von STAIGER verwendete „Wir" könnte von den Schülerinnen und Schülern als Ausdruck einer „verstaubten Pädagogik" wahrgenommen werden, indem versucht wird, das euphorische Leseerlebnis des Lehrers (STAIGER) auf seine Schülerinnen und Schüler (Leser des Kommentars) zu übertragen. Dem Leser wird die von STAIGER bevorzugte Lesart des Textes vorgegeben, indem der Text zu ihrem Nachvollzug anregt, statt diskursive Offenheit zu signalisieren. Dabei werden mögliche Entgegnungen des Lesers im Kommentar bereits vorweggenommen und somit a priori entkräftet.

S. 32, Aufgabe 3:
Erläutern Sie, weshalb Staiger den Anfang von Kleists Geschichte „auf gewohnte Art" nacherzählt. Setzen Sie Staigers Nacherzählung bis zum Schluss fort.

Die von STAIGER vorgenommene Nacherzählung „auf gewohnte Art" erinnert an produktionsorientierte Unterrichtsmethoden. Dieser Ansatz soll auch im Unterricht aufgegriffen werden. Hier wird eine Kontrastierung des kleistschen Textes und seiner Nacherzählung in „Normaldeutsch" ermöglicht, welche die Besonderheiten des Stils der Novelle hervorhebt. Die Schülerinnen und Schüler sollen die Nacherzählung möglichst getreu der von STAIGER begonnenen Vorlage fortsetzen, um diesen Unterschied im eigenen Schreibprozess reflektieren zu können.

S. 33, Aufgabe 4:
Ermitteln Sie, mit welchem Satz Staiger den Höhepunkt der Erzählung erreicht sieht, und diskutieren Sie seine Begründung.

STAIGER sieht den Höhepunkt der Erzählung am Ende des 16. Satzes von KLEISTS Novelle erreicht (↗ KLEISTS Novelle: Lehrbuch, S. 27, Z. 74 ff./↗ STAIGERS Kommentar: Lehrbuch, S. 31, Z. 165–168). Darauf gründet die nachfolgende Interpretation STAIGERS, dass die stetig sich wiederholende Geistererscheinung auf die Schuld des Marchese am Tod der Bettlerin verweise.
Entgegen der Festlegung STAIGERS könnte der Höhepunkt der Novelle angesichts der weiteren Steigerung negativer Geschehnisse aber auch im 18. Satz gesehen werden (↗ Lehrbuch, S. 27, Z. 80–82), in dem das Schloss mitsamt dem Marchese plötzlich in Flammen aufgeht, bevor er es mit seiner Frau verlassen kann.
Für die Schülerinnen und Schüler soll vor dem Hintergrund dieser Überlegungen anschaulich werden, dass STAIGER der Festlegung des Höhepunkts im 16. Satz hinsichtlich der von ihm angestrebten Interpretation bedarf. Ein Blick in den weiteren Text und die Auswahl eines anderen Höhepunktes aber lassen die Schlussfolgerungen STAIGERS durchaus anfechtbar werden.
Im Zusammenhang der möglichen Höhepunkte der Geschichte können hier auch Merkmale der Erzählform „Novelle" angesprochen und mit Blick auf den Text KLEISTS diskutiert werden.

S. 33, Aufgabe 5:
Ermitteln Sie, welche Leitfrage Staiger für seine Analyse formuliert und welche Antwort er im Ergebnis seiner Untersuchungen findet. Diskutieren Sie, ob diese Antwort plausibel ist.

S. 33, Aufgabe 7:
Analysieren Sie Staigers Interpretation in Hinblick auf mögliche Widersprüche und nehmen Sie zu Staigers Interpretationsverfahren kritisch Stellung.

STAIGER argumentiert, dass
1. das Besondere im Stil der Erzählung in der Art und Weise des Erzählten zu finden sei, das diesen Text in seiner literarischen Qualität von einem „Schauermärchen" unterscheide.
2. der Marchese nicht „irre" würde aufgrund der offenbar nicht zu leugnenden Geistererscheinung. „Irre" wird der Marchese, so STAIGER, daran, dass sein „Vergehen" an dem Bettelweib stets aufs Neue zitiert wird, worin sich seine Schuld an ihrem Tod bestätige.

Dieses Interpretationsergebnis aber widerspricht beispielsweise der Belanglosigkeit des Erzählten bzw. der distanzierten Haltung des Erzählers und ist vor diesem Hintergrund durchaus diskussionsbedürftig.

S. 33, Aufgabe 6:
Prüfen Sie, an welchen Stellen Staigers Darlegungen Kontexte einbeziehen, die über den reinen Text hinausgehen. Klassifizieren Sie diese Kontexte.

STAIGER interpretiert auf der Grundlage der Stilanalyse der Novelle. Damit interpretiert er zwar auf der Grundlage des Textes, somit werkimmanent. Dies sollte aber differenziert betrachtet werden, da Staiger dabei sehr wohl auch auf Kontexte statt ausschließlich auf den Text selbst rekurriert.
Allein die Charakterisierung der Handlungsstruktur als „dramatische Komposition" verweist auf solche Formen der Kontextualisierung.

S. 37, Aufgabe 1:
Fassen Sie die Untersuchung von Pastor und Leroy zusammen.

S. 37, Aufgabe 2:
Prüfen Sie, ob die von den Literaturwissenschaftlern aufgeführten Stellen tatsächlich allesamt „Unstimmigkeiten" darstellen.

S. 37, Aufgabe 3:
Ergänzen Sie die Liste der Unstimmigkeiten durch eigene Befunde.

S. 37, Aufgabe 4:
Erläutern Sie, welches Verhältnis zwischen Erzähler und Autor nach dieser Interpretation besteht.

S. 37, Aufgabe 5:
„In Wirklichkeit resultieren diese ganzen Unstimmigkeiten doch nur aus der Schlampigkeit des Autors." Prüfen Sie dieses Urteil unter Einbeziehung der Argumentation von Pastor und Leroy.

S. 38, Aufgabe 6:
„Staiger hat sich ganz auf die Machart der Erzählung konzentriert, Pastor und Leroy thematisieren hingegen ihren Sinn." Nehmen Sie kritisch zu dieser Aussage Stellung.

S. 38, Aufgabe 7:
Staigers Interpretationsverfahren will die Stimmigkeit des poetischen Textes beschreiben. Das neuere Verfahren von Pastor und Leroy setzt hingegen an den Widersprüchen des Textes an. Wählen Sie einen Text aus und probieren Sie, ob Sie beide Ansätze in genauen Textinterpretationen anwenden können. Vergleichen Sie Ihre Ergebnisse.

ECKART PASTOR und ROBERT LEROY haben eine Interpretation in der Tradition des *Dekonstruktivismus* vorgelegt, die in besonderem Maße die *Unstimmigkeiten* des Textes hervorhebt und jede Kontextualisierung als falsche Vereinnahmung des Textes durch Zuschreibungen von außen ablehnt. Hier sollten die von den Schülerinnen und Schülern vor der Lektüre der Interpretation getätigten Beobachtungen im und am Text KLEISTS in besonderem Maße angesprochen und mit den Ausführungen von PASTOR/ LEROY verglichen werden.

In diesem Zusammenhang steht die bereits angesprochene *Dignitätskonvention* erneut stark im Mittelpunkt der Überlegungen, da sie gleichermaßen die Grundlage für den bei PASTOR/LEROY verfolgten Interpretationsansatz bildet. Im Unterschied dazu sollte wiederum auf Überlegungen STAIGERS rekurriert werden, der in seinem Kommentar die Dignität des Textes anzweifelt („Kleists Nachlässigkeit bei allem, was keine Folge hat [...]", Lehrbuch, S. 30, Z. 117–118), um so Widersprüche des Textes im Sinne der von ihm angestrebten Interpretation „glätten" zu können. Die Unterschiede in den beiden bislang vorgestellten Interpretationen von STAIGER und PASTOR/LEROY sollen in Aufgabe 7 zum Anlass genommen werden, die Schülerinnen und Schüler zu eigenen Interpretationen an einem weiteren literarischen Text zu ermuntern.

Bei der Auswahl des zu interpretierenden literarischen Textbeispiels sollte bedacht werden, dass der Text mit Blick auf die Fähigkeiten der Schülerinnen und Schüler keineswegs (zu) leicht verständlich sein sollte; denn wo interpretiert werden soll, muss der Text entsprechende Fragen beim Leser anregen können.

S. 41, Aufgabe 1:
Recherchieren Sie, was die Merkmale einer volkstümlichen ätiologischen Sage sind.

S. 41, Aufgabe 2:
Erläutern Sie, welche zwei Arten des Geisterdiskurses Kreft unterscheidet.

S. 41, Aufgabe 3:
Tauschen Sie aus, was Sie heute unter „Nachtseiten" (↗ Zeile 87 f.) der Natur verstehen.

S. 41, Aufgabe 4:
„Sollte der Marchese wirklich so einen aufgeklärten Skeptiker verkörpern, hätte der Erzähler ihn wohl kaum als ,von Entsetzen überreizt' bezeichnet." Diskutieren Sie diesen Einwand.

Diese Aufgaben sind auf das Verständnis der diskursanalytischen Interpretation JÜRGEN KREFTS gerichtet. Die von KREFT vorgenommenen Kontextualisierungen beziehen sich besonders auf den *kritischen Geisterdiskurs* der Jahrhundertwende (18./19. Jahrhundert). Damit sieht er den literarischen Text KLEISTS als Spiegelung und Ausdruck einer Zeit, in welcher der Geisterdiskurs in den größeren Kontext naturwissenschaftlicher Betrachtungsweisen eingeordnet werden kann, die zunehmend an Bedeutung gewannen.

S. 41, Aufgabe 5:
Diskutieren Sie, welche Kenntnisse und Fähigkeiten jeweils in die drei Interpretationen eingegangen sind.

S. 41, Aufgabe 6:
Kennzeichnen Sie jeweils in zwei Sätzen die Verfahren der drei Interpretationen, sodass deren Unterschiede deutlich werden.

S. 41, Aufgabe 7:
Ermitteln Sie, ob alle drei Interpretationen die Erzählung deuten, indem sie ihr eine „Botschaft" zuschreiben. Diskutieren Sie, inwiefern sich solche Deutungen gegenseitig ausschließen.

S. 41, Aufgabe 8:
„Staigers Interpretation ist wegen der nachfolgenden Analysen überholt. Wer Kleist heute noch wie Staiger interpretiert, interpretiert ihn falsch." Diskutieren Sie diese Thesen.

Die Aufgaben 5–8 zielen vor allem auf eine *vergleichende Betrachtung der drei verschiedenen Interpretationsverfahren*. Dabei sollte vor allem thematisiert werden, welche Vorgehensweise den Schülerinnen und Schülern – gemessen am Text – am ertragreichsten und plausibelsten erscheint.

Zur Sprache kommen soll aber auch die Frage danach, ob sich die drei Interpretationsverfahren in ihrem Vorgehen sowie in ihren Deutungen gegenseitig ausschließen oder ergänzen.
Zentral ist auch die Einsicht, dass ein literarischer Text nicht nur dann interpretiert wurde, wenn eine „Botschaft" des Textes ermittelt wird. Dies wird im Besonderen am Unterschied zwischen der dekonstruktivistischen Interpretation von PASTOR/LEROY und den Ausführungen KREFTS anschaulich.

1.1.3 Journalistische Praxis: Literaturkritik

Hinweise zu den Aufgaben

S. 45, Aufgabe; S. 46, Aufgabe; S. 49, Aufgaben 1–3; S. 53, Aufgaben 1–8

Das Feld der *Literaturkritik* wurde gewählt, um den alltäglichen Anwendungsbezug literarischer Interpretation am Beispiel ihrer Praxis anschaulich machen zu können. Dabei wird für die Schülerinnen und Schüler deutlich, dass sich das Interpretieren literarischer Texte nicht nur auf den Bereich der Schule bezieht und dort eingefordert wird, sondern seine eigentliche Legitimation in der alltäglichen Lebenswelt erhält, wie die Vielzahl an Rezensionen der Presse zu dem aktuellen Erzählband von CLEMENS MEYER (2008) illustriert.

Die Auseinandersetzung mit den verschiedenen Kritiken kann die bereits gewonnene Einsicht in die unterschiedlichen Deutungspotenziale eines Textes vertiefen. Die den Deutungen impliziten Wertungen, die in den Rezensionen besonders hervortreten, sollen in den Zusammenhang von Gratifikationserwartungen des jeweiligen Lesers gestellt werden. Dies kann im Zusammenhang mit Fragen nach der Leserschaft bzw. den Zielgruppen der einzelnen Zeitungen diskutiert werden. Insgesamt wird Einblick gegeben in die Arbeit eines Literaturkritikers, welcher die Schülerinnen und Schüler gleichzeitig anregen und motivieren kann, eine *eigene Kritik* zu einem aktuellen Buch ihrer Wahl zu verfassen, um dabei erste Versuche im Feld des Interpretierens in Form journalistischen Schreibens zu unternehmen und Erkenntnisse zu Vorgängen der Interpretation anwendend zu vertiefen.

S. 45, Aufgabe:
Finden Sie den Fehler, der sich in die Titelei dieser Rezension eingeschlichen hat.

S. 46, Aufgabe:
Erläutern Sie, wie Christoph Bartmann den Realismus der Erzählungen beurteilt.

S. 49, Aufgabe 1:
Ermitteln Sie, auf welche vorausgegangenen Rezensionen sich Ina Hartwig beziehen dürfte.

S. 49, Aufgabe 2:
Diskutieren Sie, ob ihre Kritik an den anderen Kritiken argumentativ überzeugend ist.

S. 49, Aufgabe 3:
Erläutern Sie die Motive des Schlusssatzes der Rezension.

Die unterschiedlichen Rezensionsbeispiele und die auf den Seiten 45–49 jeweils zu findenden Aufgaben können von den Schülerinnen und Schülern während der Lektüre der verschiedenen Kritiken selbstständig erarbeitet werden.

S. 53, Aufgabe 1:
Die Überschriften von Rezensionen sollen nicht nur informieren, sondern natürlich auch zur Lektüre animieren. Erläutern Sie, welche Strategien hierzu von den Rezensenten gewählt wurden.

S. 53, Aufgabe 2:
Zeitungsverlage liefern im Internet häufig Angaben zur Reichweite ihrer Zeitungen und zur Zusammensetzung ihrer Leserschaft. Recherchieren Sie diese Informationen zu den an den Meyer-Rezensionen beteiligten Presseorganen.
Überlegen Sie, welchen Zusammenhang es zwischen dem durch die Rezensionen faktisch angesprochenen Publikum und den „Stories" geben könnte. Berücksichtigen Sie dabei die in den Erzählungen dargestellten Milieus und die Frage nach der Zielgruppe des Romans, die der Rezensent der „Süddeutschen Zeitung" aufwirft.

S. 53, Aufgabe 3:
Erarbeiten Sie aus den vorliegenden Rezensionsausschnitten eine kompakte Übersicht der literaturkritischen Reaktionen.
Hierfür sollten Sie nicht die Rezensionen hintereinander zusammenfassen, sondern um Aspekte der Wertung gruppieren. Beispiele:
Was wird zur Sprache gesagt? Womit werden Meyers Erzählungen verglichen? Wie wird von wem der Realismus der „Stories" beurteilt? Werden einzelne Erzählungen unterschiedlich interpretiert? Wie wird auf die Person des Autors eingegangen?

S. 53, Aufgabe 4:
Prüfen Sie, ob die späten Rezensionen von den zuvor publizierten Beiträgen profitiert haben könnten.

S. 53, Aufgabe 5:
Überlegen Sie, welchen Einfluss die vorliegenden Rezensionen auf die weitere Arbeit des Autors Clemens Meyer haben könnten.

S. 53, Aufgabe 6:
Diskutieren Sie, welche Rezension Sie besonders zur Lektüre der Erzählungen anregt und bei welcher das nicht der Fall ist. Überlegen Sie, was das Ergebnis über Ihre literarischen Ansprüche (Gratifikationserwartungen) aussagt.

S. 53, Aufgabe 7:
Verfassen Sie selbst eine Rezension zu einem aktuelleren Buch, das Sie in der letzten Zeit privat gelesen haben.

S. 53, Aufgabe 8:
„Es ist doch der Endzweck unserer Arbeit, dass der Leser ein Buch [...] anders liest und versteht, nachdem er unsere Kritik gelesen hat, indem wir ihm zum Verständnis des Buchs verhelfen und sein Vergnügen, sei-

nen Genuss vergrößern. [...] Und indem wir das tun, dienen wir nicht nur dem Leser, wir dienen der Literatur damit, indem wir zwischen der Literatur und dem Leser [...] vermitteln."
(Reich-Ranicki, Marcel: Kritik als Beruf. Drei Gespräche, ein kritisches Intermezzo und ein Porträt, hrsg. v. Peter Laemmle, Frankfurt/M.: Fischer, 2002, S. 93.)
Erörtern Sie die Aussage des berühmten Literaturkritikers Marcel Reich-Ranicki.

Auch dieser Aufgabenkomplex kann selbstständig von den Schülerinnen und Schülern bearbeitet werden. Zusätzlich zu den genannten Aufgaben bietet es sich an, gemeinsam mit den Schülerinnen und Schülern auf eine der Erzählungen aus dem Erzählband MEYERS detailliert einzugehen. Mehrfach wird in den Rezensionen die Erzählung „Der Dicke liebt" genannt (↗ z. B. Süddeutsche Zeitung, Lehrbuch, S. 45–46; Frankfurter Rundschau, Lehrbuch, S. 48). Dieser Text eignet sich für das Verfahren des *„close reading"* insbesondere, um die im Text zu findenden Widersprüche und Unstimmigkeiten wahrzu-nehmen Bei näherer Betrachtung der Erzählung dürfte verständlich werden, dass die Geschichte unterschiedliche Auslegungen ermöglicht – wie auch an den durchaus unterschiedlichen Positionen der Literaturkritiker deutlich wird.

Weiterführende Literatur (zu 1.1.1 bis 1.1.3)

Beste, Gisela/Kämper-van den Boogaart, Michael: Literaturkritik im Unterricht am Beispiel von Benjamin Leberts Roman „Crazy". In: Deutschunterricht 06/1999, Berlin: Friedrich Berlin Verlag, 1999, S. 425–435.

Deutsches PISA-Konsortium: PISA 2000. Basiskompetenzen von Schülerinnen und Schülern im internationalen Vergleich. Opladen: Leske + Budrich, 2001.

Eco, Umberto: Die Grenzen der Interpretation. München: Hanser Verlag, 3. Aufl. 2004.

Enzensberger, Hans-Magnus: Mittelmaß und Wahn. Gesammelte Zerstreuungen. Frankfurt/M.: Suhrkamp Verlag, 5. Aufl. 1999.

Kammler, Clemens: Symbolverstehen als literarische Rezeptionskompetenz. Zu Uwe Timm „Am Beispiel meines Bruders" (Jahrgangsstufe 11–13). In: ders. (Hrsg.): Literarische Kompetenzen – Standards im Literaturunterricht. Modelle für die Primar- und Sekundarstufe. Seelze: Klett Verlag/Kallmeyer Verlag, 2006, S. 196–213.

Kämper-van den Boogaart, Michael: Literaturkritik und „Literarisches Leben" im Oberstufenunterricht. Probleme und Anregungen. In: Deutschunterricht 11/1998, Berlin: Friedrich Berlin Verlag, 1998, S. 519–528.

Kämper-van den Boogaart, Michael: Kleinschrittiges Lesen als Kompetenz. Zu Johann Wolfgang Goethe „Das Göttliche" (Jahrgangsstufe 11–13). In: Clemens Kammler (Hrsg.): Literarische Kompetenzen – Standards im Literaturunterricht. Modelle für die Primar-und Sekundarstufe. Seelze: Klett/Kallmeyer, 2006, S. 158–175.

Kämper-van den Boogaart, Michael: „So weht es uns an aus dem siebzehnten Satz" – Staigers didaktische Lektüre von Kleists „Das Bettelweib von Locarno". In: Joachim Rickes/Volker Ladenthin/Michael Baum (Hrsg.): 1955–2005: Emil Staiger und „Die Kunst der Interpretation" heute. Publikationen zur Zeitschrift für Germanistik. Neue Folge XVI. Bern u. a.: Peter Lang Verlag, 2006, 229–241.

Kämper-van den Boogaart, Michael: Basisartikel: Hermeneutik/Interpretation/Interpretationsaufsatz/Kanon/Konstruktivismus/Literarische Wertung. In: Heinz-Jürgen Kliewer/ Inge Pohl (Hrsg.): Lexikon Deutschdidaktik. Bd. 1. Baltmannsweiler: Schneider Verlag Hohengehren, 2006.

Matthiessen, Wilhelm: Umgang mit Texten in der Sekundarstufe II. In: Michael Kämper-van den Boogaart (Hrsg.): Deutschdidaktik. Leitfaden für die Sekundarstufe I und II. Berlin: Cornelsen Scriptor, 1. neu überarbeitete Aufl. 2008, S. 127–152.

1.1.4 Theaterpraxis: Inszenierung

Didaktische Zielsetzungen

Kapitel 1.1.4 reiht sich ein in den Abschnitt 1.1, der die Praktiken des Umgangs mit Texten verschiedener Institutionen (und eben nicht nur der Schule) zum Inhalt hat. Der Umgang mit Texten durch Theatermacher spielt dabei eine besondere Rolle: Gerade in diesem Bereich sollten die Schülerinnen und Schüler Beispiele genug dafür finden können, dass das Interpretieren eines Textes immer eine aktive Auseinandersetzung mit diesem Text erfordert, dass verschiedene Lesarten existieren dürfen und dass es Vergnügen bereiten kann, solche gegenüberzustellen und zu diskutieren. Der Blick auf die – verglichen etwa mit der wissenschaftlichen Praxis – größeren Freiheiten, die sich (in der Regel) die künstlerische Rezeption hinsichtlich der Texte nimmt, kann Schülerinnen und Schülern Mut zu eigenen Interpretationsversuchen machen.

Neben dem Bereich Interpretation, der durch einen Abschnitt zum Regietheater zusätzlich profiliert werden soll, werden im Kapitel 1.1.4 auch Hintergründe der Theaterpraxis zum Thema: so die notwendige Kooperation künstlerischer und nichtkünstlerischer Kräfte im Zusammenhang mit Inszenierungen an Theatern, aber auch Fragen der finanziellen Ausstattung der Institution, darin eingeschlossen die Diskussion über die Subventionierung der Theater.

Zur Theaterpraxis gehört auch die Theaterkritik, wobei ein enger Bezug zur „journalistischen Praxis" gegeben ist. Hinweise auf die eigene „Schultheaterpraxis" der Schülerinnen und Schüler stellen einen Bezug zum Lehrbuchabschnitt „szenische Interpretation" her.

Ziele:
Den Schülerinnen und Schülern soll die Theaterpraxis als wichtige Praxis des Umgangs mit Texten bzw. einer bestimmten Gattung literarischer Texte deutlich werden, zugleich soll das Theater als wichtige Institution für diese Praxis in den Fokus gerückt werden.

Die Schüler sollen im Einzelnen
- Informationen über die materiellen und finanziellen Hintergründe der Theaterpraxis erhalten bzw. selbst ermitteln;
- die Theaterpraxis als eine Tätigkeit würdigen lernen, bei der Wissen über Texte nicht konserviert wird, sondern bei der durch kreativen Umgang mit Texten diese immer wieder neu befragt werden;
- Inszenierungen als Interpretationen begreifen und dabei Einblicke in die Vielfalt theatralischer Zeichen und deren Zusammenspiel gewinnen;
- zur Offenheit gegenüber verschiedenen Interpretationsansätzen bewegt werden, aber auch zur Reflexion und kritischen Auseinandersetzung mit solchen;
- Mut zu eigenen Auseinandersetzungen mit literarischen Texten gewinnen (auch Anregung zu künstlerischer Auseinandersetzung, etwa im Schultheater);
- über die verschiedenen Funktionen der Theaterkritik reflektieren und diese praktisch selbst erproben.

Der Einblick in die Theaterpraxis sollte nicht nur theoretisch geschehen, sondern auch praktisch: Ein Theaterbesuch drängt sich bei diesem Thema geradezu auf.

Hinweise zu den Aufgaben

S. 54, Aufgabe 1:
Diskutieren Sie, welche Erfahrungen Sie mit Theaterbesuchen – von der Schule oder privat organisiert – gemacht haben.

Die erste Frage des Kapitels dient der Aktivierung von Vorerfahrungen der Schülerinnen und Schüler. Dabei muss sicherlich von sehr unterschiedlicher Theateraffinität ausgegangen werden. Der Vergleich verschiedener Vorerfahrungen im Unterrichtsgespräch sollte die Offenheit für diese Praxis des Umgangs mit Texten erhöhen.

S. 54, Aufgabe 2:
Verständigen Sie sich darüber, was aus Ihrer Sicht „anspruchsvolle" Themen sind und ob sich Anspruch und Unterhaltung widersprechen müssen.

Die Frage bezieht sich direkt auf das Zitat des GRIPS-Theaterleiters VOLKER LUDWIG: Darin kritisiert LUDWIG eher die Lehrer als die Schüler für deren Zurückhaltung beim Theaterbesuch und stellt eine Gleichung her zwischen 68er-Generation, Engagement und politischen Themen im Theater.

Diese Gleichung ist natürlich hinterfragbar. Für die Gegenwart der Schüler ist sicherlich eine Verständigung darüber, was sie eigentlich heute im Theater erwarten, von größerer Wichtigkeit als eine Bewertung der 68er-Generation. Dabei könnte herauskommen, dass anspruchsvolle Themen nicht unbedingt politische sein müssen, dass Anspruch sehr unterhaltsam sein kann, dass aber auch Unterhaltung sehr anspruchsvoll gemacht sein kann.
Der letzte Teil von S. 54 ist so gestaltet, dass eher für das Theater ablehnende Argumente aufgelistet werden. Dadurch sollen die Schüler provoziert werden, positive Antwortvarianten zur Frage „Warum ins Theater?" zu finden.

S. 56, Aufgabe 1:
Vergleichen Sie das Bühnenbild zu „Emilia Galotti" mit dem Bild, das Sie sich während der Lektüre des Textes in Ihrer Vorstellung gemacht haben.

S. 56, Aufgabe 2:
Beschreiben Sie die Einrichtung der Bühne und die Wirkung, die diese auf Sie macht.

S. 56, Aufgabe 3:
Legen Sie dar, welcher Interpretationsansatz im Bühnenbild zu erkennen ist.

Die Schüler können feststellen, dass OLAF ALTMANNS Bühnenbild zur Inszenierung des Dramas „Emilia Galotti" am Deutschen Theater Berlin von der im Nebentext des Dramas geschilderten Ausstattung erheblich abweicht. Voraussetzung ist natürlich, dass sie das Drama kennen. (Verweis: „**Emilia Galotti**" wird in zwei weiteren LB-Abschnitten behandelt, ↗ u. a. Themenseiten zum „Nationaltheater".)
LESSING bestimmt als Schauplätze seines Dramas das Kabinett des Prinzen und den Vorsaal des Lustschlosses des Prinzen, dazwischen einen Saal im Galotti'schen Hause. Einige Requisiten wie der Arbeitstisch oder ein Fenster werden erwähnt.
OLAF ALTMANNS Bühnenbild dagegen ist abstrakter Natur, jeglicher historischer Bezug wurde vermieden. Der abstrakte Charakter des Bühnenbildes spricht für die Aktualität oder Allgemeingültigkeit des Dargestellten. Die sich nach hinten verengenden Wände unterstreichen möglicherweise die Aussichtslosigkeit der Situation, sie symbolisieren zunehmende Bedrängnis, trotz des großen Abstands zwischen den handelnden Personen.

S. 56, Aufgabe 4:
Recherchieren Sie, wie die Theaterkritik Olaf Altmanns Bühnenbild zu „Emilia Galotti" aufgenommen hat.

Folgende **Internetadressen** sind zurzeit noch verfügbar:

http://www.jump-cut.de/emiliagalotti.html
http://www.zeit.de/2001/41/200141_theaterberlin.xml

http://www.zeit.de/2001/51/Der_tut_weh
http://www.tagesspiegel.de/kultur/art772,2251710
http://www.phil-fak.uni-duesseldorf.de/fileadmin/Redak-tion/Institute/Germanistik/AbteilungIV/Schriftlichkeit/
Bilder/Schreibschule/KritikenHeynen/KritikenHeynenS-S2003II.doc
http://www.berlinonline.de/berliner-zeitung/archiv/.bin/
dump.fcgi/2008/0516/none/0006/index.html
http://www.berlinerfestspiele.de/media/2008/theater-treffen/festivalzeitung-online/pdfs/tt_08_festivalzei-tung3.pdf

Die Schüler werden bei ihren Recherchen feststellen, wie positiv die Kritik nicht nur auf das Bühnenbild, sondern auf die gesamte Inszenierung reagiert hat. Beschreibungen der Inszenierung wie „‚Emilia' in Spielfilmlänge", „Isolierte Menschen auf dem Laufsteg", „Konzentration auf das Wesentliche" geben zahlreiche Hinweise darauf, wie moderne Sehgewohnheiten in diese Inszenierung eingeflossen sind. Insofern könnte die Rechercheaufgabe die Neugier auf diese Inszenierung, aber auch auf die Theaterpraxis insgesamt wecken.

S. 57, Aufgabe:
Betrachten Sie die Szenenfotos auf den Seiten 55 und 56 und beschreiben Sie sie. Gehen Sie auch darauf ein, wie die einzelnen Szenenfotos jeweils auf Sie wirken. Zeigen Sie auf, inwiefern die Bühnenbilder einen Beitrag zur Interpretation der Stücke leisten.

Bei **„Maria Stuart"** fällt vor allem der Riss im Boden auf, der den Abstand zwischen den beiden Protagonistinnen unterstreicht. Die Positionierung und der Körperausdruck der Königinnen – und ihrer jeweiligen Parteigänger – unterstützen diese Wirkung. Die warme Farbgebung des Hintergrunds kontrastiert mit der Glätte des Materials. Auch hier laufen die Wände im Hintergrund aufeinander zu – deutbar ähnlich wie bei „Emilia Galotti" als bildhafte Darstellung unausweichlichen Geschicks. Abgesehen von den Kostümen, die einen historischen Anstrich haben, betont die Bühneneinrichtung eher die Zeitlosigkeit des Konflikts.
„Woyzeck" sitzt am offenen Ende eines Wasserrohrs, eine traurige Idylle im Plattenbauviertel. Alles deutet auf Gegenwart: Imbissbude, Mobiltoilette, Woyzecks Plastiktüte. Hier geht es offenbar darum, BÜCHNERS Figur im Hier und Jetzt zu verorten.

S. 58, Aufgabe:
Dass Inszenierungen Interpretationen sind, wird besonders im Vergleich unterschiedlicher Inszenierungen eines Stücks deutlich. Beschreiben Sie mit dieser Perspektive die Szenenfotos auf dieser und der folgenden Seite und vergleichen Sie sie jeweils miteinander.

S. 59, Aufgabe:
Arbeiten Sie die in den Bühnengestaltungen und den dargestellten Szenen enthaltenen Deutungsangebote heraus, indem Sie Bezüge zwischen den Inhalten der Stücke und den Abbildungen auf dieser und der vorigen Seite herstellen.

In der *Dresdener Inszenierung* von **„Nora"** schwebt die Heldin in einer Art Astronautenanzug durch ein Zimmer mit Einkaufstüte und Nadelbäumchen. Dagegen verortet die Bühnengestaltung der *Inszenierung in Berlin* das Stück eindeutig in der Yuppie-Generation: „offenes Wohnen", Möbel, die eher repräsentativ als bequem scheinen und eher auf Abstand als auf Gemeinsamkeit setzen, der Mann am Laptop, der seiner Frau den Rücken zudreht. Während die *Dresdener „Nora"* sich in einer Traumreise zu befinden scheint, durch die sie den kargen äußeren Umständen zu entfliehen versucht, gibt es für die *Berliner „Nora"* in materieller Hinsicht wenig Mangel zu konstatieren, jedoch scheint es an menschlicher Nähe zu fehlen. Die **„Drei Schwestern"** der Aufführung der Schaubühne kennzeichnet ein großer Abstand voneinander, dagegen erscheinen sie am Deutschen Theater vereint zu einer Jubelpose vor der Kamera, die natürlich wiederum zu hinterfragen wäre.

S. 60, Aufgabe 1:
Recherchieren Sie im Internet, welche Berufsgruppen an großen Theatern vertreten sind und welche Aufgaben sie haben.

S. 60, Aufgabe 2:
Erkunden Sie, wer (in der Regel) Interpretationsfragen einer Aufführung entscheidet, z. B. die Frage nach Emilias „Mitschuld" in Lessings Drama „Emilia Galotti".

Der **Deutsche Bühnenverein** stellt etwa 50 Berufe an Theatern vor, beschreibt Tätigkeiten, Voraussetzungen und notwendige Ausbildungen. Darunter auch den Beruf des Regisseurs, der in der Regel die Grundentscheidungen in Interpretationsfragen trifft.

S. 60, Aufgabe 3:
Vergleichen Sie die Herangehensweise der professionellen Theatermacher beim Inszenieren mit Ihrer Herangehensweise im Schultheater.

Die Beantwortung hat die Existenz eines Schultheaters zur Bedingung, die Art der Beantwortung hängt von der Funktionsweise eines solchen ab.

Insbesondere könnten Fragen der Arbeitsteilung, der Einbindung verschiedener Interessen, der „demokratischen" Entscheidungsfindung zu thematisieren sein.

S. 62, Aufgabe 1:
Stellen Sie in einer Erörterung Argumente zusammen, die für werktreue Inszenierungen bzw. für das Regietheater in Anspruch genommen werden. Beziehen Sie in Ihrer Erörterung auch selbst Stellung zur Debatte.

Argumente für werktreue Inszenierungen könnten sein:

– Das Werk eines Autors soll durch die Inszenierung nicht verfälscht werden.
– Der Autor und sein Werk benötigen keine „Übersetzungshilfen" für die Gegenwart.
– Regietheater ist Ausdruck von Überheblichkeit gegenüber der Tradition.
– Regisseure des Regietheaters sind Selbstdarsteller.
– Im Regietheater geschehen immer wieder die gleichen „Provokationen".
– Man muss ein Drama eigentlich schon sehr gut kennen, um die Abwandlung der Regietheaterregisseure überhaupt nachvollziehen zu können.
– Argumente für werktreue Inszenierungen lieferte DANIEL KEHLMANN mit seiner Festrede zur Eröffnung der Salzburger Festspiele 2009. Diese ist online abrufbar unter: http://kurier.at/kultur/1925770.php

Argumente für das Regietheater:

– Der Autor und sein Werk sind nicht heilig, sie dürfen auf ihre Gegenwartswirkung hin befragt werden.
– „Werktreue" als solche gibt es gar nicht.
– Das Theater ist kein Museum, es ist spannend zu sehen, was Regisseure des Regietheaters aus bekannten Dramen machen.

S. 62, Aufgabe 2:
Dass Unkonventionalität zur Konvention werden kann, gibt es nicht nur im Theater. Diskutieren Sie, in welchen kulturellen Bereichen solche Entwicklungen zu beobachten sind und ob es Möglichkeiten gibt, solche „Fallen" zu vermeiden.

Beispiele bieten zahlreiche Medien, etwa das Fernsehen: Unkonventionelle Formate wie „Big Brother" werden, bei Erfolg, wieder und wieder aufgelegt, bis sich eine Art neue Konvention entwickelt hat.
Man muss solche Entwicklungen allerdings nicht negativ als „Falle" betrachten. Für das Theater böte es sich an, die zu inszenierenden Dramen wirklich immer neu zu befragen, anstatt auf scheinbar funktionierende Theatereffekte zu vertrauen, die man dann jeder Inszenierung angedeihen lässt.

S. 63, Aufgabe 1:
Argumentieren Sie für und gegen die Finanzierung der Theater durch die öffentliche Hand. Gehen Sie dabei zunächst von Ihren eigenen Überlegungen aus. Berücksichtigen Sie dann aber auch theatergeschichtliche Argumente, z. B. die Funktion des Theaters in der Antike und in der Gegenwart, und die Bedeutung der öffentlichen Finanzierung für die Freiheit der Kunst.

Je nach Theateraffinität der Schülerinnen und Schüler werden die aus der eigenen Perspektive bezogenen Argumente unterschiedlich gewichtet sein. Unter den Argumenten aus der Theatergeschichte sollte vor allem das **„Schaugeld"**, das die griechische Polis den Bürgern als Ausgleich für den Verdienstausfall wegen eines Theaterbesuchs zahlte, Erwähnung finden.

Theater war damals Forum des politischen Diskurses. Offensichtlich schätzte man die gemeinschaftsstiftende Funktion eines Theaterbesuchs so hoch ein, dass man diesen mit direkten Geldzahlungen förderte.
Die Subventionierung des Theaters kann aber auch andere Funktionen verfolgen, worauf „panem et circenses" als ein Motto für das Theater der Römerzeit hinweist: Hier geht es eher um das Motiv der Ruhigstellung und Ablenkung der Bewohner.

Dass heute die öffentliche Finanzierung der Theater auch die Freiheit der Kunst unterstützt, wird ebenfalls im historischen Vergleich deutlich: So haben sich die Hoftheater – der Ständeklausel entsprechend – lange Zeit die Aufführung von Tragödien vorbehalten. Natürlich ist die Freiheit der Kunst im heutigen Theater nicht absolut, sondern wird relativiert durch die jeweiligen Positionen der Akteure auf dem Markt sowie durch den Geschmack und die Debatten der Theaterbesucher.

S. 63, Aufgabe 2:
Informieren Sie sich in einem Theater Ihres Ortes bzw. Ihrer Region, wie hier die Finanzierung erfolgt und aus welchen Bestandteilen sie sich zusammensetzt.

Die allgemeine Darstellung im Lehrbuchtext soll hier ergänzt werden durch den Blick auf den Einzelfall: eine Recherche vor Ort, die auch Interesse am künstlerischen Profil der lokalen Institution wecken kann.

S. 65, Aufgabe 1:
Legen Sie dar, wie Rischbieter begründet, dass Theaterkritik nicht „unabhängig" oder „naiv" betrieben werden kann.

Nach HENNING RISCHBIETER (geb. 1928) ist **Theaterkritik** u. a. „ein Geschäft": Der Kritiker verkauft seine Kritik auf dem „Meinungsmarkt". Er ist dadurch niemals unabhängig. Zugleich taxiert er öffentlich (auch wenn er beim Schreiben allein am Computer sitzt) den Wert der „Ware" Theater – und beeinflusst ihn dadurch.

Auch wenn sich der Kritiker selbst – in einzelnen Fällen sicherlich zu Recht – als Künstler empfinden mag, so gehört die Eingebundenheit in den Markt immer zu den zu reflektierenden Bedingungen seines Schaffens.

S. 65, Aufgabe 2:
Stellen Sie zunächst in einer Übersicht zusammen, welche konkreten Informationen über eine Inszenierung in einer Theaterkritik enthalten sein sollten. Schreiben Sie dann unter Beachtung der oben genannten Orientierungspunkte eine Theaterkritik, z. B. zu einer Inszenierung Ihres Schultheaters.

Wichtige Informationen sollten sein:
- Worum geht es in dem Drama, wer ist der Autor? (Den Inhalt bekannter Dramen muss man allerdings nicht wiedergeben.)
- Wie wird durch die Inszenierung das Drama interpretiert?
- Welches Regiekonzept ist erkennbar?
- Wer ist für die Inszenierung verantwortlich?
- Welche Gestalt und Funktion (im Rahmen der Gesamtinterpretation) haben Bühnenbild, Requisiten, Kostüme, Musik?
- Wie sind die Rollen besetzt?
- Wie agieren die Schauspieler?
- Welchen Gesamteindruck hinterlässt die Inszenierung?
- Wie hat das Publikum reagiert?
- Wann und wo finden weitere Aufführungen statt?

S. 65, Aufgabe 3:
Vergleichen Sie Ihre Theaterkritik mit den Kritiken, die Ihre Mitschüler (eventuell zur gleichen Theateraufführung) geschrieben haben. Achten Sie besonders auf den Informationsgehalt, die sowohl inhaltlich als auch sprachlich adressatenbezogene Gestaltung, die notwendige Offenheit für das Konzept der Inszenierung und die nachvollziehbare Begründung vorgebrachter Wertungen.

Dieser Vergleich soll die Schülerinnen und Schüler anregen, über Inhalt und Gestaltung ihrer Theaterkritik zu reflektieren. Kriterien könnten sein:
- Vollständigkeit der enthaltenen Informationen,
- inhaltliche Gliederung,
- sprachliche Gestaltung,
- Reflexionsniveau.

1.1.5 Schulische Praxis: Aufsatz und szenische Interpretation

Selbst dort, wo die Schule Bildung des Individuums zum Programm erhebt, bleibt sie eine Institution, die von politischen und gesellschaftlichen Interessen und Mächten gesteuert wird. Umgekehrt legitimiert sich Politik auch durch ihre jeweilige Schulpolitik, indem sie versucht, gesellschaftliche Konflikte und Defizite zu kompensieren.

Normalerweise werden solche Zusammenhänge im Deutschunterricht nicht thematisiert. Die Schule verlangt von Schülerinnen und Schülern viele Arbeiten, die es außerhalb der Schule nicht gibt. Sie werden fraglos erledigt, besonders, wenn sie auf die Abiturprüfungen vorbereiten. Dazu gehören weite Teile des traditionellen „Aufsatzunterrichts", ebenso die meisten der als fortschrittlich geltenden handlungs- und produktionsorientierten Arbeitsweisen. Das Kapitel 1.1.5 kann auch dazu genutzt werden, den Deutschunterricht und seine Funktionen aus kritischer Distanz zu betrachten.

Didaktische Zielsetzungen

Zur Geschichte der Schule und des Deutschunterrichts
Die Geschichte der Schule und des Deutschunterrichts steht normalerweise außerhalb des Unterrichtsinteresses. Dabei gibt es eine Reihe von Aspekten, die für Schülerinnen und Schüler interessant sein können, besonders wenn sie (etwa durch Referate) vertieft werden. Für ihre schulische Bildung können Schüler lernen, wie Bildungsziele von deren Institutionalisierung geprägt werden. Sie bekommen Einblicke in die Geschichte der Schule, der Schulpflicht, der Schulfächer, des Lesebuchs, des Aufsatzunterrichts, des Abiturs, des Studiums, der Studienabschlüsse (Bachelor, Master, Staatsexamen, Promotion) und der Lehrerausbildung. Sie können aktuelle Diskussionen über Bildung (z. B. um die PISA-Ergebnisse) eher einordnen und beurteilen. Im Rahmen des Deutschunterrichts können Schülerinnen und Schüler lernen,
- wie sich der Deutschunterricht seinen Platz neben Religion und den alten Sprachen erobert hat,
- inwiefern dem Deutschunterricht eine grundlegende Funktion auch für die anderen Fächer zugesprochen wurde,
- welche Funktionen Literatur im Unterricht erfüllen sollte.

Das Kapitel zur Geschichte der Schule und des Deutschunterrichts kann in **Unterrichtsreihen zu Aufsatzformen, zur Sprachgeschichte und zu Epochen** verwendet werden. Wesentliche Themen könnten sein:
- Die Herausbildung der deutschen Sprache in Konkurrenz zu Latein und Französisch
- Wer soll wen wozu erziehen? Institutionen, Interessen und Interessenkonflikte
- Der Kampf um die eigene Sprache. Von den Sprachgesellschaften bis zur Denglisch-Kritik
- Die Lektüre von Literatur – eine moralische Veranstaltung?

Fachübergreifende Projekte bieten sich mit Geschichte und Pädagogik an.

Weiterführende Literatur

Frank, Horst Joachim: Dichtung, Sprache, Menschenbildung. Geschichte des Deutschunterrichts von den Anfängen bis 1945. München: Carl Hanser Verlag, 1973 und Dtv, 1976.

Fuhrmann, Manfred: Bildung. Europas kulturelle Identität. Stuttgart: Reclam, 2002.

Homberger, Dietrich: Geschichte des Deutschunterrichts in 7 „Schlaglichtern". (http://homepage.ruhr-uni-bochum.de/Dietrich.Homberger/d-ring_T.htm)

Kämper-van den Boogaart, Michael: Streit um den Lehrplan: Historisches. In: ders. (Hrsg.): Deutsch-Didaktik. Leitfaden für die Sekundarstufe I und II. Berlin: Cornelsen Verlag Scriptor, 3., kompl. überarb. Auflage. 2008, S. 20 ff.

Scheller, Ingo: Wir machen unsere Inszenierungen selber. Bd. I, II, Universität Oldenburg (Zentrum für pädagogische Berufspraxis), 1989.

Spinner, Kaspar H.: Literaturunterricht und moralische Entwicklung. In: Praxis Deutsch 95, Seelze: Erhard Friedrich Verlag, 1989, S. 13–19.

Didaktische Zielsetzungen

Deutschaufsätze im Satirespiegel

Mit **„Kochers Aufsätze"** hatte der Schweizer ROBERT WALSER (1878–1956) im Alter von 25 Jahren Erfolg. Der Band beginnt mit dem einleitenden Satz: „Der Knabe, der diese Aufsätze geschrieben hat, ist kurz nach seinem Austritt aus der Schule gestorben." Der fiktive Herausgeber beschreibt den fiktiven Schüler als „knabenhaft" und „zu unknabenhaft", als „sehr weise und sehr töricht", als „lustigen und ernsten Lacher", dem es vergönnt gewesen sei, „in seiner kleinen Welt hell zu sehen".
Der Band war für den jungen Insel-Verlag (gegründet 1899) ein Misserfolg und wurde verramscht. Erst seit den 80er-Jahren des 20. Jahrhunderts wurden seine Mikrogramme entziffert und ein bedeutender Autor entdeckt.
Der Begriff „Aufsatz" klingt inzwischen etwas altertümlich; heute redet man gerne von „Textsorten", „Schreibaufgaben" und „Aufgabenformaten" sowie von „Schreibkompetenzen".
Das um die Jahrhundertwende gebräuchliche **„Freithema"** wäre heute kein akzeptables Aufgabenformat, die Reaktion Fritz Kochers, ihm falle nichts ein, er „liebe diese Art von Freiheit nicht", entspricht durchaus den Erfahrungen beim kreativen Schreiben:
Es ist schwieriger, ohne thematische und formale Vorgaben zu schreiben. Bei Fritz allerdings gehört die Abneigung gegenüber der Freiheit zur Maskerade des naiven Schülers, der mit seinem besonderen Blick auf die Schulstube v. a. seinen Lehrer beschreibt und beurteilt. Dabei wechselt er zwischen gelehrtem Stil („item" für „ebenso"), virtuosen literarischen Beschreibungen (viele passende Metaphern, Vergleiche und rhetorische Figuren), mündlichem Ausdruck („Aha, da habe ich es.") und Lehrersprache („Im ganzen beherrscht sich unser Lehrer gut."). Mit dem Gestus der Bescheidenheit hängt er sich im letzten Satz das Mäntelchen der Selbstkritik um, während er zuvor scheinbar verständnisvoll („Wenn ich an seiner Stelle sein müßte"), dann aber auch altklug („es kann nicht alles schön aussehen") oder gar schonungslos urteilt („Das ist ein Fehler."). Der Lehrer erscheint insgesamt wie eine Karikatur, eine Person, bei der Sein und Schein weit auseinanderklaffen, ein Möchtegern-Napoleon („Austerlitz"), dem die Schulstube die weite Welt bedeutet. Das eben ist der heimliche Lehrplan; es sind seine Stiefel, die den Schülern „viel zu denken geben". Im verfremdenden Blick auf die entrückten Mitschüler

und den Lehrer („muß ich unwillkürlich lachen"), insbesondere aber im „Aussuchen feiner, schöner Worte" findet der Schreiber sein Vergnügen.

Kaspar Hausers Aufsatz folgt einem vorgegebenen Thema, es handelt sich beim Vergleich der Bedeutung GOETHES und HITLERS um einen Besinnungsaufsatz oder, um heutigem Sprachgebrauch gerecht zu werden, um *erörterndes Schreiben*. Die gliedernden Überschriften täuschen eine gedankliche Ordnung vor, die tatsächlich ganz konfus ist und wenig mit den Ausführungen zu tun hat. Im Unterschied zu Kocher identifiziert sich Kaspar Hauser („wir als Hitlerjugend") mit der Volkesmehrheit und mit dem Adressaten, der offenbar ein nationalsozialistisch getränkter Lehrer ist; das zeigt sich nicht nur an der grotesken Aufgabenstellung und der Bewertung des Aufsatzes, sondern auch an Inhalt und Sprache, die so übersteigert sind, dass die satirische Absicht TUCHOLSKYS überdeutlich wird. Da dennoch nicht wenige Schülerinnen und Schüler Schwierigkeiten haben, Satiren als solche zu durchschauen, wird man gut daran tun, Detailuntersuchungen durchzuführen, die als Belege dienen.
Es gibt kuriose Wortschöpfungen („mauselebendig", „einen Vergleich langziehn"), eine derbanale Namensverdrehung („Charlotte Puff"), absurde Verwendung nationalsozialistischer Phrasen („Goethe war kein gesunder Mittelstand.") und dümmliche Unbeholfenheit („Daher machen wir Goethe nicht mit."). Auch kleine sprachliche Fehler tragen zur Komik bei: „Goethe war Geheim, Hitler Regierungsrat." (Tatsächlich war HITLER am 25. 01. 1932 zum Regierungsrat beim Braunschweiger Landeskultur- und Vermessungsamt ernannt worden, ein Manöver, das die Einbürgerung des Österreichers HITLER und damit seine Wählbarkeit ermöglichte. GOETHE war 1776, ein Jahr nach seiner Ankunft in Weimar, vom Herzog zum Geheimen Legationsrat und damit zum Regierungsmitglied ernannt worden. 1782 verschafft ihm sein Herzog beim Kaiser in Wien auch den Adelstitel „von".)
Zum Schluss des Aufsatzes („Deutschlanderwache...") zeigt sich, wie sich Dummheit mit blinder Aggression paart und Sprache gewalttätig wird. Fritz Kocher erscheint neben Kaspar Hauser fast als ein Feingeist.

Aufgabenvorschlag:
Die Schüler kommentieren und bewerten die beiden Aufsätze aus der Position einer damaligen und/oder heutigen Lehrkraft, ernsthaft oder satirisch. – Oder sie schreiben eine eigene Satire auf ihren Unterricht.

Es lohnt, mit den Schülerinnen und Schülern den **zeitgeschichtlichen Hintergrund** zu erarbeiten:
KURT TUCHOLSKYS Text wurde im Mai 1932 veröffentlicht. Einen Monat zuvor hatte die NSDAP bei fünf Landtagswahlen große Stimmengewinne erzielt. Bei den Reichstagswahlen am 31. Juli wurde die NSDAP die stärkste Partei. GÖRING wurde Reichstagspräsident.
TUCHOLSKY lebte seit 1930 in Schweden. Seit 1924 arbeitete er an der „Weltbühne" mit, deren wichtigster Herausgeber ab 1927 CARL VON OSSIETZKY war. OSSIETZKY kam

bereits im Februar 1933 ins KZ (bis 1936, als er den Friedensnobelpreis für das Jahr 1935 erhielt). Im März 1933 wurde die „Weltbühne" verboten. Im Mai wurden bei den Bücherverbrennungen auch TUCHOLKSKYS und OSSIETZKYS Werke ins Feuer geworfen. TUCHOLSKYS „Einbürgerungsantrag zur Erlangung der schwedischen Staatsbürgerschaft" (Januar 1934) ist im Internet zu finden: http://www.ktg-minden.de/autobiographisches/ 3-autobiographisches/29-eigenhaendigevita.html. Er bekommt einen schwedischen Fremdenpass ohne Arbeitserlaubnis.

Im historischen Zusammenhang bieten sich auch satirische Gedichte TUCHOLSKYS an, die er 1930 bzw. 1931 in der „Weltbühne" unter seinem bekannten Pseudonym „THEOBALD TIGER" veröffentlicht hat, z.B. „Das dritte Reich" oder auch „Joebbels".

TUCHOLSKYS Schulaufsatz gibt Gelegenheit, die Behinderungen und Grenzen der Publikationsfreiheit und die Aufgaben der Satire im Besonderen zu erörtern – unlängst weltweit diskutiert im **„Karikaturenstreit"** über die zwölf Mohammed-Zeichnungen in der dänischen Zeitung „Jyllands-Posten" vom September 2005. Dazu kann TUCHOLSKY selbst herangezogen werden:

> „Jede Kunst, sagt Eduard Fuchs, ist Karikatur, wenn man nämlich unter Karikatur Hinweglassung des Unwesentlichen und die dadurch notwendige Betonung des Wesentlichen versteht. In ganz besonderem Maße wendet die Satire die Karikatur als Mittel an.
> Aus diesen klaren und richtigen Worten folgt zweierlei: erstens, daß man verstanden haben muß, bevor man karikiert, daß man überhaupt nur das satirisch behandeln kann, was man in seinem tiefsten Kern begriffen hat, und zweitens, daß notwendigerweise die rechtsstehenden Parteien keine gute Satire haben können, weil das restlose Kapieren der Dinge Objektivität und oft genug Respektlosigkeit erfordert. Der Satiriker darf keine, aber auch gar keine Autorität anerkennen. Das widerstrebt den Priestern der Autorität und den Halben, Lauen, und niemals werden sie eine künstlerisch gute Satire hervorbringen können [...]."
>
> (Tucholsky, Kurt: Die moderne politische Satire in der Literatur. In: Dresdner Volkszeitung, 14. Mai 1912.)

Man sieht, dass das oft herangezogene Tucholsky-Zitat „Was darf die Satire? Alles" zu kurz greift. Schließlich könnte TUCHOLSKYS Pazifismus zumindest in einem Referat erörtert werden. „Soldaten sind Mörder" schrieb TUCHOLSKY in „Der bewachte Kriegsschauplatz":

> „Da gab es vier Jahre lang ganze Quadratmeilen Landes, auf denen war der Mord obligatorisch, während er eine halbe Stunde davon entfernt ebenso streng verboten war. Sagte ich: Mord? Natürlich Mord. Soldaten sind Mörder."
>
> (Die Weltbühne Nr. 31, 04. August 1931 – In: Tucholsky, Kurt: Gesammelte Werke, Bd. 3, hrsg. v. Mary Gerold-Tucholsky und Fritz Raddatz, Frankfurt/M.: Verlag Zweitausendeins, 2005, S. 905.)

CARL VON OSSIETZKY als verantwortlicher Redakteur wurde angeklagt und freigesprochen. Der Satz „Soldaten sind Mörder" wurde 1995 zum Gegenstand eines Urteils des Bundesverfassungsgerichts: (http://archiv.jura.uni-saarland.de/Entscheidungen/ Bundesgerichte/soldat_2.html).

Das allgemeine Werturteil wurde erlaubt, die persönliche Diffamierung etwa eines bestimmten Soldaten aber falle nicht unter das Grundrecht der freien Meinungsäußerung.

Weiterführende Literatur

Derzeit erscheint eine Kritische Robert-Walser-Ausgabe (KWA) in den Verlagen Schwabe und Stroemfeld (allein 14 Bände zu WALSERS Mikrogrammen) sowie eine weitere Neuausgabe bei Suhrkamp für ein breiteres Lesepublikum.

Benjamin, Walter: Robert Walser, 1929 (Text auch im Internet: http://www.mikrogramme.de).

TUCHOLSKY im Internet: http://www.ub.fu-berlin.de/internetquellen/fachinformation/germanistik/autoren/multi_tuv/tucho.html (eine Linksammlung für Quellentexte und Sekundärliteratur).

Didaktische Zielsetzungen

Lieben oder zerpflücken? Die „Interpretationssucht" im Literaturunterricht

Mit diesem Kapitel können Schülerinnen und Schüler reflektieren,
- mit welch unterschiedlichen Grundhaltungen man das Geschäft der Interpretation und Analyse betreiben kann,
- welche gesellschaftlich verbreiteten Vorbehalte gegenüber der Arbeit im Deutschunterricht im Allgemeinen und im Aufsatzunterricht im Besonderen bestehen,
- welche dieser Vorbehalte man mehr oder weniger bewusst selbst hegt und
- ob es Möglichkeiten gibt, derartigen Deformationen des Unterrichts zu entgehen.

Die Texte des Kapitels stellen eine große Bandbreite unterschiedlicher Grundhaltungen dar, wie man mit Literatur umgehen sollte. (Das meiste lässt sich auf den Umgang mit Kunst überhaupt übertragen.) Am weitesten liegen BRECHT (Plädoyer für die Analyse) und RILKE (Rat, der Kunst liebend zu begegnen) auseinander. Da die vier klassischen Autoren alle unverdächtig sind, inkompetent auf Literatur zuzugehen, bieten sie die Möglichkeit, Schülerinnen und Schüler in ihren unterschiedlichen Erfahrungen und Wünschen ernst zu nehmen und zu bestärken. Möglicherweise gibt es die Deutschlehrkräfte nicht mehr, gegen die GRASS polemisiert, aber die beklagte „Interpretationssucht" wird nicht überwunden sein und es ist fraglich, wie Deutsch als Prüfungsfach solchen Vorwürfen überhaupt entgehen kann.

Damit wären die Ziele anzusprechen, die der Literaturunterricht verfolgt. Trotz der erheblichen Gegensätze wird bei allen Autoren deutlich, dass es graduelle Unterschiede im Kunsterleben gibt, dass die Subjekte also einen Prozess der Reifung ihrer Begabungen und Fähigkeiten durchlaufen können. Das Ziel wäre eine Entwicklung der Genussfähigkeit und der Differenzierung des inneren Erlebens. Es können unterschieden werden:

– die (aktive!) Rezeption (z. B. Lesen, Hören, Schauen),
– die Analyse und
– die Bewertung der Kunst

Im günstigen Fall spielen alle dabei entwickelten Fähigkeiten, wie GOETHES Synthese nahelegt, förderlich ineinander.

Die sorgfältige Lektüre der Texte kann dem unausrottbaren, da bequemen Vorurteil entgegenarbeiten, Werturteile über Kunstwerke seien rein subjektiv und willkürlich und nicht etwa in intensiver Beschäftigung mit der Kunst zu größerer Kompetenz zu entwickeln. VINCENT VAN GOGH mag als Zeuge dienen:

> „Gewiß kann man durch das Studium der Farbgesetze, mit dem instinktiven Glauben an die großen Meister dahin gelangen, eine Begründung dafür zu geben, warum man schön findet, was man schön findet, und das ist heutzutage wohl notwendig, wenn man bedenkt, wie schrecklich willkürlich und wie oberflächlich beurteilt wird."
>
> (Vincent an Theo van Gogh, Ende Oktober 1885 – In: van Gogh, Vincent: Briefe. Ausgewählt u. hrsg. v. Bodo Plachta, Stuttgart: Reclam Verlag, 2001, S. 183.)

Eine aktuelle und zugleich überzeitliche Karikatur zeichnet das Chanson „Deutschlehrer" von SEBASTIAN KRÄMER (Kleinkunstpreis 2009), in dem es heißt:

> „Ihr seid wie König Midas (falls euch Mythologie etwas sagt), bloß daß alles, was ihr anfaßt, zu Scheiße wird. Ihr seid das Abführmittel der Kultur. Oder anders gesagt: Ihr seid die Bösen, aber nicht weil ihr wirklich böse seid, sondern weil das eure Aufgabe in der Gesellschaft ist. Zur Sozialisation gehören Feindbilder. Werdet euch endlich eurer Verantwortung bewußt!"
>
> (Zu hören auf YouTube – aktueller Link: http://www.youtube-com/watch?v=Nki2zDEUoms.)

KRÄMER legt damit offen, warum sein Chanson so viele Lacher im Publikum findet und warum der Vorwurf, der Deutschunterricht verfehle hoffnungslos seine Ziele, trotz aller Reformen immer neue Nahrung finden wird.

Die Schülerinnen und Schüler können die Texte arbeitsteilig erarbeiten und über einen angemessenen Zugang zu Literatur und Kunstwerken überhaupt debattieren. Eine anspruchsvolle Alternative: Die Schüler vergleichen die Konsequenzen der Texte experimentell. Sie einigen sich auf einen Text oder ein Kunstwerk, teilen sich in Gruppen gemäß ihrem bevorzugten Autor und tauschen sich darüber aus, wie sie im Sinne des gewählten Autors mit dem verabredeten Text oder Kunstwerk umgehen können. Wie z. B. kann ich mit RILKE ein bestimmtes Kunstwerk durch Liebe erfahren? Wie werde ich der behaupteten Unsagbarkeit gerecht, wie der Einsamkeit des inneren Erlebens?

Nach einer solchen Erprobung und der Präsentation der Gruppenergebnisse werden sich neue Einblicke ergeben, welche Zugänge in welcher Weise fruchtbar sein und ob die unterschiedlichen Zugänge auch den Unterricht bereichern können.

Didaktische Zielsetzungen

Szenische Interpretation

Das Kapitel ist als systematischer Lehrgang aufgebaut. Denn gerade die szenische Arbeit erschöpft sich allzu oft in der Freude am Spiel und der Belobigung der Schüler; darüber hinaus sollten den Schülern auch Wege aufgezeigt werden, wie sie ihre Arbeit verbessern können.

Die Übungen sind durchweg in langjähriger Praxis erprobt. Dennoch muss jede Spielleiterin und jeder Spielleiter sich entscheiden, welche Übungen sie oder er sich selbst zutraut.

Es ist besonders wichtig, dass ein Spielleiter in seine eigene Rolle findet, die sich sehr von der Lehrerrolle unterscheidet. Bei Theaterproben wird wenig argumentiert, es wird animiert, angeordnet, ermuntert, fantasiert. Dazu muss der Spielleiter selbst von dem überzeugt sein, was er anordnet; er muss Autorität ausstrahlen, damit sich die Spieler seinen Vorschlägen anvertrauen. Autorität gewinnt man durch die Erfahrung, die man sich als Spielleiter in der eigenen Übung aufbaut. Jedem seien daher Workshops empfohlen, wie sie die Theater und die Landesarbeitsgemeinschaften der Theaterlehrer anbieten. Schüler neigen in ihrem Spiel eher zu konventioneller Darstellung, wie sie auch im Theater eher traditionelle Aufführungen (z. B. auch historische Kostüme und Bühnenbilder) genießen. Das ist verständlich, wenn man bedenkt, wie wenig Theatererfahrung die meisten Schüler mitbringen. Je mehr Aufführungen sie sehen, umso eher werden sie Gefallen an Darstellungen finden können, die gewohnte Bilder verstören und die eigene Fantasie mehr herausfordern.

Weiterführende Literatur:

Eine Interessenvertetung für Theaterlehrer(Innen): Bundesverband Theater in Schulen (BV.TS), im Internet: http://www.bvds.org, mit vielen nützlichen Links.

Allgemeine Literatur:
Brauneck, Manfred (Hrsg.): Theater im 20. Jahrhundert. Programmschriften, Stilperioden, Reformmodelle. Reinbek b. Hamburg: Rowohlt, 1986. (Neben Brecht sind v. a. Stanislawski und Artaud wichtig.)

Scheller, Ingo: Szenisches Spiel. Handbuch für die pädagogische Praxis. Berlin: Cornelsen Scriptor, 1998.

Reihe „theater spiel". Bd. 1: Protokolle, Bd. 2: Protokolle. Praxisnahe Spielhilfen, Bd. 4: Theater Selbermachen. Ein erster Schritt, Bd. 6: Spielideen, Bd. 7: Praxis für das Bewegungstheater, Bd. 8: Das Spielleiterhandbuch, Aachen: Meyer & Meyer Verlag.

Batz, Michael/Schroth, Horst: Theater grenzenlos. Reinbek b. Hamburg: Rowohlt Verlag, 1985.

Giffei, Herbert (Hrsg.): Theater machen. Ravensburg: Maier Verlag, 1982.

Reiss, Horst, et al.: Handreichungen zum Darstellenden Spiel. In: Kulturelle Praxis, Heft 1, 1994.

Spiel und Theater. Zeitschrift für Amateur-, Jugend- und Schultheater, hrsg. v. Günter Frenzel/Ulrich Hesse, Weinheim: Deutscher Theaterverlag, Postfach 100261, 69442.

Literatur zur Atmung und zum Aufwärmen:
Der kleine Hey: Die Kunst des Sprechens. Neu bearb. u. ergänzt v. F. Reusch, Mainz: Schott, 1997, 50. Aufl. 2000 (mit DVD).

Coblenzer, Horst: Erfolgreich sprechen. Fehler – und wie man sie vermeidet. Wien: Österreich. Bundesverlag, 4. Aufl. 1999.

Lodes, Hiltrud: Atme richtig. München: Goldmann Verlag, 2000.

Broich, Josef: Anwärmspiele. Köln: Maternus Verlag, 2. erweit. Aufl. 2005.

Literatur zur Improvisation und Darstellung:
Schauspielen. Handbuch der Schauspieler-Ausbildung. Berlin: Henschel Verlag, 1991.

Spolin, Viola: Improvisationstechniken für Pädagogik, Therapie und Theater. Paderborn: Junfermann Verlag, 7. Aufl. 2005.

Literatur zu Techniken der szenischen Interpretation:

Scheller, Ingo: Szenische Interpretation: Theorie und Praxis eines handlungs- und erfahrungsbezogenen Literaturunterrichts in Sekundarstufe I und II. Seelze-Velber: Kallmeyer Verlag, 2004.

Scheller, Ingo: Basisartikel „Szenische Interpretation". In: Praxis Deutsch, Nr. 136, 1996, S. 22–32.

Anregungen zur Eigenproduktion von Stücken:
Kunz, Marcel: Spiel-Raum. Literaturunterricht und Theater: Überlegungen, Annäherungen und Modelle. Zug: Klett und Balmer Verlag, 1989.

Gerhardt, Gerd: „Lücken in der Seele". Produktive Auseinandersetzung mit DichterInnen der Romantik. In: Diskussion Deutsch, Heft 142, Juni 1995, S. 109–119 (Dokumentation eines Projekts).

Verlage zum Erwerb von Texten und Aufführungsrechten:
Der Buchverlag eines Dramas ist nicht immer identisch mit dem Theaterverlag, der die Bühnenrechte eines Stückes besitzt. Auskunft über die **Aufführungsrechte** erteilt der Verband Deutscher Bühnen- und Medienverlage (VDB) in einer Onlinedatenbank.

Wichtige **Theaterverlage:**
    Verlag der Autoren (Frankfurt/M.),
    Deutscher Theaterverlag (Weinheim),
    Verlag Autorenagentur GmbH (Frankfurt/M.),
    Impuls Theater-Verlag (Krailing vor München),
    Grafenstein-Verlag (München),
    Hunzinger Bühnenverlag (Bad Homburg),

die Theaterverlage von:
    Rowohlt (Reinbek),
    Suhrkamp (Frankfurt/M.),
    Oetinger (Hamburg),
    Kiepenheuer (Berlin),
    Fischer (Frankfurt/M.),
    Diogenes (Zürich) u. a.

1

1.2   Texte schreiben

Didaktische Zielsetzungen

In der Deutschdidaktik sind – ausgelöst durch Ergebnisse der Schreibforschung – in den letzten Jahrzehnten die Funktionen des Schreibens und der prozessorientierte Schreibunterricht wichtig geworden (↗ Baurmann 2008, S. 254).

Zentral ist hier der Erwerb verschiedener **Schreibstrategien,** wie sie auch als zu erwerbende Kompetenzen in den Lehrplänen standardisiert sind. Schreibstrategien richten sich in erster Linie an unterschiedlichen Schreibfunktionen aus, berücksichtigen aber auch den persönlichen Schreibtyp.

Wesentlich für die Realisierung der vor allem heuristischen bzw. hermeneutischen Prozessen dienenden **Schreibaufgaben** in der Oberstufe sind die sorgfältige Planung und das planvolle Überarbeiten von Texten.

Das vorliegende Kapitel leitet Schülerinnen und Schüler an, **Schreibvorhaben,** ausgerichtet am jeweiligen Schreibauftrag bzw. der hier implizierten Schreibfunktion, zu planen und die entstandenen Texte anhand klarer Kriterien zu überarbeiten.

Schülerinnen und Schüler entwickeln Kompetenzen, Schreibvorhaben planvoll umzusetzen, indem sie die einzelnen **Phasen des Schreibprozesses** berücksichtigen:

– *Vorbereiten* (1.2.1, S. 86): Klärung der durch die Formulierung des Schreibauftrags geforderten Leistungen (Operationen), des Adressaten und der Funktion des Textes;
– *Planen* (1.2.2, S. 89): Einteilung der zur Verfügung stehenden Zeit, Wahl der
  zum Schreibauftrag passenden Schreibstrategie („automatisches" Schreiben, geplantes Schreiben, Texte als Muster verwenden, Textkompilation) und ggf. der geeigneten Methode zur Ideensammlung oder -strukturierung (Clustering oder Mindmapping);
– *Ausformulieren* (1.2.3, S. 93): Wahl und Einhaltung des geeigneten Sprachstils, Hilfestellung durch Textbausteine, Bewusstheit über die ausgeführte Schreibhandlung;
– *Überarbeiten* (1.2.4, S. 97): Überarbeitung von Texten mithilfe eines Leitfadens, Arbeiten in einer Schreibkonferenz.

Das Kapitel oder einzelne Bestandteile des Kapitels können in den *Schreibunterricht* integriert werden, eignen sich aber auch für ein *Selbststudium* der Schülerinnen und Schüler.
Im Unterricht bietet es sich an, im Rahmen von Schreibvorhaben oder in der Klausurvor- und Nachbereitung gezielt in einzelne Phasen des Schreibprozesses einzuführen, sie zu vertiefen und einzuüben.

1.2.1   Vorbereiten: Klarheit über Anforderungen gewinnen

Hinweise zu den Aufgaben

S. 87, Aufgabe:
Beschreiben Sie die geforderten Operationen folgender Aufgabenstellungen:

– *Interpretieren Sie vergleichend die beiden Gedichte ‚X' und ‚Y'.*
– *Erörtern Sie anhand des vorliegenden Textes die Auffassungen des Autors ‚Y'.*
– *Gestalten Sie einen Leserbrief zu dem vorliegenden Zeitungsartikel ‚X'.*

Deutlich werden soll hier, dass in jeder der drei Aufgaben zunächst die oben für die Textanalyse bzw. -interpretation aufgelisteten Operationen gefordert werden.

Aufbauend auf den so gewonnenen Ergebnissen können dann die Gedichte nach bestimmten Aspekten verglichen werden, soll die Argumentation eines Textes durch eine eigene Argumentation gestützt bzw. widerlegt werden, soll ein eigener Leserbrief verfasst werden.

S. 88, Aufgabe 1:
Beschreiben und diskutieren Sie, welche Operationen bzw. Leistungen die obigen Operatoren jeweils erfordern.

S. 88, Aufgabe 2:
Überlegen Sie, welche Aufgaben eher leicht zu lösen sind und welche Sie eher als anspruchsvoll empfinden. Gruppieren und sortieren Sie die Operatoren entsprechend nach ihrem Anforderungsniveau.

Ziel der ersten Aufgabe ist es, dass die Schülerinnen und Schüler sich gedanklich damit auseinandersetzen, was genau sie eigentlich tun bzw. leisten, wenn sie Aufgaben mit den genannten Operatoren lösen.
In der zweiten Aufgabe soll deutlich werden, dass verschiedene Leistungen, die durchaus in einer Aufgabe durch einen übergeordneten Operator („Analysieren Sie", „Interpretieren Sie", „Erörtern Sie", „Gestalten Sie") verlangt werden, unterschiedlich anspruchsvoll sind. So liegen „Beschreiben Sie" und „Geben Sie wieder" ganz unten auf der Skala der Leistungsanforderungen, „Beurteilen Sie" und „Nehmen Sie kritisch Stellung" dagegen ganz oben.

Wichtig ist hier die Einsicht, dass man aus ganz unterschiedlichen Gründen und mit ganz unterschiedlichen **Absichten** „schreibt", nämlich:

– für sich selbst, um ggf. etwas zu dokumentieren oder über etwas Klarheit zu gewinnen (Tagebuch);
– für andere, um zu informieren oder eine Bewertung abzugeben (Schlagzeile, Reportage, Rezension), Auf-

merksamkeit zu erregen (Schlagzeile), anzuleiten (Gebrauchsanleitung);
– für sich und für andere, um Erkenntnisse zu gewinnen und mitzuteilen (Abituraufsatz) oder Empfindungen/Eindrücke künstlerisch/literarisch zu verarbeiten (Gedicht).

Diskutiert werden kann hier, dass Texte je nach Schreiber und Kontext mehrere Funktionen haben können, so kann z. B. auch ein Tagebuch für die spätere Veröffentlichung verfasst werden (vgl. auch den Internetblog).

1.2.2 Planen: Schreibstrategie und Ideen finden

Hinweise zu den Aufgaben

S. 90, Aufgabe:
Diskutieren Sie, welche der obigen Schreibstrategien jeweils für die folgenden Schreibaufträge geeignet sein könnten:

– *Erstellen Sie eine Informationsbroschüre zum Thema „Berufswahl für Germanisten".*
– *Begeben Sie sich auf eine Fantasiereise: Überlegen Sie sich, wie Sie sich ein Nachhausekommen nach einem mehrjährigen Auslandsaufenthalt nach dem Abitur vorstellen. Beginnen Sie Ihren Text mit dem ersten Satz aus Franz Kafkas „Heimkehr": „Ich bin zurückgekehrt, ich habe den Flur durchschritten und blicke mich um." (Franz Kafka: Heimkehr)*
– *Interpretieren Sie den vorliegenden Szenenausschnitt aus Friedrich Schillers „Maria Stuart".*
– *Verfassen Sie ein Bewerbungsschreiben mit dazugehörigem Lebenslauf für ein studienbegleitendes Praktikum Ihrer Wahl.*

Schreibstrategien:
– Textkompilation
– „automatisches" Schreiben
– geplantes Schreiben
– Texte als Muster verwenden

S. 92, Aufgabe 1 o.:
Erklären Sie ausgehend von dem Ausschnitt aus Ricos Einführung zum Clustering den englischen Originaltitel „Writing the natural way".

S. 92, Aufgabe 2 o.:
Probieren Sie das Clustering-Verfahren aus: Nehmen Sie ein leeres Blatt und schreiben Sie in die Mitte einen Begriff, der Ihnen gerade einfällt. Lassen Sie dann Ihren Assoziationen freien Lauf.
Ketten Sie Ihre Einfälle so, wie Sie Ihnen kommen, an den Kernbegriff im Zentrum an. Lösen Ihre Assoziationen weitere Assoziationen aus, werden diese wie-

derum an jene angeschlossen, sodass ein verzweigtes Ideennetz entsteht. Umrahmen Sie jeweils die Begriffe, die Sie notieren.

S. 92, Aufgabe 3 o.:
Diskutieren Sie, für welche Art von Schreibvorhaben das Clustering-Verfahren besonders geeignet ist.

Wesentlich für das **Clustering** ist, dass es als *assoziatives Verfahren der Ideenfindung* verstanden und eingesetzt wird. Es dient also eher kreativ-schöpferischen Schreibvorhaben.

S. 92, Aufgabe 1 u.:
Recherchieren Sie im Internet, warum Tony Buzan sein Darstellungsverfahren „Mindmapping" genannt hat.

S. 92, Aufgabe 2 u.:
Ermitteln Sie Gemeinsamkeiten und Unterschiede der beiden Verfahren ‚Clustering' und ‚Mindmapping'.

S. 92, Aufgabe 3 u.:
Diskutieren Sie, was die Verfahren jeweils leisten und wann sie Ihnen jeweils hilfreich sein können.

S. 92, Aufgabe 4 u.:
Prüfen Sie, wie eine Mindmap für die Planung einer schriftlichen Erörterung zum Thema „Heutzutage noch Klassiker lesen im Deutschunterricht?" aussehen könnte.

1.2.3 Ausformulieren: Schreibstile und Schreibhandlungen

Hinweise zu den Aufgaben

Das **Mindmapping** entwickelte BUZAN auf der Grundlage von Ergebnissen der Hirnforschung. Mindmaps sollen *Gedankennetze* visualisieren. Außerdem sollen beide Hemisphären angesprochen werden durch die Möglichkeit, sprachlich/logisches Denken durch eine zeichen- bzw. bildhafte Darstellung zu strukturieren. Im Gegensatz zum Clustering dient eine Mindmap nicht der Ideenfindung durch freie Assoziationen, sondern der *klaren Strukturierung bereits gefasster Gedanken oder Informationen* zu einem Thema. Mindmapping dient also eher der Realisierung hermeneutischer Schreibaufgaben und kann somit fruchtbar gemacht werden für die Planung einer Textinterpretation oder -erörterung.

S. 94, Aufgabe 1:
Informieren Sie sich im Internet über die Textsorten „Essay", „Abstract", „Blog". Ermitteln und diskutieren Sie, welche Stile hier jeweils infrage kommen und wie diese sich jeweils von der kommunikativen Funktion und den Adressaten her erklären.

Die Schülerinnen und Schüler werden hier u.a. auf Einträge bei Wikipedia und verschiedene Handreichungen von Universitätsseiten stoßen. Dabei können die Angaben auf den verschiedenen Seiten differieren.

Wiederholt genannte Merkmale für den **Essay** sind u.a. die relative formale Ungebundenheit, die Möglichkeit, zu einem bestimmten Thema oder einer Streitfrage auf eher knappem Raum eigene Gedanken zu entfalten. Die Wahl des Stils müssen die Schülerinnen und Schüler ggf. aus den auf den Internetseiten angegebenen möglichen Funktionen und Themen eines Essays ableiten (z.B. „normalsprachlich" oder „wissenschaftlich/fachsprachlich").

Ein **Abstract** als „neutrale", d.h. nicht wertende Beschreibung bzw. Zusammenfassung eines wissenschaftlichen Textes muss sachlich, objektiv, prägnant und präzise formuliert sein, in der Regel unter Verwendung der entsprechenden fachsprachlichen Terminologie.

Ein **Blog** als öffentliches Internettagebuch lässt dagegen einen persönlichen Stil zu und kann entsprechend ganz unterschiedlich verfasst sein. Auch hier muss der infrage kommende Stil jeweils von den Funktionen und möglichen Adressaten der Textsorten abgeleitet werden.

S. 94, Aufgabe 2:
Folgende Sätze stammen aus Schüleraufsätzen zu einer Erörterungsaufgabe zu Lessings „Emilia Galotti". Überprüfen Sie diese Sätze mithilfe der aufgeführten stilistischen Tipps auf ihren Stil bzw. ihre Lesbarkeit hin. Formulieren Sie stilistische Hinweise, auf die der Verfasser zukünftig achten sollte:
- *In Gotthold Ephraim Lessings Drama „Emilia Galotti", einem Stück der Aufklärung, die in einer Zeit, in der die deutschen Länder und das restliche Europa vom Absolutismus geprägt waren, eine Art geistige Freiheitsbewegung der aufstrebenden bürgerlichen Intelligenz darstellte, die auch oder vor allem in der Literatur zum Ausdruck kam, wird sowohl am willkürlichen Herrschaftsstil des Adels, wie er am Verhalten und Handeln des Prinzen deutlich wird, aber auch an den strengen Moralvorstellungen des Bürgertums Kritik geübt.*
- *Durch das Abgelenktsein des Prinzen wegen seiner Gedanken an Emilia und seine fehlende Hinterfragung des Todesurteils wird die Unfähigkeit des Prinzen in seiner Funktion als Landesfürst und damit Kritik an der Willkür des Adels zum Ausdruck gebracht.*

- Schachtelsatz vermeiden: mehrere Sätze formulieren;
- Nominalstil vermeiden: Verben verwenden;
- Umgangssprache vermeiden: sachlich/objektivierenden Stil einhalten;
- die Wiedergabe von Positionen anderer Autoren durchgehend durch die Verwendung indirekter Rede bzw. des Konjunktivs kennzeichnen.

Dieser Aufgabentyp bietet sich auch für das gezielte Korrigieren stilistischer Fehler oder Schwierigkeiten in Klausuren an. Hierfür sollten entsprechend Sätze aus den Klausuren ausgewählt werden bzw. die Schülerinnen und Schüler können individuell auf entsprechende Anstreichungen in ihren Aufsätzen reagieren.

S. 95, Aufgabe:
Erstellen Sie sich Textbausteine für eine schriftliche Gedichtinterpretation. Recherchieren Sie dazu verschiedene Gedichtinterpretationen im Internet oder in der Sekundärliteratur. Notieren Sie Formulierungen und Fachbegriffe, die Ihnen beim Verfassen eines eigenen Interpretationsaufsatzes helfen können.

Als Hilfestellung zur Lösung dieser Aufgabe bietet es sich an, den Schülerinnen und Schülern entsprechendes Textmaterial, aus dem die „Bausteine" erstellt werden können, zusammenzustellen.

S. 96, Aufgabe:
Suchen Sie sich einen längeren Autorentext aus diesem Lehrwerk aus und erarbeiten Sie drei Zusammenfassungen:
- *eine, die den Text auf etwa ein Drittel komprimiert,*
- *eine, die den Text auf etwa ein Sechstel komprimiert,*
- *eine, in der das Wesentliche in zwei bis drei Sätzen wiedergegeben wird.*

Für diese Aufgabe bieten sich selbstverständlich auch Texte außerhalb des Lehrbuchs an. Zur Klausurvorbereitung könnte hier beispielsweise entsprechend der literarische Text oder ein der Textvorlage strukturell und inhaltlich ähnlicher Sachtext gewählt werden.

1.2.4 Überarbeiten: Leitfaden, Schreibkonferenz

Hinweise zu den Aufgaben

S. 98, Aufgabe 1:
Nehmen Sie den zuletzt im Rahmen Ihres Deutschunterrichts verfassten Text, evtl. auch Ihre zuletzt geschriebene Klausur, und spezifizieren Sie den Leitfaden.

S. 98, Aufgabe 2:
Überarbeiten Sie zunächst die Tiefenstruktur Ihres Textes, indem Sie dazu die Schlagworte des Leitfadens als Fragen verstehen und diese konkret beantworten, dabei gegebenenfalls Mängel ermitteln und Optimierungsvorschläge entwerfen.

S. 98, Aufgabe 3:
Überarbeiten Sie auf diese Weise anschließend den Aufbau Ihres Textes.

S. 98, Aufgabe 4:
Untersuchen und optimieren Sie die Oberflächen-struktur Ihres Aufsatzes mithilfe des Leitfadens.

S. 98, Aufgabe 5:
Kontrollieren Sie abschließend Ihren Text auf Recht-schreibung und Zeichensetzung. Nehmen Sie ein Wör-terbuch und evtl. eine Grammatik zu Hilfe und korri-gieren Sie Ihre Fehler.

S. 99, Aufgabe
Nehmen Sie den zuletzt im Rahmen Ihres Deutsch-unterrichts verfassten Text, evtl. auch Ihre zuletzt geschriebene Klausur. Setzen Sie sich in Zweier- oder Dreiergruppen zusammen und spezifizieren Sie je nach Aufgabenstellung den auf S. 97 und 98 vorge-stellten Leitfaden zur Überarbeitung.
- *Erstellen Sie für jeden bzw. einen ausgewählten Untersuchungsaspekt (Tiefenstruktur, Aufbau, Oberflächenstruktur) eine Checkliste in tabella-rischer Form, in der Sie neben den Fragen ein oder zwei Spalten frei lassen.*
- *Untersuchen Sie die Texte mithilfe des Leitfadens, indem Sie die Fragen in den Spalten entweder kurz positiv beantworten oder Unklarheiten, Fragen, Vorschläge zur Überarbeitung notieren.*

Die Aufgaben dienen der Überarbeitung eines beispiels-weise im Unterricht oder als Hausaufgabe realisierten Schreibauftrags oder bieten sich auch für die Nachberei-tung einer Klausur an.

Weiterführende Literatur

Baurmann, Jürgen: Schulisches Schreiben. In: Michael Kämper-van den Boogaart (Hrsg.): Deutsch-Didaktik. Leitfaden für die Sekundarstufe I und II. Berlin: Cornelsen Verlag, 2008, S. 254–269.

Becker-Mrotzek, Michael/Böttcher, Ingrid: Schreibkompe-tenz entwickeln und beurteilen. Praxishandbuch für die Sekundarstufe I und II. Berlin: Cornelsen Verlag, 2006.

Ortner, Hanspeter: Schreiben und Denken. Tübingen: Niemeyer Velag, 2000.

Steets, Angelika: Schreiben. In: Gisela Beste (Hrsg.): Deutsch Methodik. Handbuch für die Sekundarstufe I und II. Berlin: Cornelsen Verlag, 2007, S. 53–96.

1.3 Abituraufgaben lösen

Didaktische Zielsetzungen

Das Kapitel dient der Vorbereitung von Klausuren und eignet sich sowohl für das selbstständige Arbeiten und bedarfsgerechte Nachschlagen als auch für die Einbin-dung in den Unterricht. Vermittelt wird eine Übersicht über die unterschiedlichen Aufgabenformate der EPA, die entsprechenden Operatoren und Anforderungen.

Anhand von Original- und Übungsaufgaben des schrift-lichen Abiturs in Baden-Württemberg wird mit beispiel-haften Lösungsansätzen veranschaulicht, wie Klausur- bzw. Abituraufgaben aussehen und welches Vorgehen sich zu ihrer Lösung anbietet.
Die Aufgabenstellungen zu den verschiedenen Aufga-ben sind im Sinne eines kompetenzorientierten Unter-richts[1] und Arbeitens konsequent schülerorientiert. Das Oberstufenbuch dient damit als Unterstützungsmedium, um externe Vorgaben (Aufgabenformate und Schwer-punktthemen) mit dem eigenen Unterricht zu verflech-ten.

1.3.1 Anforderungen und Aufgaben-formate

Hinweise zu den Aufgaben

S. 101, Aufgabe 1:
Ermitteln Sie, welche Bedeutungsvariante – 1. a), 1. b), 2. a), 2. b), 2. c) oder 3. – in folgendem Satz vorliegt: „Erschließen Sie die zentrale Aussage des Textes."

Es liegt die Bedeutungsvariante 3 vor.

S. 101, Aufgabe 2:
Erklären Sie den Bedeutungsunterschied der Sätze: „Das Gedicht hat sich mir gleich erschlossen." „Er-schließen Sie vergleichend die Bedeutung der beiden Gedichte."

S. 101, Aufgabe 3:
Überlegen Sie, welche Arbeits- und Denkschritte (Operationen) Sie durchführen, um die Bedeutung eines Textes zu erschließen. Vergleichen Sie Ihre Er-gebnisse mit den angeführten „Arbeitsschritten zur Texterschließung" (↗ S. 105).

Deutlich werden soll, dass die **Sinnerschließung von Tex-ten** als aktive Interpretationsarbeit zu verstehen ist: Der Sinn eines Textes wird durch – unterschiedlich begrün-dete – Schlussfolgerungen (Inferenzen) ermittelt.

---

1 Vgl. Feindt, Andreas: Kompetenzorientierter Unterricht – wie geht das? Didaktische Herausforderungen im Zentrum der Lehrerarbeit. In: Friedrich Jahresheft XXVIII: Lehrerarbeit – Lehrer sein. Hrsg. A. Feindt u. a. Seelze: Friedrich Verlag, 2010, S. 85–89.

S. 103, Aufgabe 1:
Ermitteln Sie die Operatoren Ihrer bereits geschriebenen Deutschklausuren und ordnen Sie diese den übergeordneten Operatoren (↗Übersicht, S. 102) zu.

S. 103, Aufgabe 2:
Definieren Sie die Operatoren skizzieren – untersuchen – erläutern – sich auseinandersetzen – vergleichen – prüfen – bestimmen – charakterisieren und ordnen Sie sie den beschriebenen Anforderungsbereichen zu. Erläutern Sie im Anschluss die Zusammenhänge zwischen den Anforderungsbereichen mündlich an zwei ausgewählten Beispielen.

Häufig werden Aufgaben nicht adäquat bearbeitet, weil die Schülerinnen und Schüler sich nicht intensiv genug mit der Aufgabenstellung befasst haben oder sie die Operatoren in den Aufgabenstellungen nicht richtig verstehen. Mit diesen Aufgaben soll die Reflexion zu den Operatoren bei den Schülerinnen und Schülern gelenkt werden. Sie sollen sie den Anforderungsbereichen zuordnen können und ihre Verknüpfung zueinander besser erfassen. Dabei soll auch deutlich werden, dass einzelne Operatoren auf anderen aufbauen.

1.3.2 Texte untersuchend erschließen

Hinweise zu den Aufgaben

S. 104, Aufgabe 1:
Erklären Sie den Unterschied zwischen „Diskussion von Wertvorstellungen, die in den Texten enthalten sind" und „literarische Wertung".

Die „Diskussion von Wertvorstellungen, die in den Texten enthalten sind" ist als Teil der „Kontextualisierung" zu verstehen: Im Text enthaltene Wertvorstellungen sind herauszuarbeiten und sowohl im Zusammenhang mit historischen als auch aktuellen gesellschaftlichen und politischen Bedingungen zu diskutieren. „Literarische Wertung" bezieht sich auf das Bewerten und Beurteilen von Literatur.

S. 104, Aufgabe 2:
In Kapitel 1.1.2 finden Sie drei unterschiedliche literaturwissenschaftliche Interpretationen der Erzählung „Das Bettelweib von Locarno" von Heinrich von Kleist (↗ S. 24 ff.). Ermitteln Sie jeweils
- *die Interpretationshypothese der Autoren,*
- *wie der Lösungsweg skizziert wird bzw. welche Untersuchungsaspekte gewählt werden,*
- *welche strukturellen Merkmale des Textes oder welches Kontextwissen zur Stützung der Interpretationshypothese herangezogen wird,*
- *inwiefern „Wertvorstellungen" (z. B. moralische), die in Kleists Erzählung enthalten sind, als relevant für die Bedeutung des Textes gelten,*
- *inwiefern die Autoren eine „literarische Wertung" des Textes vornehmen.*

S. 104, Aufgabe 3:
Fassen Sie zusammen, welche Kenntnisse und Fähigkeiten in die drei Interpretationen der Erzählung von Kleist eingebracht wurden.

S. 104, Aufgabe 4:
Versetzen Sie sich in Ihre Deutschlehrerin/Ihren Deutschlehrer und nehmen Sie an, Sie müssten eine Klausur beurteilen. Auf welche allgemeinen Kenntnisse und Fähigkeiten hin würden Sie die Klausuren überprüfen?

S. 104, Aufgabe 5:
Nehmen Sie sich Ihre letzte Klausur vor und ermitteln Sie, welche der oben aufgeführten erforderten Leistungen Ihnen besonders gut gelungen sind und welche weniger. Notieren Sie, in welchen Punkten Sie sich noch verbessern sollten.

Durch die Aufgaben 1 bis 5 soll den Schülerinnen und Schülern verdeutlicht werden, welche **Anforderungen** an sie mit dem untersuchenden Erschließen von literarischen und pragmatischen Texten gemäß den **Einheitlichen Prüfungsanforderungen** für das Fach Deutsch gestellt werden. Die in *Aufgabe 2* geforderte Analyse literaturwissenschaftlicher Interpretationen soll im Besonderen helfen, den inhaltlichen und strukturellen Aufbau eigener Interpretationsaufsätze methodisch bewusster zu gestalten.

Die **„literarische Wertung"** impliziert eine Art Fazit der Interpretation hinsichtlich von Intention und Wirkung des Textes. Hier ist darauf zu achten, dass sich die Schülerinnen und Schüler nicht dazu aufgefordert fühlen, den literarischen Text hinsichtlich seiner ästhetischen Qualitäten etwa als „gelungen" oder „schlecht" zu bewerten bzw. zu beurteilen. Gefordert wird eher eine Wertung des Textes im Vergleich zu anderen Texten, die im Unterricht behandelt wurden, in Bezug auf **Leitfragen** wie:
- Was macht den Text besonders, interessant, spannend?
- Inwiefern ist er in seinen Aussagen immer noch oder nicht mehr aktuell?
- Regt er zum Nachdenken über beispielsweise gesellschaftliche Zustände oder anderes an?
- In welchem Verhältnis steht er zu Texten der gleichen Gattung oder mit ähnlicher Thematik?
- In welchem Verhältnis steht er zu dem Gesamtwerk des Autors bzw. zu dessen poetischen Vorstellungen?
- usw.

S. 106, Aufgabe 1:
Überlegen Sie, welche allgemeinen Anforderungen die Operatoren „interpretieren" und „vergleichen" (↗Anforderungsbereiche, S. 101 f.) an Sie stellen.

Die Schülerinnen und Schüler sollen die Dimension der Aufgabenstellung erfassen:

– beim Interpretieren ist hermeneutisches Arbeiten am Text gefragt: erkennen, verstehen, klären und werten unter Einbeziehung von Inhalt und Form,
– das Vergleichen erfordert Gemeinsamkeiten und Unterschiede herauszuarbeiten, sie gegenüberstellen und das Ergebnis daraus formulieren.

S. 106, Aufgabe 2:

Ermitteln Sie, welche spezifischen Kenntnisse und Fähigkeiten Sie für die Interpretation von Gedichten benötigen, z. B. mithilfe des Lehrbuchs oder des Internets.

Mithilfe eines selbstgewählten Mediums sollen die Schülerinnen und Schüler die zur Lösung der Aufgabe nötigen Voraussetzungen ermitteln. Dabei können sie auch an ihr Vorwissen anknüpfen bzw. dieses wieder aktivieren. So ergeben sich Vernetzungen von Wissen und Fertigkeiten, und die Schülerinnen und Schüler erwerben Kompetenzen, indem sie Strategien zur Bewältigung von Aufgaben anwenden sowie ihr eigenes Wissen und Können dabei prüfen und ggf. verbessern.

S. 106, Aufgabe 3 und 4:

3. *Bereiten Sie in Stichpunkten die Lösung dieser Übungsaufgabe vor, indem Sie die Arbeitsschritte der Texterschließung 1 bis 3 (↗ S. 105) durchführen. Vergleichen Sie Ihr Vorgehen und Ihre Ergebnisse erst danach mit dem Lösungsbeispiel.*
4. *Ermitteln Sie, welche spezifischen Kenntnisse Sie für die „Kontextualisierung", den 4. Arbeitsschritt der Texterschließung ↗S. 105), benötigen. Recherchieren Sie notwendige Informationen im Internet und aus dem Lehrbuch (↗ z. B. S. 248 ff.)*

Die Schülerinnen und Schüler sollen Ihre Kompetenzen erweitern, wobei ihnen auch das **Schreiben als Prozess** (↗ Übung/Überarbeitung) sowie die Möglichkeiten der **Ausweitung vom rein textimmanenten Interpretieren zu textexternen Anknüpfungspunkten** transparent werden sollen.

S. 108, Aufgaben 1 und 2, S. 109, Aufgabe 3 und 4:

1. *Vergleichen Sie Ihre Arbeitsergebnisse mit den hier aufgeführten. Markieren Sie Übereinstimmungen und Abweichungen. Ergänzen oder korrigieren Sie nach Ihrer Überzeugung ggf. die Ergebnisse der Lösungsskizze oder Ihre eigene Ausarbeitung.*
2. *Verfassen Sie eine Interpretationshypothese zu dem Gedicht von Ulla Hahn. Fassen Sie dafür die wesentlichen Analyse- bzw. Interpretationsergebnisse in einem kurzen Fließtext zusammen.*
3. *Rekonstruieren Sie anhand der Abfolge der Aufzeichnungen, wie die Schülerin/der Schüler bei der Interpretation des ersten Gedichts vorgegangen ist. Vergleichen Sie das Vorgehen mit den auf S. 105 genannten Arbeitsschritten: Welche Schritte wurden nacheinander, welche eher parallel durchgeführt? Wie sind bzw. wären Sie selbst vorgegangen?*

4. *Fassen Sie zusammen, welche Kenntnisse und Fähigkeiten in die Interpretation des ersten Gedichts von der Schülerin/dem Schüler und von Ihnen eingebracht wurden.*

S. 110, Aufgaben 1 bis 6:

1. *Vergleichen Sie Ihre eigenen Ergebnisse der Interpretation des zweiten Gedichts mit denen der Lösungsskizze. Markieren Sie Übereinstimmungen und Abweichungen.*
2. *Prüfen Sie, ob sich bei Ihrer Bearbeitung alternative Deutungsmöglichkeiten ergeben haben. Wenn ja, diskutieren Sie diese im Vergleich mit den Ansätzen der Lösungsskizze.*
3. *Zeigen Sie andere oder weitere Ergebnisse eines Vergleichs der beiden Gedichte auf.*
4. *Bilden Sie nach Ihrer Überzeugung eine Synthese aus Ihren eigenen Interpretationsergebnissen und denen der Lösungsskizze.*
5. *Verfassen Sie entsprechend Ihrer Synthese die Einleitung und den Hauptteil eines Interpretationsaufsatzes.*
6. *Verfassen Sie einen zur Einleitung und zum Hauptteil passenden Schluss. Vorbereitend sollten Sie dafür:*
   – *die wesentlichen Untersuchungsergebnisse zusammenfassen;*
   – *überlegen, welche anderen Gedichte bzw. weitere literarische Texte Sie kennen, in denen das Thema „Liebe" eine Rolle spielt;*
   – *überlegen, ob Sie selbst ähnliche oder andere Erfahrungen mit dem Thema „Liebe" assoziieren, als in den Gedichten zum Ausdruck gebracht wird;*
   – *typische formale und sprachliche Merkmale der Gegenwartslyrik recherchieren/untersuchen.*

S. 111, Aufgabe 1 bis 3:

1. *Ermitteln Sie, welche Informationen bzw. Hypothesen zur Deutung der Gedichte im Aufsatz diesen Ausführungen vorangegangen sein sollten, damit sich die hier vorliegenden Ausführungen als schlüssig erweisen.*
2. *Skizzieren Sie anhand dieses Aufsatzauszuges den möglichen Gesamtaufbau des Aufsatzes. Erläutern Sie, wie die Schülerin/der Schüler im Hauptteil offensichtlich vorgegangen ist, um die Gedichte vergleichend zu interpretieren.*
3. *Nehmen Sie kritisch zu dem Lösungsansatz Stellung. Überlegen Sie dafür auch, inwieweit es vorteilhaft bzw. problematisch sein kann, die formalen Merkmale der Gedichte in dieser Art erst im Anschluss an die Untersuchung inhaltlicher Aspekte zu behandeln.*

S. 112, Aufgaben 1 bis 4:

1. *Skizzieren Sie anhand des Aufsatzausschnittes einen möglichen Gesamtaufbau des Aufsatzes.*
2. *Vergleichen Sie die Ausführungen mit Ihren eigenen Lösungsansätzen und merken Sie Ergänzungen oder Abweichungen an.*

3. *Vergleichen Sie die Vorgehensweise im zweiten Aufsatzbeispiel mit der des ersten Aufsatzausschnittes (↗ S. 111).*
4. *Nehmen Sie kritisch Stellung zu dem zweiten vorgestellten Lösungsansatz. Überlegen Sie dafür, inwieweit es vorteilhaft bzw. problematisch sein kann, in der Darstellung der vergleichenden Interpretation die Gedichte jeweils nacheinander vollständig zu besprechen.*

Die Aufgaben rund um die exemplarische Lösungsskizze und die Auszüge aus Schüleraufsätzen dienen neben der Übung auch der Veranschaulichung der Aufgabenlösung. Die Lösungsbeispiele sind Muster und bieten Orientierungen für das Lösen von Klausuraufgaben. Gleichzeitig sollen sie die Schülerinnen und Schüler zur kritischen Reflexion und zum Erschließen von Möglichkeiten zur Optimierung anregen.

S. 111, Aufgabe 2 und 3:

Es ist davon auszugehen, dass der Aufsatz mit einer Deutungshypothese über das Thema Liebe mit der jeweiligen Grundstimmung der Gedichte beginnt, an die sich dann eine vergleichende Interpretation inhaltlicher Aspekte beider Gedichte im Wechsel anschließt.

Der Vergleich formaler Strukturen folgt in dem abgedruckten Auszug. Es zeigt sich, dass der Aufbau der Interpretation zwar systematisch mit einer klaren Gliederung erfolgt ist und dem Leser dadurch nachvollziehbar erscheint. Als problematisch könnten die Schülerinnen und Schüler jedoch die isolierte Betrachtung von inhaltlichem und formalem Vergleich sehen, die die Synthese von Inhalt und Form vermissen lässt. Alternativ hätten die formalen Merkmale jeweils direkt in einen Zusammenhang zur inhaltlichen Deutung der betreffenden Textstellen gestellt werden können.

S. 112, Aufgaben 1, 3 und 4:

Im Vergleich zum ersten Beispieltext werden hier beide Gedichte nacheinander in Synthese von Inhalt und Form interpretiert. An die Einzelanalysen schließen sich entsprechende Interpretationsergebnisse an, die im Vergleich der Gedichte münden. Auch hier offenbart sich dem Leser der Aufbau der Interpretation schnell, Detailvergleiche werden durch die Verflechtung von Inhalts -und Formaspekten jedoch eher erschwert.
Die Schülerinnen und Schüler sollen jeweils die Vor- und die möglichen Nachteile der verschiedenen Interpretationspraktiken erkennen, um sich bewusst für einen Weg zu entscheiden.

S. 114, Aufgaben 1 bis 3, S. 115, Aufgabe 4:
1. *Setzen Sie sich noch einmal mit dem Begriff des „Skizzierens" im Zusammenhang mit der auf S. 103 gestellten Aufgabe auseinander und notieren Sie im Anschluss Stichpunkte, die die Handlung akzen-*

tuiert darstellen und für das Verständnis der ausgewählten Textstelle wesentlich sind.
2. *Fassen Sie diese Stichpunkte der Handlungsskizze zu einem Fließtext zusammen.*
3. *Lesen Sie die angegebene Textstelle mehrmals gründlich durch und halten Sie Ihre Eindrücke (Inhalt, sprachliche und szenische Gestaltung) schriftlich fest.*
4. *Untersuchen Sie anschließend den inhaltlichen und formalen Aufbau der Textstelle; arbeiten Sie auch die sprachliche und szenische Gestaltung (↗ Regieanweisungen) ein – überlegen Sie z. B., welche Wirkung die Regieanweisungen in der Rede des Bürgermeisters und welche Bedeutung die „Totenstille" im ersten bzw. zweiten Fall haben. Stellen Sie dabei die Zusammenhänge zwischen den Teilergebnissen der Interpretation dar. Vergleichen Sie Ihr Ergebnis im Anschluss mit der Lösungsskizze und merken Sie Ergänzungen oder Abweichungen an.*

Diese Aufgaben sind Hilfestellung zu den **Teilaufgaben des Aufgabenbeispiels** von der Kontexteinbindung (Aufgabe 1) bis zur Interpretation (Aufgabe 2). Den Schülerinnen und Schülern werden noch einmal die notwendigen Arbeitsschritte verdeutlicht, die sie zur Lösung der Aufgabe führen. Gleichzeitig haben sie die Möglichkeit, sich über den Vergleich mit der Lösungsskizze noch intensiver mit dem Aufgabenbeispiel auseinanderzusetzen.

S. 116, Aufgaben 1 und 2:
1. *Suchen Sie Textstellen aus Dürrenmatts Werk heraus, die Aussagen zum Rechtsgefühl von Claire Zachanassian treffen. Vergleichen Sie erst im Anschluss Ihre Ausführungen mit dem Lösungsbeispiel und merken Sie Ergänzungen und/oder Abweichungen an.*
2. *Stellen Sie Unterschiede zu Kleists „Michael Kohlhaas" fest. Belegen Sie Ihre Meinung mit geeigneten Textstellen. Begründen Sie diese und diskutieren Sie Ihre Auffassungen in der Gruppe.*

Diese Aufgaben sollen die Schülerinnen und Schüler für die Bearbeitung der letzten Teilaufgabe des Aufgabenbeispiels (↗ S. 113, Aufgabe 3) anleiten. Wichtig dabei ist noch einmal der **Hinweis zur Textarbeit,** der in der Aufgabenstellung nicht explizit erscheint. Die Schülerinnen und Schüler sollen lernen, ihre Aussagen mit Textbeispielen zu bekräftigen.
Wenn die Aufgabe in den Unterricht integriert wird, soll den Schülerinnen und Schülern dazu noch einmal die Möglichkeit gegeben werden, ihre Ergebnisse untereinander auszutauschen und zu diskutieren. Dadurch ergeben sich möglicherweise noch andere Sichtweisen, die es zu durchdenken gilt und die den Interpretationshorizont der Schülerinnen und Schüler ggf. noch erweitern.

S. 118, Aufgaben 1 bis 3:

1. *Ermitteln Sie anhand dieser Angaben, in welcher Hinsicht sich die Analyse eines Sachtextes von der Interpretation eines literarischen Textes unterscheidet.*
2. *Suchen Sie sich entweder in einer aktuellen Tages- oder Wochenzeitung oder in entsprechenden Archiven im Internet (z. B. http://www.zeit.de/archiv/index) einen Sachtext bzw. Zeitungsartikel mit einem thematischen Bezug zum Fach Deutsch (indem Sie z. B. bei der Suchfunktion eines Zeitungsarchivs Schlagworte wie „deutsche Sprache" oder „Lesen + Literatur" eingeben).*
3. *Analysieren Sie den Text, indem Sie die „Arbeitsschritte der Texterschließung" (↗ S. 104) durchführen. Orientieren Sie sich auch an den in den EPA aufgeführten erwarteten Leistungen.*

Die Aufgaben sollen bei der Vorbereitung auf die **Analyse pragmatischer Texte,** so wie Sie in den Abituraufgaben auch vorgesehen sind, helfen.

Zu Aufgabe 1: Der wesentliche Unterschied zur Interpretation literarischer Texte liegt darin, dass bei der Analyse pragmatischer Texte die **argumentative Struktur** des Textes im Zentrum steht. Ausgehend von Position und Intention des Verfassers ist herauszuarbeiten, wie schlüssig und überzeugend der Verfasser argumentiert. Für die Analyse des argumentativen Vorgehens sind die im folgenden Teilkapitel des Lehrbuchs unter 1.3.3 aufgeführten Ausführungen zu „Argument und Argumentation" hilfreich (↗ Lehrbuch, S. 119 f.). **Aufbau der Argumente,** ihre Verknüpfung zu einer **Argumentation** sowie sprachlich/stilistische, auch rhetorische Mittel sind als formale Textelemente bei der Analyse von Sachtexten auf inhaltliche Aussagen, Wirkung und Wirkungsabsicht des Textes zu beziehen.

Als **Kontexte** sind für die Analyse pragmatischer Texte besonders der entsprechende Fachdiskurs sowie politische oder soziale Hintergründe relevant. Autorbiografische, literaturhistorische oder gattungsspezifische Bezüge spielen in der Regel keine oder eine eher sekundäre Rolle.

1.3.3 Texte erörternd erschließen

Hinweise zu den Aufgaben

S. 120, Aufgaben 1 bis 4:

1. *Erklären Sie, wie nach Toulmin die Bestandteile eines Arguments funktionieren.*
2. *Lösen Sie das Beispielargument von Klaus Bayer „Alle Katzen können klettern. Tina ist eine Katze. Also kann Tina klettern." nach dem Schema von Toulmin auf.*
3. *Definieren Sie den Begriff „Argumentation".*

4. *Formulieren Sie einen sinnvollen Zusammenhang folgender Sätze und schlüsseln Sie diesen anschließend nach dem Schema von Toulmin auf:*
   - *Thomas und Anna haben blaue Augen. Das Kind von Thomas und Anna wird blaue Augen haben. Das Allel für blaue Augen ist rezessiv.*
   - *Das Gedicht besteht aus vier Strophen: zwei Quartetten und zwei Terzetten. Das Reimschema ist abba, cddc, eef, ggf. Das Gedicht ist ein Sonett.*

Durch die Aufgaben soll das Verständnis der Ausführungen zum Aufbau von Argumenten gesichert werden.

Die Aufgabe 1 verlangt nur eine Reformulierung zum Schema TOULMINS.
Zu Aufgabe 2: Nach Toulmin wäre hier der Satz „Tina ist eine Katze" die Information (Daten, D) und der Satz „Also kann Tina klettern." die Konklusion (K), die durch die Rechtfertigung (R) „Alle Katzen können klettern" begründet wird.
Zu Aufgabe 3: Die **Argumentation** stellt die sprachliche Handlung dar, durch deren Vollzug Argumente geäußert werden.
Zu Aufgabe 4: Thomas und Anna haben blaue Augen (=D). Das Kind von Thomas und Anna wird blaue Augen haben (=K). Das Allel für blaue Augen ist rezessiv (=R).
Das Gedicht besteht aus vier Strophen: zwei Quartetten und zwei Terzetten. Das Reimschema ist abba, cddc, eef, ggf (=D). Das Gedicht ist ein Sonett (=K): Die Rechtfertigung dieser Konklusion aus den Daten müsste hier durch eine Erklärung zum typischen Aufbau von Sonetten ergänzt werden.

S. 122, Aufgabe 1:
Bestimmen Sie die Typen folgender Argumente:
- *Dass Lessing in der Schlussszene des Dramas „Emilia Galotti" seine Lebensideale von Freiheit und Unabhängigkeit verwirklicht, wie es der Literaturwissenschaftler Wilhelm Dilthey behauptet, ist kaum nachvollziehbar. Der Tod kann wohl kaum eine ideale Lösung sein für die Bürger im Kampf gegen die Willkür des Adels.*
- *Der Literaturwissenschaftler Manfred Durzak sieht die Motivation für die Schlussszene in Lessings Drama „Emilia Galotti" in den Schuldgefühlen Emilias begründet. Die Schuldgefühle ergeben sich, so Durzak, aus dem Konflikt Emilias, einerseits dem Tugendideal des Vaters entsprechen zu wollen und andererseits den Verführungskünsten des Prinzen erlegen zu sein.*
- *Ulla Hahns Text „Er kommt" besteht aus vier Strophen. Jede Strophe enthält vier Verse. Es handelt sich um ein Gedicht.*
- *Die Form des Gedichts „Er kommt" von Ulla Hahn wird durch Enjambements aufgebrochen. Durch solche Formbrüche können die Ungeduld und die Hektik des lyrischen Sprechers sowie der Sprachgestus im Gedicht ausdrucksstark dargestellt werden.*

Beispiel 1: induktives, indirektes Argument;
Beispiel 2: induktives Argument mit Berufung auf eine Autorität (den Literaturwissenschaftler Durzak);
Beispiel 3: deduktives Argument;
Beispiel 4: induktives Argument: Aus einer Beobachtung wird eine Konklusion abgeleitet, die jetzt allerdings noch durch weitere Erklärungen gerechtfertigt werden müsste.

S. 122, Aufgabe 2:
Diskutieren Sie, inwieweit und in welcher Hinsicht bei den einzelnen Argumenttypen die Gefahr besteht, Fehlschlüsse zu ziehen.

Das **indirekte Argument** in Beispiel 1 ist allein noch nicht überzeugend und müsste durch entsprechende Gegenargumentation gestützt werden.
Das **Autoritätsargument** in Beispiel 2 bzw. die hier aufgeführten Prämissen Durzaks müssten als Thesen zusätzlich noch am Text belegt werden. Sonst besteht die Gefahr, sich auf die zitierte Autorität zu verlassen, ohne die hier aufgestellten Behauptungen selbst begründen und nachvollziehen zu können.
Auch das Beispiel 4 ist als nachvollziehbares Argument noch nicht ganz vollständig: Um zu belegen, dass die Enjambements in dem Gedicht dazu beitragen, „die Ungeduld und Hektik des lyrischen Sprechers" und den „Sprachgestus im Gedicht" darzustellen, fehlt die weitere Interpretation des Gedichts als Kontext. Die Aussagen bleiben zu allgemein, wenn sie nicht durch Textbelege gestützt und untermauert werden.

S. 124, Aufgaben 1 bis 4:
1. *Überlegen Sie sich, ob es sich bei dieser Aufgabe um eine lineare oder um eine dialektische Erörterung handelt und begründen Sie Ihre Entscheidung.*
2. *Klären Sie, in welchem Kontext die beiden Zitate vorkommen, und halten Sie den Handlungsrahmen stichpunktartig fest.*
3. *Informieren Sie sich über den Symbolcharakter des „Lammes" mithilfe eines etymologischen Wörterbuches und/oder des Internets. Suchen Sie außerdem Beispiele aus der Bibel heraus, bei denen der Symbolcharakter des „Lammes" zum Ausdruck kommt.*
4. *Gehen Sie an die gestellte Erörterungsaufgabe so heran, dass Sie a) die beiden Protagonistinnen anhand ausgewählter Textstellen charakterisieren, b) den Schuldbegriff aus ethischer Sicht definieren und Sie Vorüberlegungen anstellen, inwiefern Effi und Luise mit diesem Schuldbegriff in Verbindung gebracht werden können. Suchen Sie dazu passende Textstellen heraus.*

Die Schülerinnen und Schüler sollen mithilfe der Fragen sukzessive nachvollziehen, wie sie an die Lösung der Abituraufgabe herangehen können. Ziel dabei ist auch, sie so zu befähigen, dass sie einen ähnlichen Fragekatalog

auf adäquate andere Aufgabenbeispiele übertragen können (Transferwissen/Metakognition), um selbstständig Lösungswege zu Aufgaben der literarischen Erörterung zu erarbeiten.

S. 127, Aufgaben 1 bis 5:
1. *Fassen Sie den hier dargestellten Lösungsansatz mit eigenen Worten zusammen.*
2. *Prüfen Sie, wie die Argumentation insgesamt aufgebaut ist.*
3. *Beurteilen Sie die Schlüssigkeit der Argumentation und begründen Sie Ihr Urteil.*
4. *Erarbeiten Sie einen eigenen Lösungsansatz zur Abituraufgabe.*
5. *Ermitteln Sie die Kenntnisse und Fähigkeiten, die Sie brauchen, um eine Abituraufgabe dieser Art erfolgreich zu bewältigen.*

Gefordert wird hier eine Analyse des Lösungsansatzes *(Aufgaben 1, 2 und 3)* einerseits, um aus diesem ein mögliches Muster für das eigene Vorgehen ableiten zu können *(Aufgabe 4)*, andererseits, um eine kritische Auseinandersetzung mit dem im Lehrbuch dargestellten Ansatz zu ermöglichen und die eigene Lösung zu reflektieren. Aus diesem Wissen sollen die Schülerinnen und Schüler eine allgemeine Zusammenfassung in Form einer Metakognition *(Aufgabe 5)* vornehmen.

S. 130, Aufgabe 1:
Bereiten Sie die Lösung dieser Aufgabe vor, indem Sie
- *sich über das Thema des Textes Klarheit verschaffen,*
- *den Text wiederholt gründlich lesen und dabei die Schlüsselwörter unterstreichen, die Abschnitte inhaltlich zusammenfassen und die zentralen Thesen der Autorin herausarbeiten,*
- *ihre Gesamtaussage zusammenfassen,*
- *den argumentativen Aufbau des Textes skizzieren,*
- *untersuchen, wo und in welcher Absicht rhetorische Mittel eingesetzt werden.*

S. 130, Aufgabe 2:
Untersuchen Sie exemplarisch die Absätze „Leider versagt sie in der Praxis" bis „Was soll man machen?" und „Gute Bücher erklären und öffnen …" bis „Nimm und lies" genauer. Ermitteln Sie, inwieweit sich die Argumentation hier nach dem Schema von Toulmin (↗ S. 119) analysieren lässt und welche Argumenttypen ↗ S. 121) verwendet werden. Beurteilen Sie anschließend, wie überzeugend die Autorin hier argumentiert.

S. 130, Aufgabe 3:
Prüfen Sie, inwieweit Sie mit der Auffassung Radischs übereinstimmen. Entscheiden Sie, welchen Aspekten Sie zustimmen, welchen Sie nur eingeschränkt zustimmen oder welchen Sie widersprechen würden.

S. 132, Aufgabe 1:
*Vergleichen Sie Ihre eigenen Ergebnisse der Text-
analyse mit denen des aufgenommenen Schülerauf-
satzes.*

S. 132, Aufgabe 2:
*Ergänzen Sie den hier nicht vollständig dargestellten
erörternden Teil des Aufsatzes: Prüfen Sie zunächst,
inwieweit Sie mit den im Schüleraufsatz angerissenen
Argumenten übereinstimmen. Führen Sie diese dann
entweder weiter aus oder verändern Sie sie entsprechend (↗ S. 130).*

S. 132, Aufgabe 3:
*Prüfen Sie, inwieweit der argumentative Teil des Auf-
satzes auch anders sinnvoll strukturiert werden kann.*

S. 132, Aufgabe 4:
*Suchen Sie unvollständige Argumentationen aus dem
Essay von Iris Radisch heraus und ergänzen Sie diese
so, dass ihre Überzeugungskraft erhöht wird. Verwen-
den Sie dabei verschiedene Argumentationstypen
(↗ S. 121). Diskutieren Sie die von Ihnen ergänzten
Argumentationen anschließend in der Gruppe.*

Die Aufgaben leiten zu einem strukturierten Vorgehen
beim Lösen der Abituraufgabe an und geben den Schülerinnen und Schülern die Möglichkeit, anhand von Beispielen (vgl. S. 130/2, auch S. 132/4) intensiv zu üben und
sich mit dem Aufgabenformat auseinanderzusetzen.

1.3.4 Texte gestaltend erschließen

Hinweise zu den Aufgaben

S. 134, *Aufgabe:*
*Skizzieren Sie stichpunktartig die Situation vor dem
Zusammentreffen von K. und Frl. Bürstner. Überlegen
Sie dabei, welche Motive K. bewegen, das Gespräch
mit Frl. Bürstner zu suchen.*

S. 135, Aufgabe 1:
*Ermitteln Sie, welches Kontextwissen für das Lösen
der Teilaufgabe herangezogen wurde.*

S. 135, Aufgabe 2:
*Nehmen Sie kritisch Stellung zum vorliegenden Lö-
sungsansatz der ersten Teilaufgabe.*

Die Aufgaben dienen der Lösung der ersten Teilaufgabe,
bei der sich die Schülerinnen und Schüler auch mit einem
Lösungsbeispiel kritisch auseinandersetzen sollen.

S. 136, Aufgabe 1 bis 4:
1. *Untersuchen Sie, wie K. die Ereignisse des Tages
   resümiert und vergleichen Sie die Ergebnisse mit
   Ihren eigenen Ausarbeitungen.*

2. *Ermitteln Sie, welche weiteren Kenntnisse für das
   Lösen der zweiten Teilaufgabe relevant sind und
   diskutieren Sie den hier entwickelten Lösungsansatz.*
3. *Fassen Sie zusammen, welche konkreten Kenntnisse
   und Fähigkeiten eingesetzt wurden, um diese Abituraufgabe zu lösen. Antizipieren Sie dabei einen
   Erwartungshorizont für diese Aufgabe.*
4. *Nehmen Sie einen der Texte, die Sie zuletzt im
   Deutschunterricht gelesen haben. Entwickeln Sie
   selbst eine Aufgabe für eine gestaltende Interpretation – Brief, Tagebucheintrag, innerer Monolog
   – und entwerfen Sie einen Erwartungshorizont.*

Die Aufgaben dienen der Analyse (Lösungsansatz) und Bearbeitung der zweiten Teilaufgabe der Abituraufgabe.

Zu Aufgabe 2: Relevant ist eine genaue Kenntnis des Romanbeginns, besonders der Umstände der Verhaftung
K.s, seine Erlebnisse an diesem Tag und der Motive, die
zur Begegnung mit Frl. Bürstner geführt haben.

Zu den Aufgaben 3 und 4: Die Schülerinnen und Schüler
sollen sich die Anforderungen bewusst machen, die die
Aufgaben des gestaltenden Interpretierens an sie stellen.

S. 137, Aufgaben 1 bis 4:
1. *Ermitteln Sie anhand dreier ausgewählter Leser-
   briefe zu unterschiedlichen Themen aus Tageszei-
   tungen exemplarisch Funktionen und Merkmale
   von Leserbriefen.*
2. *Ermitteln Sie jeweils die Intention bzw. Wirkungsabsicht der Verfasserin/des Verfassers, den/die
   Adressaten, die zentrale Aussage, den Argumenta-
   tionsaufbau und den Stil.*
3. *Lösen Sie dann die gestellte Abituraufgabe.*
4. *Vergleichen Sie Ihren Leserbrief mit dem Ausschnitt eines Analyse- und Erörterungsaufsatzes
   auf S. 130 ff. Ermitteln Sie wesentliche Unterschiede
   der beiden Textsorten.*

Die Aufgaben dienen dazu, die Merkmale der **Textsorte** Leserbrief zu erarbeiten. Der Leserbrief dient hier
als Beispiel eines adressatenorientierten Textes, wie er
durch den entsprechenden Aufgabentyp im Abitur von
den Schülerinnen und Schülern gefordert werden kann.
Meist ist ein streitbarer Sachverhalt zu erörtern. Beispielsweise kann ein Leserbrief als Reaktion auf in der gleichen
Zeitung publizierte Artikel gefordert werden. Der Leserbrief verlangt ein argumentatives Vorgehen, um die im
ursprünglichen Artikel dargelegte Position eines Autors
entweder zu widerlegen oder weiter zu stützen.

1.3.5 Zur Bewertung von Klausuren
(keine Aufgaben)

1.4 Facharbeiten anfertigen

Didaktische Zielsetzungen

Das Kapitel soll Schülerinnen und Schülern als Handreichung beim Verfassen einer Facharbeit dienen.

Mit der Aufgabe, eine Facharbeit anzufertigen, sind die Schülerinnen und Schüler in der Regel erstmals damit konfrontiert, einen komplexen Schreibprozess über einen längeren Zeitraum zu bewältigen, d.h. zu steuern und zu organisieren.

Wichtige Elemente dieses die Schülerinnen und Schüler besonders herausfordernden Arbeitsprozesses werden hier vorgestellt.

Dazu gehören:
- das Zeitmanagement,
- das Planen, Verfassen und Überarbeiten von Texten (hier bietet sich nach Bedarf eine Integration von Teilkapiteln aus 1.2 „Texte schreiben" an, ╱ Lehrbuch, S. 86 ff.),
- das Anfertigen eines Exposés, die sinnvolle Vor- und Nachbereitung von Beratungsgesprächen.

Die Schülerinnen und Schüler erhalten Hilfestellung beim Erarbeiten eines umfassenden wissenschaftlichen Themas. In wissenschaftspropädeutischer Absicht werden sie mit **Prinzipien und Formen wissenschaftlichen Arbeitens** vertraut gemacht.

Dazu gehören:
- die Einführung in verschiedene Möglichkeiten der wissenschaftlichen Informations- und Literaturrecherche,
- die zielgerichtete Auswertung von Fachliteratur,
- Standards wie die Anwendung von Zitierregeln sowie
- der korrekte Umgang mit Quellen.

1.4.1 Thema suchen und formulieren

Hinweise zu den Aufgaben

S. 138, Aufgabe 1:
Informieren Sie sich über „Clustering" und „Mindmapping".

S. 138, Aufgabe 2:
Ermitteln Sie, worin sich diese Methoden unterscheiden und inwiefern sie Ihnen bei der Themenfindung behilflich sein können.

Hier wird ein funktionaler Bezug zu Kapitel 1.2 hergestellt. Ziel der Aufgaben ist es, die Methoden des *Clusterings* und *Mindmappings* für die Themenfindung von Facharbeiten fruchtbar zu machen.

1.4.2 Informationsrecherche und wissenschaftliche Standards

Hinweise zu den Aufgaben

S. 139, Aufgabe:
Recherchieren Sie im Internet Facharbeiten, die von Schülerinnen und Schülern der gymnasialen Oberstufe im Deutschunterricht verfasst wurden.

- *Welche Erwartungen haben Sie aufgrund des Titels an die Arbeit?*
- *Prüfen Sie anhand des Inhaltsverzeichnisses und der oben genannten Kriterien, ob der Titel der Arbeit passend gewählt worden ist.*

Die Aufgabe soll Schülerinnen und Schülern eine erste Orientierung mit Blick auf *mögliche Themen und Themenformulierungen* verschaffen.

S. 140, Aufgabe 1:
Formulieren Sie in Anlehnung an Kursinhalte, die für Sie besonders interessant sind, einen möglichen Themenschwerpunkt für eine Facharbeit. Stellen Sie dann mithilfe des Internets eine kurze Textauswahl zu diesem Schwerpunkt zusammen.

S. 140, Aufgabe 2:
Informieren Sie sich über größere öffentliche bzw. wissenschaftliche Bibliotheken in Ihrer Nähe. Nutzen Sie die Suchkategorien des OPAC (Online Public Access Catalogue) und erstellen Sie eine erste Literaturliste zu dem gewählten Themenschwerpunkt.

Ausgehend von fach- bzw. kursspezifischen Inhalten machen die Schülerinnen und Schüler sich zunächst grundlegend mit *Techniken der Literaturrecherche und -beschaffung* vertraut.

Eingedenk der durchaus problematischen medialen Informationsbeschaffungsgewohnheiten heutiger Schülerinnen und Schüler verdient die Nutzung wissenschaftlicher Bibliotheken aus wissenschaftspropädeutischer Sicht besonderes Augenmerk.

S. 143, Aufgabe:
Recherchieren Sie im Internet, z. B. unter http://www.wikipedia.de, was als Plagiat angesehen werden kann.

Nicht nur aus akademischer Perspektive erweist sich der durch die Digitalisierung forcierte unreflektierte *Umgang mit Informationsquellen,* vor allem hinsichtlich der Missachtung urheberrechtlicher Bestimmungen, als zunehmend heikel.

Die Aufgabe soll die Schülerinnen und Schüler für diese Entwicklung sensibilisieren und ein entsprechendes Problembewusstsein schaffen.

1.4.3 Exposé, Beratungsgespräche, Zeitmanagement (keine Aufgaben)

1.4.4 Aufbau der Arbeit

Hinweise zu den Aufgaben

S. 146, Aufgabe:

Informieren Sie sich über Facharbeiten, die an Ihrer Schule schon angefertigt wurden, oder recherchieren Sie im Internet veröffentlichte Facharbeiten.

– Beurteilen Sie die Inhaltsverzeichnisse anhand folgender Fragen:

• Wie sind die einzelnen Kapitelüberschriften formuliert (in Form von Ganzsätzen/Teilsätzen/Stichwörtern o. Ä.)? Ist ein einheitlicher Stil erkennbar?

• Welchen Bezug lassen die Kapitelüberschriften zum Thema der Arbeit erkennen?

• Bauen die einzelnen Kapitel logisch aufeinander auf, ist ein roter Faden erkennbar?

• Welche Erwartungen wecken die Überschriften bezüglich der Fragestellung bzw. des Ergebnisses des jeweiligen Kapitels?

– Bestimmen Sie nun Kriterien für eine gelungene Gliederung.

Die **Gliederung** (auch eine vorläufige) einer Facharbeit ist wesentlich für die sinnvolle Organisation des Arbeits- und Schreibprozesses. Ein fertiges Inhaltsverzeichnis gibt der Leserin/dem Leser Aufschluss über die Aufbereitung des Themas und die Struktur der Arbeit. Oft führt schon die Begutachtung des Inhaltsverzeichnisses zu einer ersten Bewertung. Die Aufgaben dienen als Hilfestellung bei diesem für Schülerinnen und Schüler häufig schwierigen Teil der Arbeit, indem sie dazu anregen, ausgehend von Beispielen, selbstständig Kriterien für eine gelungene Gliederung abzuleiten.

1.4.5 Überarbeiten und grafisch gestalten (keine Aufgaben)

1.5 Texte analysieren, Grundbegriffe anwenden

1.5.1 Analyse erzählender Texte

Didaktische Zielsetzungen

Das Kapitel zielt darauf, den Schülerinnen und Schülern mit Begriffen der Erzähltheorie ein Instrumentarium für die Interpretation erzählender Texte zu vermitteln. Vorgestellt werden die unterschiedlichen erzähltheoretischen Ansätze zweier Literaturwissenschaftler. Die Schülerinnen und Schüler sollen so eine Vorstellung davon entwickeln, dass erzähltheoretische Begriffe keine feststehenden, nicht hinterfragbaren Regeln vorgeben, sondern Versuche der Literaturwissenschaft darstellen, wiederkehrende Erscheinungen in der Art und Weise des (literarischen) Erzählens herauszustellen und begrifflich zu fassen.

Exemplarisch werden in dem Kapitel die **Erzähltheorie von** Jürgen H. Petersen und die des französischen Literaturwissenschaftlers Gérard Genette vorgestellt. Petersens Elemente von „Erzählsystemen" bieten bereits ein brauchbares Instrumentarium für die Untersuchung erzählender Texte. Die hier zur Verwendung kommenden Begriffe wie „Er"- oder „Ich-Form", „olympischer Standort", „auktoriales", „personales" oder „neutrales Erzählverhalten" dürften außerdem vertrauter erscheinen als die von Genette geprägten Termini.

Die Unterscheidung der drei Kategorien „Zeit", „Modus" und „Stimme" nach Gérard Genette erlaubt allerdings noch einen differenzierteren Blick auf das Erzählen. Besonders für leistungsstarke Gruppen ist daher zu empfehlen, dass neben oder anstelle von Petersen mit dem Begriffssystem von Genette gearbeitet wird. Da der Ansatz Genettes auch in der Literaturwissenschaft gegenwärtig am meisten Anerkennung findet sowie für die Filmanalyse fruchtbar gemacht wird, hat die Einführung in sein System propädeutische Funktion.

Erst bei der genauen Untersuchung, wie eine Erzählung gestaltet ist, kann sich eine Erzähltheorie als Analyseinstrumentarium bewähren oder sich als ungenau oder sogar fehlerhaft herausstellen. In der Unterrichtsarbeit sollte immer wieder deutlich werden, dass es bei der literarischen Analyse um ein tieferes Textverständnis geht und nicht allein darum, Formen zu identifizieren und zu benennen. Denn die Bereitstellung eines Begriffsinstrumentariums birgt auch immer die Gefahr, dass sich dieses als formales Kontextwissen verselbstständigt, ohne dass es für das Textverständnis eingesetzt und die rezeptionssteuernde Wirkung der analysierten Formen erkannt wird. Ausgangspunkt muss also immer der literarische Text sein, an dem Beobachtungen stattfinden, die sich durch die erzähltheoretischen Grundbegriffe treffend oder möglicherweise nicht genau genug beschreiben lassen. Zum souveränen und flexiblen Einsatz erzähltheoretischer Grundbegriffe gehört die kritische Überprüfung der bereitgestellten Kategorien in ihrer Anwendung am Text. **Ziel sollte sein,** dass an erzählender Dichtung die erlernten Begriffe nicht schematisch abgearbeitet werden, sondern diese selektiv und flexibel zum Einsatz kommen.

Fachlicher Hintergrund der im Kapitel aufgeführten Begriffe

I Franz K. Stanzels „Typische Erzählsituationen"

In der Schule wird für die Analyse erzählender Texte mitunter noch auf die „Typologie der Erzählsituationen" des Anglisten FRANZ K. STANZEL zurückgegriffen. In der Literaturwissenschaft ist STANZEL viel besprochen und wiederholt widerlegt worden. Doch wurden STANZELS Schriften „Die typischen Erzählsituationen im Roman" von 1955 und die mehrfach überarbeitete „Theorie des Erzählens" ab 1979 sicherlich zu wichtigen Anstößen für die Weiterentwicklung der Erzähltheorie.[1] Im Lehrbuchkapitel wird STANZELS Theorie nicht vorgestellt. Sie soll hier nur kurz erläutert werden, um ihre Schwächen gegenüber anderen Ansätzen zu verdeutlichen.

In „Theorie des Erzählens" unterscheidet STANZEL drei typische Erzählsituationen, nämlich die „auktoriale", die „personale" und die „Ich-Erzählsituation", die er in jeweils gleichem Abstand zueinander um seinen „Typenkreis" herum anordnet. Diese drei Erzählsituationen lassen sich bestimmen über die Konstituenten „Modus", „Person" und „Perspektive", die als Achsen den Typenkreis durchkreuzen und die sich STANZEL als „Formenkontinua" denkt, die jeweils zwischen zwei „polaren Positionen" verlaufen.[2]

Die Konstituente „Modus" verläuft zwischen den Polen „Erzählerfigur" und „Reflektorfigur", die Konstituente „Person" zwischen „Identität" und „Nichtidentität der Seinsbereiche" von Erzähler und Figuren und die Konstituente „Perspektive" zwischen „Außenperspektive" und „Innenperspektive".

Jede der drei typischen Erzählsituationen ist nun durch einen dieser Pole besonders gekennzeichnet. So setzt die Konstituente „Person" mit ihrem Pol „Identität der Seins-

---

1 Vgl. Petersen, Jürgen H.: Die Erzählformen. Er, Ich, Du und andere Varianten. Berlin: Erich Schmidt, 2010. S. 23.

2 Genauere Ausführungen zu Stanzels Idee der Formenkontinua und der sie bestimmenden binären Oppositionen in: Stanzel, Franz K.: Theorie des Erzählens. Göttingen: Vandenhoeck und Ruprecht, 7. Aufl., 2001. S. 70 ff. bzw. 75 f.

Typologie der Erzählsituationen nach Franz K. Stanzel (vgl.: „Theorie des Erzählens", 2001)

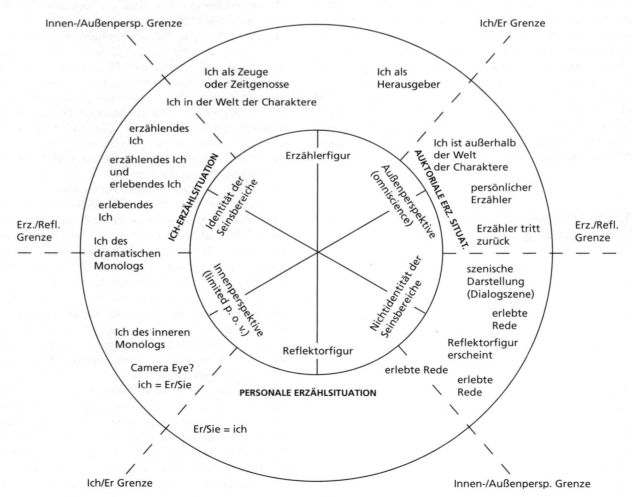

bereiche" auf dem Typenkreis an bei der „Ich-Erzählsituation". Das andere Polende der Konstituente „Person", „Nichtidentität der Seinsbereiche", liegt entsprechend auf dem Typenkreis der „Ich-Erzählsituation" genau gegenüber, zwischen der „personalen" und der „auktorialen Erzählsituation". Während also die Ich-Erzählsituation besonders dadurch bestimmt wird, dass hier der Erzähler zur fiktionalen Welt der Charaktere gehört (Identität der Seinsbereiche), teilen die anderen beiden Erzählsituationen als Eigenschaft einen Erzähler, der nicht zur Welt der Figuren gehört. Die „personale Erzählsituation" wiederum ist STANZEL zufolge besonders dadurch definiert, dass hier das Geschehen nicht durch einen Erzähler vermittelt, sondern über das Bewusstsein einer Figur, einen „Reflektor", erfahren wird. Entsprechend setzt die Konstituente „Modus" mit ihrem Polende „Reflektorfigur" hier an, während das andere Ende dieser Konstituente, „Erzählerfigur", auf der gegenüberliegenden Kreisseite zwischen der „Ich-Erzählsituation" und der „auktorialen Erzählsituation" liegt. Die „auktoriale Erzählsituation" wird in der Darstellung STANZELS wiederum besonders durch die „Außenperspektive" bestimmt.

Das andere Ende der Konstituente „Perspektive", die „Innenperspektive", liegt auf dem Typenkreis entsprechend zwischen der „Ich-Erzählsituation" und der „personalen Erzählsituation", die sich die Innenperspektive als Eigenschaft teilen.

Sowohl STANZELS Begriffe als auch seine schematische Darstellung sind mehrfach kritisiert und hinterfragt worden. Zum Beispiel macht PETERSEN darauf aufmerksam, dass auf dem Typenkreis die Außenperspektive der Ich-Erzählsituation fast gegenübersteht und beides so unvereinbar scheint, was aber nicht der Fall sein muss. Außerdem kann sich ein Ich-Erzähler sowohl auktorial als auch personal verhalten, wie PETERSEN 1993 und 2010 an verschiedenen Beispielen zeigte.[1] Weder ein auktorialer noch ein personaler Ich-Erzähler sind aber auf dem Typenkreis STANZELS positionierbar, da die drei Möglichkeiten sich hier als sich gegenseitig ausschließende „Erzähltypen" gegenüberstehen.

Auch dass STANZEL als Merkmal der personalen Erzählsituation das Verschwinden eines Erzählers zugunsten einer Reflektorfigur annimmt, ist problematisch.[2] Der Reflektor ist für STANZEL eine „Romanfigur, die denkt, fühlt, wahrnimmt, aber nicht wie ein Erzähler zum Leser spricht. Hier blickt der Leser mit den Augen dieser Reflektorfigur auf die anderen Charaktere der Erzählung. Weil nicht ‚erzählt' wird, entsteht in diesem Fall der Ein-

druck der Unmittelbarkeit der Darstellung."[3] Eine Erzählung ohne Erzähler aber widerspricht STANZELS eigener Definition der „Mittelbarkeit als Gattungsmerkmal der Erzählung".[4] Das Problem der Darstellung STANZELS ist, dass er nicht konsequent zwischen vermittelnder Instanz bzw. „Erzähler" (Ich- Erzähler, Er-Erzähler) und Perspektive differenziert.

Auch ist nicht unbedingt nachvollziehbar, wie oder warum die Konstituenten „Modus" und „Perspektive" unterschieden werden. DORRIT COHN ordnet daher in ihrer Variation des stanzelschen Typenkreises die Perspektive dem Modus unter und eliminiert so eine von STANZELS Achsen auf dem Typenkreis.[5] GENETTE wiederum sieht „Stanzels Spezifikation des Modus (Erzähler/Reflektor) […] ohne weiteres auf unsere gemeinsame Kategorie der Perspektive reduzierbar"[6].

STANZELS Typenkreis verführt durch die Möglichkeit der bildlichen Darstellung und hat sicherlich auch daher das erzähltheoretische Wissen ganzer Schülergenerationen geprägt. Als Analyseinstrumentarium birgt er zu viele Unstimmigkeiten und kann sich für die genaue Wahrnehmung von Erzählstrukturen sogar als hinderlich erweisen.

II Jürgen H. Petersens „Erzählsysteme"

PETERSEN lehnt STANZELS Begriff der Erzählsituation ab und stellt dafür die verschiedenen Elemente heraus, die ein **Erzählsystem** konstituieren und von Text zu Text, aber auch innerhalb eines Textes variieren können.

In „Erzählsysteme. Eine Poetik epischer Texte" (1993) zeigt PETERSEN, wie die Aspekte **Erzählform** (Er-Form, Ich-Form, Du-Form), **Erzählerstandort** (räumliche und zeitliche Distanz zum Geschehen), **Sichtweise** (Außensicht, Innensicht), **Erzählverhalten** (auktorial, personal, neutral), **Erzählhaltung** und **Darbietungsart** in einem narrativen Text miteinander in einen funktionalen Zusammenhang treten. Die Verknüpfung der verschiedenen Aspekte, die von Text zu Text und auch innerhalb eines Textes variieren kann, bildet ein (mitunter variables) Erzählsystem, das wiederum in funktionaler Abhängigkeit zu inhaltlichen Elementen des Textes wie Handlung, Figurenkonstellation etc. die ästhetische Wirkung des Textes mitbestimmt.[7]

„Erkenntnisleitende Kategorien"[8] für die Erzähltextanalyse sind für PETERSEN die **Erzählformen** – unter Berücksichtigung wechselnder Erzählweisen. Unterscheiden lassen sich hauptsächlich die Er-Form und die Ich-Form, aber auch die Du-Form, die Figuren-Erzählung oder Misch-

---

1 Einen sich personal verhaltenden Ich-Erzähler identifiziert Petersen z. B. in Grimmelshausens „Der abenteuerliche Simplicissimus" oder in Eichendorffs „Aus dem Leben eines Taugenichts" (Petersen, 2010, S. 66f., S. 67ff.). Der Simplicissimus ist aber auch gleichzeitig Beispiel für die auktoriale Ich-Erzählung. (Petersen, Jürgen H.: Erzählsysteme. Eine Poetik epischer Texte. Stuttgart: Metzler, 1993. S. 72).

2 Im Lehrbuch wird der Begriff der Reflektorfigur verwendet, um das personale Erzählverhalten im Sinne Petersens zu veranschaulichen. Der Begriff meint hier aber nicht das Verschwinden eines Erzählers zugunsten eines Reflektors, wie das bei Stanzel beschrieben wird.

3 Stanzel, Franz K.: Theorie des Erzählens, S. 16.
4 Ebenda, S. 15. Vgl. dazu auch Petersen (2010), S. 19.
5 Cohn, Dorrit: The Encirclement of Narrative. On Franz Stanzel's Theorie des Erzählens. In: Stanzel, Franz K.: Unterwegs. Erzähltheorie für Leser. Göttingen: Vandenhoeck & Ruprecht, 2002. S. 365–390.
6 Genette, Gérard: Die Erzählung. München: Wilhelm Fink, 2. Aufl., 1998. S. 270.
7 Vgl. Petersen (1993), S. 3.
8 Petersen (2010), S. 59.

formen kommen vor. PETERSEN interessiert vor allem, wie die Erzählform die Rezeptionshaltung des Lesers steuert. Bei der Er-Form, die in erzählenden Texten am häufigsten vorkommt, ist für PETERSEN entscheidend, „dass der Erzähler keine individuelle Person, keine Figur, sondern eine Instanz bildet, die eine den Text beherrschende Rolle spielt und nicht primär von sich selbst berichtet."[1] Als eine Instanz, die in der Realität nicht vorkommt, erfülle der Er-Erzähler eine Fiktionalitätsfunktion: Der Leser nimmt die erzählte Welt als fiktional wahr, lässt sich daher auch beispielsweise durch real unmögliche Begebenheiten nicht irritieren, da sich die Rezeption des erzählenden Textes ganz „auf dem Boden der Fiktionalität und außerhalb des Realbewusstseins" vollzieht.[2] Mit der Ich-Form könne dagegen „das Wirklichkeitsdenken Eingang in das Erzählen"[3] gewinnen und der Leser mag sich mitunter fragen, ob sich hinter dem erzählenden Ich „als individuelles episches Medium, das persönliche Züge, ggf. eine Lebensgeschichte, Charaktereigenschaften und unverwechselbare Merkmale besitzt"[4], eine reale Person, z. B. der Autor, verbirgt. Die Erzählform kann so entscheidend die Textrezeption steuern. Wie und durch welche Mittel die Textrezeption gesteuert wird, sollten Schülerinnen und Schüler als wesentliche Fragen in ihrer Analysearbeit verfolgen.

Zur Beschreibung erzählender Textelemente reicht die Identifikation der Erzählform aber nicht aus, denn sie führt noch nicht zu Erkenntnissen über die räumliche und zeitliche Distanz, aus der erzählt wird. Sie gibt noch keinen Aufschluss über Sichtweise oder Art der sprachlichen Darstellung (innerer Monolog, erlebte Rede, Erzählerbericht, Dialog etc.).

Mag die Betrachtung der Erzählform in rezeptionsästhetischer Hinsicht interessant sein, kann sie als zentrale Beschreibungskategorie für die Analyse der Erzählphänomene eines Textes zu Schwierigkeiten führen, wie an PETERSENS eigenen Beispielanalysen deutlich wird. So zeigt PETERSEN an THEODOR STORMS „Marthe und ihre Uhr", dass es hier mitunter schwierig ist zu unterscheiden, ob es sich um die Ich- oder um die Er-Form oder gar um eine Figuren-Erzählung handelt.[5] Denn hier tritt zunächst ein erzählendes Ich auf, das dann aber gar nicht von sich, sondern von dritten (Marthe) erzählt:

Während der letzten Jahre meines Schulbesuchs wohnte ich in einem kleinen Bürgerhause der Stadt, worin aber von Vater, Mutter und vielen Geschwistern nur eine alternde unverheiratete Tochter zurückgeblieben war. [...] So blieb denn Marthe allein in ihrem elterlichen Hause, worin sie sich durch das Vermieten des früheren Familienzimmers und mit Hülfe einer kleinen Rente spärlich durchs Leben brachte. Doch

kümmerte es sie wenig, daß sie nur sonntags ihren Mittagstisch decken konnte; [...][6]

Mit einem Figurenerzähler[7] dürfte wiederum nur die Außensicht auf Marthe gegeben sein, doch der Erzähler vermag auch Innensichten zu vermitteln[8]:

Wenn Marthe in ein Hinbrüten über ihre Einsamkeit verfallen wollte, dann ging der Perpendikel tick, tack! Tick, tack! Immer härter, immer eindringlicher; er ließ ihr keine Ruh, er schlug immer mitten in ihre Gedanken hinein. Endlich mußte sie aufsehen; – da schien die Sonne so warm in die Fensterscheiben, die Nelken auf dem Fensterbrett dufteten so süß; draußen schossen die Schwalben singend durch den Himmel. Sie mußte wieder fröhlich sein, die Welt um sie her war gar zu freundlich.[9]

Was hier für PETERSEN ein „höchst markantes Beispiel für die möglichen Grenzüberschreitungen der Erzählformen überhaupt"[10] darstellt, kann auch als Hinweis dafür gesehen werden, dass die Frage nach der Erzählform als zentrale Kategorie mitunter verwirrend ist. Außerdem deutet sich an, dass auch PETERSEN die Fragen nach der narrativen Instanz nicht konsequent von Fragen der Perspektive trennt. Genau diese strikte Trennung ist ein Vorzug der Erzähltheorie GENETTES. Mit seinem erzähltheoretischen System würde an diesem Beispiel wohl besonders der Aspekt der **Fokalisierung** als Teil der Kategorie **Modus** interessieren. Die Frage nach der Stimme des „Erzählers" stellt sich bei GENETTE völlig unabhängig. Das soll weiter unten noch deutlicher werden.

III Erzähltheorie nach Gérard Genette

In der Literaturwissenschaft etabliert und bewährt haben sich für die Textanalyse die erzähltheoretischen Begriffe GÉRARD GENETTES. In seinem „Discours du récit" von 1972[11], in der deutschen Übersetzung erst 1994 als „Die Erzählung" erschienen[12], analysiert der französische Literaturwissenschaftler die spezifische Erzählweise in „A la recherche du temps perdu" von MARCEL PROUST. Dabei legt er Elemente und Merkmale des Erzählens frei, die sich abstrahieren und damit auch für die Analyse anderer Erzählungen anwenden lassen. GENETTES System ist logisch, detailliert und gleichzeitig praktikabel. Es hilft, die Aufmerksamkeit auf Verfahren und Techniken des Erzählens

---

1 Ebenda, S. 58.
2 Ebenda, S. 31.
3 Ebenda, S. 89.
4 Ebenda.
5 Vgl. Petersen (2010), S. 70 ff.

6 Storm, Theodor: Marthe und ihre Uhr. In: Es steht der Wald so schweigend. Novellen. Zusammenstellung: Deutscher Bücherbund, Stuttgart, München: 1988. S. 9–15. S. 9.
7 Ein Figuren-Erzähler ist nach Petersen eine Figur, die zum Erzähler wird. Vgl. Petersen (2010), S. 114ff.
8 Vgl. Petersen (2010), S. 72.
9 Storm, Theodor: Marthe und ihre Uhr. S. 11.
10 Petersen (2010), S. 73.
11 In: Genette, Gérard: Figures III, Paris: Seuil, 1972.
12 Die späte Beachtung Genettes durch die deutsche Literaturwissenschaft lässt sich hauptsächlich mit der späten Übersetzung seines Werkes ins Deutsche erklären. Neben der Übersetzung hat das Studienbuch „Einführung in die Erzähltheorie" von Matías Martínez und Michael Scheffel Genette hierzulande zum Durchbruch verholfen.

zu richten, die maßgeblich Machart und Wirkung eines narrativen Textes bestimmen und die sonst unbeachtet bleiben würden.[1] Begriffe wie „Fokalisierung" oder „Analepse" sind inzwischen auch fest verankert im Instrumentarium der Filmanalyse (↗ Lehrbuch, S. 161f.).

Da im Lehrbuch das System GENETTES nur stark gekürzt zur Darstellung kommt und einige Aspekte ganz wegfallen, soll des besseren Verständnisses wegen im Folgenden etwas genauer darauf eingegangen werden:

Narration, Erzählung, Geschichte/Diegese

Die **Narration** bezeichnet nach GENETTE den fiktiven oder realen Akt des Erzählens, den *Aussagevorgang*. Dieser narrative Akt bringt als Ergebnis einen schriftlichen oder mündlichen Diskurs hervor: die **Erzählung** (im mündlichen Diskurs fallen Narration und Erzählung zusammen). Die Ereignisse, von denen erzählt wird, machen die **Geschichte** aus. Sowohl über die Narration als auch über die Geschichte lässt sich nur etwas erfahren, indem man die Erzählung betrachtet.

Während sich Ereignisse und Handlungen zu einer **Geschichte** verknüpfen, bezeichnet der Begriff der **Diegese** das „raum-zeitliche Universum", in dem die Geschichte spielt.[2] Teilweise werden *Geschichte* und *Diegese* bei GENETTE auch synonym verwendet. Das Adjektiv *diegetisch* heißt entsprechend *zur Geschichte* bzw. *zur „Welt" der Geschichte gehörend*.

Zeit, Modus, Stimme

Über die Analyse der Erzählung lassen sich die vielfältigen Beziehungen aufdecken zwischen Narration (narrativer Akt, narrative Instanz), Erzählung und Geschichte.

Unter die Kategorie der **Zeit** fallen Fragen, die sich mit den Beziehungen zwischen der Zeit der Erzählung und der Zeit der Geschichte befassen. Diese Beziehungen werden nach GENETTE bestimmt durch:

„1. die Verhältnisse zwischen der temporalen Ordnung oder Reihenfolge der Ereignisse in der Diegese und der pseudo-temporalen Ordnung ihrer Darstellung in der Erzählung [...]; 2. die Verhältnisse zwischen der jeweiligen Dauer dieser Ereignisse oder diegetischen Segmente und der Pseudo-Dauer (faktisch der Textlänge), die ihr Bericht in der Erzählung beansprucht: Verhältnisse der Geschwindigkeit also [...]; und 3. schließlich die Verhältnisse der Dichte oder Frequenz, das heißt, [...] die Beziehungen zwischen den Wiederholungskapazitäten der Geschichte und denen der Erzählung [...]."[3]

Das Lehrbuch geht auf alle drei Aspekte der Zeit ein, wenn auch vereinfacht und gekürzt. GENETTE betrachtet vor allem die **Anachronien** der Erzählung weitaus differenzierter. So unterscheidet er beispielsweise zwischen **externen** und **internen Analepsen**: Während in einer externen Analepse der Ausgangspunkt des eingeschobenen

Rückgriffs vor dem Ausgangspunkt der Basiserzählung liegt, liegt der Beginn einer internen Analepse innerhalb des Basisstrangs. Bei den internen Analepsen lassen sich wiederum **heterodiegetische Analepsen** bestimmen, die einen anderen Handlungsstrang der Geschichte erzählen und so Redundanzen vermeiden, und **homodiegetische Analepsen,** die den Handlungsstrang der Basiserzählung betreffen. Die homodiegetischen Analepsen lassen sich wiederum unterscheiden in **kompletive Analepsen**, in denen nachträglich eine Lücke der Erzählung gefüllt wird, und **repetitive Analepsen,** durch die ein Ereignis beispielsweise rückwirkend eine neue Bedeutung erfährt oder aus einem anderen Blickwinkel erzählt wird.

Wenn man Schülerinnen und Schüler mit diesen und weiteren Differenzierungen GENETTES auch nicht überfordern möchte und mit gutem Grund vereinfacht, so lohnt doch jeweils der Blick, was genau eine Anachronie in einer Erzählung leistet, welche Funktion ihr zukommt. Auch ohne die Begrifflichkeiten lässt sich beschreiben, was ein Vor- oder Rückgriff oder ein anderer Aspekt der Beziehung zwischen Erzählzeit und erzählter Zeit jeweils leistet.

Im Lehrbuch wird an Beispielanalysen vorgeführt, welche Bedeutung diesen Fragen nach den zeitlichen Verhältnissen zwischen Erzählung und Geschichte zukommen kann. Schülerinnen und Schüler sollten entsprechend nicht nur dazu aufgefordert werden, die zeitlichen Verhältnisse zu definieren – z. B. Prolepsen oder Zeitsprünge zu identifizieren, sondern die entdeckten Phänomene in ihrer Bedeutung zu hinterfragen: Warum wird im dritten Kapitel von „Tonio Kröger" eine auffallend geraffte und iterative Erzählweise gewählt, während in den anderen Teilen der Erzählung überwiegend szenisch und singulativ erzählt wird?[4] Erst die Fragen nach dem Warum führen zu einer genauen Lektüre und Deutung des Textes, sonst bleibt die Arbeit am Text bei der reinen Formanalyse stehen.

Wie detailliert oder distanziert eine *Erzählung* über die *Geschichte* informiert und aus welchem Blickwinkel sie das tut, damit befasst sich die Kategorie des narrativen **Modus.** Fragt man danach, wie detailliert von Ereignissen erzählt wird, wird man allerdings auf die zeitlichen Aspekte der Erzählweise zurückverwiesen (**szenisches, gerafftes, iteratives Erzählen** etc.). Betrachtet wird hier eher die Wiedergabe der Figurenrede. Werden Dialoge zusammengefasst erzählt (narrativer Modus), indirekt oder unmittelbar wiedergegeben? Auch hier hängen modale Aspekte wieder eng mit zeitlichen Aspekten zusammen. Wichtig bei GENETTE ist die Unterscheidung zwischen dem Blickwinkel oder der Perspektive, die eine Erzählung einnimmt, und der **Stimme** des Erzählers. Fällt die Perspektive in die Kategorie **Modus** und wird hier näher durch die unterschiedlichen Möglichkeiten der **Fokalisierung** beschrieben, fallen Fragen nach dem Erzähler bzw. der narrativen Instanz in die Kategorie **Stimme.** Mit dieser Unterscheidung behebt Genette ein wesentliches Pro-

---

1 Vgl. auch Vogt, Jochen: Nachwort des Herausgebers. In: Genette: Die Erzählung. S. 300.

2 Vgl. Genette: Die Erzählung. S. 201 und S. 313.

3 Genette: Die Erzählung, S. 22.

4 Weiterführend hierzu: Kämper-van den Boogaart, Michael: Thomas Mann für die Schule. Berlin: Volk und Wissen, 2001. S. 72f.

blem anderer erzähltheoretischer Ansätze, die Modus und Stimme „miteinander vermengen, d. h. die Frage *Welche Figur liefert den Blickwinkel, der für die narrative Perspektive maßgebend ist?* wird mit der ganz anderen *Wer ist der Erzähler?* vermengt – oder, kurz gesagt, die Frage *Wer sieht?* mit der Frage *Wer spricht?*"[1] Auch wenn der Erzähler selbst Figur der Geschichte ist, muss man die Fokalisierung von der Instanz der Narration trennen, wie GENETTE am Beispiel der „Recherche" PROUSTS deutlich macht: Fokalisiert wird hier beispielsweise auf den jugendlichen Marcel, während ein sehr viel älterer erzählt.[2] „Auch wenn er selbst der Held ist, ‚weiß' der Erzähler fast immer mehr als der Held, und folglich bedeutet die Fokalisierung auf den Helden für ihn immer eine künstliche Einschränkung des Feldes, egal ob in der ersten oder dritten Person erzählt wird."[3] Fokalisierung bedeutet für GENETTE also eine **„Einschränkung des ‚Feldes'** [Hervorhebung durch die Verfasserin], d. h. eine Selektion der Information gegenüber dem, was die Tradition Allwissenheit nannte, […]."[4] Die sogenannte „Allwissenheit" ist bei GENETTE also die **Nullfokalisierung**.

Selten wird ein **Fokalisierungstyp** (externe, interne oder Nullfokalisierung) in einer Erzählung durchgehalten. Ein Fokalisierungstyp erstreckt sich meist nur über ein bestimmtes narratives Segment. Auch weisen die Fokalisierungstypen jeweils verschiedene Spielarten auf: eine reine **interne Fokalisierung** beispielsweise liegt eigentlich nur im inneren Monolog vor, doch auch folgender Ausschnitt ist ein Fall von interner Fokalisierung: *„Er erkannte Josta schon von weitem, sie stand auf einem der von Forsythien gerahmten Wege neben der Augenklinik und unterhielt sich mit einigen jüngeren Ärzten, die Bäuche eingezogen. Es machte ihn wütend, daß sie sich nicht an die Abmachung hielt, daß diese Ärzte sie und vielleicht auch ihn beobachten würden, zugleich fühlte er den jähen Stich von Eifersucht, als er sah, wie sie kokett mit ihrem Pferdeschwanz spielte, lachte, den Kopf zurückwarf, […]."[5]* Eine interne Fokalisierung liegt dann vor, wenn man ein narratives Segment in die Ich-Form übertragen kann (wenn es nicht schon in der ersten Person steht), ohne dass sich inhaltlich Wesentliches ändert.[6] Die Erzählung beschränkt sich auf den (eingeschränkten) Blickwinkel einer Figur. Eine interne Fokalisierung kann zugleich eine **externe Fokalisierung** auf eine andere Figur sein, die in ihren Handlungen beschrieben wird, ohne dass Einblick in ihr „Innenleben" gewährt würde.

Das Lehrbuch kann natürlich auch hier nicht auf alle Feinheiten eingehen. Kommt es in einer Erzählung mit relativ stabilem Fokalisierungstyp (z. B. mit Nullfokalisierung)

kurzzeitig zu Fokalisierungswechseln (z. B. zu einem „Streifzug" durch das Bewusstsein einer Figur), spricht GENETTE von **Alterationen**. Eine Einschränkung gegenüber der dominanten Fokalisierungsart nennt er „Paralipse", eine vorübergehende Erweiterung der Perspektive nennt er „Paralepse". Die „Recherche" PROUSTS besteht sozusagen aus Alterationen, da „es keinen herrschenden Code mehr gibt und der Begriff des Verstoßes allen Sinn verliert"[7], sie ist für GENETTE daher **polymodal**.

Die Kategorie **Stimme** untersucht das Verhältnis zwischen *Narration* und *Geschichte* und wurde im Lehrbuch am meisten reduziert: Hier wird nur noch unterschieden zwischen **heterodiegetischem** und **homodiegetischem** Erzähler (s. u.). Doch lässt sich in Bezug auf die narrative Instanz außerdem fragen, wann und wo (im Verhältnis zur Geschichte) erzählt wird. Da eine Erzählung zwangsläufig in einer bestimmten Zeitform abgefasst ist, lässt sich bestimmen, in welchem zeitlichen Verhältnis die Narration zur Geschichte steht: Meist liegt eine **spätere Narration** vor, d. h., der Akt des Erzählens liegt zeitlich nach den Ereignissen der Geschichte, die Erzählung steht grammatikalisch in einer Form der Vergangenheit. Der Zeitabstand der Narration zur Geschichte bleibt oft unbestimmt, mitunter lässt sich die Narration aber auch genau datieren, beispielsweise bei autobiografischen Erzählungen.

Seltener als die spätere Narration ist die **frühere Narration**: Hier liegt der Akt des Erzählens vor den Ereignissen, die sozusagen vorhergesagt werden. Die Erzählung steht hier in einer Form des Futurs. In einer **gleichzeitigen Narration** wird der Eindruck erweckt, die Handlung spiele sich simultan ab. Als Tempus der Erzählung findet entsprechend das Präsens Verwendung. Briefroman und Tagebuch sind Beispiele für die **eingeschobene Narration**.

Wenn GENETTE fragt, **wo** die Narration im Verhältnis zur Geschichte steht, so meint er die narrative Ebene, auf der erzählt wird: *„Jedes Ereignis, von dem in einer Erzählung erzählt wird, liegt auf der nächsthöheren diegetischen Ebene zu der, auf der der hervorbringende narrative Akt dieser Erzählung angesiedelt ist."[8]* Die erste Ebene, auf der eine Geschichte erzählt wird, ist die **extradiegetische Ebene**, d. h., der narrative Akt ist selbst nicht Teil der Geschichte, sondern ist außerhalb der Diegese angesiedelt. Die Ereignisse, von denen erzählt wird, liegen auf der **intradiegetischen Ebene**. Erzählt eine Figur innerhalb der Diegese eine Geschichte, liegt diese Narration auf der intradiegetischen Ebene, die Ereignisse, von denen erzählt wird, liegen auf der **metadiegetischen Ebene**. Die Beziehungen zwischen den Erzählungen der verschiedenen Ebenen können kausaler, thematischer oder unbestimmter Natur sein. So kann eine metadiegetische Erzählung die Funktion einer Analepse haben und rückblickend erklären, wie es zu bestimmten Ereignissen oder Zuständen in der Geschichte kam. Allerdings wird eben

---

1 Genette: Die Erzählung, S. 132.
2 Auch Petersen weist auf diese mögliche räumliche und zeitliche Distanz zwischen dem erzählenden Ich und dem erzählten Ich hin und relativiert damit wiederum Stanzels Idee einer vollen Identität der Seinsbereiche zwischen Erzähler und Figuren als dominantes Merkmal der Ich-Erzählsituation (↗ Petersen, 1993, S. 55.).
3 Genette: Die Erzählung, S. 138.
4 Ebenda, S. 242.
5 Tellkamp, Uwe: Der Turm. Frankfurt am Main: Suhrkamp, 2008. S. 373.
6 Vgl. Genette: Die Erzählung, S. 137.

7 Ebenda, S. 149.
8 Ebenda, S. 163.

im Unterschied zur einfachen Analepse der Rückblick hier nicht durch den extradiegetischen Erzähler vorgenommen, sondern durch eine Figur der Geschichte, die sich an ein intradiegetisches Publikum richtet.

Da das Lehrbuch diese Begriffe nicht einführt, bieten sich für diese Phänomene die bekannten Begriffe der **Rahmen-** bzw. **Binnenerzählung** an.

Der Frage nach der „Person" des Erzählers bzw. der „Erzählform" misst GENETTE nicht die gleiche Relevanz zu wie es beispielsweise PETERSEN tut. Die sonst üblichen Begriffe der Er- bzw. Ich-Form oder des Er- oder Ich-Erzählers findet GENETTE irreführend, da sie das Augenmerk auf die Verwendung der grammatischen Person lenkt: „Doch man weiß natürlich, daß das Problem in Wahrheit ein anderes ist. Der Romancier wählt nicht zwischen zwei grammatischen Formen, sondern zwischen zwei Einstellungen (deren grammatische Formen nur eine mechanische Konsequenz sind): Er kann die Geschichte von einer ihrer ‚Personen' [personnages] erzählen lassen oder von einem Erzähler, der selbst in dieser Geschichte nicht vorkommt. […] Sofern sich der Erzähler jederzeit als solcher in die Erzählung einmischen kann, steht jede Narration virtuell in der ersten Person […]. Das eigentliche Problem aber ist: Kann der Erzähler die erste Person verwenden, um eine seiner Figuren zu bezeichnen oder kann er es nicht?"[1] Kommt der Erzähler als Figur in der Geschichte vor, handelt es sich nach GENETTE also um einen **homodiegetischen Erzähler**. Ist der Erzähler nicht Teil der Figurenwelt, haben wir es mit einem **heterodiegetischen Erzähler** zu tun.

Außerdem unterscheidet GENETTE noch den autodiegetischen Erzähler, der gleichzeitig als Figur in seiner Erzählung die Hauptrolle spielt und „sozusagen den höchsten Grad des Homodiegetischen repräsentiert"[2]. Das Lehrbuch beschränkt sich hier auf den Begriff des homodiegetischen Erzählers.

Ist die Beziehung des Erzählers zur Geschichte einmal definiert, so ist diese invariabel, selbst wenn ein homodiegetischer Erzähler zeitweise in den Hintergrund treten und überwiegend von dritten erzählen sollte.[3] Das Problem, das PETERSEN in STORMS „Marthe und ihre Uhr" sieht (s. o.), ergibt sich mit GENETTE nicht: Es stellt sich nicht die in Bezug auf diesen Text verwirrende Frage, ob es sich hier um eine Erzählung in der Ich-Form, der Er-Form oder um eine Figuren-Erzählung handelt und was für oder gegen die eine oder andere dieser Möglichkeiten spricht. Mit GENETTE diagnostiziert man in „Marthe und ihre Uhr" einen homodiegetischen Erzähler. Passagenweise liegt eine interne Fokalisierung auf Marthe vor. Ein Erzähler, der selbst zur Figurenwelt der Geschichte gehört, dürfte nach den Gesetzen der Logik nun eigentlich nicht über Innensichten anderer Figuren verfügen.[4] Da Erzählungen

sich mitunter aber nicht an derartige logische Gesetze halten, wie GENETTE es ausführlich am Beispiel der „Recherche" PROUSTS zeigt, ist es für die Beschreibung von Erzählphänomenen hilfreich, den modalen Aspekt der Perspektive völlig zu trennen von der narrativen Instanz der „Stimme".[5] Das analytische System GENETTES bietet einen unverstellten und daher den genauesten Blick auf Erzählphänomene.

Methodische Hinweise

Das Kapitel eignet sich sowohl für ein längerfristiges Selbststudium der Schülerinnen und Schüler, dessen Ergebnisse im Unterricht besprochen und angewendet werden, als auch für die Arbeit im Unterricht.

Textauszüge und sich anschließende Interpretationsansätze veranschaulichen jeweils die Erzählphänomene und ihre Bestimmung mithilfe der eingeführten Begriffe. Einem tieferen Verständnis dienen auch die verschiedentlich eingefügten erzählerischen Umgestaltungen der Originaltextauszüge, wodurch die Schülerinnen und Schüler Differenzerfahrungen gewinnen, die ihnen die Eigentümlichkeiten und Wirkungen der spezifischen Erzählweise näher bringen.[6] So wird z. B. eine Passage aus SVEN REGENERS „Neue Vahr Süd", die in erlebter Rede verfasst ist, auch als innerer Monolog gestaltet, um die Unterschiede dieser beiden Darbietungsarten zu demonstrieren (↗ S. 153). Oder es wird vorgeführt, was passieren würde, wenn man die Handlung zu Beginn des Romans „Das Erlkönig-Manöver" von ROBERT LÖHR nicht anachronistisch, sondern chronologisch erzählen würde (↗ S. 158). Ein solches produktives Verfahren zur Verdeutlichung der Erzählweise und ihrer spezifischen Funktion für die Darstellung und Wirkung auf den Leser bietet sich auch für den Unterricht an. Die Formen des Erzählens werden *begriffen,* indem ein Textauszug von der Er-Form in die Ich-Form übertragen oder statt eines auktorialen Erzählerverhaltens ein personales gewählt wird etc. und jeweils die Auswirkungen solcher Eingriffe reflektiert und diskutiert werden. Um den Wert eines solchen produktiven Vorgehens zu unterstreichen, sei hier auf GÜNTER WALDMANN verwiesen:

„Der literarische Autor produziert seinen Text, indem er aus sehr vielen Möglichkeiten bestimmte Inhalte und Formmittel wählt. Die Inhalte und Formmittel, die er wählt, sind bestimmt und verstehbar durch die ‚benachbarten' Inhalte und Formmittel, die sie nicht sind: Ihre literarische Bedeutung haben sie […] aus der Differenzqualität […] zu all den an sich auch möglichen, vom Autor aber nicht gewählten Inhalten und Formmitteln. Und sie können in ihrer literarischen Bedeutung verstanden werden, indem man sie verändert zu dem, was sie nicht sind, aber sein könnten bzw. hätten sein können […].

---

1 Genette: Die Erzählung, S. 175.
2 Ebenda, S. 176.
3 Vgl. ebenda
4 Von der Literaturkritik wurden solche Erzählphänomene mitunter als unzulässige Normverstöße empfunden oder dem Autor als Nachlässigkeit angekreidet. Vgl. hierzu Genette: Die Erzählung, S. 138 und 148.

5 Vgl. Genette: Die Erzählung, S. 147-149.
6 Zur Differenz und Differenzerfahrung siehe: Waldmann, Günter: Produktiver Umgang mit Literatur im Unterricht. Grundriss einer produktiven Hermeneutik; Theorie – Didaktik – Verfahren – Modelle. Baltmannsweiler: Schneider, 2000.

Man macht so im Prinzip das, was der Autor macht, wenn er produziert, nämlich etwas wählt und damit anderes abwählt, nur dass man sich jetzt das vom Autor Abgewählte genauer als solches vor Augen führt, um damit das von ihm Gewählte deutlicher auffassen und besser verstehen zu können."[1] Die Art und Weise, wie das Kapitel zur Einführung und Veranschaulichung der erzähltheoretischen Grundbegriffe vorgeht, soll so als Anregung für die Entwicklung von Aufgabenstellungen und für die Arbeit an erzählenden Texten verstanden werden.

Weiterführende Literatur/Literaturempfehlungen

Genette, Gérard: Die Erzählung. München: Fink, 1998.

Martínez, Matías/ Michael Scheffel: Einführung in die Erzähltheorie. München: Beck, 1999.

Petersen, Jürgen H.: Erzählformen. Er, Ich, Du und andere Varianten. Berlin: Erich Schmidt, 2010.

Petersen, Jürgen H.: Erzählsysteme. Eine Poetik epischer Texte. Stuttgart; Weimar: Metzler, 1993.

Waldmann, Günter: Produktiver Umgang mit Literatur im Unterricht. Grundriss einer produktiven Hermeneutik; Theorie – Didaktik – Verfahren – Modelle. Baltmannsweiler: Schneider, 2000.

1.5.2 Filmanalyse

Didaktische Zielsetzungen

Das Kapitel bildet insofern ein Scharnier zwischen Erzähltext- und Dramenanalyse, als es die entsprechenden gattungsspezifischen Fragestellungen und Termini aufnimmt, zugleich aber auf eine grundlegende Mediendifferenz verweist und produktionsorientierte Kategorien für die Behandlung von Filmen im Unterricht bereitstellt. Damit wird die Anschlussfähigkeit an die Erzähltext- und Dramenanalyse gewährleistet und die Grundlagen für eine vergleichende Analyse von Film und Literatur werden gelegt.

Im Aufbau folgt das Kapitel einer *Abfolge von Untersuchungsschritten,* die sich von der Betrachtung **struktureller Eigenschaften** des jeweiligen Films (Handlungsaufbau und Dramaturgie sowie dominierende Erzählhaltung und Perspektivierung) hin zur **Detailanalyse** (hier: Beschreibung einer Filmsequenz) entwickelt: eine Abfolge, die auch für die Filmanalyse im Unterricht durchaus sinnvoll sein kann.

Um die **Handlungsstruktur** und den **dramaturgischen Aufbau** eines Films zu ermitteln, erweist sich der Vergleich von Erzählzeit und erzählter Zeit zumeist als äu-

---

1   Ebenda, S. 35.

ßerst hilfreich. Zumal sich auf einer *Zeitachse* anschaulich Handlungsphasen und zumeist auch die Exposition und die Wende- und Höhepunkte eines Films markieren lassen: in Form eines Tafelbildes, auf Folie oder auch als Computergrafik. Hilfreich ist dabei in aller Regel auch die Erstellung eines **Sequenzprotokolls,** in dem die Handlungsabschnitte nummeriert und mit Kurzangabe des Inhalts tabellarisch gelistet werden. Für die detaillierte Analyse einer Sequenz bietet sich an, ein **Einstellungsprotokoll** anzufertigen, also den Film von Schnitt zu Schnitt zu erfassen.

Üblich ist dabei ein fünfgliedriges Schema, das folgende Kategorien erfasst:
- Einstellungsnummer,
- Einstellungslänge,
- Kamera (Einstellungsgröße, Kameraperspektive und Kamerabewegung),
- Bild und Handlung,
- Ton (Dialoge, Musik, Geräusche).

Sinnvoll sind Einstellungsprotokolle, um die *detaillierte Filmwahrnehmung* zu schulen. Der Zeitaufwand ist jedoch erheblich und wird in der Regel die Stundenzahl übersteigen, die für eine Unterrichtseinheit zur Verfügung steht. Für weitere Hinweise zu Methoden der systematischen Filmanalyse bis hin zu computergestützten Schnittfrequenzgrafiken sei auf weiterführende Literatur verwiesen (KORTE).

Für jede Form der systematischen Filmanalyse wie auch für jede detaillierte Beschreibung eines Films sind **produktionsorientierte Kategorien** unerlässlich, wie Einstellungsgrößen, Kamera- und Objektbewegungen oder die Beziehungen von Bild und Ton. Der Filmzuschauer synthetisiert in seiner Wahrnehmung sehr komplexe Informationen zu einer Vorstellung von Handlung, Zeit und Raum. Auch wenn Film gleichsam intuitiv verstanden wird, ist es für die Filmanalyse wie für die Schulung eines kritischen Wahrnehmungsvermögens unerlässlich, den Film beispielhaft wieder in seine Wirkungskomponenten zu zerlegen.

Auf der **Ebene des Bildes** kann dies *von Schnitt zu Schnitt* erfolgen. Eine **Tonfolge** jedoch lässt sich nicht zerlegen, sie ist nur im Zeitfluss und ihrem Zusammenspiel mit der Handlung zu erfassen. Auch hier bietet sich das Verfahren an, *von größeren Einheiten zur Detailanalyse* fortzuschreiten: also etwa eine Sequenz auf in ihren Gesamteindruck zu befragen, um sie dann detailliert zu untersuchen.

Oft lassen sich schon am Beispiel einer Sequenz die stilrelevanten und wahrnehmungssteuernden Merkmale eines Films ermitteln. Bei elaborierteren filmischen Erzählungen, gleich welcher filmhistorischen Epoche, ist dies nicht der Fall. Für eine einführende Filmanalyse bietet sich auf jeden Fall an, Untersuchungsebenen, wie die Abfolge von Einstellungsgrößen und die damit verbundene **Raumdiegese**, wie Wahrnehmungssteuerung, an verschiedenen Beispielen darzustellen ebenso wie etwa die Wirkung von Musik und Geräuschen.

Um die Komplexität der zu beobachtenden Merkmale zu mindern, verzichtet das Kapitel auf einige gleichwohl wichtige Kategorien, wie etwa die des **Lichts,** der grundsätzlichen Beleuchtungsmöglichkeiten einer Szene und der historischen Dominanz verschiedener Lichtstile. Auch hier sei auf weiterführende Literatur verwiesen (HICKETHIER, MONACO).

Filmtheoretische Überlegungen klingen nur versteckt an, etwa in der basalen Annahme, dass die wesentliche Mediendifferenz darin bestehe, dass der Filmzuschauer in den Handlungsraum einbezogen wird. Entsprechend werden hier produktionsorientierte Kategorien annäherungsweise wie *wahrnehmungsanalytische* behandelt. Auch wenn die Filmtheorie zuweilen sehr wenig mit der Analyse konkreter Filme zu tun hat, bestimmt sie doch deren Grundannahmen. Eine Einführung zu den divergierenden Ansätzen der Filmtheorie bieten ELSAESSER und HAGENER.

Film ist leicht zu sehen, aber schwierig zu verstehen, lautet ein viel zitiertes Diktum (JAMES MONACO). Umso mehr sollte die Filmanalyse darauf zielen, das scheinbar Selbstverständliche sichtbar zu machen. Wie in der Erzähltext- und Dramenanalyse kann es nicht darum gehen, nur die Inhalte oder den Sinn des Dargestellten zu erfassen. Es geht immer auch um die „Machart" des Films, seine *ästhetische Struktur.*

Weiterführende Literatur

Elsaesser, Thomas/Hagener, Malte: Filmtheorie zur Einführung. Hamburg: Junius Verlag, 2007.

Frederking, Volker (Hrsg.): Filmdidaktik und Filmästhetik. Medien im Deutschunterricht 2005. München: Kopaed, 2006.

Hickethier, Knut: Film- und Fernsehanalyse. Stuttgart, Weimar: Metzler Verlag, 1993.

Korte, Helmut: Einführung in die Systematische Filmanalyse. Berlin: Erich Schmidt Verlag, 1999.

Lange, Sigrid: Einführung in die Filmwissenschaft. Darmstadt: Wissenschaftliche Buchgesellschaft, 2007.

Monaco, James: Film verstehen. Kunst, Technik, Sprache, Geschichte und Theorie des Films. Reinbek b. Hamburg: Rowohlt Verlag, überarb. und erw. Neuausg., 2001.

Pfeiffer, Joachim/Michael Staiger (Hrsg.): Filmdidaktik. Der Deutschunterricht 3/2008. Seelze/Velber: Friedrich Verlag, 2008.

1.5.3 Analyse lyrischer Texte

Didaktische Zielsetzungen

JOHANN WOLFGANG GOETHE
Gedichte sind gemalte Fensterscheiben

Gedichte sind gemalte Fensterscheiben.
Sieht man vom Markt in die Kirche hinein,
Da ist alles dunkel und düster;
Und so sieht's auch der Herr Philister:
Der mag denn wohl verdrießlich sein
Und lebenslang verdrießlich bleiben.

Kommt aber nur einmal herein!
Begrüßt die heilige Kapelle;
Da ist's auf einmal farbig helle,
Geschicht und Zierrat glänzt in Schnelle,
Bedeutend wirkt ein edler Schein;
Dies wird euch Kindern Gottes taugen,
Erbaut euch und ergetzt die Augen!

(Goethe, Johann Wolfgang von: Berliner Ausgabe. Poetische Werke [Band 1–16]. Band 1, Berlin: Aufbau, 1960 ff., S. 599.)

Poetische Texte „deuten" zu wollen, scheitert an der **poetischen Metaebene des Gedichts,** d. h., beim Lesen oder Hören tritt der Rezipient als Koautor des Textes auf. Diese Leistung selbst ist eine (mehr oder weniger) kreative, sie ist aber vor allem eine individuelle, geistige und leidenschaftsvolle Inszenierung in der Vorstellung des Rezipienten.
Liest man sich GOETHES oben stehendes Gedicht durch, beschreibt dies genau den Vorgang der Rezeption. Und wie man die Details im Inneren einer Kirche nur beim wiederholten Betrachten in den großen Zusammenhang des Kirchenbaus stellen kann, ergeht es auch dem Gedicht. Nur wer sich mit ihm einlässt, wird seine Schönheiten entdecken.

Lyrik ist im besten Sinne Ich-Erfahrung. Der Leser begegnet sich selbst beim Lesen. Allerdings muss er diese Selbstbegegnung auch zulassen. Er muss sich einlassen auf den Wirrwarr aus Metaphern, in den er nun eintritt. Dieser kann ihm Angst machen, weil zu fremd, zu unvertraut ist, aber er kann in ihm auch Neugier wecken auf das Unbekannte, das es zu entdecken gilt.
Je öfter der Leser in diesen Kirchenbau eintritt, umso mehr wird er sehen und erfahren, solange hinter ihm nicht ein Kirchendiener mit bedrohlicher Gebärde steht und ihn vorwärtsdrängt. Das will heißen: Schüler zur Erkenntnis zu zwingen, scheitert. Erst wenn das Gedicht vom Schüler als Rezipienten als poetisch erkannt wurde, kann er die Leistung eines Gedichtes in abstrakte, unpoetische Sprache „übersetzen".
Selbst das **„Umschreiben" eines Gedichts** in ein anderes Literaturgenre, etwa der Kurzgeschichte, hilft dem poetischen Verstehen lyrischer Texte mehr als die Frage nach dem, was „der Dichter ausdrücken" wollte. Die Suche da-

nach ist zwecklos, deshalb kann es keine vergleich-baren Ergebnisse geben.

Auch die Frage nach dem **Sprecher des Gedichts** macht nur dann einen Sinn, wenn die Schülerin/der Schüler erkennt, dass es sich bei Lyrik um ebensolche Fiktion handelt wie bei der Prosa, dass also der lyrische Sprecher grundsätzlich nicht mit dem Autor gleichzusetzen ist.

Deshalb sollten die Schülerinnen und Schüler angehalten werden, das Gedicht auf sich wirken zu lassen, auf einer poetischen Ebene zu assoziieren und so die Bedeutungsschichten lyrischer Texte zu erkennen, denn Kunst ist zunächst nur mit künstlerischen Mitteln deutbar. Erst dann kann ihnen aufgebürdet werden, ihre gewonnenen Erkenntnisse in eine andere Textsorte, in abstrakte, unpoetische Sprache umzuwandeln.

Nun können die Schülerinnen und Schüler
- beim Lesen und Hören Vorstellungen entwickeln,
- sprachliche Gestaltung wahrnehmen,
- Metaphorik/Symbolik der Ausdrucksweise erkennen,
- prototypische Vorstellungen von den Genres der Lyrik entwickeln.

Die im Lehrbuch skizzierte Herangehensweise baut auf diesen Überlegungen auf: Indem die Schülerinnen und Schüler versuchen, sich dem poetischen Text auf *narrative Weise* zu nähern, bleiben sie so noch sehr nah an der Kunst. Das schrittweise Entdecken sprachlicher Phänomene bzw. Dimensionen erleichtert das Verständnis von Metaphorik. Letztlich ist die formale Struktur von Lyrik wichtig, diese prototypischen Vorstellungen der Gattung und seiner Genres zu entwickeln. Somit gelingt den Schülerinnen und Schülern am Ende eine Gesamtschau auf das konkrete Gedicht, das ihnen vorliegt, ohne dass sie spekulativ sein und imaginäre Erwartungshaltungen erfüllen müssen.

Das **Kapitel „Analyse lyrischer Texte"** führt ein in die Gedichtinterpretation, indem die Besonderheit lyrischer Texte und ein Begriffsinstrumentarium für ihre Analyse vorgestellt werden. Die Ausführungen orientieren sich hauptsächlich an DIETER BURDORFS „Einführung in die Gedichtanalyse".

Den Schülerinnen und Schülern soll zunächst vermittelt werden, dass in Gedichten wie auch bei narrativen Texten der (lyrische) Sprecher vom Autor zu unterscheiden ist. Gleichzeitig soll deutlich werden, dass es für die Gedichtinterpretation fruchtbar sein kann, danach zu fragen, wer sich hinter dem Sprecher eines Gedichts verbirgt bzw. was man über diesen Sprecher erfahren kann. Besonders anschaulich lässt sich das an sogenannten Rollengedichten zeigen wie beispielsweise an GOETHES „Prometheus", worauf daher kurz eingegangen wird.

Ein besonderes Augenmerk wird in dem Kapitel auf die bildhafte Sprache bzw. Metaphorik in der Lyrik gelegt. Hier soll den Schülerinnen und Schülern vor allem verdeutlicht werden, dass es nicht darum gehen kann, die eine richtige „Übersetzung" eines bildhaften oder un-

eigentlichen Ausdrucks zu finden, sondern dass es bei der Interpretation mit Hilfe von Assoziationen und unter Heranziehung intra- und intertextueller, literarhistorischer und/oder autobiographischer Bezüge immer nur um Auslegungsmöglichkeiten gehen kann. An dem Gedicht „Vor dem Winter" von PAUL BOLDT wird exemplarisch vorgeführt, wie sich durch das wiederholte und genaue Lesen des Textes Inferenzen plausibel herleiten lassen.

Neben der Metaphorik führt das Kapitel in klangliche Mittel der Lyrik ein. Als grundlegend für die Versanalyse wird hier die Unterscheidung von Hebungen und Senkungen bzw. das mögliche Alternieren von Hebungen und Senkungen betrachtet.

Dieser Teil des Kapitels soll zeigen, wie die Anordnung von Hebungen und Senkungen bzw. Betonungen in den verschiedenen Versen eines Gedichts inhaltliche Elemente unterstützen und ihre Beschreibung daher für die Interpretation eines Gedichts fruchtbar gemacht werden kann.

Methodisch können durch syntaktische Umgestaltungen Besonderheiten eines lyrischen Textes erfahrbar gemacht werden. Dieses in dem Kapitel vorgeführte Verfahren kann sich auch für die Arbeit an Gedichten im Unterricht anbieten, um beispielsweise die Wirkung klanglicher Elemente zu veranschaulichen oder ein Nachdenken über Deutungsmöglichkeiten uneigentlicher und bildhafter Ausdrücke anzuregen. Solche produktiven Verfahren führen zu Differenzerfahrungen, die einem tieferen Verständnis dienen, wie Form und Inhalt eines Gedichts zusammenwirken (↗ Kapitel 1.5.1, S. 46: Differenzerfahrung nach WALDMANN).

Das Kapitel eignet sich für das **Selbststudium** und zum Nachschlagen als auch für die **Arbeit im Unterricht**.

Die Schülerinnen und Schüler erhalten die Möglichkeit, sich grundlegende Begriffe für die Interpretation lyrischer Texte anhand exemplarischer Interpretationen zu erarbeiten, um sie für die Arbeit an weiteren Gedichttexten im Deutschunterricht oder im Selbststudium anzuwenden. In dem Kapitel nicht eigens aufgeführte, weitere rhetorische Stilmittel können die Schülerinnen und Schüler in Kapitel 2.1 „Sprache in Kontexten" auf den Seiten 246 und 247 nachschlagen.

Weiterführende Literatur

Burdorf, Dieter: Einführung in die Gedichtanalyse. Stuttgart, Weimar: J. B. Metzler Verlag, 1995 (= Sammlung Metzler 284, 2. überarbeitete und aktualisierte Auflage 1997).

Burdorf, Dieter: Poetik der Form. Eine Begriffs- und Problemgeschichte. Stuttgart, Weimar: J. B Metzler Verlag, 2001.

Jung, Werner: Poetik: Eine Einführung. München: W. Fink Verlag, UTB, 2007.

Lamping, Dieter: Das lyrische Gedicht. Definitionen zu Theorie und Geschichte der Gattung. Göttingen: Vandenhoeck & Ruprecht, 1993.

Lott, Martin: Dichtung, Lyrik und Musik. Bemerkungen zum Rhythmus und der Sprache in der Dichtkunst. Hamburg: Verlag Dr. Kovacs, 1996.

Villwock, Jörg: Metapher und Bewegung. Hamburg: Verlag Dr. Kovacs, 1999.

1.5.4 Analyse dramatischer Texte

Didaktisch-methodische Hinweise

In dem Kapitel sollen den Schülerinnen und Schülern terminologische Grundlagen für die Beschreibung und Interpretation dramatischer Texte vermittelt werden. Dabei geht es zunächst um die Darlegung der *Besonderheiten der dramatischen Gattung,* dann um eine nach den **„Bauelementen" eines Dramas,** nämlich

- Komposition,
- Raum,
- Zeit,
- Sprache und
- Figuren,

geordnete Einführung in die wichtigsten *Begrifflichkeiten* zur Beschreibung und Analyse von Werken dieser Gattung. Dass das klassische Drama hierbei den Bezugspunkt darstellt, liegt auf der Hand. Im Text wird deshalb auch wiederholt auf SCHILLERS „Maria Stuart" zur Veranschaulichung der dargelegten Grundbegriffe verwiesen. Wichtig ist in diesem Zusammenhang allerdings, dass die Schülerinnen und Schüler angehalten werden, das Begriffsgerüst nicht als starres, von der geschichtlichen Entwicklung der Gattung losgelöstes Instrument zu gebrauchen.
Den „modernen" Tendenzen der Gattung (seit dem Sturm und Drang die Auflösung der strengen Komposition, seit der zweiten Hälfte des 19. Jahrhunderts die zunehmende Episierung, seit BRECHT das Einsetzen eines Erzählers usw.) ist mithilfe der klassischen Terminologie nur teilweise beizukommen, eher lassen sich die neueren Entwicklungen in Differenz zur klassischen Dramenform beschreiben. An dieser Stelle sei auch auf die Sonderseiten zu Dramentheorien und Theaterkonzepten (↗Lehrbuch, S. 428 ff.) hingewiesen.

Ein differenziertes Denken, das nicht die dramatischen Texte dem Begriffssystem anzupassen versucht, sondern die vorhandenen Begriffe als Versuche auffasst, die Charakteristika der Gattung möglichst adäquat zu beschreiben, soll auch die ins Kapitel aufgenommene Unterscheidung der **dramatischen Formtypen nach** VOLKER KLOTZ („offenes" und „geschlossenes" Drama) befördern. Dabei ist es hier wichtig, der Versuchung zu widerstehen, Dramen einem Formtyp lediglich zuzuordnen, als hätte man damit das Wesen eines Dramas endgültig erfasst.

Gerade KLOTZ betonte immer wieder das Vorhandensein von Mischformen.

Begriffe ohne Anschauung bleiben in der Regel ohne Relevanz. In diesem Sinne dient, wie schon erwähnt, der wiederholte Verweis auf „Maria Stuart" dazu, Anschaulichkeit herzustellen. Es empfiehlt sich, die Bearbeitung des Kapitels mit einer Lektüre dieses Dramas zu verbinden.

Um spezifische Merkmale der Gattung zu erfassen, bietet es sich an, die Schüler Szenen oder Szenenausschnitte, zum Beispiel aus „Maria Stuart", in einen *epischen Text* umschreiben zu lassen. Das Fehlen des Erzählers und das dialogische Prinzip des Dramas, die Konzentration und Gedrängtheit der dramatischen Handlung usw. werden den Schülerinnen und Schülern durch solche Aufgabenstellungen unmittelbar einsichtig.
Des Weiteren liegt es nahe, verschiedene *Dramentexte zu vergleichen.* Wenn bestimmte Techniken wie etwa der **Botenbericht** oder die **Mauerschau** in Dramentexten wiederholt entdeckt werden können, festigt sich natürlich einerseits die Begrifflichkeit. Andererseits aber ergeben sich auch notwendige Relativierungen, etwa zur Frage, ob das freytagsche Pyramidenschema dem Handlungsablauf eines Fünfakters immer gerecht zu werden vermag.

Die Einordnung des Kapitels in den größeren Lehrbuchabschnitt 1 „Kompetent mit Texten arbeiten" (↗Lehrbuch, S. 12–199) verweist darauf, dass der eigentliche Zweck eines Dramas, nämlich für eine szenische Aufführung vorgesehen zu sein, hier nur am Rande erwähnt wird, dass vielmehr die Analyse des Dramentextes im Vordergrund steht. Das entspricht auch der üblichen schulischen Anfor-derung. Allerdings spricht alles dafür, mit den Schülerinnen und Schülern die Aufführung eines gelesenen und analysierten Dramas im Theater anzuschauen (und sich dabei auch Anregung durch das Lehrbuchkapitel 1.1.4 „Theaterpraxis: Inszenierung", ↗Lehrbuch, S. 54 ff.) zu holen. Auf diese Weise können sich theoretische Einsichten der Schülerinnen und Schüler und praktische Anschauung ergänzen.

Weiterführende Literatur

Asmuth, Bernhard: Einführung in die Dramenanalyse. Stuttgart: J. B. Metzler Verlag, 7. Aufl., 2009.

Klotz, Volker: Geschlossene und offene Form im Drama. München: Carl Hanser Velag, 13. Aufl., 1992.

Lehmann, Hans-Thies: Postdramatisches Theater. Frankfurt/Main: Verlag der Autoren, 1999.

Pfister, Manfred: Das Drama. Theorie und Analyse. München: Wilhelm Fink Verlag, 11. Aufl., 2001.

Szondi, Peter: Theorie des modernen Dramas (1880–1950). Frankfurt/Main: Suhrkamp Verlag, 9. Aufl., 1973.

2 Sprache und Literatur in Kontexten

2.1 Sprache in Kontexten

2.1.1 Geschichte der deutschen Sprache

Didaktische Zielsetzungen

Die Thematisierung der Geschichte der deutschen Sprache ist in den meisten Bundesländern Bestandteil des Lehrplans des Faches Deutsch in der gymnasialen Oberstufe.

Das vorliegende Kapitel bietet hierhingehend Möglichkeiten, bestehende *Lese-, Sprach-, Recherche- und Darstellungskompetenzen* der Schülerinnen und Schüler auszubauen sowie weitere hinzuzufügen. Es soll sie befähigen, mit Texten unterschiedlicher sprachgeschichtlicher Epochen sachgerecht umzugehen, Inhalte mündlich und schriftlich angemessen zu gliedern und zu präsentieren sowie adressaten- und themenbezogen zu sprechen und zu schreiben.

Darüber hinaus bietet das Kapitel *Anregungen für handlungs- und projektorientiertes Lernen,* das teilweise auch an außerschulischen Lernorten erfolgen kann. Teile der Unterrichtseinheit könnten in einer Stadt- bzw. Universitätsbibliothek oder einem Stadt- bzw. Universitätsarchiv stattfinden, um die Schülerinnen und Schüler im wissenschaftspropädeutischen Sinne an die Arbeit mit älteren Sprachformen heranzuführen und an diesen exemplarisch die Entwicklung der deutschen Sprache zu erarbeiten.
 Fernerhin ergeben sich aus dem Kapitel Impulse für Internetrecherchen, an die sich Schülerpräsentationen anschließen können. Diese Form des Unterrichts ermöglicht zugleich eine wiederholende Einübung der im Rahmen der Abiturprüfungen immer stärker Einzug haltenden Präsentationsprüfungen.
Des Weiteren können die Schülerinnen und Schüler versuchen, ausgehend von den auf der DVD befindlichen Hörbeispielen älterer Sprachstufen (z.B. Altsächsisch, Althochdeutsch, Mittelhochdeutsch), diese ihnen zunächst fremden Texte laut zu lesen bzw. auch aufzuzeichnen. Geeignete Texte finden sich ebenfalls auf der DVD.

Die Lernziele bzw. Kompetenzen der vorliegenden Unterrichtseinheit sind vielfältig. Die Schülerinnen und Schüler sollen ein geschärfte(re)s *Bewusstsein für den Sprachwandel entwickeln* und ihr eigenes Sprachrepertoire mit früherem Sprachgebrauch vergleichen lernen. Hierdurch sollen sie eine Distanz zu ihren eigenen Sprachmustern gewinnen und lernen, bewusster zu sprechen und kritikfähiger mit Sprache umzugehen.
Die Schülerinnen und Schüler können darüber hinaus lernen,

- ältere deutschsprachige Texte zu lesen und zu übersetzen,
- Sprache als veränderbares und sich ständig wandelndes System zu begreifen,
- Sprachwandel als einen Prozess zu verstehen, an dem wir als aktive Sprecher selbst fördernd oder retardierend teilhaben,
- dass Sprache immer in schriftlicher und mündlicher Form existiert und welche Unterschiede zwischen diesen beiden Realisationsformen bestehen,
- dass Sprachwandel immer ein Zusammenspiel von inner- und außersprachlichen Faktoren ist,
- dass Sprache immerzu von anderen Sprachen oder sprachlichen Varietäten auf unterschiedlichen Sprachebenen (z.B. Syntax, Lexik) beeinflusst wird und dies ein natürlicher sprachlicher Prozess ist,
- dass Sprache also nie homogen war und ist und dass früherer Sprachgebrauch mitnichten besser ist als der heutige und Sprachentwicklung nicht gleichzusetzen ist mit Simplifizierung oder Verrohung von Sprache.

Die Unterrichtseinheit bietet weiterhin Möglichkeiten eines *fachübergreifenden und/oder fächerverbindenden Unterrichts* mit dem Fach Geschichte. Teilweise ist der interdisziplinäre Bezug sogar notwendig. Deutlich wird dies beispielsweise in Bezug auf das Frühneuhochdeutsche, da das Entstehen dieser Schriftsprache neben innersprachlichen Entwicklungen durch außersprachliche Einflüsse geprägt ist. Daher ist eine unterrichtliche Thematisierung der Erfindung des Buchdruckes durch JOHANNES GUTENBERG sowie des Einflusses der Reformation auf die deutsche Sprachgeschichte anzustreben. Trotz der Notwendigkeit, historische Grundlagen in den Deutschunterricht zu integrieren, sollte jedoch stets die innere Sprachentwicklung im Mittelpunkt stehen.

Hinweise zu den Aufgaben

S. 202, Aufgabe 1:
Erkundigen Sie sich nach der Bedeutung der Wörter Specker, Nabob, Base und Oheim. Fragen Sie Ihre Großeltern oder andere ältere Menschen nach weiteren, heute nicht mehr geläufigen Wörtern. Stellen Sie diese in einer Liste zusammen und finden Sie passende gegenwartssprachliche Äquivalente.

Unter einem **Specker** versteht man einen Menschen, der sich körperlich nur unzureichend pflegt und dessen Kleidung „verspeckt" ist. Das Wort soll in den Schützengräben des Ersten Weltkrieges entstanden sein. Das Wort **Nabob** bezeichnet einen sehr wohlhabenden Lebemann. Ursprünglich geht es zurück auf einen islamischen Statthalter in Indien, einen Angehörigen des in Indien reich gewordenen Geldadels. Geläufig war das Wort in Deutschland vor allem in den 1960er-Jahren. **Base** und **Oheim** sind veraltete Wörter für Tante und Onkel. Der Oheim war früher der Bruder der Mutter, wohingegen der Bruder des Vaters als Onkel bezeichnet wurde.

Weitere Beispiele vergessener bzw. veralteter Wörter mögen sein: Pinke – Geld; Recke – tapferer Ritter; Katheder – Lehrerstuhl, Podium; weiland – ehedem, ehemals; Fisimatenten – Dummheiten; Isegrim – Wolf.

S. 201/202, weiterführende Aufgabe:
Recherchieren Sie in einem sprachwissenschaftlichen Fachlexikon die Begriffe analytischer bzw. synthetischer Sprachbau sowie den Begriff Lautverschiebung.

Analytischer Sprachbau (auch: isolierender bzw. amorpher Sprachbau) bezeichnet einen Klassifikationstyp für Sprachen, die die syntaktischen Beziehungen im Satz außerhalb des Wortes durch grammatische Hilfswörter oder durch Wortstellung ausdrücken, z. B. das Deutsche. Unter **synthetischem Sprachbau** versteht man hingegen einen Klassifikationstyp für Sprachen, die ihre syntaktischen Beziehungen im Satz durch morphologische Markierungen am Wortstamm kennzeichnen, z. B. das Lateinische.

Der Begriff **Lautverschiebung** wird zunächst unterschieden in erste Lautverschiebung und zweite Lautverschiebung.
Bei der **ersten Lautverschiebung** (auch: Grimm'sches Gesetz) handelt es sich um sprachliche Veränderungen, durch die sich das Germanische aus dem Indogermanischen entwickelte. Sie ist nicht eindeutig zu datieren, es wird jedoch vermutet, dass sie zwischen 1200 und 1000 v. Chr. begann und zwischen 500 und 300 v. Chr. endete. Umstritten sind auch die Ursachen und der genaue Verlauf.
Die **zweite (hochdeutsche) Lautverschiebung** beschreibt Veränderungen im Konsonantismus des Urgermanischen, die zur Herausbildung des Althochdeutschen aus dem Germanischen führten. Der Zeitraum der Durchführung der zweiten Lautverschiebung wird zwischen dem 5. und 8. Jahrhundert n. Chr. vermutet. Kontrovers diskutiert werden der räumliche Ursprung sowie die Ausbreitung.

S. 202, Aufgabe 2:
Informieren Sie sich über die Theorien zur Entstehung der indogermanischen Sprachen (Stammbaum-, Wellen-, Substrat- und Entfaltungstheorie). Nehmen Sie begründet dazu Stellung, welche der Theorien Sie am meisten überzeugt.

Die **Stammbaumtheorie** geht zurück auf AUGUST SCHLEICHER (1821–1868). Er versuchte, anhand von linearen Stammbäumen die Ursprünge der deutschen Sprache zu rekonstruieren. Dabei lehnte er sich an die Evolutionstheorie von CHARLES DARWIN (1809–1882) an und übertrug dessen naturwissenschaftliche Erkenntnisse auf die Sprachwissenschaft. Die Stammbaumtheorie geht davon aus, dass Sprachen ebenso wie Menschen Vorfahren und Nachkommen haben. Von einer einheitlichen Ursprache ausgehend, spalten sich durch Abwanderung einzelner Sprecher Dialekte ab, die zu neuen Sprachen werden. Die Theorie gilt als erster Versuch, die Ursprünge des Indogermanischen zu erklären.

Umstritten sind hingegen folgende Punkte:
1. Die Theorie setzt voraus, dass eine neue Sprache nur aus einer älteren hervorgehen kann. Dabei ist jedoch unklar, wann eine Sprache endet und eine neue beginnt.
2. Mit der Theorie lässt sich die gegenseitige Beeinflussung synchroner Sprachstufen nicht hinreichend erklären. Sie kann also nicht zufriedenstellend nachweisen, dass und wie sich abgespaltene Sprachen gegenseitig beeinflussen (sogenannte „Interferenzen").

Die **Wellentheorie** wurde maßgeblich von SCHLEICHERS Schüler JOHANNES SCHMIDT (1843–1901) formuliert. Die Verbindung der einzelnen Sprachen wird hier als ein Kontakt vergleichbar einer Wellenbewegung gesehen, so wie sie sich zeigt, wenn man einen Stein ins Wasser wirft und um den Stein Ringe entstehen. Treffen zwei derartig entstandene Wellen aufeinander, so kommt es zu *Interferenzen*. Diese Theorie sieht die Entwicklung von Sprachen im Gegensatz zur Stammbaumtheorie in Form von Gebieten, die von *Isoglossen* begrenzt werden. Die Entstehung von Einzelsprachen wird durch *allmähliche Differenzierung* erklärt. Die Stärke dieser Theorie liegt darin, dass SCHMIDT das an der Theorie seines Lehrers SCHLEICHER kritisierte Fehlen der Interferenzen mit einbezieht. Die Wellentheorie ergänzt die Stammbaumtheorie und ermöglicht eine einfachere Erklärung der Ausbreitung bestimmter sprachlicher Erscheinungen über Sprachgrenzen hinweg.

Die **Substrattheorie** geht zurück auf HERMANN HIRT (1865–1936). Der Junggrammatiker beschrieb die Sprachen und ihre Vorgeschichte als übereinanderliegende Sprachschichten, die sich gegenseitig durchdringen. Dabei unterschied er zwischen einer *Grundschicht (Substrat)* und einer *dominierenden Schicht (Superstrat)*. Bei zwei gleich dominanten Sprachschichten spricht die Theorie von einem sogenannten *Adstraten*. Die sich durchsetzende Objektsprache verdrängt demnach die Grundschicht, wobei diese die dominierende Sprache teilweise mittels Interferenz befruchten kann. Ob eine Sprache Superstrat oder Substrat ist, ist letzten Endes abhängig davon, wie viel gesellschaftliches Prestige ihre Sprecher innehaben.

Die **Entfaltungstheorie** stammt von OTTO HÖFLER (1901–1988). Er ging davon aus, dass sprachliche Veränderungen nicht zufällig verlaufen, sondern in der Struktur der Sprachen bereits angelegt sind und sich zu einem bestimmten Zeitpunkt unabhängig voneinander entfalten können. Damit ist implizit gesagt, dass die Sprecher einer Sprache auf deren Veränderungen keinen Einfluss haben. Dieser Gedanke kann zugleich als Schwäche dieser Theorie gewertet werden.

S. 203, weiterführende Aufgabe 1:
Erläutern Sie anhand der folgenden niederdeutsch-hochdeutschen Wortpaare die zweite (hochdeutsche) Lautverschiebung: pan – Pfanne, ik – ich, wat – was, twee – zwei, sitten – sitzen, open – offen, eten – essen, dochter – Tochter.

pan – Pfanne
Der anlautende stimmlose Verschlusslaut „p" in „pan" entwickelte sich zur Affrikate „pf".

ik – ich
Der stimmlose Verschlusslaut „k" in „ik" wandelt sich zum Reibelaut „ch".

wat – was
Das auslautende „t" in „wat" verändert sich zu einem „s".

twee – zwei
Aus dem anlautenden stimmlosen Verschlusslaut „t" in „twee" wird durch Affrizierung ein „ts" (z).

sitten – sitzen
Der inlautende stimmlose Verschlusslaut „t" verändert sich zu einem Affrikaten „tz".

open – offen
Der inlautende stimmlose Verschlusslaut „p" verändert sich zu einem stimmlosen Reibelaut „f" bzw. „ff".

eten – essen
Der inlautende stimmlose Verschlusslaut „t" verändert sich zum doppelten stimmlosen Reibelaut „s" bzw. „ss".

dochter – Tochter
Der anlautende stimmhafte Verschlusslaut „d" wandelt sich zum stimmlosen Verschlusslaut „t".

S. 203, weiterführende Aufgabe 2:
Urquelle für das Evangelienbuch von Otfrid von Weißenburg stellt das Neue Testament dar. Vergleichen Sie den Textauszug inhaltlich und sprachlich mit dem Evangelium des Johannes (Neues Testament, Joh. 1,1–10). Wie lässt sich das Ergebnis der Gegenüberstellung interpretieren? Beziehen Sie bei Ihrer Bewertung den Begriff Evangelienharmonie mit ein.

Die beiden Textausschnitte unterscheiden sich vor allem hinsichtlich der Sprache voneinander. Der altniederdeutsche Text OTFRIED VON WEISSENBURGS ist schwieriger zu lesen als der Ausschnitt aus der Bibel, da er lediglich in drei Sätze unterteilt ist. Die Bibelpassage besteht hingegen aus neun Sätzen. Es fällt ferner auf, dass der Text von OTFRIED VON WEISSENBURG im Gegensatz zum Textausschnitt aus dem Johannesevangelium harmonisiert wurde, d. h., dass versucht wurde, unter Berücksichtigung allen Wissens über das Leben und Wirken Jesu Christi eine einheitliche Lebens- und Wirkungsgeschichte Jesu zu erzählen. Die vier Evangelien sollten auf diese Weise zu einer schlüssigen Vita Jesu Christi zusammengeführt werden. Daher spricht man von einer **Evangelienharmonie.**

S. 205, weiterführende Aufgabe 1:
Interpretieren Sie, wie sich die Rolle von Mann und Frau sowie ihr Verhältnis zueinander in Reinmars Gedicht „Ich wirbe umbe allez, daz ein man" darstellt.

Das Verhältnis zwischen Mann und Frau, so wie es sich in dem Gedicht darstellt, ist durch eine Ungleichheit charakterisiert. Der Mann wirbt hier um eine Frau, kann seine Angebetete jedoch nicht erreichen, da sie gesellschaftlich einem anderen Stand zugehörig ist: Sie ist Burgfräulein,

er Troubadour. Ziel des Werbens kann demnach nicht sein, die Frau am Ende auch tatsächlich zu „erobern". Die Frau wird von dem lyrischen Ich als vollkommen angesehen. Die Liebe des Mannes zu ihr zeichnet sich durch eine „unverbrüchliche Treue" aus sowie durch stolzes Ertragen der Unmöglichkeit einer Liebe zwischen beiden.

S. 205 f., weiterführende Aufgabe 2:
Erläutern Sie die Bedeutung des Begriffs „Minne" in der höfischen Literatur des Mittelalters. Beziehen Sie hierzu neben dem Gedicht von Reinmar auch die Minnelieder Walthers von der Vogelweide mit ein.

Das Wort **„minne"** bedeutete zunächst so viel wie „liebende Gedanken". Im Allgemeinen ist der Begriff ambivalent und bedeutet zum einen erbarmende, helfende Liebe, Nächstenliebe und Liebe Gottes zu den Menschen. Zum anderen bedeutet „minne" Brüderlichkeit, Eintracht, Verbundenheit. Daneben kann „minne" aber auch so viel wie verlangende, begehrende Liebe bedeuten. In der höfischen Literatur des Mittelalters ist „minne" der Leitbegriff für die höfische Liebe. Die sogenannte **„Hohe Minne"** meint die dienende und werbende Verehrung einer Dame durch einen Mann. Dabei ist zu beachten, dass der Mann der Dame stets untergeordnet ist, es sich also nicht um eine gleichberechtigte Liebe handelt. Symptomatisch für die „minne" ist daher die ungelöste Spannung zwischen Begehren und Erfüllung.
Vergleichend könnten die Schülerinnen und Schüler z. B. das Minnelied „Saget mir ieman, waz ist minne?" von WALTHER VON DER VOGELWEIDE heranziehen.

S. 205 f., weiterführende Aufgabe 3:
Recherchieren Sie zur literarischen Textform des Epos in der höfischen Dichtung des Mittelalters und setzen Sie sich in Gruppen mit verschiedenen mittelalterlichen Epen (z. B. Nibelungenlied, Parzival) auseinander. Präsentieren Sie Ihre Ergebnisse vor der Klasse in einer von Ihnen gewählten Form.

Das **Epos** (griech.: Wort, Erzählung) stellt die frühe und dichterisch am meisten durchgestaltete Großform der Epik in gehobener Sprache und stets gleichbleibenden Versen oder Strophen dar. Stofflich stehen meist Götter- oder Heldensagen sowie Mythen im Mittelpunkt. Im Laufe der Zeit bildeten sich unterschiedliche Formen heraus, die jeweils Besonderheiten aufweisen.

Das **höfische Epos** stellt die erzählende Hauptform der höfischen Dichtung des Mittelalters dar. Es handelt sich um meist in vierhebigen Reimpaaren verfasste volkssprachliche Versromane mit festen Stoffen und Motiven. In ihnen wird die ritterlich-höfische Kultur in ihren heroischen und sentimentalen Grundzügen idealisiert verklärt. Angeregt und gefördert wurden die höfischen Epen zumeist von hochadligen Mäzenen, verfasst von bekannten, gebildeten ritterlichen Ministerialen. Auffallend ist der meist vorherrschende *auktoriale Erzählstil.* Da die Epen für einen mündlichen Vortrag bei Hofe verfasst wurden, zeichnen sie sich durch eine *fingierte Mündlichkeit* aus. Inhaltlich stehen wie bei den Epen im Allgemeinen meist Heldenmotive im Mittelpunkt, zumeist aus dem keltischen Sagenkreis. Als erstes höfisches Epos in Deutschland zählt HEINRICH VON VELDEKES (vor 1150 bis zw. 1190/1200) „Eneit" (1189). Die Blütezeit liegt zwischen 1190 und 1230. Neben vielen anderen gehören zu den bekanntesten Epen HARTMANN VON AUES (gest. vermutl. zw. 1210/1220) „Erec" (1190) und „Iwein" (1200) sowie WOLFRAM VON ESCHENBACHS (um 1160/1180 bis um 1220) „Parzival" (ca. 1204).

S. 208, Aufgabe 1:
Arbeiten Sie anhand von Wortbeispielen heraus, wie sich das Mittelhochdeutsche vom Mittelniederdeutschen unterscheidet. Wie ist dies sprachgeschichtlich zu begründen?

Mittelhochdeutsch	Mittelniederdeutsch
fröiden	frouden
ein	een
man	men
bluomen	blomen
küneg	konnink

Das Niederdeutsche blieb von der zweiten Lautverschiebung unberührt.
Zur Lösung der Aufgabe sollten die Schülerinnen und Schüler weitere mittelhochdeutsche und mittelniederdeutsche Texte, die sich auf der DVD befinden, zu Hilfe nehmen.

S. 208, Aufgabe 2:
Recherchieren Sie mittels eines etymologischen Wörterbuchs, wie sich die Bedeutung der Wörter Ehre, edel, Glück, Gnade, Herr, Treue, Tugend, Urlaub sowie Frau und Weib vom Althochdeutschen zum Neuhochdeutschen verändert hat.

Im Mittelhochdeutschen hat das Wort **Ehre** mehrere nebeneinanderstehende Bedeutungen. Es bedeutet so viel wie Ehrerbietung, Zierde, Ansehen oder Ruhm, Sieg, Herrschaft, Ehrgefühl, ehrenhaftes Benehmen. Später entwickelte sich das Wort Ehre zum sittlichen Begriff.
Das Wort **edel** (mhd. *êre*) bedeutet ursprünglich „von hoher Geburt, vornehmer Herkunft". Es ist nicht nur auf Personen bezogen, sondern es können auch Gegenstände als edel gelten. In der höfischen Literatur umfasst der Begriff als soziale Qualität zugleich das Schöne, Wahre, Gute.
Zunächst meint das Wort **Glück** (mhd. *gelücke*) so viel wie „Schicksal, Zufall". Erst allmählich bildet sich die Semantik „günstiges Schicksal" heraus.
Im mittelalterlichen Minnesang bedeutet **Gnade** (mhd. *genâde*) „Huld" bzw. „Gunst der Dame", die den Liebenden glücklich machen könnte.
Herr (mhd. *hêrre*) meint zunächst im Althochdeutschen „der Ältere, Ehrwürdigere", später dann der „Herr". Hierunter versteht man im Mittelhochdeutschen den Grundherren bzw. Lehnsherren sowie den „Herrgott". Im Gegensatz zum Mittelhochdeutschen „man" ist mit „hêrre"

der Herr von Adel gemeint. „Man" meint hingegen den gesellschaftlich niedriger gestellten Vasallen.
Das Wort **Treue** (mhd. *triuwe*) geht semantisch zurück auf „Vertrag, Versprechen". Treue ist im mittelalterlichen Lehnswesen ein vertragliches Verhältnis auf Gegenseitigkeit. Es bezieht sich vor allem auf die Beziehungen zwischen Vasall und Grundherr, zwischen Mann und Frau sowie zwischen Mensch und Gott.
Tugend (mhd. *tugent*) bedeutet so viel wie „Tauglichkeit, Brauchbarkeit" und leitet sich ab von „tugan" (taugen, nutzen). In der höfischen Literatur meint „tugent" alle guten Eigenschaften sowie die höfische Vollkommenheit und sie basiert auf genetischer Anlage und Erziehung.
Die Semantik des Wortes **Urlaub** (mhd. *urloup*) beinhaltet ursprünglich die Erlaubnis, zu gehen bzw. Abschied zu nehmen, die vom Herren oder von der Dame gegeben wurde.
Im Mittelalter ist das Wort **Frau** (mhd. *vrouwe*) als Standesbezeichnung zu verstehen für die höherstehende Person weiblichen Geschlechts. Im Gegensatz hierzu steht das Wort „wîp" als Geschlechtsbezeichnung bzw. Bezeichnung für die einfache Frau. Seit dem Spätmittelalter verlor „vrouwe" die ständische Bedeutung, das Wort bezeichnet nunmehr das weibliche Geschlecht und bis heute die unverheiratete Frau. Für die vornehme Frau hat sich seit dem 17./19. Jahrhundert bis heute das Wort „Dame" gehalten.
Weib (mhd. *wîp*) meint im Mittelalter das weibliche Geschlecht im Allgemeinen und weist im Gegensatz zu „frouwe" keine gesellschaftlich an einen bestimmten Stand gebundene Verwendung auf. Ist allerdings in der höfischen Literatur von „wîp" die Rede, so ist hiermit eindeutig eine Frau niedrigeren Ranges gemeint.

S. 208, Aufgabe 3:
Schreiben Sie die hochdeutsche Übersetzung des Gedichts „Ich wirbe umbe allez, daz ein man" von Reinmar dem Alten in die von Ihnen verwendete heutige Umgangssprache um. Hierbei können Sie auch jugendsprachliche Wörter verwenden.

Die Aufgabe ist von den Schülerinnen und Schülern *individuell* zu lösen.

S. 210, Aufgabe 1:
Fassen Sie die von Martin Luther in seinem „Sendbrief vom Dolmetschen" geäußerten Kerngedanken zur Bibelübersetzung zusammen.

Die Aufgabe ist von den Schülerinnen und Schülern *individuell* zu lösen. Man soll darauf achten, wie das Volk spricht, also keine unnötigen Kunstwörter verwenden: „Muttersprache", „dem Volk aufs Maul schauen".

S. 210, Aufgabe 2:
Stellen Sie anhand des Textes dar, wie sich das Frühneuhochdeutsche vom Neuhochdeutschen unterscheidet. Beachten Sie hierbei neben dem Schriftbild auch den Satzbau, die Wortwahl und die Semantik.

- Es gab noch keine einheitliche Rechtschreibung, man schrieb, wie man sprach.
- Umlaute wurden z. T. ignoriert (ä = e),
- Dehnungslaute durch Verdoppelung der Vokale (seer), durch Verwendung des Dehnungslautes h (jhm),
- kaum Verdoppelung der Konsonanten nach kurzen Vokalen (mutter, flus, man, kans),
- Konsonantenverdoppelung, wo es heute eher unüblich ist (auff), tz statt z (hertz).
- Teilweise ungewöhnliche Stellung des Prädikats (finites Verb nicht am Satzende: „lassen faren" statt „fahren lassen")
- Keine Groß- und Kleinschreibung im heutigen Sinne: Großschreibung im neuen Satz
- Kommasetzung nicht nach heutigen Regeln, sondern nach Sprechpausen (durch/verdeutlicht)
- Einige heute nicht mehr gebräuchliche Wörter (wacken)

S. 211, Aufgabe o.:
Informieren Sie sich mithilfe eines Lexikons oder im Internet über die Sprachgesellschaften des 17. Jahrhunderts. Nehmen Sie kritisch Stellung zu dem Begriff „Sprachpurismus".

Der Begriff **Sprachpurismus** ist ambivalent. Einerseits ist es sicher positiv, wenn die Sprecherinnen und Sprecher die Entwicklung ihrer Muttersprache kritisch betrachten und darauf achten, bestehende Wörter ihrer Sprache in der alltäglichen Kommunikation zu verwenden, anstatt leichtfertig auf Fremdwörter zurückzugreifen, wenn dies nicht nötig ist. Ist doch heutzutage oftmals zu beobachten, dass zunehmend z. B. englische Wörter benutzt werden, obwohl es für denselben Begriff auch ein deutsches Pendant gibt.
Andererseits kann man den Sprecherinnen und Sprechern, die z. B. auf Anglizismen zurückgreifen, dies nicht vorwerfen, denn ein ausländisches Wort etabliert sich nur, wenn es auch von vielen Menschen benutzt wird. Häufig werden ausländische Wörter auch nur von bestimmten gesellschaftlichen Gruppen verwendet, vor allem in Form von Gruppen- oder Fach- und Berufssprachen. Zudem geht die Übernahme von Fremdsprachlichem auf verschiedenen Sprachebenen vonstatten, von denen die lexikalische nur eine ist, wenn auch diejenige, bei der der Einfluss von Fremdsprachen sicher am auffälligsten ist. Daher scheint es verfehlt, alle Fremdwörter per se abzulehnen, zumal diese Bestrebungen in einigen Kreisen der Gesellschaft teilweise autoritär und wenig wissenschaftlich fundiert betrieben werden. Gegen einen vernünftigen, gemäßigten Sprachpurismus, der eine Verantwortung für die eigene Sprache impliziert, scheint hingegen sicher nichts einzuwenden zu sein.

S. 211, Aufgabe u.:
Der 1997 gegründete Verein Deutsche Sprache (VDS) sieht es als sein Ziel an, Deutsch als eigenständige Kultur- und Wissenschaftssprache zu erhalten und vor dem Verdrängen durch das Englische zu schützen. Das heutige Deutsch sei, so der Verein, ein mit englischen Wörtern verhunztes, unsägliches Deutsch („Denglisch"). Beurteilen Sie diese Aussage vor dem Hintergrund der Sprachgeschichte des Deutschen.

Die deutsche Sprache, ebenso wie alle anderen Nationalsprachen, steht unter kontinuierlichem Einfluss seitens anderer Sprachen. Sprachen beeinflussen sich immer gegenseitig, dies gilt, seit es Sprachen gibt. Dieser Vorgang ist ganz und gar natürlich und somit nichts Außergewöhnliches. Im Laufe der Geschichte der deutschen Sprachen wurde diese fortwährend von anderen Sprachen beeinflusst, so z. B. im 18. Jahrhundert vom Französischen. Dies hängt vor allem mit außersprachlichen, zumeist politischen Umständen zusammen. Die Beeinflussung des Deutschen durch das Englische beruht somit zum großen Teil auf dem Einfluss der Amerikaner und Briten nach dem Zweiten Weltkrieg.
Aber auch das Deutsche hat seine Spuren im Englischen hinterlassen, z. B. in Wörtern wie „Kindergarten", „Rucksack" oder – weniger rühmenswert – „Blitzkrieg". Daneben beeinflussen sich immer auch Dialekt und Hochsprache. So haben sich die deutschen Mundarten immer durch den Einfluss der Standardsprache verändert, diese aber haben auch Einfluss auf das Hochdeutsche genommen. Als Beispiel kann das Wort „dröge" gelten, das ursprünglich aus dem Niederdeutschen stammt und nun recht fest im hochsprachlichen Wortschatz verankert ist. Insofern ist bei Thesen dieser Art stets Vorsicht geboten. Gerade die Veränderung von Sprache und die gegenseitige Befruchtung durch Nachbarsprache machte die Lebendigkeit einer Sprache aus und ist schließlich und endlich deren Hauptcharakteristikum.

Weiterführende Literatur

Dieckmann, Walther/Voigt, Gerhard: Sprache und Geschichte. In: Praxis Deutsch 40, Seelze: Erhard Friedrich Verlag, 1980, S. 7–14.

Ernst, Peter: Deutsche Sprachgeschichte. Eine Einführung in die diachrone Sprachwissenschaft des Deutschen. UTB basics, Stuttgart: UTB, 2006.

Feistner, Edith/Karg, Ina/Thim-Mabrey, Christiane: Mittelalter-Germanistik in Schule und Universität. Leistungspotenzial und Ziele eines Faches. Göttingen: V&R unipress GmbH, 2006.

Haubrichs, Wolfgang: Die Anfänge: Versuche volkssprachiger Schriftlichkeit im frühen Mittelalter (ca. 700 bis 1050/60). In: Joachim Heinzle (Hrsg.): Geschichte der deutschen Literatur von den Anfängen bis zum Beginn der Neuzeit. Bd. 1: Von den Anfängen zum hohen Mittelalter. Tübingen: Niemeyer Velag, 2. durchges. Aufl., 1995, S. 246.

Klute, Wilfried: Beurteilung von Sprachwandel. In: Praxis Deutsch 40, Seelze: Erhard Friedrich Verlag, 1980, S. 65–68.

Linke, Angelika: Sprachgebrauch und Sprachgeschichte. In: Praxis Deutsch 96, Seelze: Erhard Friedrich Verlag, 1989, S. 9–18.

Mrozek, Bodo: Lexikon der bedrohten Wörter. Reinbek b. Hamburg: Rowohlt Verlag, 2005.

Schmidt, Wilhelm: Geschichte der deutschen Sprache. Ein Lehrbuch für das germanistische Studium. Stuttgart: Hirzel, 10. verb. und erw. Aufl., Erarb. unter der Leitung von Helmut Langner und Norbert Richard Wolf, 2007.

Stötzel, Georg: Sprachgeschichte. Didaktische und sprachwissenschaftliche Konzepte. In: Thomas Cramer (Hrsg.): Literatur und Sprache im historischen Prozeß. Vorträge des Deutschen Germanistentages Aachen 1982. Tübingen: Max Niemeyer Verlag, 1983.

Walter, Gerda R.: Sprachwandel durch Sprachkontakte. In: Praxis Deutsch 40, Seelze: Erhard Friedrich Verlag, 1980, S. 55–59.

Weddige, Hilkert: Mittelhochdeutsch. Eine Einführung. Studium. München: C. H. Beck Verlag, 7. durchges. Aufl., 2007.

Wolff, Gerhart (Hrsg.): Deutsche Sprachgeschichte für die Sekundarstufe. (Universal-Bibliothek. Arbeitstexte für den Unterricht 9582). Stuttgart: Reclam Verlag, Bibliogr. erg. Ausg., 1992.

2.1.2 Varietäten der Gegenwartssprache

Didaktische Zielsetzungen

Ziel der Unterrichtssequenz zum Thema sprachliche Varietäten sollte sein, den Schülerinnen und Schülern nahezubringen, dass es sich bei der deutschen Sprache nicht um *eine* Sprache handelt, dass vielmehr mehrere verschiedene Sprachen nebeneinander existieren, die sich ständig gegenseitig beeinflussen. So wirkt die Hochsprache kontinuierlich auf die Dialekte ein und umgekehrt, ebenso beeinflussen sich Soziolekte und Hochsprache. Das Thema **Idiolekte** bietet die didaktische Chance, den Schülerinnen und Schülern aufzuzeigen, wie die Sprache von jedem Einzelnen von uns durch die einzelnen Varietäten geprägt ist und wie durch eine einzigartige „Mischung" dieser Varietäten einen unverkennbare und einzigartige „Sprache" entsteht. Ergänzt werden könnte das Kapitel durch eine Thematisierung von **Jugendsprache.** Da diese durch eine sich rasch ändernde Lexik gekennzeichnet ist und die gängigen jugendsprachlichen Lexika bei den Schülerinnen und Schülern erfahrungsgemäß meist mehr Befremden als Identifikation auslösen, wirkt eine Thematisierung in einem Schulbuch zumeist veraltet und wirklichkeitsfern. Vielmehr bietet es sich daher an, z. B. gemeinsam

mit einer Lerngruppe ein *Lexikon der Jugendsprache* zu erstellen, in der sich zum einen aktuelle, zum anderen tatsächlich gebrauchte Lexik findet.

Zum Themenkreis **Dialekt** bietet es sich beispielsweise an, den Dialekt der eigenen Region in den Mittelpunkt des Unterrichts zu stellen. Da in Deutschland eine im europäischen Vergleich beinahe einmalige Dialektlandschaft zu finden ist, lässt sich dieses Potenzial gut für den Unterricht nutzen. In Form eines projektorientierten Unterrichts könnten die Schülerinnen und Schüler den heutigen Status der Mundart in ihrer Region analysieren (z. B. in den lokalen Medien, in Ortsnamen, Landschaftsbezeichnungen oder Vornamen) und ggf. in Kontrast setzen zu der Stellung des Dialekts in der Region in früheren Zeiten, z. B. durch eingegrenzte Feldforschungen in Form von Abfragungen und ggf. Aufzeichnungen des Wortschatzes älterer Dialektsprecher und ein anschließendes Zusammentragen in Form eines *Ortswörterbuchs* (vgl. STEFFEN ARZBERGER: „A Männla". Wie sagt ihr zu „einem Männchen?"). Ferner könnte der Besuch einer Arbeitsstelle eines regionalen oder überregionalen *Dialektwörterbuchs* geplant werden, um den Schülerinnen und Schülern eine praktische Arbeit mit Dialekten näherzubringen und ihnen einen Einblick in die Arbeitsweise eines Wörterbuchredakteurs zu geben. Weiterführende Informationen bietet die Internetseite http://grimm.adw-goettingen.gwdg.de/wbuecher.

Zum Text von ZAIMOĞLU und den Thesen seiner Figur Hasan böte sich ein fächerübergreifender Ansatz mit dem Fach Politik an, in dem die aufgeworfenen Fragen wie die Integrationspolitik in Deutschland oder die Frage nach Normen und Werten diskutiert werden könnten. Darüber hinaus bieten die auf der DVD befindlichen Ausschnitte des Films „Kanak Attack" weiterführende Möglichkeiten einer Analyse der **„Kanak Sprak"** sowie verschiedene Ansätze der Medienanalyse.

Hinweise zu den Aufgaben

S. 213, Aufgabe 1:
Interpretieren Sie den Slogan „Wir können alles. Außer Hochdeutsch". Gehen Sie auch darauf ein, was er über die sprachliche Situation in Baden-Württemberg aussagt.

Der Slogan möchte verdeutlichen, dass im Bundesland Baden-Württemberg Dialekt gesprochen wird und die Bewohnerinnen und Bewohner diesen als einen selbstverständlichen Bestandteil ihrer Identität ansehen. War früher das Bekenntnis zum Dialekt oftmals noch verpönt, da man befürchtete, sich hiermit als Angehöriger einer sozial niedrigeren Gesellschaftsschicht zu erkennen zu geben und als ungebildet, wird das Beherrschen eines Dialekts neben der Hochsprache heute oftmals als Bereicherung und gar – wie im Falle des Slogans – mit Stolz zur Schau gestellt. Gerade in den süddeutschen Bundesländern Baden-Württemberg und Bayern ist die Verwendung des Dialekts („Dialektalität") im Vergleich zu Mitteldeutschland besonders hoch. Der Slogan verdeutlicht darüber hinaus, dass die Sprecherinnen und Sprecher ein dialektal gefärbtes Hochdeutsch sprechen, es ihnen also Probleme bereitet, „reines" Hochdeutsch zu sprechen.

S. 213, Aufgabe 2:
Vor einigen Jahren forderte der Münchner Sprachwissenschaftler Wolfgang Schulze die Einführung eines Dialektunterrichts an deutschen Schulen. Die immer noch verbreitete Stigmatisierung von Dialekten in Schule und Gesellschaft, so Schulze, führe häufig dazu, dass Kinder eine Störung entwickelten. Informieren Sie sich über Schulzes Thesen und verfassen Sie hierzu eine Erörterung.

Die Thesen von WOLFGANG SCHULZE zur Einführung eines **Dialektunterrichts** in der Schule können konträr betrachtet werden. Auf der einen Seite bieten seine Forderungen eine Reihe von Chancen, auf der anderen Seite bergen sie jedoch auch Gefahren.
Die Einführung eines Dialektunterrichts in Schulen hätte den Vorteil, dass diese *sprachliche Varietät* stärker in das Bewusstsein der Gesellschaft rücken würde. Es könnte hierdurch gelingen, einer breiten Gesellschaftsschicht zu verdeutlichen, dass es neben der in den staatlichen Institutionen gesprochenen und geschriebenen *Hoch- bzw. Standardsprache* auch weitere Varietäten wie Dialekte gibt, es also nicht nur eine Sprache oder ein Deutsch gibt, sondern mehrere Sprachen, die nebeneinander existieren. Zudem würde, wie SCHULZE ausführt, für diejenigen Schülerinnen und Schüler, in deren Familien Dialekt gesprochen wird, mehr Verständnis aufgebracht und sie würden vielleicht weniger oft ausgegrenzt und stigmatisiert, wenn die Mitschülerinnen und Mitschüler erkennen, dass Dialekte keine Sprache zweiter Wahl sind, sondern dass sie eine sprachliche Bereicherung und Ergänzung der Hochsprache darstellen.
Auf der anderen Seite spricht dagegen, dass fraglich scheint, ob durch einen staatlich verordneten Dialektunterricht das Image dieser sprachlichen Varietät tatsächlich gesteigert werden kann oder ob nicht vielmehr durch den Wegfall der Freiwilligkeit des Erlernens die Schüler dem Dialekt weiter abgeneigt werden. Vor allem bleibt zu bedenken, dass die Schule Träger der Vermittlung der Hoch- bzw. Standardsprache bleiben sollte und eine Hinzunahme des Dialektunterrichts die Standardisierung untergraben könnte.

S. 213, Aufgabe 3:
Arbeiten Sie anhand der jeweiligen Schreibung der Wörter „trockenen" und „Blätter" in den Umsetzungen des ersten Wenker-Satzes auffallende Merkmale der einzelnen Dialekte heraus. Benennen Sie hierbei auch Gemeinsamkeiten und Unterschiede.

Mögliche Anknüpfungspunkte mögen sein:
– Die Schreibung des Wenker-Satzes aus Allach weist Auffälligkeiten zum einen bei dem Wort „druckna"

auf. Zudem fällt bei „Bladle" die Endung „le" auf. Hierbei handelt es sich um eine *Verkleinerungsform (Diminutivum)*. Das **Bairische** besitzt regional verschiedene Diminutivsuffixe, von denen -l, -e und -al die verbreitetsten sind.
– Bei dem Beispiel aus dem **Ostfälischen** fallen die für diesen Dialektverband typischen *Zwielaute (Diphtonge)* „ou" in „drouge" und „äe" in „Bläe" auf.
– Im Gegensatz zum Ostfälischen weist das **Mecklenburgisch-Vorpommersche** keine Diphtonge auf. Die Schreibung entspricht der in diesem Dialektverband verbreiteten *monophtongischen Schreibweise* „ö" in „dröög'n" und „ä" in „Bläre".

S. 213, weiterführende Aufgabe:
Suchen Sie auf einer Deutschlandkarte die Orte, aus denen die Beispiele der „Wenker-Sätze" stammen, und bestimmen Sie, welchen Dialektgebieten diese zuzuordnen sind.

– Allach, Kreis München: Bairisch (Oberdeutsch)
– Berg, Kreis Stuttgart: Schwäbisch (Oberdeutsch)
– Bornheim, Kreis Frankfurt: Hessisch (Mitteldeutsch)
– Abtnaundorf, Kreis Leipzig: Sächsisch (Mitteldeutsch)
– Benrath, Kreis Düsseldorf: Ripuarisch (Mitteldeutsch)
– Almhorst, Kreis Hannover: Ostfälisch (Niederdeutsch)
– Finkenwerder, Kreis Harburg: Nordniedersächsisch (Niederdeutsch)
– Bergen, Kreis Rügen: Mecklenburgisch-Vorpommersch (Niederdeutsch)

S. 216, Aufgabe 1:
Fassen Sie in eigenen Worten zusammen, wie die Psycholinguisten im BKA vorgehen, um Täter anhand ihrer Sprache zu ermitteln.

Die Aufgabe ist von den Schülerinnen und Schülern *individuell* zu lösen.

S. 216, Aufgabe 2:
Erläutern Sie den Unterschied zwischen Idiolekt und Dialekt an einem Beispiel aus Ihrem persönlichen Sprachumfeld.

Die Aufgabe ist von den Schülerinnen und Schülern *individuell* zu lösen (zu Dialekten und Idiolekten ↗ Lehrbuch, S. 212 ff.).

S. 218, Aufgabe 1:
Übersetzen Sie die Einladung zur Studentenparty in Masematte (↗ S. 217) ins Hochdeutsche. Nutzen Sie hierzu das TackoPedia-Wörterbuch im Internet unter http://wiki.muenster.org/index.php/TackoPedia.

Ihr hübschen Mädchen und tollen Kerle!
Uns ist wieder einmal nach schönem Tanz, spaßiger Plauderei und leckerem Bier zumute. Deshalb wollen wir am Freitag im Hause Paul-Engelhard-Weg 5 eine ganz tolle Party veranstalten. Und weil ihr alle viel Arbeit und an-

dere Aufgaben am Hals habt, erhaltet ihr die Einladung diesmal per Brief. Mitzubringen sind gute Laune, flotte Tanzbeine und großer Durst. Eure Nobelkleidung – schwarzen Anzug – könnt ihr zu Hause lassen. Übrigens: Die Party beginnt, wenn die Uhr acht zeigt!

PS: Die Mädchen und Jungs, die in Münster übernachten wollen, sollten mir das rechtzeitig mitteilen – damit ich für Betten sorgen kann. Ansonsten gehe ich getrost davon aus, dass wir – Mädchen und Kerle – am 6. Juni alle einen trinken können!

(Siewert, Klaus [Hrsg.]: Es war einmal ein kurantes anim… Textbuch Masematte. Münster – New York: Waxmann Verlag GmbH, 3. durchges. u. korr. Aufl., 1993, S. 159.)

S. 218, Aufgabe 2:
Verfassen Sie anhand des kleinen Lexikons der Gaunersprache (↗ DVD) einen eigenen geheimsprachlichen Text, z. B. einen Brief oder eine E-Mail.

Beispieltexte in Masematte finden sich z. B. in: Siewert, Klaus (Hrsg.): Es war einmal ein kurantes anim… Textbuch Masematte. Münster – New York: Waxmann Verlag GmbH, 3. durchges. u. korr. Aufl., 1993.

S. 218, Aufgabe 3:
Schreiben Sie den Ausschnitt aus Feridun Zaimoglus Buch „Kanak Sprak" ins Hochdeutsche um. Erläutern Sie, wie sich die Wirkung des Textes verändert.

Die Aufgabe ist von den Schülerinnen und Schülern individuell zu lösen.

S. 218, Aufgabe 4:
Legen Sie dar, inwiefern sich in den Aussagen von Hasan eine Kritik des Autors Zaimoglu erkennen lässt. Führen Sie diese aus und nehmen Sie Stellung.

ZAIMOĞLU übt über die Figur Hasan Kritik an der deutschen Gesellschaft. Hasan kritisiert beispielsweise, dass im deutschen Schulwesen vieles gelehrt werde, mit dem die Schülerinnen und Schüler im Alltag und bei alltäglichen Problemen nichts anfangen könnten, also theoretisches Wissen, das keine oder kaum praktische Funktionen erfüllte. Dies mag sicher teilweise richtig sein, die Bildungsministerien sollten immer wieder den Bildungsplan kritisch beäugen und prüfen, was von dem vermittelten Wissen tatsächlich relevant ist und was eventuell ersetzt werden könnte durch praktische Inhalte. Andererseits stellt eine gute, theoretisch fundierte Allgemeinbildung einen Schlüssel zum späteren beruflichen und sozialen Erfolg in der Gesellschaft dar. In der gymnasialen Oberstufe bildet zudem der wissenschaftspropädeutische Ansatz eine Brücke zu einem ggf. nach dem Abitur angestrebten Hochschulstudium.

Hasan führt ferner aus, für die Deutschen sei Geld die wichtigste Sache der Welt und würde als eine Art Allheilmittel behandelt. In der Tat weist das Einkommen in unserer Gesellschaft einen hohen Stellenwert auf und entscheidet maßgeblich über den sozialen Stand und die damit verbundenen Möglichkeiten eines Menschen. Soziale Gruppen, die kein oder kaum Einkommen haben, werden oftmals von der Gesellschaft ausgegrenzt und fühlen sich so als Außenseiter und Menschen zweiter Klasse. Die Kritik ist zwar gerechtfertigt, es bleibt jedoch zu überdenken, ob es sich um ein typisch deutsches Phänomen handelt oder eher um eines der gesamten westlichen Welt.

Weiterhin macht Hasan auf die schwierige Situation der Migranten in Deutschland aufmerksam, die ihre angestammte Heimat verloren bzw. verlassen haben und sich hier in Deutschland nicht zu Hause fühlen. Sie sitzen oftmals zwischen zwei Stühlen und ihnen fällt die Integration schwer. Dies könnte als Kritik an der Migrationspolitik der Bundesrepublik zu verstehen sein, die sich zu wenig für die Migranten einsetze und zu wenige Möglichkeiten biete, diese Menschen in ihre Mitte aufzunehmen. Dies trifft sicher zum Teil zu. Andererseits ist jedoch zu bedenken, dass die Politik eine Reihe von Integrationsvorschlägen und -ansätzen erarbeitet. Wie diese zu beurteilen sind und ob sie hinreichend sind, ist am Ende eine politische Frage, die konträr diskutiert werden kann.

S. 218, Aufgabe 5:
Analysieren Sie den in „Kanak Sprak" verfassten Textauszug hinsichtlich seiner sprachlichen Besonderheiten. Achten Sie hierbei neben der Grammatik besonders auf den Wortschatz.

Der vorliegende Text weist viele **umgangssprachliche Idiome** auf (z. B. „was" statt „etwas", „latscht" statt „geht", „verdammich", „kapiert"). Dies verdeutlicht, dass der Text mündlich und nicht schriftsprachlich ausgelegt ist. Daher weist auch das Schriftbild eine durchgehende Kleinschreibung auf. Darüber hinaus finden sich **Kontraktionen** („an'm" für „an dem", „in'n" für „in den"). Bezüglich der Lexik kann angeführt werden, dass diese vornehmlich aus dem Bereich der *Jugendsprache* stammt („Hänger" für „Faulpelz", „Schotter" für „Geld", „rumlungern" für „sich aufhalten"). Neben einer Reihe von drastischen Bezeichnungen („Arsch", „Scheiße") finden sich jedoch auch wenige Beispiele eines gut gewählten Wortschatzes („sachte", „kauer"). Ferner finden sich einige **Dialektismen** („knaupeln", „schnacken"). Bezüglich der **Syntax** fallen unvollständige Sätzen auf („Bin hier die gegend") sowie grammatische Inkongruenzen („[…] daß ich wie ne vertrackte rumheul an muttern <u>ihr</u> zipfel […]", „[…] kriegen die ne Wut und <u>zünde</u> an"). Die meisten Sätze bestehen aus mehreren Nebensätzen bzw. Ellipsen, die aneinandergereiht sind, sodass beim Lesen der Eindruck vorherrscht, es fehle an vielen Stellen ein Satzabschluss. Zudem finden sich stilistische Figuren, wie z. B. *Metaphern* („sie haben ihre ollen nester", „das geld ist ihr wärmespender", „für jedes schloß ein schlüssel").

S. 218, Aufgabe 6:
Erarbeiten Sie gruppenteilig weitere Ihnen bekannte Gruppen- und Fachsprachen. Analysieren Sie deren jeweilige sprachliche Spezifika und vergleichen Sie Ihre

Gruppenergebnisse miteinander. Inwiefern lassen sich Charakteristika für Gruppensprachen im Allgemeinen erkennen? Leiten Sie ausgehend von den Ergebnissen die Hauptfunktionen von Gruppensprachen ab.

Im Unterricht bietet sich eine Auseinandersetzung mit denjenigen Gruppen- oder Fachsprachen an, die die Lebenswelt der Schülerinnen und Schüler tangieren.

Ganz allgemein haben **Gruppensprachen** im Wesentlichen zwei **Funktionen.** Zum einen schaffen sie sprachliche Übereinstimmungen, sie fördern also die Integration der Sprecher innerhalb einer Gruppe. Zum anderen grenzen sich die Sprecher hierdurch nach außen hin gegenüber Gruppenfremden ab. Alle Gruppensprachen weisen jeweils spezifische Wortschätze auf, die in der Regel nur innerhalb der jeweiligen Gruppe verständlich sind bzw. verwendet werden. Darüber hinaus weisen sie oftmals auch Eigenheiten bezüglich der Syntax auf. Hinzu kommen meist Wortanleihen aus Fremdsprachen.

Als ein schülerorientiertes Beispiel für Gruppen- bzw. Sondersprache mag z. B. die **Fußballsprache** als Teil der **Sportsprache** dienen. Eigenarten finden sich hier vor allem in Bezug auf den Wortschatz (Anleihen aus verschiedenen Fachsprachen, v. a. aus dem Militärwesen: „Abwehrkette", „Verteidigung", „stürmen", „Gegenangriff", sowie **Anglizismen,** z. B. „Keeper", „Coach").

Weiterführende Literatur

Aksoy, Nuran: Feridun Zaimoglu „Koppstoff. Kanak Sprak vom Rande der Gesellschaft" als mögliche Unterrichtsbehandlung im handlungs- und produktionsorientierten Literaturunterricht? (Hauptseminararbeit FU Berlin, 2003).

Arzberger, Steffen: „A Männla". Wie sagt ihr zu „einem Männchen?" – Das kleine Sprachatlasprojekt. In: Deutschmagazin. Ideen und Materialien für die Unterrichtspraxis (1613–0693) – 5 (2008) 4, S. 51–57.

Glück, Helmut/Sauer, Wolfgang Werner: Gegenwartsdeutsch. Stuttgart – Weimar: J. B. Metzler Verlag, 2. überarb. u. erw. Aufl., 1997.

Hochholzer, Rupert: Die innere Mehrsprachigkeit. Varietäten und Dialekte fördern die Entwicklung des Sprachbewusstseins. In: Deutschmagazin 4/2008: Ideen und Materialien für die Unterrichtspraxis 5–13, München: Oldenbourg Schulbuchverlag GmbH, 2008, S. 21–26.

König, Werner: dtv-Atlas Deutsche Sprache. München: Deutscher Taschenbuch Verlag, 15. durchges. und aktual. Aufl., 2005.

Niebaum, Hermann/Macha, Jürgen: Einführung in die Dialektologie des Deutschen. In: Germanistische Arbeits-hefte 37. Tübingen: Niemeyer Verlag, 2. neubearb. Aufl., 2006.

Siewert, Klaus (Hrsg.): Es war einmal ein kurantes anim... Textbuch Masematte. Münster – New York: Waxmann Verlag, 3. durchges. u. korr. Aufl., 1993.

Stellmacher, Dieter: Niederdeutsche Sprache. In: Germanistische Lehrbuchsammlung 26. Berlin: Weidler Buchverlag, 2. überarb. Aufl., 2000.

2.1.3 Sprachtheorie und Sprachphilosophie

Didaktisch-methodische Hinweise

Das Kapitel 2.1.3 beschäftigt sich mit der Frage, was **Sprache** überhaupt ist.

Das Foto zu Beginn des Kapitels leitet zugleich das Kapitel 2.1.4 ein, in dem es um die Beziehung von Sprache und Wirklichkeit geht.

Im Kapitel 2.1.3 lernen die Schüler,
– den Realitätsbezug von Sprache und ihrer Beschreibungsfunktion zu reflektieren;
– Funktionen von Sprache zu unterscheiden;
– über den Ursprung des Sprechens zu spekulieren;
– Unterschiede von religiöser und wissenschaftlicher Sprache zu bestimmen;
– die unterschiedlichen Sprachen als je eigentümliche Weltansichten zu verstehen und ihre Übersetzbarkeit kritisch zu reflektieren;
– die Leistung von poetischer Sprache, für das, was die Grenzen der Sprache berührt, Worte zu finden, einzuschätzen;
– die Auswirkungen von Sprachtheorie auf Literatur zu untersuchen;
– Biografien zu einem Zeitbild zu formen;
– die politische Instrumentalisierung von Wissenschaft zu sehen und zu beurteilen.

Die **Fotografie** von drei Galaxien zeigt Objekte, die von der Erde und von Menschen unvorstellbar weit entfernt und vom Menschen ganz unabhängig sind. Nach antiken und mittelalterlichen Auffassungen wären Sterne etwas Ewiges, Göttliches, weit erhabener als alles, was Menschen hervorbringen. Wir wissen, dass Sterne keineswegs ewig existieren, auch das Foto zeigt ein Gebiet, in dem gerade neue Sterne entstehen. Viele Sterne werden allerdings auch dann noch existieren, wenn unser Sonnensystem bereits alle Energie aufgebraucht hat und erloschen ist – und mit ihm möglicherweise alles, was mit Menschen zu tun hat. Inwiefern aber gibt es noch „Sterne", wenn es den Begriff „Sterne" nicht mehr gibt?

Die Abbildung von drei Galaxien wird durch die folgenden Informationen genauer interpretiert:

„**Dreifach-Crash mit ästhetischem Wert** –

Forscher entdecken Galaxienformation in Gestalt eines Vogels

Astronomen haben drei Galaxien entdeckt, die in einem gewaltigen Zusammenstoß gerade miteinander verschmelzen. Die rund 650 Millionen Lichtjahre entfernte Dreierformation erinnert an einen Vogel mit langen Schwingen. Während zwei der Galaxien, die den Körper des Vogels bilden, schon länger bekannt waren, besteht der Kopf des Vogels aus einer bisher unbekannten Galaxie, berichtet das internationale Forscherteam um Petri Vaisanen vom South African Astronomical Observatory (SAAO).

Die langen Flügel des Vogels haben eine Ausdehnung von rund 100.000 Lichtjahren und sind damit etwa so groß wie die Milchstraße. Sie gehören zu den beiden Galaxien, die das leuchtende Herz und den länglichen Rumpf des Vogels bilden. Solche Galaxienpaare werden von Astronomen immer wieder entdeckt – überraschend war für die Forscher jedoch der Fund der dritten Ansammlung von Sternen, die den leuchtenden Kopf des kosmischen Vogels bildet. Möglich wurde diese Entdeckung erst mit Hilfe des Bildverbesserungssystems NACO, das die Auflösung des Very Large Telescopes (VLT) auf dem Berg Paranal in Chile weiter verbesserte.

Diese dritte Galaxie befindet sich gerade in einer extrem fruchtbaren Phase, in der sie in schneller Folge neue Sterne produziert, erklären die Astronomen. Pro Jahr entstehen in ihr neue Sterne mit insgesamt etwa dem Zweihundertfachen der Masse unserer Sonne. Auch die Geschwindigkeit, in der sich die Galaxien gegenseitig verschlingen, überraschte die Forscher: Sie liegt nach ihren Berechnungen bei vierhundert Kilometern in der Sekunde. Die vogelförmige Dreierformation gehört zu einer Familie von Galaxien, an denen die Wissenschaftler wichtige Stationen der Entwicklung von Sternsystemen beobachten können."

(Mitteilung der Europäischen Südsternwarte, Garching ddp/wissenschaft.de – Ulrich Dewald, 14.12.2007. In: http://www.wissenschaft.de/wissenschaft/news/286790.html, Zugriff am 10.08.09)

Hinweise zu den Aufgaben

S. 219, Aufgabe 1:
Beschreiben Sie, was Sie auf der Fotografie sehen.

Was sieht man auf dem Bild? Die Bildunterschrift legt nahe, man sehe den Zusammenstoß dreier Galaxien. Was aber sieht man, wenn man die Bildunterschrift nicht kennt? Sieht man dann etwas anderes? – Kritische Geister werden vielleicht feststellen: Ich sehe keine Galaxien, sondern Farbpunkte auf Papier. (Nachfrage: Hat das Bild zwei oder drei Dimensionen?) – Auch diese Farbpunkte kann man genauer beschreiben: Man sieht eine kreuzförmige Anordnung von hellen Punkten, gleich einem Lichtnebel mit einem rotgelben Zentrum und blaugrünen Rändern, umgeben von vereinzelten

Lichtpunkten bzw. Sternen. Die leuchtende Form erinnert an eine Libelle oder einen Vogel. – Man wird, selbst wenn man Vergleiche und Metaphern zu vermeiden sucht, nicht umhinkönnen festzustellen, dass wir fast immer etwas als etwas sehen, jedenfalls wenn wir genauer hinschauen; insofern ist Sehen auch mit Sprache verbunden.

S. 219, Aufgabe 2:
Beurteilen Sie, ob die Fotografie den Ausschnitt der Welt zeigt, wie er wirklich ist.

Wir wissen, dass Fotos oft manipuliert sind und mit einiger Skepsis betrachtet werden sollten. Aber selbst da, wo man sich so weit möglich um Objektivität bemüht, in der Wissenschaft, bleibt jedes Foto ein Konstrukt: abhängig vom Standort des Fotografen und von der komplizierten Apparatur des Fotoapparats. Bei Sternenfotografie ist diese Apparatur besonders kompliziert, die Bilder werden unter Zuhilfenahme von Computern errechnet, und zwar als Näherungswerte. Es werden oft verschiedene Bilder desselben Ausschnitts mit verschiedenen Techniken aufgenommen, die Wellen jenseits des kleinen Bereichs des sichtbaren Lichts von Rot bis Violett, wie es ein normales Lichtbild zeigt, berücksichtigen können. Hinzu kommt, dass das Licht lange braucht, um über die riesigen Entfernungen zu uns zu gelangen, in diesem Fall etwa 650 Millionen Jahre. Wir sehen also einen Zustand der Welt aus der Vergangenheit. – (Vgl. http://www.lehrer-online.de/astrobilder-hinterfragung.php)

S. 219, Aufgabe 3:
Stellen Sie eine Beziehung zwischen dem Bild und den Wörtern am Bildrand her.

Bei dieser Aufgabe ist gewiss Fantasie erforderlich. Jedes Wort am Bildrand kann unterschiedliche Assoziationen wecken. Sonne: unsere Sonne / das Herz des Vogels (wenn man auf dem Bild einen Vogel zu sehen meint). Flug: Flug des Vogels, der Libelle / Raumfahrt. Leere: die Leere zwischen den Sternen / die transzendentale Obdachlosigkeit des Menschen. Welt: die Welt des Menschen, die Erde / das Weltall, die ganze Welt (als Idee, nicht als Objekt der Wissenschaft). Leben: als die große Ausnahme, auf unserer Erde / als etwas möglicherweise im Universum öfter Vorkommendes. Dunkel: Finsternis / das Böse / das Lebensfeindliche. – Wohin auch immer die Fantasie die Schüler führt, sie werden dadurch dem befremdlichen Gedicht GOTTFRIED BENNS (1886–1956) vorbereitet begegnen.

S. 219, Aufgabe 4:
Recherchieren Sie, woher der Satz „Im Anfang war das Wort" stammt und was er bedeutet.

„Im Anfang war das Wort und das Wort war bei Gott, und das Wort war Gott. Im Anfang war es bei Gott. Alles ist durch das Wort geworden, und ohne das Wort wurde nichts, was geworden ist. In ihm war das Leben, und das

Leben war das Licht der Menschen. Und das Licht leuchtet in der Finsternis, und die Finsternis hat es nicht erfasst." So lautet (in der Einheitsübersetzung) der Beginn des Johannesevangeliums, das gegen Ende des 1. Jahrhunderts für die hellenistische Welt geschrieben wurde. Das Wort (griech. „logos") ist für den christlichen Glauben das von Gott bei der Erschaffung der Welt gesprochene Wort („Und Gott sprach ..."); es kann auch als Jesus gedeutet werden: als das Wort, das den Menschen von Gott auf die Erde gesandt wurde: „Und das Wort ist Fleisch geworden und hat unter uns gewohnt" (Joh 1,14). Demnach ist der Kosmos nicht nur Chaos oder Zufall; für den Christen gibt es den Trost, dass er kein blindes Naturprodukt ist, sondern von Gott angesprochen wird. – Im Blick auf die Weltentstehung kann man diesen Kosmos auch so sehen: Weil er die Sprache hervorgebracht hat, muss das Wort von Anfang an in ihm angelegt gewesen sein.

S. 220, Aufgabe 1:
(Lesen Sie das Gedicht Benns auf S. 219.) Schlagen Sie Ihnen unbekannte Wörter nach. Halten Sie fest, was Sie über die Kenntnis einer neuen Vokabel hinaus lernen.

S. 220, Aufgabe 2:
Übersetzen Sie jede Strophe in jeweils einen vollständigen Satz, der Ihnen verständlich ist. Tauschen Sie sich über Ihre Formulierungen aus.

S. 220, Aufgabe 3:
Arbeiten Sie heraus, welche Funktion Benn der Sprache in seinem Gedicht zuschreibt.
Benennen Sie andere Funktionen der Sprache und finden Sie zu diesen Beispiele.

Mit dem Austausch der Schüler über ihre Antworten auf die vorangehenden Fragen sollten sie gut vorbereitet sein für die Fragen, die in GOTTFRIED BENNS Gedicht anklingen. Nachschlagen müssten die Schüler die Begriffe **„Chiffren"** und **„Sphären"**.

Chiffren: geheime Schriftzeichen; in der modernen Lyrik bewusst verwendet, um anzudeuten, was nicht sagbar ist.
Sphären: Kugeln; nach den Pythagoreern und Aristoteles: um die Erde gemäß mathematischen Harmonien angeordnete Kristallschalen, an denen die Sterne (von den Planeten bis hin zu den Fixsternen) angeheftet seien; die Drehung der Sphären erzeuge Geräusche, die für den Menschen unhörbare Sphärenmusik.

Mit beiden Vokabeln können die gravierenden Veränderungen des Verlusts einer sinngebenden Kosmologie und einer sinnverbürgten Sprache in den Blick genommen werden.

In BENNS Gedicht erscheint ein einsames Ich in einem leeren dunklen Raum. Nur kurz erhellt diese Welt sich, wenn es der Sprache (charakterisiert mit kosmischen Metaphern)

gelingt, für einen Moment Sinn zu stiften. Dieses Vermögen wird man angesichts der anspruchsvollen Metaphern am ehesten dem dichterischen Wort zutrauen. In dem nihilistisch betrachteten Kosmos, in dem das moderne Subjekt keinen Ort findet, in dem es sich heimisch und geborgen fühlen kann, kann nur die schöpferische Kunst für ein (kurzes) Aufleuchten in ihrem Schöpfungsakt sorgen. Mehr gibt es in diesem Kosmos nicht, nur das Ich und das Wort. Die Einsamkeit in der großen Leere bleibt.

Das Thema des Gedichts „Ein Wort" von 1941 beschäftigt GOTTFRIED BENN schon weit früher. Unter dem Titel „Schöpfung" schreibt er 1929:

> Aus Dschungeln, krokodilverschlammten
> Six days – wer weiß, wer kennt den Ort –,
> nach all dem Schluck– und Schreiverdammten:
> das erste Ich, das erste Wort.
>
> Ein Wort, ein Ich, ein Flaum, ein Feuer,
> ein Fackelblau, ein Sternenstrich –
> woher, wohin – ins Ungeheuer
> von leerem Raum um Wort, um Ich.

Bei „Six days" wird man an die Schöpfungsgeschichte im Buch Genesis denken und an die Sechstagerennen der Radrennfahrer.

Zum Vergleich heranzuziehen wäre auch BENNS Gedicht „Zwei Dinge", das so endet: „es gibt nur zwei Dinge: die Leere / und das gezeichnete Ich."
In einer Betrachtung in der Sylvesternacht 1956 im Nachruf auf JOSÉ ORTEGA Y GASSET (1883–1955):

> „Im Anfang war das Wort und nicht das Geschwätz, und am Ende wird nicht die Propaganda sein, sondern wieder das Wort. Das Wort, das bindet und schließt, das Wort der Genesis, das die Feste absondert von den Nebeln und den Wassern, das Wort, das die Schöpfung trägt."

(Benn, Gottfried, 1956. In: ders.: Sämtliche Werke. Stuttgarter Ausgabe. Band VI: Prosa 4. (1951–1956). In Verb. m. Ilse Benn hrsg. v. Holger Hof. Klett-Cotta, Stuttgarter 2001.))

Neben der Funktion, die Welt festzuhalten und dabei Sinn aufleuchten zu lassen, gibt es noch viele weitere Sprachfunktionen, die das alltägliche Sprechen nutzt. Wir tadeln, loben, erklären, beschreiben, versprechen, lügen u. v. m.

Von der Beschreibung zum Ausdruck – J. G. Herder: Der Wandel von Sprachtheorie und Menschenbild um 1770 (S. 220–221)

Die Sprachtheorie ist mit der Anthropologie und elementaren Auffassungen von der Welt verbunden. Der Wandel, der 1770 zu beobachten ist, betrifft daher alle drei Bereiche.

Didaktisch-methodische und fachliche Hinweise

a) Die aufklärerische Anthropologie und Sprachtheorie von Hobbes bis Condillac

In der Aufklärung (z. B. bei ÉTIENNE BONNOT DE CONDILLAC, 1714–1780) galt die vorstellende, repräsentierende Funktion der Sprache als primär. Die Welt existiere als (sprach-) unabhängige Realität. Diese Realität wird von uns Menschen sprachlich repräsentiert, und zwar vorzugsweise in der wissenschaftlichen Praxis. Die Sprache ist eine Zeichenansammlung, steht für etwas anderes und bringt überdies Ordnung in unsere Vorstellungen.
Die zweite Prämisse der naturalistischen Bedeutungstheorien (wie sie v. a. in der angelsächsischen Welt bis heute lebendig sind): Die Sprache wird so beschrieben, wie sie ein externer, unbeteiligter Beobachter, der die Sprache nicht kennt, wahrnimmt: Welche Geräusche geben die Sprecher bei welcher Gelegenheit von sich? (Ganz anders also als die hermeneutische Sprachbeschreibung.)
Dahinter steht die aufklärerische Anthropologie: ein atomistisches und utilitaristisches Bild vom menschlichen Leben. Der Mensch erfüllt sich in der Objektivierung der Natur. Natur ist die Anordnung objektivierbarer Fakten, bzw. sie ist nur Rohmaterial für menschliche Zwecke. Subjekt und Objekt, Mensch und Natur, Geist und Körper sind scharf getrennt.

b) Herders Ausdrucks-Anthropologie und seine romantische, expressive Sprachtheorie

Dagegen entwickeln JOHANN GOTTFRIED HERDER (1744–1803) und WILHELM VON HUMBOLDT (1767–1835), im 20. Jahrhundert auch MARTIN HEIDEGGER (1889–1976), eine alternative Sprach- und Bedeutungskonzeption.
Die Stürmer und Dränger, die Generation um 1770, verstehen sich wesentlich als Menschen, die fähig und willens sind, sich auszudrücken, und zwar durch **Sprache und Kunst.** HERDER: Sprache ist nicht primär vorstellend, repräsentierend, verweisend; sie beschreibt die Welt nicht nur, sie drückt auch Empfindungen des Menschen aus, verwirklicht den Menschen, klärt dadurch, was er ist.
– Die Sprache eines Volkes ist sein Spiegelbild, Ausdruck seiner **Besonnenheit,** seines Menschseins. – In ihrem Ursprung ist Sprache nicht von Poesie und Gesang (beides Ausdruck von Empfindungen) getrennt.
Der Selbstausdruck des **aufklärerischen Menschen** sei entstellt, er zergliedere die Seele in einzelne Fähigkeiten, verbanne den Menschen aus der Natur und er leugne das universelle Mitgefühl zwischen den Geschöpfen. Der aufklärerische Mensch sei nur animal-rational (vernunftbegabtes Tier).

Herders neue Ausdrucks-Anthropologie: Vernunft ist nicht Prinzip der Übereinstimmung mit der kosmischen rationalen Ordnung, sondern sie ist Klarheit eines Menschen über sich, Besonnenheit, Freiheit. Ausdruck des Selbstseins, wobei Empfindung und Vorstellung **eine Einheit, ein Ganzes** bilden.

Kritisiert wird die aufklärerische Spaltung von Subjekt und Objekt, Mensch und (toter) Natur. Die **Empfindung** geht über die Grenze meines Selbst hinaus, ich empfinde mich als eingebettet in den Lebensstrom, in einen **umfassenden Lebenszusammenhang.** Freiheit verwirklicht sich in authentischem Selbstausdruck. Die Einheit des Selbst vereinigt das Freiheits- und Ausdrucksstreben mit diesem Lebenszusammenhang.

Als vorbildliche Ära der Ganzheit und der Gemeinschaft mit der (noch nicht entgötterten) Natur gilt das **klassische Griechenland.** (So auch FRIEDRICH SCHILLER im 6. Brief über die ästhetische Erziehung des Menschen.)

c) Wilhelm von Humboldts Sprachtheorie

Sprache ist für WILHELM VON HUMBOLDT primär nicht ein System von Begriffen, das die Dinge beschreibt, sondern sie ist v. a. **energeia** (Aktivität des Sprechens, nicht ergon, nicht fertiges Werk).

Diese Aktivität äußert sich dreifach, so CHARLES TAYLOR (geb. 1931):
1. Leistung des **Formulierens:** Sprache macht klar und bewusst, grenzt ab, unterscheidet, und zwar immer durch ein Netz von Begriffen; ein Ein-Wort-Lexikon ist unmöglich.
2. Sprache ermöglicht es, Dinge **öffentlich** zu machen. Sie dient der Artikulation und der Begründung eines öffentlichen Raumes.
3. Sprache ermöglicht es uns, durch expressives Verhalten (z. B. durch Rituale, Gesten) zwischen „richtig" und „falsch" zu unterscheiden, auch **grundlegende menschliche Anliegen** zu enthüllen.

Quellen: Charles Taylor: Hegel. Frankfurt/M.: Suhrkamp Verlag, 1978 (engl. Orig. 1975), S. 34–48.
Ders.: Negative Freiheit? Zur Kritik des neuzeitlichen Individualismus. Frankfurt/M.: Suhrkamp, 1999, S. 62–67.
Ders.: Quellen des Selbst. Zur Entstehung der neuzeitlichen Identität. Frankfurt/M.: Suhrkamp Verlag, 1996, S. 653–655.

Zum Textauszug Herders
Der ausgewählte Text stammt aus einem Frühwerk HERDERS, noch vor seiner Reise 1769, die als Beginn des Sturm und Drang angesehen werden kann. Die Fragmente erschienen zuerst anonym, HERDER war erst 23 Jahre alt. Aber schon hier wendet sich HERDER gegen die Auffassung, Sprache sei nur ein Werkzeug. Er lenkt die Aufmerksamkeit weg vom Gemeinsam-Vernünftigen auf das Muttersprachlich-Eigentümliche der Sprache.

Hinweise zu den Aufgaben

S. 221 Aufgabe 1:
Erläutern Sie den Unterschied zwischen den Sprachfunktionen „beschreiben" und „ausdrücken".

Während das Beschreiben den Blick auf die Realität richtet, auf die die Sprache referiert, hebt die Funktion des Ausdrucks hervor, dass der Sprecher in der Auswahl, der Perspektive und der Art, wie er etwas sagt, seine besondere Individualität zur Geltung bringt.

S. 221 Aufgabe 2:
Erklären Sie, inwiefern die Bilder, die Herder erwähnt und kritisiert, ungeeignet sind, das Verhältnis von Gedanke und sprachlichem Ausdruck darzustellen.

HERDER schlägt Bilder vor, um das Verhältnis von Gedanke und Ausdruck zu veranschaulichen: Körper – Kleid (ein Vergleich von GEORG FRIEDRICH MEIER: Betrachtungen über die Natur der gelehrten Sprache, Halle 1763); Körper – Haut (ein Vergleich von THOMAS ABBT, Briefe die Neueste Litteratur betreffend, 1764; so in Paul Goetsch, Hrsg., Lesen und Schreiben im 17. und 18. Jahrhundert, Tübingen: Gunter Narr Verlag 1994, S. 284); Braut – Geliebter; zwei Vermählte; Zwillinge; zwei Freundinnen (gemeint sind Helena und Hermia in SHAKESPEARES „Sommernachtstraum", III,2).
Die Sprache ist nicht nur ein Kleid (für die Gedanken), sie ist nicht die Verhüllung eines Kerns, sie ist nicht austauschbar; Sprachform und Inhalt sind miteinander verknüpft und erhellen sich wechselseitig. Die Sprache ist deshalb auch nicht bloß eine äußerliche Haut für den inneren Kern und auch nicht der anhängliche Zwilling oder Geliebte des Gedankens.

S. 221 Aufgabe 3:
Beurteilen Sie, in welchem Verhältnis für Platon ein schöner Körper zu seiner Seele steht. Lesen Sie dazu den Dialog „Phaidros" (↗ DVD). Stellen Sie fest, inwiefern diese Beziehung anders ist als die in den kritisierten Bildern.

Alle die zuvor genannten Bilder hält HERDER für weniger geeignet als das des platonischen Mythos aus dem Dialog „Phaidros": Seele – Körper. Beide sind untrennbar, denn die Seele braucht die Verkörperung, um sichtbar zu werden; andererseits sind sie trennbar, wenn der Körper stirbt.

Im „Phaidros" (246–251b) erzählt PLATON den Mythos von der Himmelsfahrt der befiederten Wagen, die je von zwei Pferden gezogen werden, bei Göttern von zwei edlen Pferden, bei Menschen von weniger edlen, die durch Vernunft mehr oder weniger anstrengend gezügelt werden müssen. Mit diesem Wagen kann man ein göttliches Wesen zum überhimmlischen Ort fahren, wo der Seelenführer, die Vernunft, die körperlosen Ideen schauen kann. Menschen dagegen scheitern mehr oder weniger bei dieser Fahrt, verletzen sich im Getümmel ihr Gefieder und fallen auf die Erde. In Erinnerung an jene mehr oder minder starken Eindrücke aus der überhimmlischen Sphäre befiedert sich die sehnsüchtige Seele des Philosophen auf der Erde wieder, wenn er Wahrheit, Gerechtigkeit oder Schönheit schaut, und seine Sehnsucht nach

dem Glanz des Ideenreichs macht ihn so krank, dass er anderen Menschen als wahnsinnig erscheint.
So also sollen sich sprachlicher Ausdruck und seelische Empfindung zueinander verhalten wie der schöne Körper zur Seele, die sich durch den Anblick des Schönen an die Idee der Schönheit erinnert und sich so neu befiedert.
Für den Künstler wie auch für den, der Kunst wahrnimmt, bedeutet das, dass er Schönheit gestalten bzw. erkennen kann, und zwar so, dass er in der schönen Gestalt das Seelische ausdrückt bzw. erkennt.

S. 221 Aufgabe 4:
Diskutieren Sie darüber, welche Konsequenzen sich aus dem letzten Satz des Textausschnitts von Herder ergeben, z. B. für die Interpretation sprachlicher Kunstwerke oder für ihre Übersetzbarkeit. Führen Sie Beispiele an, die Herders Aussage bestätigen oder widerlegen.

Wenn Gedanke und Ausdruck in künstlerisch anspruchsvollen Werken unlöslich miteinander verknüpft sind, dann kann es für diese Werke (im Unterschied etwa zu Sachtexten) keine angemessene Übersetzung geben, sondern nur eine **Nachdichtung.** (Schüler können, auch aus dem Internet, Gedichtübersetzungen heranziehen und werden HERDERS These unschwer bestätigen können.)
Für die Analyse und Interpretation eines Kunstwerkes stellt sich die Aufgabe, den **Zusammenhang** zwischen **Form und Inhalt** aufzuzeigen.

Wer Literatur liest, so lautet der neue Anspruch HERDERS, muss im sprachlichen Ausdruck einen Ausdruck der Seele lesen können (und nicht etwa eine bloße Nachahmung der Natur). JOHANN WOLFGANG GOETHE (1749–1832) war es, der daraus die umwälzenden Folgerungen für sein eigenes Dichten zog. Er hatte es 1771 von HERDER in Straßburg gelernt. „[...] aber doch ist nichts wie eine Göttererscheinung über mich herabgestiegen, hat mein Herz und Sinn mit warmer heiliger Gegenwart durch und durch belebt, als das wie Gedanck und Empfindung den Ausdruck bildet. So innig hab ich das genossen." In diesen pathetischen Worten schildert GOETHE in einem Brief vom Juli 1772 an HERDER, welche Revolution HERDERS Sprachauffassung für sein, GOETHES, Sprach- und Dichtungsverständnis bedeutet hat. (J. W. v. Goethe: Briefe. Hamburger Ausgabe, hrsg. v. K. R. Mandelkow. München: C. H. Beck, 1976. Bd. 1, S. 133) GOETHE bezieht sich dabei auf HERDERS „Fragmente", 3. Sammlung, Abt. 1, § 6, überschrieben mit „In der Dichtkunst ist Gedanke und Ausdruck wie Seele und Leib, und nie zu trennen." (Auszug im Lehrbuch, S. 221, vollständiger Text auf der DVD unter: Texte > Werke > Üb-Ut > Ueber die neuere Deutsche Litteratur)
Der Herder-Einfluss schlägt sich direkt in dem unbezähmbar wirren „Wandrers Sturmlied" nieder, ein Gedicht, das GOETHE in „Dichtung und Wahrheit" „Halbunsinn" nannte; nur wenige, darunter HERDER und Frau VON STEIN, bekamen davon eine Abschrift.
43 Jahre später hat GOETHE diese Sturm-und-Drang-Idee der wechselseitigen Abhängigkeit von Gefühl und

Gedanke einerseits, sprachlichem Ausdruck andererseits aufgegriffen und weiterverarbeitet:

Worte sind der Seele Bild –
Nicht ein Bild! sie sind ein Schatten!
Sagen herbe, deuten mild,
Was wir haben, was wir hatten. –
Was wir hatten, wo ist's hin?
Und was ist's denn, was wir haben? –
Nun, wir sprechen! Rasch im Fliehn
Haschen wir des Lebens Gaben.

(Goethe, Johann Wolfgang: Inschriften, Denk- und Sendeblätter, Rhein und Mayn, Nr. 98: Werth des WorteS. [1815]. In: Goethe's Werke. Vollständige Ausgabe letzter Hand. Vierter Band. Stuttgart und Tübingen: Cotta, 1828, S. 173)

Das Gedicht wurde von Goethes Freund Carl Friedrich Zelter (1758–1832) vertont, ebenso, mit anderen Goethe-Liedern, von Wolfgang Rihm im Jahr 2004: „Eins und doppelt. Fünf Lieder aus dem Zwielicht, für Bariton und Klavier".

Didaktisch-methodische und fachliche Hinweise

Zu den Aufgaben S. 224 (Sprache als Weltansicht – Wilhelm von Humboldt):
Mit einem Referat über das Leben Wilhelm von Humboldts (1767–1835) ließe sich sehr viel von seiner Zeit und seinen Zeitgenossen einfangen.
Wilhelm von Humboldt, der ältere Bruder des Weltreisenden Alexander von Humboldt, ist eng mit dem aufklärerischen Pädagogen Joachim Heinrich Campe (1746–1818) verbunden. (Zu Campe vgl. Lehrbuch, Kap. 3.1.2, S. 298, und Kap. 3.1.3, S. 311.) Er wird von Campe erzogen und reist mit ihm in das Paris der Französischen Revolution.
1809 leitet Wilhelm von Humboldt vierzehn Monate die „Sektion des Kultus und Unterrichts" im preußischen Innenministerium und gründet die Berliner Universität. 1819 verabschiedet er sich endgültig aus politischen Diensten und konzentriert sich auf die Sprachwissenschaft.
Erstaunlich ist seine Ehe mit Caroline von Dacheröden (1766–1829). Beide sind wohlhabend und können es sich leisten, mit ihren Kindern immer wieder den Wohnort zu wechseln: Paris, Rom, Jena, Königsberg, Wien, Berlin, London. Sie führen eine für ihre Zeit außergewöhnliche Ehe; sie wohnen von 1809 bis 1819 oft getrennt, schreiben sich aber fast täglich Briefe. Die Ideale der Revolution wollen sie leben: frei und gleich. Sie haben Freundschaften und Liebschaften auch mit anderen.

Auch die Abbildung S. 222 ist bemerkenswert. Sie zeigt keine reale Szene. Sie deutet rechts im ferneren Hintergrund die Jenaer Stadtkirche St. Michael an. In Jena wohnte Friedrich Schiller (1759–1805) zehn Jahre, von 1789 bis 1799, so lange wie nirgends sonst. Die liberale Universität (jeder fünfte der ca. 4300 Einwohner Jenas war Student) zog viele große Gelehrte an: Johann Gott-

lieb Fichte (1762–1814), Friedrich von Schelling (1775–1854), Georg Wilhelm Friedrich Hegel, ebenso die romantischen Dichter: die Gebrüder August Wilhelm (1767–1845) und Friedrich Schlegel (1772–1829), Friedrich Hölderlin (1770–1843), Ludwig Tieck (1773–1853), Novalis (eigtl.: Friedrich Philipp Freiherr von Hardenberg, 1772–1801), Clemens Brentano (1778–1842). Hier wurde Schiller am 26.05.1789 als neu ernannter Professor für Geschichte von seinen Studenten bei der Antrittsvorlesung gefeiert. (Wegen seiner Krankheiten konnte Schiller dann nicht viele Vorlesungen halten.) Hier begann im Juli 1794 nach einem Vortrag Johann Wolfgang Goethes über die Metamorphose der Pflanzen die Freundschaft der beiden Dichter.
In Jena heiratete Schiller 1790 Charlotte von Lengefeld (1766–1826). Er wohnte in verschiedenen Häusern zur Miete; erhalten ist nur das Gartenhaus, das er 1797 kaufte und dann drei Sommer lang mit seiner Frau, den beiden Söhnen und drei Dienstboten bezog.
An diesem Ort gab Schiller gemeinsam mit Wilhelm von Humboldt die humanistische Zeitschrift „Die Horen" (1795–97) heraus und auch den „Musenalmanach" (1796–1800). Er schrieb den „Wallenstein" und den Anfang der „Maria Stuart", viele Balladen und später noch „Die Jungfrau von Orleans". Es besuchten ihn Fichte und Schelling, Wilhelm von Humboldt und seine Frau (sie sind fünf Jahre vor Schiller nach Jena gezogen), der Großverleger Cotta und Susette Gontard (1796–1800 Hölderlins Geliebte) und immer wieder Goethe. (Nichtsahnend kommt einmal Hölderlin dazu, erkennt Goethe nicht und spricht nur mit Schiller. Solche Begegnungen schätzt Goethe nicht.) Zurück zur Abbildung: Man denke sich die Tischgruppe, offenbar fern vom Stadtzentrum, am ehesten in dem zuvor erwähnten Gartenhaus vor den Stadtmauern, umgeben von Kartoffeln, Spargel und Mangold, Lilien und Rosen.
Links sehen wir Schiller, daneben Wilhelm von Humboldt, neben ihm stehend sein Bruder Alexander, rechts Goethe. Sie kannten sich alle sehr gut. Seit 1794 arbeitete Schiller nicht nur mit Goethe, sondern auch mit Wilhelm von Humboldt zusammen. Der schreibt seiner Frau Karoline 1804 in einem Brief über Schiller: „Die Trennung von Schiller wird mir ewig schmerzhaft bleiben. Er ist immer der einzige gewesen, mit dem ich recht eigentlich habe reden und leben können, dem ich wirklich Genuß gab und von dem ich Genuß und Stimmung zugleich erhielt."

(Fassmann, Kurt [Hrsg.]: Briefe der Weltliteratur. Zweiter Teil. München: Kindler Verlag, 1965, S. 253.)

Wilhelms Bruder Alexander mochte Schiller nicht und urteilte sehr abfällig über seine Begabungen – möglicherweise aus Eifersucht, weil sich Goethe mit dem Naturwissenschaftler intensiv austauschte. Aber nur in dieser Beziehung täuscht das harmonische Bild.
Andreas Müller (1831–1901), Professor an der Münchner Akademie der Künste, zeichnete in spätromantischer Tradition die Vorlage für den Holzschnitt, der 1860, ein Jahr nach Alexander von Humboldts Tod, in der weitverbreiteten Illustrierten „Gartenlaube" (↗ Lehrbuch, S. 373) veröffentlicht wurde.

Der dazu anonym abgedruckte Artikel macht deutlich, dass diese vier Männer ein Bild der kulturellen Einheit des damals noch kleinstaatlichen Deutschlands abgeben sollten; dazu gehörten nun auch die im 19. Jahrhundert zunehmend angesehenen Naturwissenschaften. Die abgebildeten vier sollten auch für die kulturelle Abgrenzung Deutschlands vom Ausland, etwa von Frankreich, stehen. Abgesehen wurde dabei allerdings davon, dass ALEXANDER VON HUMBOLDT 23 Jahre in Paris lebte und oft erst auf Französisch publizierte. (Nicolaas Rupke: Goethe und Alexander von Humboldt. In: Göttinger Bibliotheksschriften 13. Herausgegeben von Elmar Mittler. Göttingen 2000. Im Internet: webdoc.sub.gwdg.de/ebook/h–k/gbs/gbs_13.pdf

Sprache als Weltansicht

Der bedeutende Linguist JOHN LYONS würdigt in seiner „Einführung in die moderne Linguistik" HERDER und HUMBOLDT:

> „Herder (1744–1803) behauptete, daß zwischen Sprache und Nationalcharakter eine innere Beziehung bestehe. Nach ihm gab der Staatsmann und Universalgelehrte Wilhelm von Humboldt (1767–1835) dieser These eine konkretere Form, indem er behauptete, jede Sprache habe ihre eigene besondere Struktur, die Denkungsart und Ausdruck des betreffenden Volkes reflektiere und bedinge. Dieser Glaube an einen Zusammenhang zwischen Nationalsprache und Nationalcharakter, der sich in Deutschland fest verankerte, verursachte später eine Menge ausgefallener und bösartiger Spekulationen, bei denen die Begriffe ‚Rasse' und ‚Sprache' heillos durcheinandergebracht wurden (besonders im Hinblick auf den Ausdruck ‚arisch'). In der hier behandelten Epoche weckte er nicht nur das Interesse an den früheren Stadien der deutschen Sprache, sondern überhaupt eine allgemeine Begeisterung für sprachliche Verschiedenheit (an sich) und eine Bereitschaft, alle auch noch so ‚barbarischen' Sprachen auf die ihnen jeweils gemäße Art zu betrachten. Es ist kein Zufall, daß deutsche Gelehrte unter den Begründern der vergleichenden Philologie einen hervorragenden Platz einnehmen."

(Lyons, John: Einführung in die moderne Linguistik. München: C. H. Beck Verlag, 8. Aufl. 1995, S. 24 f.)

Hinweise zu den Aufgaben

S. 224, Aufgabe 1:
Vergleichen Sie W. v. Humboldts Erkenntnisabsicht bei seinen Sprachuntersuchungen mit den Absichten, die Sie in Ihrem Unterricht verfolgt sehen.

S. 224, Aufgabe 2:
Erläutern Sie W. v. Humboldts Gedanken, dass die objektive Realität „zwischen allen Sprachen" (↗ Text 1, Zeile 7) liegt.

S. 224, Aufgabe 2:
Beurteilen Sie, inwiefern Ihnen Ihre Sprache „etwas Fremdes" (↗ Text 1, Zeile 11) ist, inwiefern etwas Eigenes.

Der Text „Über das vergleichende Sprachstudium" nennt bereits den neuen Ansatz, den HUMBOLDT verfolgt. Im Textauszug kann man drei Grundgedanken herausstellen, die an HERDERS neues Sprachverständnis anschließen:

1. Jede Sprache erschließt eine je eigene Weltansicht.
2. Objektive Erkenntnis, unabhängig von der je besonderen Weltansicht, kann nur als eine Idee betrachtet werden, die mit keiner Sprache realisierbar ist.
3. Sprache ist ein Werk der je nationalen Tradition; insofern ist jedem seine Sprache zunächst etwas Fremdes, aber auch ein Reichtum, der die Welt zu erschließen hilft.

Die Sprache verknüpft die Menschen untereinander und die Menschen mit der Welt. Sie gibt nicht die Welt wieder, sondern eine besondere Art, die Welt zu sehen.
Wenn HUMBOLDT Sprache als die Form begreift, in der Wahrheit gefunden wird, dann leitet er eine linguistische Wende der transzendentalen Erkenntnistheorie ein, die die aufklärerische Vernunft sprachlich verfasst sieht; universal gültige Strukturen werden damit verabschiedet. Es gibt keine wahre Weltansicht, die durch eine allen zugängliche Vernunft zu entdecken wäre. Wenn die objektive Realität „zwischen allen Sprachen" liegt, dann könnte man annehmen, es gäbe auch keine Rangfolge hinsichtlich der welterschließenden Kraft unterschiedlicher Sprachen. Diese Konsequenz zieht HUMBOLDT jedoch nicht; verschiedene Sprachen seien sehr wohl unterschiedlich entwickelt.
Es mag ratsam sein, einem Missverständnis vorzubeugen: Eine „Weltansicht" in HUMBOLDTS Sinn ist nicht das, was heute unter „Weltanschauung" verstanden wird; letztere ist ein systematischer Zusammenhang von subjektiven und oft auch wechselhaften Glaubenssätzen über Gott und die Welt; solche Glaubenssätze sind keineswegs das Resultat von Sprachstrukturen.

S. 224, Aufgabe 4:
Erläutern Sie W. v. Humboldts Kerngedanken, Sprache sei „Tätigkeit (Energeia)" (↗ Text 2, Zeile 5). Überlegen und erklären Sie, was sich ändert, wenn Sie die Sprache als „Werk (Ergon)" (↗ Text 2, Zeile 5) betrachten.

S. 224, Aufgabe 5:
Ordnen Sie ein, wie sich subjektive und nationalsprachliche Erschließung der Welt zueinander verhalten.

Der Auszug aus „Über die Verschiedenheit des menschlichen Sprachbaus" thematisiert
1. das Wesen der Sprache,
2. das Erlernen einer fremden Sprache,
3. den Ursprung der Sprache.

Der erste Teil artikuliert eine Hauptthese HUMBOLDTS mit aristotelischen Termini: Sprache sei kein Werk (ergon), sondern eine Tätigkeit (energeia). Das heißt, die Sprache soll nach ihrer Entstehung und nach ihrer Wirkung betrachtet werden, nicht als ein fester Bestand, sondern als Ausdruckskraft, als Ausdruck des Geistes und als ein Prozess, die Welt zu begreifen. Die aus dem vorigen Text bereits bekannte These, dass jede Sprache eine eigene Weltsicht vermittle, verschärft HUMBOLDT hier: Die Gegenstände, die Empfindungen und das Handeln seien für jeden Menschen „ausschließlich so, wie die Sprache sie ihm zuführt". Für die Verschränkung von Sprachproduktion und -übernahme, von Sprechen und Gesprochenwerden benutzt HUMBOLDT die Naturmetapher des Spinnens; sie legt nahe, diese doppelseitige Handlung als etwas Organisches, als kunstvoll, jedoch als nicht bewusst gesteuert anzusehen.

S. 224, Aufgabe 6:
Stellen Sie dar, wie W. v. Humboldt die Entstehung der menschlichen Sprache erklärt, und nehmen Sie dazu Stellung.

S. 224, Aufgabe 7:
Setzen Sie sich mit W. v. Humboldts Thesen unter folgenden Fragestellungen auseinander: Welchen Ertrag bringt das Erlernen einer fremden Sprache? Warum hat man im humanistischen Gymnasium wohl Latein und Griechisch gelernt? Sollten diese beiden Sprachen auch heute noch gelernt werden oder wodurch wären sie zu ersetzen?

Interessant sind die Folgerungen, die HUMBOLDT für das Fremdsprachenlernen zieht. Die Weltansichten (metaphorisch: „Kreise") sind zwar durch Sprache geprägt, aber sie sind keineswegs isoliert voneinander. Man kann mit einer neuen Sprache von seinem Kreis in einen neuen wechseln; dabei nehme man aber „immer" (!) einen Teil seiner bisherigen Weltansicht mit. Einen radikalen sprachlichen Determinismus vertritt HUMBOLDT insofern nicht.

Zu den seinerzeit breit diskutierten Spekulationen um den Ursprung der Sprache stellt sich HUMBOLDT ebenfalls auf die Seite Herders und definiert den Menschen als ein singendes Wesen. Bis heute wird häufiger die Gegenthese vertreten, dass sich nämlich die Sprache wegen ihres Nutzens für Lebens- und Überlebensnotwendigkeiten durchgesetzt und fortentwickelt habe. Humboldt setzt zwei starke Argumente dagegen:

1. Zu bloßen Überlebenszwecken hätten unartikulierte Laute gereicht.
2. In allen Sprachen, auch den vermeintlich primitiven Sprachen, diene Sprache auch dem künstlerischen Ausdruck.

Für die Bildung des Menschen sei das Studium der Alten wichtig, damit meint HUMBOLDT vorzugsweise die Grie-

chen und unter ihnen wiederum fast ausschließlich die Athener. An vielen Stellen seiner Schriften findet man begeisterte Worte:

> „Es gibt einen vierfachen Genuß des Altertums:
> in der Lesung der alten Schriftsteller,
> in der Anschauung der alten Kunstwerke,
> in dem Studium der alten Geschichte,
> in dem Leben auf klassischem Boden (…)"

(Humboldt, Wilhelm von: Latium und Hellas oder Betrachtungen über das klassische Altertum. In: Schriften zur Sprache. Frankfurt/M.: Zweitausendeins, 2008, S. 705.)

> „Die Griechen sind uns nicht bloß ein nützlich historisch zu kennendes Volk, sondern ein Ideal.
> Ihre Vorzüge über uns sind von der Art, daß gerade ihre Unerreichbarkeit es für uns zweckmäßig macht, ihre Werke nachzubilden, und wohltätig, in unser durch unsre dumpfe und engherzige Lage gepreßtes Gemüt ihre freie und schöne zurückzurufen."

(Humboldt, Wilhelm von: Über den Charakter der Griechen, die idealische und historische Ansicht desselben. In: Schriften zur Sprache. Frankfurt/M.: Zweitausendeins, 2008, S. 733.)

Ob die alten Sprachen oder bestimmte neuere Sprachen im Fächerkanon der höheren Schulen auftauchen sollen, kann von den Schülerinnen und Schülern anhand der Sprachangebote ihrer Schule und anhand ihrer eigenen Fächerwahl fruchtbar diskutiert werden. Zusätzlich können Schüler im Internet nach Argumenten suchen, die heute für die Sprachenwahl gegeben werden (z. B. unter http://www.altphilologenverband.de, ebenso anhand solcher Suchwörter „Sprachenwahl + Latein").

Mit HUMBOLDT kann man das Sprachenlernen insgesamt empfehlen, aber nicht etwa aus bloßen Nützlichkeitserwägungen, sondern auch deshalb, weil jede Sprache eine teilweise neue Weltansicht mitliefert und somit etwas über den Menschen und die Welt lehrt. Latein und das von HUMBOLDT bevorzugte Griechisch werden bei den meisten heutigen Schülerinnen und Schülern einen schweren Stand haben. Auf der Internetseite des Altphilologenverbandes kann man lesen: „So kann z. B. die bei HUMBOLDT vorgenommene Idealisierung der griechischen Antike nach heutigem Verständnis keine angemessene Grundlage des Griechischunterrichts sein, da sie historisch kaum zu rechtfertigen ist." (http://www.altphilologenverband.de/ ⟶ Griechisch). Immerhin kann man das Niveau einer Begründung von Fächern bei HUMBOLDT schätzen, und selbst wenn man zu einem anderen Ergebnis käme, würde es sich lohnen, die eigenen Argumente mit HUMBOLDTS Augen zu prüfen.

HUMBOLDTS Sprachursprungstheorie ist auch eine Alternative zur heute verbreiteten Berufung auf die bloße Konvention:

> „Den nachteiligsten Einfluß auf eine interessante Behandlung jedes Sprachstudiums hat die beschränkte

Vorstellung ausgeübt, daß die Sprache durch Konventionen entstanden, und das Wort nichts als Zeichen einer unabhängig von ihnen entstandenen Sache, oder eines eben solchen Begriffs ist. Diese bis auf einen gewissen Punkt freilich unleugbar richtige, aber weiter hinaus auch durchaus falsche Ansicht tötet, sobald sie beherrschend zu werden anfängt, allen Geist und verbannt alles Leben [...]"

(Humboldt, Willhelm von: Latium und Hellas oder Betrachtungen über das klassische Altertum. Ebd. S. 729.)

Im folgenden Text wird HUMBOLDTS Sprachidealismus differenziert und nachvollziehbar erklärt:

„Das Wort ist freilich insofern ein Zeichen, als es für eine Sache oder einen Begriff gebraucht wird, aber nach der Art seiner Bildung und seiner Wirkung ist es ein eignes und selbständiges Wesen, ein Individuum, die Summe aller Wörter, die Sprache, ist eine Welt, die zwischen der erscheinenden außer und der wirkenden in uns in der Mitte liegt; sie beruht freilich auf Konvention, insofern sich alle Glieder eines Stammes verstehen, aber die einzelnen Wörter sind zuerst aus dem natürlichen Gefühl des Sprechenden gebildet, und durch das ähnliche natürliche Gefühl des Hörenden verstanden worden. [...]

Die Sprache ist nichts anders als das Kompliment des Denkens, das Bestreben die äußeren Eindrücke und die noch dunkeln inneren Empfindungen zu deutlichen Begriffen zu erheben, und diese zu Erzeugung neuer Begriffe miteinander zu verbinden.

Die Sprache muß daher die doppelte Natur der Welt und des Menschen annehmen, um die Einwirkung und Rückwirkung beider aufeinander wechselseitig zu befördern; oder sie muß vielmehr in ihrer eignen, neu geschaffenen, die eigentliche Natur beider, die Realität des Objekts und des Subjekts, vertilgen, und von beiden nur die ideale Form beibehalten.

Ehe wir dies weiter erklären, wollen wir vorläufig als den ersten und höchsten Grundsatz im Urteil über alle Sprachen festsetzen:

daß dieselben immer in dem Grade einen höheren Wert haben, in welchem sie zugleich den Eindruck der Welt treu, vollständig und lebendig, die Empfindungen des Gemüts kraftvoll und beweglich, und die Möglichkeit beide idealisch zu Begriffen zu verbinden leicht erhalten.

Denn der real aufgefaßte Stoff soll idealisch verarbeitet und beherrscht werden [...].

So wenig das Wort ein Bild der Sache ist, die es bezeichnet, ebensowenig ist es auch gleichsam eine bloße Andeutung, daß diese Sache mit dem Verstande gedacht, oder der Phantasie vorgestellt werden soll. Von einem Bilde wird es durch die Möglichkeit, sich unter ihm die Sache nach den verschiedensten Ansichten und auf die verschiedenste Weise vorzustellen; von einer solchen bloßen Andeutung durch seine eigne bestimmte sinnliche Gestalt unterschieden. Wer das Wort Wolke ausspricht, denkt sich weder die Definition, noch ein bestimmtes Bild dieser Naturerscheinung. Alle verschiedenen Begriffe und Bilder derselben, alle Empfindungen, die sich an ihre Wahrnehmung anreihen, alles endlich, was nur irgend mit ihr in und außer uns in Verbindung steht, kann sich auf einmal dem Geiste darstellen, und läuft keine Gefahr, sich zu verwirren, weil der eine Schall es heftet und zusammenhält. [...]

So offenbart sich daher das Wort, als ein Wesen einer durchaus eignen Natur, das insofern mit einem Kunstwerk Ähnlichkeit hat, als es durch eine sinnliche, der Natur abgeborgte Form eine Idee möglich macht, die außer aller Natur ist, aber freilich auch nur insofern, da übrigens die Verschiedenheiten in die Augen springen. Diese außer der Natur liegende Idee ist gerade das, was allein die Gegenstände der Welt fähig macht, zum Stoff des Denkens und Empfindens gebraucht zu werden, die Unbestimmtheit des Gegenstandes, da das jedesmal Vorgestellte weder immer vollkommen ausgemalt, noch festgehalten zu werden braucht, ja dasselbe vielmehr von selbst immer neue Übergänge darbietet – eine Unbestimmtheit, ohne welche die Selbsttätigkeit des Denkens unmöglich wäre – und die sinnliche Lebhaftigkeit, die eine Folge der in dem Gebrauche der Sprache tätigen Geisteskraft ist. Das Denken behandelt nie einen Gegenstand isoliert, und braucht ihn nie in dem Ganzen seiner Realität. Es schöpft nur Beziehungen, Verhältnisse, Ansichten ab und verknüpft sie. [...]"

(Humboldt, Wilhelm von: Latium und Hellas oder Betrachtungen über das klassische Altertum. Ebd. S. 730–732.)

Zu den zweckabhängigen Arten der Übersetzung: W. v. Humboldt: Über das Studium des Altertums und des griechischen insbesondere. Ebd. S. 704.

Im Anschluss an das Konzept der Weltansichten gab es viele Untersuchungen zum Zusammenhang von Sprache – Denken – Wirklichkeit. Besonders bekannt wurden die Thesen von BENJAMIN L. WHORF, der einen sprachlichen Determinismus und Relativismus behauptet hat: Das Denken sei durch die jeweilige Sprache determiniert. Noch heute finden sich seine Thesen in vielen Deutschbüchern. Dabei besteht längst Einigkeit unter den Sprachwissenschaftlern, dass WHORFS Thesen einer radikalen Abhängigkeit des Denkens von der Sprache überzogen waren. Dazu der Linguist DAVID CRYSTAL (geb. 1941):

„Wie eng aber ist nun die Verbindung zwischen Sprache und Denken? Diese Frage betrachtet man meist anhand von zwei Extremen. Auf der einen Seite steht die Hypothese, daß Sprache und Denken zwei vollkommen getrennte Dinge darstellten, wobei das eine vom anderen abhängig sei. Die andere Extremposition behauptet die Identität von Sprache und Denken – rationales Denken ohne Sprache wäre demnach unmöglich. Die Wahrheit liegt wahrscheinlich irgendwo zwischen diesen beiden Polen. [...] Beispiele wie diese machen die Sapir-Whorf-Hypothese äußerst plausibel, doch wird sie in ihrer striktesten Form heute kaum noch verfochten. Gegen sie spricht, daß erfolgreiche Übersetzungen zwischen Sprachen möglich sind und sich so einzigartige Sprachen wie das Hopi dennoch mit anderen Sprachen erklären lassen.

Auch folgt aus dem Fehlen eines Worts in einer Sprache keineswegs, daß ihre Benutzer unfähig sind, den entsprechenden Begriff zu erfassen. Einige Sprachen verfügen über nur wenige Zahlwörter. Viele Sprachen der australischen Ureinwohner beschränken sich in dieser Hinsicht zum Beispiel auf „eins", „zwei" und eine geringe Zahl allgemeiner Ausdrücke („alle", „viele", „wenige"). In solchen Fällen wird gelegentlich behauptet, daß den Aborigines die Idee der Zahlen fremd sei oder ihnen „zum Zählen die Intelligenz fehlt", wie es einmal sogar formuliert wurde. Dies trifft jedoch nicht zu: Erlernen Aborigines als Zweitsprache Englisch, sind ihre Zähl- und Rechenfähigkeiten durchaus mit denen englischer Muttersprachler vergleichbar. In abgeschwächter Form wird die Sapir-Whorf-Hypothese heute jedoch allgemein akzeptiert. Möglicherweise bestimmt die Sprache nicht unsere Art zu denken, doch beeinflußt sie unsere Wahrnehmung, Erinnerung und die Leichtigkeit, mit der wir geistige Aufgaben ausführen."

(Crystal, David [Hrsg.]: Die Cambridge Enzyklopädie der Sprache. Frankfurt/New York: Campus Verlag, 1998, S. 14.)

HUMBOLDTS Neuhumanismus findet im 20. Jahrhundert erneut Anhänger; sie betreiben eine inhaltsbezogene Sprachwissenschaft: JOST TRIER (1894–1970), WALTER PORZIG (1895–1961), LEO WEISGERBER (1899–1985) und HANS GLINZ (1913–2008).

Didaktisch-methodische und fachliche Hinweise

Zu den Aufgaben S. 226 [Sprache als Werkzeug (Organon) – Karl Bühler]: KARL BÜHLERS (1879–1963) Sprechakttheorie ist grundlegend für viele weitere Theorien, etwa die von ROMAN JAKOBSON (1896–1982), PAUL WATZLAWICK (1921–2007) oder FRIEDEMANN SCHULZ VON THUN (geb. 1944). BÜHLER beruft sich mit seiner Grundauffassung, Sprache sei ein „organum", ein Werkzeug, auf PLATONS Dialog „Kratylos". Dort heißt es (in der Übersetzung FRIEDRICH SCHLEIERMACHERS):

„**Sokrates:** Kannst du mir nun ebenso auch über das Wort Rechenschaft geben? Indem wir mit dem Wort als Werkzeug benennen, was tun wir?
Hermogenes: Das weiß ich nicht zu sagen.
Sokrates: Lehren wir etwa einander etwas und sondern sie Gegenstände von einander, je nachdem sie beschaffen sind?
Hermogenes: Allerdings.
Sokrates: Das Wort ist also ein belehrendes Werkzeug, und ein das Wesen unterscheidendes und sonderndes, wie die Weberlade das Gewebe sondert."

(Platon: Kratylos. In: ders.: Sämtliche Werke Bd. 2. Übers. F. Schleiermacher. Hamburg: Rowohlt Verlag, 1957, S. 131, 388 b.)

PLATONS Sprachtheorie ist mit seiner Ideenlehre verknüpft. Die Ideenlehre lässt sich aus ihrer Herkunft verstehen, aus dem Handwerk nämlich, woher PLATON auch immer wieder seine Beispiele bezieht. Der Handwerker stellt etwas her: Er hat eine Idee für einen Gegenstand, der bisher sinnlich nicht vorfindbar ist. Die Idee (idea, eidos) wird bestimmt von dem Zweck (dem telos). Eine solche Idee kann sich in einem Bauplan niederschlagen oder in einem Modell.

Nun stellt der Handwerker das Werk (ergon) her, es wird Wirklichkeit. Diese Wirklichkeit wird nicht einfach als Produkt verstanden (ergon), sondern als Ver-Wirklichung (energeia), als Wirklichmachen einer Idee (eines Plans, eines Bildes), ein Wirklichmachen, das von dem Ziel der Vollkommenheit geleitet ist. Das Werk hat dann teil an dieser Idee, aber es ist deutlich von ihm unterscheidbar, getrennt. Die Idee liefert die Form und diese ist wirkmächtiger als das Werk.

In gewissem Sinn bleibt die Idee, auch wenn der Gegenstand hergestellt ist, von dem körperlichen Gegenstand unabhängig; sie wird auch nicht mit dem Gegenstand vergehen. Man kann sich ihrer wieder erinnern (Anamnesis), wenn es auch kein Exemplar mehr davon gibt.

So kann man sich nicht nur technische Geräte, sondern alle Gegenstände der Welt als von einem göttlichen Geist (Schöpfer, Bildner, Demiurg) hervorgebracht denken. D. h., man denkt sich Wirklichkeit insgesamt als Verwirklichung göttlicher Ideen.

Auch die Sprache versteht PLATON nach diesem Modell als ein Werkzeug. Sie sei ein „belehrendes Werkzeug" insofern, als sie uns (im günstigen Fall) zeige, wie die Dinge voneinander zu unterscheiden und wie sie wirklich, ihrem Wesen nach seien. Die Urteilskraft darüber, ob ein Wort angemessen eine Sache beschreibt, steht nach PLATON dem Gebrauchenden zu, dem Handwerker, der mit dem Werkzeug umgeht und insofern mehr weiß als der, der sich das Werkzeug ausgedacht hat. Für PLATON ist der sachverständige Handwerker der Sprache der Dialektiker, der Philosoph.

Auch wenn umstritten ist, wie PLATONS Position genau zu verstehen sei, ist offensichtlich, dass PLATON sowohl gegen den Naturalismus argumentiert (die Richtigkeit der Namen beruhe auf Natur) wie v. a. gegen den Konventionalismus (Namen seien durch festgelegten Brauch, durch Setzung richtig).

BÜHLERS Modell unterscheidet mit PLATON den Sender und den Empfänger einer Mitteilung sowie den mitgeteilten Sachverhalt. Der Sender stellt dabei nicht nur etwas dar oder bezeichnet etwas, wie man bis zum 18. Jahrhundert einseitig meinte, sondern er drückt sich auch aus (wie HERDER hervorhob) und er appelliert an den Empfänger. Während Sender und Empfänger über das Sprachzeichen direkter verbunden sind, bleibt die Darstellungsfunktion indirekter (die verbindenden Linien zwischen Zeichen und Sachverhalten sind daher anders gezeichnet).

Um das Z(eichen) sieht man einen Kreis und ein Dreieck. Ihre Unterscheidung sollte nicht übergangen werden:

Der Kreis steht für das Schallphänomen, das Dreieck steht für das Sprachzeichen mit seinen drei semantischen Funktionen: Es ist

- Symptom (auch: „Kundgabe"),
- Symbol,
- Signal (auch: „Auslösung").

Hinweise zu den Aufgaben

S. 226, Aufgabe 1:
Analysieren Sie die folgende Anekdote „Das Wiedersehen" aus Bertolt Brechts „Geschichten vom Herrn Keuner" (1948) mithilfe der drei Sprachfunktionen: „Ein Mann, der Herrn K. lange nicht gesehen hatte, begrüßte ihn mit den Worten: ‚Sie haben sich gar nicht verändert.' – ‚Oh!', sagte Herr K. und erbleichte."

Die **Anekdote** wird recht unterschiedlich interpretiert. Hier ein Vorschlag: Der Grüßende nutzt vermutlich die Darstellungsfunktion, um zu erklären, dass er Herrn K. sofort erkannt hat. Herr K. versteht die Äußerung offenbar weniger harmlos, sonst würde er nicht erbleichen (ein Symptom für einen Schrecken). Entweder nimmt Herr K. die Darstellungsfunktion wahr, bezieht sie aber nicht auf sein Äußeres, sondern auf seine geistige Entwicklung; dann wäre der Befund schlimm, weil er sich nicht weiterentwickelt hätte. Oder er versteht den Gruß sogar als Vorwurf und Appell, sich angesichts des eigenen Stillstands zu rechtfertigen.

S. 226, Aufgabe 2:
Diskutieren Sie Bühlers Behauptung: „Denn ein Rest von Ausdruck steckt auch in den Kreidestrichen noch, die ein Logiker oder Mathematiker an die Wandtafel malt."

Es ist nicht so, dass Sender und Empfänger auf Elemente der Mitteilungsfunktion reduziert werden könnten. Wenn man mehrere Schülerinnen und Schüler auffordert, gleichzeitig (möglichst ohne Blick zu den Mitschülern) einen Kreidestrich auf die Tafel zu malen, wird man Unterschiede bemerken: in der Stärke, in der Länge, in der Form; die Striche erweisen sich zumindest ansatzweise auch als Ausdruck unterschiedlicher Persönlichkeiten.

S. 226, Aufgabe 3:
Stellen Sie dar, welche Bedeutungen von „Symbol" es jenseits der Sprachpsychologie Bühlers gibt bzw. welche Sie kennen.

Der **Symbolbegriff** BÜHLERS ist enger gefasst als sonst in der Zeichentheorie, in der „Symbol" allgemein für „Sprachzeichen" steht, worunter z. B. auch Verkehrsschilder fallen. Er ist auch zu unterscheiden vom literarischen Symbolbegriff; hier wird etwas Abstraktes (eine Idee) durch etwas sinnlich Wahrnehmbares (einen Gegenstand, eine Person, eine Handlung) ausgedrückt. Schließlich kann man davon den psychologischen Symbolbegriff unter-

scheiden; Träume lassen sich symbolisch deuten, wenn man sie als Manifestation verdrängter Bewusstseinsinhalte deutet.

S. 226, Aufgabe 4:
Grenzen Sie den Symbolbegriff Bühlers von dem des Philosophen Peirce ab, wie er von Umberto Eco in Kap. 1.1.1 (↗ S. 14 f.) vorgestellt wird.

Während bei CHARLES S. PEIRCE (1839–1914) konventionell festgelegte willkürliche Sprachzeichen als Symbole gelten, schränkt BÜHLER den Begriff auf eine der drei Funktionen des Sprachzeichens ein, nämlich auf das Zeichen in seiner Darstellungsfunktion.

S. 226, Aufgabe 5.
Die meisten Menschen stellen sich bis heute das Verhältnis von Sprachzeichen und Wirklichkeit so vor, wie der Sprachphilosoph Ernst Tugendhat kritisch beschreibt:
„Der Philosoph sitzt an seinem Schreibtisch und denkt über die Welt nach; dabei liegt es ihm am nächsten, auf die Gegenstände zu schauen, die er vor sich hat: Dinge auf dem Tisch, und draußen vor dem Fenster Bäume und Häuser. Von all dem hat er ein anschauliches Bild. Und genauso, meint er, nur eben nicht sinnlich, ist es, wenn man sich überhaupt auf Gegenstände bezieht. Was heißt aber ‚genauso' – nur eben nicht sinnlich?" (Tugendhat, Ernst: Vorlesungen zur Einführung in die sprachanalytische Philosophie. Frankfurt/M.: Suhrkamp, 1976, S. 87 f.)
Bestimmen Sie die Sprachfunktion, um die es hier geht. Diskutieren Sie dann, ob es die Möglichkeit gibt, ohne die Vermittlung von Zeichen direkt gedanklich auf die Wirklichkeit zuzugreifen. (Denken Sie auch an taubstumme Menschen.)

Wie weit ist unser Denken auf sprachliche Zeichen angewiesen? Empirische Untersuchungen belegen, was man auch an sich erfahren kann: Zwar gibt es Phasen des Denkens, in denen man nicht die natürliche Sprache benutzt; aber sie sind kurz und werden, sobald man einen Gedanken klar fassen will, in sprachliches Denken überführt. Zumindest komplexes Denken ist auf Sprachzeichen angewiesen. Auch „taubstumme" Menschen verwenden daher eine Zeichensprache, eine Gebärdensprache, insofern sind sie nicht stumm; auch wenn sie nicht hören, können sie doch kommunizieren. Daher werden die Menschen, die man früher „taubstumm" genannt hat, nun auch in der ganzen Bundesrepublik, wie früher schon in der DDR, als „gehörlos" bezeichnet.

Zur weiteren Information

Sacks, Oliver: Stumme Stimmen. Reise in die Welt der Gehörlosen, Rowohlt, Reinbek bei Hamburg 2002.
DESIRE: Deaf and Sign Language Research Team von der RWTH Aachen (erforscht seit 1995 die Gehörlosenkultur

und Gebärdensprache), URL: http://desire.isk.rwth–aachen.de/index.html
Institut für Deutsche Gebärdensprache und Kommunikation Gehörloser, URL: http://www.sign–lang.uni–hamburg.de/

S. 226, Aufgabe 6:
Bestimmen Sie anhand von Bühlers Zeichenmodell den Unterschied zwischen einem Sprachzeichen alltäglicher Kommunikation und einem, das, wie z. B. ein Gedicht, eine ästhetische Funktion erfüllt.

Will man den Unterschied zwischen alltäglicher und poetischer Sprache bestimmen, wird es sich lohnen, über das Modell BÜHLERS hinauszugehen.
ROMAN JAKOBSON hat (in: Linguistik und Poetik, 1960) BÜHLERS Modell um drei weitere Elemente erweitert (Kanal, Code und Kontext) und um drei weitere Sprachfunktionen, darunter die wichtige poetische Funktion der Sprache. Poetische Texte, so JAKOBSON, lassen sich nicht durch ihren Inhalt von nichtpoetischen unterscheiden, auch nicht durch ihre Form, ihre Stilmittel, sondern dadurch, dass in ihnen die Sprache auf sich selbst verweist, nicht nur auf die außersprachlichen Sachverhalte. Ein poetischer Text verlangt von uns: Achtet auf meine Gestalt!

Weiterführende Literatur

Borsche, Tilman: Wilhelm von Humboldt. München: C. H. Beck Verlag, 1990.

Geier, Manfred: Die Brüder Humboldt. Eine Biographie. Reinbek b. Hamburg: Rowohlt Verlag, 2009.

Gipper, Helmut: Gibt es ein sprachliches Relativitätsprinzip? Untersuchungen zur Sapir-Whorf-Hypothese. Frankfurt/M.: S. Fischer Verlag, 1972.

Holenstein, Elmar: Zur Relativität des sprachlichen Relativismus. Japanische und chinesische Beispiele. In: Neue Zürcher Zeitung, 10.07.1999. Im Internet: http://www.kzu.ch/fach/as/material/Texte_philo/Sprache/sp_02.htm

Lyons, John: Einführung in die moderne Linguistik. München: Beck'sche Verlagsbuchhandlung, 3. Aufl. 1971.

Mudrak, Andreas: Das „Abstract" – ein Textmuster für Facharbeit und Studium. In: DU Heft 3/2008, S. 16–24 (Training der wissenschaftlichen Textform anhand dreier Texte zum Thema „Sprache und Denken").

Rosenstrauch, Hazel: Wahlverwandt und ebenbürtig. Caroline und Wilhelm von Humboldt. Frankfurt/M.: Eichborn Verlag, 2009.

Trabant, Jürgen: Die Sprache. München: C. H. Beck Verlag, 2009.

Welsch, Wolfgang: Anthropologie im Umbruch – Das Paradigma der Emergenz. (Im Internet abrufbar: www2.uni-jena.de/welsch/EMERGENZ.pdf)

Wyler, Siegfried: Colour and Language: colour terms in English. Tübingen: Narr, 1992. Dazu: http://santana.uni-muenster.de/Linguistik/user/steiner/semindex/rosch.html

2.1.4 Sprache und Wirklichkeit

Didaktisch-methodische Hinweise

Die Schülerinnen und Schüler lernen,

- Kunst sprachphilosophisch zu betrachten,
- Bildunterschrift und Bildinschrift zu unterscheiden und ihre Wirkung zu untersuchen,
- die mehrschichtigen Bezüge von Bild und abgebildeter Wirklichkeit zu entdecken,
- das ästhetische Prinzip der Nachahmung (Mimesis) zu problematisieren,
- die Vorstellungstheorie der Bedeutung zu überprüfen,
- Gemeinsamkeiten zwischen Kulturen nicht als Norm und Normalität anzusehen,
- Besinnung auf Eigenheiten als Basis gelingender Verständigung zu schätzen.

Das Kapitel „Sprache und Wirklichkeit" betrachtet die Darstellungsfunktion der Sprache künstlerisch und philosophisch. Dazu gehört auch der fotografische Auftakt des Kapitels 2.1.3 Sprachtheorie und Sprachphilosophie. (↗ Lehrbuch, S. 227 ff. bzw. S. 219 ff.)

Hinweise zu den Aufgaben

S. 227, Aufgabe 1:
Überlegen Sie, was Sie antworten, wenn man Sie fragt, was Magrittes Bild darstellt.

S. 227, Aufgabe 2:
Erläutern Sie das Verhältnis der Darstellung einer Pfeife zum daruntergeschriebenen Satz. Gehen Sie dabei auch auf die Frage ein, in welchem Verhältnis dieses Gemälde zur Wirklichkeit steht.

S. 227, Aufgabe 3:
Erklären Sie, inwiefern die Bildunterschrift trivial ist, inwiefern nicht.
Worauf bezieht sich das Demonstrativpronomen „Ceci" (dies)?

S. 227, Aufgabe 4:
Legen Sie dar, was Sie veranlasst, die Bildinschrift auf den gemalten Gegenstand zu beziehen.

RENÉ MAGRITTE (1898–1967) ist ein philosophischer, ein denkender Maler. Er hat sich intensiv mit IMMANUEL KANT (1724–1804), MARTIN HEIDEGGER (1889–1976) und LUDWIG WITTGENSTEIN (1889–1951) auseinandergesetzt.

MAGRITTE versteht Malerei nicht als Nachahmung der Natur. Er leugnet eine Kongruenz zwischen Zeichen und Welt, weder in der Sprache noch in der Kunst gibt es eine solche Übereinstimmung. Also auch nicht eine Übereinstimmung von Wortzeichen und Bildzeichen. Der Künstler kann dies erreichen: dass sein Bildzeichen „das Mysterium evoziert". Er wehrt sich strikt dagegen, seine Bildzeichen als Symbole aufzufassen. Das Sichtbare steht nicht für ein Unsichtbares. Er sucht nach einer befremdlichen Kombination von Dingen, die neue Empfindungen und Gedanken auslösen. Das ist auch die Aufgabe der Bildtitel, sie erklären nicht das jeweilige Bild, sondern sind ein poetisches Element des Bildes. Sie bringen das Denken in Verlegenheit – und das Sehen. MAGRITTES Bilder können verstören, verzaubern, enttäuschen, träumen und nachdenklicher sehen lassen.

Das Ölbild „Der Verrat der Bilder (Dies ist keine Pfeife)" (Öl auf Leinwand, ca. 60 x 80 cm, 1929, jetzt im Los Angeles Museum of Art) ist eines aus einer Reihe ähnlicher Darstellungen. Zum Beispiel zeigt „Die zwei Mysterien" von 1966 das Bild „Dies ist keine Pfeife" auf einer Staffelei, darüber eine graue große Pfeife – ein surrealistisches Modell für den Maler.

Zu den Aufgaben:
Was stellt das Bild dar? Zweifellos eine Pfeife, plastisch gemalt durch den Lichteinfall von links vorne, vor glattem beigem Hintergrund ohne erkennbaren Ort.
Aber die dargestellte Pfeife ist keine wirkliche Pfeife. Jedes Bild verrät seine eigene Darstellung: Es tut nur so, als sei der abgebildete Gegenstand real.

> „C'est bien simple. Qui oserait prétendre que la RE-PRÉSENTATION d'une pipe EST une pipe? Qui pourrait fumer la pipe de mon tableau? Personne. Alors, ce N'EST PAS UNE PIPE."[1]

Ein Bild kann nur sagen (zeigen), was es (scheinbar) ist. Der gemalte Satz sagt etwas, was ein bloßes Bild nie sagen könnte: Er sagt, was das Bild *nicht* ist – in schöner Schulschrift, belehrend. (Was aber stellt das Bild nun dar?)
Selbst der schlichte Satz ist gar nicht so klar, wie er scheint. Was ist mit „Ceci" (dies) gemeint? Bezieht sich das Demonstrativpronomen auf einen Teil des Gemäldes? Wenn ja: auf die Pfeifen-Darstellung? Oder gar selbstbezüglich auf den gemalten Satz selbst? Oder auf das ganze Bild (den Satz eingeschlossen)?
Der gemalte Satz wäre noch einmal zu unterscheiden von dem (scheinbar identischen) Titel. Denn als Teil des Bildes kann er kein Titel sein; der steht üblicherweise außerhalb des Bildes, am Rahmen oder daneben, bei einer Abbildung steht er unter dem Bild, gedruckt, nicht gemalt; so

verlangen es jedenfalls die Konventionen unserer Museen und Ausstellungen.
Man sieht: Der Titel bekommt bei MAGRITTE eine neue Funktion, er ist alles andere als ein bloßes Etikett für das Gemälde. Seine Bedeutung stößt mit der des Bildes zusammen – die Surrealisten liebten die „image-collision" – und so erzeugt es beim aufmerksamen Betrachter neues Nachdenken.

MAGRITTE verlangt vom Betrachter seiner Bilder, dass er den *Bildcharakter reflektiert.*
Die Malerei kann nie die Grenzlinie zur Wirklichkeit des Abgebildeten überschreiten, sie aber reflektieren. Die Reflexion ist jedoch kein Ausweg aus der Rätselhaftigkeit der Wirklichkeit und der der Bild-Abbild-Beziehungen.
Was für die Bildzeichen gilt, gilt in ähnlicher Weise auch für die Sprachzeichen. Sie sind unüberwindlich von der Realität getrennt, können aber vielerlei evozieren, Reales und Un- oder Überwirkliches. Auch die Lüge.

Die Schülerinnen und Schüler können das selbst ausprobieren: Man positioniere verschiedene Gegenstände oder Bilder von Gegenständen und, getrennt davon, ihre geschriebenen Bezeichnungen. Verändert die Zuordnung von Bild und Begriff etwas? Die Schüler legen die Begriffe unter das Bild bzw. unter den Gegenstand, dann darauf – was ändert sich dadurch? Wie ist es, wenn ich die Schrift ändere, etwa vom Computerdruck zur Handschrift?
In einem nächsten Schritt tausche man die Zuordnung aus, sodass jeder Begriff nach unseren Konventionen einem falschen Gegenstand zugeordnet wird. Was löst diese Veränderung in der Wahrnehmung, was im Denken des Betrachters aus? Was, wenn ich die Größe des Begriffs überdimensional gestalte?
Das Gleiche probiere man mit den Abbildungen von Kunstwerken und ihren Titeln.
Wenn man dieses Experiment vor der Betrachtung der Magritte-Pfeife durchführt, wird man MAGRITTES Bild mit mehr Offenheit und Verständnis begegnen.
Dazu kann man MAGRITTES Erläuterungen aus „Die Wörter und die Bilder" heranziehen.[2] Hier stellt MAGRITTE z. B. fest: „Alles deutet darauf hin, daß kaum eine Beziehung zwischen dem Gegenstand und dem besteht, was ihn repräsentiert" und „Worte haben in einem Bild die gleiche Kraft wie Formen" (französisches Original 1929, also aus dem gleichen Jahr wie das Pfeifenbild).

S. 228, Aufgabe 1:
Erklären Sie, worauf sich folgende Ausdrücke beziehen: Tisch – gelb – Goethe – ich – es – mein Hund – morgen – schnell – gemütlich – Kreis – hundert – Höflichkeit – Widerspruch – exakt – der größte Stern im Kosmos – Dionysos – Fee – nichts – aber – zu – Guten Morgen! – ach?

---

1 Magritte, René: Écrits complets. Ed. établie et annotée par André Blavier. Paris: Flammarion, 1979, S. 250.

2 Magritte, René: „Die Wörter und die Bilder". In: Thomas H. Macho u. a. (Hrsg.): Ästhetik. Arbeitstexte für den Unterricht. Stuttgart: Reclam Verlag, 1986, S. 87–89.

S. 228, Aufgabe 2:
Überprüfen Sie, welche Vorstellungen Sie bei den Ausdrücken haben, die in der vorigen Aufgabe aufgelistet sind. Tauschen Sie sich mit Ihrem Nachbarn über Ihre Vorstellungen aus und formulieren Sie schriftlich ein Ergebnis des gemeinsamen Nachdenkens.

S. 228, Aufgabe 3:
Beurteilen Sie folgenden Satz des Sprachphilosophen Ludwig Wittgenstein, der den Vertretern der Vorstellungstheorie bezüglich der Bedeutung von Zeichen zu bedenken gab: „Wenn man aber sagt: ‚Wie soll ich wissen, was er meint, ich sehe ja nur seine Zeichen?‘, so sage ich: ‚Wie soll er wissen, was er meint, er hat ja auch nur seine Zeichen.‘" Verständigen Sie sich darüber, was aus dieser Überlegung folgt.

Die Aufgaben im Lehrbuch S. 228 leiten dazu an, die Probleme der Vorstellungstheorie zu entdecken und zu formulieren, die bereits auf S. 226 in Aufgabe 5 angesprochen werden.
Wenn man zur Erklärung der referentiellen Sprachfunktion zwischen das Sprachzeichen und den bezeichneten Gegenstand eine Vorstellung von diesem Gegenstand einschiebt, dann ist diese Vorstellung offenbar individuell und trägt nichts dazu bei, den intersubjektiv funktionierenden Sprachgebrauch zu erklären.

Das Wittgenstein-Zitat (↗ Lehrbuch, S. 228, Aufgabe 3) aus den „Philosophischen Untersuchungen" (§ 383) macht klar, dass der Sprachgebrauch nicht durch eine innere Instanz funktioniert, sondern durch den öffentlichen Gebrauch der Sprache. Bei vielen Wörtern wird man auch gar keine Vorstellung entwickeln können.

S. 229, Aufgabe 1:
Geben Sie Borsches neue Beschreibung des Verhältnisses von Sprache und Wirklichkeit wieder. Argumentieren Sie, inwiefern der Autor seine neue Auffassung „befreiend" (↗ Zeile 8) nennen kann.

S. 229, Aufgabe 2:
Erläutern Sie, wie sich die neue sprachtheoretische Auffassung auf die Diskussion der Menschenrechte auswirken könnte.

S. 229, Aufgabe 3:
Nehmen Sie zu Borsches sprachtheoretischer Auffassung Stellung.

TILMAN BORSCHE (geb. 1947) wirft ein neues Licht auf die durch Sprache zu leistende Erschließung der Welt, indem er nicht von einer gemeinsamen Welt ausgeht, auf die man sich dann sprachlich unterschiedlich bezieht; er erklärt das Verstehen zwischen verschiedenen Welten zur Ausnahme. Damit wird auch eine Brücke zum folgenden Kapitel geschlagen: zur Erklärung und Überwindung von Verständigungsproblemen.

Weiterführende Literatur

Foucault, Michel: Dies ist keine Pfeife. Mit zwei Briefen und vier Zeichnungen von René Magritte – übersetzt aus dem Französischen von Walter Seitter. München: Hanser Verlag, 1997 (französ. Orig. 1973).

Nagel, Thomas: Was bedeutet das alles? Eine ganz kurze Einführung in die Philosophie. Stuttgart: Reclam Verlag, 1990, S. 37 f. (Ein weiterer Text zur Kritik der Vorstellungstheorie der Bedeutung.)

2.1.5 Verständigungsprobleme und ihre Überwindung

Didaktische Zielsetzungen

Die Schülerinnen und Schüler lernen mit diesem Kapitel u. a.,

- die Bedeutung der Art des Miteinanderredens für das seelische Wohlbefinden einzuschätzen;
- Kriterien des Gelingens eines Gesprächs zu differenzieren;
- das Bewusstsein dafür zu schärfen, dass die eigene Intention beim Reden keineswegs entscheidend sein muss, dass die eigene Äußerung auch intentionsgemäß verstanden wird;
- auf das jeweilige Rollenverständnis von Gesprächspartnern zu achten;
- Doppelbindung (double-bind) als unlösbare Kommunikationsmuster zu erkennen;
- Grenzen und Gefahren kommunikationspsychologischen Trainings zu reflektieren.

Vorweg sei gewarnt, dieses Kapitel unbedacht zu erarbeiten. Es geht bei PAUL WATZLAWICK (1921–2007) und FRIEDEMANN SCHULZ VON THUN (geb. 1944) nicht um eine genauere Untersuchung der Sprache, sondern um die pragmatische Anwendung von psychologisch relevanten Sprachaspekten auf scheiternde **Kommunikationssituationen.**

Psychologische Zugangsweisen zu Gesprächsproblemen sind nicht unproblematisch, wenn sie zu früh und zu pauschal genutzt werden und damit Probleme, die zunächst in direkter Kommunikation angegangen werden sollten, mit theoretischem Aufwand hochstilisieren und theoretisch vermeintlich abgesichertes Schubladendenken fördern.
In der Erarbeitung dieses Kapitels muss sein Sinn präsent gehalten werden, um nicht in eine technische Behandlung von Gesprächssituationen abzugleiten. Ein Schulz-von-Thun-Zitat (↗ Lehrbuch, S. 235 oben) ist geeignet, die Grenzen und Gefahren des Instrumentariums der Kommunikationspsychologie mitzureflektieren:
„[...] Kommunikation verdirbt, wenn sie nur auf Optimierung der Wirkung aus ist."

Hinweise zu den Aufgaben

PAUL WATZLAWICK vertritt (mit ERNST VON GLASERSFELD, geb. 1917, und HEINZ VON FOERSTER, 1911–2002) einen „radikalen Konstruktivismus": Jeder Mensch konstruiere sich seine eigene Realität. Diese Basisannahme ist philosophisch zwar sehr fragwürdig, doch für die Analyse von Gesprächen und menschlichen Beziehungen ist sie fruchtbar: Sie fordert auf, unterschiedliche Positionen zunächst einmal in gleicher Weise ernst zu nehmen, bevor man nach einer Lösung sucht.

Von WATZLAWICKS fünf Axiomen werden drei vorgestellt. Weggelassen ist das zweite Axiom: Jede **Kommunikation** weist einen Inhalts- und einen Beziehungsaspekt auf. Dieses Axiom wird im nächsten Teilkapitel durch SCHULZ VON THUNS Kommunikationsviereck berücksichtigt. – Das vierte Axiom unterscheidet zwischen analoger und digitaler Kommunikation, ein Unterschied, der Schülern mehr Verstehensaufwand abverlangt, als er ihnen hilft. Besonders das erste **Axiom** kann für Schüler eine neue und wichtige Erkenntnis werden, die sich nach eigenen Erfahrungen (z. B. im Wartezimmer, mit Zugnachbarn) in Rollenspielen (wie in Aufgabe 1) bewähren muss und kann. Die Abbildung („Ich sag doch gar nichts!") bietet für eine kurze PA oder GA eine geeignete Spielszene an: Wie ist es zu dieser Äußerung wohl gekommen?
Das zweite Axiom kann sowohl für die Analyse politischer Kämpfe dienen (z. B. Kämpfe zwischen Israelis und Palästinensern – wer hat mit der Feindseligkeit angefangen?) wie auch für die Analyse der Probleme eines Einzelnen (die Lehrkraft, die Schülern misstrauisch und streng begegnet, wird immer den Anlass und die Bestätigung im Verhalten von Schülern angeben).
Das dritte Axiom unterscheidet zwischen symmetrischen Beziehungen und komplementären. Ein erheblicher Teil unserer Gespräche dient, so WATZLAWICK, nur dazu, Beziehungsdefinitionen zu klären und zu bestätigen. In der symmetrischen Beziehung zweier Arztkollegen kann es dann zu Problemen kommen, wenn die Selbstdefinitionen infrage gestellt werden, weil sich beide, etwa im Streit um eine Fachfrage, nicht mehr als gleichrangig ansehen, sondern jeder den anderen für inkompetent hält.

Bei komplementärer Rollenverteilung, z. B. Arzt – Patient, kann es zu Problemen kommen, wenn der Patient (nachdem er sich z. B. im Internet kundig gemacht hat), dem Arzt eine bestimmte Behandlung oder Medikamentverschreibung aufdrängen will.

S. 231, Aufgabe 1:
Inszenieren Sie ein Rollenspiel. Setzen Sie sich dazu paarweise gegenüber. Verabreden Sie gemeinsam eine konkrete Situation und Ihre beiden Rollen. Ihr Partner möchte nicht reden, Sie suchen das Gespräch. Ein Dritter oder Sie selbst beobachten, welche nonverbalen Zeichen der Gesprächsverweigerer (teilweise auch unwillkürlich) benutzt, um sein Bedürfnis nach Ruhe zu signalisieren.

Diese Aufgabe ist von den Schülerinnen und Schülern *individuell* zu lösen. Hinweise liefern die Ausführungen zu den Axiomen weiter oben.

S. 231, Aufgabe 2:
Verfassen Sie (in Partnerarbeit) einen kurzen Dialog zwischen Arzt und Patient, in dem der Patient seine komplementäre Rolle verlässt und den Arzt beruhigt oder belehrt. Spielen Sie die Szene vor der Klasse. Stellen Sie fest, wie ein solcher Dialog auf Ihre Zuhörer wirkt. Erklären Sie die Wirkung.

Diese Aufgabe ist von den Schülerinnen und Schülern *individuell* zu lösen. Hinweise liefern die Ausführungen zu den Axiomen weiter oben.

S. 231, Aufgabe 3:
Beurteilen Sie, ob traditionell vorgegebene soziale Rollen eine Erleichterung oder eine Behinderung für eine gelingende Kommunikation sind. Argumentieren Sie mit Beispielen.

Diese Aufgabe ist von den Schülerinnen und Schülern *individuell* zu lösen. Hinweise liefern die Ausführungen zu den Axiomen weiter oben.

S. 231, Aufgabe 4:
Skizzieren Sie eine Double-Bind-Situation. Überlegen Sie dann, wie eine solche Schwierigkeit zu bewältigen wäre.

Das im Lehrbuch vorgestellte Beispiel für eine **Doppelbindung** kann durch harmlosere Beispiele paradoxer Äußerungen ergänzt werden, die unschwer zu erklären sind: „Sei spontan!" – „Sei glücklich!" – „Du sollst mich lieben!" – „Du gehst auf dein Zimmer und kommst nicht wieder raus, bis du gut gelaunt bist!"
(Die Beispiele finden sich bei: Watzlawick, Paul: Anleitung zum Unglücklichsein. München: Dtv, 1993, S. 87 ff.)

S. 233, Aufgabe 1:
Überprüfen Sie folgende Aussagen: Jemand kommt zu einer Arbeitssitzung zu spät mit den Worten: „Mein Gott, habe ich mich abhetzen müssen!" Die Wartenden geben unterschiedliche Kommentare:
a) Du bist ziemlich im Stress, was?
b) Gut, dass du da bist.
c) Jetzt können wir anfangen.
d) Du kommst doch immer zu spät!
Diskutieren Sie darüber, welche Reaktion Sie für empfehlenswert halten. Klären Sie dabei, warum es vor einer Beantwortung der Frage sinnvoll ist, die Situation zu spielen.

FRIEDEMANN SCHULZ VON THUNS „Kommunikationsquadrat" hat in außeruniversitären Kreisen weithin Anklang gefunden.
Man kann anhand der Sprachfunktionen auch Textsorten unterscheiden. Eine spezifische Textsorte, in der die Be-

ziehungsseite dominiert, sind private Briefe. In Sachtexten dominiert die Sachebene. In Leserbriefen dominiert oft die Appellseite. In Tagebüchern z. B. ist der Selbstausdruck besonders wichtig, da es sich um eine Art Selbstgespräch handelt. Deshalb findet man Selbstoffenbarungen typischerweise auch in der Literatur: in monologischen Partien eines Dramas, zum Beispiel in GOTTHOLD EPHRAIM LESSINGS „Emilia Galotti", am Beginn von II,11: Nach dem Streitgespräch mit Marinelli triumphiert Appiani ganz überraschend: „Ha! das hat gut getan. Mein Blut ist in Wallung gekommen. Ich fühle mich anders und besser." (Vor der nun eintretenden Claudia Galotti vertuscht er diese vehemente Befriedigung.)

Erfahrungsgemäß bereitet den Schülern die Anwendung des Quadrats auf reale oder literarische Gespräche, wenn man einige Beispiele gemeinsam erarbeitet hat, keine große Schwierigkeit mehr. Allerdings bleibt dieses Können oft eine Insel und wird in späteren Unterrichtszusammenhängen wenig geübt und genutzt.

Hier sei ein **Beispiel** aus der Aufgabe 1 vorgeführt. Eine mögliche Analyse des Zuspätkommers könnte so aussehen:

	Ich bin in sehr großer Eile hierhergekommen.	
Ich bin eigentlich ein Mensch, dem Pünktlichkeit wichtig ist.	„Mein Gott, habe ich mich abhetzen müssen!"	Bitte macht mir keine Vorwürfe.
	Wir wissen, dass wir uns aufeinander verlassen können.	

Vielleicht wäre aber auch z. B. die folgende Analyse zutreffend:

	Ich bin in sehr großer Eile hierhergekommen.	
Ich bin ein zeitlich sehr beanspruchter Mensch.	„Mein Gott, habe ich mich abhetzen müssen!"	Ich möchte in Zukunft eine Zeitplanung, die meine Termine besser berücksichtigt.
	Ich kann erwarten, dass man meine kleine(n) Verspätung(en) toleriert.	

Analog kann man überlegen, wie die Kollegen des Zuspätkommers dessen Äußerung verstehen und mit welchem Ohr sie vor allem hinhören. Davon wird die weitere Entwicklung der Situation abhängen, die man nun schriftlich oder im Rollenspiel ausgestalten kann.

Bei SCHULZ VON THUN wirken die vier Seiten wie gleichberechtigte Aspekte; JOHANN GOTTFRIED HERDER hätte dem wohl widersprochen. Herder hätte auch den Selbstausdruck philosophischer verstanden. (Was SCHULZ VON THUN nicht unbedingt stören muss; er beschränkt sich auf die Kommunikationspsychologie.)

S. 233, Aufgabe 2:
Entwerfen Sie drei kleine Szenen, in denen jemand unter ganz verschiedenen Umständen zu einer zweiten anwesenden Person nur sagt: „Ich bin krank."

Diese Aufgabe ist von den Schülerinnen und Schülern *individuell* zu lösen.

S. 233, Aufgabe 3:
Schreiben (und spielen) Sie eine Miniszene in zwei Versionen, z. B. Fahrlehrer – Fahrschüler (oder: Lehrkraft – Schülerin, Schiedsrichter – Fußballspieler, Politesse – Verkehrssünder).
Lassen Sie den Gesprächspartner in beiden Versionen auf unterschiedliche Seiten der Äußerung seines Vorredners reagieren. Ihre Mitschüler sollen erkennen, auf welche Seite er reagiert hat.

Diese Aufgabe ist von den Schülerinnen und Schülern *individuell* zu lösen.

S. 234, Aufgabe 4:
Analysieren Sie die Bedeutungen der Äußerungen und konkretisieren Sie die Situationen jeweils durch die Umstände, die man dazu kennen muss:

> a) *Ein Vater sagt zu seinem Sohn: „Der Geschirrspüler ist fertig."*
> b) *Die Mutter sagt zu ihrer Tochter: „Nimm die Jacke mit, es wird kühl." Die Tochter schlägt die Tür zu und verschwindet wortlos, ohne Jacke.*
> c) *Er probiert zögerlich das Essen: „Schmeckt interessant." – Sie: „Was ist damit?" – Er: „Ich hab doch gar nichts gesagt." – Sie: „Dafür hab ich mich drei Stunden in die Küche gestellt."*

Diese Aufgabe ist von den Schülerinnen und Schülern *individuell* zu lösen.

S. 234, Aufgabe 1:
Stellen Sie (erzählend oder im Rollenspiel) Situationen dar, in denen Sie erlebt haben, wie zwei (oder mehr) Seelen in der Brust die Verständigung erschwert haben.
Gehen Sie im Besonderen darauf ein, wie die Situation geklärt wurde bzw. wie sie hätte geklärt werden können.

S. 234, Aufgabe 2:
Erörtern Sie, ob Ehrlichkeit als höchste Gesprächstugend gelten kann.

S.234, Aufgabe 3:
Diskutieren Sie die Möglichkeiten und Grenzen der Kommunikationspsychologie. Berücksichtigen Sie dabei die folgende Aussage Schulz von Thuns:
„Der jeweilige Zweck verlangt auch sein Recht, aber Kommunikation verdirbt, wenn sie nur auf Optimierung der Wirkung aus ist. [...] Und wäre ich auch rhetorisch geschult und dialektisch trainiert, hätte aber kein Herz für mein Gegenüber, kein Gefühl für mich selbst und kein Gespür für die Situation, dann wäre alle meine Kunst nur eine Optimierung von Sprechblasen ohne eine Verbindung von Mensch zu Mensch."

Zu den Aufgaben 1–3: Mit dem Instrumentarium der **Kommunikationspsychologie** kann man Konflikte in Gesprächen lokalisieren und Ansätze zu ihrer Bewältigung versuchen.
So wird man z.B. darauf achten, dass Gesprächspartner auf der gleichen Ebene sprechen, damit nicht **Pseudokonflikte** entstehen: Einer spricht auf der Sachebene, der andere hört aber dauernd Appelle.
Bei **Streitgesprächen** mit gegenseitiger Schuldzuweisung über den Anfang des Streits gilt es die unterschiedliche „Interpunktion" zu beachten: Jeder findet im Verhalten des anderen einen Anstoß, selbst beleidigt zu reagieren. Das zu durchschauen kann ein Ausweg sein.
Dazu begibt man sich auf die Ebene der **Metakommunikation**: Man redet über das Gespräch, über Irritationen, Erwartungen, Motive und Absichten und sucht gemeinsam nach dem Konfliktauslöser. Allerdings kann Metakommunikation nur gelingen, wenn sie von allen Gesprächsteilnehmern gewünscht und nicht überstrapaziert wird, in der Dauer und in der (manchmal floskelhaft psychologisierenden) Ausdrucksweise.

Eine spielerisch gut umsetzbare Hilfe zur Klärung eigener Intentionen und Widersprüche ist das Konzept des „inneren Teams". Die Aufspaltung des Ichs in verschiedene Instanzen gibt es nicht erst seit SIGMUND FREUD (1856–1939). Auch der im Kapitel 2.1.3 dieses Lehrerhandbuchs im Zusammenhang mit JOHANN GOTTFRIED HERDERS Sprachtheorie erwähnte **platonische Mythos** von den zwei Pferden der Seele liefert bereits ein solches Modell. Damit die Lehrkraft sich nicht die Rolle eines Therapeuten anmaßt, dürfen nur harmlose Alltagsprobleme oder aber Probleme einer literarischen Figur thematisiert werden. Die verschiedenen Stimmen einer Person werden direkt zum Ausdruck gebracht und können dann auch in einen Disput miteinander treten. (Hilfreich ist es, den Stimmen bzw. Stühlen kennzeichnende Namen zu geben, z.B. „der Enttäuschte", „der Regelbewusste", „der Liebende" usw.) Nach dieser Konferenz der inneren Stimmen kann eine Auswertung erfolgen: Inwieweit sind die inneren Stimmen richtig zur Geltung gekommen und welche Vereinbarung könnte unter den verschiedenen Stimmen getroffen werden, die den unterschiedlichen Wünschen eine vertretbare Geltung verschafft?

S.236, Aufgabe 1:
Stellen Sie den Dialog „Das Frühstücksei" szenisch dar. Setzen Sie dabei auch nonverbale Mittel ein, die Ihrer Interpretation der beiden Figuren Ausdruck geben. Lassen Sie sich von den Zuschauern Rückmeldung über die erreichte Wirkung geben und ziehen Sie daraus Konsequenzen, um Ihre Darstellung zu verbessern.

S.236, Aufgabe 2:
Wählen Sie in Partnerarbeit zwei aufschlussreiche Dialogpassagen und analysieren Sie diese gemäß dem Modell der vierseitigen Nachricht.

S.236, Aufgabe 3:
Werten Sie Ihre Analysen aus und folgern Sie, wie es kommt, dass sich dieses scheinbar harmlose Gespräch über ein Frühstücksei zur Düsternis des letzten Satzes entwickelt.

Zu den Aufgaben 1–3: LORIOTS (geb. 1923 als BERNHARD VICTOR CHRISTOPH-CARL VON BÜLOW) Sketch „Das Frühstücksei" bietet eine vergnügliche Möglichkeit, kommunikationstheoretisches Vokabular anzuwenden.

S.237, Aufgabe 1:
Stellen Sie in Stichworten die Gesprächssituation dar (Ort, Zeit, handelnde und erwähnte Figuren, vorausgegangene und gegenwärtige Handlung usw.).

S.237, Aufgabe 2:
Analysieren Sie, welche Erzählperspektive der Erzähler einnimmt und wie sie sich auf den Leser auswirkt (↗ Kap. 1.5.1, S. 151 ff.).

S.237, Aufgabe 3:
Erstellen Sie eine tabellarische Analyse wichtiger verbaler und nonverbaler Äußerungen der handelnden Figuren.
Verständigen Sie sich dabei darüber, welche kommunikationspsychologischen Zugriffe für eine Interpretation der Kurzgeschichte Ihnen hilfreich erscheinen. Fassen Sie Ihre Deutungen in einer Gesamtthese zusammen.

S.237, Aufgabe 4:
Versetzen Sie sich in die Lage Ritas und entwerfen Sie an einer Ihnen wichtigen Stelle ein Gesprächsverhalten, das Ritas Interessen besser zur Geltung gebracht hätte. Führen Sie dann das Gespräch so weiter, wie Sie es für wahrscheinlich halten.

Zu den Aufgaben 1–4: Im Folgenden wird eine tabellarische Analyse von GABRIELE WOHMANNS (geb. 1932) Kurzgeschichte „Ein netter Kerl" (↗ Lehrbuch, S. 236 f.) angeboten, die in ihrer transparenten Methode auf andere Analysen übertragbar ist.

Mögliche Aufgabe: Analysieren Sie den Text unter Berücksichtigung der Kommunikationstheorie.

Unterrichtliche Voraussetzungen:
a) BÜHLERS Organonmodell (Zeichen als Darstellung, Appell, Ausdruck),
b) WATZLAWICKS Kommunikationsregeln (Inhalts- und Beziehungsaspekt, Interpunktionen, Doppelbindungen),
c) SCHULZ VON THUN: die vier Seiten einer Nachricht.

Thema der Kurzgeschichte (je nach Leseweise und Deutung), z. B.:

– das unmenschliche Potenzial selbst ausgelassen heiterer Familiengespräche,
– Erzeugen von und Reaktion auf Beschämung (↗ Z. 5, 15, 26–30, 37, 43 f., 49 ff.),
– Zusammenhang von Gesprächsweise und Beziehungen der Kommunikationsteilnehmer.

Ort: Esstisch einer fünfköpfigen Familie (Z. 30 f.) – **Zeit:** Während eines Essens (Z. 18 f., 42, 50 f.); der Besucher, Ritas Freund, ist vorher schon mit dem Zug weggefahren.

Zeile	Figuren	Beobachtung von Sprechhandlungen und sprachlichen Auffälligkeiten		Deutung
		verbale Äußerung	nonverbale Äußerung	
Der **Erzähler** ist neutral bis personal: Er zieht uns auf die Seite Ritas, weil nur sie auch aus der Innenperspektive geschildert wird (was sie sieht, Z. 49) und nur sie durchgängig als Individuum auftaucht; die anderen Familienmitglieder werden wiederholt als Gruppe behandelt („alle", „sie"). Weithin ist der Erzähler nicht spürbar, außer bei seinem deutenden Kommentar in Z. 29 f. Hier, am Höhepunkt von Ritas Erniedrigung, werden – entgegen der sonst so nüchternen Beobachtersprache, vier dynamische Metaphern benutzt, um die Übermacht darzustellen, mit der die Äußerungen der Familie über Rita hereinbrechen.				
Titel, 16, 20, 45		Im Titel wird Ritas Freund unverbindlich gelobt.		Das scheinbar harmlose Adjektiv „nett" erweist sich während des Lesens als zweifelhaftes Lob, bald als bloßes Scheinlob.
1	Nanni	Krasse Äußerung von Spaßbedürfnis		Nanni sieht den Freund Ritas nur als Witzfigur, als Anlass eigener Belustigung, auch auf Kosten ihrer Schwester. Nanni appelliert implizit an die Familie, über den abgereisten Gast herzufallen.
1 f.	Nanni	Offensichtlich hat Rita bereits die Familie auf die besondere Erscheinung ihres Freundes vorbereitet, aber sicher nicht so schlecht, dass Nanni behaupten könnte, er sei „genau so".		Rita hat Anlass, ihre Familie vorzubereiten, rechnet wohl mit Vorbehalten; Nanni beweist, wie oberflächlich und böswillig Ritas Vorausbemerkungen aufgenommen worden waren. Nanni bietet Rita an (Beziehungsseite), gemeinsam die Schwächen des Freundes zu belachen (Appellseite der Äußerung).
3	Mutter	Ellipse und Alliteration („furchtbar fett")		Der Verlobte kommt nicht als Subjekt vor, sein Name wird vermieden, als müsse man ihn ignorieren oder sich seiner schämen; formelhaft einprägsame Abwertung des Äußeren.
3 f.	Mutter	Sie heuchelt Interesse am Wohlergehen des Besuchers.		Die Mutter erfüllt ihre Familienrolle, bleibt aber ohne Gespür, wie situationsunangemessen und verletzend ihr zugreifendes Verhalten hier ist. Appell: Lasst uns lachen! Nicht: Kümmere dich um ihn!
5, 15, 26	Rita		Sie hält sich mit steigender Anspannung am Stuhl fest.	Sie ist verunsichert, sucht Halt bei sich, da sie ihn in der Familie nicht findet.
5 f.	Rita	Rita beantwortet die rhetorische Frage ihrer Mutter ernsthaft.		Sie möchte die Gefahr eines Zerwürfnisses abfangen und das Gespräch in eine ernste Bahn zurücklenken. Appell: Lasst uns ernsthaft über ihn reden! – Sie hat vor, die Verlobung bekannt zu geben.
6 f., gesteigert 35, 43		Sie geht nicht auf Ritas Versuch ein, sondern sucht weiter ihren Spaß. Sie vergleicht den Besucher mit einem abstoßenden Tier („Molch", „Qualle")		Die abstoßenden Vergleiche steigern in ihrer Anschaulichkeit das Vergnügen Nannis; mit der Namensgebung („die große fette Qualle", drei Jamben) ergreift sie endgültig Besitz von Ritas Freund und versucht, für die Familie seine Hauptmerkmale festzulegen.

		und einer unförmigen Masse („Schlamm"); dann gesteigert: nicht nur als Vergleich, sondern als Spitzname (Z. 35).		
8 f.	Milene	Sie lobt den Freund sehr unbestimmt („was") und bemüht („wirklich").		Was als Kompliment klingen soll, kann (von Rita und vom Leser), weil es so schwer abgerungen ist, als Bestätigung der Nichtswürdigkeit des Freundes aufgefasst werden.
10 f.	Mutter	Sie greift Milenes vorangehende und Nannis anfängliche Bemerkung auf.	Die Mutter fühlt ihr Unrecht („beschämt"), kann aber ihre Freude an der Herabwürdigung nicht im Zaum halten.	Die Mutter formt mit zwei Töchtern eine Partei gegen ihre dritte Tochter Rita. Verdeckte Appelle.
10 f., 13, 16, 20, 45	Alle	Alle Familienmitglieder wiederholen Teiläußerungen.		Die Herabwürdigungen bekommen auf sublime Art besonderes Gewicht und regen die Fantasie an, die Beleidigungen fortzuspinnen und zu steigern.
25 f.	Alle	Rita erwähnt, dass ihr Freund bei der Mutter lebt.	Alle verlachen den Freund, ohne nach dem Grund zu fragen, warum er bei der Mutter lebt.	Für den Leser bleibt (anders als für die Familie) offen, ob Ritas Freund mutterfixiert oder besonders fürsorglich ist. Implizit wird eine turmhohe menschliche Überlegenheit des Freundes über die Familie denkbar.
28 f.			Das Lachen: wird personifiziert.	Nachdem sich die vier Familienmitglieder im Lachen gegen Ritas Freund (und seine Fürsorge) vereinigt haben, verselbstständigt sich das Lachen zu einer eigenen unkontrollierbaren und umso unmenschlicheren Kraft. Das ist der Höhepunkt der Beleidigungen. Danach muss ein Spannungsabfall erfolgen.
34	Nanni	Sie beschreibt sich als „erledigt".	Sie seufzt.	Sie pervertiert die Situation durch ihre beiläufige Bemerkung, die vielleicht sogar als Regung des Unbewussten verstanden werden kann; erledigt sind Rita und ihr Freund – und für den Leser deshalb auch die Haupttäterin Nanni.
37 f.	Rita	Sie klärt sehr bestimmt ihre enge Verbundenheit mit dem Freund.	Sie hält den Kopf hoch. (Anders als vorher, vgl. Z. 47)	Rita befreit sich aus den schamlosen Herabwürdigungen, behauptet sich mit schlichter Sachlichkeit. (Beziehungsebene!) Ab hier übernimmt sie die Gesprächsregie. Die Situation verlangt nach einer Neuordnung der Familienstruktur.
39-41	Rita		Sie lacht bemüht und spiegelt damit das vorherige Verhalten ihrer Familie.	Sie beschämt ihre Familie, macht sie zu Zuschauern statt Agierenden. Beziehungsseite: Ihr habt mich durch euer Lachen zutiefst beleidigt.
42 ff.	Familie		Nur langsam löst sich die Familie aus der Erstarrung und isst weiter.	Die Familie rettet sich aus dem ungezügelten Ausbruch der Verachtung in die Konvention. Selbstausdruck: Wir haben uns falsch verhalten, sind unsicher. – Appell: Schone uns jetzt.
45-48	Eltern	Beide Eltern versuchen, in ein erträgliches Gespräch zurückzufinden. Der Vater greift unwissentlich das bereits von Milene verbrauchte Scheinkompliment „nett" auf. Die verunsicherte Mutter findet keinen passenden Ausdruck („Hausgenosse oder so").		Der Versöhnungsversuch schlägt durch die Wortwahl der Eltern in das Gegenteil um: Die Fühllosigkeit und Unmenschlichkeit ihres Denkens bestätigen sich.

49	Erzäh-ler	Pars pro toto: „Lippen"		Die Familie wird auf das schuldhafte Organ der Kommunikation reduziert. (Thema der Kurzgeschichte.)
50	Alle		Sie senken die Köpfe (vgl. zuvor Rita unter dem allgemeinen Gelächter).	Sie wollen nicht kommunizieren, weil sie die Peinlichkeit spüren, aber sie sagen damit doch, dass sie sich schämen. (Watzlawick: Man kann nicht nicht kommunizieren.)

Zusammenfassung: So wichtig es ist, dass die Interpretation zu einem Ergebnis zusammengefasst wird, so wichtig ist es, die mögliche Vielfalt begründeter Interpretationen nicht abzuschneiden, indem die Lehrkraft sich mit der Lerngruppe auf eine vermeintlich richtige Zusammenfassung einigt und diese als Gesamtinterpretation im Tafelbild fixiert.

S. 239, Aufgabe 1:
Beschreiben Sie die Beziehung von Toni und Zana. Umreißen Sie, welches Problem sie verhandeln und inwieweit die Situation eine Rolle für dieses Problem spielt.

S. 239, Aufgabe 2:
Erläutern Sie, welches Instrumentarium aus dem Kap. 2.1.5 (↗S. 230 ff.) Ihnen hilft, die Verständigungsschwierigkeiten des Paars zu beschreiben.

S. 239, Aufgabe 3:
Beurteilen Sie, wie hilfreich die letzten Äußerungen der beiden in dieser Teilszene für eine versöhnliche Fortsetzung der Kommunikation sind.

Zu den Aufgaben 1–3: Tena Štivičič, Tochter eines Drehbuchautors, wurde 1977 in der kroatischen Hauptstadt Zagreb geboren. Sie lebt und schreibt seit 2003 meist in London. Seit 1998 veröffentlicht sie und hat mittlerweile in vielen Ländern Erfolg. Ihr Drama „Fragile!" (2005), das das Leben der osteuropäischen Immigranten in London vorstellt, erhielt beim Hamburger Stückemarkt den Europäischen Autorenpreis sowie den Innovationspreis. Wenn man ihre Stücke sieht, erfährt man Europa aus einer ungewohnten Perspektive.

Im Theater-heute-Interview (Juni 2008), das Franz Wille führte, gibt Tena Štivičič Einblicke in ihre Themen und ihr Denken:

„[...] Flughäfen fand ich sehr romantisch. So viele Menschen, die kommen und gehen, man weiß nie, wen man gerade trifft. Damals sind noch viel weniger Leute geflogen, das hatte fast noch etwas Dekadentes. Und verglichen mit Zügen und Bussen, besonders in meinem Teil der Welt, waren sie sauber, die Leute waren höflich, sie haben einen respektvoll behandelt. Damals war ich 20 und fand das toll. Es war für uns das Tor zur Welt. Inzwischen hat sich das sehr geändert: Flughäfen sind immer überfüllt, voller frustrierter Leute, die endlos auf irgend etwas warten, keiner ist mehr nett, und alle paar Meter muss man seine Schuhe ausziehen oder sich durchsuchen lassen – ein erniedrigendes Gefühl. Man fühlt sich immer als potentieller Verbrecher – und wir sind alle damit einverstanden. Ich glaube, man kann an Flughäfen metaphorisch festmachen, wie sehr sich die Gesellschaft in den letzten 10 Jahren verändert hat. [...]

London ist eine multikulturelle Stadt. Und eine multikulturelle Gesellschaft ist sicher das einzige Modell, in dem ich in diesem Jahrhundert leben möchte. Aber die Art, wie es jetzt zumindest verstanden wird, funktioniert nicht wirklich. Hauptsächlich deshalb, weil nicht Individuen integriert werden, sondern Gemeinschaften, Communities. Dadurch schließen sich diese Communities voneinander ab und leben wie eine Ansammlung kleiner Dörfer nebeneinander her, getrennt hauptsächlich durch Abwehrmechanismen, Überlebensinstinkte, Angst. [...] Ich habe da auch keine fertigen Antworten, ich beobachte das nur. Migration und wie man damit umgeht, ist eins der Hauptprobleme moderner Gesellschaften. Der kroatischen wie der britischen Gesellschaft, jedenfalls soweit ich sie kenne, fehlen Empfindsamkeit, Verständnis. Das kann Theater sicher anbieten, wenn auch nur einem kleinen Teil der Bevölkerung. Und gerade der liberale Teil der Westeuropäer kann ein bisschen Nachhilfe gebrauchen in Sachen menschliches Verständnis und Würde, gerade bei Themen, wo sie sich auf der richtigen Seite fühlen.
[...]
Ich schreibe oft auf Englisch, übersetze es dann ins Kroatische und wieder zurück. Das ist kompliziert, weil die Figuren natürlich aus der Sprache entstehen. Gerade zeitgenössische Stücke leben von der Umgangssprache, die sich immer verändert."

(Wille, Franz: „Osteuropa kann den Westen zum Frühstück verspeisen". In: Theater heute 6/2008. Berlin: Friedrich Berlin Verlag, 2008.)

Zum Handlungsort ergänzt der Regisseur der begeistert aufgenommenen Wiesbadener Inszenierung, Tobias Materna (geb. 1971):

„Wir haben uns entschlossen, weder einen bestimmten Flughafen abzubilden, noch eine Zeit festzulegen. Jedoch ist unsere Ausstattung (Bühnenbild und Kostüme) deutlich an den Stil der 50er/60er-Jahre angelehnt. Der Futurismus der damaligen Architektur hat uns inspiriert, er steht für die großen Zukunftsträume der Menschheit. Gleichzeitig sind bei uns aber auch all die modernen ‚Errungenschaften' wie Handys, Sicherheitswahn und Rauchverbot vorhanden. Die Ästhetik des Schicken und Schönen wird somit ständig durch Verbote und Überwachungen irritiert und gestört."

(http://www.staatstheater-wiesbaden.de; 23.04.09)

Die Titel der vierten von vierzehn Szenen, in die der abgedruckte Textausschnitt aus „Funkenflug" gehört, lautet: „4. Urlaub ist selbst für einen normalen Menschen eine anstrengende Sache". Es folgt die Regieanweisung: „Wieder ein Wartesaal. Zana sitzt in einer der Stuhlreihen. Um sie herum Taschen, Tüten, Zeitschriften, eine Menge Zeug. Auf dem Boden neben ihr eine Hutschachtel. Auf dem Nebensitz ein Kulturbeutel und mehrere Plastiktüten aus dem Duty-Free-shop. Sie prüft ein kosmetisches Präparat aus einer der Tüten. Toni erscheint mit vielen kleinen Papiertüten, ein ganzes Sortiment aus einer Restaurantkette."

Das Gespräch wird also begleitet von Prüfen und Essen. Alle Handlungen der Wartenden haben etwas Zerstreutes, Beiläufiges. Bis die SMS die Eifersuchtsszene auslöst und Toni beschließt: „Aber sehen wir uns das ruhig etwas genauer an." Man merkt, wie selbst die Wahl des Mediums Teil der Botschaft wird (Handy vs. Festnetz). Zur Analyse wird man auf alle zuvor behandelten Instrumente der Kommunikationspsychologie zurückgreifen können. Dann kann man noch überprüfen, wie sich die Leseweise verändert, wenn man weiß, dass Toni im weiteren Verlauf der Szene, nach einer wechselseitigen Liebeserklärung, gestehen wird, Zana vor drei Wochen mit einer Stewardess betrogen zu haben. Die Dynamik des Gesprächs erlaubt es nicht, am Ende des Textausschnitts, wie Zana wünscht, einen Punkt zu machen. WATZLAWICKS zweites Axiom kann nicht nur auf den Anfang eines Streits angewandt werden, sondern auch auf das erhoffte Ende.

Weiterführende Literatur:

Frindte, Wolfgang: Einführung in die Kommunikationspsychologie. Weinheim: Beltz Verlag, 2002.

Glasersfeld, Ernst von: Radikaler Konstruktivismus. Ideen, Ergebnisse, Probleme. Suhrkamp-Taschenbuch Wissenschaft, 1326. Frankfurt am Main: Suhrkamp Verlag, 1997.

Glasersfeld, Ernst von/Foerster, Heinz von: Wie wir uns erfinden. Eine Autobiographie des radikalen Konstruktivismus. Heidelberg: Carl-Auer-Verlag, 2007.

Schulz von Thun, Friedemann: Miteinander reden. 3 Bde., Reinbek bei Hamburg: Rowohlt Verlag, 1981, 1989, 2000.

Watzlawick, Paul/Beavin, Janet H./Jackson, Don D.: Menschliche Kommunikation. Formen, Störungen, Paradoxien, Bern: Huber Verlag, 1969.

Watzlawick, Paul: Anleitung zum Unglücklichsein. München: Dtv, 1993.

Thema: Rhetorik

Didaktisch-methodische Zielsetzungen

Die Schüler lernen mit diesem Kapitel,
- eine wirkungsvolle Rede bzw. ein ansprechendes Referat zu halten,
- eine Rede zu analysieren,
- Probleme der Übersetzung beispielhaft zu reflektieren,
- einen reflektierten Begriff von Rhetorik zu gewinnen, der es erlaubt, rhetorische Mittel von der Situation und von ihrem Zweck her zu beurteilen.

Das Kapitel kann zur *Analyse und zur Produktion von Reden* genutzt werden. Am besten verbindet man beides.

Als Ergänzung zu den hier behandelten Aspekten der Rhetorik wären Stimme, Gestik und Mimik in ihrer Aussagekraft zu untersuchen. (Für die Rede von BARACK OBAMA findet man Filmausschnitte im Internet, ebenso einen Audiomitschnitt der Rede.)

Nicht nur in einer Unterrichtseinheit „Rhetorik" wird man sich mit dem Aufbau einer Rede und mit der Vortragsweise auseinandersetzen, sondern auch dann, wenn es gilt, Referate zu halten oder Arbeitsergebnisse zu präsentieren. Für die Lehrkraft sollte das Gebot gelten, in eine laufende Präsentation nicht einzugreifen, damit die Schülerinnen und Schüler ihre Darbietung eigenverantwortlich steuern und abschließen, wie es auch bei einer Rede üblich ist.

Viele Fertigkeiten, die im Rahmen der Rhetorik eingeübt werden, sind auch in weiteren Zusammenhängen von Nutzen, z.B. beim Vortrag von Texten, beim Auftreten in einer Debatte oder in Bewerbungsgesprächen. Weil erst Üben die Fertigkeiten festigt, sind *häufigere Kurzreferate* (nicht über fünf Minuten, bei strenger Beachtung der Zeitgrenze) selteneren Großreferaten vorzuziehen. Selbstverständlich sollte der Referent vor der Klasse stehen, nicht auf seinem Sitzplatz verharren. Zur Hilfe kann das Kapitel 2.1.5 Verständigungsprobleme und ihre Überwindung (↗Lehrbuch, S. 230 ff.) herangezogen werden: Das **Kommunikationsquadrat** kann helfen zu erklären, warum eine Rede mehr oder weniger glückt oder missglückt.

Die **Rhetorik** gehört seit QUINTILIAN (35–um 96 n. Chr.) zu den sieben *Artes liberales,* also zum Bildungskanon der Freien, die nicht darauf angewiesen sind, für ihren Lebensunterhalt selbst zu arbeiten (↗Kap. 1.1.5, Lehrbuch, S. 66). Durch diese Künste sollten sich die Menschen in den Bereich der höchsten geistigen Wahrheiten emporarbeiten. Handwerk und Technik waren Beschäftigungen für nicht freie Menschen.

Ziel war es, ein tugendhafter, ein guter Mensch zu werden. Mit dem Betätigungsfeld war also ein sozialer und ein moralischer Unterschied bzw. ein Bildungsideal verbunden (so bei dem römischen Rhetoriklehrer QUINTILIAN wie auch bei dem von ihm als Vorbild gepriesenen Redner CICERO [106–43 v. Chr.]).

Die hohe Wertschätzung der Rhetorik erlitt erhebliche Einbußen in der Zeit der **Aufklärung,** als die Rhetorik als Kunst der Täuschung und Verstellung abgelehnt und allmählich aus dem Schulkanon gestrichen wurde.

Erfahrungen mit der **NS-Propaganda** diskreditierten die Rhetorik erneut; die Unterschiede zwischen Redekunst und Demagogie wollte man nicht mehr sehen. Umso wichtiger ist es, Schülerinnen und Schülern nicht nur Beispiele demagogischer Reden vorzuführen.

Zur Antrittsrede Barack Obamas als 44. US-Präsident am 20.01.2009

Die im Schülerband abgedruckte englische Version von OBAMAS Rede stimmt mit dem gesprochenen Text überein; in der Übersetzung der Süddeutschen Zeitung gibt es einen Fehler und eine Fehlstelle (s.u.), ansonsten ist sie zuverlässig.

Hinweise zu den Aufgaben

S.242, Aufgabe 1:
Beschreiben Sie den Anlass, die situativen Umstände und Zwecke der Rede.

S.242, Aufgabe 2:
Tauschen Sie sich über Schwierigkeiten der Übersetzung und gelungene Übertragungen aus.

S.242, Aufgabe 3:
Analysieren Sie Inhalte und sprachliche Wirkungsmittel der Rede Obamas und beurteilen Sie, inwieweit sie den Zwecken seiner Rede dienen (↗ S.245f.).

Zum Anlass und **zur Situation der Rede:** Nach der achtjährigen Amtszeit des Republikaners GEORGE BUSH (geb. 1946) gewann BARACK OBAMA (geb. 1961) bei der Präsidentschaftswahl am 05.11.2008 als Vertreter der Demokratischen Partei überlegen vor dem republikanischen Kandidaten JOHN MCCAIN (geb. 1936).
Am 20.01.2009 wurde OBAMA um 12 Uhr vor dem Westportal des Kapitols in Washington D.C. vom Präsidenten des Obersten Gerichtshofs vereidigt. Fanfaren vor und 21 Salutschüsse nach der Vereidigung sorgten vor mehr als 1000 Ehrengästen und über einer Million Bürgerinnen und Bürgern auf der National Mall für eine feierliche Kulisse.

Vor fünf riesigen Nationalflaggen begann der 47-jährige OBAMA auf einem Holzpodium, dessen Brüstung mit blau-weiß-roten Rosetten (den Farben der Nationalflagge) geschmückt war, bei kaltem, sonnigem Wetter seine Rede. Die Erwartungen waren hoch gespannt, nicht nur weil OBAMA als ausgezeichneter Redner galt, sondern auch weil er *der erste afroamerikanische Präsident* war, der überdies in der schwierigen Zeit einer Weltwirtschaftskrise zum mächtigsten Mann der Welt gewählt wurde.

Die **Absicht der Rede** wird der besonderen Situation gerecht. OBAMA möchte sich als *Führungsfigur* darstellen, die sich überparteilich um das Land kümmert, um es aus der Krise zu führen. Es ist eher eine bewegende, ja therapierende als eine detailliert argumentierende Rede.
Der große **Argumentationsgang** des hier abgedruckten Beginns der Rede verläuft in drei Schritten:
1. Wir sind in der Krise.
2. Unsere Vorfahren haben mit den amerikanischen Idealen Krisen bewältigt.
3. Wir schaffen es auch auf diesem Weg.

Eine **Gliederung des Redebeginns** bildet die Argumentation in einer Variation ab:
1. Dank an die Wähler und den vorigen Präsidenten
2. Erinnerung an die Geschichte des starken Amerika
3. Beschreibung der gegenwärtigen ökonomischen und sozialen Krise
4. Ermutigung zur Bewältigung der Krise durch eine neue Politik gemäß alten Idealen

Die **Anrede** nennt schlicht die *Mitbürger als Adressaten.* Tatsächlich ist die Rede eine politisch wegweisende Erklärung amerikanischer Politik, die zugleich an die vielen *Völker und Regierungen in der ganzen Welt* gerichtet ist; schließlich wird die mit Spannung erwartete Rede weltweit im Fernsehen und Hörfunk übertragen, an vielen öffentlichen Plätzen auch auf Großleinwänden.

Nach der Anrede stellt OBAMA im ersten Abschnitt gleich eine *direkte Beziehung zwischen sich und den Hörern* her (Personalpronomina: „ich" – „uns" – „Sie"). Er präsentiert sich bescheiden, demütig und dankt seinen Wählern und seinem Vorgänger Präsident BUSH. (Hier applaudieren die Zuhörer zustimmend.) In diesem Abschnitt fallen bereits **Schlüsselbegriffe:** *„Opfer"* und *„Vorfahren".*

Im zweiten Absatz beschwört der Redner die lange Reihe der amerikanischen Präsidenten, in die er sich einreiht, ohne seine Ausnahmestellung als erster afroamerikanischer Präsident zu erwähnen. Er spielt mit der Beziehungsseite der Sprache (↗Kommunikationsquadrat, Lehrbuch, Kap. 2.1.5), wenn er – der Präsident – *sich mit seinen Zuhörern identifiziert:* „wir, das Volk". Abgeschwächt durch **meteorologische Metaphern** („in Zeiten nahenden Unwetters und in heftigen Stürmen") spricht er pauschal Krisen vergangener Zeiten an und nennt das **Heilmittel:** *die Treue zu den „Idealen unserer Vorfahren" und zu „den Prinzipien unserer Gründungsakte"* (womit v.a. die amerikanische Unabhängigkeitserklärung von 1776 gemeint ist).

Der dritte Absatz zählt recht unumwunden und prägnant (in knappen Sätzen, mit **Anaphern** und **Parallelismen**) die *Krisenfaktoren* auf:
– Krieg,
– Schwächung der Wirtschaft,
– soziale Probleme und
– Energieprobleme.

Etwas zurückhaltender werden in einem Satz zwei *Ursachen* angesprochen:
- „Gier und Verantwortungslosigkeit einiger" sowie
- mangelnde Entscheidungskraft aller;

der Zuhörer wird dabei auch an die vorangehende Regierung denken, explizite Schuldzuweisungen vermeidet OBAMA aber. Stattdessen nennt er die Felder, auf denen er *Handlungsbedarf* sieht:
- Gesundheit,
- Bildung,
- Energie.

Es klingt im Ausdruck „ein neues Zeitalter" mit einigem Pathos an, was er im Folgenden anspricht: den *Weg zur Überwindung der Krise.*

In einem Satz beschwört er die *Gefahr der „nagenden Angst",* die den „Abstieg Amerikas" befördere. Hier spielt er auf die erste Antrittsrede des Präsidenten ROOSEVELT (1882–1945) an, der 1933 zur Zeit der großen Depression in einer berühmten Wendung warnte:

> „So, first of all, let me assert my firm belief that the only thing we have to fear is fear itself [...]."

Der nächste Abschnitt ist von zentraler Bedeutung für die **Intention der Rede.** In einer feierlichen Formel stellt OBAMA sich der momentanen Situation („Heute sage ich Ihnen"). Erstmals nach dem Beginn der Rede verwendet er wieder das **Personalpronomen** *„ich"* und differenziert das bisher benutzte solidarisierende Pronomen „wir" in „ich" und „Ihnen": *Der Präsident ergreift die Führungsrolle.* Er verlagert den **Schwerpunkt seines Redens** *von der Sachebene auf die Funktion des Selbstausdrucks* (↗ Lehrbuch, Kap. 2.1.5). Er baut **Spannung** auf, indem er zusammenfassend die Dimensionen der Gefahren aufreiht (**Stilmittel der Akkumulation:** „echt", „ernst", „viele", „nicht leicht oder in kurzer Zeit"), um dann antithetisch in beschwörender Anrede der *personifizierten* Nation *„Amerika"* die knappe Versicherung zu verkünden: „Sie [die Herausforderungen] werden bewältigt." Im englischen Text klingt dieser Satz mit seinen hellen i-Lauten noch einprägsamer. Er *provoziert Applaus,* und tatsächlich brandet an dieser Stelle nach dem Dank an den vorigen Präsidenten zu Beginn erstmals wieder Beifall auf. Die *Ermutigung und Zuversicht* wird freudig begrüßt, sie erreicht die Zuhörer und erfüllt die *Erwartung,* die sie an den neuen Präsidenten haben.

In solchem *Optimismus* geeint, benutzt OBAMA bis zum Ende des abgedruckten Teils der Rede nicht mehr „ich", sondern das *solidarisierte „wir"* bzw. das Possessivpronomen „unser". Geschickt trägt er das *Gefühl der Gemeinsamkeit* über drei gleichartig begonnene Sätze hinweg („Heute", dann zweimal „An diesem Tag"), bestärkt die Gemeinsamkeit durch die zwei **Antithesen** Hoffnung – Angst sowie Willenskraft – Streit und Zwietracht, bevor er es sich leisten kann, sich implizit *von der Politik seines Vorgängers scharf abzugrenzen:* von „falschen Versprechungen", „Schuldzuweisungen" und „abgedroschenen Dogmen". Es wird schwerfallen, hier nicht an

den Irak-Krieg und an das religiös verbrämte Dogma von der „Achse des Bösen" zu denken, mit der BUSHs Regierung seit 2002 den Kampf gegen den Terror polarisierte. OBAMA lehnt eine solche Politik kurz und entschieden ab, wenn er metaphorisch vom Ende der Strangulation amerikanischer Politik spricht.

Bevor sich Dissonanzen breitmachen können – hat sich OBAMA doch selbst kurz zuvor gegen „Streit und Zwietracht" ausgesprochen – greift er wieder den *Faden der Gemeinsamkeit* auf und nutzt dafür **religiöse** („in den Worten der Schrift", „God-given") **und nationale Töne** („junge Nation", „die Größe unserer Nation") in beschwörendem Ton („Es ist Zeit ..."). Er beruft sich mit **Hochwertwörtern** wie „wertvolles Geschenk" und „edle Idee" auf den *Gründungsmythos der Vereinigten Staaten,* auf den seine Worte anspielen: „das Gott gegebene Versprechen, dass alle gleich sind, alle frei sind und alle die Chance verdient haben, das Glück in vollem Maße zu ergreifen." So steht es in der **Unabhängigkeitserklärung der USA** vom 4. Juli 1776, wie sie hauptsächlich THOMAS JEFFERSON (1743–1826), später der dritte Präsident der USA, verfasst hat:

> „Wir halten diese Wahrheiten für in sich einleuchtend: dass alle Menschen gleich geschaffen sind; dass sie von ihrem Schöpfer mit gewissen unveräußerlichen Rechten ausgestattet sind, darunter Leben, Freiheit und Streben nach Glück [...]."

Es sind also die allen Zuhörern bekannten **Schlüsselwörter** der Unabhängigkeitserklärung, die OBAMA wirkungsvoll als *gemeinsame Grundwerte* beschwört. Kein Wunder, dass der hohe Ton den dritten großen Beifall im Publikum hervorruft.

Die angeführte deutsche Übersetzung ist an dieser Stelle zu kritisieren: „das Gott gegebene Versprechen" muss, wie der Blick in die Unabhängigkeitserklärung bestätigt, korrigiert werden zu „das von Gott gegebene Versprechen".

Am Ende des abgedruckten Textes fehlt im Deutschen ein Teil. In der Übersetzung der Deutschen Welle wird der letzte Satz so wiedergegeben: „Vielmehr waren es jene, die Risiken auf sich genommen haben, die Handelnden, die Macher, die uns auf diesen langen und zerklüfteten Weg zu Wohlstand und Freiheit mitgenommen haben – manche von ihnen gefeiert, aber häufiger waren es Männer und Frauen, deren Leistung unbekannt geblieben ist." (http://www.dw-world.de/dw/article/0,,3963993,00.html, 05.08.09)

Mit einigem rhetorischem Aufwand verlangt OBAMA schließlich Geduld und Tatkraft im Geist der Gründungsväter: Die **Metaphern** „Reise" und „Weg" machen die *zeitliche Dimension* deutlich, die **Antithese** zwischen den „Kleinmütigen" und „the risk-takers, the doers, the makers of things" (in der deutschen Übersetzung ging das Trikolon leider verloren) formuliert *Ansprüche und Ermutigung an alle Bürger,* um verheißungsvoll den Lohn in Aussicht zu stellen, der die Politik nicht nur Amerikas, sondern westlicher Demokratien insgesamt legitimiert: Wohlstand und Freiheit.

OBAMA schlägt mit dem Beginn seiner Rede einen großen *Bogen über Zeiten und Interessen* hinweg. Er bedankt sich bei seinem Vorgänger und grenzt sich unmissverständlich und scharf von dessen Politik ab. Ungeschminkt stellt OBAMA die Krise dar und benennt die Felder, auf denen er seine neue Politik verfolgen will. Dabei schlägt er einen *Ton fester Zuversicht* an. Er spricht Führungsfiguren ebenso an wie das einfache Volk, von beiden verlangt er Tatkraft, um die Krise zu bewältigen. Mit dem Rückgriff auf die Werte, die Amerikas Stärke begründet haben, zeigt OBAMA den *Weg, der Tradition und Neubeginn vereinigt* und weit über die Grenzen der eigenen Nation Zustimmung finden kann. Die **Sprache** vermeidet weitgehend abgedroschene Leerformeln, sie ist rhetorisch kunstvoll und abwechslungsreich, spricht Verstand und Gemüt an, vermeidet auch nicht das **Pathos**, das der Situation zusteht, ohne es zu übertreiben, wie der kräftige und doch dosierte Beifall beweist.

Nicht umsonst wurde die Rede national und international überwiegend gelobt. Sie kann als Beispiel für eine Rhetorik dienen, die „Vernunft sprachmächtig" werden lässt, so die Formel von WALTER JENS im folgenden Kapitel.

S. 243, Aufgabe 1:

Formulieren Sie ausgehend vom Text Walter Jens' Anforderungen an eine gute Rede und ihre Abgrenzung von Propaganda.

S. 243, Aufgabe 2:

Beurteilen Sie die voranstehende Rede Barack Obamas, ob sie den Anforderungen gerecht wird. Vergleichen Sie damit andere politische Reden.

WALTER JENS (geb. 1923), erster Professor für Allgemeine Rhetorik sowie Gründer und Direktor (1963–1988) des Seminars für Allgemeine Rhetorik in Tübingen, hat entscheidend dazu beigetragen, dass die Rhetorik in der Bundesrepublik Deutschland wieder zu Ansehen gelangt ist. (Den letzten Lehrstuhl für Rhetorik gab es in Tübingen bis 1832.) JENS knüpft die Rhetorik an eine republikanische Gesellschaft:

> „Beredsamkeit, man kann es nicht oft genug sagen, setzt Freiheit voraus, Offenheit, Unabgeschlossenheit, Vorläufigkeit."

> (Jens, Walter: Von deutscher Rede. München: Piper Verlag, erweit. Neuausgabe, 1983, S. 22.)

Deshalb ist es pädagogisch notwendig, Rhetorik *nicht als bloße Technik* zu vermitteln (wozu gerade die beliebten Listen rhetorischer Figuren und Bilder verleiten können), sondern den *politischen Rahmen,* in dem freies Reden und Debattieren sich entfalten kann oder auch nicht, mitzubedenken. Ohne ihn kann nicht beurteilt werden, was eine gute Rede ist und was eine gute Rede von Agitation und Demagogie unterscheidet. Der Textauszug von WALTER JENS gibt dafür grundsätzliche Anregungen.

S. 245, Aufgabe 1:

Erarbeiten Sie aus dieser Hinweisliste einen Kriterienkatalog zur Beurteilung eines Vortrags bzw. Referats. Markieren Sie die Kompetenzen, die Sie persönlich noch trainieren müssen.

KURT TUCHOLSKYS (1890–1935) „Ratschläge für einen schlechten Redner" von 1930 (↗DVD) geben auf satirische Weise konkrete Hinweise, wie man sicherstellen kann, dass eine Rede misslingt. Die Hinweise als Rede vorzutragen, kann eine unterhaltsam belehrende Übung für Schüler sein.

S. 245, Aufgabe 2:

Informieren Sie sich über Themen, Wertungskriterien und Teilnahmemöglichkeiten beim Wettbewerb „Jugend debattiert" unter http://www.jugend-debattiert.ghst.de/.

Der **Bundeswettbewerb „Jugend debattiert"** (http://www.jugend-debattiert.ghst.de/) für Schülerinnen und Schüler der Jahrgangsstufen 8 bis 13 gibt nützliche Anregungen für die **Formulierung von Debattenthemen** sowie für die Bewertung von Beiträgen:
- Themen sollen *Entscheidungsfragen* sein (ja/nein), nicht Klärungsfragen (Warum? Wer? ...).
- Sie sollen eine praktische Maßnahme betreffen, die *politisch relevant* ist, also alle angeht, und nicht einer subjektiven Geschmacksfrage Ausdruck verleihen.

Die Bejahung der Frage soll eine Veränderung des bestehenden Zustandes zur Konsequenz haben.

Zwei **Beispiele** aus dem Wettbewerb:
- Soll als erste Fremdsprache eine andere als Englisch unterrichtet werden?
- Sollen Läden auch an Sonntagen geöffnet sein?

Im Rahmen des Deutschunterrichts wären *fachspezifische Themen* möglich:
- Soll GOETHES „Faust" Pflichtlektüre für Abiturienten sein?
- Soll es für alle Schüler einen verbindlichen Kurs „Theater" geben?

Das sind die **Bewertungskriterien** des Debattierwettbewerbs:
- *Sachkenntnis:* Weiß der Redner, worum es geht?
- *Ausdrucksvermögen:* Wie hat er, was er meint, gesagt?
- *Gesprächsfähigkeit:* Hat er zugehört und die anderen berücksichtigt?
- *Überzeugungskraft:* Hat er, was er sagt, auch gut begründet?

S. 246, Aufgabe 1:

*Das Seminar für Allgemeine Rhetorik der Universität Tübingen zeichnet alljährlich seit 1998 eine „Rede des Jahres" aus. Wählen Sie eine Rede aus (*www.uni-tuebingen.de/uni/nas/rede/rede.htm*) und analysieren Sie sie.*

S. 246, Aufgabe 2:
Bedeutende Reden der Friedenspreisträger des Deutschen Buchhandels finden Sie unter: www.boersenverein.de/de/97194. Analysieren Sie eine ausgewählte Rede.

Diese Aufgaben sind von den Schülerinnen und Schülern *individuell* zu lösen.

Weiterführende Literatur

Jens, Walter: Von deutscher Rede. München: Piper Verlag, erweit. Neuausgabe, 1983 (derzeit vergriffen).

Fuhrmann, Manfred: Die antike Rhetorik. Düsseldorf: Patmos Verlag, 2007.

Ueding, Gert/Steinbrink, Bernd: Grundriss der Rhetorik. Geschichte – Technik – Methode. Stuttgart: J. B. Metzler Verlag, 4. aktual. Aufl., 2005.

Spinner, Kaspar H.: Reden lernen. In: Praxis Deutsch 144, Seelze: Erhard Friedrich Verlag, 1997, S. 13–22.

http://www.uni-tuebingen.de/uni/nas/index.htm
(Seminar für Allgemeine Rhetorik der Universität Tübingen, mit Linkverzeichnis)

http://www.rhetorik-homepage.de
(Rhetorik-Homepage von Christian von Zimmermann, Bern)

2.2 Literatur in Kontexten

Didaktisch-methodische Zielsetzungen

Kontextualisierungen literarischer Texte finden auf zwei Ebenen statt, welche die Schülerinnen und Schüler in diesem Kapitel kennenlernen, anwenden und reflektieren sollen:
(1) Literarische Texte arbeiten mit *Leerstellen,* die das Interesse und die Neugier des Lesers anregen und wecken sollen. Im Prozess des Lesens entstehen offene Fragen zur Handlung und zu ihrem Fortgang, die sich meist im weiteren Verlauf der Erzählung, dem „Kontext" bzw. **„intratextuellen Kontext",** beantworten lassen. Hierbei wird bewusst auf den Prozess der Bedeutungsgenerierung durch den Leser zurückgegriffen (↗ Lehrbuch, Kap. 1.1, S. 12 ff.). Mithilfe dieser Erzählstrategie soll Neugier beim Leser für den Fortgang der Handlung geweckt werden. Dafür sollen die Schülerinnen und Schüler zum Einstieg in den Themenkomplex zunächst am Beispiel des betont offenen Texteingangs einer Erzählung von JUDITH HERMANN (geb. 1970) im Vergleich zu dem Beginn einer Erzählung LUDWIG TIECKS (1773–1853) sensibilisiert werden.

(2) Mit dem Begriff „Kontext" wird auf die *außerhalb der Textgrenzen* angesiedelten Bezugsgrößen von Literatur rekurriert. Kontexte literarischer Texte können als *Ordnungssysteme* zum Zwecke ihrer Klassifikation angesehen werden. Gattungsmerkmale, Epochenbegriffe oder das Gesamtwerk eines Autors stellen **Bezugssysteme literarischer Texte** dar, mit deren Hilfe sie sich nach gewissen Gesichtspunkten ordnen, vergleichen und kategorisieren lassen. Dies soll den Schülerinnen und Schülern zunächst am Beispiel unterschiedlicher Ordnungssysteme verschiedener (Internet-)Buchhandlungen auf der Grundlage eigener Recherchen im deutsch- wie fremdsprachigen Raum anschaulich werden.

Vor diesem Hintergrund sollen die Schülerinnen und Schüler in einem nächsten Schritt erkennen können, dass *extratextuelle Bezüge* wichtige Hinweise für das Verständnis und die Deutung eines literarischen Textes liefern können. Deswegen werden die einzelnen Wege der Kontextualisierung hier zunächst in Form einzelner Unterkapitel thematisch aufgearbeitet. Die Schülerinnen und Schüler sollen dabei gleichzeitig einzelne Möglichkeiten der Kontextualisierungen näher kennenlernen und anwenden sowie einen Überblick über das zur Verfügung stehende Repertoire erhalten.

Zentral ist dabei zum einen die Einsicht, dass kontextuelle Bezüge wichtige Hinweise für ein differenziertes Verständnis eines literarischen Textes und somit seine Deutung liefern können. Gleichzeitig muss zum anderen aber auch reflektiert werden, dass Kontextualisierungen, auf den jeweiligen literarischen Text bezogen, mit Bedacht ausgewählt und zur Anwendung gebracht werden müssen. Wenn in der Literatur beispielsweise ähnliche Motive in unterschiedlichen literarischen Werken verarbeitet werden, kann es für die Deutung eines dieser Texte lohnend sein, seine Stoffbearbeitung mit einer weiteren zu vergleichen. Daraus gründende Erkenntnisse für die Interpretation sind aber nicht in jedem Fall zwingend. Dasselbe gilt auch für die Bereiche der Gattungsmerkmale, des Epochenwissens sowie für alle anderen Bezugsgrößen. Die Schülerinnen und Schüler sollten in der Anwendung auf unterschiedliche literarische Texte lernen, die einzelnen Wege der Kontextualisierung flexibel anzuwenden, um Schematismen vorzubeugen. Kontextualisierungen sollten nur dann in Verbindung zum Text gesetzt werden, wenn damit weitere Erkenntnisse für die Interpretation gewonnen werden können. Deswegen finden sich in diesem Kapitel auch keine Checklisten, die suggerieren könnten, dass es diese an jedem Text abzuarbeiten gälte.

Besondere Zurückhaltung ist bei der Verbindung von literarischem Text und biografischem Wissen über den Autor geboten. In diesem Rahmen sollte der **„Fiktionalitätsvertrag"**, der zwischen Autor und Leser herrschen sollte, als Grundlage des Umgangs mit Literatur thematisiert werden. Im Sinne der Anerkennung der Fiktion des Erzählten sollen die Schülerinnen und Schüler lernen, das mit literarischen Mitteln Dargestellte nicht mit einer unmittelbaren Spiegelung der Realität zu vertauschen. Somit ist auch eine Grenze zwischen dem Autor und dem Erzähler eines Textes zu ziehen, die eine Übertragung biografischen Wissens als unzulässig erachtet.

Die Schülerinnen und Schüler sollen
- verschiedene Kontexte und Möglichkeiten der Kontextualisierungen von Literatur kennen;
- die verschiedenen Kontexte klassifizieren können;
- den Nutzen der Anwendung von Kontexten als Ordnungskategorien von Literatur erkennen;
- in eine flexible und mit Bedacht eingesetzte Handhabung der verschiedenen Wege der Kontextualisierung von Literatur eingeführt und für diese sensibilisiert werden.

2.2.1 Textverstehen durch Kontextualisierung

Hinweise zu den Aufgaben

S. 249, Aufgabe 1:
Dass der Leser bei Judith Hermann früh zu Kontextualisierungen angeregt wird, kann als Erzählstrategie gelten. Erläutern Sie, was das Ziel dieser Strategie sein könnte.

S. 249, Aufgabe 2:
Überprüfen Sie, ob Sie der Beginn der Erzählung „Der Runenberg" von Ludwig Tieck in ähnlicher Weise dazu auffordert, eine Situation zu kontextualisieren. Diskutieren Sie Ihre Ergebnisse.

Einen Einstieg in das Thema der Kontextualisierung bietet der Rekurs auf das *Vorwissen* der Leserinnen und Leser, das beim Lesen eines literarischen Textes von besonderer Bedeutung ist. Wenngleich die Aktivierung des Vorwissens beim Lesen eines Textes ohnehin angeregt wird (↗ Lehrbuch, Kap. 1.1.1, S. 12 ff.), fordern manche literarischen Texte dazu aber in erzählerischer Absicht geradezu auf, um die *Neugier* des Lesers für den weiteren Verlauf der Geschichte zu wecken.

Zu Aufgabe 1: Die Anregung zu Kontextualisierungen in der Erzählung Judith Hermanns kann insofern als Erzählstrategie gewertet werden, als dass der Leser im Zuge dessen zur weiteren Lektüre des Textes ermuntert werden soll. Die auftretenden Fragen und Antizipationen schaffen eine Motivationsgrundlage, diese Fragen im weiteren Verlauf der Lektüre klären bzw. die über den Inhalt des Textes erstellten Hypothesen überprüfen zu können.

Zu Aufgabe 2: Auch der Beginn des Textes „Der Runenberg" von Ludwig Tieck fordert zu Kontextualisierungen im Sinne der Aktivierung des Vorwissens und der Imaginationsfähigkeit des Lesers auf. Allerdings sind doch Unterschiede zur Erzähltechnik der Erzählung Judith Hermanns zu erkennen:
Ludwig Tiecks Erzähler lässt dem Leser direkt zu Beginn weitaus mehr Informationen zukommen (Entwurf einer Landschaftsszene, Einführung des potenziellen Protagonisten, Hinweise auf seine Stimmung). Wenngleich auch einige Fragen aufgeworfen werden (wie heißt der Jäger? Aus welchem Grund sitzt er dort? Warum ist er nachdenklich?), so liefert ein solcher Eingang dem Leser doch eher bereits Details zur Vervollständigung des Bildes, das er bei der Lektüre imaginiert, als dass gezielt Fragen aufgeworfen würden.

S. 253, Aufgabe:
Vergleichen Sie die Sortierkriterien von Amazon mit denen anderer Internetbuchhändler, mit den Regalbeschriftungen in einem regionalen Buchladen und in der Stadtbibliothek. Bilden Sie Hypothesen über die Hintergründe etwaiger Unterschiede.

Rechercheauftrag: Das im Umgang mit literarischen Texten zur Verfügung stehende Kontextwissen kann bestimmten Kategorien, wie etwa dem Gattungswissen oder epochentypischem Wissen, zugeordnet werden. Um diese *Klassifikationskontexte* anschaulich zu machen, werden die in (Internet-)Buchhandlungen gängigen Ordnungskategorien vorgestellt und durch eigene Recherchen der Schülerinnen und Schüler vertieft. Damit wird ein Anwendungsgebiet von Ordnungskategorien gewählt, das den Schülerinnen und Schülern im Umgang mit dem Internet (potenziell) bekannt sein dürfte. Auf diese Weise soll die Anschlussfähigkeit spezifischer Ordnungskategorien in der Analyse und Interpretation literarischer Texte an die Lebenswelt der Schülerinnen und Schüler ermöglicht werden.

2.2.2 Nationalliteratur und Weltliteratur

Hinweise zu den Aufgaben

S. 255, Aufgaben 1–4; S. 258, Aufgaben 1–3:

Diese Aufgaben tragen unter den Stichworten **Nationalliteratur – Weltliteratur** zum literaturgeschichtlichen Wissen der Schülerinnen und Schüler bei. Im Mittelpunkt der Überlegungen steht dabei die Rolle deutschsprachiger Literatur im Zusammenhang mit der späten Gründung des deutschen Reiches. Denn während in vielen Gebieten Europas bereits Nationen gegründet worden waren, teilten sich die deutschsprachigen Gebiete im 19. Jahrhundert immer noch in verschiedene König- und Fürstentümer auf.

Der Gedanke eines deutschen Nationalstaates war dagegen bereits seit Beginn des 19. Jahrhunderts stark verbreitet. Der Begriff der Nationalliteratur ist daher in seinen Ursprüngen stark verbunden mit dem Wunsch der Ausprägung eines nationalen, Einheit stiftenden Gedankens, wie beispielsweise das Faksimile aus Pierers Universal-Lexikon deutlich macht (↗ Lehrbuch, S. 253). Dieser „nationale Geist" richtete sich vor allem auch gegen die Frankophilie des deutschen Adels, bei dem die französische Sprache und Kultur den Alltag prägten.

Das Selbstverständnis deutschsprachiger Dichter und Philosophen gibt Einblick in die zentrale Rolle, welche Literatur im Prozess der „Erfindung der Nation" als Kulturnation spielen sollte: Literatur sollte als Spiegelung eines eigentümlichen deutschen Volksgeistes wahrgenommen werden (↗ Lehrbuch S. 254/255).

S. 255, Aufgabe 1:
Überlegen Sie, welche „nachbarliche Nation" (↗ Text 1, Zeile 5) nach Herder „so viel Einfluß auf alle Völker Europa's gewonnen" (↗ Text 1, Zeile 6) hatte.

S. 255, Aufgabe 2:
Herder spricht von Völkern und Nationen. Ermitteln Sie, ob und wie sich diese Begriffe unterscheiden lassen.

S. 255, Aufgabe 3:
Recherchieren Sie, welchen Hintergrund die Frankreichorientierung deutscher und anderer Höfe hatte.

Diese Aufgaben dienen dazu, die politische Situation Deutschlands zu Beginn des 19. Jahrhunderts zu erschließen. Sie bieten den Anlass, das notwendige zeitgeschichtliche Wissen zum Verständnis dieses Themenkomplexes mit den Schülerinnen und Schülern zu erarbeiten bzw. dieses von ihnen vorab recherchieren zu lassen.

S. 255, Aufgabe 4:
Stellen Sie Informationen zusammen, die die politische Situation in Deutschland um 1808 kennzeichnen. Vergleichen Sie Ihre Ergebnisse.

Diese Aufgabenstellung zielt auf eine Sicherung und Vertiefung der Rechercheergebnisse. Die Ergebnisse sollten zu diesem Zweck in Formen von Gruppenarbeit diskutiert, ausgetauscht und ergänzt sowie beispielsweise auf Plakaten festgehalten und übersichtlich zur Darstellung gebracht werden.

2.2.3 Epochen, Umbrüche, Strömungen

Hinweise zu den Aufgaben

S. 258, Aufgabe 1:
Im Begleittext zu Goethe wird der aktuelle Begriff der Globalisierung benutzt. Diskutieren Sie, an was für Teile der Welt Goethe gedacht haben mochte.

S. 258, Aufgabe 2:
Deutschland wird im Rückblick gelegentlich als „verspätete Nation" oder als „Kulturnation" bezeichnet. Recherchieren Sie, was damit gemeint ist.

S. 258, Aufgabe 3:
Erläutern Sie, weshalb Eichendorff glaubt, die deutschsprachige Literatur als eine nationale einstufen zu können.

Diese Aufgaben können im Anschluss an die Aufgaben 1–4 auf S. 255 des Lehrbuches als Vertiefung bisheriger Überlegungen angesehen werden. Dafür bieten sich Formen selbstständigen Arbeitens der Schülerinnen und Schüler an.

In den Aufgaben sollen verschiedene Verwendungen des Begriffs **„Weltliteratur"** thematisiert und mit der politischen wie kulturellen Situation Deutschlands in der Mitte des 19. Jahrhunderts in Verbindung gebracht werden. JOHANN WOLFGANG VON GOETHE (1749–1832) verbindet den Begriff „Weltliteratur" eher mit der *Öffnung der Buchmärkte* und deren Beeinflussung durch vom Geschmack der Leser gekennzeichnete Absatzmärkte. Zudem setzt er diesen Begriff in ein Verhältnis zu *sich öffnenden Grenzen* und so entstehenden Kommunikationsmöglichkeiten, die Literaten unterschiedlicher Nationen miteinander ins Gespräch kommen lassen. Dabei bezieht sich der von GOETHE angesprochene und z. T. praktizierte Austausch zwar bereits auf bestimmte Teile Europas sowie des Orients, ist aber mit dem heutigen Verständnis von „Globalisierung" nicht gleichzusetzen. Wohl aber begegnet man in den Texten GOETHES den Anfängen solcher „Grenzüberschreitungen" (vgl. GOETHE: West-östlicher Divan, 1819). JOSEPH VON EICHENDORFF (1788–1857) dagegen lehnt den Begriff der Weltliteratur vor dem Hintergrund der Hinwendung zu nationalen Bestrebungen ab, wie seine „Geschichte der poetischen Literatur Deutschlands" verdeutlicht. Bereits vor der Reichsgründung bezieht sich EICHENDORFF auf einen *nationalen Volksgeist*, der auf gemeinsame Sprache, Traditionen, Religion usw. rekurriert und die deutschsprachige Dichtung somit von der Dichtung anderer Kulturnationen – wie beispielsweise der italienischen oder spanischen – unterscheidet.

Wenn die Schülerinnen und Schüler im Unterschied dazu den heutigen Gebrauch der Begriffe „Weltliteratur" und „Nationalliteratur" reflektieren, werden sowohl Bedeutungsunterschiede wie Gemeinsamkeiten ersichtlich. Hinsichtlich des Begriffs „Weltliteratur" lassen sich Parallelen zu den Überlegungen GOETHES aufzeigen:

Heute bestimmt die Auflage eines Werkes seinen Platz in den Bestsellerlisten. Dieses Phänomen dürfte den Schülerinnen und Schülern bekannt sein, sodass es sich hier anbietet, die Schülerinnen und Schüler nach entsprechenden Beispielen zu befragen. Zur Vertiefung dieser Überlegungen kann auf S. 515 ff. im Lehrbuch (Kap. 3.3.3) rekurriert werden, auf denen die Vermarktung des Bestsellers „Harry Potter" unter verschiedenen Gesichtspunkten illustriert wird.

Die Auswahl des Lesers findet wohl in den wenigsten Fällen im Zusammenhang mit der Nationalität des Autors statt. In diesem Sinne wird heute nicht mehr zwischen National- und Weltliteratur unterschieden. Darüber hinaus ist auch heute angesichts politischer Konflikte der Zusammenhang zwischen der Entstehung von Nationalliteratur und Staatenbildung noch sichtbar.

Allerdings ist von „Weltliteratur" darüber hinaus bei als besonders hochwertig empfundener Literatur die Rede. Diese Überlegungen bieten die Gelegenheit, gemeinsam mit den Schülerinnen und Schülern zu überlegen, welcher deutsche Schriftsteller der Gegenwart zur Weltliteratur gezählt werden kann. Mögliche Beispiele finden sich im Lehrbuch in Kap. 3.2.6: Literatur der Gegenwart. Die Aufgaben 1–3 können zudem mit dem Interview auf S. 490 f. verknüpft werden, in dem Fragen nach Krisen und Chancen deutscher Literatur thematisiert werden.

2.2.4 Der Autor und sein Gesamtwerk

Hinweise zu den Aufgaben

S. 260, Aufgaben 1–2; S. 262, Aufgabe; S. 263, Aufgaben 1–2; S. 267, Aufgaben 1–2; S. 269, Aufgaben 1–3:

Innerhalb dieses Aufgabenkomplexes lernen die Schülerinnen und Schüler vor dem Hintergrund bisheriger Überlegungen verschiedene *Kategorien zur Kontextualisierung* im Rahmen der Interpretation literarischer Texte kennen.

Im Zuge dessen sollen die Schülerinnen und Schüler erkennen, dass Kontextualisierungen hilfreiche Werkzeuge im Verständnis literarischer Texte darstellen können. Es sollte aber auch thematisiert werden, dass Kontextualisierungen behutsamer Anwendung durch den Leser bedürfen. Nicht jeder Text erfordert solche Werkzeuge bzw. äußeren Bezugsgrößen zu seinem Verständnis, nicht immer erscheint beispielsweise die Kontextualisierung mit kulturhistorischem Wissen hilfreich für das Verständnis eines Textes. Auch z. B. Gattungsmerkmale sollten in differenzierter Weise auf einen jeweiligen literarischen Text bezogen werden, da dieser nie mustergültig einer bestimmten Gattung in ihren Merkmalen entspricht. Kontextualisierungen dürfen nicht schematisiert von Schülerinnen und Schülern zum Einsatz gebracht werden, sondern müssen im Einklang mit dem jeweiligen Text plausibel gemacht werden können (↗ Lehrbuch, Kap. 1.1.2, S. 24 ff.).

Zu den Aufgaben S. 260, Aufgabe 1–2:
Epochenwissen bezeichnet eine der Kategorien innerhalb der Klassifizierung von Kontexten im Umgang mit literarischen Texten. Es kann das Verständnis eines Textes bereichern, eine Einordnung in die Epoche oder Stilrichtung vorzunehmen, der sich der Text zuordnen lässt, beispielsweise, um ihn hinsichtlich seiner Unterschiede und Gemeinsamkeiten zu anderen Texten derselben literarischen Epoche vergleichen zu können.

Es sollte aber beachtet und reflektiert werden, dass sich viele Texte einer eindeutigen Zuordnung entziehen. Die verschiedenen literarischen Epochen lassen sich nur schwer in einer streng chronologischen Abfolge darstellen, vielmehr muss den Übergängen und Überschneidungen zeitlich parallel verlaufender und teilweise widersprüchlicher Strömungen Aufmerksamkeit geschenkt werden.

Ebenso finden sich diese Überschneidungen und Widersprüche auch in den einzelnen literarischen Texten. In diesem Zusammenhang ist der Hinweis relevant, dass Epochenzuschreibungen häufig auch von literarischen Wertungen beeinflusst werden und somit nicht normativen Setzungen gleichgestellt werden sollten. Erhellend kann hier im Sinne der Intertextualität der Vergleich verschiedener literarischer Werke sein, die im gleichen Zeitraum entstanden sind, aber Unterschiede in ihren Bezügen zu (vermeintlich) epochentypischen Merkmalen aufweisen.

Die Zeit der *Weimarer Klassik* bietet sich für diesen Vergleich im besonderen Maße an, da hier neben den diese Epoche prägenden Texten zentraler Autoren wie GOETHE oder SCHILLER viele Texte entstanden sind, die sich der Weimarer Klassik nicht zuordnen lassen.

Der *Stilpluralismus* literarischer Strömungen im Epochenumbruch der Jahrhundertwende vom 19. zum 20. Jahrhundert wird – über die nachfolgenden Aufgaben hinaus – als Themenschwerpunkt am Ende des Kapitels erneut aufgegriffen. Dies bietet die Möglichkeit, diese Aspekte weiter zu vertiefen.

S. 260, Aufgabe 1:
Stellen Sie Periodisierungen zusammen, die für die Nationalliteratur Ihrer ersten Fremdsprache geläufig sind. Ermitteln Sie, welche Unterschiede und Gemeinsamkeiten gegenüber der deutschen Literaturgeschichte bestehen.

S. 260, Aufgabe 2:
Ermitteln Sie Periodisierungen in der Kunst- und Musikgeschichte und stellen Sie fest, wo es Parallelen zur Literaturgeschichte gibt.

Der Vergleich zu Klassifikationen von Kontexten in der ersten Fremdsprache der Schülerinnen und Schüler sowie zu Epochenbeschreibungen anderer Disziplinen (Kunst-/Musikgeschichte) fordert die Schülerinnen und Schüler dazu auf, die aus den Schulbuchtexten gewonnene Erkenntnis der Problematik epochaler Zuordnungskriterien an weiteren Beispielen zu vertiefen.

Diese Aufgaben können von den Schülerinnen und Schülern eigenständig erarbeitet werden. Hier bietet sich beispielsweise eine grafische Synopse der verschiedenen Epochenbeschreibungen an, um die Ergebnisse der Schülerinnen und Schüler übersichtlich darstellen zu lassen.

2.2.5 Diskursanalyse und Intertextualität

Hinweise zu den Aufgaben

S. 262, Aufgabe:
Erläutern Sie, weshalb biografische Kontextualisierungen den Fiktionalitätscharakter eines Werks verletzen können. Diskutieren Sie an Beispielen, welche biografischen Informationen Ihrer Meinung nach trotzdem legitime Kontextualisierungen sein können.

Im **Kontext des Autors und seines Gesamtwerkes** ist man geneigt, generalisierende Feststellungen über den Stil, die Thematik usw. eines Autors zu treffen. Solche Überlegungen können auf bestimmte Eigenarten eines Textes aufmerksam werden lassen; allerdings sollte auch diese Form der Kontextualisierung mit Bedacht auf den jeweiligen literarischen Text angewendet werden. Liest man beispielsweise das Brecht-Gedicht „Ich habe gehört, ihr wollt nichts lernen" (Brecht, 1993, 162) kann das Wissen über den Stil und die Themen des Autors zum Hinweis

darauf genommen werden, das Gedicht (in zutreffender Weise) ironisch zu verstehen. Trotzdem lässt sich aus dieser Erkenntnis nicht die Ableitung treffen, alle Texte BERTOLT BRECHTS (1898–1956) seien unter dem Vorzeichen der Ironie zu lesen. Deswegen gilt es, solches Wissen im Einzelfall immer wieder erneut auf seine Plausibilität im Rahmen des Textes zu überprüfen.

Eine **Fokussierung biografischen Wissens** über die Person des Autors als weiterer Form der Kontextualisierung sollte im Unterschied zu intertextuellen Vergleichen mit dem Gesamtwerk eines Autors gemeinsam mit den Schülerinnen und Schülern kritisch reflektiert werden. Denn die Berufung auf Wissen über die Person des Autors lässt den Unterschied zwischen Autor und „Erzähler" bzw. „lyrischem Sprecher" verwischen (↗ hier auch Lehrbuch, Kap. 1.5: Texte analysieren, Grundbegriffe anwenden, S. 150 ff.).

Dies verletzt die Regeln des Spiels mit der Fiktionalität des im Gestus des Erzählens mit literarischen Mitteln Dargestellten. Interpretationen können im Sinne der Bedeutungsgenerierung durch den Leser eines Textes auch über eine vielleicht ursprüngliche Absicht des Autors hinausgehen (↗ Kap. 1), sodass auch aus diesem Grunde der Autor selbst nicht Gegenstand der Interpretation eines Textes sein sollte.

Zu den Aufgaben S. 263, Aufgaben 1–2:

Diskursanalysen stellen, neben anderen, ein spezifisches Verfahren zur Interpretation eines literarischen Textes dar, das auf zeitgenössische Betrachtungen eines Themas usw. zurückgreift (↗ Lehrbuch, Kap. 1.1.2).

Ähnlich wie im Zusammenhang der bisher vorgestellten Kontextualisierungen von Literatur muss auch die Diskursanalyse mit Vorsicht und Zurückhaltung gehandhabt werden: Sie kann für das Verständnis literarischer Texte sensibilisieren, allerdings sollte der Text selbst auch hier nicht hinter solche äußeren Zuschreibungen zurücktreten.

Deutlich wird in der Beschäftigung mit Diskursen aber auch, dass diese nicht nur Ansätze für die Interpretation eines literarischen Textes liefern können, sondern dass die Diskurse selbst gleichsam durch literarisches Schaffen mitbestimmt wurden und werden.

S. 263, Aufgabe 1:
Kennzeichnen Sie, welche „Spuren einer gefährlichen Seelenkrankheit" (↗ Zeile 11) Tiecks Erzähler wahrnimmt.

S. 263, Aufgabe 2:
Recherchieren Sie, welche Annahmen zur Lokalisierung der Seele bis 1800 existierten. Stellen Sie außerdem fest, welche Disziplinen sich in Fragen der Seele für zuständig hielten. Kommentieren Sie Ihre Feststellung.

Die Aufgaben bieten die Möglichkeit der Erschließung eines *zentralen Diskurses der letzten Jahrhunderte,* der auch heute noch nicht abgeschlossen ist. Zur Kontrastierung des historischen wie des heutigen Begriffs der „Seele" sollen die Schülerinnen und Schüler sich zunächst mit seinem historischen Verständnis auseinandersetzen. Ein Blick auf die Disziplinen, die sich mit dem Thema „Seele" auseinandersetzten, lässt Gemeinsamkeiten und Unterschiede zur heutigen Diskussion vertiefen.

Die Aufgaben sollen darüber hinaus zum Anlass genommen werden, nach aktuellen Beispielen von Diskursen zu fragen, bei denen ein Einfluss der Literatur auf die Produktion solchen Wissens auch heute noch deutlich wird. Dafür kann auf eigene Lektüreerfahrungen der Schülerinnen und Schüler zurückgegriffen werden, denn gerade auch Literatur für eine jüngere Leserschaft beteiligt sich häufig an solchen Diskursen (beispielsweise im Kontext des Klimawandels, der Genforschung usw.).

Zu den Aufghaben S. 267, Aufgaben 1–2:
Diskursanalysen lassen sich auch mithilfe intertextueller Vergleiche von Texten unterschiedlicher Autoren, die den gleichen Gegenstand literarisch verarbeiten, illustrieren. Zentral ist dabei die Erkenntnis, dass bereits Gelesenes offenbar immer die Grundlage zum Verfassen neuer Texte darstellt. Die Bearbeitung bestimmter Motive und Themen kann intertextuell zurückverfolgt werden. Nur so lässt sich beispielsweise auch die Entwicklung „typischer" Gattungsmerkmale erklären. Der Auszug aus THEODOR FONTANES (1819–1898) „Effi Briest" vermag diese Zusammenhänge zu veranschaulichen, da hier im Text selbst auf ein Gedicht HEINRICH HEINES (1797–1865) verwiesen wird. Warum FONTANE die Figur Crampas hier ein Gedicht HEINES wiedergeben lässt, welche Absicht Crampas hier gegenüber Effi Briest verfolgt, erschließt sich im Vergleich der Nacherzählung Crampas' mit dem Gedicht selbst.

Im Unterschied zu solchen offensichtlichen Zeichen einer *markierten Intertextualität* sollte gemeinsam mit den Schülerinnen und Schülern auch der vielfältig in der Literatur vertretene Bereich der *unmarkierten Intertextualität* angesprochen und reflektiert werden. Das Erkennen solch wenig offensichtlicher Zeichen unmarkierter Intertextualität setzt die Kenntnis zahlreicher weiterer literarischer Texte bzw. umfangreiche Lektüreerfahrung voraus. Diese Konnotationen nicht zu erkennen, dürfte das Verständnis eines literarischen Textes wohl kaum verstellen; das Auffinden solcher Stellen kann aber die Lektüre und den damit verbundenen Lesegenuss durchaus steigern.

S. 267, Aufgabe 1:
Es wurde im Text erwähnt, dass Bearbeitungen mythologischer Stoffe zu intertextuellen Vergleichen einladen. Ermitteln Sie Beispiele solcher Bearbeitungen.

S. 267, Aufgabe 2:
Diskutieren und erfassen Sie, welche anderen Stoffe in der Literatur immer wieder aufgegriffen wurden.

Es bietet sich hier an, zunächst sowohl Stoffe als auch Themen bzw. Motive zu sammeln, welche die Schülerinnen und Schüler im Zusammenhang mit eigenen Lektüreerfahrungen selbst benennen können. Aufgrund des begrenzten Vorwissens der Schülerinnen und Schüler

sollten ihnen zusätzlich ausgewählte literarische Texte zur Verfügung gestellt werden, mit deren Hilfe sie weitere Stoffe und Motive erarbeiten können, die in verschiedenen literarischen Texten eine Rolle spielen. Hier bieten sich Formen arbeitsteiliger Gruppenarbeit an, um am Ende zu einem Austausch der exemplarischen Beispiele und Ergebnisse gelangen zu können. Entsprechendes Material findet sich beispielsweise zu folgenden Stoffen und Motiven auf der dem Lehrbuch beigefügten DVD (Texte > Stoffe, Themen, Motive):
– Prometheus-Sage,
– Romeo und Julia,
– Faust-Stoff,
– Don-Juan-Stoff,
– Ödipus-Sage,
– Vertreibung/Exil (↗ Lehrbuch, Kap. 3.2.4, S. 434 ff.),
– Liebe und Freundschaft
– …

2.2.6 Gattungen und Genres

Hinweise zu den Aufgaben

Zu den Aufgaben S. 269, Aufgaben 1–3:
Gattungen und Genres haben sich innerhalb der Literaturtradition in Anlehnung der verschiedenen Texte aneinander entwickelt. Wenngleich die meisten Texte einer bestimmten Gattung usw. zugeordnet werden können, sind die Grenzen insbesondere der verschiedenen Textsorten in den meisten Fällen nicht eindeutig. Es lassen sich kaum Texte finden, die mustergültig auf die Merkmale einer bestimmten Gattung zugeschnitten wären. Schon GOETHE spricht von „Mischformen" (↗ Lehrbuch, S. 268); modernes Erzählen entzieht sich differenzierteren, über die Großgattungen hinausgehenden Zuordnungen häufig gänzlich. In der Literaturwissenschaft dienen solche Klassifikationen im Sinne von Ordnungs- und Bezugssystemen Möglichkeiten des Vergleichs verschiedener Texte unter bestimmten Gesichtspunkten, wie im Lehrbuch am Beispiel des Bildungs- und Entwicklungsromans ausgeführt wird. Die Beschreibung der Gattungsmerkmale eines Textes wird als Teil der *Formanalyse* verstanden.

S. 269, Aufgabe 1:
Heute dominieren Romane das Angebot fiktionaler Literatur. Das war nicht immer so. Diskutieren Sie, woran es liegen könnte, dass Romane heutzutage auf das größte Interesse stoßen.

Um in dieser Frage Vermutungen anstellen zu können, sollten die Schülerinnen und Schüler zunächst den *Begriff des Romans* und seiner Unterbegriffe systematisch erarbeiten. Dazu bieten sich beispielsweise Auszüge aus Metzlers Literaturlexikon (↗ Weiterführende Literatur, S. 85) an, ebenso finden sich literarische Beispiele verschiedener Epochen auch auf der dem Schulbuch beigelegten DVD (Texte > Gattungen > Epik > Roman). Der Roman wurde als literarische Form erst relativ spät wahrgenommen und blieb somit lange von der normativen Poetik unberührt, wenngleich er auch auf eine lange Tradition zurückgreifen kann. Erste Hinweise einer **Theorie des Romans** finden sich etwa in den Kommentaren JEAN-PIERRE CAMUS' im 17. Jahrhundert; zu differenzierender Theoriebildung kommt es erst im 18. Jahrhundert durch CHRISTIAN FRIEDRICH VON BLANCKENBURG (1744–1796, „Versuch über den Roman", 1774). Der Roman erfreut sich wohl seit dem 20. Jahrhundert bis heute großer Beliebtheit, da sich mit ihm ein großer Variantenreichtum in Form und Inhalt eröffnet, der vielfältige Lektüreerwartungen zu bedienen vermag. Insbesondere im Roman werden Probleme von Individualität, Identität bzw. des menschlichen Daseins verhandelt. Der Leser erhält Einblicke in andere, literarisch dargestellte Lebensentwürfe, Fragestellungen usw., die auf Reflexionen der eigenen Lebensrealität rückwirken können.

S. 269, Aufgabe 2:

Erarbeiten Sie analog zur Minimaldefinition Burdorfs Definitionen für die Gattungen Drama und Epik sowie für das Genre des Kriminalromans. Vergleichen Sie Ihre Ergebnisse.

Minimaldefinitionen fordern dazu auf, über grundlegende Merkmale der einzelnen Großgattungen nachzudenken. Doch selbst bei dem Versuch minimaler Festlegungen werden die Schülerinnen und Schüler auf Schwierigkeiten stoßen. Denn auch DIETER BURDORFS (geb. 1960) Definition der Gattung „Lyrik" regt bei genauerer Betrachtung zu Widerspruch an: Wenngleich lyrische Texte nicht auf die szenische Aufführung hin ausgelegt sind, inszenierte beispielsweise ROBERT WILSON (geb. 1941) SHAKESPEARES „Sonette" 2009 am Berliner Ensemble doch mit einigem Erfolg. Die Schülerinnen und Schüler werden feststellen, dass es kaum möglich ist, Minimaldefinitionen aufzustellen, die nicht angezweifelt und argumentativ widerlegt werden könnten.

Der Vergleich der Minimaldefinitionen der Gattungen „Epik" und „Dramatik" mit den Merkmalen des Genres „Kriminalroman" bietet sich an, da der „Kriminalroman" sowohl epische als auch dramatische Elemente enthält. In diesem Zusammenhang werden die Minimaldefinitionen der beiden Großgattungen voraussichtlich erneut kritisch von den Schülerinnen und Schülern reflektiert und diskutiert werden müssen.

S. 269, Aufgabe 3:

Diskutieren Sie, ob es sinnvoll sein könnte, den Film als eine vierte Gattung aufzufassen. Ziehen Sie dabei auch das Kap. 1.5.2 (↗ S. 164 ff.) heran.

Innerhalb der Lebenswelt der Schülerinnen und Schüler muss dem Medium „Film" häufig ein größerer Stellenwert zugesprochen werden als dem Buch. Empirische Studien belegen, dass die Freude am Lesen bei Jugendlichen im Schnitt wenig ausgeprägt ist und Bücher weniger Bestandteil von Jugendkultur sind als die Identifikation über Filme und deren Protagonisten. Häufig sind Jugendliche mit den Verfilmungen literarischer Vorlagen vertrauter als mit dem zugrunde liegenden literarischen Text.

Zudem könnte man für die Überlegung, den Film als vierte Gattung anzusehen, argumentieren, dass Filme in vielen Fällen auf genuin für deren Verfilmung verfassten Drehbüchern beruhen. Darüber hinaus bietet sich im Film die Möglichkeit, verschiedene Aspekte *aller Großgattungen* zu vereinen:

– Hinsichtlich der Form bedient sich der Film bei der Dramatik (Regieanweisungen, Dialoge usw.).
– Erzählt wird eine Geschichte mit stilistischen Mitteln der Epik.
– Die Metaphorik mancher Filme vermag sich lyrischen Verfahren anzunähern.

In diesem Zusammenhang sollte auf Kap. 1.5.2 (↗ Lehrbuch, S. 164 ff.), in dem das Thema „Film" detailliert behandelt wird, rekurriert werden, um beispielsweise die genannten Aspekte erarbeiten zu können.

Weiterführende Literatur

Brüggemann, Jörn: Literarisches Lesen – Historisches Verstehen. Zur Explikation einer unterbewerteten Komponente literarischer Rezeptionskompetenz. In: Didaktik Deutsch. Halbjahresschrift für die Didaktik der deutschen Sprache und Literatur. Heft 26. Baltmannsweiler: Schneider Verlag – Hohengehren GmbH, 15. Jg. 2009, S. 12–30.

Buß, Angelika: Intertextualität als Herausforderung für den Literaturunterricht. Am Beispiel von Patrick Süskinds „Das Parfum". Frankfurt/M. (u. a.): Peter Lang Verlagsgruppe, 2006.

Matthiessen, Wilhelm: Umgang mit Texten in der Sekundarstufe II. In: Michael Kämper-van den Boogaart (Hrsg.): Deutschdidaktik. Leitfaden für die Sekundarstufe I und II. Berlin: Cornelsen Verlag, 1. neu überarb. Aufl. 2008, S. 127–152 (insbesondere S. 127–135).

Kämper-van den Boogaart, Michael: Lässt sich normieren, was als literarische Bildung gelten soll? Eine Problemskizze am Beispiel von Brechts Erzählung Der hilflose Knabe. In: Heidi Rösch (Hrsg.): Kompetenzen im Deutschunterricht. Beiträge zur Literatur-, Sprach- und Mediendidaktik. Frankfurt/M.: Peter Lang Verlagsgruppe, 2. überarb. und erw. Aufl. 2008, S. 27–50.

Metzler Lexikon Literatur. Hrsg. v. Dieter Burdorf u. a., Stuttgart: J. B. Metzler Verlag, 3. Aufl. 2007.

Thema: Epochenbegriff und Stilpluralismus

Didaktisch-methodische Zielsetzungen

Erstmals tauchte der Epochenbegriff des „Klassischen" 1839/1840 in der **„Geschichte der deutschen Literatur"** von HEINRICH LAUBE (1806–1884) auf. LAUBE subsummierte darunter die Literaturgeschichte ab GOTTHOLD EPHRAIM LESSING, des Weiteren FRIEDRICH SCHILLER, FRIEDRICH WILHELM JOSEPH SCHELLING, die „romantische Schule" (worunter er u.a. die SCHLEGELS, NOVALIS, ACHIM VON ARNIM, CLEMENS BRENTANO, HEINRICH VON KLEIST, FRIEDRICH HÖLDERLIN, E.T.A. HOFFMANN und THEODOR KÖRNER fasste) und schloss mit JOHANN WOLFGANG GOETHE und dem „goetheschen Kreis" (JAKOB MICHAEL REINHOLD LENZ, FRIEDRICH MAXIMILIAN KLINGER, die HUMBOLDTS). Das ergibt eine Periodisierung, die heute so recht eigentümlich anmutet, da wir von den Begrifflichkeiten und Epocheneinteilungen des ausgehenden 19. Jahrhunderts ausgehen. Und noch JOHANNES SCHERR (1817–1886) spricht in seiner **„Geschichte der deutschen Literatur"** von 1853 von der romantischen Schule als einer „Episode", die sich „in die naturgemäße Entwicklungsgeschichte des deutschen Geistes"[1] eingeschoben hätte. Beide Autoren machen dabei keinen Unterschied zwischen der schönen Literatur („belle lettre", der Belletristik) und derjenigen Literatur, die wir heute als pragmatische Texte bezeichnen würden. GOETHE steht also z.B. zwischen KANT und SCHELLING. Damit fühlten sich die Autoren übrigens einer Tradition verpflichtet, die weit vor ihnen beginnt – auch in der Zeit der Aufklärung Usus war –, jedoch kurz nach ihnen aufhört.

In der Kunstgeschichte nennt man die Zeit zwischen 1770 resp. 1789 und 1914 das **„lange 19. Jahrhundert"**, dessen Kennzeichen die *Vielfalt der Stile und Gestaltungsweisen* gewesen ist. Hier wird das, was man in der Literaturgeschichte Aufklärung, Sturm und Drang, Romantik, Klassik, Biedermeierliteratur, Vormärz, Junges Deutschland, Realismus, Naturalismus usw. nennt, zu etwas sich hin zur Moderne Entwickelndem. Blickt man allerdings tiefer hinein in kunstwissenschaftliche Werke, gibt es auch dort die Unterscheidung in spezielle Stile, den Barock, den Klassizismus und den Historismus etwa.

Die oben genannten Beispiele zeigen neben den im Lehrbuch enthaltenen, wie schwierig der *Epochenbegriff* ist und wie wenig er sich von anderen Bezeichnungen, wie Stil und *Strömung,* abgrenzen lässt.

Den Schülerinnen und Schülern sollte diese Problematik bewusst werden und eben auch, dass der **Epochenbegriff** nur literarische Werke in ihrem historischen Entstehungskontext und verallgemeinerten Erscheinungsbild erfasst und Entwicklungslinien der Literatur beschreibt. Dabei kann man sich Epochen auf dreierlei Weise nähern:
- chronologisch,
- strukturell,
- peripethisch.

Der Begriff der Epoche wird so zu einem spezifischen Ordnungsprinzip, das nichts darüber aussagt, welche „andersartig" verfasste Literatur es nebenher ebenso gab (Gleichzeitigkeit des Ungleichzeitigen) bzw. welche neuen Tendenzen sich anbahnten oder wie vielgestaltig die Literatur eines konkreten Zeitraums tatsächlich war. Auch wird nur das Gemeinsame der Literatur gegenüber der anderer Epochen beschrieben, nicht aber jene Momente, die diese Literaturen mit der Literatur anderer Epochen gemeinsam haben. Der Begriff „Epoche" hat in diesem Zusammenhang Modellcharakter. Werke, die ihm zugeordnet werden, haben nur in diesem einen konkreten Modell Gemeinsamkeiten. Trotzdem kann über den Epochenbegriff die kontextuale Einordnung von Literatur und Sprache ermöglicht werden.

Das Thema eignet sich für die Auseinandersetzung mit unterschiedlichen *Periodisierungsmodellen,* wie sie einige Rahmenpläne vorsehen, etwa dem Modell des **„Epochenumbruchs".** (Im Internet gibt es dazu einen erhellenden Artikel: http://logos.kulando.de/post/2008/09/02/epochenumbruch-um-1900.)

Mithilfe der im Thema behandelten Texte sollte es möglich sein, diese Vielgestaltigkeit des literarischen Lebens herauszuarbeiten und zu verdeutlichen. Diese Arbeit sollte jedoch nicht als eine rein literaturhistorische begriffen, sondern als dem Wesen von Literatur immanent verstanden werden. Gleiche bzw. ähnliche Schreibweisen in einem vergleichbaren Zeitraum können sehr unterschiedlich motiviert sein. Das herauszufinden, ist eine spannende Aufgabe des Literaturunterrichtes.

Hinweise zu den Aufgaben

S.271, Aufgabe 1:
Recherchieren Sie im Internet, was man unter klassischer Moderne versteht und was diese kennzeichnet.

Die Schülerinnen und Schüler werden wahrscheinlich herausfinden, dass **„klassische Moderne"** zum einen bis zur Mitte des 20. Jahrhunderts als eine abgeschlossene Epoche begriffen wird, der Terminus andererseits jedoch lediglich den Übergang vom 19. zum 20. Jahrhundert meint. Auch hier sollte immer definiert werden, *von welcher Position aus* man die Rückschau vornimmt. Geht es dabei beispielsweise um spezifische Schreibweisen oder um „Weltanschauungen"? So wird etwa die Romantik von einigen als zaghafter Beginn der Moderne angesehen, andere hingegen lassen nur besondere Schreibweisen, wie die expressionistische, als Moderne gelten. Zu diskutieren ist, ob solche Kategorisierungen überhaupt hilfreich sind und wo sie besser unterbleiben sollten.

S.271, Aufgabe 2:
Prüfen Sie die Aussage: „Für die Kunst gilt nur die Wirklichkeit der Kunst" unter dem Aspekt, ob diese heute noch haltbar ist. Recherchieren Sie dazu postmoderne Kunstauffassungen.

---

1 Scherr, Johannes: Geschichte der deutschen Literatur. Leipzig: Otto Wigand, 1854, S. 126.

Der Slogan verweist auf das Motto „l'art pour l'art" – also „Kunst für die Kunst" – des Impressionismus und Symbolismus und meint, dass Kunst sich selbst genügt. Allerdings geht die Forderung viel weiter zurück und meint eigentlich die einer *Autonomie der Kunst*, die sich dann verselbstständigte. Nicht Kunst an sich ist heute das Qualitätskriterium, sondern derjenige, der Kunst produziert, d. h., ein bedeutender Name lässt ein Kunstwerk im Wert in die Höhe steigen.

S. 271, Aufgabe 3:
Interpretieren Sie Gustav Klimts Gemälde „Nuda Veritas" (↗ S. 270).

Hier sollte erkannt werden, dass GUSTAV KLIMT (1862–1918) die *Prinzipien der Emblematik* anwendet. Allerdings steht die Inscriptio, die Überschrift, unter der Pictura, der Schiller-Spruch

> „Kannst du nicht allen gefallen durch deine That und dein Kunstwerk, mach es wenigen recht, vielen gefallen ist schlimm"

als eigentliche Subscriptio ist dem Kunstwerk – als künstlerisches Credo KLIMTS jener Jahre – vorangestellt. Die „nackte Wahrheit" wird als rothaarige Frau dargestellt – mit diesem Bildmotiv greift der Künstler die damals stark verbreitete erotische Fotografie wieder auf. Die Frau legt alle Verschleierungen ab, hält der Welt ihren „Spiegel der Wahrheit" vor. Eine Schlange (als „Falschheit" zu deuten) liegt besiegt am Boden. Spiegel (auch als Apfel deutbar) und Schlange verweisen auf die biblische Geschichte, wonach Eva durch den Biss in einen Apfel zu Erkenntnis gelangte. Durch die besiegte Schlange und durch den Spiegel, in den der Betrachter schauen soll, wird allerdings das biblische Motiv umgedeutet. Nicht aufseiten der „Wahrheit" ist potenzielle Schuld zu suchen, sondern auf der Seite des Betrachters. Dieser erhält die Möglichkeit, in den Spiegel der Wahrheit zu schauen und sich somit selbst zu überprüfen.

Der Leitspruch *„Kunst für die Kunst"*, wonach Kunst sich selbst genüge und zur Wahrheit führe, ist damit auf dreierlei Weise piktografisch festgehalten: Durch den Spruch FRIEDRICH SCHILLERS (1759–1805), durch die Darstellung der erkenntnissüchtigen Frau und durch die Betitelung als „Nuda Veritas". Nur die Kunst ist in der Lage, Wahrheit darzustellen. Vergegenwärtigen sollten sich die Schülerinnen und Schüler die Größe des 1899 geschaffenen Gemäldes: Es ist 2,52 Meter hoch und 0,552 Meter breit. Diese Ausmaße einer zwei Meter großen, nackten, schambehaarten Frau mussten im Wien um die Jahrhundertwende zu einem Schockerlebnis für die Betrachter werden.

S. 271, Aufgabe 4:
Begründen Sie, inwiefern der Schiller-Spruch auf Klimts Gemälde als Wahlspruch der Décadence gelten kann: „Kannst du nicht allen gefallen durch deine

That und dein Kunstwerk, mach es wenigen recht, vielen gefallen ist schlimm."

Aufgabe 4 korrespondiert mit Aufgabe 3. **Décadence** ist in gewissem Sinne ein „Vorbereiter" und „Gesinnungsgenosse" des Symbolismus. Zwar treffen beide Stile in Deutschland fast zeitgleich aufeinander, die Wurzeln der Décadence in Frankreich liegen schon wesentlich früher, bei MONTESQUIEU und JEAN-JACQUES ROUSSEAU. ROUSSEAU stellte einen Gegensatz zwischen dem (anzustrebenden) Naturzustand des Menschen und seiner Zivilisation fest. Letztere trug dazu bei, dass das Bewusstsein der Massen durch Laster getrübt wurde. NIETZSCHE konstatierte Ähnliches: *Verfall* und *Krankheit* allenthalben.

Die Künstler der Décadence sahen sich selbst freilich in einem anderen Licht. Kunst ist demnach nicht für die Masse zu machen, Kunst ist elitär. Der Künstler wird als sensibler, geistig verfeinerter Außenseiter verstanden mit einer *Lust am Untergang* (die damals sehr häufige *Schwindsucht* galt den bürgerlichen Kreisen jener Zeit als Symbol dieser Verfeinerung), seine Kunst sollte eine Schockwirkung auslösen bzw. wurde elitär ästhetisiert und somit nur einem begrenzten Publikum zugänglich.

S. 273, Aufgabe 1:
Hugo von Hofmannsthals Text „Gabriele d'Annunzio" zeichnet ein anschauliches Bild der jungen Intelligenz um die Jahrhundertwende vom 19. zum 20. Jahrhundert. Geben Sie mit eigenen Worten die Kernaussagen des Textes wieder. Klären Sie dazu zunächst die Ihnen unbekannten Begriffe.

Die Aufgabe ist von den Schülerinnen und Schülern individuell zu lösen.
Wichtig hierbei ist aber das Erkennen bestimmter Schlagworte jener Epoche, wie „Kraft des Traums/der Träume", „Feinfühligkeit", „Wir" als kleine (elitäre) Menschengruppe, Sensibilität, Verfeinerung („Nervosität", also „überfeinerte Nerven"), Offenbarung des Schönen usw.

S. 273, Aufgabe 2:
Erklären Sie den Begriff des „Spätgeborenen" bei Hofmannsthal.

HUGO VON HOFMANNSTHAL (1874–1929) benutzt das Bild von den Möbeln, welche die „Altvorderen" hinterlassen haben, also: nichts Lebendiges, nur den Abglanz von Leben, also den *„Schein" eines „Seins"*. Dagegen hält er seine eigene Generation, die ihrem eigenen Leben zuschaut. Auf der Grundlage dieser Überlegungen könnten die Schülerinnen und Schüler zur Begriffsfindung gelangen.
Die folgenden Stichpunkte sind ein Angebot. Schülerinnen und Schüler werden auf Anhieb sicher nie so tief in den Text einsinken können, dass sie alle unten genannten Punkte erkennen.

– Bewusstheit über ein Leben in einer zu Ende gehenden Epoche, in der Literatur und Kunst einen Einfluss auf die Sozialisierung des Individuums hatten

- Bestandsaufnahme der jüngeren Vergangenheit, Suche nach Überwindung des historisch Überlieferten (durch Sprache!), das Sprachlosigkeit auslöst ..., Suche also nach Eigenem, auch in der Ausdrucksweise und in der Thematik der Literatur
- Suche nach Sinnangeboten ästhetischer und ethischer Art (also nach Ausdrucksmitteln in der Kunst), aber auch nach religiösen Haltepunkten für das Individuum (auch wieder nutzbar und festschreibbar in der Kunst)
- Austauschbarkeit von Kunst und Leben
- „Sein" und „Schein" sind ersetzbar.
- Sprachkritik: Sprache hat nicht mehr den Stellenwert wie noch im Beginn des 19. Jahrhunderts, Sprachengewirr in der k. u. k. Monarchie, notwendige nonverbale Kommunikation in diesem multinationalen Staat
- Theater als Modell für Teilnahme aller am gesellschaftlichen Leben

S. 273, Aufgabe 3:
Erläutern Sie den Zusammenhang von Historismus und Moderne in Hofmannsthals Text. Beziehen Sie die künstlerischen Charakteristika der im Text genannten Personen in Ihre Darstellung ein.

Diese Aufgabe korrespondiert sehr stark mit Aufgabe 2. HOFMANNSTHAL beschreibt die „Möbel", also die Hinterlassenschaften der früheren Generationen. Dabei greift er sich einige Namen und Leistungen aus der Kunstgeschichte heraus: FRA ANGELICO (zw. 1386 und 1400–1455), einen Maler der Renaissance, BARTOLOMÉ ESTEBAN MURILLO (1618–1682) und ANTOINE WATTEAU (1684–1721), Künstler des Barock, und beklagt anschließend die Unfähigkeit zu handeln. Die Vergangenheit brachte die Kunst hervor, unter deren Last man nur noch erstarrt warten kann. Und zwar ist hier das Warten auf das Leben gemeint. Auch die Versuche der damals jüngeren Vergangenheit, also des Historismus, führen nur zu einem Nacherleben, nicht zu Originärem. In diesem Sinn sind sich Historismus und Moderne gleich. Die junge Generation kann die *Erstarrung der Kunst* nur überwinden durch ihre Gabe der Überfeinerung der Sinne („überfeine Nerven", formuliert HOFMANNSTHAL). „Anatomie des eigenen Seelenlebens" auf der einen und Suche nach der idealen („reine Schönheit"/ „funkelnde Metapher" usw.) Form auf der anderen Seite, diese Pole bezeichnen die Spannbreite des Künstlers jener Zeit. Es empfiehlt sich, die Schülerinnen und Schüler mit dem vollständigen Text (↗DVD) arbeiten zu lassen.

S. 273, Aufgabe 4:
Legen Sie dar, inwieweit man den Text von Hofmannsthal als dem Fin de Siècle zugehörig bezeichnen kann.

Fin de Siècle (frz. für „Ende des Jahrhunderts") steht für das Bewusstsein des Endes einer Ära. Naturwissenschaften (CHARLES DARWIN, 1809–1882; SIGMUND FREUD, 1856–1939) hatten die Welt objektiviert, alles ist erkennbar. Aber die Staatsformen gemahnten noch an die Traditionen. Dieser Widerspruch war in dieser Form nicht auflösbar. HOF-

MANNSTHAL bezieht sich genau auf diesen Widerspruch, allerdings macht er ihn an der Kunst deutlich. Aufbruch in ein unbekanntes Neues steht hier dem Lebensüberdruss („Flucht aus dem Leben", „Vergessen", „Nervosität", „Traumbild") gegenüber. Alle Signalwörter des Fin de Siècle werden in HOFMANNSTHALS Aufsatz variiert.

S. 273, Aufgabe 5:
Sigmund Freuds Psychoanalyse und insbesondere die Traumdeutung hatten einen großen Einfluss auf die Intellektuellen der Jahrhundertwende. Vergleichen Sie die Traumaussagen im Text Hofmannsthals (↗DVD) mit denen Friedrich Nietzsches:
„Der Traum bringt uns in ferne Zustände der menschlichen Kultur wieder zurück und gibt ein Mittel an die Hand, sie besser zu verstehen." (Nietzsche, Friedrich: Menschliches, Allzumenschliches. In: ders.: Werke in 3 Bde., Bd. 1, München: Hanser, 1954, S. 455.)

Sowohl bei FRIEDRICH NIETZSCHE (1844–1900) als auch bei HOFMANNSTHAL hinterließ SIGMUND FREUDS „Traumdeutung" einen prägenden Einfluss.

S. 273, Aufgabe 6:
Erarbeiten Sie einen Vortrag zum Thema „Traumdeutung und Symbolismus". Recherchieren Sie dazu, was die Psychoanalyse, und insbesondere Sigmund Freud, unter dem Begriff „Traumdeutung" versteht.

Traumdeutung als Bewusstmachung des Unbewussten („Es"), Quelle der Selbsterkenntnis, Zusammenhang von
- Es (Unbewusstes: Bedürfnisse, Libido, Lustprinzip),
- Ich (eigenes Sein: kritischer Verstand) und
- Über-Ich (Ergebnisse von Erziehung: Verbote, Gebote ...) als strukturelle Bestandteile der Psyche.
- Traum = „Hüter des Schlafes".

Symbolismus:
- Symbol als stilistisches Element,
- Traum als Reservoir von Symbolen, Sinnbildern, persönlichen Empfindungen,
- Schaffung einer mystischen Welt, ähnlich dem Traum,
- (Wieder-)Einkehr des Irrationalen, Jenseitigen in die Literatur (damit indirektes Entstehen aus der Romantik),
- nicht die wirklichkeitsgetreue Abbildung der Wirklichkeit wurde wichtig, sondern Eindrücke von der Wirklichkeit, die aus dem Gedächtnis heraus abgebildet wurde.

Traumdeutung und Symbolismus sind also in gewisser Weise einander bedingend. Eine Steigerung erfährt diese Abhängigkeit im **künstlerischen Surrealismus,** vor allem bei ANDRÉ BRETON (1896–1966) und RENÉ MAGRITTE (1898–1967). In der Literatur wurde die **écriture automatique** zu einem wichtigen Schreibimpuls. Die Autoren schrieben (zum Teil unter Drogeneinfluss) ihre Bewusstseinszustände nieder. Auch dieses Verfahren erinnert an den Symbolismus. PAUL VERLAINE (1844–1896) und ARTHUR RIMBAUD (1854–1891) versetzten sich durch Absinth in rauschhafte Zustände, um in ihnen ihre Befindlichkeiten niederzuschreiben, BAUDELAIRE konsumierte Haschisch und Opium. Dabei war der Drogenkonsum im 19. Jahrhundert nichts Ungewöhnliches: Bereits 1822 veröffentlichte der englische Essayist THOMAS DE QUINCEY (1785–1859) seine „Bekenntnisse eines englischen Opiumessers".

Durch den Rausch wurde das Über-Ich quasi außer Kraft gesetzt, die unterbewussten Schichtungen des Es wurden wahrgenommen. Nicht Disziplin/Erziehung/Verbote regierten, sondern die überfeinerte, „nervöse" Seele konnte ihre Empfindungen an die Außenwelt abgeben. Wie sehr dieses Verfahren Symbolismus und Surrealismus überlebte, zeigt sich im Drogenkonsum der **„Blumenkinder"** der 1960er-Jahre. Musik von Künstlern, wie JANIS JOPLIN (1943–1970), JIMI HENDRIX (1942–1970), JIM MORRISON (1943–1971, „The Doors") u. a., ist ohne Konsum halluzinogener Drogen kaum vorstellbar.

S. 274, Aufgabe 1:
Ordnen Sie den Text von Stefan George in eine literarische Strömung um 1900 ein. Begründen Sie Ihre Einordnung.

STEFAN GEORGE (1868–1933) huldigt in seinem Essay „Über Dichtung" einer *Kunst für die Kunst*. Er verneint die Zweckbestimmtheit, d. h. die (agitatorischen) „Wirkungsmöglichkeiten" von Kunst, den (plakativen, offensichtlichen) Nutzen (GEORGE nennt dies „Sinn") für die Konsumenten. *Kunst ist sich selbst genug.* Der Künstler tritt hinter sein Werk zurück (deshalb spricht GEORGE auch nicht von „Dichter", sondern von „Dichtung").

In diesem Sinne stellt sich GEORGE in die Tradition des Symbolismus. Von seinen Ansprüchen an die Literatur her kann man ihn als Vertreter eines kompromisslosen **Ästhetizismus** bezeichnen. Dieser Begriff verlässt allerdings bereits die Dimension des rein Literarischen und meint eine spezielle Lebenshaltung.

Damit wiederum reiht sich GEORGE in eine Tradition ein, die auch literarisch determiniert ist, sie beginnt in der deutschen und französischen Romantik, setzt sich fort im französischen „l'art pour l'art" der 1830er-Jahre und umfasst die Spielarten des Symbolismus in Europa (speziell ausgelebt im Dandyismus OSCAR WILDES, 1854–1900).

S. 274, Aufgabe 2:
Erörtern Sie anhand des Textes „Über Dichtung" die Kunstauffassung Stefan Georges. Beziehen Sie dazu auch den 2. Teil von 1903 ein.

Diese Aufgabe korrespondiert mit Aufgabe 1.
- Kunst ist exklusiv und elitär: Kunst für wenige statt Kunst für die Massen, keine Kunst für den Alltag (deshalb auch bewusste Abgrenzung von der Alltagssprache, stete Suche nach der außergewöhnlichen Metapher, formale Strenge), keine Tendenzkunst
- Neigung zu Esoterik
- Preisung des Sakralen

- Idealistische, spiritualistische Kunst
- Ästhetizismus (Kleinschreibung, besondere Typografie, Streben nach Schönheit und ästhetisch-vollendeter Form): Aristokratie des Geistes. Kritik von BERTOLT BRECHT: „Ihre Form ist zu selbstgefällig."[1]

Als Reaktion auf eine naturalistische Kunst, die sich gerade verpflichtet sah, gesellschaftsverändernd zu wirken, besann sich GEORGE wieder auf die *formalen Elemente der Kunst*. Vergleichbare Diskussionen gab es nach der Wiedervereinigung in Deutschland. Die DDR-Literatur wurde von einigen Kritikern hauptsächlich als „ideologische" Kunst angegriffen und man forderte nun, Kunst im eigentlichen Sinne (also *ideologiefreie*) Kunst zu produzieren. Unbeachtet wurde und wird gelassen, dass Kunst eigenen Gesetzmäßigkeiten folgt, die zwar einerseits einem gewissen Marktwillen folgen, andererseits aber auf ihrer Autonomie beharren. Wenn Kritiker Ideologie entdecken wollen, finden sie Ideologie. Allerdings bestimmen sie – zumindest teilweise – auf diesem Wege den Büchermarkt mit, wie das Beispiel des „Literarischen Quartetts" und anderer Literatursendungen im Fernsehen zeigt. Beachtenswert in demselben Werk ist auch der Teil zu „L'art pour l'art" von FRIEDRICH NIETZSCHE in dessen Schrift „Götzen-Dämmerung".

Friedrich Nietzsche:
„L'art pour l'art. – Der Kampf gegen den Zweck in der Kunst ist immer der Kampf gegen die *moralisierende* Tendenz in der Kunst, gegen ihre Unterordnung unter die Moral. *L'art pour l'art* heißt: ‚der Teufel hole die Moral!' – Aber selbst noch diese Feindschaft verrät die Übergewalt des Vorurteils. Wenn man den Zweck des Moralpredigens und Menschen-Verbesserns von der Kunst ausgeschlossen hat, so folgt daraus noch lange nicht, daß die Kunst überhaupt zwecklos, ziellos, sinnlos, kurz *l'art pour l'art* – ein Wurm, der sich in den Schwanz beißt – ist.

‚Lieber gar keinen Zweck als einen moralischen Zweck!' – so redet die bloße Leidenschaft. Ein Psycholog fragt dagegen: was tut alle Kunst? lobt sie nicht? verherrlicht sie nicht? wählt sie nicht aus? zieht sie nicht hervor? Mit dem allem *stärkt* oder *schwächt* sie gewisse Wertschätzungen ... Ist dies nur ein Nebenbei? ein Zufall? Etwas, bei dem der Instinkt des Künstlers gar nicht beteiligt wäre? Oder aber: ist es nicht die Voraussetzung dazu, daß der Künstler *kann* ...? Geht dessen unterster Instinkt auf die Kunst oder nicht vielmehr auf den Sinn der Kunst, das *Leben*? auf eine *Wünschbarkeit von Leben*? – Die Kunst ist das große Stimulans zum Leben: wie könnte man sie als zwecklos, als ziellos, als *l'art pour l'art* verstehn? – Eine Frage bleibt zurück: die Kunst bringt auch vieles Häßliche, Harte, Fragwürdige des Lebens zur Erscheinung, – scheint sie nicht damit vom Leben zu entleiden? – Und in der Tat, es gab Philosophen, die ihr diesen Sinn liehn: ‚loskommen vom Willen' lehrte Schopenhauer als Gesamt-Absicht der

---
1 Zitiert nach: Schonauer, Franz: Stefan George. Reinbek: Rowohlt Verlag, 1992, S. 169.

Kunst, ‚zur Resignation stimmen' verehrte er als die große Nützlichkeit der Tragödie. – Aber dies – ich gab es schon zu verstehn – ist Pessimisten-Optik und ‚böser Blick' –: man muß an die Künstler selbst appellieren. *Was teilt der tragische Künstler von sich mit?* Ist es nicht gerade der Zustand *ohne* Furcht vor dem Furchtbaren und Fragwürdigen, das er zeigt? – Dieser Zustand selbst ist eine hohe Wünschbarkeit; wer ihn kennt, ehrt ihn mit den höchsten Ehren. Er teilt ihn mit, er *muß* ihn mit teilen, vorausgesetzt daß er ein Künstler ist, ein Genie der Mitteilung. Die Tapferkeit und Freiheit des Gefühls vor einem mächtigen Feinde, vor einem erhabnen Ungemach, vor einem Problem, das Grauen erweckt – dieser *siegreiche* Zustand ist es, den der tragische Künstler auswählt, den er verherrlicht. Vor der Tragödie feiert das Kriegerische in unsrer Seele seine Saturnalien; wer Leid gewohnt ist, wer Leid aufsucht, der *heroische* Mensch preist mit der Tragödie sein Dasein – ihm allein kredenzt der Tragiker den Trunk dieser süßesten Grausamkeit. –"

(Nietzsche, Friedrich: Götzendämmerung. In: ders.: Werke in drei Bänden. Band 2, München: 1954, S. 1004 f.)

S. 275, Aufgabe 1:
Erläutern Sie die Rolle der Melancholie für den Symbolismus anhand des Textes von Rilke.

- **Melancholie**, ein krankhafter Gemütszustand, wird als Zustand von *Schwermut* oder *Traurigkeit* definiert. „(Es) fehlt der Schlaf; die Kranken werden blaß, ihr Blick ist matt, die Gesichtszüge schlaff und verfallen. [...] Höhere Grade der Melancholie sind zuweilen mit völliger Unthätigkeit, die sich bis zu gänzlicher Starrheit und Unbeweglichkeit steigern kann, und mit der hartnäckigsten Nahrungsverweigerung verbunden."

(Meyers Konversations-Lexikon, 3. Auflage von 1878.)

- **Signalwörter:** Trauer, Einsamkeit, Tod und Leben finden sich gehäuft im Text, aber auch im Werk Detlef von Liliencrons (1844–1909) oder Hofmannsthals, auch in französischer Literatur. (Charles Baudelaire [1821–1867]: „Die Blumen des Bösen", 1857)
- „fort aus der deutlichen Wirklichkeit, ins Dunkle, Fremde und Versteckte"[1]
- Der **Symbolismus** „will die Nerven in jene Stimmungen zwingen, wo sie von selber nach dem Unsinnlichen greifen, und will das durch sinnliche Mittel. Und er verwendet die Symbole als Stellvertreter und Zeichen nicht des Unsinnlichen, sondern von anderen ebenso sinnlichen Dingen."
- **Autonomie des Symbols** (Melancholie als Symbol), Sinneseindrücke und Klänge: sinnliche Erfahrung
- **Bohème** (intellektuelle Randgruppe) als Form der Selbstverwirklichung (Beschreibung von Melancho-

lie und Krankheit [Schwindsucht] in Thomas Manns [1875–1955] Roman „Der Zauberberg", 1924), Lethargie (= typische Haltung eines Bohemien) schwingt in den meisten Texten Rainer Maria Rilkes (1875–1926) aus jener Zeit mit.

S. 275, Aufgabe 2:
Setzen Sie sich mit den künstlerischen Auffassungen Hofmannsthals, Georges und Rilkes auseinander. Wo sehen Sie Gemeinsamkeiten, wo Unterschiede zu dem, was Nietzsche Décadence nennt?

Die Schülerinnen und Schüler könnten sich mit den folgenden Vergleichspunkten auseinandersetzen:
- Traum,
- Gefühl,
- Stimmung,
- Empfindung statt Wiedergabe der Wirklichkeit,
- Majorat der Form,
- unbewusste Wahrheit gegen natürliche Wahrheit,
- Weltuntergang gegen Lebensgenuss,
- Vereinzelung,
- „neue" Romantik (Flucht in die Religiosität, Hermann Bahr: „kein Leben ist außer dem Glauben")[2].

Zusätzlich zum abgedruckten Text Nietzsches können die Schülerinnen und Schüler dessen Schrift *„Götzen-Dämmerung"* und darin speziell das Kapitel **„Kritik der Décadence-Moral"** studieren:

„– Eine „altruistische" Moral, eine Moral, bei der die Selbstsucht verkümmert –, bleibt unter allen Umständen ein schlechtes Anzeichen. Dies gilt vom Einzelnen, dies gilt namentlich von Völkern. Es fehlt am Besten, wenn es an der Selbstsucht zu fehlen beginnt. Instinktiv das Sich-Schädliche wählen, Gelockt-werden durch ‚uninteressirte' Motive giebt beinahe die Formel ab für décadence. ‚Nicht seinen Nutzen suchen' – das ist bloss das moralische Feigenblatt für eine ganz andere, nämlich physiologische Thatsächlichkeit: ‚ich weiss meinen Nutzen nicht mehr zu finden' ... Disgregation der Instinkte! – Es ist zu Ende mit ihm, wenn der Mensch altruistisch wird. – Statt naiv zu sagen, ‚ich bin nichts mehr werth'; sagt die Moral Lüge im Munde des décadent: ‚Nichts ist etwas werth, – das Leben ist nichts werth' ... Ein solches Urtheil bleibt zuletzt eine grosse Gefahr, es wirkt ansteckend, – auf dem ganzen morbiden Boden der Gesellschaft wuchert es bald zu tropischer Begriffs-Vegetation empor, bald als Religion (Christenthum), bald als Philosophie (Schopenhauerei). Unter Umständen vergiftet eine solche aus Fäulniss gewachsene Giftbaum-Vegetation mit ihrem Dunste weithin, auf Jahrtausende hin das Leben ..."

(Nietzsche, Friedrich: Götzendämmerung. In: ders.: Werke in drei Bänden. Band 2, München: Hanser Verlag, 1954, S. 1010.)

---

1 Bahr, Hermann: Symbolismus. In: Die Nation. Wochenschrift für Politik, Volkswirthschaft und Litteratur. Berlin: 9. Jahrgang, Nr. 38 vom 18. Juni 1892, S. 576.

2 Bahr, Hermann: Die Moderne. In: Die Nation. Wochenschrift für Politik, Volkswirthschaft und Litteratur. Berlin: 9. Jahrgang, Nr. 38 vom 18. Juni 1892, S. 576–577.

Weiterführende Literatur

Bahr, Hermann: Symbolismus. In: Die Nation. Wochenschrift für Politik, Volkswirthschaft und Litteratur. Berlin: 9. Jahrgang, Nr. 38 vom 18. Juni 1892. Im Internet abrufbar unter: http://www.uni-due.de/lyriktheorie/texte/1892_2bahr.html

Karthaus, Ulrich: Sturm und Drang. In: Sturm und Drang. Epoche – Werke – Wirkung. München: C. H. Beck Verlag, 2000, 2. aktualisierte Ausgabe 2007.

D'Aprile, Iwan-Michelangelo/Siebers, Winfried: Das 18. Jahrhundert: Zeitalter der Aufklärung. Reihe: Studienbuch Literaturwissenschaft. Berlin: Akademie-Verlag, 2008.

Hiebler, Heinz: Hugo von Hofmannsthal und die Medienkultur der Moderne. Würzburg: Verlag Königshausen & Neumann, 2003.

Deserno, Heinrich (Hrsg.): Das Jahrhundert der Traumdeutung. Perspektiven psychoanalytischer Traumforschung. Stuttgart: Klett-Cotta Verlag, 1999.

Nietzsche, Friedrich: Götzendämmerung. In: ders.: Werke in drei Bänden. Band 2, München: C. Hanser Verlag, 1954.

Zmegač, Viktor (Hrsg.): Geschichte der deutschen Literatur. Band II/2: Vom 18. Jahrhundert bis zur Gegenwart, Weinheim: Beltz Verlag, 2009.

3 Literaturgeschichte

3.1 Vom Barock bis zur Romantik

3.1.1 Barock

Didaktische Zielsetzungen

Mit Literatur des 17./18. Jahrhunderts setzen sich die Lernenden in der gymnasialen Oberstufe aller Bundesländer auseinander, hauptsächlich mit lyrischen Texten. So weist beispielsweise der Lehrplan für das Land Sachsen für die Jahrgangsstufe 11 sowohl im Grund- als auch im Leistungskurs im *Lernbereich 1: Literaturgeschichte:* Kennen wichtiger Epochen der deutschen Literatur aus, dabei wird explizit auf die Epoche des Barock verwiesen. Da Lernende von sich aus erfahrungsgemäß wenig Zugang zu barocker Literatur haben, bietet sich als Einstieg in diese Literaturepoche an, mit dem Kurs das Stadtarchiv, eine Bibliothek oder das städtische Museum zu besuchen. Es kommt darauf an, die Zeit des Barock für sie nacherlebbar zu gestalten und sie damit auch für die historischen Lebensbedingungen zu sensibilisieren. Hierfür bieten sich Gelegenheitstexte an, Gedichte zu Hochzeiten, Amtseinführungen bedeutender regionaler Persönlichkeiten dieser Zeit, Leichenpredigten, Briefe, aber auch alte Schulhefte aus Lateinschulen und dergleichen mehr. Damit verliert gleichzeitig die Literatur des 17./18. Jahrhunderts ihre Anonymität für die Gymnasiasten, sie finden schnell einen recht individuellen Zugang.

Mit dem Zugang zu Originaltexten aus der Epoche des Barock haben die Lernenden die Gelegenheit, anhand von alten Handschriften Quellenstudium zu betreiben und literaturwissenschaftlich zu recherchieren.

Diese thematische Einheit zielt darauf, den Schülerinnen und Schülern möglichst vielfältige rezeptive, analytische, produktive, kreative und auch emotionale Zugänge zu den literarischen Texten zu bieten. Damit sollen sie befähigt werden, eigenständig zu interpretieren, zu reflektieren, sich zu positionieren, zu werten und zu systematisieren.

Insgesamt darf natürlich nicht vergessen werden, dass die Schülerinnen und Schüler mit der Sprache barocker Texte, ihrer Symbolik und der Bedeutung einzelner Begriffe somit auch der Orthografie nicht vertraut sind und somit auf Hilfen der Lehrenden oder auf eigene Recherchen angewiesen sind.

Wichtig für den Verstehensprozess im Unterricht ist außerdem, dass die Texte laut gelesen werden, denn erst beim Hören offenbart sich die Kraft der barocken Rhetorik und kann sich ein Gefühl für die Schönheit barocker Sprachkunst entwickeln, für das wir unsere Abiturientinnen und Abiturienten sensibilisieren sollten.

Hinweise zu den Aufgaben

S. 281 Aufgabe 1:
Erläutern Sie die Begriffe „carpe diem" und „memento Mori" anhand der Gemälde von Rubens und Streeck.

Das „carpe diem" (nutze den Tag) entspringt dem Gefühl, den Augenblick zu genießen, das Hier und Jetzt auch für das Vergnügen nutzen zu sollen. „Die „Drei Grazien" stehen für das Sinnenfrohe. Abgebildet sind die **Anmutsgöttinnen,** römisch als Grazien bekannt, dabei steht Aglaïa für den Festesglanz, Euphrosyne für den Frohsinn und Thalia für das Lebensglück. Sie sind Repräsentantinnen des Schönen und Guten, Sinnbilder des Wohltuns, des dankbaren Hinnehmens und Vergeltens. PETER PAUL RUBENS (1577–1640) hielt sich streng an den überlieferten Kanon, indem er die drei Frauen nackt – allerdings nach seiner Art in plastischer Körperlichkeit – malt. Sie berühren einander, damit deutete der Maler, den damaligen Auffassungen folgend, ihre Unzertrennlichkeit an. Er stellt die Grazien unter eine Blumengirlande in eine imaginäre Landschaft (ein Idyll), welches das ländliche Leben repräsentiert, im Barock ein viel zitiertes Bild, das auch in der Literatur zu eigenständigen lyrischen Genres avancierte: Bukolik (Schäferdichtung), Pastoralen (von lat.: *pastor* = „Hirte": idyllische Liebesdichtung). Die Fülligkeit der abgebildeten Damen entspringt dem damaligen Zeitgeschmack. Immer noch spricht die Lebenskraft und Lebensfreude den heutigen Betrachter an. Da ist kein Verfall zu beobachten, die Frauen stehen in der Blüte ihres Lebens. Die sinnliche Erscheinung, die das Gemälde ausstrahlt, kommt nicht von ungefähr. Selbstbewusst stellt Rubens die drei Frauen in den Bildvordergrund, denn es handelt sich um seine zweite Ehefrau, HÉLÈNE FOURMENT (links im Bild), und ihre beiden Schwestern. Das Inkarnat ist sorgfältig gewählt, sodass RUBENS – detailverliebt – selbst die Cellulite der Oberschenkel herausarbeiten konnte. Und der Maler porträtiert die Figuren in Lebensgröße, denn das Bild hat die Abmessungen 221 x 127 cm. Mit der Darstellung seiner Gemahlin nebst der zwei Schwestern als Göttinnen huldigte RUBENS sich selbst und seinem Liebesglück: Seht her, wie schön meine Frau doch ist! Das Bild durfte zu seinen Lebzeiten nicht verkauft werden. Als „Kunst der verhüllten Botschaften"[1] bezeichnet PETRA KIPPHOFF in ihrer Rezension des Bandes „Rubens – Leben und Werk" des Malers allegorische Bildsprache. Sie muss von den heutigen Betrachtern nur entschlüsselt werden. Dabei fällt man leicht der Gefahr anheim, ein Bild überzuinterpretieren. Die drei Jungfrauen sind Töchter des Zeus, als solche der Mythologie zufolge unsterblich. Und doch kann der Betrachter – wird er aufgefordert zu suchen – die in vielen älteren Texten eine dem Barock unterstellte „typische Antithetik" finden, wo keine ist:

---

1 Kipphoff, Petra: Das Inkarnat und das Leben. Rubens hat Glück mit Martin Warnke: Der entdeckt noch einmal „Leben und Werk". In:. http://www.zeit.de/2007/11/SM-Rubens, letzter Zugriff am 28.10.2009.

Die Quelle am rechten oberen Bildrand ist ein Symbol der Vergänglichkeit. Die christliche Taufe lässt den Täufling symbolisch sterben und wiederauferstehen. Wasser aber ist kulturübergreifend zuvörderst ein Symbol des Lebens und der Erneuerung.

Der Baldachin über den drei Grazien verweist auf den göttlichen Heiligenschein, auf den Himmel als Ort des Jenseits, in diesem Sinne auf Tod und Auferstehung. Aber auch in den drei Grazien selbst kann das geschulte Auge – wenn es denn will – den **körperlichen Verfall** erkennen: Der belgische Medizinprofessor JAN DEQUEKER vermeint, in der mittleren Grazie eine seitliche Verbiegung der Wirbelsäule zu erkennen, in der Darstellung der HÉLÈNE diagnostizierte er eine Schwanenhalsdeformität an der rechten Hand[1] und allen drei Schwestern unterstellte er eine Hyperlordose (verstärkte Wirbelsäulenkrümmung) in der Lendenwirbelsäule. Es mag trösten, dass der Arzt sogar in LEONARDO DA VINCIS „Mona Lisa" erhöhte Blutfettwerte festgestellt haben will, die bei der historischen LISA DEL GIOCONDO angeblich zu Herzversagen führten.

Man sollte also nicht jedem literarischen oder künstlerischen Produkt des Barock eine Antithetik unterstellen (vgl. Bemerkungen zum Sonett, weiter unten).

Ebenso schwer lässt sich die Antithetik an „Vanitas" und „memento mori" nachweisen.

„Memento mori" (bedenke, dass du sterblich bist) gemahnt an die Vergänglichkeit des Menschen. Das Stillleben von STREECK verbildlicht dies in eindrucksvoller Weise (Totenschädel im linken Vordergrund, das teilweise zerknitterte bzw. zerrissene Buch [Sophokles' „Elektra"] im rechten Mittelgrund, der Helm als Zeichen für die vergängliche irdische Weltordnung im Vordergrund).

Das Wort „Vanitas" (lat.: „leerer Schein, Nichtigkeit, Eitelkeit") ist JURIAEN VAN STREECKS (1632–1687) Bildnis „Stillleben mit Helm und Totenkopf" beigegeben. Das Genre des Stilllebens war in den Niederlanden zu Lebzeiten des Malers äußerst beliebt – und es ist bis heute so geblieben. Für den deutschen Maler MARKUS LÜPERTZ (geb. 1941) zum Beispiel ist „der Totenkopf ein Sinnbild für das Stillleben"[2]. Für ihn liegt „im Totenkopf als Bildmotiv [...] eine Magie, genau wie im Helm, im Spaten oder in der Schnecke"[3]. Über allen Bildsymbolen thront der mächtige Fächer aus Straußenfedern. Er ist zugleich Teil des Helmes. Die Feder steht als Symbol für die Wahrheit und für die sündenfreie Seele. In der ägyptischen Mythologie ist die *Straußenfeder* der Maat (Göttin der [Welt-]Ordnung) zugleich ein Symbol der Gerechtigkeit und Ordnung. Andererseits deutet der übertriebene Federschmuck auf dem Helm selbst auf die **Eitelkeit** seines Besitzers hin. In der bildenden Kunst geschieht nichts zufällig. Wenn STREECK dem Federschmuck des Helmes so viel Aufmerksamkeit zuteil werden lässt, indem er ihm zwei Drittel des Bildraumes einräumt, dann steht er quasi wie ein Achtungszeichen

über allem: „Auch du eitler Mensch bist sterblich." Diese – auch für den heutigen Betrachter vordergründige – religiöse Warnung (die man hier auch mit „carpe diem", also „nutze deine Zeit" vervollständigen könnte) wirkt aber ebenso wenig formelhaft wie RUBENS' Grazien. Deutet man „memento mori" als eine Gegenüberstellung von Leben und Tod, so ist zu fragen, wo in dem Gemälde von STREECK Leben und wo Tod dargestellt wird. Alle Requisiten sind leblos. Da ist nicht einmal ein faulender Apfel, der auf Vergänglichkeit hinweist. Lediglich die Federn, die von einem – einst? – lebendigen Tier stammen, deuten „memento mori" an, denn der Vogel steht als Symbol für die Verbindung von Himmel und Erde. Diese Dualität ist stets mitzudenken, da dem Christen ja die Unsterblichkeit seiner Seele verheißen ist.

Ganz offenkundig wird der wissende Betrachter in STREECKS Stillleben an seine Endlichkeit erinnert. Auf ähnliche Weise konfrontierten auch Dichter ihre Leser mit „Vanitas" und „memento mori" (vgl. Lösung zu Aufgabe 2, S. 281, sowie Aufgabe 4, S. 288).

S. 281 Aufgabe 2:
Ordnen Sie das Gedicht Lohensteins den in Aufgabe 1 genannten Begriffen zu.

„memento mori". DANIEL CASPAR LOHENSTEIN (1635–1683) titelte das Sonett als „Umschrift eines Sarges", d. h., nur derjenige kann die Schrift lesen, der um den Sarg herumgeht. Es ist demnach ein Sonett, das den Hinterbliebenen der Trauerfeier gewidmet ist („lebend-todte Erden-Gäste", V. 1). Das Memento mori wird den Trauergästen in teilweiser drastischer Sprache verdeutlicht. Lyrischer Sprecher ist hier übrigens nicht der Tote im Sarg, sondern der Sarg selbst („die mich nicht erlangt noch haben", V. 13). Dieser hat für die Trauergäste nur Spott übrig: All das Streben nach Überwindung der Vergänglichkeit, indem die „Lebend-Todten" sich prachtvolle Särge und Gräber bauen lassen, um so den Tod zu überdauern (Auferstehung/Jüngstes Gericht), ist nichtig: Manchem ist, wie Vers 13 es drastisch verdeutlicht, nicht einmal der Sarg sicher.

Dies Gedicht wird nicht jeder Schülerin und nicht jedem Schüler als sogenanntes Rollengedicht auf Anhieb verständlich sein.

S. 281 Aufgabe 3:
Recherchieren Sie den Begriff „Regelpoetik".

Individuelle Schülerleistung
Schüler könnten Folgendes recherchiert haben:
- Poesie ist streng nach vorgegebenen Regeln organisiert.
- Kenntnis und Befolgung der normativen Regeln (kein Primat der Fantasie oder der poetischen Schöpferkraft des Dichters)
- Gebrauchsanleitung für den Dichter
- Bewertung des Dichters als gebildeter Handwerker seines Fachs (jeder, der die Regeln beherrscht und die Vorlagen kennt, kann ein Dichter sein)
- Poeta doctus (lat. *gelehrter Dichter*).

---

1 Vgl.: Dequeker, Jan: Kunstenaar en de dokter (dt.: Der Künstler und der Arzt). Leuven: Davidsfonds, 2006.
2 Meister, Helga: Die Ausstellung „Skulls" in Düsseldorf: „Totenkopf ist wie eine Tasse" im Internet: http://www.wz-newsline.de/?redid=501389, 28.10.2009
3 Ebenda

S. 284 Aufgabe 1:
Stellen Sie wesentliche Merkmale des Barock zusammen und notieren Sie diese übersichtlich in einer Tabelle. Berücksichtigen Sie hierbei sowohl Literatur, Architektur, Malerei und Musik.

Im abgebildeten Frontispiz (↗ S. 279) wird das menschliche Leben mit dem Spiel auf der Bühne verglichen, Gott ist der „Dirigent" oder auch der Regisseur. Natürlich entstanden unter dem Eindruck des Brandes des Zwickauer Marienkirchturms 1650 auch viele Gelegenheitsgedichte, die den Verlauf des Brandes beschreiben und das Unfassbare thematisierten. Solche sehr konkreten historischen Fakten lassen sich in jedem Ort finden und machen Geschichte und Literatur für Lernende fassbar und interessant.

Insgesamt ist es für das systematische gedankliche Durchdringen der Epoche hilfreich, dass Lernende neben regionalen Bezügen auch Merkmale barocker Architektur, z. B. die Symmetrie und die Betonung der Mittelachse, kennenlernen.

Auch Besonderheiten barocker Musik, z. B. die **Affektenlehre,** die die menschlichen Leidenschaften und seelischen Erregungszustände musikalisch darstellt, sind für Lernende nachvollziehbar. Für Freude steht Dur, eine hohe Lage der Stimme und ein schnelles Tempo; Resignation wird mit einer abwärts geführten Melodielinie verdeutlicht usw.[1] Wie in der Literatur existieren auch in der Musik musikalisch-rhetorische Figuren. Wenn die Schüler wissen, dass die musikalisch-rhetorische Figur Klimax eine Steigerung in Form einer Sequenz (Wiederholung einer Melodie auf einer anderen, meist höheren Tonstufe) ist, wird sich ihnen dieser Begriff auch als „rhetorische Figur, die eine sich steigernde Reihe von Wörtern bezeichnet" (Schülerduden Literatur, Bibliographisches Institut/Duden Paetec Schulbuchverlag, S. 236), verinnerlichen. Auf diese Weise wird fächerübergreifendes und fächerverbindendes Lernen realisiert.

Auf der dazugehörenden DVD lassen sich viele Texte, Hinweise u. Ä. finden, die für die Vor- und Nachbereitung des Unterrichts, für Vorträge, als Zusatzinformationen oder für Zusatzaufgaben genutzt werden können.

S. 284 Aufgabe 2:
Lesen Sie das „II. Capitel" aus Opitz' „Buch von der deutschen Poeterey" und legen Sie seine Forderungen an die künftigen Dichter dar.

Möglich sind hier folgende Gedanken MARTIN OPITZ' (1597–1639), die die Schülerinnen und Schüler für die Beantwortung der Aufgabe heranziehen können.
– „zue aller tugend vnnd guttem wandel anführen",
– „Poete durch vnterrichtung",

– Poeterey = „die erste Philosophie/eine erzieherinn des lebens von jugend auff",
– Poeterey, damit „ sie sittsamkeit erlernen".

S. 284 Aufgabe 3:
Fassen Sie auf der Grundlage der Auszüge aus Opitz' Regelpoetik Merkmale des Sonetts zusammen und überprüfen Sie Ihre Ergebnisse am Beispiel des eingefügten Sonetts.

Das Sonett, damals auch als „Klinggedicht" bezeichnet, war die dominante Gedichtform im 17. Jahrhundert. Mit seiner strengen Struktur kommt es dem Wunsch nach einer gesteigerten Orientierung an Ordnung entgegen. Nicht nur die äußere strenge Form der 14 Zeilen, die sich (idealerweise) in zwei Quartette (Vierzeiler) und zwei Terzette (Dreizeiler) gliedert[2], auch das Reimschema abba, abba, cdc, dcd ist festgelegt und variiert, meist in den Terzetten, nur selten (ccd, eed). Außerdem manifestiert sich das Streben nach fester Form in jedem Vers, dem geforderten Alexandriner[3], dessen Merkmal der sechshebige Jambus mit Mittelzäsur ist. Die Zäsur nach der dritten Hebung (Mittelachse) eignet sich zudem sehr logisch für das Darstellen der Antithetik[4], z. B. im zweiten Vers des Gryphius-Sonetts „Es ist alles eitel" (↗ DVD): „Was dieser heute baut, reißt jener morgen ein". In dieser Zeile finden sich viele Gegensätze:
– „dieser" – „jener",
– „heute" – „morgen",
– „baut auf" – „reißt ein".

Außerdem lässt sich in vielen Sonetten (↗ auch DVD!) eine Steigerung der inhaltlichen Aussage nachweisen, die häufig im 14. Vers ihre höchste Verallgemeinerung erfährt.

Anspruch an den Barockdichter war es, die immer wiederkehrenden Themen und Motive in neuer sprachlicher Gestalt auszugestalten, in wechselnden poetischen Bildern und Umschreibungen zu formulieren. Das Ergebnis dieser barocken Schreibweise erkennen wir in vielen lyrischen Texten, in denen die Gedanken repetiert, aber stets neu wiedergegeben werden und in denen Häufungen ganz typisch sind.

---

[1] Ähnlich kann den Schülerinnen und Schülern Lyrik (bzw. der Zusammenhang von Musik und Lyrik) nahegebracht werden: Aufsteigender (Jambus, Anapäst) oder fallender (Trochäus, Daktylus) Versfuß bewirken zuweilen Heiterkeit/Freude bzw. Trauer/Schwermut/Resignation.

[2] Auch möglich: drei Quartette und ein Duett, wobei im Barock eine Einteilung in Strophen üblicherweise nicht vorgenommen wird, vgl. dazu das Sonett von Lohenstein im Lehrbuch (↗ S. 281) sowie den Ausschnitt aus Opitz' „Buch von der deutschen Poeterey" (↗ S. 283).

[3] Auch der Alexandriner stellt nur ein ideales Prinzip dar, wie an dem Gedicht von Lohenstein (↗ S. 281) festzustellen ist. Opitz meint dazu, Sonette seien „fast allezeit mit Alexandrinischen oder gemeinen versen geschrieben", er zwingt also den Gebrauch des Alexandriners nicht auf.

[4] Antithetik ist relativ selten an einem Vers bzw. einer Strophe in Gedichten des Barocks feststellbar. Im Beispiel S. 281 wird auch dies sehr deutlich: Hier wird additiv, summarisch oder gar aufsteigend argumentiert, ohne Gegensätze zu formulieren: Auch wenn die Menschen sich noch so viel Denkmäler setzen (in welcher Form auch immer), kommen sie dem Tod doch nicht abhanden. Der Leser wird aber, wie in Aufgabe 1, S. 281, angemerkt, ganz offenkundig an seine Endlichkeit erinnert. Antithetik findet also, wenn man so will, im Kopf des Lesers statt.

S. 284 Aufgabe 4:
Diskutieren Sie die barocke Auffassung von der Lehrbarkeit der Dichtung.

Die Diskussion sollte ruhig ergebnisoffen geführt werden. Sicher wird der Gedanke artikuliert werden, dass Dichtung ohne Talent blutleer bleiben werde, dass jedoch Kenntnisse von Regeln dem talentierten Poeten stets von Nutzen sein können.

S. 288 Aufgabe 1:
Informieren Sie sich über den Lebensweg des Helden in Grimmelshausens „Simplicissimus" und diskutieren Sie die Weltsicht des Romans.

Individuelle Schülerleistung
– Über den Helden kann man sich u.a. auf (http://de.wikipedia.org/wiki/Der_abenteuerliche_Simplicissimus) informieren.
– Nacheinander ist Simplicius Bauernjunge, Gefährte eines Einsiedlers, Narr und Diener eines adeligen Herrn, Soldat, bürgerlicher Ehemann, Abenteurer, landstreichender Quacksalber, Bauer, Privatgelehrter, Pilger und schließlich wieder ein Einsiedler.
– Pikaresker Held (der Schüler sollte sich hier über den spanischen Picaro informieren), Schelm: „Ich war so perfekt und vollkommen in der Unwissenheit, daß mir unmöglich war, zu wissen, daß ich so gar nichts wußte."
– Von Weltfremdheit, Naivität, Unwissenheit ausgehend, macht der Held seine Erfahrungen im Kriege, kehrt „geläutert" zurück.
– Roman in der Ich-Form geschrieben

S. 288 Aufgabe 2:
Stellen Sie in einem Kurzvortrag das von historischen und persönlichen Katastrophen überschattete Leben Andreas Gryphius' vor.

Individuelle Schülerleistung
Eine sehr ausführliche, allerdings recht betagte Biografie aus der „Allgemeinen Deutschen Biographie" ist zu finden unter:
http://de.wikisource.org/wiki/ADB:Gryphius,_Andreas

Zusatzinformation: Hinweise zur Zahlensymbolik im Barock

Nicht nur in der Musik des Barock spielt die Symbolik von Zahlen und Zahlenkombinationen eine große Rolle, auch in der bildenden Kunst und Literatur. Im Wesentlichen wurde dabei auf die biblische Zahlensymbolik zurückgegriffen
Man folgte dabei der Überzeugung, dass Zahlen und deren Kombinationen außer ihrer mathematischen Funktion eine weitere Bedeutung zukommt. Hierbei darf nicht vergessen werden, dass der Glaube an eine mathematisch geordnete Welt (Harmonia Mundi) auch zahlreiche Forscher und Wissenschaftler zu bedeutenden Entde-

ckungen führte. So war z.B. JOHANNES KEPLER (1571–1630) überzeugt von einer von der Zahl regierten Harmonie zwischen Mensch, Erde und All.

– **Eins:** Symbol der Einheit
– **Zwei:** Polarität (Mann–Frau)
– **Drei:** Trinität (Dreifaltigkeit): Gott Vater, Sohn und Heiliger Geist, Heilige drei Könige; Dreiklang in der Musik als harmonische Synthese
– **Vier:** materielle Ordnungszahl, vier Himmelsrichtungen, vier Mondphasen, vier Jahreszeiten, vier Elemente (Feuer, Wasser, Erde, Luft), vier Evangelien im NT
– **Fünf:** Zahl des Lebendigen, fünf Finger, fünf Zehen, Fünfeck (Pentagramm, Drudenfuß) als Schutz („Faust")
– **Sechs:** deutet auf Unvollkommenheit hin, „gefallene" Welt und Zeit, Zahl des gegen Gott und sein Volk Rebellierenden, die Sieben nicht erfüllenden Menschen; bei GRYPHIUS bedeutet die Zahl 6 die Vanitas
– **Sieben:** Vollkommenheit, Vollständigkeit, Schöpfungsgeschichte in sieben Tagen, den sieben Gaben des Heiligen Geistes stehen die sieben Todsünden gegenüber, sieben Sakramente (Taufe, Konfirmation, Eucharistie, Reue, Ordensgelübde, Ehe, letzte Ölung), sieben freie Künste und Wissenschaften (ars liberales)
– **Acht:** bereits im Altertum Glückszahl, acht Speichen des Glücksrades, Abraham hatte acht Söhne
– **Neun:** die potenzierte Drei, neun Musen; für diejenigen, die in der Zehn die Vollkommenheit sehen, symbolisiert die Neun die „Nähe" zur Vollkommenheit
– **Zehn:** Vollkommenheit; zehn Finger, zehn Gebote
– **Zwölf:** Grenze der Zeit, zwölf Monate, stellt das göttliche Gleichgewicht her, zwölf Tierkreiszeichen, zwölf Jünger Jesu

Mit dem Wissen um den Symbolcharakter von Zahlen und Zahlenkombinationen lassen sich viele barocke Texte genauer interpretieren.

S. 288 Aufgabe 3:
Vergleichen Sie das Lissaer Sonett mit der späteren Fassung und spekulieren Sie über die Motive, die Gryphius zu den Änderungen führten.

– Von der „Innenschau" des lyrischen Sprechers („Ich seh' wohin ich seh") zum verallgemeinernden Appell/Aufruf: „Dv sihst / wohin du sihst".
– Es wird eine „allgemeinere" Aussage formuliert, die dem Sinn der Überschrift mehr Rechnung trägt (Vanitas, Eitelkeit).
– Teilweise ungeschliffen wirkende Verse werden „geglättet".
– Das spätere Sonett beweist das frühere: Nichts ist ewig. Insgesamt kann über den Schaffensprozess bei ANDREAS GRYPHIUS angemerkt werden, dass der Autor zwischen der Variante in den Lissaer Sonetten und der Version von 1658 immer wieder an diesem Gedicht gearbeitet hat.

S. 288 Aufgabe 4:
Erklären Sie, wie die Sonette die Vokabel „Vanitas" auslegen.

Vanitas/Eitelkeit: Verwüstung der Welt / Tod durch Krieg, aber der Tod erreicht jeden (auch den „leichten" Menschen), Vergänglichkeit durch des Menschen Hand, aber auch durch die Hand Gottes bzw. durch die Natur („Wiesenblum"), Vergänglichkeit auch des scheinbar Unvergänglichen (Erz, Marmor). Ruhm, Hochmut unterliegen dem „Spiel der Zeit". Nichts ist ewig.

S. 288 Aufgabe 5:
Setzen Sie sich mit der inneren Struktur und der sprachlichen Gestaltung der Gryphius-Sonette (DVD) auseinander.

Diese Aufgabe korrespondiert teilweise mit Lösungshinweisen zur S. 284, Aufgabe 3.
Sie ist im Besonderen eine *individuelle* Schülerleistung.

Zusatzinformation: Gelegenheitsdichtung/Casualpoesie

Literarische Werke, die zu ganz bestimmten Anlässen wie Geburt, Taufe, Hochzeit, Geburtstag oder Beerdigungen entstanden und vorgetragen wurden, nehmen in Stadtarchiven einen beträchtlichen Platz ein. Seitenlange Leichenpredigten mit gemalten Abbildungen derer, die bei Beerdigungen im Leichenzug dem Sarg folgten, füllen große Regale von Archiven. Starb z. B. der Rektor einer Lateinschule, hatten die Schüler umfangreiche Verse zu liefern, die den Verdiensten des Verstorbenen huldigten und in denen sie ihre erworbenen Fertigkeiten im Verfassen von streng gegliederten Reimen unter Beweis zu stellen hatten. In diesem Zusammenhang erklärt sich auch die Herausbildung von Berufsdichtern, die mit diesen Arbeiten ihren Lebensunterhalt bestritten. Außerdem galt das Dichten ja ohnehin als erlernbare Kunst, es existierten viele Poetiken, nach denen Schüler die Poesie erlernen sollte. GÜNTER GRASS bezeichnet diese Fertigkeiten in seiner Novelle „Das Treffen in Telgte", das ein Treffen der Gruppe 47 als ein Treffen von Barockdichtern fiktionalisiert, als „im Handwerk und auf Versfüßen sicher"[1].

In CHRISTIAN HOFMANN VON HOFMANNSWALDAUS (1616–1679) „Poetischen Grabinschriften" aus dem Jahre 1679 dominiert das Thema der sinnlichen Liebe. Mit diesen **Sinngedichten,** deren prägnante Kürze und gedankliche Konzentration auf die Pointe immer wieder besticht, beweist der Autor sowohl die metaphorische Wortspielerei seiner Zeit als auch Ironie im Umgang mit dem Tod.

S. 289 Aufgabe 1:
Recherchieren Sie den Begriff „Phönix" und begründen Sie, warum der Phönix in der Pictura des Frontispizes den Kopf des Teufels trägt.

---
1 Grass, Günter: Das Treffen in Telgte. München: Deutscher Taschenbuch Verlag, S. 33.

Vgl. dazu die Zusatzinformationen zu „Grimmelshausens Simplizissimus und die Emblematik" weiter unten.

Phönix (altgriech.: *phoínix,* von altägyptisch *benu = der Wiedergeborene/der neugeborene Sohn;* lat.: *phoenix)*
Phönix wurde im alten Ägypten mit der Sonne in Verbindung gebracht (Seele des Ra , manchmal auch Seele des Osiris). Große Bedeutung für den altägyptischen Totenglauben.
im alten Griechenland Symbol der Unsterblichkeit,
Phönix: christliches Sinnbild der Auferstehung.
Es gibt jedoch im Volksglauben auch eine andere Interpretation des Phönix. Im Märchen der Brüder Grimm ist der Vogel Phönix ein menschenfressender Vogel (online unter: http://de.wikisource.org/wiki/Vogel_Ph%C3%B6nix), das Märchen korrespondiert mit „Der Teufel mit den drei goldenen Haaren" (nur dass hier vom Teufel drei Haare gestohlen werden sollen statt dreier Greifenfedern) und „Der Vogel Greif" (http://de.wikipedia.org/wiki/Der_Vogel_Greif). Hier soll der Bauernjunge eine Feder vom Vogel Greif holen. In diesem Märchen frisst der Greif Christen auf, kann also mit dem Teufel identifiziert werden. Diese Informationen mögen dem heutigen Betrachter des Frontispizes helfen, das Titelkupfer zu deuten. Man begibt sich freilich auf den Weg der Spekulation, unterstellte man diese Zusammenhänge der Zeit des Barocks. Vielleicht ist der Zusammenhang ein wesentlich einfacherer, nämlich der des bunten Feuervogels, als welcher der Phönix überliefert ist. Da der Kopf nicht nur aus der Teufelsmaske (mit den Hörnern), sondern auch aus den Eselsohren besteht, was in jener Zeit konnotiert war mit Narrheit und Sturheit, kann hier sowohl das Element Feuer als auch die menschliche Eigenschaft Narrheit herausgedeutet werden. Andere Körperteile werden mit den Elementen (worauf auch die Subscriptio hinweist) Wasser (Fischschwanz), Luft (Flügel) und Erde (Bein eines Ziegenbocks) in Verbindung zu bringen sein. Wobei auch hier zu beachten ist, dass der antike Satyr ebenfalls Bocksbeine hatte.
Als Waldgeister im Gefolge des Dionysos sind die Satyrn zum einen lebensfroh und animalisch lüstern, andererseits jedoch Schrecken auslösende Dämonen. Dieser Bezug zum Buch (Lust und Schrecken) ist naheliegend (vgl. dazu die folgende Zusatzinformation).

Zusatzinformation: Grimmelshausens Simplizissimus und die Emblematik

Innerhalb des barocken Romans gilt „Der abenteuerliche Simplicissimus Teutsch" von HANS JACOB CHRISTOPH VON GRIMMELSHAUSEN (1622–1676) als der erste bedeutende deutsche Prosaroman und wird auch häufig als Abenteuer- und Schelmenroman bezeichnet. Der Autor veröffentlichte ihn unter dem Pseudonym GERMAN SCHLEIFHEIM VON SULSFORT, einem von zahlreichen Anagrammen, die er für seinen Namen verwendete.

Im 17. Jahrhundert war die Vorliebe für die bildliche Ausgestaltung von Büchern sehr verbreitet, die Synthese von

Bild und Text fand auch in Bilder- und Figurengedichten ihren Niederschlag.

Auf der Seite 287 des Lehrwerkes ist der Kupferstich des Frontispiz' der Ausgabe von 1669 abgebildet, der vom Autor selbst stammen soll. Die dargestellte Sagenfigur mit Teufelskopf, Fischschwanz, Flügeln, einem Ziegenbein und einem Entenfuß lässt viele rätseln. Selbst im Kontext mit der Subscriptio ist die Deutung nicht einfach und sollte mit Schülerinnen und Schülern sehr vielseitig diskutiert werden. Der Begriff „Phönix", der von den Schülern zu recherchieren ist, wird ihnen bereits aus der Redewendung „Wie Phönix aus der Asche" bekannt sein, es ist der Vogel, der verbrennt, um aus seiner Asche wieder neu geboren zu werden, der sich demzufolge im Feuer verjüngt. Das Diabolische im Menschen zu sehen, war möglicherweise bereits die ironische Spiegelung, zu der GRIMMELSHAUSEN zu seiner Zeit schon fähig war.

S. 289 Aufgabe 2:

Auf der DVD finden Sie Sonette, u. a. von Simon Dach, Paul Fleming und Andreas Gryphius.
Wählen Sie ein Sonett aus und interpretieren Sie es unter Berücksichtigung der formalen, inhaltlichen und sprachlichen Besonderheiten der barocken Dichtung.

Individuelle Schülerleistung

S. 289 Aufgabe 3:

Fassen Sie Besonderheiten barocker Lyrik zusammen und bereiten Sie einen entsprechenden Vortrag vor, den Sie mit Beispielen ergänzen.

Individuelle Schülerleistung

Zusatzinformation: Das evangelische Kirchenlied

Sollte es die Zeit erlauben, ist ein Verweis auf die Texte von Kirchenliedern (DVD) sehr zu empfehlen. Sowohl MARTIN LUTHER (1483–1546) als auch PAUL GERHARDT (1607–1676) schufen sehr einfache, anschauliche und sprachlich ausgefeilte Liedtexte, welche die Pflege der Muttersprache, die in dieser Zeit diskutiert wurde, förderten. Da Bücher Luxus waren und darüber hinaus die Lesefähigkeit der Menschen äußerst gering war, galt das Kirchenlied in erster Linie als religiöser Gebrauchstext, weniger als ein literarischer Text. Der schlichte Sprachstil und die einfach nach- und mitzusingende Melodie ermöglichten es, dass diese Lieder in der Gemeinde oft und gern gesungen wurden. Viele dieser Lieder sind auch dem Schüler des 21. Jahrhunderts bekannt und stehen heute noch im evangelischen Kirchengesangbuch, z. B. Nr. 361 „Befiehl du deine Wege", Nr. 85 „O Haupt voll Blut und Wunden" von PAUL GERHARDT und Nr. 362 „Ein feste Burg ist unser Gott" von MARTIN LUTHER. Beide leisteten damit einen ganz bedeutsamen Beitrag zur Etablierung der deutschen Sprache im Gottesdienst und darüber hinaus zur Entwicklung einer einheitlichen deutschen Sprache.

Weiterführende Literatur

Endres, Carl/Schimmel, Annemarie: Das Mysterium der Zahl. Zahlensymbolik im Kulturvergleich, Kreuzlingen: Diederichs Verlag, 2001.

Grass, Günter: Das Treffen in Telgte. München: Deutscher Taschenbuch Verlag, 2007.

Meid, Volker: Barocklyrik, 2. Auflage, Stuttgart: Metzler Verlag (Reihe: Sammlung Metzler, Band 227), 2008.

Meid, Volker: Geschichte der deutschen Literatur 5: Die deutsche Literatur im Zeitalter des Barock. Vom Späthumanismus zur Frühaufklärung 1570–1740: Band 5, München: C. H. Beck Verlag, 2009.

Szyrocki, Marian: Die deutsche Literatur des Barock. Stuttgart: Reclam Verlag, 2003.

Villari, Rosario (Hrsg.): Der Mensch des Barock. Erschien zuerst in Frankfurt/New York: Campus, 1997, und in Frankfurt/Main: Fischer Taschenbuch Verlag 1999, bei Campus längst vergriffen, ist bisweilen in den Buchläden eine Lizenzausgabe erhältlich: Essen: Magnus Verlag GmbH, 2004.

3.1.2 Aufklärung

Didaktisch-methodische Hinweise

Wenn dieses Kapitel von Empfindsamkeit und Sturm und Drang abgesetzt wird, dann mit dem Vorbehalt, der im einleitenden Text genannt wird. Weil in der Empfindsamkeit und im Sturm und Drang das **Individuum** seine Gefühle befreit, kann man beide Strömungen auch als Momente der Aufklärungsbewegung begreifen. Erarbeitet man den philosophischen Hintergrund der Zeit, begegnet man in Rationalismus und Empirismus ähnlich ausgeprägte Pole im Bereich der **Erkenntnistheorie**. Jedenfalls gibt es gute Gründe, die Aufklärung nicht als eine einseitig auf den Verstand vertrauende Bewegung vorzustellen.

In der Einleitung werden wichtige Stichworte der Zeit genannt, die dann auch für eine Zusammenfassung und Wiederholung **Kernpunkte** sein können:

– Menschenrechte und Menschenwürde,
– Vernunft und Gefühl,
– Freiheit und Gleichheit,
– Erziehung und Fortschritt.

Sie spielen in den dann folgenden Teilkapiteln eine zentrale Rolle; sie sind nicht bloß abstrakte Forderungen, sondern reagieren auf vielfältige Unmenschlichkeiten. Z. B. gab es noch 1775 in Kempten im Allgäu einen Hexenprozess, bei dem allerdings das Todesurteil nicht vollstreckt wurde. (Petz, Wolfgang: Schwägelin, Anna Maria.

In: Lexikon zur Geschichte der Hexenverfolgung, hrsg. v. Gudrun Gersmann, Katrin Moeller und Jürgen-Michael Schmidt, in: historicum.net, URL: http://www.historicum. net/no_cache/persistent/artikel/5602/ – Letzter Zugriff am 20.10.09).

Zum Aufbau des Kapitels:

Zunächst wird die **Aufklärung** als eine Befreiung des bürgerlichen Stands erkennbar, die teilweise im Sinne des Adels ist, ihm aber auch abgerungen werden muss: „Das Bürgertum als Träger der Aufklärung". Im folgenden Teilkapitel werden die sozialen und geistigen Anstöße vor Augen geführt, die die Motive für die Aufklärung lieferten: „Unvernunft und Unmenschlichkeit". Mit IMMANUEL KANT (1724–1804) und GOTTHOLD EPHRAIM LESSING (1729–1781) werden danach die beiden großen Aufklärer vorgestellt, die programmatische Ideen der Zeit entwickelt und mit durchgesetzt haben.

Zum Schluss wird ein Blick auf die dunkle, die gefährdete Seite der Aufklärung geworfen: „Die Vernunft und ihre Schatten". Diese Seite der Aufklärung tritt mit der Entwicklung der Französischen Revolution besonders deutlich hervor. Unmittelbar davor hatte der Kant-Schüler FRIEDRICH SCHILLER (1759–1805) in seiner Jenaer Antrittsvorlesung noch frohlockt: „Die Schranken sind durchbrochen, welche Staaten und Nationen in feindseligem Egoismus absonderten. Alle denkenden Köpfe verknüpft jetzt ein weltbürgerliches Band; und alles Licht seines Jahrhunderts kann nunmehr den Geist eines neuern Galilei und Erasmus bescheinen." Und: „Unser menschliches Jahrhundert herbeizuführen haben sich – ohne es zu wissen oder zu erzielen – alle vorhergehenden Zeitalter angestrengt."

Im Kapitel 3.1.2 lernen die Schülerinnen und Schüler,
– die Aufklärung als europäische Bewegung zu verstehen, die vielfältige Motive und Ausprägungen zeigt;
– das Bürgertum als soziale Schicht wie als Träger eines neuen moralischen Programms zu kennen;
– in Unvernunft und Unmenschlichkeit der Lebensverhältnisse treibende Kräfte der Aufklärung zu sehen und diese zu konkretisieren (etwa durch die Lebensbedingungen der bäuerlichen Bevölkerung);
– KANTS programmatische Definition der Aufklärung historisch und in ihrem überzeitlichen Anspruch zu begreifen;
– LESSINGS Lebensverhältnisse paradigmatisch für die eines bürgerlichen Erfolgsautors einzuschätzen;
– LESSINGS „Nathan der Weise" als Antwort auf theologische Zensur einzuordnen;
– Nathans Ringparabel als aufgeklärten Umgang mit konkurrierenden Weltreligionen zu analysieren;
– Humanitätsforderungen in ihrer praktischen Relevanz von theoretischer Rechthaberei zu unterscheiden;
– FRANCISCO DE GOYAS „Caprichos" als differenzierte künstlerische Reflexion einer selbstkritischen Aufklärung in den Kontext der Zeit zu stellen wie auch zu aktualisieren.

Hinweise zu den Aufgaben

S. 291, Aufgabe 1:
Analysieren Sie den metaphorischen Gehalt des Begriffs „Aufklärung".

S. 291, Aufgabe 2:
Erläutern Sie die Bedeutung der Begriffe „Empirismus" und „Rationalismus".

S. 291, Aufgabe 3:
Referieren Sie über Rousseaus Leben und stellen Sie sein Denken anhand einiger Abschnitte aus seinen Schriften vor. Gehen Sie auch auf die Frage ein, welche Rolle Rousseaus Denken und Schreiben für die Aufklärung spielte.

S. 291, Aufgabe 4:
Setzen Sie sich mit der sozialen Schichtung im 18. Jahrhundert auseinander und legen Sie dar, inwiefern sie für das literarische Leben von Bedeutung sein konnte.

Zu den Aufgaben 1–4: „Aufklärung" ist eine **Metapher,** auch im Französischen (siècle de lumière), im Englischen (enlightenment) oder Italienischen (illuminismo). Die Sonne, die die Welt erleuchten soll, ist die Vernunft. Sie grenzt sich ab vom Irrationalen, vom Aberglauben, vom Unmenschlichen, vom Dunklen. In der religiösen Tradition kam das Licht der Vernunft von Gott, in der Aufklärung wird es säkularisiert zu menschlicher Erkenntnisfähigkeit, die sich von religiöser und kirchlicher Autorität unabhängig machen müsse – im Unterschied zum vermeintlich finsteren Mittelalter.

Die Aufklärung wird zunächst von der Philosophie des **Rationalismus** geprägt: Grundlage der Erkenntnis sei die Vernunft (RENÉ DESCARTES, 1596–1650, GOTTFRIED WILHELM LEIBNIZ, 1646–1716, CHRISTIAN VON WOLFF, 1679–1754). Später dominiert der **Empirismus**: Ausgangspunkt aller Erkenntnis ist die (äußere oder innere) Erfahrung (JOHN LOCKE, 1632–1704, DAVID HUME, 1711–1776). Eine konsequente Verschärfung entwickelt der **religionskritische Materialismus**: Alles, was geschieht, ist alleine auf natürliche Ursachen zurückführbar; die Materie ist die einzige Substanz (JULIEN OFFRAY DE LA METTRIE, 1709–1751, DENIS DIDEROT, 1713–1784, PAUL HENRI THIRY D'HOLBACH, 1723–1789).

JEAN-JACQUES ROUSSEAU (1712–1778) ist als politischer Philosoph wichtig (mit einem demokratischen Gesellschaftsvertrag) wie als gefeierter und bekämpfter Pädagoge. In Paris und in der protestantischen Republik Genf wurde sein „Emile" (1762) verbrannt. In Deutschland wird er von fortschrittlichen Pädagogen wie JOACHIM HEINRICH CAMPE (1746–1818) verehrt, die seine Idee einer natürlichen und möglichst freien Erziehung in aufklärerisch geprägten Schulen wie dem Dessauer Philanthropinum (1774 von JOHANN BERNHARD BASEDOW, 1724–1790, gegründet) verwirklichen wollen. Erstmals wird die Kindheit als eine wichtige Lebensphase eigenen Rechts entdeckt; von

Religion solle vor dem 15. Lebensjahr noch keine Rede sein, da ein Kind sie nicht begreifen könne.

Zur sozialen Schichtung:

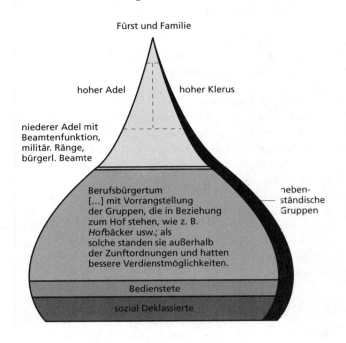

Die Autonomie des Bürgers kann sich in der Familie entwickeln, die als Privatsphäre vor dem Zugriff der politischen Macht weitgehend geschützt wird, und ebenso in der Öffentlichkeit: durch die Verbreitung von Zeitungen und Zeitschriften („Intelligenzblätter", moralische Wochenschriften und literarische Zeitschriften) sowie die Etablierung von halb öffentlichen Kaffeehäusern und Salons. Aber auch in Geheimgesellschaften wie den „Illuminaten".

Zur Ständegesellschaft und ihrer Aufhebung in der Französischen Revolution:

GOTTLIEB CONRAD PFEFFEL
Die drei Stände.
An den Herrn Rath Petersen in Darmstadt.

Die Freyheit kam aus Penns gelobtem Land,
Das alte Reich der Franken zu bereisen.
Hier fand sie einen Mann in Lumpen und in Eisen,
Der auf den Knieen lag. Zu seiner Rechten stand
Ein fetter Erzbischoff im purpurnen Gewand;
Ein Ritter zeigte sich mit trotzigem Gesichte
Im Schmucke des Turniers zu seiner linken Hand.
Sie lehnten beyde sich mit lästigem Gewichte
Auf ihren Märtyrer. – Stumm sah die Göttin zu,
Sah seinen Schweiß und seine Thränen fließen
Und rief zuletzt: Wie lange liegest du
Als Knecht zu deiner Brüder Füßen?
Auf! strecke das gekrümmte Knie,
Zerbrich die Fesseln deiner Glieder.
Der Sklave thats, trat neben seine Brüder

Und war so groß und größer noch als sie.
Ein schöner Anblick, Freund! Wenn nur die heilge Regel
Des Lichts und Rechts des Riesen Arm regiert;
Sonst ist es eins, ob Zepter oder Flegel,
Ob Krummstab oder Speer das Reich despotisiert.

(Pfeffel, Gottlieb Conrad: Poetische Versuche. 3. Thei. Basel: Wilhelm Haas, 1789–1791, S. 160.)

JOHANN HEINRICH VOSS (1751–1826) artikuliert in seinem Epigramm „Stand und Würde" äußerst prägnant den Unterschied zwischen dem explizit thematisierten (traditionell bestimmten) gesellschaftlichen Stand und der indirekt zum Ausdruck gebrachten moralischen Kategorie der Würde. VOSS hat sich selbst durch Bildung in den bürgerlichen Stand emporgearbeitet, studierte, war Schulrektor und unbeugsamer Aufklärer, auch als in der Zeit seiner Heidelberger Professur dort längst die Romantik tonangebend wurde. Bis heute ist er als erster Homer-Übersetzer gegenwärtig. Die Verknüpfung von Sozialpolitik und Moral sieht FRIEDRICH SCHILLER in seinem Distichon im Musenalmanach von 1797:

Würde des Menschen

Nichts mehr davon, ich bitt euch. Zu essen gebt ihm, zu wohnen,
Habt ihr die Blöße bedeckt, gibt sich die Würde von selbst.

S. 293, Aufgabe 1:
Arbeiten Sie heraus, welche Lebensbedingungen der Bauern Sie den Texten von Voß und Leisewitz entnehmen können. Informieren Sie sich über das Leben der Bauern im 18. Jahrhundert. (Überlegen Sie, welche Quellen dafür nutzbar sind.)

S. 293, Aufgabe 2:
Erörtern Sie anhand der ausgewiesenen literarischen Beispiele die Funktion der Literatur mit Blick auf die gesellschaftlichen Lebensbedingungen.

Zu den Aufgaben 1 und 2: Die Lebensbedingungen der Bauern können Schüler vorzugsweise durch Geschichtsbücher kennenlernen. Literarische Quellen: GOTTFRIED AUGUST BÜRGER (1747–1794): Der Bauer. An seinen durchlauchtigen Tyrannen (1773); LUDWIG CHRISTOPH HÖLTY (1748–1776): Der alte Landmann an seinen Sohn (1779); GOTTFRIED CONRAD PFEFFEL (1736–1809): Der Junker und der Bauer (1809).
Aufstiegsmöglichkeiten gab es für die Begabten über das Theologiestudium, das die Kirchen finanzierten, oder über die Fürstenschulen. Die Leibeigenschaft der Bauern wurde in Preußen 1807 aufgehoben. Das Land aber gehörte weiterhin dem Adel. Erst 1810 endet die „Gutsuntertänigkeit" der Bauern. In der Aufgabe 2 werden die Schüler herausgefordert, zu beurteilen, inwieweit Literatur politische Zwecke verfolgen darf oder gar soll. LEISEWITZ gibt in seinem Dialog den Machtlosen eine Stimme.

„Das Programm der Aufklärung"

IMMANUEL KANT gab der Aufklärung ihren programmatischen Text; mit LESSING ist er einer derjenigen, die Erhebliches leisteten, um dieses Programm dann auch im Denken der Zeitgenossen durchzusetzen – gegen die Zensurmaßnahmen, von denen beide betroffen waren.

KANTS Aufsatz in der Berlinischen Monatsschrift vom Dezember 1784 reagierte auf die Frage des Theologen JOHANN FRIEDRICH ZÖLLNER (1753–1804, ein Anhänger von IMMANUEL KANT und Gegner des reaktionären Ministers JOHANN CHRISTOPH VON WOELLNER, 1732–1800) in derselben Zeitschrift, was denn Aufklärung sei. Diese Frage wiederum war ausgelöst durch JOHANN ERICH BIESTER (1749–1816, Mitherausgeber der Zeitschrift, Freimaurer), der im Namen der Aufklärung gefordert hatte, „die Geistlichen nicht mehr bei Vollziehung der Ehen zu bemühen"[1]. Zwei Monate vor KANTS Aufsatz hatte MOSES MENDELSSOHN (1729–1786) die Aufklärung als (neben der praktischen Kultur) wesentlichen (theoretischen) Teil der Bildung vorgestellt (↗ Anhang, S. 209, ↗ DVD). KANT wusste von diesem Aufsatz nicht, als er den eigenen Text abfasste.

S. 294, Aufgabe 1:
Gliedern Sie den Text Kants und geben Sie den Abschnitten Überschriften.

S. 294, Aufgabe 2:
Fassen Sie die Hindernisse, die Kant für den Weg der Aufklärung nennt, zusammen. Ergänzen Sie weitere Beispiele solcher Hindernisse.

S. 294, Aufgabe 3:
Bestimmen Sie den Begriff des Publikums. Erklären Sie, inwiefern der Kampf um die Herstellung einer Öffentlichkeit als wesentliche Errungenschaft der Aufklärung angesehen werden kann.

Zu den Aufgaben 1–3: Die Gliederung des Textes:
KANT beginnt gleich im ersten Satz mit seiner Definition der Aufklärung und erklärt dann sofort die beiden zentralen Begriffe der Definition: „Unmündigkeit" und „selbstverschuldet". Dieser erste Abschnitt endet mit einem prägnanten Appell, der sich als Reformulierung eines Horaz-Zitats ausgibt und damit die Autorität eines Klassikers in Anspruch nimmt (Z. 1–6).
Im nächsten Abschnitt führt KANT die beiden Ursachen der Unmündigkeit aus: Faulheit (Bequemlichkeit) und Feigheit (angesichts der Gefahren der Freiheit) (Z. 7–24).
Die folgenden Abschnitte geben wichtige Gedanken von KANTS Text wieder, nehmen aber unterschiedlich lange Auslassungen in Kauf.
KANT zieht die Folgerung aus den Schwierigkeiten, die der Aufklärung entgegenstehen: Aufklärung sei dem Einzelnen nur schwer möglich, eher einem Publikum, also

der Öffentlichkeit. KANT denkt hier an den freien Austausch von Theorien und Argumenten in Zeitungen, Zeitschriften und Büchern. Deshalb ist es konsequent, wenn er die Aufklärung als kontinuierlichen Prozess sehen will, als eine Reform des Denkens, nicht etwa als Produkt einer Revolution, wie sie dann viereinhalb Jahre später in Frankreich gemacht wurde.
IMMANUEL KANT unterscheidet den „öffentlichen Gebrauch" (*„als Gelehrter"*, „vor dem ganzen Publikum der *Leserwelt*") vom „Privatgebrauch" der Vernunft und versteht unter letzterem, anders als wir heute, den Gebrauch der Vernunft als Amtsperson; z. B. ein Lehrer, Soldat oder Geschäftsträger der Kirche müsse in seinem Amt Gehorsam zeigen, statt zu räsonieren. Mit dem Recht auf freie Meinungsäußerung in Wort, Schrift und Bild steht das deutsche Grundgesetz (Art. 5, Abs. 1) in KANTS Tradition.

S. 294, Aufgabe 4:
Referieren Sie über Zensurmaßnahmen gegen Kant und Lessing.

S. 294, Aufgabe 5:
Erörtern Sie die Frage, inwieweit wir heute in einem Zeitalter der Aufklärung leben.

Zu den Aufgaben 4–5: GOTTHOLD EPHRAIM LESSING veröffentlichte als Bibliothekar von Wolfenbüttel 1774 und 1777 „Fragmente eines Ungenannten", Teile aus dem Werk des Hamburger Gelehrten HERMAN SAMUEL REIMARUS (1694–1768), der im Geist der englischen Aufklärung und des Philosophen CHRISTIAN VON WOLFF für die Vernunftreligion des Deismus eingetreten war. Der Hamburger Hauptpastor JOHANN MELCHIOR GOEZE (1717–1786) entzieht Religionsfragen der Vernunft. LESSING versucht eine mittlere Position: Die Offenbarung der christlichen Religion sei zwar unersetzbar; aber entscheidend sei die „innere Wahrheit" der Religion und über die Urteile die Vernunft. (Ganz zu klären ist LESSINGS Position allerdings nicht.) Ab Ende 1777 beginnt der Streit GOEZE – LESSING. LESSINGS Gegner werfen ihm vor, dass er den Streit nicht auf Lateinisch, also nur für die Fachgelehrten geführt habe; die Veröffentlichung der „Fragmente" schwäche den Glauben und damit die Moral. Nach den Zensurverfügungen der Braunschweiger Regierung schreibt LESSING den „Nathan". Die Figur des Patriarchen gilt als eine Karikatur GOEZES.[2]
IMMANUEL KANTS Aufklärungsschrift resümiert gegen Ende: „Ich habe den Hauptpunkt der Aufklärung, d. i. des Ausganges der Menschen aus ihrer selbstverschuldeten Unmündigkeit, vorzüglich in *Religionssachen* gesetzt, weil in Ansehung der Künste und Wissenschaften unsere Beherrscher kein Interesse haben, den Vormund über ihre Untertanen zu spielen, überdem auch jene Unmündigkeit, so wie die schädlichste, also auch die entehrendste unter allen ist."

---

1 In: Berlinische Monatsschrift, September 1783, abgedruckt in: Berlinische Monatsschrift. Auswahl, hrsg. v. Peter Weber. Leipzig: Reclam Verlag, 1985, S. 26–32.

2 Literatur: Fick, Monika: Lessing-Handbuch. Stuttgart und Weimar: Verlag J. B. Metzler, 2. Aufl. 2004. Dokumente: www.kerber-net.de/literatur/deutsch/drama/lessing/.../zensur_txt.pdf; Chronologie des Goeze-Streits: www.kerber-net.de/literatur/deutsch/drama/lessing/.../goeze_txt.pdf.

Kant hatte guten Grund, wie Lessing, die Hauptfeinde der Aufklärung in den orthodoxen Theologen zu sehen: 1788, vier Jahre nach der Aufklärungsschrift, war er durch ein Religions- und ein Zensuredikt des Theologen Johann Christoph von Woellner betroffen, der dem Nachfolger des großen Friedrich, dem anti-aufklärerischen Friedrich Wilhelm II., als Justizminister diente. Das Zensuredikt wandte sich gegen die „Zügellosigkeit der jetzigen sogen. Aufklärer" und gegen die „in Preßfrechheit ausartende Preßfreiheit"[1].

Lessings Briefe an Eschenburg

Die beiden Briefe Lessings an Johann Joachim Eschenburg (1743–1820) an der Jahreswende 1777/78 sind geschrieben, als der Fragmentenstreit bereits begonnen hat; erste Repliken auf die deistischen Thesen des Reimarus sind im Dezember veröffentlicht, so von J. D. Schumann (Hannover): Über die Evidenz der Beweise für die Wahrheit der christlichen Religion. Goeze greift dann erst Ende Januar 1778 in den Streit ein.

Lessing war ein sehr saumseliger Briefschreiber, und mit dem Ausdruck von Liebesgefühlen besonders sparsam. Er teilte sich lieber über Bücher, Religion und Theater mit. Kein Wort z. B. schreibt er darüber, wie er auf seiner Italienreise vom Papst empfangen wurde.
Die verwitwete Kaufmannsfrau Eva König (1736–1778) hatte er erst am 8. Oktober 1776 geheiratet, fünf Jahre nach der Verlobung; ein Jahr und drei Monate waren sie verheiratet. Sie waren unmittelbar vor der Geburt des Sohnes in das neue Haus gezogen (↗ Abb. S. 296).

Lessings Briefe an den Freund sind lakonisch, verraten seine Neigung zur Melancholie, aber auch das Bemühen, sich den Gefühlen nicht hinzugeben (wie es die nächste Generation, die Stürmer und Dränger getan hätten). Lessing lebt noch drei Jahre, den Haushalt führt Evas Tochter Maria Amalia („Malchen").
An Elise Reimarus (1735–1805) schreibt Lessing am 9. August 1778: „[...] Doch ich bin zu stolz, mich unglücklich zu denken, – knirsche eins mit den Zähnen, – und lasse den Kahn gehen, wie Wind und Wellen wollen. Genug, daß ich ihn nicht selbst umstürzen will! – "[2]
Wie anders der versöhnliche Geist des „Nathan" (1779) und der Optimismus der „Erziehung des Menschengeschlechts" (1780).

Lessings „Nathan der Weise"

S. 300, Aufgabe 1:
Informieren Sie sich über den „Fragmentenstreit" Lessings mit dem Hamburger Pastor Goeze.

Siehe dazu die Bemerkungen zu S. 294, Aufgabe 4.

---

1 Zitiert nach: Vorländer, Karl: Immanuel Kants Leben. Leipzig: Meiner Verlag, 2. Aufl. 1921, S. 158.
2 Lessing, Gotthold Ephraim: Sämtliche Schriften. Hrsg. von Karl Lachmann. 3. Aufl. besorgt durch Franz Muncker. Bd. 18. Stuttgart: Göschen, 1886, S. 284.

S. 300, Aufgabe 2:
Ordnen Sie die Szene III,7 in den Gesamtzusammenhang von Lessings „Nathan der Weise" ein. (Berücksichtigen Sie auch Zeit und Ort der Handlung.)

Aus I,3 (der Derwisch berichtet als der neue Schatzmeister Saladins) und II,1 (Gespräch zwischen Saladin und seiner Schwester Sittah) wissen wir, dass Saladins Kasse leer ist und Sittah einen „Anschlag" auf Nathans Reichtum plant (II,3). Der Derwisch dagegen warnt Nathan, dem guten, aber verschwenderischen Sultan Geld zu leihen. Es ist zu befürchten, dass Nathan in Saladins Palast eine Falle gestellt wird, um an sein Geld zu kommen. (II,4) Bis in die Zeit der Aufklärung war die Frage nach der wahren Religion ein erprobtes Mittel, Menschen in die Enge zu treiben. Der „Muselman" Saladin fragt den weisen Juden: „Was für ein Glaube, was für ein Gesetz / Hat dir am meisten eingeleuchtet?" (III,5)

S. 300, Aufgabe 3:
Lessing antwortet auf die Vorwürfe der dogmatischen Theologen mit seinem Drama – vergleichen Sie damit Nathans Verhalten in der Szene III,7.

Im vorbereitenden Sammlungsmonolog (III,6) nimmt sich Nathan vor, in seiner Antwort „behutsam" vorzugehen: Er wird als Antwort ein Märchen erzählen. Lessing wurde das Feld des, mit Kant zu reden, öffentlichen Vernunftgebrauchs durch seinen Herzog verboten. Er schreibt „Nathan der Weise". Nathan weiß um die Bedeutung des öffentlichen Vernunftgebrauchs: „Möchte auch doch / Die ganze Welt uns hören." (↗ S. 297, V. 4 f.)
Saladin provoziert: „Ha! das nenn' / Ich einen Weisen! Nie die Wahrheit zu / Verhelen! für sie alles auf das Spiel / Zu setzen! Leib und Leben! Gut und Blut!" Nathans Antwort: „Ja! ja! wanns nötig ist und nutzt." (↗ S. 297, V. 6–10) Nathan verzichtet aus Vorsicht darauf, theologische Argumente vorzubringen. Lessing musste auf Anweisung des Herzogs notgedrungen verzichten. Lessing schreibt das Drama und gewinnt so ein öffentliches Forum auf unverbotenem Weg zurück. Nathan erzählt die Ringparabel.

S. 300, Aufgabe 4:
Charakterisieren Sie das Dialogverhalten Nathans und Saladins.

Saladin drängt und bedrängt Nathan, wird ungeduldig. Nathan ist sich der Gefahr bewusst, als Jude unglaubwürdig zu werden oder aber den christlichen und vor allem den islamischen Glauben herabzusetzen. Er bleibt ehrerbietig und vorsichtig, ohne sich um die Wahrheitsfrage zu drücken.

S. 300, Aufgabe 5:
Erläutern Sie, was Nathans Aussage „vor Gott und Menschen angenehm zu machen" bedeutet. Vergleichen Sie mit dieser Textstelle folgende Bibelstelle im Buch „Sprüche", Kapitel 3:

MEin Kind / Vergiss meins Gesetzes nicht / vnd dein hertz behalte meine Gebot. Denn sie werden dir langes Leben / vnd gute jar vnd Friede bringen / gnade vnd trew werden dich nicht lassen. Henge sie an deinen hals / vnd schreibe sie in die Tafel deines hertzen / so wirstu gunst vnd klugheit finden / die Gott vnd Mensch gefellet. VErlas dich auff den HERRN von gantzem hertzen / Vnd verlas dich nicht auff deinen Verstand / (Luther-Ausgabe letzter Hand von 1545, im Internet: http://www.bibel-online.net/bibel_5/20.sprueche/3.html)

Die 5. Aufgabe bereitet die Antwort auf die 7. Aufgabe vor. Zweimal trägt Nathan die Formel „vor Gott und Menschen angenehm" vor (↗ S. 297, V. 25 f., und S. 299, V. 127), sie ist ihm also besonders wichtig. Es geht bei der Frage nach der wahren Religion nicht darum, die besseren Gründe für die eine oder andere Religion vorzutragen, sondern darum, ein Verhalten zu zeigen, das gegenüber den Menschen moralisch und gegenüber Gott ehrfürchtig und vertrauensvoll ist.

S. 300, Aufgabe 6:
Vergleichen Sie Nathans Ringparabel mit der Ringparabel von Giovanni Boccaccios „Decamerone" (Erster Tag, 3. Geschichte, ↗ DVD).

In beiden Geschichten versucht Saladin, trickreich an das Geld des Juden zu kommen; am Ende werden sie durch die Weisheit der Erzählung des Juden Freunde. Ein wichtiger Unterschied der Geschichten liegt in der erwähnten Wirkkraft des Rings. Im Decamerone ist nur von der herausragenden Schönheit des Rings die Rede, bei LESSING auch von der „geheimen Kraft".
Außerdem führt LESSING einen weisen Richter ein; so erhöht er nicht nur die Spannung (wie die drängende Neugier Saladins zeigt), sondern formuliert ein weises Urteil im Streit der Religionen, ein Urteil, das nicht nur die strittige Gegenwart im Blick hat, sondern vor allem die Zukunft und damit die geschichtsphilosophische Perspektive einer Selbsterziehung durch den moralischen Wettstreit.

S. 300, Aufgabe 7:
Interpretieren Sie die Ringparabel als eine Antwort auf die Frage nach der wahren Religion.

Allzu oft wird die Ringparabel so gedeutet, als lege sie die Toleranz gegenüber den drei Weltreligionen Judentum, Christentum und Islam nahe. Das aber sagt der Text gar nicht aus. Für den Richter sind nicht alle Religionen gleich gültig. Duldung ist hier keine Gleichgültigkeit. LESSINGS Richter fällt überhaupt kein Urteil im Sinne einer theoretischen Wahrheit, sondern er sieht die Antwort im Bereich des praktischen Handelns. Auf diesem Feld beklagt er die Religionsgemeinschaften, insofern sie rechthaberisch die „Tyrannei des Einen Rings" vertreten (↗ S. 299, V. 146). „Jeder liebt sich selber nur / Am meisten?" (V. 132 f.) lautet der Vorwurf, als rhetorische Frage gemildert.

S. 300, Aufgabe 8:
Stellen Sie einen Zusammenhang her zwischen der Ringparabel und Lessings Äußerung, „der mitleidigste Mensch ist der beste Mensch". (Brief an Friedrich Nicolai, November 1756, ↗ DVD)

Entgegen der traditionellen, seit der Antike bis zur aufklärerischen Philosophie CHRISTIAN WOLFFS verbreiteten Auffassung, wonach die Ausbildung der Vernunft das Wesen des Menschen und des Menschlichen ausmache, entwickelt die Aufklärung mit ROUSSEAU und LESSING ein alternatives Menschenbild: dass der Mensch sich in seinen Gefühlen und seinem Handeln zeige – eine Wendung, die es erlaubt, Menschen unabhängig von ihrer Intelligenz wertzuschätzen und ihnen prinzipiell die gleiche Würde zukommen zu lassen.
Auch in der Ringparabel wird nicht eine sich wissenschaftlich rechtfertigende Theologie unterstützt, sondern ein moralisches Verhalten.

S. 300, Aufgabe 9:
„Dulden heißt Beleidigen." Erörtern Sie diese Aussage Goethes (in: Maximen und Reflexionen aus dem Nachlass ↗ DVD).

JOHANN WOLFGANG GOETHES Reflexion ist geeignet, einen oberflächlichen Begriff der Toleranz zu kritisieren, der auch gegen den Geist von LESSINGS Ringparabel verstößt. Jede Toleranz muss Grenzen ziehen, insbesondere gegen die Feinde der Toleranz, also gegen die „Tyrannei des Einen Rings", die nicht nur in orthodoxen Kreisen von Religionsgemeinschaften zu finden ist, sondern nicht weniger in terroristischen politischen Vereinigungen.

Die Vernunft und ihre Schatten
In diesem Kapitel geht es um zweierlei Schatten, die aufklärerische Vernunft in Bedrängnis bringen können. Zum Ersten besteht die Gefahr, dass die Vernunft alles Un- oder Widervernünftige ausblendet. Das war der Ansatzpunkt für die Romantiker, sich den rätselhaften Nachtseiten der Seele zuzuwenden.
Zum Zweiten droht die Vernunft ihre Ansprüche in zu großer Selbstgewissheit gegen die vermeintlich Unvernünftigen durchsetzen zu wollen; das Streben, vernünftige und menschliche Verhältnisse zu schaffen, schlägt dann in Unterdrückung um. Der hochmoralische ROBESPIERRE verkörpert diese Dialektik der Aufklärung – nachzulesen auch in GEORG BÜCHNERS Drama „Dantons Tod".

Zu GOYAS Capricho 43:
Der Begriff „capricho" kommt auch in der spanischen Ausgabe von HORAZ' „Ars poetica" vor; „caprichos" sind Satiren, die Abirrungen der Mernschen aufs Korn nehmen. Das Bild sollte zunächst das Titelblatt der Caprichos abgeben; dann wurde es in die Mitte des Werks platziert. Es gibt mehrere Vorzeichnungen. Auf der zweiten Vorzeichnung steht: „Der träumende Autor. Seine einzige Absicht ist, schädliche Gemeinheiten zu verbannen und

mit diesem Werk der Launen [caprichos] das unumstößliche Zeugnis der Wahrheit zu verewigen."[1]
GÜNTER GRASS hat in seinem Text „Der Traum der Vernunft" (abgedruckt S. 305 f.) 200 Jahre nach IMMANUEL KANTS Aufklärungsaufsatz GOYAS Radierung zu einer Selbstverständigung über die Fortwirkung der Aufklärung genutzt.

S. 301 Aufgabe 1:

Beschreiben Sie das Bild von Goya. (Was macht der Mensch? Welche Tiere sehen Sie? Woher kommen sie? Woher kommt die Dunkelheit, woher kommt das Licht? Wie wirkt der quadratische Block im Vordergrund? – Ein quadratischer Block gilt traditionell als Sitz der Tugend. Was erbringt dieser Hinweis für die Deutung des Bildes?)

S. 301 Aufgabe 2:

Interpretieren Sie den Titel des Bildes. Beachten Sie dabei, dass „sueño" sowohl mit „Schlaf" wie mit „Traum" übersetzt werden kann.

S. 301 Aufgabe 3:

Verfassen Sie eine Gesamtdeutung des „Caprichos". Als eine Anregung kann Ihnen Goyas Kommentar unter einer Vorzeichnung dieser Druckgrafik dienen: „Die Fantasie, von der Vernunft verlassen, bringt unmögliche Monster hervor. Vereint mit ihr, ist sie die Mutter der Künste und der Ursprung der Wunder." (Seipel, Wilfried/Schuster, Klaus-Peter [Hrsg.]: Francisco de Goya. Prophet der Moderne, Köln: Dumont, 2005, S. 35.)

Die Aufgaben 1 bis 3 lassen sich individuell beantworten; eine Orientierung bietet der Text von GÜNTER GRASS.
Hilfreiche Fragen wären: Woher kommen die Tiere? (Sind die Eulen und der Luchs Verbündete des schlafenden Künstlers? Oder sind sie Boten der Finsternis?) Woher kommt die Dunkelheit auf dem Bild? Woher kommt das Licht? Wer wirft das Licht auf die Szene? (Der Künstler GOYA als Illustrator, Beleuchter, Aufklärer?)

S. 301, Aufgabe 4:

Recherchieren Sie, welcher politisch engagierte Künstler oder Schriftsteller gegenwärtig die Tradition der Aufklärung fortsetzt, und ermitteln Sie, welche unvernünftigen Verhältnisse sich in seinem Werk niederschlagen. Stellen Sie sich vor, der auf Goyas Capricho Abgebildete sei diese Person. Verfassen Sie einen inneren Monolog des Künstlers in seinem halb wachen Zustand.

Die Aufgabe 4 ist von den Schülerinnen und Schülern *individuell* zu lösen.

Sehr umfassende Informationen findet man bei HELMUT JACOBS (↗ Weiterführende Literatur). JACOBS erwähnt u. a.,

dass es ein Gemeinplatz des 18. Jahrhunderts war, anzunehmen, dass die Begierden erwachen, wenn die Vernunft schläft. Eine endgültige Enträtselung des Caprichos kann und will auch JACOBS nicht bieten.
Instruktiv auch WERNER HOFMANN (↗ Weiterführende Literatur), mit GOYAS Capricho beschäftigt sich HOFMANNS Kapitel „Die Krankheit der Vernunft".

Weiterführende Literatur

Gregory, Stephan: Wissen und Geheimnis. Das Experiment des Illuminatenordens. Frankfurt a. M.: Stroemfeld Verlag, 2009.

Hofmann, Werner: Goya. Vom Himmel durch die Welt zur Hölle. München: C. H. Beck Verlag, 2003.

Jacobs, Helmut C.: Der Schlaf der Vernunft. Goyas Capricho 43 in Bildkunst, Literatur und Musik. Basel: Schwabe Verlag 2006.

Kiesel, Helmut/Münch, Paul: Gesellschaft und Literatur im 18. Jahrhundert. München: C. H. Beck Verlag, 1977.

Schulz, Gerhard: Die deutsche Literatur zwischen Französischer Revolution und Restauration. Erster Teil. 1789–1806. München: C. H. Beck Verlag, 2. neub. Aufl. 2000.

Thema: Aufklärung als unabgeschlossener Prozess

Didaktische Zielsetzungen

Was soll ich tun, was soll ich glauben?
Und was ist meine Zuversicht?
Will man mir meine Zuflucht rauben,
Die mir des Höchsten Wort verspricht?
So ist mein Leben Gram und Leid
In dieser aufgeklärten Zeit.

(Aufklärung. Fliegendes Blatt in Preußen. In: Achim von Arnim u. Clemens Brentano: Des Knaben Wunderhorn. Bd. 3, Stuttgart u. a.: Reclam Verlag, 1979, S. 166.)

Das oben stehende Gedicht versteht **Aufklärung** als eine Bewegung, die das Religiöse aus dem Bewusstsein der Gesellschaft zurückdrängen wollte. Frühe aufklärerische Bemühungen waren aber gerade bestrebt, Vernunft und Religion miteinander zu vereinbaren, im Glauben an das höhere Wesen jedoch nicht schicksalsgläubig zu erstarren, sondern der eigenen Tat und dem eigenen Verstand vertrauend zu wirken.

Zwar gab es Bestrebungen vor allem protestantischer Aufklärer Nord- und Mitteldeutschlands, die **Religion** auf eine Ethik der Vernunft zu reduzieren und ihre spi-

---

1 Seipel, Wilfried, Schuster, Klaus-Peter (Hrsg.): Francisco de Goya. Prophet der Moderne. Köln: Dumont Verlag, 2005, S. 15.

rituellen und mystischen Ebenen einfach abzutun, aber in den Gebieten Süddeutschlands und zum Teil auch in den anderen deutschen Reichsgebieten stimmten die stark religiös gesinnten Intellektuellen gerade deshalb ihr Klagelied gegen diese Tendenzen der Aufklärung an. **Rationalität** wurde als Krankheit angesehen und die **Vernunftkritik** war die Medizin dagegen. Nicht der bloße *Pragmatismus* der Aufklärung galt den Kritikern als erstrebenswert, sondern eine *Vernunft,* die Kritik nicht ausgrenzt. Die Befreiung der Vernunft von der Religion geht übrigens bereits auf AVERROES (1126–1198) zurück, der die **Philosophie** über die Theologie stellte. Trotz dieser antireligiösen Momente seines philosophischen Denkens galt er bis zu seinem Tode als zutiefst religiös. Dieser *Zwiespalt* zwischen Religiosität im Glauben und einer an Verstand und Vernunft ausgerichteten Philosophie polarisierte schon die Zeitgenossen der Aufklärung. Daher wundert es nicht, wenn THEODOR W. ADORNO (1903–1969) und MAX HORKHEIMER (1895–1973) eingedenk der Millionen Opfer einer nationalsozialistischen Rassenideologie gerade den Rationalismus einer heftigen Kritik unterzogen. Ihr Ruf nach „Eingedenken der Natur im Subjekt"[1] beklagt die Ablösung des Menschen von der sie umgebenden Natur. Allerdings, ihre Befürchtung, der Kapitalismus könnte sich weltweit und auf Dauer mit dem Nationalsozialismus verbünden (ADORNO nennt dies „die Dialektik von Kultur und Barbarei"[2]), ist so nicht eingetreten.

Wahrheitsfindung galt schon zur Zeit der Aufklärung als prozessualer Vorgang, der gleichzeitig individuell ist und per se als unabgeschlossen zu gelten hat. Die Wahrheit findet sich im dialektischen Prozess und FRIEDRICH HEINRICH JACOBI (1743–1818) machte dies in seiner Kritik an MOSES MENDELSSOHN (1729–1786) auf zweifache Weise deutlich: einmal, indem er auf die Argumente MENDELSSOHNS einging, andererseits auch durch seine Bemerkungen an seine unbekannte Freundin. Insofern fand er sich in den Traditionen seiner Zeit.

Aufklärung ist ein prinzipiell *unabschließbarer Prozess.* Vermeintliche Ergebnisse von Aufklärung können von jeder neuen Generation prinzipiell infrage gestellt werden. Und damit ist auch die **Gefahr des „Rückfalls in die Barbarei"** verbunden, denn die Geschichte hat gezeigt, dass menschliche Kultur (als deren Teile Bildung und Aufklärung zu verstehen sind) schon viele Male zerstört worden ist und Kulturen in den Dschungeln und Wüsten versunken sind. Das wirksamste Mittel gegen den Rückfall in die Barbarei scheint zu sein, sich, wie IMMANUEL KANT (1724–1804) sagt, „seines Verstandes [...] zu bedienen", also *Bildung als Mündigkeit* zu begreifen bzw.

mit ADORNO „Erziehung zur Mündigkeit"[3] anzustreben. Darin kommt ADORNO dem klassischen Bildungsideal sehr nahe.

> „Demokratie, die nicht nur funktionieren, sondern ihrem Begriff gemäß arbeiten soll, verlangt mündige Menschen. Man kann sich verwirklichte Demokratie nur als Gesellschaft von Mündigen vorstellen."[4]

Wenn neuere **Didaktiken** das *Lernen als einen lebenslangen Prozess* ansehen, so stützen und unterstützen sie den Gedanken von der Aufklärung als unabgeschlossenem Prozess.

Hinweise zu den Aufgaben

S. 305, Aufgabe 1:
Recherchieren Sie die zentralen Begriffe Vernunft, Wahrheit, Nützlichkeit im Zusammenhang mit dem Begriff der Aufklärung.

– Gott als einzige Vernunftinstanz, Vernunft als oberste Erkenntnisfähigkeit des Menschen (KANT)
– Menschliche Vernunft ist Teil einer Weltvernunft (HEGEL).
– Wahrheit ist relativ (SCHLEGEL).
– Es gibt eine unteilbare Wahrheit („wie ich denken soll, so, soll ich annehmen, denken auch andere", FICHTE).
– „Alle endlichen Dinge aber haben eine Unwahrheit an sich" (HEGEL).
– Das Wahre weist auf sich selbst und auf das Falsche hin (SPINOZA).
– Triumph der Wahrheit (MENDELSSOHN)
– Nützlichkeit = Utilitarismus: Jede Handlung soll das größte Glück ermöglichen.
– Infragestellung der Verwandtschaft von Schönheit und Nützlichkeit (MORITZ)
– Nützlichkeit sozialer Tugenden = Quelle der Moral einer Gesellschaft (HUME)
– Nützlichkeit der Bildung: Wohlstand (LEIBNIZ)
– Man kann niemals die Notwendigkeit der Existenz aus ihrer Nützlichkeit verständlich machen (NIETZSCHE).

Folgende Internetquellen könnten die Schülerinnen und Schüler zur Beantwortung der Aufgabe heranziehen:
– http://de.wikipedia.org/wiki/Vernunft
– http://www.textlog.de/5358.html
– http://www.zeno.org/Philosophie/M/ Kant,+Immanuel/Kritik+der+reinen+Vernunft/ Vorrede+zur+zweiten+Auflage
– http://www.textlog.de/5493.html
– http://www.textlog.de/34496.html

---

1 Adorno, Theodor W./Horkheimer, Max: Dialektik der Aufklärung. In: Max Horkheimer: Gesammelte Schriften, Bd. 5. Frankfurt/M.: Fischer Verlag, 1987, S. 64.
2 Vgl. dazu: Faber, Richard/Ziege, Eva-Maria (Hrsg.): Das Feld der Frankfurter Kultur- und Sozialwissenschaften nach 1945. Würzburg: Verlag Königshausen & Neumann, 2008, S. 22.

3 So der Titel eines Radiogesprächs, das Adorno mit Hellmut Becker führte.
4 Adorno, Theodor W.: Erziehung – wozu? Gespräch mit Hellmut Becker 1966. In: ders.: Erziehung zur Mündigkeit. – Vorträge und Gespräche mit Hellmuth Becker 1959–1969. Hrsg.: Gerd Kadelbach, Frankfurt/M.: Suhrkamp Verlag, 1971, S. 107.

- http://www.schuledesrades.org/palme/books/
  denkstil/?Q=1/1/3/0/0/1/110
- http://www.zeno.org/Philosophie/M/
  Fichte,+Johann+Gottlieb/Versuch+einer+Kritik+aller+
  Offenbarung/%C2%A7+6.+Materiale+Er%C3%B6rte
  rung+des+Offenbarungsbegriffs
- http://www.uni-kassel.de/~jweiss/LeitfadenZeital-
  ter01.pdf

S. 305, Aufgabe 2:
*Setzen Sie sich mit der Kritik Jacobis an Moses Men-
delssohn (↗ DVD) auseinander.*

Für die Beantwortung dieser Aufgabe sollten sich die
Schülerinnen und Schüler zunächst mit den Biografien
und philosophischen Anschauungen Jacobis und Mendelssohns auseinandersetzen.
Mendelssohn spricht im Zusammenhang mit einem etwai-
gen „Spinozismus" Gotthold Ephraim Lessings (1791–1781)
von den *Parteilichkeiten und Trakasserien* (Widerwärtig-
keit, Verdrießlichkeit) der sich gar nicht einig gewesenen
Aufklärer jener Zeit. Das deutet darauf hin, dass es kein
einheitliches aufklärerisches System im 18. Jahrhundert
gegeben hat. Diese Vermutung bestätigt sich beim Lesen
der Schriften Jacobis. Jacobi geht es um die Verteidigung
der Wahrheit, auch wenn sie nicht in das philosophische
System oder Weltgebäude anderer passt. Er unterstellt
Mendelssohn, die Wahrheit für sich gepachtet zu haben
und keine andere Wahrheit neben der seinen zu dulden.
Die Schüler könnten über Wahrheitsanspruch und Mei-
nungsfreiheit diskutieren und darüber, wie weit letztere
zu führen habe, z. B., ob die Gesellschaft extreme Meinungen auszuhalten habe oder ob Verbote das gesellschaftliche System schützen helfen.

S. 305, Aufgabe 3:
*Bereiten Sie einen Kurzvortrag vor zur Entstehungs-
und Wirkungsgeschichte der „Dialektik der Aufklärung" von Theodor W. Adorno/Max Horkheimer.*

- Die DdA wurde Anfang der 1940er-Jahre im kali-
  fornischen Exil geschrieben, geplant als Gemein-
  schaftsprojekt von Horkheimer, Adorno, Felix Weil
  (1898–1975) und Friedrich Pollock (1894–1970).
- Größere Aufmerksamkeit wurde ihr erst in den späten
  1960er-Jahren zuteil, bis dahin war der Band nur wenigen „Eingeweihten" bekannt.
- Die Rezeption der DdA fast 30 Jahre nach dem Entstehen ließ das Buch eher als ein historisch überlebtes
  Werk erscheinen, allerdings hat die Rezeption dazu
  geführt, sich immer wieder mit dem prozessualen
  Charakter der Aufklärung zu beschäftigen.

S. 305, Aufgabe 4:
*Vergleichen Sie Friedrich Heinrich Jacobis Aufklärungs-
kritik mit den Auffassungen Adornos/Horkheimers.*

Die Schüler werden herausfinden, dass sich bestimmte
Ansatzpunkte der Kritiken ähneln, dass aber die Voraus-

setzungen ihrer Entstehung völlig andere sind. Während
Horkheimer/Adorno sich in ihrer Kritik vor allem auf Karl
Marx (1818–1883) und Sigmund Freud (1856–1939) u. a. berufen können, also auf einen bereits reichhaltigen Kanon
der Philosophie/Kulturgeschichte, steht Jacobi am Beginn
der Aufklärungskritik. Gemeinsam ist ihnen, dass sie nicht
Aufklärungsskeptiker sind, sondern diskursiv in die Diskussion um die Aufklärung eingreifen wollen. Jacobi beklagt
den Verfall der Kultur des Dialogs, Horkheimer/Adorno be-
klagen den Verfall der Kultur des Dialogs *nach Auschwitz.*
Damit kommen sie zu unterschiedlichen Ergebnissen.
Adorno fordert eine „allgemeine Aufklärung, die ein
geistiges, kulturelles und gesellschaftliches Klima schafft,
das eine Wiederholung [von Auschwitz] nicht zulässt."[1]

S. 305, Aufgabe 5:
*Friedrich Schillers Brief an Herzog Christian Friedrich
von Augustenburg (↗ DVD) nennt Grundvorausset-
zungen, um „zum Licht der Vernunft" vorzudringen.
Diese scheinen heute – zumindest in Deutschland –
erfüllt. Ist deshalb die Aufklärung als abgeschlossen
zu betrachten? Stellen Sie Thesen zu diesem Problem
auf und erörtern Sie diese.*

Die Schülerinnen und Schüler sollten erkennen, dass jede
Generation sich neu mit diesen Problemen zu beschäftigen hat.
Aufklärung ist ein prinzipiell unabschließbarer Prozess
(↗ methodisch-didaktische Zielsetzungen).

Zu Günter Grass: Der Traum der Vernunft (1984)
Als Künstler, der selbst Radierungen schafft, und als Bürger,
der die NS-Zeit selbst erlebt hat und von ihr verführt wurde
(„wir als gebrannte Kinder", S. 305, Z. 21 f.), ist Günter
Grass (geb. 1927) besonders berufen, sich zum Verhältnis
von Kunst, Literatur und Politik zu äußern. (Dass Grass erst
2006 öffentlich davon sprach, dass er im Sommer 1944 in
die Waffen-SS eingetreten war, gab zu vielgewundenen
Diskussionen Anlass.) Wesentlichen Aussagen der Rede begegnet man in Gedichtform in Grass' Roman „Die Rättin",
5. Kapitel (Werkausgabe Luchterhand, Bd. VII, S. 169 f.).
Hier findet sich in der Reflexion auf das aufklärerische Programm einer „Erziehung des Menschengeschlechts" der
Gedanke, dass die Vernunft („der allmächtige Büchsenöff-
ner") der Natur das Chaos abgewöhnen wolle.

Seite 306, Aufgabe 1:
*Analysieren Sie den Text von Grass und stellen Sie die
Grundaussagen zusammen.*

Grass nennt den Untertitel des Caprichos, beschreibt
das Bild und weist dann auf die zwei Bedeutungen von
„sueño" hin: Traum und Schlaf. Aus der Doppelbedeu-
tung ergeben sich zwei Bilddeutungen, die Grass ausführt (Z. 7–23).

---

1 Adorno, Theodor W.: Erziehung nach Auschwitz. (1966) In: ders.: Erziehung zur Mündigkeit – Vorträge und Gespräche mit Hellmuth Becker
1959–1969. Hrsg.: Gerd Kadelbach, Frankfurt/M.: Suhrkamp Verlag,
1971, S. 95.

Die erste Interpretation („Der Traum der Vernunft erzeugt Ungeheuer") sieht, wie Menschen, die sich der Vernunftorientierung verschrieben haben, anfangen zu träumen; sie entwickeln weitreichende Ideen, wie die Menschheit beglückt werden kann –, wenn man sie zur Vernunft zwingt. Diese Interpretation entdeckt hinter der Vernunftherrschaft die Schreckensherrschaft, wie sie sich z. B. aus der Französischen Revolution entwickelt hat; GRASS nennt die beiden wirkungsvollsten Beispiele des 20. Jahrhunderts: Kapitalismus und Kommunismus.

In der zweiten Interpretation („Der Schlaf der Vernunft erzeugt Ungeheuer") wird die Aufklärung so verstanden, dass die Vernunft immer durch das Unvernünftige gefährdet sei, weshalb sie immer wach sein müsse. Das historische Beispiel für eine schlafende Vernunft: die NS-Zeit.

In der ersten Interpretation entsteht der Schrecken aus der Vernunft selbst, in der zweiten gegen die Vernunft. Im folgenden Abschnitt beginnt GRASS mit seiner „Gegenfrage" zur zweiten Interpretation seine eigene Position zur Aufklärung zu entwickeln. Er verteidigt das, was sichtbar wird, wenn die Vernunft schläft. (Man muss nicht erst an seine Romantitel „Der Butt" oder „Die Rättin" denken, um sich klarzumachen, was für den zeichnenden und bildhauernden Künstler sowieso naheliegt: dass ihn das Getier des Caprichos interessiert und er es mit Sympathie betrachtet.) Träume und Fantasien seien nötig.

Die Rückbesinnung auf die Verheißungen der Aufklärung (Z. 40–55) und die Enttäuschung dieser Verheißungen (Z. 56–58) lässt keine einfache Lösung zu. Gerade in der Gegenwart hat man besondere Gründe, enttäuscht zu sein: Die Vernunft der Menschen entwickelte verheerende Selbstvernichtungswaffen und bedroht mittlerweile die Natur (Z. 59–64).

Der Schluss der abgedruckten Auszüge der Rede deutet an, in welche Richtung sich die Aufklärung (und die „Erziehung des Menschengeschlechts") nach GRASS entwickeln sollte: zu einem größeren Respekt vor der (nicht vernünftigen) Natur.

S. 306, Aufgabe 2:
Beurteilen Sie die beiden von Grass angebotenen Deutungen von Goyas Bild (↗ S. 301).

Die Aufgabe ist von den Schülerinnen und Schülern *individuell* zu lösen.

S. 306, Aufgabe 3:
Nehmen Sie Stellung zu den Aussichten, das Erbe der Aufklärung für die Zukunft fruchtbar zu machen.

Die Aufgabe 3 ist von den Schülerinnen und Schülern *individuell* zu lösen.

Der **Kanon zur Aufklärung** ist seit über zweihundert Jahren relativ konstant (KANT: Was ist Aufklärung?, LESSING: Nathan der Weise usw.). Man könnte in einer Diskussion darüber reflektieren lassen, warum dies so ist oder ob nicht auch jede Generation die Pflicht hat, sich ih-

ren eigenen Kanon anzueignen bzw. den akzeptierten Kanon auf die eigene Weise zu interpretieren. Das Ziel der Lehre sollte der mündige Mensch sein, der nichts als gegeben hinnimmt, sondern das Überkommene hinterfragt.

S. 307, Aufgabe 1:
Informieren Sie sich über den Schriftsteller und Gelehrten Abdelwahab Meddeb und diskutieren Sie, ob und inwieweit er als „arabische Stimme" im Diskurs gelten kann.

S. 307, Aufgabe 2:
Diskutieren Sie die Chancen für einen aufgeklärten Islam heute. Begründen Sie Ihre Meinung.

Ein Schwerpunkt der Diskussion könnte sich am Begriff „Fundamentalismus" bzw. an dem von ABDELWAHAB MEDDEB (geb. 1946) genannten Begriff „Dogmatismus" reiben, der nicht nur für den Islam zutrifft, sondern auch auf Christentum und Judentum. Selbst das Zurückdrängen des islamischen Fundamentalismus wird Intoleranz im Denken nicht sofort auslöschen, wie der christliche Fundamentalismus zeigt. Ein weiterer Diskussionsschwerpunkt könnte sein, was unter „Rückbesinnung auf islamische Traditionen" gemeint sein und ob dies den Dogmatismus zurückdrängen könnte.

Weiterführende Literatur

Adorno, Theodor W.: Aufarbeitung der Vergangenheit. Originalaufnahmen aus den Jahren 1955 bis 1969. Gelesen von Theodor W. Adorno. Auswahl und Begleittext von Rolf Tiedemann. 5 CDs im Schuber, München: der hörverlag, 1999/2006.

Adorno, Theodor W.: Erziehung zur Mündigkeit – Vorträge und Gespräche mit Hellmut Becker 1959–1969. Hrsg: Gerd Kadelbach, Frankfurt/M.: Suhrkamp Verlag, 1971, 2008.

Bahr, Ehrhard (Hrsg.): Was ist Aufklärung? Thesen und Definitionen. Stuttgart: Reclam Verlag, 2004.

Albrecht, Clemens: Die Dialektik des Scheiterns. Aufklärung mit Horkheimer und Adorno. In: Zeithistorische Forschungen/Studies in Contemporary History, Online-Ausgabe, 1 (2004), H. 2, URL: http://www.zeithistorische-forschungen.de/16126041-Albrecht-2-2004.

Hopfner, Johanna/Winkler, Michael (Hrsg.): Die aufgegebene Aufklärung: Experimente pädagogischer Vernunft. Weinheim, München: Juventa Verlag, 2004.

Müller, Winfried: Die Aufklärung. Bd. 61 der Enzyklopädie deutscher Geschichte. München: Oldenbourg Wissenschaftsverlag, 2002.

Schmidt, Jochen (Hrsg.): Aufklärung und Gegenaufklärung in der europäischen Literatur, Philosophie und Politik von der Antike bis zur Gegenwart. Darmstadt: Wissenschaftliche Buchgesellschaft, 1989.

Vierhaus, Rudolf (Hrsg.): Aufklärung als Prozeß. In: Aufklärung. Interdisziplinäre Halbjahresschrift zur Erforschung des 18. Jahrhunderts und seiner Wirkungsgeschichte, Jg. 2, Heft 2, Hamburg: Meiner Verlag, 1988.

Die Berlinische Monatsschrift 1783-1811 finden Sie digitalisiert unter:
http://www.ub.uni-bielefeld.de/diglib/aufkl/berlmon/berlmon.htm.

3.1.3 Empfindsamkeit, Sturm und Drang

Didaktisch-methodische und fachliche Hinweise

Zum vorigen Kapitel wurde bereits erklärt, dass **Empfindsamkeit** sowie **Sturm und Drang** in ihrem Freiheitsstreben auch als Teilströmungen der Aufklärung angesehen werden können. In PER OLOV ENQUISTS Roman „Der Besuch des Leibarztes", er erzählt die Geschichte des Arztes und Aufklärers STRUENSEE am dänischen Königshof ab 1768, stellt der Erzähler fest, die Aufklärung habe ein rationales und hartes Gesicht, aber auch ein weiches; das harte: „Vernunftglauben und die Empirie in der Medizin, der Mathematik, der Physik und Astronomie"; das weiche: „Aufklärung als Gedankenfreiheit, Toleranz und Freiheit"[1]. Es gibt eine noch weichere Seite der Aufklärung: die Empfindsamkeit.

Ab dem letzten Drittel des 17. Jahrhunderts entwickelte sich der **Pietismus,** in Frankfurt a. M. begründet von JAKOB SPENER (1635–1705), dessen Zusammenkünfte zur verständlichen Bibelauslegung und zur frommen Lebensführung, die „Collegia pietatis" (ab 1679), den Spottnamen dieser evangelischen Gruppierung lieferten. „Pia desideria oder herliches Verlangen nach gottseliger Besserung der evangelischen Kirche" hieß die ab 1675 weitverbreitete Programmschrift SPENERS. Ein kirchengeschichtlich wichtiges Werk aus pietistischem Geist war die „Unparteiische Kirchen- und Ketzerhistorie" (1699–1715) von GOTTFRIED ARNOLD (1666–1714). Von SPENER inspiriert entwickelte AUGUST HERMANN FRANCKE (1663–1727) Halle zu einem Zentrum des Pietismus mit pietistisch-theologischer Fakultät an der 1694 gegründeten Universität (↗ Kap. 1.1.5, S. 67), Waisenhaus und Schulen. Hier konnten auch arme Kinder und Mädchen eine höhere Schulbildung erlangen. Andererseits verbot FRANCKE 1699 in Halle Opern- und Theateraufführungen. Ein Schüler der noch heute aktiven Franckeschen Stiftungen, NIKOLAUS LUDWIG GRAF VON ZINZENDORF (1700–1760), begründete die weltweit verbrei-

tete „Herrnhuter Brüdergemeine". Wesentlich waren die religiöse Toleranz und die Betonung der Gleichheit aller Christen und damit die Förderung des Laienchristentums, also die Emanzipation von der theologischen Orthodoxie. Voraussetzung war ein Erweckungserlebnis, eine persönliche Wiedergeburt zu einem gottgefälligen Leben (eine deutliche Distanzierung vom Prunk des Adels). Viele in der disparaten Pietistenbewegung neigten daher zur Weltflucht, zu einer weltabgekehrten Verinnerlichung.
Der Pietismus bereicherte die Literatur; Andachtslieder, Biografien, Autobiografien (großes Vorbild: die „Confessions" JEAN-JACQUES ROUSSEAUS), Tagebücher und Briefe waren naheliegende Ausdrucksformen der empfindsamen Seele, die zur Selbsterforschung, Ergriffenheit, Begeisterung und Melancholie neigt.

Neue Wörter wurden geprägt, z. T. aus der mittelalterlichen Mystik wiederbelebt, z. B. einleuchten, einsehen, ergreifen, ergriffen werden, nachempfinden, rühren, entzücken, schmachten, sich verlieren, begeistern, einprägen, durchdringen, durchströmen; reizend, heiter, zerstreut, zärtlich, selbstgefällig, herzerfreuend, herzinniglich; Selbstgefühl, Selbstbetrug, Selbstverleugnung, Fülle, Fülle des Herzens, Seelenfreund, Herzensfreund, Herzgefühl, Herzergießung, zu Herzen nehmen, Grund der Seele, Wonne der Wehmut, süße Melancholie, Drang, Trieb, Zug, Sammlung, Rührung, Heiterkeit, Niedergeschlagenheit, Zärtlichkeit, Wehmut, Empfindlichkeit, Einfluss, der innere Mensch, die gute/liebe/hohe/zarte/sanfte/heilige/schöne Seele. Viele Wörter haben sich nicht durchgesetzt, z. B. durchgöttern, himmelwärtsdenken, sich einglauben, liebebrennend, seelengut, abempfinden[2].

Aus dem Gleichnis von den klugen und den törichten Jungfrauen, die auf Christus als ihren Bräutigam warten (Matthäus 25, 1–13; vgl. das Adventslied „Wachet auf, ruft uns die Stimme"), wurde eine **Brautmystik** entwickelt, gemäß der die Braut Christi das Individuum ist, nicht, wie die orthodoxe Auslegung besagt, die Kirche.
Die **Verinnerlichung,** der Ausbau des inneren Raumes, ist eine Grundlage für die Identität der neuen Bürgerschicht – im Gegensatz zur Oberflächlichkeit des Adels (etwa im Rokoko). So stark der Individualismus befördert wurde, so entschieden wurde jede Form von Egoismus zugunsten der Forderung nach tätiger Nächstenliebe verurteilt.

Im Kapitel 3.1.3 lernen die Schülerinnen und Schüler u. a.,
- die Aufklärungsepoche nicht plakativ als eine rationalistische Epoche zu bezeichnen;
- den Einfluss von religiösen Veränderungen in ihrer Wirksamkeit auf die Sprache zu beobachten;
- religiöse Verinnerlichung und sprachliche Säkularisierungsprozesse in ihrem Beitrag für die Aufklärung zu würdigen;

---

1   Enquist, Per Olov: Der Besuch des Leibarztes. Roman. Aus dem Schwedischen von Wolfgang Butt. Fischer Taschenbuch Verlag. 5. Aufl. 2005, S. 115.

2   Vgl.: Langen, August: Der Wortschatz des 18 Jahrhunderts. In: Maurer, Friedrich/Rupp, Heinz (Hrsg.): Deutsche Wortgeschichte. Bd. 2. Berlin: Verlag Walter de Gruyter, 3. Aufl. 1974, S. 31–244, hier S. 71 ff.

- im Sturm und Drang die Herausbildung einer neuen Sprache wahrzunehmen;
- Goethes Leben in die verschiedenen literarischen Strömungen der Zeit einzuordnen;
- den Beginn weiblichen Schreibens im 18. Jahrhundert mit seinen Chancen und Hindernissen wahrzunehmen;
- das Konzept des Genies als neues literarisches Konzept im Unterschied zur handwerklichen Auffassung des Schreibens zu verstehen;
- Literatur als Erlebnisdichtung zu verstehen, aber auch die Grenzen dieses Literaturverständnisses zu beachten;
- verstiegene Gefühlsexaltationen sprachlich zu analysieren und in ihrer Ambivalenz zu würdigen;
- die Verflechtung von Literatur und Gefühlsausbildung zu erkennen;
- Literatur in ihrem sozialen Engagement wahrzunehmen und zu beurteilen.

Hinweise zu den Aufgaben

S. 310, Aufgabe 1:
Referieren Sie über den Pietismus und sein gesellschaftskritisches Potenzial im 18. Jahrhundert und in der Gegenwart.

S. 310, Aufgabe 2:
Produzieren Sie neue Wörter nach Lessings Rezept (↗ S. 308).

S. 310, Aufgabe 4:
Vergleichen Sie die Gesellschaftskritik bei La Roche mit der eines Werkes aus dem Sturm und Drang, z. B. Bürgers „Der Bauer", Leisewitz' „Die Pfandung" (↗ S. 292), Goethes „Prometheus" (↗ S. 314) oder Wagners „Kindermörderin" (↗ S. 321 ff.).

S. 310, Aufgabe 5:
Stellen Sie in Kurzvorträgen die Wirkmöglichkeiten von Schriftstellerinnen des 18. und 19. Jahrhunderts vor, z. B. Anna Louise Karsch, Sophie von La Roche, Bettina von Arnim, Karoline von Günderrode, Annette von Droste-Hülshoff.

Die Aufgaben 1, 2 und 4, 5 sind von den Schülerinnen und Schülern *individuell* zu lösen.

S. 310, Aufgabe 3:
Zeigen Sie, was eine empfindsame Seele in La Roches Romanauszug auszeichnet und auf welche Reaktionen sie stößt.

Die „Geschichte des Fräuleins von Sternheim" wirkt bis heute frisch; MARIE SOPHIE VON LA ROCHE (1730–1807) sprach in Briefen und am Hof französisch, ansonsten aber den heimatlichen bayrisch-schwäbischen Dialekt. Bei ihr findet man nicht die Versatzstücke des gelehrten Stils mit

mythologischen Anspielungen. Die Ich-Erzählerin ist – damals noch ungewöhnlich – eine Frau, nach dem Selbstbild der Autorin geschaffen, und auch ihren Namen trägt sie: Sophie. In einem späteren Werk erzählt die Autorin von der Entstehung des Romans: „Der Grund meiner Seele war voll Trauer; einsame Spaziergänge in einer lieblichen Gegend gossen sanfte Wehmuth dazu, und daraus entstand der gefühlvolle Ton, welcher in dieser Geschichte herrscht." (In: Melusinens Sommerabende, hrsg. v. C. M. Wieland, Halle 1806, S. XXVII)

Der abgedruckte Textausschnitt ist dem dritten Brief Sophies an ihre Freundin Emilie entnommen. Sophie wird darin direkt und indirekt, aus der Innen- und der Außensicht charakterisiert. Sie nimmt wahr, was der Fürst und die Hofleute offenbar nicht wahrnehmen (Z. 29 f.): wie ärmlich die Landbevölkerung ausschaut und in welchem Kontrast der Hof in seiner Pracht lebt. Sophie kommt deshalb „in Bewegung" (Z. 7), nicht in eine äußerliche (wie die der Spazierfahrt, Z. 1 f.), sondern ihre Seele wird bewegt, sie wird „mit Jammer" gefüllt (Z. 14), ihr „Herz ist aufgewallt" (Z. 20), das „edle, rechtschaffene" (Z. 23 f.), wie der englische Lord Seymour etwas gönnerhaft lobt. (Zum guten Ende des Romans werden sie sich vermählen.)

Im Unterschied zur Heldin des vorangegangenen bürgerlichen Erfolgsromans, CHRISTIAN FÜRCHTEGOTT GELLERTS (1715–1769) „Das Leben der schwedischen Gräfin von G ..." (1746–48) verharrt Sophie nicht im Gefühlsausdruck. Sehr selbstbewusst tritt sie der oberflächlichen Hoffestivität entgegen und brandmarkt sie als unmenschlich und hassenswert (Z. 15 f.).

Fräulein C. redet sich nichtssagend heraus (Z. 9) und will die Kritik ersticken (Z. 23). Lord Seymour schmeichelt der Anklägerin (Z. 24 f.) und bedient sich einer alten Ausrede: Der Fürst wisse von nichts (Z. 26 f.). Damit ist das Problem vorerst erledigt.

Die Romanheldin wird im weiteren Verlauf des Romans durch manche Verirrung schließlich von allem Egoismus geläutert, entwickelt (im Sinne pietistischer Ideale) selbstlos tätige Nächstenliebe und dient als Beispiel für den Erfolg einer vernünftigen Erziehung, die wiederum Vorbild für die Leserinnen sein soll.

Der Roman wurde unter den Leserinnen ein immenser Erfolg, fand aber auch unter den Stürmern und Drängern weithin Anerkennung. In späteren Jahren gingen CHRISTOPH MARTIN WIELAND (1733–1813), FRIEDRICH SCHILLER und JOHANN WOLFGANG GOETHE auf Distanz.

Zur Abbildung S. 311: Die Aufklärer suchen den natürlichen, den direkten Ausdruck – auch im Benehmen. Ihr abschreckendes Gegenbild: der Adel mit seiner Geziertheit und Verstellung, mit den Schäferspielen und Porzellanfiguren des Rokoko.

Bei SOPHIE DE LA ROCHE bereits wird Fräulein von Sternheim mit den später von FRIEDRICH SCHILLER thematisierten Begriffen idealisiert: „alle ihre Bewegungen Würde voller Anmut". (Sophie von La Roche: Geschichte des Fräuleins von Sternheim. Hrsg. von Barbara Becker-Cantarino. Stuttgart: Reclam, 1994, S. 275.)

Einen Schritt weiter geht Goethe in einem Brief an Johann Gottfried Herder: „Genug habt ihr was wider mich so sagts. Grad und Ernst, oder Bös, grinsend wies kommt." (Wetzlar, etwa 10. Juli 1772. Es ist derselbe Brief, in dem Goethe von Herders „Fragmenten" schwärmt (↗ die Erläuterungen zu Kap. 2.1.3).

Zu den Aufgaben S. 312 (Johann Wolfgang Goethe: Bekenntnisse einer schönen Seele): Johann Wolfgang Goethes Erfahrungen mit dem Pietismus kann man nicht nur in „Dichtung und Wahrheit" nachlesen, sondern auch in Briefen vom 8. September 1768 und vom 17. Januar 1769 an den Leipziger Theologiestudenten Ernst Theodor Langer (1743–1820), der Goethe den Pietismus nahegebracht hatte und ihm bei seinem körperlichen Zusammenbruch beigestanden hatte. (Die Briefe wurden erst 1922 in Wolfenbüttel gefunden.) Nun liegt der 19-jährige Goethe in Frankfurt lungenkrank (vermutlich mit Tuberkulose) danieder und erstattet Bericht. Er schildert pietistische Versammlungen, auch in seinem Elternhaus. Bei Kerzenschein betet man, liest Bibelsprüche, musiziert und singt Herrnhuter Lieder. Die Wirkung bleibt auch bei Goethe nicht aus: „Mich hat der Heiland endlich erhascht, ich lief ihm zu lang und geschwind, da kriegt er mich bei den Haaren. [...] Ich binn [sic!] manchmal hübsch ruhig darüber [...]." (Brief an Ernst Theodor Langer, 17. 1. 1769, in: Goethes Briefe und Briefe an Goethe. Hamburger Ausgabe in 6 Bänden, hrsg. v. Karl Robert Mandelkow. München: Verlag C. H. Beck, 4. Aufl. 1988, S. 84) In einem Brief an die „schöne Seele" Susanne von Klettenberg (1723–1774, eine Freundin von Goethes Mutter Catharina Elisabeth Goethe, geb. Textor, 1731–1808), konzipiert am 26. August 1770 in Straßburg, wohin der Gesundete zum Jurastudium aufgebrochen war, klingt es schon anders: „Mein Umgang mit denen frommen Leuten hier ist nicht gar starck [...]. Sie sind so von Herzen langweilig wenn sie anfangen, dass es meine Lebhaftigkeit nicht aushalten konnte." (Ebd. S. 115) In das Pfarrhaus in Sesenheim zog es ihn nicht aus religiösen Gründen. (↗ „Willkommen und Abschied", S. 315) – Eine Selbstkritik Goethes: seine Satire „Triumph der Empfindsamkeit" (1777). – Aber 1785 lernte Goethe in Adelheid Amalia Fürstin von Gallitzin (1748–1806) erneut eine Pietistin kennen, die ihn sehr beeindruckte; er besuchte sie auf der Rückreise von der „Campagne in Frankreich" in Münster/Westf. (06.–10. 12. 1792) und führte über zehn Jahre einen Briefwechsel mit ihr.

„Wilhelm Meisters Lehrjahre" erzählt in acht Büchern, wie der Kaufmannssohn Wilhelm durch das Leben erzogen wird. Am Ende des 5. Buches erfährt man, dass sich die Schauspielerin Aurelie nach einer Aufführung der „Emilia Galotti", in der sie die Rolle der Orsina mit äußerster Leidenschaft gespielt hatte (unter „Entblößung ihres innersten Herzens vor dem Publikum"), todkrank erkältet hat und stirbt. Vor ihrem Tod lässt sie sich von Wilhelm aus einem Manuskript vorlesen, das ihr Arzt „aus den Händen einer nunmehr abgeschiedenen vortrefflichen Freundin erhalten" hat. Der Arzt gab dem Manuskript den Titel „Bekenntnisse einer schönen Seele". Es macht das ganze 6. Buch des Romans aus. Auf Aurelie hat es eine besänftigende Wirkung.

S. 312, Aufgabe 1:
Erschließen Sie, wie sich in den „Bekenntnissen einer schönen Seele" „viel Empfindung" (Lessing) und Gedanken der Aufklärung sprachlich niederschlagen. Wo vermuten Sie in dieser Sprache eine dem Pietismus nachgesagte Säkularisierung religiöser Gefühle?

Aufklärerische Elemente:
– individuelle Emanzipation („völlige Freiheit", Z. 3)
– Berufung auf eigene Gewissheit (Z. 4) und Austausch von Argumenten (5 f.)
– Berufung auf Erfahrung (Z. 9, 14, 28)
– Zielsetzung des eigenen Glücks (Z. 6)

Pietistische Elemente:
– Emanzipation der Frau („mit männlichem Trotz", Z. 1)
– Vertrauen auf die eigene Gewissheit statt auf vorgegebene bzw. verwirrende, „aufdemonstrierte" Lehrmeinungen (Z. 4, 6 f., 9, 12, 13 f.)
– Betonung eines gelebten Glaubens (Z. 14 f.)
– Begründung des Glaubens in der inneren Begegnung mit Christus (Z. 21–30)
– Genuss tiefer Empfindungen („mein beträntes Gesicht", Z. 19)
– Andeutung eines Erweckungserlebnisses (Z. 15 f., 27)
– Brautmetaphorik im Verhältnis zu Jesus (Z. 23 f., 34)

Der Germanist Erich Trunz (1905–2001) hält die Zeilen 21 bis 26 für **authentische Zeugnisse** des Stils von Susanne von Klettenberg; Goethe war er durch die Gespräche und Briefe vertraut. (Kommentar der Hamburger Goethe-Ausgabe, Bd. 7, S. 768)

Eine **Säkularisierung der religiösen Gefühle** lässt sich bei allen oben genannten aufklärerischen Elementen des Textausschnitts unterstellen, insofern die Emanzipation des Individuums im religiösen Leben die Selbstbestimmung aufklärerischen Denkens unterstützt. Im zweiten Teil, wo es um das Glaubensverständnis geht, entdeckt man viele Züge, die das empfindsam entwickelte Herz in sein pantheistisches Naturerleben und seine intensivierte Liebeserfahrung bruchlos übertragen kann. Die revolutionäre Sprache von Goethes „Werther" verdankt dem Pietismus viel.

S. 312, Aufgabe 2.
Beschreiben Sie an Auszügen aus Friedrich Gottlieb Klopstocks (1724–1803) „Messias" (DVD) den Übergang von religiösem Pietismus zur literarischen Empfindsamkeit.

Die Aufgabe ist von den Schülerinnen und Schülern *individuell* zu lösen.
Es gab natürlich viele Stimmen, die die Strömung der **Empfindsamkeit** kritisch sahen.

MATTHIAS CLAUDIUS (1740–1815) beklagt im „Wandsbecker Boten", dass die Leute „dem Spinngewebe der Empfindelei nachlaufen und dadurch aller wahren Empfindung den Hals zuschnüren und Tür und Tor verriegeln". (Matthias Claudius: Asmus omnia sua secum portans, Ende des 4. Teils. In: Sämtliche Werke. München: Winkler Verlag, 7. Auflage 1991, S. 224.)

Der Aufklärungspädagoge JOACHIM HEINRICH CAMPE (↗ Lehrbuch, S. 313) unterscheidet zwei Bedeutungen von „Empfindsamkeit", eine der gesteigerten und eine der übersteigerten Sensibilität, schließlich noch eine der vorgetäuschten: „Empfindsamlichkeit" und leitet davon das Verb „empfindsameln" ab. (Campe: Wörterbuch zur Erklärung und Verdeutschung der unserer Sprache aufgedrungenen fremden Ausdrücke. Braunschweig 1801, S. 606 f.: Stichwort „Sensation")

Zu den Aufgaben, S. 314/315 oben (Kraft! Originalität! Genie! Das starke Herz): Vor dem politischen Hintergrund der absolutistischen Herrschaft bzw. Knechtschaft des Volkes, der Infragestellung der Standesgrenzen, der Individualisierung und Verinnerlichung des Menschen durch Pietismus und Empfindsamkeit wird es zum Problem, was das individuelle Subjekt jenseits der **Standesgrenzen** ausmacht. Der Sturm und Drang sieht sich mit dieser neuen Frage konfrontiert.

Carl Wild, FRIEDRICH MAXIMILIAN KLINGERS (1752–1831), genialischer Held in „Sturm und Drang" (1776) sagt von sich: „Ich bin zerrissen in mir, und kann die Fäden nicht wieder auffinden das Leben anzuknüpfen". (II, 2, ähnlich Blasius in IV, 6)

Der **Stürmer und Dränger** revoltiert gegen die bestehende Ordnung und die gesellschaftlichen Rollen, die sie anbietet; so findet er sich freigesetzt und ausgeschlossen. (Die Klassik wird versuchen, wieder einen neuen Begriff vom ganzheitlichen Menschen zu gewinnen und in die pädagogische Praxis eines humanistischen Bildungskonzepts umzusetzen.)

Was bleibt derweil neben der politischen Empörung? **Pantheistisches Naturempfinden.** Und: „O Zauberkraft der Lieb u. Freundschafft." (GOETHE an JOHANN CHRISTIAN KESTNER, 1741–1800, im November 1774. In: Briefe, Hamburger Ausgabe Bd. 1, S. 174) Das alles wird zu einer neuartigen Literatur, deren Autor sich gesellschaftlich und sprachlich als freigesetzt sehen muss und will und sich in die Rolle eines genialischen Schöpfers flüchtet, der den mitempfindenden Leser verlangt.

Der Sturm und Drang endete bald. Im „Teutschen Merkur" liest man 1785: „Das Wort Aufklärung fängt jetzt allmählich an, so wie die Wörter Genie, Kraft, gutes Herz, Empfindsamkeit und andere in üblen Ruf zu kommen." (Zit. bei Maurer/Rupp: Deutsche Wortgeschichte, Bd. 2, 3. Aufl., S. 59.)

JOHANN WOLFGANG GOETHE: „Prometheus" – abgedruckt ist die früheste Fassung, die erhalten ist, die von 1773. Es gab 1785 einen unautorisierten anonymen Erstdruck durch

FRIEDRICH HEINRICH JACOBI (1743–1819) in seinem Buch „Über die Lehre des Spinoza". (JACOBI befürchtete, dass GOETHES Ode oder gar das ganze Buch wegen der vehementen Religionskritik konfisziert würde. GOTTHOLD EPHRAIM LESSING hatte er das Gedicht noch kurz vor dessen Tod gezeigt und es hat ihm, zu JACOBIS Schrecken, gefallen. Der Text „Über die Lehre des Spinoza in Briefen an den Herrn Moses Mendelssohn" befindet sich auf der DVD unter „Texte > Werke > Üb-Ut", GOETHES Gedicht dort auf S. 6.) Der erste rechtmäßige Erstdruck findet sich in: Goethe's Schriften. Göschen 1789, 8. Band. Eine nur leicht geänderte Fassung schließlich in der Ausgabe letzter Hand bei Cotta 1827, 2. Band. Die abgedruckte frühe Fassung wirkt gegenüber den späteren unbekümmerter und wilder. Die Ode war wohl als Teil von GOETHES Dramenfragment „Prometheus" gedacht (↗ DVD: „Stoffe, Themen und Motive > Prometheus > Johann Wolfgang Goethe > Prometheus (Fragment)").

S. 314, Aufgabe 1:
Geben Sie den Inhalt von Goethes „Prometheus" gegliedert wieder.

Es gibt verschiedene Möglichkeiten der Gliederung, eine wäre die gemäß der jeweils im Vordergrund stehenden Person: der Himmelherrscher Zeus – das hilflose Kind – der neue Menschen schaffende Prometheus.
Eine andere Möglichkeit: die Gliederung gemäß den benutzten Tempora: Präsens – Präteritum (Strophen III und IV) – Präsens.

S. 314, Aufgabe 2:
Informieren Sie sich über die Figur des Prometheus in der griechischen Mythologie und stellen Sie Verbindungen zum lyrischen Ich des Gedichts her. Klären Sie, welche Rolle das lyrische Ich einnimmt und ob man hier von einem „Rollengedicht" sprechen kann. (↗ Kap. 1.5.3, S. 177)

Die literarische Wurzel des **Prometheus-Motivs** ist AISCHYLOS' „Der gefesselte Prometheus" (↗ DVD). Prometheus war der Sohn der von Zeus (dem „Vater der Götter und Menschen", so HOMER) besiegten Titanen. (Die Titanen waren die sechs Söhne und sechs Töchter des Uranos und der Gaia.) Prometheus formte aus Ton den Menschen nach dem Ebenbild der Götter, schloss gute und böse Eigenschaften in ihre Brust, und Athene blies ihnen den göttlichen Lebensatem ein. Prometheus lehrte die Menschen alle Künste. Er brachte ihnen sogar vom Himmel das Feuer (stellvertretend für Kultur überhaupt), das Zeus vor ihnen versteckt hatte. Um den Diebstahl zu rächen, schickte Zeus den Menschen die verlockend schöne Pandora mit einer Büchse voller Übel –, aber auch mit Hoffnung. Prometheus wurde bestraft, indem er an den Kaukasus geschmiedet wurde, wo ein Adler des Zeus täglich an seiner Leber fraß, bis Herakles den Adler tötete und Prometheus befreite. Später wurde Prometheus dann noch Berater der Götter.
Das **Rollengedicht** ist der Monolog einer fiktiven mythologischen Figur.

Bei ANTON ASHLEY COOPER, GRAF VON SHAFTESBURY (1671–1713) wird – wie später bei GOETHE – der schöpferische Dichter als wahrer Prometheus aufgefasst.

S. 315, Aufgabe 3:
Für Voltaire (1694–1778) war Prometheus als Lichtbringer ein Symbol der Aufklärung.
Vergleichen Sie die symbolische Bedeutung mit der des Halbgottes in Goethes Hymne.

Für VOLTAIRE (1694–1778) und GOETHE sind die naiv Gläubigen „hoffnungsvolle To(h)ren" (V. 19). Bei GOETHE ist Prometheus mehr als ein lichtbringender Aufklärer, er ist v. a. ein **Wesen der schöpferischen Tat**, die selbst wieder nahezu religiösen Charakter bekommt. Wo beim Aufklärer die Fackel der Vernunft leuchtet, glüht bei dem Stürmer und Dränger ein „Heilig glühend Herz" (V. 32, vgl. V. 25). Gerade in der letzten Strophe wird deutlich, dass dieses Menschenbild weit über den Verstand hinausreicht.

S. 315, Aufgabe 4:
Entwickeln Sie verschiedene Deutungsansätze, die Geste des Protestes gegen den Göttervater mit Anliegen der Stürmer und Dränger zu füllen. Erörtern Sie die Aktualität dieser Anliegen für uns.

Als Thema des Gedichts könnte man nennen: *Zum Umgang mit Autoritäten. Oder: Die Abgrenzung der Sphären von Himmel und Erde* (im Unterschied zum ansonsten im Sturm und Drang verbreiteten Pantheismus). – Einige Deutungsansätze seien hier angeboten:
a) individuelles Aufbegehren gegen die väterliche Autorität,
b) gesellschaftskritischer Vorstoß gegen die feudale Gesellschaftsordnung (Prometheus spricht Zeus, dann aber auch die Götter an),
c) Religionskritik (antiker Glaube und christlicher ungeschieden),
d) das neue Selbstverständnis des Künstlers als Genie,
e) das Selbstverständnis des Menschen als ein Erzeugnis seiner selbst.

S. 315, Aufgabe 5:
Beurteilen Sie, ob Goethes Prometheus als „Kraftmännchen" (in Campes Sinn, ↗ S. 313, Zeile 15) zu gelten hat.

Die Aufgabe ist von den Schülerinnen und Schülern *individuell* zu lösen.

S. 315, Aufgabe 6:
Erläutern Sie die Wirkung der damals noch neuen Form des Gedichts.

Zunächst einmal sieht man, dass diese früheste erhaltene Fassung des Gedichts sich um keine Rechtschreibung schert. Auch die Fragesätze enden hier noch mit einem Punkt, weil sie als rhetorische Fragen gemeint sind. Das Gedicht ist reimlos, in freien Rhythmen geschrieben. Die Strophenlänge ist in der Verszahl unterschiedlich. Die Sätze und Satzteile sind kaum durch Konjunktionen verbunden. Das Gedicht wirkt sehr impulsiv, regellos, kräftig, frei, frech, selbstbewusst. Eine extreme Ich-Bezogenheit: fünfmal das Personalpronomen „ich" (auch als Schlusswort), fünfmal die deklinierten Formen „mich" und „mir", achtmal das Possessivpronomen „mein". Sogar mit „du" spricht GOETHE nicht immer Zeus an, sondern auch sein eigenes Herz (V. 31).

S. 315, Aufgabe 7:
Vergleichen Sie diese frühe Fassung mit späteren Bearbeitungen Goethes. Nehmen Sie die Vergleiche zum Anlass, über die Bedeutung der Rechtschreibung und Zeichensetzung im Deutschen zu diskutieren.

Die Aufgabe ist von den Schülerinnen und Schülern *gemeinschaftlich* zu lösen.
Zwei Fassungen befinden sich auf der DVD (↗ Anhang, S. 204). Im Internet finden sich zahlreiche Quellen mit den unterschiedlichen Fassungen:
http://de.wikisource.org/wiki/Prometheus_(Gedicht,_frühe_Fassung) und http://de.wikisource.org/wiki/Prometheus_(Gedicht,_späte_Fassung)

Fassung von 1778:
http://freiburger-anthologie.ub.uni-freiburg.de/fa/fa.pl?cmd=gedichte&sub=show&noheader=1&add=&id=1100

Fassung von 1789:
http://freiburger-anthologie.ub.uni-freiburg.de/fa/fa.pl?cmd=gedichte&sub=show&add=&noheader=1&id=1101

Fassung von 1815:
http://freiburger-anthologie.ub.uni-freiburg.de/fa/fa.pl?cmd=gedichte&sub=show&add=&noheader=1&id=1623

Eine empfehlenswerte Anschlusslektüre ist GOETHES Gedicht „Ganymed" (1774) mit einer gänzlich anderen Haltung gegenüber Zeus, statt Anklage und Abkehr: Wille zur Hingabe. – Wenn man GOETHES „Prometheus" mit dem Prometheus-Gedicht (↗ DVD) etwa von GOTTFRIED AUGUST BÜRGER (1747–1794) vergleicht, werden Schüler leicht Qualitätsunterschiede entdecken und auch begründen können. (Literaturhinweis, ↗ Weiterführende Literatur: Hartmut Reinhardt)

Zu den Aufgaben S. 315 (Johann Wolfgang Goethe: Willkommen und Abschied, 1775): Die abgedruckte Fassung des Gedichts stammt aus dem Jahr 1775. Es gibt in der Hamburger Ausgabe (Bd. 1, S. 27) eine Fassung der ersten zehn Verse in einer Abschrift von FRIEDERIKE BRION (vermutlich von 1771); es beginnt so: „Es schlug mein Herz. Geschwind, zu Pferde!" Vers 6 heißt noch: „Wie ein getürmter Riese da". Interessant ist dann eine Änderung in der Fassung von 1789 (in „Goethe's Schriften", 8 Bände bei Göschen in Leipzig, 1787–1790), die Verse 25–30 heißen hier:

Doch ach! schon mit der Morgensonne
Verengt der Abschied mir das Herz:
In deinen Küssen, welche Wonne!
In deinem Auge, welcher Schmerz!
Ich ging, du standst und sahst zur Erden,
Und sahst mir nach mit nassem Blick:
In der früheren Fassung waren sie wohl noch gemein-
sam ein Stück gegangen, bevor sie sich verabschie-
deten und sie heimkehrte.

Hier sind die **Rollen** beim Abschied vertauscht, die Ge-liebte bleibt stehen, der Geliebte (der lyrische Sprecher) geht. Ein Anlass, mit den Schülern über Rollenverhalten und -klischees bei Abschieden nachzudenken.
Ein **Liebesgedicht**, das voller innerer und äußerer Bewe-gung ist und ganz vieles ausspart; wie eine Filmsequenz mit wenigen Einstellungen und harten Filmschnitten läuft die Szene ab. Zwei Strophen wird die Anreise ge-schildert, ein Ritt durch die Nacht (z. B. in zwei Stunden von Straßburg nach Sesenheim). Die Begegnung (3. Stro-phe) ist ganz auf das Gesicht konzentriert, der Abschied (4. Strophe) erneut auf den Blick.
Ein **Ansatz für eine ästhetische Debatte**: Bleibt die dritte Strophe im Vergleich mit den anderen nicht etwas blass?

S. 315, Aufgabe 1:
Analysieren Sie die Funktion der Naturbeschreibung in Goethes Gedicht.

Die **Szenerie der Natur** wird knapp skizziert: Nacht, Berge, Nebel, Eiche, Mond, Wolken, Wind – eine Landschaft, wie sie der Romantiker CASPAR DAVID FRIEDRICH (1774–1840) später oft gemalt hat. Schaut man sich die Verben für die Natur an (wiegen, hängen, stehen, sehen, scheinen, schwingen, umsausen, schaffen), fällt eine sich stei-gernde Bewegungsfülle auf, die die äußere Bewegung des Reiters und seine innere Bewegtheit unterstützt. Noch lebendiger wirken die vielen **Personifikationen**: Abend, Nacht, Eiche, Finsternis; das „Frühlings Wetter" bezeichnet nicht nur die Jahreszeit, es kann auch eine Metapher für die Morgenröte sein. (Die letzte Strophe beginnt in der Fassung von 1789 so: „Doch ach! schon mit der Morgensonne / Verengt der Abschied mir das Herz.") Die vitale Natur spiegelt die seelische Leidenschaft des Reiters; sie ist zwar auch der Widerpart („tausend Unge-heuer") des „Helden", aber sie grenzt ihn nicht ein, sie heizt ihn auf, provoziert seine (überhöht dargestellten) Kräfte. (Begrenzende Gegenkräfte, wie sie dem Stürmer und Dränger in der Gesellschaft begegnen, sind in dieser Natur nicht vorhanden. Eher in der Liebessituation, die dem Reiter keine Fortdauer zu erlauben scheint.)

Es gibt auch einen **Kontrast zwischen Innen und Außen,** er wird veranschaulicht im Kontrast der dunklen Nacht und der Innigkeit des erröteten Gesichts. Diskutieren lässt sich, warum der Mond, der traditionelle Seelenbegleiter, „kläglich" schaut; hat er eine Vorahnung vom bevorste-henden Abschied?

S. 315, Aufgabe 2:
Dieses Gedicht wird in der Tradition der Literaturwis-senschaft Wilhelm Diltheys (1833–1911) als Beginn der „Erlebnisdichtung" verstanden: Das lyrische Ich verzichtet auf konventionelle Rollen, es drückt sich unmittelbar aus.
Erläutern Sie anhand des Gedichts Diltheys Aussage: „So tritt er [Goethe] in die Aufklärungsdichtung als ein ganz fremdartiges Element, so daß auch Lessing ihn nicht zu würdigen vermochte. Seine Stimmungen schaffen alles Wirkliche um, seine Leidenschaften stei-gern Bedeutung und Gestalt von Situationen und Din-gen ins Ungemeine, und sein rastloser Gestaltungs-drang wandelt alles um sich in Form und Gebilde."
(Dilthey, Wilhelm: Goethe und die dichterische Phan-tasie. In: ders.: Das Erlebnis und die Dichtung, Leipzig: Reclam, 1988, S. 150.)

„Poesie ist Darstellung und Ausdruck des Lebens", (ebd. 149) auch wenn es vom Autor nicht beabsichtigt ist. Das ist WILHELM DILTHEYS (1833–1911) Literaturverständnis. An der angegebenen Stelle sagt DILTHEY: „Ihr [der Dichtung] Gegenstand ist nicht die Wirklichkeit, wie sie für einen erkennenden Geist da ist, sondern die in den Lebensbe-zügen auftretende Beschaffenheit meiner selbst und der Dinge. [...]"[1]

Mit DILTHEY wird nach einer Phase der positivistischen Literaturwissenschaft eine eher psychologisierende Tendenz eingeleitet. Schülern kommt eine solche Auf-fassung oft entgegen. Dem muss man entgegensetzen, dass in den Literaturanalysen Sprache und ihre Wirkung zu untersuchen sind, zumal das Seelenleben des Dich-ters nicht direkt erkennbar ist. Bei allen Brüchen und Verschiebungen zwischen Literatur und Leben gibt es doch lebendige Fäden, die die Literatur als je beson-dere Ausdrucksweise von Leben interessant macht. Wie niemandem vor ihm gelingt es GOETHE, in seine Gedichte einen **persönlichen Ausdruck** zu legen. Zum Teil beschreibt er selbst auch die Nähe seiner Dichtung zu seinem Leben. (Solche Verbindung von Leben und Literatur nehmen dann die meisten Zeitgenossen, z. B. der Weimarer Gymnasialdirektor KARL AUGUST BÖTTIGER, 1760–1835, zum Anlass, über GOETHES in der Zeitschrift „Die Horen" veröffentlichte „Römische Elegien" unap-petitlich zu lästern: „Die ‚Horen' müßten nun mit dem u gedruckt werden. Die meisten Elegien sind bei seiner Rückkunft im ersten Rausche mit der Dame Vulpius ge-schrieben. Ergo –"[2]

Der folgende Textausschnitt aus GOETHES Autobiografie liest sich wie ein **Hintergrundbericht** zum Kondensat von „Willkommen und Abschied".

---

[1] Dilthey, Wilhelm: Goethe und die dichterische Phantasie. In: ders.: Das Erlebnis und die Dichtung, Leipzig: Reclam Verlag, 1988, S. 150.
[2] Karl August Böttiger in einem Brief an Friedrich Schulz am 27. Juli 1795. In: Otto, Regine/Wenzlaff, Paul Gerhard (Hrsg.): Goethe in ver-traulichen Briefen seiner Zeitgenossen. 3 Bde., Bd. 2. Berlin: Aufbau Verlag, 1979, S. 41 f.

Aus: Johann Wolfgang von Goethe, Aus meinem Leben. Dichtung und Wahrheit, 3. Teil, 11. Buch

Ich glaubte eine Stimme vom Himmel zu hören und eilte, was ich konnte, ein Pferd zu bestellen und mich sauber herauszuputzen. Ich schickte nach Weyland, er war nicht zu finden. Dies hielt meinen Entschluss nicht auf, aber leider verzogen sich die Anstalten, und ich kam nicht so früh weg, als ich gehofft hatte. So stark ich auch ritt, überfiel mich doch die Nacht. Der Weg war nicht zu verfehlen, und der Mond beleuchtete mein leidenschaftliches Unternehmen. Die Nacht war windig und schauerlich, ich sprengte zu, um nicht bis morgen früh auf ihren Anblick warten zu müssen. Es war schon spät, als ich in Sesenheim mein Pferd einstellte. Der Wirth, auf meine Frage, ob wohl in der Pfarre noch Licht sey, versicherte mich, die Frauenzimmer seyen eben erst nach Hause gegangen; er glaube gehört zu haben, daß sie noch einen Fremden erwarteten. Das war mir nicht recht; denn ich hätte gewünscht der einzige zu seyn. Ich eilte nach, um wenigstens, so spät noch, als der erste zu erscheinen. Ich fand die beiden Schwestern vor der Thüre sitzend; sie schienen nicht sehr verwundert, aber ich war es, als Friederike Olivien in's Ohr sagte, so jedoch, daß ich's hörte: „hab' ich's nicht gesagt? da ist er!" [...]

Ich war gränzenlos glücklich an Friedrikens Seite [...]. Wir schienen allein für die Gesellschaft zu leben und lebten bloß wechselseitig für uns. [...] alle hypochondrischen, abergläubischen Grillen waren mir verschwunden, und als sich die Gelegenheit gab, meine so zärtlich Geliebte recht herzlich zu küssen, versäumte ich's nicht, und noch weniger versagte ich mir die Wiederholung dieser Freude.

[...] In solchem Drang und Verwirrung [der nach dem Examen am 6. August 1771 anstehenden Rückreise nach Frankfurt] konnte ich doch nicht unterlassen, Friedriken noch einmal zu sehen. Es waren peinliche Tage, deren Erinnerung mir nicht geblieben ist. Als ich ihr die Hand noch vom Pferde reichte, standen ihr die Thränen in den Augen, und mir war sehr übel zu Muthe.

(Goethe's Werke. Vollständige Ausgabe letzter Hand. Bd. 26. Stuttgart und Tübingen: Cotta'sche Buchhandlung 1929, S. 10–83.)

GOETHES **Erlebnislyrik** sollte man vergleichen mit Liebeslyrik aus dem Barock, dem Rokoko und der Aufklärung: Man sieht einerseits die Moralisierung der Lyrik durch den Pietismus. Andererseits merkt man bei GOETHE einen viel persönlicheren Ton und den Verzicht auf eine formelhafte und belehrende Rhetorik.

Zu den Aufgaben S. 320 (Johann Wolfgang Goethe: Die Leiden des jungen Werthers, 1774): Im August 1771 von Sesenheim in das Elternhaus zurückgekehrt, sieht sich GOETHE, der „Wanderer" (eine Bezeichnung, die man ihm in seinem neuen Darmstädter Pietistenkreis zugelegt hatte), so: „Der Wanderer war nun endlich gesünder

und froher nach Hause gelangt als das erste Mal, aber in seinem ganzen Wesen zeigte sich doch etwas Ueberspanntes, welches nicht völlig auf geistige Gesundheit deutete." (Goethe's Werke. Vollständige Ausgabe letzter Hand. Bd. 26. Stuttgart und Tübingen: Cotta'sche Buchhandlung 1929, S. 91, „Dichtung und Wahrheit. Dritter Theil", Beginn des 12. Buchs.)

Mitte Mai 1772 geht er als Praktikant nach Wetzlar an das Reichskammergericht, lernt am 9. Juni die 19-jährige CHARLOTTE BUFF (1753–1828) auf einem Ball kennen und verliebt sich in sie, die nach dem Tod ihrer Mutter zehn jüngere Geschwister versorgt.

Davor hatte GOETHE noch in Frankfurt seine Anwaltszulassung bekommen und sich mit der **Hinrichtung der Kindsmörderin** SUSANNA MARGARETHA BRANDT (1746–1772) befasst, Auszüge aus „Ossian" übersetzt, die Rede „Zum Schäkespears Tag" geschrieben, den „Götz" verfasst, einen Darmstädter Pietistenkreis besucht, SOPHIE VON LA ROCHE und ihre Tochter MAXIMILIANE kennengelernt. (Letztere leiht der Lotte im „Werther" einige Züge.)

Am 16. August drängt GOETHE LOTTE einen Kuss auf und wird unwillig abgewiesen, nur Freundschaft sei möglich. Bereits am 11. September, nach nur dreimonatiger Geselligkeit mit LOTTE und ihrem Verlobten CHRISTIAN KESTNER, nimmt GOETHE Abschied von Wetzlar. Ende Oktober 1772 tötet sich KARL WILHELM JERUSALEM (das Urbild des jungen Werthers, 1747–1772) in Wetzlar. Am 04.04.1773 heiratet CHARLOTTE BUFF ihren Verlobten.

Am 1. Februar 1774 beginnt GOETHE, den „Werther" zu schreiben, in vier Wochen ist er im Wesentlichen fertig. Noch 1774 erscheinen drei Drucke. 1775 veröffentlicht der Aufklärer FRIEDRICH NICOLAI (1733–1811) eine Satire: Leiden und Freuden Werthers des Mannes (↗ Anhang S. 209). Im gleichen Jahr wird der „Werther" schon ins Französische übersetzt, andere europäische Sprachen folgen bald danach.

Am 26. August 1774 schreibt GOETHE in einem Brief an LOTTE: „[...] und am Endlichen Ende war doch Lotte und Lotte und Lotte und Lotte und Lotte, und ohne Lotte nichts und Mangel und Trauer und der Todt. Adieu Lotte. kein Wort heut mehr." Auch der „Werther", wie das Gedicht „Willkommen und Abschied", ist für viele ein Paradebeispiel für Literatur, die als **Erlebnisdichtung** verstanden wird.

Im eben zitierten Goethe-Brief, tags darauf fortgesetzt, nennt er seinen Roman „ein Gebetbuch". Der Roman lebt von der **Sprache eines säkularisierten religiösen Empfindens.**

Im Gespräch mit seinem Sekretär JOHANN PETER ECKERMANN (1792–1854), so erzählt jedenfalls letzterer, habe GOETHE gestanden, er habe sein Jugendwerk, nachdem es gedruckt war, nur noch ein einziges Mal selbst gelesen. „Es sind lauter Brandraketen!" Er fürchte bei einer Lektüre in den damaligen pathologischen Zustand zurückzufallen. „Gehindertes Glück, gehemmte Tätigkeit, unbefriedigte Wünsche" gäbe es zu allen Zeiten, insofern könne jeder in seinem Leben eine Zeit haben, „wo ihm der ‚Werther' käme, als wäre er bloß für ihn geschrieben". (Johann Peter Eckermann: Gespräche mit Goethe in den letzten Jahren seines Lebens. Hrsg. v. Fritz Bergemann. Frankfurt/M.: Insel Verlag 1992. Dritter Teil, S. 506 f.)

S. 320 Aufgabe 1:
Lesen Sie den Text laut und untersuchen Sie die Funktion der von unseren heutigen Regeln abweichenden Satzzeichen. Tauschen Sie sich darüber aus, was Sie von Werthers Lebensweise und Sprache trennt.

Die Aufgabe ist von den Schülerinnen und Schülern *individuell* zu lösen. Dazu kann man eine Textstelle austeilen, aus der die Satzzeichen getilgt sind; die Schülerinnen und Schüler können versuchen, selbst Satzzeichen im Stile Werthers zu setzen.
Die Satzzeichen berücksichtigen eher Atempausen als grammatische Konstruktionsglieder. Gedankenstriche können Pausen markieren (↗ S. 317, Z. 41), Einschübe einfassen, ansonsten markieren sie kein weiteres Nachdenken, sondern abgebrochene Gedanken. An einer Stelle sagt er gar, sich selbst verkennend: „Ich mache nicht gern Gedankenstriche.“

S. 320 Aufgabe 2:
„Die Leiden des jungen Werthers“ ist ein Briefroman – bis zu diesem sind nur Briefe eines Ich-Erzählers gemeinsam mit denen des antwortenden Adressaten zu lesen. Diskutieren Sie, welche Wirkung Goethe erzielt, indem er keine Antwortbriefe beifügt.

Der „Werther“ ist zwar ein Briefroman, allerdings mit einer ganz einseitig-subjektiven Perspektive, weil wir keine Briefe des Adressaten zu lesen bekommen. Werther fordert auch keine Antwortbriefe, er neigt eher zur monologischen Form eines Tagebuchs. So werden wir von Werthers Perspektive gefangen gehalten und sind gezwungen, mit ihm mitzuleiden.
Das Vorwort des fiktiven Herausgebers und sein Bericht, der Werthers letzte Wochen und seinen Selbstmord schildert, gibt dem subjektiven Innenleben einen objektiven Halt, aber ein allwissender Erzähler ist auch er nicht. Aus ihm spricht die Stimme der Vernunft, die den Leser in ein gesellschaftlich angepasstes und mögliches Leben zurückholt, aus dem Werther sich selbst und die Gesellschaft Werther längst ausgeschlossen hat. Daher wird er auch ohne einen Geistlichen begraben, als gälte es, ihn aus dem Gedächtnis der Gesellschaft zu tilgen.
Briefromane waren im 18. Jahrhundert verbreitet, eine Mode, die vorzugsweise aus England kam und von ROUSSEAUS „Nouvelle Héloise“ (1761). SOPHIE VON LA ROCHES „Geschichte des Fräuleins von Sternheim“ (↗ Lehrbuch, S. 309 f., ↗ Anhang S. 208) war drei Jahre zuvor sehr erfolgreich veröffentlicht worden.

S. 320 Aufgabe 3:
Erörtern Sie, ob der „Werther“ nicht besser als Drama hätte geschrieben werden können oder als Drehbuch für einen Film. Vergleichen Sie Plenzdorfs aktualisierende Verfilmung (1968/69) und die Dramatisierung „Die neuen Leiden des jungen W.“ (UA 1972).

Hätte GOETHE den Werther als Dramenfigur geschrieben, bestünde die Gefahr, dass das Monologische in Werthers Sprechen zu kurz käme.
Eine Unterrichtsreihe zu ULRICH PLENZDORFS Film: http://www.kerber-net.de/literatur/deutsch/prosa/plenzdorf/neue_leiden.htm
Es gibt einen neueren sehenswerten Werther-Film: WERTHER. Nach Johann Wolfgang von Goethe. Theaterfilm 2008. Buch und Regie: Uwe Janson.

S. 320 Aufgabe 4:
Analysieren Sie die Handlungsorte des Werther-Romans im Unterschied zur höfischen Welt.

Handlungsorte sind die einsame Natur (↗ S. 316, 319), die Schwelle zum Vorraum in einem einfachen Haus (Brotschneideszene), das Fenster (beim Gewitter), das Innen und Außen verbindet, die „Stube einer geringen Bauernherberge“, Orte also, die der höfischen Welt fern, ja entgegengesetzt sind und einfache, natürliche und starke Gefühle zulassen.

S. 320 Aufgabe 5:
Suchen Sie im Text nach Hinweisen dafür, dass Werther ein „empfindsamer“ Mensch ist, erfasst vom Geist des „Sturm und Drang“, und als Genie ein Außenseiter der Gesellschaft.

Werthers Empfinden ist ungewöhnlich intensiv. Werthers Naturempfinden ist säkularisierte Religion. Er benutzt schon im ersten hier abgedruckten Brief (dem zweiten des Romans) lange Satzperioden. Unentwegt findet er Gelegenheit, über sich zu sprechen. Dabei ist er allein, fern der Geliebten, fern der Gesellschaft, fern der Arbeitswelt, aber sehr nah der Natur. Wie schon der vorbildhafte FRIEDRICH GOTTLIEB KLOPSTOCK (1724–1803) in seiner Ode „Die Frühlingsfeier“ beschaut Werther den Mikrokosmos. Wie KLOPSTOCK überhöht er die Natur durch religiöse Sprache. Er staffiert die Natur mit Elementen aus, die bereits in „Willkommen und Abschied“ ihre Wirkung entfaltet haben: der Frühling, der Mond, der dampfende Nebel, die Finsternis, der Wald. Die Natur wird zur Offenbarung des Unendlichen, des Göttlichen. Die Seele als Spiegel des unendlichen Gottes ist ein pietistisches Motiv. Viele Ausdrücke sind aus der pietistischen Sprache gewonnen, z. B. „ruhiges Dasein“, „das innere Heiligtum“, „ewige Wonne“; im nächsten Brief z. B. „Zug ihres Selbst“, „abseitwärts“, „Fülle“, „tränenvoll“, „Vergötterung“.

S. 320 Aufgabe 6:
Untersuchen Sie, wie in den Briefen über Gefühle gesprochen wird. (Beachten Sie dabei auch die Funktion des Weinens.)

Die **Sprache der Briefe** ist zumeist aufgeregt und enthusiasmiert, was den Leser zum Miterleben und Mitleiden auffordert. Es gibt Apostrophe, Anakoluthe, Wortwiederholungen. Der Buchstabe gilt Werther, wie allen Stürmern und Drängern, als kalt im Vergleich mit dem warmen Herz.

Werther weint oft und gern. Es ist Ausdruck intensiven Fühlens und bezeugt ein Leiden und Mitleiden, das über die Alltagserfahrungen hinaushebt. Im Barock und im Rationalismus galt noch die Tugend der Selbstbeherrschung. Die neue Generation der Empfindsamen und der Stürmer und Dränger sieht im Weinen einen unverstellten Ausdruck und eine Reinigung.

In den „Zahmen Xenien" schrieb noch der alte GOETHE: „Ein Mann, der Tränen streng entwöhnt, / Mag sich ein Held erscheinen; / Doch wenn's im Innern sehnt und dröhnt, / Geb ihm ein Gott – zu weinen."[1]

S. 320 Aufgabe 7:
Untersuchen Sie anhand der Werther-Briefe den Zusammenhang zwischen Lieben und Kommunikation sowie zwischen Lieben und Naturerleben.

Einige Stichworte zu **Lieben und Kommunikation**: Zweifel an der Möglichkeit, das Gefühl der Liebe in Sprache ausdrücken zu können. Andererseits kann man den Verdacht hegen, dass Werther seine Liebe zu Lotte schreibend intensiver entwickelt und konstruiert als im Leben. Weil er aber im Leben seine Wünsche nicht erfüllen kann (und das liegt nicht nur an Lotte, sondern auch an ihm selbst und seiner Weltfremdheit), bleibt ihm die Wunscherfüllung nur im Traum: Er erschrickt vor dem Traum, in dem er Lotte geliebt (oder gar vergewaltigt?) hat.

Lieben und Natur: Die Natur ist für Werther und die Empfindsamen ein Spiegel der Seele. Umgekehrt heißt das, dass wir auf Natur angewiesen sind, nicht nur aus kreatürlichen, sondern auch aus seelischen Gründen. Bei Werther wird am Ende die Natur allerdings reduziert auf die Widerspiegelung seiner Zerrissenheit und eine kompensierende Allmachtsfantasie: „die Wolken zu zerreißen, die Fluten zu fassen!" (↗ S. 319, Z. 71)

S. 320 Aufgabe 8.
Erschließen Sie die Funktion der Literatur in Werthers Beziehung zu Lotte. Berücksichtigen Sie auch das Romanende: Man findet den toten Werther. „Emilia Galotti lag auf dem Pulte aufgeschlagen." Stellen Sie den Bezug zwischen Goethes Roman und Lessings Drama „Emilia Galotti" (DVD) her.

Im Brief vom 16. Juni erwähnt Werther, dass er eine Herzensbekanntschaft gemacht habe; tatsächlich hat GOETHE LOTTE am 4. Juni 1772 auf einem Ball kennengelernt. Im Roman stellt sich eine intensive Nähe durch ein Wort her: „Klopstock!" Auch das Klopstock-Gewitter wird bemüht. Da kommt es zum ersten, noch nicht zudringlichen Kuss. Diese erotische Geste gilt fast mehr der Seligkeit gemeinsamer Literaturverbundenheit als einer realen Person. Es gibt ein Vorbild solchen Verhaltens in DANTES

„Göttlicher Komödie" (Hölle, Ende des 5. Gesangs): Francesca und Paolo lesen gemeinsam, schauen sich in die Augen und an einer Stelle küssen sie sich dann. „Wir lasen keine Silbe mehr darin." Bei Werther und Lotte kommt es nicht so weit. Die pietistische Wassermetaphorik („der herrliche Regen", „versank", „Strome von Empfindungen", „ausgoß") schwemmt selbst die Erotik mit sich weg bzw. sublimiert sie zur Anrufung des Allmächtigen. Auch als Schreibender verhält sich Werther bewusst auf eigene Weise: nicht als geordnet Erzählender, als „Historienschreiber", sondern als jemand, der Gefühlen (↗ S. 316, Z. 28 f.) und spontanen Impulsen nachgibt (↗ S. 317, Z. 42, 46 f.) und auf Verständlichkeit weder abzielt noch hoffen will.

Mit der „Emilia" klingt das **Motiv der Selbsttötung** an – im 18. Jahrhundert noch als Todsünde gebrandmarkt. Wie bei Emilia ist bei Werther keine Koexistenz mehr von Fühlen und gesellschaftlichem Leben möglich.

Zusatzaufgabe:
Referieren Sie über den (auch bei Werther) immensen Erfolg der Heldendichtung „Ossian" von 1760, die angeblich von einem gälischen Barden geschrieben, tatsächlich von dem Schotten James Macpherson gefälscht wurde, was aber erst 1805 – neun Jahre nach seinem Tod – entlarvt wurde.

Der Brief vom 12. Oktober im 2. Buch beginnt mit der Feststellung: „Ossian hat in meinem Herzen Homer verdrängt." HOMER steht für die griechische Sonne, für Klarheit, Kraft und Gesundheit. In diesem Brief wird deutlich wofür Ossian bei Werther steht: für Dunkelheit, Nebel, Kraftlosigkeit, Melancholie, Ermattung und Tod.

S. 320 Aufgabe 9:
Referieren Sie zur Entstehung des „Werthers" und zu Goethes Distanzierung von den „hypochondrischen Fratzen" das 13. Buch in „Dichtung und Wahrheit". Setzen Sie sich mit dem Werther-Kult (z. B. der Kleidung: blauer Frack, gelbe Weste, Stiefel) und den Verlockungen zur Nachahmung des Selbstmordes auseinander.

Wegen der Verherrlichung des Selbstmordes war die Kirche gegen den Werther. Er wurde z. B. in Leipzig, Bayern und Österreich auf den Index gesetzt. Für andere wiederum ist er ein Märtyrer, der als Vorbild zur Nacheiferung anzieht. Die häufig zu lesende Behauptung, der „Werther" habe eine Selbstmordwelle ausgelöst, ist empirisch wohl kaum haltbar; allzu schnell mag man wohl mehr auf Selbsttötungen geachtet haben und sie gerne mit „Werther" in Verbindung gebracht haben. Es gab wohl die Werther-Mode und Pilgerfahrten zum Grab JERUSALEMS.

1777/78 schrieb GOETHE mit dem satirischen Drama „Der Triumph der Empfindsamkeit" eine deutliche Distanzierung vom „Werther" wie auch z. B. von der neuen Mode des „empfindsamen" englischen Gartens, die er selbst in Weimar mitgemacht hatte. Die Satire ließ er erst 1787 drucken. Im selben Jahr bearbeitete GOETHE

---

1 Goethe, Johann Wolfgang von: Zahme Xenien III. In: ders.: Berliner Ausgabe. Poetische Werke [Band 1–16], Band 1, Berlin: Aufbau Verlga, 1960 ff., S. 666.

den „Werther" neu; er tilgte einige Modeerscheinungen des Sturm und Drang, so etwa das Genitiv-S im Namen Werthers. (Zum komplexen Problem der richtigen Textfassung des „Werther": Trunz, Hamburger Ausgabe, Bd. 6, S. 602–605.)

Später war GOETHE dann wieder gnädiger mit seinem frühen Roman. Er schreibt am 3. Dezember 1812 seinem Freund CARL FRIEDRICH ZELTER (1758–1832), der gerade den Selbstmord seines Stiefsohns zu verarbeiten hat: „Daß alle Symptome dieser wunderlichen, so natürlichen als unnatürlichen Krankheit auch einmal mein Innerstes durchrast haben, daran läßt Werther wohl niemanden zweifeln. Ich weiß recht gut, was es mich für Entschlüsse und Anstrengungen kostete, damals den Wellen des Todes zu entkommen [...]."[1] GOETHE las, entgegen seiner sonstigen Gewohnheit, nie aus dem „Werther" vor. Eine weitere Auseinandersetzung ist GOETHES spätes Gedicht:

JOHANN WOLFGANG VON GOETHE
„An Werther"[2]

Noch einmal wagst du, vielbeweinter Schatten,
Hervor dich an das Tageslicht,
Begegnest mir auf neubeblümten Matten,
Und meinen Anblick scheust du nicht.
Es ist, als ob du lebtest in der Frühe,
Wo uns der Tau auf einem Feld erquickt
Und nach des Tages unwillkommner Mühe
Der Scheidesonne letzter Strahl entzückt;
Zum Bleiben ich, zum Scheiden du erkoren,
Gingst du voran – und hast nicht viel verloren.

Des Menschen Leben scheint ein herrlich Los:
Der Tag wie lieblich, so die Nacht wie groß!
Und wir, gepflanzt in Paradieses Wonne,
Genießen kaum der hocherlauchten Sonne,
Da kämpft sogleich verworrene Bestrebung
Bald mit uns selbst und bald mit der Umgebung;
Keins wird vom andern wünschenswert ergänzt,
Von außen düstert's, wenn es innen glänzt,
Ein glänzend Äußres deckt mein trüber Blick,
Da steht es nah – und man verkennt das Glück.
Nun glauben wir's zu kennen! Mit Gewalt
Ergreift uns Liebreiz weiblicher Gestalt:
Der Jüngling, froh wie in der Kindheit Flor,
Im Frühling tritt als Frühling selbst hervor,
Entzückt, erstaunt, wer dies ihm angetan?
Er schaut umher, die Welt gehört ihm an.
Ins Weite zieht ihn unbefangne Hast,
Nichts engt ihn ein, nicht Mauer, nicht Palast;
Wie Vögelschar an Wäldergipfeln streift,
So schwebt auch er, der um die Liebste schweift,
Er sucht vom Äther, den er gern verläßt,
Den treuen Blick, und dieser hält ihn fest.

Doch erst zu früh und dann zu spät gewarnt,
Fühlt er den Flug gehemmt, fühlt sich umgarnt,
Das Wiedersehn ist froh, das Scheiden schwer,
Das Wieder-Wiedersehn beglückt noch mehr,
Und Jahre sind im Augenblick ersetzt;
Doch tückisch harrt das Lebewohl zuletzt.

Du lächelst, Freund, gefühlvoll, wie sich ziemt:
Ein gräßlich Scheiden machte dich berühmt;
Wir feierten dein kläglich Mißgeschick,
Du ließest uns zu Wohl und Weh zurück;
Dann zog uns wieder ungewisse Bahn
Der Leidenschaften labyrinthisch an;
Und wir, verschlungen wiederholter Not,
Dem Scheiden endlich – Scheiden ist der Tod!
Wie klingt es rührend, wenn der Dichter singt,
Den Tod zu meiden, den das Scheiden bringt!
Verstrickt in solche Qualen, halbverschuldet,
Geb ihm ein Gott zu sagen, was er duldet.

Zu den Aufgaben S. 323 (Heinrich Leopold Wagner: Die Kindermörderin, 1776): Soldaten waren damals verpflichtet, ehelos zu bleiben bis zum Ende ihrer Dienstzeit.
Die Stürmer und Dränger verlegen die **Handlung** ihrer kritischen Stücke nicht mehr ins Ausland, wie es noch GOTTHOLD EPHRAIM LESSING mit seiner „Emilia" tat. WAGNER wählt Straßburg und er wählt ein Bordell. Er richtet sich nicht nach der traditionell üblichen Zahl von fünf Akten, er schreibt sechs. Auch die Forderungen nach einer Einheit von Ort und Zeit (neun Monate) kümmert ihn nicht. PETER HACKS (1928–2003) hat WAGNERS Drama 1957 bearbeitet und 1963 einen neuen Schluss geschrieben, in dem Evchen besser wegkommt.

Literatur zum Kindsmord: GOTTFRIED AUGUST BÜRGERS Ballade „Des Pfarrers Tochter von Taubenhain" (1781) verarbeitet das berühmt gewordene Verhör einer Kindsmörderin von BÜRGER, der viele Jahre lang Amtmann war und in dieser Stellung am 6. Januar 1781 die zwanzigjährige Magd ELISABETH ERDMANN vernehmen musste, die ihr Neugeborenes ermordet hatte.
FRIEDRICH SCHILLER „Die Kindsmörderin" (1781/82); JAKOB MICHAEL REINHOLD LENZ' (1751–1792) Erzählung „Zerbin oder Die neuere Philosophie". LENZ' Drama „Die Soldaten"; GOETHE: Urfaust; GOETHE: Vor Gericht (1776).
Später: FRIEDRICH HEBBEL (1813–1863), „Maria Magdalena"; GERHART HAUPTMANN (1862–1946): „Rose Bernd" (UA 1903); BERTOLT BRECHT (1898–1956): Von der Kindesmörderin Marie Farrar.
Der Geheime Rat GOETHE war 1783 in Weimar im Geheimen Consilium mit dem Fall der Kindsmörderin ANNA CATHARINA HÖHN befasst.
GOETHE stimmte für die **Todesstrafe**: gegen die Tötungsbedenken des Herzogs (der hatte die Begnadigung zu Zuchthaus erwogen). GOETHE hatte sich schon bei seinem Examen in Straßburg dafür ausgesprochen; die Weimarer Kindsmörderin wurde am 28. November 1783 mit dem Schwert getötet.

---

1 Goethes Briefe. Hamburger Ausgabe in 6 Bänden. Hrsg. v. Karl Robert Mandelkow. Bd. 3, München: C. H. Beck Verlag, 3. Aufl. 1988, S. 212 f.
2 Goethe, Johann Wolfgang von: Gedichte (Ausgabe letzter Hand. 1827). In: Goethes Werke. Vollständige Ausgabe letzter Hand, Bd. 1–4: Gedichte, Stuttgart und Tübingen: Cotta, 1827.

S. 323, Aufgabe 1:
Untersuchen Sie die Auszüge aus Heinrich Leopold Wagners Drama „Die Kindermörderin" daraufhin, wo sie die Zuschauer damals irritieren konnten.

Wenn die **Theater** zu WAGNERS Zeit dazu tendierten, den ersten Akt (von sechsen) wegzulassen, dann gewiss wegen des Handlungsorts (ein bordellähnliches Gasthaus) und der recht derben Sprache besonders von Evchens Mutter. Auch elsässischer Dialekt wird benutzt. – Im VI. Akt musste zweifellos die Kindstötung schockieren. Zwar gab es in Dramen schon immer Gewaltszenen, aber normalerweise nicht auf der Bühne selbst, sondern als Mauerschau oder Botenbericht. Wagner ist auf eine realistische Darstellung aus.

S. 323, Aufgabe 2:
Analysieren Sie den Ausschnitt der Schlussszene. Beurteilen Sie dann, inwieweit das Geschehen tragisch ist.

Sehr drastisch wird im sechsten Akt die **Kindestötung** mit Schreien („Schwanengesang", also Todesgesang) und sarkastischem Wiegenlied akustisch umrahmt. Evchen nennt das Kind „Gröningseckchen", sie sieht in ihm eher ein Spiegelbild des Verführers als ihr eigenes Kind. Der Vater ein Verführer, die Mutter eine Hure, so legitimiert sie vor sich, dass sie dem Kind das erwartbar schandvolle Leben nimmt. Euphemistisch redet sie immer wieder vom „Schlaf". (Die Regieanweisung S. 323, Z. 25, redet von „Schlaf", wo wir von „Schläfe" reden. Beide Wörter sind miteinander verwandt; „Schläfe" war bis zum 18. Jahrhundert der Plural von „Schlaf", bezeichnet überdies die Stelle, auf der man beim Schlafen liegt.) Ihr widersprüchliches Handeln, sie küsst das getötete Kind und wirft es aufs Bett, muss die Zuschauer schockieren, muss **Schrecken und Mitleid** wecken.
Wenn der Vater liebend und drohend auftaucht, mag man mit ihm mitleiden. Fraglich ist, ob die Situation tragisch ist; dazu müsste sie ausweglos sein. Hätte es für von Gröningseck, und Evchen und ihre Eltern sowie für das Kind nicht doch ein Arrangement geben können? Die Ausweglosigkeit ist begrenzt, weil sie aus der historischen Situation erwächst, die dem adligen Offizier unverantwortliche Liebesbeziehungen eher anraten als die Aufgabe seines Berufs und die verantwortliche Familiengründung.

S. 323, Aufgabe 3:
Referieren Sie über den Fall der Kindsmörderin Susanna Margareta Brandt in Frankfurt im Jahre 1772.

Es gab im 18. Jahrhundert noch viele Kindsmorde, viele Geburten wurden verheimlicht (was bestraft wurde). Ein berühmter Fall ist der der SUSANNA MARGARETHA BRANDT, weil GOETHE den Prozess als frischer Jurist in Frankfurt verfolgte und die Gerichtsakten nutzte, um das Schicksal Gretchens in seinem „Faust" auszugestalten. Die vollständigen Prozessakten sind veröffentlicht (↗ Weiterführende Literatur: Rebekka Habermas / Tanja Hommen) – Eine literarisch-unterhaltsame Darstellung durch einen Frankfurter Juristen: SIEGFRIED BIRKNER (↗ Weiterführende Literatur) – Es gibt eine Verfilmung: Die Geschichte der Susanna Margaretha Brandt (ZDF, 1977, R.: Hartmut Griesmayr).

S. 323, Aufgabe 4:
Beurteilen Sie aus Sicht Ihrer gewonnenen Zeitkenntnisse Wagners Verteidigung seines Stücks „bey unsern ekeln, tugendlallenden, hyperempfindsamen Zeiten" (Wagner, Heinrich L.: Die Kindermörderin. Stuttgart: Reclam, 1969, S. 140).

Die Aufgabe ist von den Schülerinnen und Schülern *individuell* zu lösen.

Weiterführende Literatur

Birkner, Siegfried: Das Leben und Sterben der Kindsmörderin Susanna Margaretha Brandt. Nach den Prozeßakten dargestellt. Frankfurt: Insel Verlag, 1973.

Brecht, Martin (Hrsg.): Der Pietismus im 18. Jahrhundert. Göttingen: Verlag Vandenhoek & Ruprecht, 1995 (eine Darstellung nach Regionen und Ländern).

Habermas, Rebekka / Hommen, Tanja (Hrsg.): Das Frankfurter Gretchen. Der Prozeß gegen die Kindsmörderin Susanna Margaretha Brandt. München: C. H. Beck Verlag, 1999.

Hauger, Brigitte: Individualismus und aufklärerische Kritik. Anregungen für den Literaturunterricht. Stuttgart: Klett Verlag, 1987.

Maurer, Friedrich/Rupp, Heinz (Hrsg.): Deutsche Wortgeschichte. Bd. 2. Berlin: Verlag Walter de Gruyter, 3. Aufl. 1974.

Reinhardt, Hartmut: Prometheus und die Folgen. Goethe-Jahrbuch 1991, S. 137–168. URL: www.goethezeitportal.de/.../PDF/.../goethe/prometheus_reinhardt.pdf.

Eine sehr detaillierte Zeittafel zu GOETHES Leben bietet der letzte Band der Hamburger Werkausgabe, S. 382 ff.

Thema: Entstehung des deutschen Nationaltheaters

Didaktische Zielsetzungen

Die folgenden Seiten sind der **Dramenentwicklung des 18. Jahrhunderts** gewidmet. Die bedeutendsten Etappen der Theaterentwicklung von ARISTOTELES (384–321/22 v. Chr.) über JOHANN CHRISTOPH GOTTSCHED (1700–1766), GOTTHOLD EPHRAIM LESSING (1729–1781), in enger Zusammenarbeit mit der Theaterpraktikerin FRIEDERIKE CAROLINE NEUBER (1797–1860), und weiterführend bis zum Sturm und Drang sollen den Schülerinnen und Schülern bewusst machen, wie sich durch Aneignung und Auseinandersetzung vielfältiges Theaterleben im 18. Jahrhundert entwickelte. Dazu müssen sie sich mit Theatertheorien, Primärtexten und Hörspielauszügen beschäftigen. Die Schülerinnen und Schüler erwerben und festigen dabei Fähigkeiten im
– vergleichenden Betrachten und Werten,
– Exzerpieren und Erstellen von Tabellen,
– Halten von Kurzvorträgen.
Kenntnisse zu Dramenformen und deren Entstehung werden im literaturhistorischen Kontext erweitert.

Hinweise zu den Aufgaben

S. 324, Aufgabe:
Lesen Sie den folgenden Text (↗ vollständig auf DVD) und stellen Sie die Kriterien einer guten Tragödie nach Aristoteles zusammen.

S. 330, Aufgabe 1:
Vergleichen Sie, welche Anforderungen Gottsched und welche Lessing an eine Tragödie stellen, und stellen Sie heraus, welche Wirkungen jeweils beim Zuschauer erreicht werden sollen.

Lösungsvarianten:
– *Das Exzerpt:* Hierbei können die Grundanforderungen an das Exzerpieren von Texten wiederholend geübt und gefestigt werden.
– *Die tabellarische Gegenüberstellung:* Dabei müssen Gemeinsamkeiten und Unterschiede in den jeweiligen Ansichten verdeutlicht werden (visuell wirksam gestalten).
– *Der Kurzvortrag:* Der Vortragende sollte die Positionen der drei maßgeblichen Dramatiker so präsentieren, dass deren Argumente für die Zuhörer nachvollziehbar werden und eine Auseinandersetzung anregen.

S. 330, Aufgabe 2:
Diskutieren Sie das Für und Wider der verschiedenen Theaterauffassungen.

Lösungsvariante: Die Schülerinnen und Schüler positionieren sich zu den drei Theaterauffassungen. Anschließend bilden sie Diskussionsgruppen, in denen sie sich zum Für und Wider der Ansichten äußern. Zu empfehlen ist eine abschließende Zusammenfassung, die die Entwicklungslinie des deutschen Nationaltheaters im 18. Jahrhundert verdeutlicht (↗ Lehrbuch, S. 120 ff.).

S. 333, Aufgabe 1:
Schließen Sie aus dem Dialog zwischen Marinelli und dem Prinzen (↗ erster Aufzug, sechster Auftritt) auf die Charaktere der Protagonisten und fertigen Sie entsprechende Psychogramme – Bilder der Persönlichkeiten, die aus den mündlichen und schriftlichen Äußerungen gewonnen werden können – an.

Die Auseinandersetzung mit dieser Aufgabe erfordert, dass die Schülerinnen und Schüler eine mündliche Aussage gründlich analysieren und erkennen, welche Informationen *Sprache* (Wortwahl, Satzbau, Tonfall), *Mimik* und *Gestik* enthalten. Sie werden damit in die Lage versetzt, weitergehende Schlussfolgerungen
– zur Persönlichkeitsstruktur,
– zum Charakter,
– zu den Handlungsmotiven,
– zur sozialen Stellung usw.
zu treffen. Bei der Erarbeitung dieser Psychogramme wird den Schülerinnen und Schülern deutlich, dass diese Theaterfiguren menschliche Wesen darstellen, die mit ihren konkreten Eigenschaften durchaus zeitübergreifende Wirkungen haben können. Außerdem üben sie sich in einer sprachlich korrekten Textproduktion.

Lösungsvariante:

1. Arbeitsschritt: Anfertigen einer *Tabelle*

Dialogaussage Prinz: „Ich habe zu fragen, Marinelli, nicht Er."	Mögliche Deutung: Sprecher ist sich seiner herausgehobenen Position klar bewusst, er lässt keinen Zweifel daran, dass seinen Anordnungen Folge zu leisten ist, der Prinz zeigt deutliche Distanz zum Untergebenen, das Selbstbewusstsein des absolutistischen Herrschers kommt zum Ausdruck.
Regieanweisung: Der Prinz: (der sich voller Verzweiflung in einen Stuhl wirft)	Mögliche Deutung: Der Sprecher zeigt Zügellosigkeit in seinen Gefühlsäußerungen, die Nichterfüllung von Vorstellungen führen bei ihm zur Verzweiflung, er verfällt in Passivität und signalisiert Marinelli, dass er freie Hand hat, das „entstandene Problem" zu lösen.

2. Arbeitsschritt: Ausformulieren der Deutungsansätze zum *Charakterbild*

S. 333, Aufgabe 2:
Formulieren Sie Gedanken, die Emilia auf dem Weg von der Kirche nach Hause bewegen, und erläutern Sie sie (↗ zweiter Aufzug, sechster Auftritt).

Diese Aufgabe gibt den Schülerinnen und Schülern die Möglichkeit, gestaltend zu interpretieren. Sie müssen dabei *Empathie* entwickeln. Sie begreifen die Situation, die Denkweise und das Wesen Emilia Galottis. Aus dem Gespräch zwischen Mutter und Tochter müssen die Schüler Rückschlüsse ziehen über die Gedankengänge Emilias, dabei muss die Kongruenz zwischen dramatischer Figur und unterlegtem Text gewahrt werden.

Mögliche Monologsequenzen könnten sein:
- Oh, Gott, was ist mir geschehen?
- Was will der Prinz von mir?
- Wo finde ich Schutz?
- Wer kann mir helfen?
- Gab ich Anlass zu ungebührlichem Betragen?
- Bin ich auf dem Weg der Sünde?
- Was sagt mein Herz?
- Fühle ich mich gar zum Prinzen hingezogen?
- Nein, das darf nicht sein!
- Ich muss mich meinem Verlobten anvertrauen.
- Ich will nicht schuldig werden!
- Was will ich eigentlich?

S. 335, Aufgabe 1:
Erläutern Sie, weshalb Emilia den Tod als einzigen Ausweg sieht.

S. 335, Aufgabe 2:
Erörtern Sie Emilias Aussage: „Verführung ist die wahre Gewalt."

S. 335, Aufgabe 3:
Diskutieren Sie die im Drama aufgeworfene Schuldfrage.

Die Aufgaben 1–3 müssen im Zusammenhang gesehen werden.
Das Zitat: „Leiden, was man nicht sollte? Dulden, was man nicht dürfte?" (↗ Fünfter Aufzug, vierte Szene), stellt den Kern von Emilias Konflikt dar. Sie wurde aus ihrer geordneten Welt herausgerissen und hat den Verführungskünsten des Prinzen nichts entgegenzusetzen. Sie sieht keine andere Möglichkeit, ihre Unschuld zu bewahren, nur der Tod kann sie vor der Entehrung retten. Damit unterwirft sich Emilia den gesellschaftlichen Konventionen, besonders den Erwartungen des Vaters.
In der Auseinandersetzung sollten solche Fragen aufgegriffen werden, wie:

- Ist Emilia in der Lage, eigene Wünsche zu erkennen und zu formulieren?
- Gibt es für Emilia Auswege aus dieser Situation?
- Warum nimmt Odoardo den Tod seiner Tochter in Kauf?

Die *Diskussion der Schuldfrage* sollte sehr differenziert erfolgen, Schuldige und Mitschuldige müssen durch Untersuchung ihrer Handlungen und gegebenenfalls unterlassenen Handlungen bestimmt werden.

S. 335, Aufgabe 4:
Informieren Sie sich über die vorgestellten Lösungsansätze zur Abituraufgabe zum Drama „Emilia Galotti" (↗ S. 119 ff .) und positionieren Sie sich dazu.

Diese Aufgabe ist von den Schülerinnen und Schülern *individuell* zu lösen.

S. 336, Aufgabe 1:
Recherchieren Sie die Biografie der Neuberin und erläutern Sie in einem Kurzvortrag ihre besonderen Verdienste für die Entwicklung des deutschen Theaters.

Biografische Daten zur Neuberin:
- **1697** wird Caroline am 09. 03. im alten Gerichtshaus am Johannesplatz in Reichenbach geboren.
- **1702** Übersiedlung der Familie nach Zwickau
- **1705** stirbt die Mutter.
- **1712** flieht Caroline am 02. 01. mit ihrem 10 Jahre älteren Freund, dem Gehilfen in der Anwaltskanzlei ihres Vaters; sie werden steckbrieflich gesucht und nach Ergreifung 13 Monate in Zwickau in Untersuchungshaft gehalten; Caroline nimmt vor Gericht alle Schuld auf sich und bewahrt den Freund vor einer Anklage auf Entführung.
- **1717** entzieht sich Caroline durch erneute Flucht endgültig der väterlichen Gewalt, mit Johann Neuber tritt sie in Weißenfels in die Spiegelbergische Truppe ein.
- **1718** heiratet sie am 05. 02. Johann Neuber in Braunschweig.
- **Um 1724** erwähnt Johann Christoph Gottsched in seiner Zeitschrift „Die vernünftigen Tadlerinnen" die Neuberin, die er in Leipzig auf der Bühne gesehen hatte.
- **1727** übernehmen die Neubers die Prinzipalschaft (Leitung) über eine eigene Truppe und erhalten das kursächsisch-polnische Privileg.
- **1731** spielt Caroline das Drama Gottscheds „Der sterbende Cato" in Leipzig.
- **1734** erscheint eine ihrer eigenen Dichtungen „Ein deutsches Vorspiel" auf ihrer Bühne.
- **1737** vertreibt sie – im Zusammenwirken mit Gottsched – den zotenreißenden Harlekin von der Bühne.
- **1740** reist die Neubersche Truppe im Mai zu einem Gastspiel nach Petersburg; die Truppe muss jedoch nach dem plötzlichen Tod der Zarin überstürzt Ostern 1741 nach Leipzig zurückkehren; ihr in Leipzig verbliebener ehemaliger Schauspieler Schönemann hat eine eigene Truppe gegründet und die Gunst Gottscheds gewonnen, damit beginnen für die Neuberin kräftezehrende Konkurrenzstreitigkeiten um Spielerlaubnis und Spielstätte.
- **1743** muss die Neuberin wegen wirtschaftlicher Schwierigkeiten ihre Truppe erstmals auflösen.
- **1744** Wiedererrichtung ihrer Gesellschaft

- **1748** führt die NEUBERIN im Januar LESSINGS Jugendwerk „Der junge Gelehrte" in Leipzig mit gutem Erfolg auf.
- Ab **1753** bemüht sich die NEUBERIN erfolglos um neue Spielmöglichkeiten in Wien und Weimar.
- **1759** stirbt JOHANN NEUBER.
- **1760** flüchtet CAROLINE NEUBER vor der Beschießung Dresdens im Siebenjährigen Krieg durch die Truppen des Preußenkönigs FRIEDRICH II. nach Laubegast und stirbt dort am 30. November.

S. 336, Aufgabe 2:
Hören Sie sich Ausschnitte aus dem Hörspiel von Jörg U. Lensing (➚ DVD) an.
- *Hörabschnitt 1: Umreißen Sie zunächst die Problematik, die im Disput zwischen der Neuberin und ihrem Konkurrenten Josef Ferdinand Müller deutlich wird. Erschließen Sie die Metaphorik und beurteilen Sie die Argumentationsweise.*
- *Hörabschnitte 2 und 3: Stellen Sie fest, was „Comedy" im 18. Jahrhundert bedeutete und welchen Anspruch die Neuberin dagegensetzte.*
- *Hörabschnitt 4: Versetzen Sie sich in die Lage, dass Sie die Hamburger Rede der Neuberin selbst gehört haben und darüber einem Freund berichten wollen. Schreiben Sie einen solchen Brief und begründen Sie Ihre Gestaltungsweise.*

Bei der Arbeit mit dem Hörspiel sollen die Schülerinnen und Schüler befähigt werden, ihre **Medienkompetenz** zu erweitern. Dabei müssen Sie aufmerksam zuhören, die speziellen Ausdrucksmöglichkeiten des Hörspiels erkennen, Wirkungen erfassen und werten. Rationalität und Emotionen werden als Einheit erfahren und bilden die Grundlage für die kreative Umsetzung – das Formulieren des Briefes *aus der Sicht einer fiktiven historischen Figur.* Die Lehrerin oder der Lehrer sollte den Schülerlösungen größtmögliche Freiheiten gestatten, um das Vergnügliche der kreativen Arbeit nicht zu zerstören. Zu beachten ist lediglich, dass Fakten und historischer Kontext zwingend die Grundlage und den Rahmen für die gestalterischen Freiräume bilden müssen.

S. 337, Aufgabe:
Informieren Sie sich über den Inhalt des Dramas „Kabale und Liebe" von Friedrich Schiller (➚ DVD) und zeigen Sie mögliche Konflikte auf.

Diese Aufgabe ist von den Schülerinnen und Schülern *individuell* zu lösen.

S. 339, Aufgabe 1:
Zeigen Sie auf, in welchem Verhältnis gesellschaftlicher Machtanspruch und Anspruch auf persönliches Glück und Selbstbestimmung stehen.

Erwartet wird, dass die Schülerinnen und Schüler erkennen, dass **Machtansprüche** jegliche persönlichen Wünsche, Gefühle und Hoffnungen dominieren. Das Individuum in der aristokratischen Gesellschaft – selbst wenn es zur privilegierten Schicht gehört – muss sich unterordnen. Der Ansatz der Kritik der Stürmer und Dränger ist hier zu suchen. Die amoralischen Auffassungen des Adels im krassen Gegensatz zur Haltung der „braven" Bürger bzw. der humanistischen Gesinnung eines aufgeklärten jungen Aristokraten in Person des Ferdinand können gegenübergestellt werden. Während dessen Vater (Präsident) jedes Verbrechen als Mittel, das den Zweck heiligt, betrachtet, entsagt Ferdinand Reichtum und Macht für sein Ideal von genügsamem Glück.

Textbeispiele 1. Akt, 7. Szene:
Präsident: „[…] Überlaß diese mir, lieber Sohn. Mich laß an deinem Glück arbeiten, und denke auf nichts, als in meine Entwürfe zu spielen […]"
Präsident: „[…] Wem hab ich durch die Hinwegräumung meines Vorgängers Platz gemacht – […]"
Präsident: „[…] Eine herrliche Aussicht dehnt sich vor dir. – Die ebene Straße zunächst nach dem Throne – zum Throne selbst, wenn anders die Gewalt soviel wert ist als ihre Zeichen […]."
Präsident: „[…] Du wirst dich entschließen – noch heute entschließen, eine Frau zu nehmen […] Ich habe der Lady Milford in deinem Namen eine Karte geschickt […]."
Ferdinand: „[…] Feierlich entsag ich hier einem Erbe, das mich nur an einen abscheulichen Vater erinnert."
Ferdinand: „Weil meine Begriffe von Größe und Glück nicht ganz die Ihrigen sind – Ihre Glückseligkeit macht sich nur selten anders als durch Verderben bekannt […]."

S. 339, Aufgabe 2:
Analysieren Sie, welche Unterschiede in den Beziehungen Emilia – Odoardo Galotti sowie Ferdinand – Präsident von Walter erkennbar sind, und ziehen Sie Schlussfolgerungen für die Intention des Dramas im Sturm und Drang.

Die Aufgabenstellung zielt auf Gruppenarbeit, deren Ergebnisse im Anschluss diskutiert werden sollen.
Wichtige Erkenntnisse müssen sein:
Die Väter wollen das ihrer Ansicht nach Beste für ihre Kinder. Für Odoardo ist dies die einwandfreie Integrität seiner Tochter und für den Präsidenten von Walter der Aufstieg seines Sohnes zur höchstmöglichen Machtposition. Die sich daraus entwickelnden Konflikte sind vor allem im gesellschaftlichen Milieu als auch in den unterschiedlichen Auffassungen der Generationen zu finden.
Die Vater-Kind-Beziehung bei LESSING ist gekennzeichnet durch die klare Anerkennung der Autorität des Vaters durch Emilia und letztlich auch Akzeptanz der väterlichen Erwartungen, was schließlich in Emilias Tötungsverlangen mündet.

Konfliktreicher gestaltet sich die Situation in „Kabale und Liebe", wo Ferdinand eindeutig als Gegenspieler des Vaters auftritt. Seine den bürgerlichen Idealen entsprechenden Moralauffassungen stehen im krassen Gegensatz zur skrupellosen Denk- und Handlungsweise des

Vaters als Vertreter des Adels. Ferdinand wird damit zum typischen Dramenhelden des Sturm und Drang, der bewusst individuelles Glück gegen die gesellschaftlichen Schranken verteidigen will.

3.1.4 Klassik und Romantik

Didaktische Zielsetzungen

Das Kapitel fasst die Literatur der *Weimarer Klassik und der deutschen Romantik als Zusammenhang* auf. Für diese Integration sprechen nicht nur zeitliche Überschneidungen. Die Darstellung orientiert sich auch an der Perspektive, die HEINRICH HEINE (1997–1865) eröffnete, als er den Begriff „Kunstperiode" prägte (vgl. http://www. Goethezeitportal.de/fileadmin/PDF/db/wiss/epoche/ha-entzschel_kunstperiode.pdf).
Der einleitende Text akzentuiert den Artefaktcharakter, der dem **Mythos Weimar** in unserer Memorialkultur bis heute zukommt. Hervorgehoben wird dabei mit dem Nebeneinander von Weimar und Buchenwald ein für das kollektive Gedächtnis unhintergehbarer Zusammenhang. Dieser wird an anderer Stelle in einer kontextualisierenden Aufgabe zu einem Goethe-Gedicht vertiefend wieder aufgegriffen (↗ Lehrbuch, S. 345). Mit diesem Ansatz wird bewusst kein unmittelbarer Zugriff auf die Weimarer Protagonisten angestrebt, vielmehr werden die mehr als 200 Jahre, die uns vom Beginn der Weimarer Erfolgsgeschichte trennen, in die Perspektive auf den Erinnerungsort aufgenommen. Zur Wirkungsgeschichte der schon bald als **Zenit deutscher Literaturgeschichte** erklärten *Allianz der Weimarer Größen* liegt mittlerweile eine gewaltige Literatur vor, sodass hier der Einleitungstext nur in wenigen Punkten ergänzt werden soll.[1]

> „Man kennt das Schicksal Goethe's im moralinsauren altjungfernhaften Deutschland. Er war den Deutschen immer anstößig, er hat ehrliche Bewunderer nur unter Jüdinnen gehabt. Schiller, der ‚edle' Schiller, der ihnen mit grossen Worten um die Ohren schlug – der war nach ihrem Herzen."[2]

Die zentrale Rolle, die GOETHE und SCHILLER bis heute oder zumindest bis 1945 im kulturellen Gedächtnis[3] spielen, darf trotz der in unzähligen Darstellungen symbolisierten Männerfreundschaft *„unserer Dichterfürsten"* nicht verkennen lassen, dass die Wirkungsgeschichte beider Autoren deutliche Unterschiede aufweist. SCHILLER trug

noch bei Lebzeiten dazu bei, dass sich um seine Figur Legenden rankten, während GOETHE, den viele Zeitgenossen namentlich als Autor des „Werther" kannten, ebendiese Assoziation zunehmend enervierte. Dass SCHILLER 1859 (↗ Lehrbuch, S. 341) von breiten Bevölkerungsschichten zelebriert wurde, hing auch damit zusammen, dass er bereits im Vormärz zu einer *Identifikationsfigur republikanischer Patrioten* geworden war. Diese Inanspruchnahme übersah allerdings geflissentlich, dass weder bei SCHILLER noch bei GOETHE viel für die deutsche Sache zu holen war. Gleichwohl kann man sich vorstellen, dass SCHILLER – trotz seines in seinen Schriften schwer übersehbaren politischen Pessimismus – für viele Menschen das Zeug zum Helden hatte.

> „Ich schreibe als Weltbürger, der keinem Fürsten dient. Frühe verlor ich mein Vaterland, um es gegen die große Welt auszutauschen, die ich nur eben durch die Fernrohre kannte."[4]

Dieser Satz fällt fünf Jahre vor der Französischen Revolution und ist kalkulierter Bestandteil einer Reklameschrift, die letztlich nicht die gewünschten Auswirkungen hat, nämlich SCHILLERS Zeitschriftenprojekt „Rheinische Thalia" Erfolg zu bringen. In dieser kleinen Schrift weist SCHILLER auf die Repressalien hin, denen er als junger Autor ausgesetzt war. Dem Fürsten, der ihn mit Schreibverbot bedachte, will er nicht dienen, sondern:

> „Das Publikum ist mir jetzt alles, mein Studium, mein Souverain, mein Vertrauter. Ihm allein gehör ich jetzt an. Vor diesem und keinem andern Tribunal werde ich mich stellen. Dieses nur fürchte ich und verehr ich. Etwas Großes wandelt mich an bei der Vorstellung keine andere Fessel zu tragen als den Ausspruch der Welt – an keinen andern Thron mehr zu appellieren als an die menschliche Seele."

(Ebenda, S. 856)

Solches Amalgam aus Freiheitsbekenntnissen und einer Liebeserklärung an die Menschheit mag erklären, weshalb die *Faszinationsgeschichte SCHILLERS* früh einsetzt und immer wieder transformiert werden kann. Als SCHILLER im Mai 1789 seine historische Antrittsvorlesung in Jena hielt, war der Publikumsandrang immens, der Erfolg triumphal. Im selben Jahr gilt die Aufmerksamkeit vieler Intellektueller den Ereignissen in Frankreich SCHILLER und GOETHE halten sich trotz aller Anfragen mit Kommentaren zunächst zurück, um dann auf Distanz zum sozialen Experiment einer Revolution des Dritten Standes zu gehen. Auch dies, die Verbindung von Freiheitsideal und Revolutionskritik, machte es möglich, die beiden Weimarer Autoren zu *Ikonen der deutschen Kulturnation* zu machen, obgleich sie doch bekanntlich dichteten:

---

1 Vgl. z.B. Carbe, Monika: Schiller. Vom Wandel eines Dichterbildes. Darmstadt: WBG, 2005.
2 Nietzsche, Friedrich: Der Fall Wagner. In: ders.: Sämtliche Werke. Kritische Studienausgabe in 15 Bänden, Bd. 6. Hrsg. v. G. Colli u. M. Montinari. München u. a.: Deutscher Taschenbuchverlag/de Gruyter, 1999, S. 9–54, S. 18.
3 Vgl.: Assmann, Aleida/Frevert, Ute: Geschichtsvergessenheit – Geschichtsversessenheit. Vom Umgang mit deutschen Vergangenheiten nach 1945. Stuttgart: DVA, 1999, S. 49 ff.

4 Schiller, Friedrich: Ankündigung der Rheinischen Thalia. In: ders.: Sämtliche Werke. Bd. V. Hrsg. v. G. Fricke/H. G. Göpfert. München: Hanser/WBG, 9. Aufl. 1993, S. 854–860, S. 855.

„Zur Nation euch zu bilden, ihr hofft es, Deutsche, vergebens / Bildet, ihr könnt es, dafür freier zu Menschen euch aus."[1]

Anders als der Legenden bildend früh verstorbene SCHILLER (der Kämpfer, der Leidenmann) bot der weniger „sentimentalische" GOETHE trotz aller ostentativen Bewunderung mit seinem vielschichtigen Werk weniger Ansatzpunkte dazu, eine Identifikationsfigur patriotischer Volksbewegungen abzugeben. Charakteristisch für die divergente Wahrnehmung beider Autoren ist auch die *unterschiedliche Rezeptionsintensität* im Deutschunterricht und in der Universitätsgermanistik. 1909 merkte ein Oberlehrer auf einer „Versammlung deutscher Philologen und Schulmänner" an, dass es der Deutschlehrerausbildung nicht zuträglich sei, dass sich die Universitätsgermanisten deutlich mehr mit GOETHE auseinandersetzten als mit SCHILLER, der doch der für Schule und Nation bedeutendere Autor sei. In der Tat führten der Wegfall des Klassiker-Monopols des Cotta-Verlags (1867) und die Öffnung des Nachlasses (1885) in einer positivistisch geprägten GOETHE-Philologie zu akribischen Studien, die noch das letzte Detail zu GOETHE zu erhellen suchten. Die kritischen Editionen der Werke GOETHES – eine von der sächsischen Großherzogin in Auftrag gegebene „Weimarer Ausgabe" bringt es in mehreren Jahrzehnten auf 143 Bände – führten zu einer *Akademisierung GOETHES,* machten ihn in den Augen vieler zu einem immens bedeutenden, aber eben auch schwierigen Autor.

Charakteristisch für die Art, in der GOETHE und SCHILLER mit akademischer Beglaubigung in differenzierter Weise als große Deutsche zelebriert werden, ist eine Erklärung, die der erzkonservative Germanist GUSTAV ROETHE (1859–1926) 1905 seiner Berliner Studentenschaft zuteil werden ließ:

„Goethe dürfen wir lieben, verehren, verstehen. Ihm folgen – wer dürfte das wagen! Aber Schiller schreitet uns voraus, voraus den Weg zur Freiheit. Ja, er ist uns ein Führer zur Freiheit: nur nicht zu der Freiheit, die man heute so nennt. Kooperativer Zusammenschluß gibt vielleicht Macht, die Freiheit leidet darunter: der – und Freiheit ist die höchste Stärke – ist am mächtigsten allein. Diese echte höchste Freiheit fällt dem Erdensohne nicht in den Schoß: keine Verfassung kann sie ihm geben, Majoritäten können sie nur rauben."

(In: Roethe, Gustav: Deutsche Reden. Hrsg. J. Petersen. Leipzig: Quelle u. Meyer, o. J., S. 339 f.)

Während GOETHE in ferne Höhen geschoben wird, wo er als pädagogisches Vorbild nicht taugt, soll der Mensch SCHILLER den jungen Leuten leuchtendes Beispiel sein. Dass der erklärte Gegner des Frauenstudiums, der nach 1914 die Kommilitoninnen in seinen Vorlesungen dazu drängt, Strümpfe für die Frontsoldaten zu stricken, auf SCHILLERS Freiheitsbegriff setzt, ist für diese Einverleibung

bezeichnend. Freiheit wird hier dezidiert unpolitisch ausgelegt und in den Gegensatz zum verhassten Parteienwesen gerückt. Dass echte Freiheit nur dem Einsamen erwachse, knüpft nicht nur an populäre Schillerlegenden an, sondern spielt auch einem prekären Konzept von Führerschaft zu. Solcher Führer mag die Masse bewegen, ihr Teil ist er gerade als Führer nicht ... Was die rhetorische Verwandlung von SCHILLER zum antirepublikanischen Vorbild möglich werden lässt, geht in ROETHES Ansprache selbst ein. Er weist mit Recht darauf hin, dass für SCHILLER Freiheit und Schönheit eins gewesen seien, aber „beide sind interesselos" (ebenda, S. 340). Die Diskreditierung des Interesses, die hier auf politische Weise in einem Habitus des Unpolitischen aufgeht, geht auf eine wichtige Inspirationsquelle des Ästhetikers SCHILLER zurück, auf den Philosophen IMMANUEL KANT (1724–1804). Dieser Zusammenhang und das *Konzept einer Autonomieästhetik* werden aufgrund ihrer bei ROETHE angedeuteten weitreichenden Konsequenzen in diesem Kapitel des Lehrbuchs vergleichsweise ausführlich dargestellt. Zwar sind die Überlegungen KANTS und SCHILLERS für heutige Lernende keineswegs leicht nachzuvollziehen – die Dokumentation verfährt deshalb stark erläuternd (↗Lehrbuch, S. 352 ff.) –, aufgrund ihrer Langlebigkeit haben sie aber einen Schlüsselcharakter nicht nur für die ästhetischen Auseinandersetzungen des 19. und 20. Jahrhunderts, sondern bis heute auch für eine Mentalitätsgeschichte deutschen Bürgertums.

Anders als die Weimarer Klassik war die Ausstrahlung der **Romantik** auf das 19. Jahrhundert weniger anhaltend. Dafür sorgte nicht nur GOETHE selbst mit seinen wenig freundlichen Kommentaren, sondern auch ein recht früh einsetzender Trend zu stereotypen Formeln. Erst um die Jahrhundertwende wird mit den Fortschritten der *Psychoanalyse* die Modernität namentlich der frühen Romantik, aber ebenso des von GOETHE verpönten E. T. A. HOFFMANN (1776–1822) ins Licht gerückt. Auch HEINRICH VON KLEIST (1777–1811) gilt im Zeichen eines nach 1870 erstarkenden Nationalismus wachsendes Interesse. Dass nach 1900 für allerdings kurze Zeit eine Bewegung der **neuen oder nervösen Romantik** (↗Lehrbuch, S. 270 f., S. 390 f.) entstehen kann, hängt auch mit internationalen Rezeptionsbewegungen zusammen. So ergibt sich beispielsweise vor allem eine Linie zwischen E. T. A. HOFFMANN, CHARLES BAUDELAIRE (1821–1867) und EDGAR ALLAN POE (1809–1849).

Weder die Rezeptionsgeschichte der Romantik noch die der Weimarer Klassik kommt ohne **Krisen** aus. 1929 spricht man in Berlin vom *Klassikersterben* und an den Schulen von einem diesbezüglichen *Literaturstreik.* Während nach dem Krieg und der selektiven Instrumentalisierung von Klassikern und Romantikern durch den NS-Staat (↗Lehrbuch, S. 460 ff.) *in der DDR* der Weimarer Klassik (nicht aber der Romantik) als Erbe konstant hohe Wertschätzung in der Schule und in der Kulturpolitik zuteil wurde, ist die Klassikerrezeption *in der Bundesrepublik* von Brüchen gezeichnet. In den 1960er-Jahren ist es das junge *Regietheater,* das mit Inszenierungen etwa von

---

1 Schiller, Friedrich: Xenien von Goethe und Schiller. In: ders.: Sämtliche Werke. Bd. I: Hrsg. v. G. Fricke/H. G. Göpfert. München Hanser/WBG 1993, S. 257–302, S. 267.

SCHILLERS „Die Räuber" etablierte Sichtweisen provoziert. Die Studentenbewegung von 1967 ff. will mit „der blauen Blume" NOVALIS' (↗ Lehrbuch, S. 365) einer konservativen Germanistik den Garaus machen. In den 1970er-Jahren fragt ein Fachdidaktiker rhetorisch, ob Klassiker etwa nicht antiquiert seien. Seit der Wende schließlich kursiert die nicht uninteressante These, dass mit dem Ende der Teilung auch der Streit darum, welcher der deutschen Staaten das Erbe des klassischen Weimars sorgsamer verwalte, verpufft sei und damit die memoriale Besinnung auf GOETHE und SCHILLER insgesamt verblasse.

Zu solchen historischen Bestandsaufnahmen, nicht zu Ehrfurcht, sollten bei der Bearbeitung dieses Lehrbuchkapitels auch die Lernenden ermuntert werden. Dies gilt für die Reflexion eigener Rezeptionserfahrungen, die begleitend auch an Ganzschriften gemacht worden sein sollten. Dies gilt aber ebenfalls in der Wahrnehmung der Erinnerungskultur ihrer Umgebung. Eine solche Wahrnehmung kann sich auf das Nachspüren der in Deutschland omnipräsenten Dedikationen richten (Straßennamen, Plätze, Züge, Briefmarken, Münzen, Schul- und Hochschulnamen, Institutsbezeichnungen, Reiseführer, Denkmäler, kommerzielle Indienstnahmen usw.). Interessant können auch Befragungen sein, in denen der kanonische Status und die tatsächliche Kenntnis klassischer Werke in der Bevölkerung der näheren Umgebung erhoben werden.

Hinweise zu den Aufgaben

S. 342, Aufgabe:
Stellen Sie Informationen zu den politischen Entwicklungen in Europa zwischen 1789 und 1815 zusammen. Setzen Sie diese grafisch um und vergleichen Sie Ihre Ergebnisse.

Diese Aufgabe soll sichern, dass die Lernenden eine orientierende Vorstellung vom relevanten historischen Kontext gewinnen.

S. 343, Aufgabe 1:
Fassen Sie in eigenen Worten zusammen, was für Goethe ein Symbol ausmacht. Berücksichtigen Sie dabei auch die Unterscheidung von der Allegorie.

Die Aufgabe dient der Sicherung des Textverständnisses. Entscheidend ist für die wertungsästhetisch genutzte Unterscheidung, dass GOETHE unterstellt, dass es dem Autor einer *Allegorie* darum gehe, für eine Idee ein halbwegs illustrierendes Bild zu suchen, während sich das *Symbol* einem eher als ästhetisch ausgelegten „Schauen" verdankt. Man kann sich das durch (wie immer vereinfachende) Alltagserfahrungen verdeutlichen: Eine Person schaut auf das weite Meer und bekommt eine Idee von der eigenen Vergänglichkeit und der Beständigkeit der Natur. Dass dasselbe Meer auch andere Ideen wachrufen kann, sollte nicht unerwähnt bleiben. Die Entwicklung einer Allegorie im Sinne GOETHES folgt demgegenüber eher

der Entwicklung eines Logos, das etwa eine Firmenphilosophie vermitteln soll.

Mithilfe eines Lexikonartikels zu „Allegorie" sollte den Lernenden auch deutlich werden, dass GOETHES Unterscheidung mitnichten Allgemeingültigkeit beanspruchen kann. Eine Übersicht über die nicht immer klar geschiedenen Begriffe „Metapher, Allegorie, Symbol" gibt unter diesem Titel der weitverbreitete kleine Band von GERHARD KURZ, der GOETHES Symbolbegriff stark mit der Figur der Synekdoche in Verbindung bringt (ebenda, S. 75). Helfen kann hier auch ein Rekurs auf S. 14 f. des Lehrbuchs.

S. 343, Aufgabe 2:
Wählen Sie aus den digitalisierten Gedichten Goethes eines aus, von dem Sie meinen, dass Symbolik eine zentrale Rolle spielt. Tauschen Sie Ihre Ergebnisse aus (↗ DVD).

Bei der Besprechung der von den Lernenden ausgewählten Beispiele sollte problematisiert werden, dass man auch etwas als symbolisch gemeint begreifen kann, das vielleicht gar nicht so gedacht war. Diese Einsicht dürfte sich bei der Diskussion der ausgewählten Beispiele von selbst ergeben.

S. 345, Aufgabe 1:
Ermitteln Sie, was Goethe hier unter einem klassischen Nationalautor versteht.

Die Aufgabe dient der Verständnissicherung und -vertiefung. Wichtig wäre, dass einem „klassischen Nationalautor" im Sinne GOETHES eine herausragende Stellung in einer nationalen Kultur zukommt.

S. 345, Aufgabe 2:
Listen Sie auf, welche Probleme für Schriftsteller Goethe in Deutschland sieht.

Bei dieser ebenfalls das Verständnis sichernden Aufgabe kommt es auf die Einsicht an, dass GOETHE die Genese eines großen Autors mit *soziokulturellen Bedingungen* verknüpft. Es bedarf eines fordernden und fördernden Publikums sowie einer literarischen Öffentlichkeit, die um Wertmaßstäbe ringt. Soll GOETHES Hinweis auf die Bedeutung ausländischer Einflüsse auf die Kultur in den deutschen Staaten vertieft werden, lässt sich auf die Textauszüge aus Kap. 2.2.2 (↗ Lehrbuch, S. 253 ff.) zurückgreifen.

S. 345, Aufgabe 3:
„Jeder, auch das größte Genie, leidet von seinem Jahrhundert in einigen Stücken." Diskutieren Sie diese These und ihre Hintergründe.

Die Diskussion sollte durchaus über den Bereich der Literatur hinausgehen dürfen. Wichtig ist in jedem Fall, dass die von GOETHE thematisierte Beziehung zwischen der Entwicklung eines künstlerischen Œuvre (↗ Lehrbuch,

Kap. 2.2.4, S. 260) und den soziokulturellen Bedingungen des Umfelds (hier: Nation) im Blick bleibt.

S. 345, Aufgabe 4:
Diskutieren Sie, ob es heute einen klassischen Nationalautor gibt.

Die Diskussion sollte völlig ergebnisoffen geführt werden. Wahrscheinlich kommt von selbst die sinnvolle Frage auf, ob es überhaupt das Bedürfnis nach einem klassischen Nationalautor gibt oder geben sollte.

S. 345, Aufgaben 1–4; S. 346, Aufgabe (A–C); S. 347, Aufgabe:

Das Gedicht, der Kommentar RUTH KLÜGERS (geb. 1931) sowie die Multiple-Choice-Aufgaben sind ausführlich kommentiert in Kämper-van den Boogaart 2006 (↗ Weiterführende Literatur). Auf der Basis einer ausführlicheren Textinterpretation werden hier die folgenden *Verstehensziele* aufgelistet:

Erkannt werden sollte:
1. Thema des Gedichts ist nicht das jenseitig Göttliche, sondern das emphatisch Menschliche.

2. Der quasi einen Rahmen setzende Appell mit den Prädikaten „edel", „hilfreich" und „gut" skizziert in relativ abstrakter Form die *Vision eines Menschen,* der sich als solcher erst noch bilden muss. Auch der Sprecher beansprucht nicht, ein solcher Mensch zu sein.

3. Die höheren Wesen, die das Gedicht anruft, sind von den Menschen *selbst kreierte Vorbilder,* für die in zirkulärer Form die noch unausgeführte Idee des edlen, hilfreichen und guten Menschen ihrerseits das Vorbild darstellt.

4. Jenseits des menschlichen Vermögens gibt es keine moralische Ordnung, die dem Menschen Maßstäbe setzt. Die den Menschen umgebende Natur wird *personifiziert dargestellt und moralisch indifferent gewertet,* u. a. weil ihr die für Moralität notwendige Empfindsamkeit fehlt. Dasselbe gilt für das Glück.

5. Den Argumentationslücken oder Zirkelschlüsseln des Textes begegnet der Sprecher durch Setzungen bzw. mit dem variierten Hinweis auf privilegierte Fähigkeitspotentiale des Menschen *(Vernunftbegabung),* aus denen in impliziter Form *moralische Verpflichtungen* abgeleitet werden.

6. Diese Verpflichtungen werden nicht aus einem moralischen System abgeleitet, sondern in *abstrakten Wertbegriffen* aufgerufen. Neben den schon genannten zählen hierzu namentlich nützliches Schaffen und Rechtschaffenheit. Der Allgemeinheitsgrad dieser Werte und der sie in projizierter Personifikation repräsentierenden Götter entspricht dem (geschichts-philosophisch) defizitären Entwicklungsstand des utopischen Projekts „Mensch".

7. Dass aus den Feststellungen, dass es keine moralische Instanz außerhalb des Menschen (Gott) gebe und dass die Moralität der empirischen Menschen (wir) noch nicht zielgemäß entwickelt sei, Unsicherheit und Lähmung erwachsen könnten, negiert der Text in seinem *Appellcharakter* mit dem Postulat, sich unverdrossen an die (gute) Tat zu machen.

8. Von früheren Goethe-Texten unterscheidet sich *Das Göttliche* erheblich. Modifiziert haben sich das *Verständnis von Natur* und die Einstellung zur *Individualität des Sprechers.*

9. Das Gedicht rekurriert weder auf Erfahrung noch Erlebnis und hat zumindest formal eine argumentative Struktur („denn"). Obgleich der Sprecher sich in das „Wir einreiht", ist sein Ton recht gebieterisch und lässt sein Text Zweifeln keinen Raum. An diesem Gestus des Textes mögen seine freien Rhythmen ihren Anteil haben." (Ebenda, S. 166 f.)

Seit FRIEDRICH HEINRICH JACOBI 1785 (1743–1819) unautorisiert GOETHES Gedicht „Prometheus" (anonym) zusammen mit „Das Göttliche" (hier Nennung des Autors) abdruckte und das spätere Gedicht zum **„Antiprometheus"** deklarierte, etablierte sich auch im Kontext schulischer GOETHE-Rezeption das Verständnis, mit dem Gedicht von 1783 das Dokument einer Überwindung der Sturm-und-Drang-Jahre des Autors vor sich zu haben. Die Motive für diese Einschätzung können in einem Gedichtvergleich (↗ Lehrbuch, Kap. 3.1.3, S. 314 f.) ergebnisoffen sondiert werden. Hilfreich dürfte es sein, über ein Referat oder eine Lehrererzählung zu illustrieren, dass „Das Göttliche" in einer Zeit entstand, in der der Künstler GOETHE hinter dem Staatsdiener GOETHE (↗ Lehrbuch, S. 341 f.) zurücktrat.

S. 346, Aufgabe:
Bearbeiten Sie folgende Aufgaben in Gruppen und tauschen Sie die Ergebnisse aus:

A. *Welche Aussage entspricht dem Wortlaut des Gedichts am ehesten?*
 (1) Der Mensch ist im Unterschied zu anderen Wesen edel, hilfreich und gut.
 (2) Der Mensch unterscheidet sich von anderen Wesen durch seine Fähigkeit, edel, hilfreich und gut zu sein.
 (3) Der Mensch sollte sich von anderen Wesen unterscheiden, indem er edel, hilfreich und gut handelt.

Begründen Sie Ihre Entscheidung. Wenn Sie mit allen Aussagen unzufrieden sind, sollten Sie eine Aussage formulieren, die nach Ihrer Auffassung den Wortlaut des Gedichts besser wiedergibt.

B. Wie verstehen Sie die Verse „Sein Beispiel lehr
uns/Jene glauben" (↗ Zeile 11 f.)?
Überlegen Sie gemeinsam, was für oder gegen die
folgenden „Übersetzungen" spricht, und entscheiden Sie sich gegebenenfalls für eine Variante, um
Sie dann im Kurs zu erläutern. Sie können selbstverständlich auch eine eigene „Übersetzung" vor-
legen.

(1) An den Göttern sollten wir uns ein Beispiel nehmen und deshalb an ihre Existenz glauben.
(2) Das Beispiel des vom Sprecher geforderten
göttergleichen Menschen soll uns lehren, an
die Götter zu glauben.
(3) Die Götter sollen uns durch das Beispiel vom
göttergleichen Menschen glauben lehren.

C. Welche Aussagen macht das Gedicht über die
Natur bzw. das Verhältnis Mensch – Natur? Überlegen Sie, für welche Urteile sich im Gedicht Belege finden lassen, und entscheiden Sie sich für
die Sätze, die Sie im Einklang mit dem Text sehen.
Markieren Sie die passenden Verse, um Ihre Entscheidung im Kurs begründen zu können.

(1) Der Mensch ist Teil der Natur.
(2) Der Mensch muss sich den Gesetzen der Natur
beugen.
(3) Die Natur hat kein Gerechtigkeitsempfinden.
(4) Die Natur bedroht den Menschen.
(5) Die Natur ist Ausdruck des Göttlichen.
(6) Die Natur richtet über die Menschen.
(7) Die Natur kann nicht Vorbild für den Menschen sein.

Die Gruppenarbeit an den testartig formulierten Aufgaben soll sehr bewusst zu einem kleinschrittigen Vorgehen, zu einem textnahen Lesen führen. Wie sich gezeigt hat, liegt der Vorteil von Aufgabenformaten wie
Multiple Choice als Lernhilfe darin, dass die Gruppe zu
begründeten Entscheidungen gezwungen wird. Wie der
Zusatz in (A) deutlich macht, besteht selbstverständlich
die Möglichkeit, eine Unzufriedenheit mit den vorge-
legten Verstehensvarianten durch die *Formulierung einer eigenen Variante* auszudrücken. Beachtet werden
sollte bei (A) ansonsten die Einschränkung in der Frage:
„am ehesten".

S. 347, Aufgabe:
*„Mit dem Humanismus ist es wie mit dem jüdischen
Messiah." Erläutern Sie diese Analogie und diskutie-
ren Sie die Einschätzung Ruth Klügers.*

Die Diskussion sollte selbstverständlich ergebnisoffen geführt werden. Gegebenenfalls wird es sinnvoll sein, über
ein Referat oder einen lexikalischen Beitrag zu klären,
was mit Humanismus – genauer eigentlich mit *Neuhumanismus* – bei RUTH KLÜGER gemeint ist.

S. 348, Aufgabe 1:
*Informieren Sie sich über die Figuren in Schillers grie-
chischer Götterwelt.*

Die Aufgabe dient namentlich der Entlastung beim Verstehen insbesondere der dritten Strophe.

S. 348, Aufgabe 2:
*Überlegen Sie, ob zwischen den Auszügen aus dem
berühmten Gedicht Schillers und Goethes „Das Göttliche" (↗ S. 345 f.) Parallelen bestehen.*

Hier kann insbesondere auf die Zeilen 31 f. rekurriert
werden. Kontexualisiert werden können die Verse mit
einer Formulierung SCHILLERS aus seinem „Brief eines reisenden Dänen" (1785), in dem der fiktive Briefautor beim
Anblick antiker Statuen räsoniert:

„Warum zielen alle redende und zeichnende Künste
des Altertums so sehr nach *Veredelung*?
Der Mensch brachte hier etwas zustande, das mehr
ist, als er selbst war, das an etwas Größeres erinnert
als an seine Gattung – beweist das vielleicht, daß er
weniger ist, als er sein wird? [...] Die Griechen mal-
ten ihre Götter nur als edlere Menschen und näherten
ihre Menschen den Göttern. Es waren Kinder einer
Familie."[1]

S. 348, Aufgabe 3:
*Formulieren Sie Schlussfolgerungen im Hinblick auf
die vermutliche Haltung der beiden Autoren zu Fragen von Religion und Kirche.*

Für die Bearbeitung dieser Aufgabe sollte möglichst
der gesamte Text des Gedichts herangezogen werden
(↗ DVD). RÜDIGER SAFRANSKI (geb. 1945) kommentiert in
Richtung auf die Aufgabenstellung:

„Der neuere Weltzustand, das gegenwärtig herr-
schende Bewußtsein, ist gekennzeichnet von der
großen Entzauberung, einerseits infolge des christlichen Monotheismus und andererseits, damit zusam-
menhängend, infolge der kalten Vernunft des Rationalismus und Materialismus.
Die griechischen Götter haben in der sinnlich erfahr-
baren Wirklichkeit gelebt, der christliche Gott aber
hat sich in die Unsichtbarkeit zurückgezogen. Er
spricht nicht mehr aus der Natur, er spricht nicht die
Sinne an, er wirkt in der Höhle der Innerlichkeit und
des Gewissens. Wer die Begegnung mit diesem Gott
sucht, für den gilt: Mühsam späh ich im Ideenlande, /
Fruchtlos in der Sinnenwelt.
Es ist nicht verwunderlich, daß Kritiker des Gedichtes
auf den Plan traten, die [...] dem Verfasser frevel-
haften Atheismus vorwarfen. Sie hatten insofern

---

1 Schiller, Friedrich: Brief eines reisenden Dänen. In: ders.: Sämtliche
Werke. Bd. V. Hrsg. v. G. Fricke/H. G. Göpfert. München: Hanser/WBG,
9. Aufl., 1993, S. 879–884, S. 883.

recht, als der zornige Gott der eifernden Christen kein Gott nach Schillers Geschmack war."[1]

S. 348, Aufgabe 4:
Überprüfen Sie in Handbüchern oder auch in Internet-recherchen, ob Ihre Schlussfolgerungen von literatur-wissenschaftlicher Seite geteilt werden.

Da das Thema breit kommentiert ist[2], ist es nicht sehr schwierig, verschiedene Facetten festzuhalten. Im Internet wird man bei der Recherche auch auf zusätzliche Primärzeugnisse zum Thema stoßen, so etwa auf SCHILLERS Brief an GOETHE vom 17. August 1795. (http://www.wissen-im-netz.info/literatur/Goethe/briefe/schiller/1/086.htm)

S. 351, Aufgabe 1:
Fassen Sie zusammen, wie Schiller die Chancen für ein moralisch wirksames Theater 1782 einschätzt und wie er das Theaterpublikum charakterisiert.

Die Aufgabe dient der Sicherung des Textverständnisses. Zur Vernetzung können SCHILLERS Sätze über das noch nicht hinlänglich gebildete Theaterpublikum mit den Eindrücken verglichen werden, die GOETHES Einschätzungen des deutschen Literaturpublikums (↗Lehrbuch, S. 343 f.) den Lernenden vermittelten.

S. 351, Aufgabe 2:
Diskutieren Sie die Aktualität seiner Betrachtungen.

Wieder sollte die Diskussion ergebnisoffen geführt werden.

S. 351, Aufgabe 3:
Ermitteln Sie, an welcher Stelle Schiller 1784 die Argumentation des früheren Aufsatzes aufgreift.

Die Aufgabe zielt auf eine intertextualisierende Vertiefung des Textverständnisses. In den Blick genommen werden etwa die Spekulationen über die Wirkung von „Die Räuber" (Z. 22 ff.).

S. 351, Aufgabe 4:
Erläutern Sie, mit welchen Argumenten Schiller 1784 die Akzente dann neu setzt. Überlegen Sie, was Schiller zu dieser Kurskorrektur motiviert haben könnte.

Abgesehen davon, dass SCHILLER sich mit einem Vortrag über die Wirkungslosigkeit der Bühne den Theaterfreunden kaum als der gewünschte Theatermann empfohlen hätte, ist für eine Antwort insbesondere der letzte Abschnitt des Textauszugs ins Auge zu fassen. Hierbei

sollten die anthropologischen Überlegungen und die wichtige Bestimmung der Bühne als einer „künstlichen Welt" (Z. 47) für den Zuschauer reflektiert werden. Nicht unberücksichtigt wird der klassenübergreifende Charakter der ästhetischen Erziehungsaufgabe bleiben (Z. 54 f.). Entsprechende Einsichten können rekursiv mit den Überlegungen zur Religion verknüpft werden (↗Lehrbuch, S. 348), außerdem bereiten sie auf die Briefe zur ästhetischen Erziehung vor (↗Lehrbuch, S. 357). Ein weiterer Querbezug kann zu den Themenseiten über das Theater (↗Lehrbuch, S. 324 ff., S. 428) hergestellt werden.

S. 356, Aufgabe 1:
Erklären Sie in eigenen Worten, wie Kant Geschmack charakterisiert.

Dass *Geschmack und das Schmecken* eine Frage *subjektiver Dispositionen und Erfahrungen* sind, werden die Lernenden sicher bestätigen. Schwieriger gestaltet sich in der Regel ein Verständnis der *kantschen Bedingung der Interesselosigkeit.* Hier wird im Text über die Analogie zur Weinprobe eine alltagsweltliche Verstehenshilfe gegeben. In Vorwegnahme von SCHILLERS *Spieltheorie* (↗Lehrbuch, S. 356 ff.) könnte auch das Beispiel angeführt werden, dass es etwa für den Zuschauer eines Wettbewerbs im Eiskunstlaufen einen erheblichen Unterschied macht, ob er eine Wette auf den Sieger abgeschlossen hat. In diesem Fall dürfte er kaum solch ein gelassener Betrachter der Veranstaltung sein, der sich ganz der Ästhetik der vorgeführten Bewegung widmet.

Ein anderes, wegen seiner Kauzigkeit nettes Beispiel gibt ARTHUR SCHOPENHAUER (1788–1860):

„Im angegebenen und erklärten Sinn aber, finde ich im Gebiete der Kunst nur zwei Arten des Reizenden und beide ihrer unwürdig. Die eine, recht niedrige, im Stilleben der Niederländer, wenn es sich dahin verirrt, daß die dargestellten Gegenstände Eßwaaren sind, die durch ihre täuschende Darstellung nothwendig den Appetit darauf erregen, welches eben eine Aufregung des Willens ist, die jeder ästhetischen Kontemplation des Gegenstandes ein Ende macht. Gemaltes Obst ist noch zulässig, da es als weitere Entwickelung der Blume und durch Form und Farbe als ein schönes Naturprodukt sich darbietet, ohne daß man geradezu genöthigt ist, an seine Eßbarkeit zu denken; aber leider finden wir oft, mit täuschender Natürlichkeit, aufgetischte und zubereitete Speisen, Austern, Heringe, Seekrebse, Butterbrod, Bier, Wein u.s.w., was ganz verwerflich ist. – In der Historienmalerei und Bildhauerei besteht das Reizende in nackten Gestalten, deren Stellung, halbe Bekleidung und ganze Behandlungsart darauf hinzielt im Beschauer Lüsternheit zu erregen, wodurch die rein ästhetische Betrachtung sogleich aufgehoben, also dem Zweck der Kunst entgegengearbeitet wird. Dieser Fehler entspricht ganz und gar dem soeben an den Niederländern gerügten. Die Antiken sind, bei aller Schönheit und völliger

---

1 Safranski, Rüdiger: Schiller oder die Erfindung des Deutschen Idealismus. München: Hanser Verlag, 2004, S. 288 f. (Hier findet sich auch eine ausführliche Kommentierung der Elegie.)
2 Z. B.: Simm, Hans-Joachim (Hrsg.): Goethe und die Religion. Frankfurt/M./Leipzig: Insel Verlag, 2000.

Nacktheit der Gestalten, fast immer davon frei, weil der Künstler selbst mit rein objektivem, von der idealen Schönheit erfülltem Geiste sie schuf, nicht im Geiste subjektiver, schnöder Begierde. – Das Reizende ist also in der Kunst überall zu vermeiden."[1]

Lässt man dieses Zitat zusätzlich im Unterricht lesen, sollte aber unbedingt auch die Differenz zu KANTS Überlegungen zum Geschmack herausgestellt werden. Im Unterschied hierzu gibt SCHOPENHAUER Anweisungen an die Kunst, die offensichtlich unterstellen, dass sich bei bestimmten kulinarischen und erotischen Expositionen eine *Interesselosigkeit ("Kontemplation")* des Betrachters nicht aufrechterhalten lässt …

S. 356, Aufgabe 2:
Entscheiden und begründen Sie: Lässt sich die Redeweise von einem „guten Geschmack" auf Kants Bestimmungen beziehen?

Sofern die Redeweise vom „guten Geschmack" reflektierte moralische Setzungen enthält oder den eigenen Geschmack zur Norm erhebt, ist sie mit KANTS Bestimmung des Geschmacks nicht vereinbar. Impliziert die Redeweise indes eine Disposition zu einer kontemplativen Einstellung gegenüber dem als ästhetisch Betrachteten, ist sie dies, wie KANTS Verdikt über einen barbarischen Geschmack verdeutlicht (↗ Lehrbuch, S. 355). Auf die soziale Schlagseite dieser Differenzierung machte der Soziologie PIERRE BOURDIEU (1930–2002) in seinem berühmten Buch „Die feinen Unterschiede" aufmerksam. Beispiele aus diesem Band könnten die Lernenden zu einer Diskussion über die Aktualität und die Reichweite der Bestimmungen KANTS provozieren.[2]

S. 356, Aufgabe 3:
Erläutern Sie, weshalb für Kant die Zweckfreiheit so wichtig ist, wenn es um Erfahrungen des Schönen geht.

Hier kommt es darauf an, den *Zusammenhang zwischen Zweck- und Interesselosigkeit* zu erfassen bzw. *das rein Ästhetische der Wahrnehmung* zu betonen – im Unterschied etwa zu einer wissenschaftlichen Beobachtung.

S. 356, Aufgabe 4:
Überlegen Sie, weshalb es uns heute nicht leichtfällt, die Analogien zwischen Natur und Kunst nachzuvollziehen.

Hier kann einerseits angeführt werden, dass sich die Künste immer mehr von einer Nachahmung der Natur entfernt haben. Außerdem fällt es heute vielen schwer,

in der Ordnung der Natur den Maßstab des allseits und allgemein Gelungenen zu sehen.
Einen Eindruck von der Bedeutung, den der Rekurs auf die Natur für den Aufklärer KANT besitzt, vermittelt die Erläuterung des berühmten kategorischen Imperativs:
„Weil die Allgemeinheit des Gesetzes, wonach Wirkungen geschehen, dasjenige ausmacht, was eigentlich Natur im allgemeinsten Verstande (der Form nach), d. i. das Dasein der Dinge, heißt, so fern es nach allgemeinen Gesetzen bestimmt ist, so könnte der allgemeine Imperativ der Pflicht auch so lauten: handle so, als ob die Maxime deiner Handlung durch deinen Willen zum allgemeinen Naturgesetze werden sollte."[3]

Was KANT mit dem Test, die Maxime des eigenen Handeln zum „allgemeinen Naturgesetz" zu verwandeln, im Sinn hat, verdeutlicht er an einer Reihe von Beispielen. Eins davon lautet:

„Ein anderer sieht sich durch Not gedrungen, Geld zu borgen. Er weiß wohl, daß er nicht wird bezahlen können, sieht aber auch, daß ihm nichts geliehen werden wird, wenn er nicht festiglich verspricht, es zu einer bestimmten Zeit zu bezahlen. Er hat Lust, ein solches Versprechen zu tun; noch aber hat er so viel Gewissen, sich zu fragen: ist es nicht unerlaubt und pflichtwidrig, sich auf solche Art aus Not zu helfen? Gesetzt, er beschlösse es doch, so würde seine Maxime der Handlung so lauten: wenn ich mich in Geldnot zu sein glaube, so will ich Geld borgen, und versprechen, es zu bezahlen, ob ich gleich weiß, es werde niemals geschehen. Nun ist dieses Prinzip der Selbstliebe, oder der eigenen Zuträglichkeit, mit meinem ganzen künftigen Wohlbefinden vielleicht wohl zu vereinigen, allein jetzt ist die Frage: ob es recht sei? Ich verwandle also die Zumutung der Selbstliebe in ein allgemeines Gesetz, und richte die Frage so ein: wie es dann stehen würde, wenn meine Maxime ein allgemeines Gesetz würde. Da sehe ich nun sogleich, daß sie niemals als allgemeines Naturgesetz gelten und mit sich selbst zusammenstimmen könne, sondern sich notwendig widersprechen müsse.
Denn die Allgemeinheit eines Gesetzes, daß jeder, nachdem er in Not zu sein glaubt, versprechen könne, was ihm einfällt, mit dem Vorsatz, es nicht zu halten, würde das Versprechen und den Zweck, den man damit haben mag, selbst unmöglich machen, indem niemand glauben würde, daß ihm was versprochen sei, sondern über alle solche Äußerung, als eitles Vorgeben, lachen würde."[4]

S. 356, Aufgabe 5:
Es ist noch nicht lange her, dass sich Kunstausstellungen auf minimale Informationen für die Besucher

1 Schopenhauer, Arthur: Die Welt als Wille und Vorstellung. Erster Band. In: ders.: Werke in fünf Bänden. Bd. 1. Hrsg. v. L. Lütkehaus, Zürich: Haffmanns Verlag, 1988, S. 280.
2 Bourdieu, Pierre: Die feinen Unterschiede. Kritik der gesellschaftlichen Urteilskraft. Frankfurt/M.: Suhrkamp Verlag, 1987. (Vgl. dort etwa S. 416 ff.)

3 Kant, Immanuel: Grundlegung zur Metaphysik der Sitten. In: ders.: Werke in zehn Bänden. Hrsg. v. W. Weischedel. Bd. 6. Darmstadt: WBG, S. 51.
4 Ebenda S. 51 u. S. 52 f.

beschränkten. Können Sie diese Praxis mit Kants Über-
legungen in Verbindung bringen?

Die Frage zielt auf eine Transferleistung. Kunstpädago-
gische Erläuterungen liefern Erklärungen, die nach KANT
die ästhetische Erfahrung nicht ersetzen können, d. h.
weder an die Stelle des subjektiven Geschmacks treten
noch diesen „überzeugen" können.
An diese Aufgabe kann eine Erörterung anschließen, die
den folgenden Satz BOURDIEUS abwägt:
> „Die Museen könnten an ihre Frontgiebel schreiben
> lassen: Einlaß nur für Kunstliebhaber – aber sie haben
> es nicht nötig, so sehr versteht sich das von selbst."[1]

S. 356, Aufgabe 6:
Formulieren Sie aus Ihrer Sicht Einwände gegen Kants
Thesen zur ästhetischen Urteilskraft. Diskutieren Sie
diese Einwände.

Auch hier sollte wieder ergebnisoffen diskutiert werden.
Nicht nur das implizit Elitäre bei KANT könnte angesprochen werden, sondern auch z. B., dass es eine Kunst gibt,
die explizit Interessen anspricht und eine kritische Rationalität stärken will, so etwa das Theater BRECHTS (↗ Lehrbuch, S. 431).

S. 362, Aufgaben 1–8; S. 363, Aufgaben 9–12; S. 363, Aufgaben 1–6:

Mit diesen Seiten soll insbesondere den Lernenden das
Modell einer folgenreichen Autonomieästhetik deutlich
werden. Gelernt werden sollte, dass die Orientierung auf
den schönen Schein einerseits einer Skepsis gegenüber
einem durch Arbeit und äußere Pflichten entfremdeten
Lebens folgt, dass für die Autonomisierung der Kunst
aber auch der Preis der *Dichotomisierung der literarischen*
Produktion und ihrer Publika bezahlt wurde: Unterhaltungsliteratur für die breiten Schichten und Kunstlitera-
tur für die wenigen Gebildeten werden auch ideologisch
geschieden. Und angesichts der Französischen Revolution
wird im schönen Schein der Kunst jene bessere Welt gesucht, die in der sozialen Welt SCHILLER zufolge nicht zu
haben ist.

Dass Kunst dergestalt zum Refugium eines Begehrens
wird, für das immer wieder das Wort „Freiheit" fällt, dass
das Spiel dem wirklichen Leben vorgezogen wird, ist, wie
noch ADORNO in seiner „Ästhetischen Theorie" beklagte,
letztlich eine Friedenserklärung an eine Gesellschaft der
Unfreiheit. Hierin liegt der *ideologische Charakter der*
idealistischen Theorie der Kunstautonomie, an dem sich
die Avantgardebewegungen der folgenden Jahrhunderte immer wieder stoßen werden und auf den Antire-
publikaner wie der Germanist GUSTAV ROETHE (↗ Lehrermaterial, S. 122.) setzten, indem sie mit SCHILLER den Ruf

nach Freiheit depolitisierten. Von einer Kunstideologie zu
sprechen, heißt allerdings ausdrücklich nicht, die Überlegungen SCHILLERS für gänzlich unwahr oder gar als einen
kalkulierten Versuch zu begreifen, etwaige revolutionäre
Gesinnungen des intellektuellen Bürgertums zu betören:

> „Daß solch ästhetisch-intellektuelle Eliten sich von der
> Gesamtgesellschaft abgelöst haben, muß [...] als Vor-
> aussetzung für den Anspruch künstlerischer Autono-
> mie gelten; wird dieser doch ausschließlich von jenen
> publiziert, die zur Elite gehören. Ohne ihre gesell-
> schaftliche Position kann der ästhetische Schein nicht
> idealisiert werden – und umgekehrt: je intensiver man
> an die Idee glaubt, desto strikter löst sich die ästhe-
> tische Elite von der Gesellschaft ab, eine Dialektik, die
> den gesamten Topos vom Gegensatz zwischen Künst-
> ler und Bürger in sich aufhebt [...]. Freilich müßte un-
> tersucht werden, wie nun genau die ästhetische Elite
> sich im Lauf des 18. Jahrhunderts ablöst. Ich kann das
> hier nicht leisten, wohl aber zur weiteren empirischen
> Begründung noch auf Schillers eigene Biographie ver-
> weisen. Seine paramilitärische Zwangserziehung lin-
> derte er und dem ihm aufoktruierten Beruf als Gar-
> nisonsarzt entzog er sich bekanntlich dadurch, daß
> er sich die zweite Existenz des Künstlers aufbaute.
> Die ästhetische Emanzipation der Gesellschaft, die er
> fordert, hat in seiner eigenen Praxis stattgefunden –
> wenn auch verbunden mit ökonomischer Not, der be-
> kannten Kehrseite ‚zweckloser' Kunst.
> Aus all diesen Gründen muß die Idee einer ästhetischen
> Erziehung der Gesellschaft und also der gesamte Au-
> tonomiebegriff ideologische Züge annehmen – set-
> zen sie doch jene gesellschaftlichen Verhältnisse stets
> schon voraus, deren Folgen sie ästhetisch bekämpfen.
> Sie beim Wort zu nehmen, hieße ja, zu fordern, die
> Gesellschaft müsse sich von ihren eigenen Verhält-
> nissen derart befreien, wie es der ästhetischen Elite
> mindestens teilweise gestattet ist oder war. Das äs-
> thetische Spiel kann erst dann zu einer Form sozialer
> Existenz werden, wenn die Praxis der Leistungsrollen,
> der institutionalisierten Herrschaftsinteressen und
> der verzerrten Triebbedürfnisse mindestens drastisch
> eingeschränkt werden kann; wenn, um mit Schiller
> zu sprechen, die Gesellschaft in ‚seligem Müßiggang'
> ihrer ‚moralischen Gesundheit warten und freien
> Wuchs' ihrer ‚Menschheit entwickeln könnte' [...].
> Sollten Zweifel bestanden haben, so erweist sich in
> diesem Zusammenhang endgültig der Rang von Schil-
> lers Schrift. Sie darf als Versuch gelten, sich in Kon-
> frontation mit der Praxis zu engagieren – als unglück-
> liche Theorie über Glück."[2]

S. 362, Aufgabe 1:
„Der Mensch spielt nur, wo er in voller Bedeutung des
Worts Mensch ist, und er ist nur da ganz Mensch, wo

---

1 Bourdieu, Pierre: Die Regeln der Kunst. Frankfurt am Main: Suhrkamp
  Verlag, 2001, S. 456. Auch wenn viele Museen heute mit AudioGuides
  für pädagogische Einstiege sorgen, bleiben Galerien in der Regel as-
  ketisch.

2 Grimminger, Ralf: Die ästhetische Versöhnung. Ideologiekritische Aspekte zum Autonomiebegriff am Beispiel Schillers. In: Schillers Briefe
  über die ästhetische Erziehung. Hrsg. v. J. Bolten. Frankfurt/M.: Suhrkamp Verlag, 1984, S. 161–184, S. 180 f.

er spielt." (↗ Brief 15, S. 359) Versuchen Sie die Implikationen dieser raffinierten Formulierung zu klären und sie zu erläutern.

Die Aufgabe zielt darauf, das Verständnis des vielfach zitierten Satzes SCHILLERS abzusichern.

Dass SCHILLER auf das *Spiel* setzt, hat nicht nur seinen Hintergrund in den Visionen vom glücklichen Menschen des antiken Griechenlands, sondern das Spiel lässt sich auch als eine *Domäne der von KANT geforderten Zweckfreiheit* begreifen. Das macht nicht nur das im Lehrbuch zur Vorbereitung auf die nicht einfachen „Briefe" aufgenommene Gedicht „Der spielende Knabe" (↗ Lehrbuch, S. 356), sondern auch eine eingängige Erklärung KANTS deutlich:

> „Bei der Arbeit ist die Beschäftigung nicht an sich selbst angenehm, sondern man unternimmt sie einer andern Absicht wegen. Die Beschäftigung bei dem Spiele dagegen ist an sich angenehm, ohne weiter irgend einen Zweck dabei zu beabsichtigen. Wenn man spazieren geht: so ist das Spazierengehen selbst die Absicht, und je länger also der Gang ist, desto angenehmer ist er uns. Wenn wir aber irgend wohin gehen, so ist die Gesellschaft, die sich an dem Orte befindet, oder sonst etwas, die Absicht unsers Ganges, und wir wählen gerne den kürzesten Weg."[1]

THOMAS ANZ (geb. 1948) akzentuiert eine interessante *Analogie zwischen SCHILLERS ästhetischem Spiel und der psychoanalytischen Therapie:*

> „Im ästhetischen Spiel, wie Schiller es versteht, ist der Mensch gleich in dreifacher Weise befreit: Er steht nicht unter dem Diktat der Realitätszwänge, nicht unter dem Zwang seiner eigenen Natur und auch nicht unter dem der Moral. In Freudsche Begriffe übersetzt, könnte man sagen: Im Spiel der Künste und der Literatur hat das menschliche Subjekt die Möglichkeit, die Ansprüche der Realität, des Es und des Über-Ich harmonischer zu integrieren. Als ästhetisch Spielender, so ließe sich weiter ausführen, ist der Mensch in jenem Zustand, in den ihn die therapeutischen Bemühungen der Psychoanalyse zu bringen versuchen. Nach psychoanalytischer Vorstellung vermag nur das gesunde Individuum zwischen den gegensätzlichen, ihm oft selbst nicht bewußten Ansprüchen seines Es und seines Über-Ich sowie der Außenwelt zu vermitteln. Wie der Künstler oder Dichter in der Vorstellung Schillers, so versucht der Therapeut in der Vorstellung Freuds, wenn auch mit anderen Methoden, die Spaltung des kranken Subjekts in Bewußtes und Unbewußtes, in das rationale Ich und die mehr oder weniger verborgenen Regungen von Es und Über-Ich zu überwinden. Der Weg der Psychoanalyse dahin ist der der Selbstreflexion und Bewußtmachung. Der Künstler oder

Kunstbetrachter erreicht dagegen dieses Ziel gleichsam im Spiel."[2]

S. 362, Aufgabe 2:
Erläutern Sie Schillers Sicht auf die griechische und römische Antike unter dem Aspekt des Spiels.

Die Unterscheidung findet sich später wieder in der *Entgegensetzung von Sport und Spiel*, so in dem einflussreichen Werk von JOHAN HUIZINGA (1872–1945) „Homo Ludens" aus dem Jahr 1938:

> „Die Haltung des Berufsspielers ist nicht mehr die richtige Spielhaltung; das Spontane und Sorglose gibt es nicht mehr bei ihm. Nach und nach entfernt sich in der modernen Gesellschaft der Sport immer mehr aus der reinen Spielsphäre und wird ein Element sui generis: nicht mehr Spiel und doch auch kein Ernst. Im heutigen Gesellschaftsleben nimmt der Sport einen Platz neben dem eigentlichen Kulturprozeß ein, und dieser findet außerhalb von ihm statt."[3]

Für HUIZINGAS Sichtweise lassen sich zahlreiche weitere Nachweise aus dem 20. Jahrhundert finden. Insofern kann es reizvoll sein, Ansichten zum schönen Spiel und zum üblen Sport zu konfrontieren. Wichtig ist hierbei, dass der moderne Sport durch Trainingsprogramme und Professionalität sich der Arbeit nähert, deren Gegenpol doch das Spiel sein soll.

S. 362, Aufgabe 3:
Überprüfen Sie, ob Schillers Kommentare zu antiken Olympiaden zutreffend sind.

Bei dieser Aufgabe geht es primär darum, dass sich SCHILLER notgedrungen nur auf Darstellungen WINCKELMANNS und sich dieser wieder einzig auf literarische Quellen stützen konnte.

S. 362, Aufgabe 4:
Überlegen Sie, wie man die widerstreitenden Triebe – Formtrieb und sinnlicher Trieb (↗ S. 357) – heute charakterisieren könnte.

Vgl. hierzu den Textauszug von ANZ (↗ li. Spalte).

S. 362, Aufgabe 5:
Schillers Forderung nach einer Herrschaft der Form über den Stoff (↗ S. 359) ist sicher nicht ganz leicht nachzuvollziehen. Halten Sie fest, welche Begründungen Ihnen hier einleuchten und welche nicht. Diskutieren Sie Ihre Ergebnisse.

Wichtig ist hierbei, dass die Lernenden erkennen, dass SCHILLER auf einen *Primat der Form über den Stoff* setzen muss, um die reklamierte Autonomie des Kunstwerks zu

---

1 Kant, Immanuel: Über Pädagogik. In: ders.: Werke in zehn Bänden. Bd. 10, Hrsg. v. W. Weischedel, Darmstadt: WBG, S. 691–761, S. 730.

2 Anz, Thomas: Literatur und Lust. Glück und Unglück beim Lesen. München: Verlag C. H. Beck Verlag, 1998, S. 78 f.

3 Huizinga, Johan: Homo Ludens. Vom Ursprung der Kultur im Spiel. Reinbek: Rowohlt Verlag, 1957, S. 188.

sichern (↗ Lehrbuch, S. 359). Wichtig ist ebenso, dass dieser Primat mit KANT auch auf die legitime Lektüre ausgedehnt wird. Derjenige, der primär auf den Inhalt, den Plot achtet, entspricht nicht dem idealen Rezipienten im Sinne SCHILLERS und KANTS. Über die ja nicht unproblematische Unterscheidung von Form und Inhalt sollte offen diskutiert werden.

Einen Anhaltspunkt hierfür bietet die Musikgeschichte (↗ SCHILLERS Rede von „Harmonie"). Hat Musik einen Inhalt?

S. 362, Aufgabe 6:
Schillers „Briefe" werden in der Literatur oft als Reaktion auf das Blutvergießen in der Französischen Revolution verstanden. Überprüfen Sie, ob die Ihnen hier vorliegenden Auszüge Anhaltspunkte für eine solche Interpretation liefern.

Anhaltspunkte hierfür finden sich in dem Textauszug im Lehrbuch auf S. 360. Das Verhältnis von GOETHE und SCHILLER und anderer Autoren zur Französischen Revolution ist auch ein dankbares Thema für ein Schülerreferat.

S. 362, Aufgabe 7:
Schiller unterscheidet zwischen Wirklichkeit und Ideal. Erfassen Sie die Bedeutung dieser Differenzierung für seine Darlegungen. Überlegen und diskutieren Sie, was Sie selbst unter Idealen verstehen.

Hier sollte für den Auszug auf S. 360 im Lehrbuch erkannt werden, dass SCHILLER dem Ideal primär *Chancen im Schein – also in der Fiktion* – einräumt. Gleichwohl geht es im Zeichen des Ideals auch um *Erziehung,* wie die letzten Zeilen verdeutlichen.

Diskutiert werden könnte, welche Funktion Idealen im heutigen Leben zukommt. Ist die Konstruktion idealer Welten eher eine Art Träumerei oder im Sinne einer Realutopie Perspektive für eine Veränderung der Wirklichkeit?

S. 362, Aufgabe 8:
Stellen Sie kritisch dar, welche Auffassungen vom großen Publikum Schillers „Briefe" und seine Bürger-Rezension zu erkennen geben.

Die Lernenden sollten erfassen, dass es einerseits für SCHILLERS Pessimismus und Idealismus konsequent ist, *das breite Publikum für nicht hinreichend gebildet* zu halten. Ansonsten entfiele ein entscheidender Impuls für die „Briefe".

Es sollte aber auch angesprochen werden, dass die Diagnose den vergleichsweise geringen Publikumserfolg der Weimarer Klassiker verarbeitet.

S. 363, Aufgabe 9:
Entgegnen Sie dem Autor der „Briefe" in der Rolle eines politisch engagierten Autors und in der Form einer Rezension.

Diese produktionsorientierte Aufgabe gibt den Lernenden die Gelegenheit, ihr mögliches Unbehagen an den Ausführungen SCHILLERS zu bündeln.

S. 363, Aufgabe 10:
„Im Grunde ist Schillers Sichtweise doch zutiefst pessimistisch." Diskutieren Sie diese These.

Für diese These liefern die Textauszüge hinreichend viele Anhaltspunkte. Andererseits gehört zum Erziehungs- und Veredelungsgedanken notwendigerweise ein Schuss Optimismus.

S. 363, Aufgabe 11:
Überlegen Sie, welcher Zusammenhang sich zwischen Schillers Gedicht „Der spielende Knabe" (↗ S. 356) und seinen „Briefen" (↗ S. 356 ff.) herstellen lässt. Vergleichen und diskutieren Sie Ihre Ergebnisse anschließend untereinander.

Die Parallelen sind einerseits deutlich, andererseits stellt sich die Frage, inwiefern der Blick auf eine flüchtige Kindheit eine sentimental getönte Utopie darstellt.

Diese Erörterung lässt sich mit der berühmten Schlusspassage aus ERNST BLOCHS „Das Prinzip Hoffnung" (1959) ausweiten:

> „Der Mensch lebt noch überall in der Vorgeschichte, ja alles und jedes steht noch vor der Erschaffung der Welt, als einer rechten. Die wirkliche Genesis ist nicht am Anfang, sondern am Ende, und sie beginnt erst anzufangen, wenn Gesellschaft und Dasein radikal werden, das heißt sich an der Wurzel fassen. Die Wurzel der Geschichte aber ist der arbeitende, schaffende, die Gegebenheiten umbildende und überholende Mensch. Hat er sich erfaßt und das Seine ohne Entäußerung und Entfremdung in realer Demokratie begründet, so entsteht in der Welt etwas, das allen in die Kindheit scheint und worin noch niemand war: Heimat."[1]

S. 363, Aufgabe 12:
Verfassen Sie eine textgebundene Erörterung (↗ Kap. 1.3.2, S. 114 ff.) zum Textauszug von Rüdiger Safranski (↗ S. 360).

SAFRANSKI (geb. 1945) spricht davon, dass SCHILLER den *Spieltrieb als anthropologische Konstante* entdeckt und damit die anthropologische Voraussetzung einer Entwicklung begriffen habe, die er selbst schwerlich sich vorzustellen vermochte. Was er mit dem Spielen als Therapie vorgeschlagen habe, sei Teil des Problems geworden, das er habe lösen wollen. Diese etwas kulturkritisch getönte Prognose geht davon aus, dass die von SCHILLER betonte Trennung von Wirklichkeit und Schein in der Gegenwart seitens des Fiktionalen und nicht seitens der Vernunft

---

1 Bloch, Ernst: Das Prinzip Hoffnung. 3. Bd. Frankfurt/M.: Suhrkamp Verlag, 1978, S. 1628.

verletzt werde. Besonders die Rede von den „Spieler-typen" in der Ökonomie dürfte angesichts der seit 2008 herrschenden globalen Finanzkrise an Aktualität gewonnen haben. Auch Kenner sprechen inzwischen von einer *Fiktionalisierung der Finanzmärkte.*

Den Lernenden kann über SAFRANSKI hinaus oder als Alternative auch der folgende, in seiner Verallgemeinerung voraussetzungsreichere Textauszug zur Erörterung angeboten werden:

„Aber der bürgerliche Idealismus ist nicht nur eine Ideologie: er spricht auch einen richtigen Sachverhalt aus. Er enthält nicht nur die Rechtfertigung der bestehenden Daseinsform, sondern auch den Schmerz über ihren Bestand; nicht nur die Beruhigung bei dem, was ist, sondern auch die Erinnerung an das, was sein könnte. Indem die große bürgerliche Kunst das Leid und die Trauer als ewige Weltkräfte gestaltet hat, hat sie die leichtfertige Resignation des Alltags immer wieder im Herzen der Menschen zerbrochen; indem sie die Schönheit der Menschen und Dinge und ein überirdisches Glück in den leuchtenden Farben dieser Welt gemalt hat, hat sie neben dem schlechten Trost und der falschen Weihe auch die wirkliche Sehnsucht in den Grund des bürgerlichen Lebens gesenkt. Wenn sie den Schmerz und die Trauer, die Not und die Einsamkeit zu metaphysischen Mächten steigert, wenn sie die Individuen über die gesellschaftlichen Vermittlungen hinweg in nackter seelischer Unmittelbarkeit gegeneinander und gegen die Götter stellt, so steckt in dieser Übersteigerung die höhere Wahrheit: daß eine solche Welt nicht durch dieses oder jenes geändert werden kann, sondern nur durch ihren Untergang. Die klassische bürgerliche Kunst hat ihre Idealgestalten so weit von dem alltäglichen Geschehen entfernt, daß die in diesem Alltag leidenden und hoffenden Menschen sich nur durch den Sprung in eine total andere Welt wiederfinden können. So hat die Kunst den Glauben genährt, daß die ganze bisherige Geschichte zu dem kommenden Dasein nur die dunkle und tragische Vorgeschichte ist."[1]

Den Beitrag verfasste HERBERT MARCUSE (1898–1979) 1937 im amerikanischen Exil. Informationen zu Marcuse im Internet u. a.: http://www.marcuse.org/herbert/

S. 363, Aufgabe 1:
Tragen Sie das Gedicht in mehreren klanglichen Interpretationsvarianten laut vor und tauschen Sie sich über Ihre Eindrücke aus.

S. 363, Aufgabe 2:
Erläutern Sie die Blickbewegung, die in der ersten Strophe vollzogen wird. Überlegen Sie dabei auch, wie Sie sich das in den See hängende Land (↗ Zeile 3) und die Küsse der Schwäne (↗ Zeile 4 f.) vorstellen können.

S. 363, Aufgabe 3:
Vergleichen Sie die beiden Strophen miteinander und kennzeichnen Sie das Verhältnis, in dem sie zueinander stehen. Setzen Sie den Gedichttitel in Beziehung zu Ihren Befunden.

S. 363, Aufgabe 4:
Die „klirrenden Fahnen" (↗ Zeile 14) sind Wetterfahnen, wie sie auf Häusern und Türmen zu finden sind. Überlegen Sie, wie man die erwähnten Mauern kontextualisieren könnte.

S. 363, Aufgabe 5:
„Ich finde, dass das Gedicht einen nur depressiv werden lässt." Kommentieren Sie diese Äußerung.

S. 363, Aufgabe 6:
Da man lange dachte, dass das Gedicht zu einer Zeit entstanden sei, in der Hölderlin geistig erkrankt war, hat man es auch aus psychiatrischer Sicht interpretiert. Abgesehen davon, dass wir heute wissen, dass das Gedicht früher entstanden ist: Überlegen Sie, wo Ansatzpunkte einer solchen Interpretation liegen könnten.

Die Aufgaben folgen erkennbar einer Progression. Zielen die ersten vier Aufgaben darauf, das Klangpotenzial des Gedichts auszuloten, den Blick des lyrischen Sprechers in eigenen Imaginationen nachzuvollziehen, die Richtungsänderung der zweiten Strophe wahrzunehmen (der Sprecher bringt sich und seine Zukunft ins Spiel) und Leerstellen auf der Bildebene auszufüllen, zielen die beiden letzten Aufgaben auf eher globale Deutungen, die die Wirkung auf den Rezipienten einschließen.
Eine auch für den Unterricht brauchbare Interpretation des außerordentlich viel kommentierten Gedichts von KARL EIBL, die auch die Fragestellungen der Aufgaben konturieren kann, ist im Internet zugänglich: http://www.Goethezeitportal.de/fileadmin/PDF/db/wiss/hoelderlin/haelfte_eibl.pdf.
WINFRIED MENNINGHAUS (geb. 1952) veröffentlichte 2005 mit „Hälfte des Lebens. Versuch über Hölderlins Poetik" im Frankfurter Suhrkamp Verlag eine Interpretation, die namentlich an den antiken metrischen Mustern ansetzt und eine Verbindung zu der Dichterin SAPPHO zieht.
1979 erschien unter dem Titel „Hälfte des Lebens" eine LP von WOLF BIERMANN (geb. 1936), die auch eine musikalische Interpretation des Hölderlin-Gedichts enthält.

S. 365, Aufgaben 1–3; S. 366, Aufgaben 1–3, S. 368, Aufgaben 1–2; S. 369, Aufgabe; S. 371, Aufgabe 1; S. 372, Aufgaben 2–3; S. 373, Aufgaben 1–4

Der Abschnitt setzt mit einem charakteristischen *Feindbild der Jungromantiker* ein. Über die Attacke auf die

---

1   Marcuse, Herbert: Über den affirmativen Charakter der Kultur. In: ders.: Kultur und Gesellschaft I. Frankfurt/M.: Suhrkamp Verlag, 1973, S. 56–101, S. 66 f.

Philister soll etwas von der – verbalen – Radikalität ihrer Forderung nach einer *Entschränkung von Kunst und Leben* deutlich werden. Wie auch beim Schlegel-Ausschnitt bietet sich ein kontrastiver Rekurs auf SCHILLERS *Autonomiekonzept* an. Das Bild vom Philister, der Poesie und Rausch nur in der Freizeit goutiert, macht die bürgerliche Kehrseite dessen Konzepts aus.

Das Wort **„Philister"** bezeichnet ursprünglich ein nicht-semitisches Volk an der Küste Palästinas und wird ab dem 17. Jahrhundert zum Begriff der Studentensprache, mit dem Nichtstudenten als Spießbürger diskreditiert werden.

NIETZSCHE leitete aus dieser Bestimmung eine besondere deutsche Spezies ab, den **Bildungsphilister**:

> „Das Wort Philister ist bekanntlich dem Studentenleben entnommen und bezeichnet in seinem weiteren, doch ganz populären Sinne den Gegensatz des Musensohnes, des Künstlers, des ächten Kulturmenschen. Der Bildungsphilister aber – dessen Typus zu studieren, dessen Bekenntnisse, wenn er sie macht, anzuhören jetzt zur leidigen Pflicht wird – unterscheidet sich von der allgemeinen Idee der Gattung ‚Philister' durch Einen Aberglauben: er wähnt selber Musensohn und Kulturmensch zu sein; ein unbegreiflicher Wahn, aus dem hervorgeht, dass er gar nicht weiß, was der Philister und was sein Gegensatz ist: Er fühlt sich […] fest überzeugt, dass seine ‚Bildung' gerade der satte Ausdruck der rechten deutschen Kultur sei: und da er überall Gebildete seiner Art vorfindet, und alle öffentlichen Institutionen, Schul-, Bildungs- und Kunstanstalten gemäß seiner Gebildetheit und nach seinen Bedürfnissen eingerichtet findet, so trägt er auch überallhin das siegreiche Gefühl mit sich herum, der würdige Vertreter der jetzigen deutschen Kultur zu sein, und macht dementsprechend seine Forderungen und Ansprüche.
>
> […] Er nimmt um sich herum lauter gleiche Bedürfnisse und ähnliche Ansichten wahr; wohin er tritt, umfängt ihn auch sofort das Band einer stillschweigenden Convention über viele Dinge, besonders in Betreff der Religions- und der Kunstangelegenheiten: diese imponierende Gleichartigkeit, dieses nicht befohlene und doch sofort losbrechende tutti unisono verführt ihn zu dem Glauben, daß hier eine Kultur walten möge. Aber die systematische und zur Herrschaft gebrachte Philisterei ist deshalb, weil sie System hat, noch nicht Kultur und nicht einmal schlechte Kultur, sondern immer nur das Gegenstück derselben, nämlich dauerhaft begründete Barbarei."[1]

Den Umgang der Bildungsphilister mit den Klassikern bestimmt NIETZSCHE, indem er auch auf die Verstörung durch die Romantik zu Beginn des 19. Jh. hinweist:

> „Um aber unsere Klassiker so falsch beurteilen und so beschimpfend ehren zu können, muss man sie gar nicht mehr kennen: und dies ist die allgemeine Tatsache. Denn sonst müsste man wissen, dass es nur eine Art gibt, sie zu ehren, nämlich dadurch, dass man fortfährt, in ihrem Geiste und mit ihrem Mute zu suchen, und dabei nicht müde wird. Dagegen ihnen das so nachdenkliche Wort ‚Klassiker' anzuhängen und sich von Zeit zu Zeit einmal an ihren Werken zu ‚erbauen' das heißt, sich jenen matten und egoistischen Regungen überlassen die unsere Conzertsäle und Theaterräume jedem Bezahlenden versprechen; auch wohl Bildsäulen stiften und mit ihrem Namen Feste und Vereine bezeichnen – das alles sind nur klingende Ungestörtheit, ja an der eigenen Beschränktheit. […] es darf nicht mehr gesucht werden; das ist die Philisterlosung.
>
> Diese Losung hatte einst einen gewissen Sinn: damals als in dem ersten Jahrzehnt dieses Jahrhunderts in Deutschland ein so mannigfaches und verwirrendes Suchen, Experimentieren, Zerstören, Verheißen, Ahnen, Hoffen begann und durcheinanderwogte, dass dem geistigen Mittelstande mit Recht bange um sich selbst werden musste. Mit Recht lehnte er damals das Gebräu phantastischer und sprachverrenkender Philosophien und schwärmerisch-zweckbewusster Geschichtsbetrachtung, den Carneval aller Götter und Mythen, den die Romantiker zusammenbrachten, und die im Rausch ersonnenen dichterischen Moden und Tollheiten achselzuckend ab, mit Recht, weil der Philister nicht einmal zu einer Ausschweifung das Recht hat. Er benutzte aber die Gelegenheit, mit jener Verschmitztheit geringerer Naturen, das Suchen überhaupt zu verdächtigen und zum bequemen Finden aufzufordern. Sein Auge erschloss sich für das Philisterglück: aus all dem wilden Experimentieren rettete er sich in's Idyllische und setzte dem unruhig schaffenden Trieb des Künstlers ein gewisses Behagen entgegen, ein Behagen an der eigenen Enge, der eigenen Ungestörtheit, ja an der eigenen Beschränktheit."[2]

Das wegen seiner Schlüsselformen vielfach zitierte Athenäums-Fragment 116 (↗ DVD) kommentiert RÜDIGER SAFRANSKI in seinem Band „Romantik. Eine deutsche Affäre" folgendermaßen:

> „Mit dem Geist der Poesie soll alles mit allem in Verbindung gebracht, sollen Grenzen und Spezialisierungen überwunden werden, und zwar nicht nur Spezialisierungen im Bereich des Literarischen, wenn literarische Gattungen vermischt werden, nicht nur Spezialisierungen zwischen den verschiedenen Geistestätigkeiten, wenn Philosophie, Kritik und Wissenschaft selbst zu Elementen der Poesie werden, sondern es soll die Trennung beseitigt werden zwischen der Logik des alltäglichen Lebens und Arbeitens und der sonstigen freien, schöpferischen Geistestätigkeit.

---

1 Nietzsche, Friedrich: Unzeitgemäße Betrachtungen I. In: ders.: Sämtliche Werke. Kritische Studienausgabe in 15 Bänden, Bd. 1, Hrsg. v. G. Colli/M. Montinari. München u. a.: Deutscher Taschenbuchverlag/de Gruyter, 1999, S. 157–247, S. 165.

2 Ebenda, S. 168 f.

Diese enthusiastische Vision einer alles umgreifenden Vereinigung nennt Hegel, der den romantischen Impuls seiner Jugend später gerne verleugnete, einen bacchantischen Taumel, an dem kein Glied nicht trunken ist."[1]

Nicht unerwähnt lässt SAFRANSKI, dass FRIEDRICH SCHLEGEL von Machtfantasien erfüllt war. So zielte die Gründung der **Zeitschrift „Athenäum"** eingestandenermaßen darauf, in der Zukunft die Literaturkritik in Deutschland unter Kontrolle zu bringen. Auch die Identifikation des eigenen poetischen Programms mit der Poesie schlechthin (Z. 11 ff.) kommt nicht eben unbescheiden daher.

S. 365, Aufgabe 1:
Tauschen Sie sich darüber aus, was Sie jeweils unter „romantisch" verstehen. Was wäre für Sie eine romantische Situation?

Bei diesem Austausch ist es stets interessant, welche Situationen intersubjektiv als romantische betrachtet werden. Visuelle Darstellungen, seien es Ansichtskarten vom „romantischen" Rhein oder Bilder von Räumen in „Romantik-Hotels", können zusätzlich auf *soziale Schemata des Romantischen* hin ausgewertet werden. Im Internet findet sich hierzu zahlreiches Material. Übereinstimmend mit der Philister-Polemik zeigt sich, dass das Romantische nie das Alltägliche ist.

S. 365, Aufgabe 2:
Kommentieren Sie das Bild, das Novalis vom Alltagsleben und von den Philistern gibt. Urteilen Sie dabei auch über seine Aktualität.

BOURDIEU u. a. haben erhoben, dass die Präferenzen, die NOVALIS für die Philister ausmacht (Z. 13–15), sich auch bei den präferierten Motiven nicht künstlerischer Fotografen wiederfinden lassen. Das gilt vermutlich auch heute noch.

S. 365, Aufgabe 3:
Erklären Sie das Programm einer progressiven Universalpoesie und seine Ansprüche.

Vgl. SAFRANSKI. Betont wird das Unendliche, das immer Fortschreitende in der romantischen Präferenz für das Fragment. Im Hintergrund steht die *These, dass die Welt nicht fassbar ist,* ihr Chaos nicht in abschließende Gedanken aufgelöst werden kann.

S. 366, Aufgabe 1:
Überprüfen Sie, welchen Situationskontext (↗ Kap. 2.2.1, S. 248 ff.) Sie bei der Lektüre der ersten zwei Sätze unterstellen.

Die Aufgabe dient der *Metakognition,* nämlich der Vergewisserung, welche Kontexte aus eigenem Vorwissen zur Imagination der Situation an den Romananfang herangetragen wurden. Kaum jemand dürfte sich übrigens eine Situation aus dem 13. Jahrhundert, der Handlungszeit des Romans, vorstellen.

S. 366, Aufgabe 2:
Geben Sie Stationen und Ereignisse des Traums in eigenen Worten wieder.

Das Paraphrasieren zielt auf eine Verständnissicherung und auf die Identifikation von Ambiguitäten (↗ z. B. Lehrbuch, S. 256 f.). Unbedingt sollten die Sonderbarkeiten des Erzählten und des Erzählers herausgestellt werden.

S. 366, Aufgabe 3:
Die „blaue Blume" (Zeile 6) ist in der Rezeptionsgeschichte zum Symbol der Romantik geworden. Prüfen Sie, ob angesichts des Textauszugs von einem Symbol im Sinne Goethes gesprochen werden kann und was die „blaue Blume" hier repräsentiert:
(a) Die blaue Blume repräsentiert die Vielfalt der Natur.
(b) Die blaue Blume steht für die Liebe zur Natur.
(c) Die blaue Blume verkörpert die Sehnsucht nach der Ferne.
(d) Die blaue Blume symbolisiert die Liebe.
(e) Die blaue Blume steht für das Dichten.

Die „blaue Blume" ist auf zahlreiche Quellen zurückgeführt worden. Sie gilt etwa nach dem Blüthenstaub-Fragment 51 (↗ DVD) als Mittelpunkt eines Paradieses:

„51. Jeder geliebte Gegenstand ist der Mittelpunkt eines Paradieses."[2]

Die aufgeführten Verstehensvariablen lassen sich alle begründen. Deutlich werden sollte somit, dass der blauen Blume, zum *Zentralsymbol der Romantik* geworden, eine fast *universale Symbolhaftigkeit* eigen ist.[3]

S. 368, Aufgabe 1:
Überlegen Sie, worin Gemeinsamkeiten und Unterschiede zur Anfangsepisode von Novalis' „Heinrich von Ofterdingen" (↗ S. 365 f.) liegen könnten.

Angesprochen werden könnten die imaginierte Verseelung der Natur, die Interaktion und Verschmelzung mit der Linde, die musikalische Untermalung (Z. 18 f.), das Wogen (Z. 15 f.) und das Begehren, eine andere Welt zu entdecken (Z. 5). Als Differenz kann auf den ironischen Unterton in Z. 50 f. hingewiesen werden. Allerdings ist zu beachten, dass es sich um die fingierte Perspektive des Kindes Bettine – eine Wunschbiografie der Autorin – handelt.

---

1 Safranski, Rüdiger: Romantik. Eine deutsche Affäre. München: C. Hanser Verlag, 2007, S. 59.
2 Novalis: Werke, Tagebücher und Briefe Friedrich von Hardenbergs. Bd. 2. Hrsg. v. H.-J. Mähl/R. Samuel. Darmstadt: WBG, 1999, S. 247.
3 Novalis: Werke, Tagebücher und Briefe Friedrich von Hardenbergs. Bd. 3. Hrsg. v. H.-J. Mähl/R. Samuel. Kommentar von Hans Jürgen Balmes. Darmstadt: WBG, 1999, S. 158.

S. 368, Aufgabe 2:
Recherchieren Sie die spannende Biografie Bettina von Arnims (geb. Brentano) und den Entstehungskontext zum Briefwechsel zwischen den Geschwistern Brentano.

Vgl. z. B. Bürger, Christa: Leben Schreiben. Stuttgart: Metzler, 1990, S. 133–158. Hier auch mehr zum poetischen Konzept des Frühlingskranzes.
Hirsch, Helmut: Bettine von Arnim. Mit Selbstzeugnissen und Bilddokumenten. Reinbek: Rowohlt, 2003.
Einen kompakten Überblick zum Leben und Wirken BETTINA VON ARNIMS erhält man im Internet z. B. unter: http://www.uni-ulm.de/LiLL/3.0/D/frauen/biografien/Jh19/arnim.htm

S. 369, Aufgabe:
Lesen Sie die Gedichte von Eichendorff und Heine sehr genau und vergleichen Sie sie. Überlegen Sie, ob sie sich unter dem Gesichtspunkt der Intertextualität interpretieren lassen (↗ Kap. 2.2.5, S. 262 ff.).

Dass sich in HEINES Gedicht eine *ironische Perspektive auf die Todessehnsuchtslyrik EICHENDORFFS* zu erkennen gibt, ist eine Einsicht, die Lernenden nicht leichtfällt. Deshalb fordert die Aufgabenstellung eine sehr genaue Lektüre. Nur diese wird vermutlich die Anomalien registrieren, die „dem absichtsvoll falschen Volkslied" (ADORNO[1]) HEINES seine besondere Note geben. Ermuntert werden sollte zu Fragen wie:
– V. 6: Fließt ein Graben (in stiller Ruh)?
– V. 5 f.: Wird ein Stadtgraben blau aussehen können?
– V. 7 f.: Ist es clever, sich beim Angeln mit dem Boot zu bewegen und „dazu" zu pfeifen?
– V. 9–12: Jenseits? Können sich Sachen freundlich erheben? Wie können Menschen und ein Wald gleichermaßen winzig erscheinen? Weshalb ist das alles so lieblos aneinandergereiht, vor allem Ochsen und Menschen? Wieso leiern diese Verse so? (Heine ist doch Profidichter!)
– V. 13–16: Wo befinden sich die Mägde? Springt man beim Bleichen herum? Wieso definite Artikel bei Mägden und beim Mühlrad? Diamanten sieht der Sprecher, weshalb dann noch das gehörte Gesumme? Kann es überhaupt ein Mühlrad in einem Stadtgraben geben?
– V. 21: Wieso sagt der lyrische Sprecher, dass der Soldat mit seiner Flinte spielt?

Dass mit dem Gedicht etwas nicht stimmt, dürfte das Ergebnis solcher vom Text evozierten Fragen sein. Dass das Falsche absichtsvoll arrangiert wird, zeigen beispielsweise die Enjambements 5/6 und 11/12. So lässt „fließt der blaue/" einen Strom erwarten – das Gedicht folgt im Heimkehrzyklus dem Lied von der „Lore-Ley" („Und ruhig fließt der Rhein"). Die Erwartung wird gebrochen: Tatsächlich ist das einzige vom Sprecher zu sehende Gewässer der dürftige (Lüneburger) Stadtgraben.
Ironisiert wird mit den aufgereihten Schemata die mittlerweile konfektionierte emotionale Ausstattungswelt romantischer Lyrik, die bei EICHENDORFF bereits deutlich in jenen Konjunktiv II des bloß Fiktionalen entschärft ist, den HEINES Schlussvers aufgreift. Wie HEINES ironische Haltung zur Romantik Distanz und Nähe vereint, hat ausgerechnet EICHENDORFF deutlich erkannt:
    „Heinrich Heine, ursprünglich selbst noch Romantiker, macht hierbei die Honneurs, indem er aller Poesie das Teufelchen frivoler Ironie anhängt, das jubelnd ausruft: Seht da, wie hübsch, ihr guten Leute! aber glaubt ja nicht etwa, daß ich selber an das Zeug glaube! Fast jedes seiner schönen Lieder schließt mit solchem Selbstmorde. Die Zeit hatte allgemach den Romantikern hinter die Karte geguckt und insgeheim Ekel und Langeweile vor dem hohlen Spiele überkommen. Das sprach Heine frech und witzig aus, und der alte Zauberbann war gelöst."[2]

S. 371, Aufgabe 1:
Kleist lässt seine Dialogpartner sehr oft von Anmut und von Grazie sprechen. Vergewissern Sie sich, was damit gemeint sein könnte.

S. 372, Aufgabe 2:
Formulieren Sie in einer These, was nach der Auffassung des Tänzers Anmut und Grazie ermöglicht bzw. verhindert.

S. 372, Aufgabe 3:
Vergleichen Sie Ihre These mit der folgenden Erklärung Schillers: „Und nun wissen wir auch, was wir unter Anmut und Grazie zu verstehen haben. Anmut ist die Schönheit der Gestalt unter dem Einfluß der Freiheit; die Schönheit derjenigen Erscheinungen, die die Person bestimmt." (Schiller, Friedrich: Über Anmut und Würde. In: Sämtliche Werke. Bd. 5. München: Hanser, 1962, S. 446.)

Der Begriff „**Grazie" (für Anmut)** ist aus dem Französischen im frühen 18. Jahrhundert entlehnt und dann nachträglich latinisiert worden. Der Begriff spielt in WINCKELMANNS Darstellung antiker Kunstwerke eine prominente Rolle. 1759 erschien seine Schrift „Von der Grazie in Werken der Kunst". Insbesondere SCHILLER hat den Begriff sehr stark in Anspruch genommen, indem er Grazie als Ausdruck einer „schönen Seele" verstand (↗ Lehrbuch, S. 357). Erkennbar hat SCHILLERS Verständnis von Anmut neben einer ästhetischen auch eine stark sittliche Komponente.

    „Wenn der unbehülfliche Tänzer bei einer Menuett so viel Kraft aufwendet, als ob er ein Mühlrad zu ziehen

1 Adorno, Theodor W.: Die Wunde Heine. In: ders.: Noten zur Literatur. Gesammelte Schriften. Bd. 11. Hrsg. v. R. Tiedemann, Frankfurt/M.: Suhrkamp Verlag, S. 95–100, S. 100.

2 Eichendorff, Joseph von: Geschichte der poetischen Literatur Deutschlands. In: ders.: Werke. Bd. 3. Hrsg. v. A. Hillach, München: Winkler, Verlag, 1970, S. 528–925, S. 911. (↗ DVD)

hätte, und mit Händen und Füßen so scharfe Ecken schneidet, als wenn es hier um eine geometrische Genauigkeit zu tun wäre, so wird der affektierte Tänzer so schwach auftreten, als ob er den Fußboden fürchtete, und mit Händen und Füßen nichts als Schlangenlinien beschreiben, wenn er auch darüber nicht von der Stelle kommen sollte. Das andre Geschlecht, welches vorzugsweise im Besitze der wahren Anmut ist, macht sich auch der falschen am meisten schuldig; aber nirgends beleidigt diese mehr, als wo sie der Begierde zum Angel dienet. Aus dem Lächeln der wahren Grazie wird dann die widrigste Grimasse, das schöne Spiel der Augen, so bezaubernd, wenn wahre Empfindung daraus spricht, wird zur Verdrehung, die schmelzend modulierende Stimme, so unwiderstehlich in einem wahren Munde, wird zu einem studierten tremulierenden Klang, und die ganze Musik weiblicher Reizungen zu einer betrüglichen Toilettenkunst."[1]

Dass Kleist und Georg Friedrich Wilhelm Hegel (1770–1831) die Verbindung von Seelenschönheit und Grazie entschieden dementiert haben und dass Anmut als ästhetische Kategorie in der aufkommenden Moderne verschwindet, ist eine Pointe des im Internet zugänglichen Aufsatzes von Burkhard Meyer-Sickendiek:

„Mit dieser Erzählung nimmt Kleist einen unwiederbringlichen Abschied von der Ästhetik des 18. Jahrhunderts; zählt doch insbesondere der Begriff der Grazie und der Anmut zu deren wesentlichen Momenten. Daß diese nicht länger eine der Sphäre des Menschlichen zukommende Erscheinungsform darstellt, zeigt die Liste jener Personen, die nach Kleist zur Grazie befähigt sind: eine vom Maschinisten regierte Puppe, ein von keinerlei Taktik oder Finten verführtes Tier (der kämpfende Bär), der Mensch vor der Vertreibung aus dem Paradies und der durch ein unendliches Bewußtsein charakterisierte Gott. Diese Zusammenstellung wirkt überraschend, ja befremdend und widerspruchsvoll, da sie sich nirgends auf den Menschen als humanes und kultiviertes Wesen bezieht, sehr im Gegensatz zu all jenen Theoretikern des achtzehnten Jahrhunderts, durch die der Begriff der Grazie und der Anmut seine ästhetische und auch ethische Prägung gewann: Winckelmann, Wieland, Lessing, Schiller und Goethe. Insbesondere eine zentrale Figur des Graziendiskurses des achtzehnten Jahrhunderts bleibt bei Kleist kategorisch ausgeschlossen: die ‚schöne Seele'."[2]

S. 373, Aufgabe 1:
Lesen Sie Heines Essay „Die romantische Schule" (↗ DVD). Kennzeichnen Sie, wie Heine die „roman-

tische Schule" einschätzt. Recherchieren Sie hierzu die Biografien der genannten Personen und den historischen Kontext.

S. 373, Aufgabe 2:
Geben Sie wieder, wie Heine in seinem Essay „Die romantische Schule" (↗ DVD) das Verhältnis Goethes und Schillers zu den Brüdern Schlegel schildert.

Diese Aufgaben dienen zur Vertiefung eines literarhistorischen Kontextwissens und in ihrer Bearbeitung soll für die Lernenden erfahrbar werden, wie Literaturgeschichte „gemacht" wird.

S. 373, Aufgabe 3:
Fassen Sie die von Lenz vorgetragenen Gedanken in Thesen zusammen.

S. 373, Aufgabe 4:
„Dieser Idealismus ist die schmählichste Verachtung der menschlichen Natur." (↗ Zeile 14) Diskutieren Sie diese Aussage der Figur Lenz im Kontext des Kunstgesprächs und im Kontext von Schillers Autonomieästhetik (↗ S. 356 f.).

Mit dem berühmten Kunstgespräch aus Georg Büchners (1813–1837) Lenz-Erzählung wird, in dieser Hinsicht ähnlich wie bei Kleist, der Horizont einer idealistischen Ästhetik verlassen. Das Kunstgespräch, für manche auch angesichts der hohen Gesprächsanteile Lenz' der *Kunstmonolog*, ist in der Büchner-Philologie außerordentlich stark rezipiert worden. Einer der vielen strittigen Punkte ist hier, inwieweit Büchner tatsächlich auf die Ästhetik von Jakob Michael Reinhold Lenz rekurriert oder ob er die Figur lediglich zum Sprachrohr eigener Ansichten werden lässt. Diskutiert wird ebenso, ob sich den Äußerungen ein kohärentes ästhetisches Programm entnehmen lässt.

Dass sich Kaufmann als Anhänger der idealistischen Ästhetik in jedem Fall als Lenz' Antagonist darstellt, ist klar. Schwieriger ist es, genauer zu bestimmen, worauf Lenz' enthusiastisches Plädoyer hinaus will. Das liegt namentlich an den von ihm positiv besetzten Begriffen „Leben" und „Wirklichkeit". Die Option auf „Leben", paraphrasiert mit „Möglichkeit des Daseins" (Z. 8), setzt Lenz einer Orientierung auf das Schöne und Ideale entgegen. Damit scheint er jenem emphatischen Begriff des Lebens zu folgen, den der historische Lenz in seiner Schrift „Über Götz von Berlichingen" schärft:

„Kein Wunder, daß die Philosophen so philosophieren, wenn die Menschen so leben. Aber heißt das gelebt? Heißt das, seine Existenz gefühlt, seine selbständige Existenz, den Funken von Gott?"[3]

1 Schiller, Friedrich: Über Anmut und Würde. In: ders.: Sämtliche Werke. Bd. V. Hrsg. v. G. Fricke/H. G. Göpfert. München: Hanser/WBG, 9. Aufl., 1993, S. 487.
2 Meyer-Sickendiek, Burkhard: Scham und Grazie. Zur Paradoxie der „schönen Seele" im achtzehnten Jahrhundert (28. 05. 2004). In: Goethezeitportal. URL: <http://www.goethezeitportal.de/db/wiss/epoche/meyers_seele.pdf>

3 Lenz, Jakob Michael Reinhold: Über Götz von Berlichingen. In: ders.: Werke in einem Band. Berlin/Weimar: Aufbau Verlag, 1980, S. 351–355, S. 351.

Referenzen für solches Leben in der Literaturgeschichte werden allerdings nur abstrakt benannt, wenn neben „eigenen" Werken die Autorennamen WILLIAM SHAKESPEARE (1564–1616) und GOETHE sowie die Volkslieder aufgeführt werden. BÜCHNERS Lenz wird hier nicht genauer, sondern wendet sein Plädoyer in Richtung auf das Sensorium des Betrachters (Z. 20 f.). Die lebenden Bilder, von denen sein Monolog jetzt handelt, scheinen allerdings eher dazu angetan, das Kontinuum des hier nun sozialen Lebens gegen die Kunst auszuspielen. Überraschenderweise wird jetzt auch positiv von einer *schönen* Gruppe und von einer unendlichen *Schönheit* gesprochen (Z. 27 ff.), während wenig später der tiefere Eindruck gegen eine „bloße Empfindung des Schönen" (Z. 36) ausgespielt wird. Nach der Intervention Kaufmanns, die erwartungsgemäß die Antike ins Spiel bringt, wechselt Lenz ohnehin seinen Leitbegriff. Nun ist es nicht mehr das Leben, sondern Natur bzw. die wirkliche und ganze Natur, die gegen das bloß Schöne gesetzt wird. Anwesend bleibt der Verweis auf das Leben indes in der Negation der antiken Ästhetik, wenn Lenz erklärt, dass er sich „dabei sehr tot" fühlt (Z. 41).

Wird das Kunstgespräch gerade im Unterricht nicht selten im Sinne einer vorweggenommenen realistischen Programmatik BÜCHNERS gelesen, muss klar sein, dass hier weder einem poetischem Realismus das Wort geredet wird – siehe die deutliche Absage an (HEGELS?) Verklärung (Z. 5) – noch eine naturalistische Richtung eingeschlagen wird. Zwar wird dem Hässlichen das Recht bescheinigt, Objekt künstlerischer Darstellung sein zu können, und Wirklichkeitsnähe gefordert, doch anders als im Naturalismus handelt es sich um ein ethisches Konzept: „Man muß die Menschheit lieben [...]" (Z. 33) und der Rezipient muss fühlen können.

Nicht unterschlagen werden sollte überdies, dass die ästhetische Rede vom Leben in der Novelle auch immer wieder vom realen Problem, zu leben und zu fühlen, begleitet wird, insbesondere im Schlusssatz: „So lebte er hin ..."

Weiterführende Literatur

Die Literatur zur Weimarer Republik ist kaum zu überblicken. Verlässliche und bewährte Darstellungen im Überblick bieten etwa:

Carbe, Monika: Schiller. Vom Wandel eines Dichterbildes. Darmstadt: WBG, 2005.

Kämper-van den Boogaart, Michael: Kleinschrittiges Lesen als Kompetenz. Zu Johann Wolfgang Goethe „Das Göttliche" (Jahrgangsstufe 11–13). In: Clemens Kammler (Hrsg.): Literarische Kompetenzen – Standards im Literaturunterricht. Modelle für die Primar- und Sekundarstufe. Seelze: Kallmeyer Verlag, 2006, S. 158–175.

Safranski, Rüdiger: Schiller oder die Erfindung des Deutschen Idealismus. München: Hanser Verlag, 2004.

Safranski, Rüdiger: Romantik. Eine deutsche Affäre. München: Hanser Verlag, 2007.

Schulz, Gerhard: Geschichte der deutschen Literatur Bd. 7/1: Das Zeitalter der Französichen Revolution (1789–1806). 2., neubearbeitete Auflage München: C. H. Beck Verlag, 2000.

Schulz, Gerhard: Geschichte der deutschen Literatur Bd. 7/2: Das Zeitalter der napoleonischen Kriege und der Restauration (1806–1830). C. H. Beck Verlag, 1989.

Simm, Hans-Joachim (Hrsg.): Goethe und die Religion. Frankfurt am Main/Leipzig: Insel Verlag, 2000.

Ueding, Gert: Klassik und Romantik. 2 Bände. Deutsche Literatur im Zeitalter der Französischen Revolution 1789–1815 (= Hansers Sozialgeschichte der deutschen Literatur vom 16. Jahrhundert bis zur Gegenwart). München: dtv, 1988.

3.2   Vom Realismus bis zur Gegenwart

3.2.1   Strömungen des Realismus

Didaktische Zielsetzungen

Die Schülerinnen und Schüler lernen in diesem Kapitel,
- einen literarischen Epochenwandel im Zusammenhang mit den gesellschaftlichen und politischen Entwicklungen zu sehen;
- kritisch mit voraussetzungsreichen Begriffen wie „Wirklichkeit" und „Wahrheit" umzugehen;
- Bezüge zwischen bildender Kunst und Literatur herzustellen;
- Bezüge zwischen dem Realismus und den Epochen seit der Aufklärung herzustellen und ihre programmatische Bedeutung einzuschätzen;
- einen Romananfang auf seinen symbolischen Gehalt und seine Vorausdeutungen hin zu analysieren;
- das Weltbild von Romanfiguren zu begreifen und kritisch zu bewerten;
- Autoräußerungen auf ihre Verwertbarkeit für die Romananalyse zu reflektieren;
- verschiedene Formen des Humors zu unterscheiden und ihre Wirkung abzuwägen.

Um die neue Zeit ab 1850 zu begreifen, empfiehlt es sich, die Zeitumstände zu berücksichtigen. „Die Welt ist des Spekulierens müde" (THEODOR FONTANE), vor allem die gescheiterte bürgerliche Revolution, aber auch die Industrialisierung, die Erfolge der empirischen Wissenschaften und mit ihnen der aufkommende **Materialismus** (Ludwig Feuerbach: Das Wesen des Christentums, 1841, ↗Anhang S. 202), die Verunsicherung religiöser Überzeugungen (David Friedrich Strauß: Das Leben Jesu, 1835 als Beginn der historisch-kritischen Leben-Jesu-Forschung; Charles Darwin: Über den Ursprung der Arten durch natürliche Zuchtwahl, 1859, ↗DVD), das ernüchterte Menschenbild, das die Autonomie des Subjekts infrage stellt (HIPPOLYTE TAINES Milieutheorie: Der Mensch ist Produkt seiner Umwelt).

Eine verlässliche Stütze inmitten dieser Erschütterungen sollte die Kunst bieten. Dazu musste sie ihre eigene Weise, Wirklichkeit zu erfahren, in Abgrenzung von den Wissenschaften glaubwürdig machen.

Das **Modell der Klassik** war ins Wanken geraten; JOHANN WOLFGANG GOETHES 100. Geburtstag war 1849 kaum bemerkt worden; für die Zeit nationaler und freiheitlicher Gefühle war er kein guter Gewährsmann. FRIEDRICH SCHILLER weit eher, SCHILLER galt als nationaler Dichter; ab 1840 wurden immer mehr Schiller-Vereine gegründet und sein Geburtstag 1859 wurde groß gefeiert.

Das **Lebensgefühl der Romantiker** wurde als zu subjektiv, irrational, überspannt und wirklichkeitsfern abgelehnt, ebenso alle die gescheiterten Revolutionsideen aus der Zeit des Vormärz.

Die spezifisch künstlerische Welterfahrung, die nicht materialistisch, aber doch national sein sollte, erfahrungsgeleitet, aber nicht wissenschaftlicher Objektivität ausgeliefert, wurde in einer Verbindung von Idealismus und Realismus gesucht. JULIAN SCHMIDT (1818–1886), mit GUSTAV FREYTAG (1816–1895) in den 1850er-Jahren Herausgeber der wichtigen nationalliberalen Zeitschrift „Die Grenzboten", scheut sich nicht, **Idealismus und Realismus** gleichzusetzen, wenn der Künstler das Charakteristische der Realität erfasse. Die Formel und das Programm des **„poetischen Realismus"** wurde diesen Anforderungen gerecht. THEODOR FONTANE (1819–1898) z. B. lobte am englischen Roman den Realismus und beklagte den Mangel an ideeller Durchdringung.

Die „Grenzboten" (sie warben für ein einiges Reich mit einer liberalen Verfassung unter der Führung Preußens, ohne Österreich) waren damals tonangebend; zu ihnen gehörten GUSTAV FREYTAG, BERTHOLD AUERBACH (1812–1882), OTTO LUDWIG (1813–1865), THEODOR FONTANE u. a. Daneben gab es eine zweite realistische Richtung, die eher klassizistisch orientiert war: FRIEDRICH THEODOR VISCHER (180–1887), PAUL HEYSE (1830–1914), GOTTFRIED KELLER (1819–1890).

Im Realismus-Kapitel wird die Lyrik ausgeblendet. Es wurden viele Gedichte geschrieben, darunter so großartige wie FRIEDRICH HEBBELS (1813–1863) „Herbstbild" („Dies ist ein Herbsttag, wie ich keinen sah!") oder CONRAD FERDINAND MEYERS (1825–1898) „Zwei Segel"; es ist immerhin zu hoffen, dass die Schülerinnen und Schüler diese Gedichte aus der Sekundarstufe I kennen.

Auch das Drama ist nicht berücksichtigt. Dabei hat FRIEDRICH HEBBEL schon 1843 in „Maria Magdalena" sehr überzeugend das Tragische im engen bürgerlichen Leben dargestellt. Die für eine breite Wirklichkeitsdarstellung angemessenen Gattungen waren die Novelle (Beispiel: KELLER) und vor allem der Roman (Beispiele: FREYTAG und FONTANE).

Hinweise zu den Aufgaben

S. 376, Aufgabe 1:
Referieren Sie über eines der genannten Werke der Sachliteratur (↗ S. 374, Fußnote 1), die das traditionelle Denken im 19. Jahrhundert verunsicherten.

Die Aufgabe ist von den Schülerinnen und Schülern *individuell* zu lösen.

S. 376, Aufgabe 2:
Erörtern Sie Facetten des Realismusbegriffs sowie die Unterscheidung von „Wahrheit" und „Wirklichkeit" ausgehend von Menzels Studie „Drei gefallene Soldaten" (↗ S. 375).

ADOLPH VON MENZEL (1815–1905) war ein Maler, der sich seiner Gegenwart mit kritischem Blick zuwandte. Andere Zeitgenossen wie WILHELM VON KAULBACH und ANTON VON WERNER verzichteten auf eine kritische (v. a. preußenkritische) Haltung; ANSELM VON FEUERBACH (1829–1880) wich in einen klassizistischen Idealismus aus.

Es dürfte den Schülerinnen und Schülern leichterfallen, über Realismus zu sprechen, wenn sie andere Bilder vergleichend mit in Betracht ziehen. Von MENZEL etwa das „Flötenkonzert Friedrichs des Großen in Sanssouci" (1852) und das viel gerühmte Eisenwalzwerk (1875), das erste großformatige Bild (ca. 1,5 x 2,5 m) der Industrialisierung in Deutschland; MENZEL hatte wochenlang Studien vor Ort getrieben. Außerdem läge ein Vergleich mit GUSTAVE COURBETS (1819–1877) berühmtem Bild „Die Steinklopfer" (1850) nahe. Es empörte nicht nur wegen des groben Spachtelauftrags, sondern auch weil Proletarier in einem Format gezeigt wurden, das bis dahin Adligen vorbehalten war. Letztere bevorzugten den Stil der Historienmalerei und romantisch oder dramatisch ausgeführte mythologische Motive. MENZEL hatte COURBETS „Pavillon du Réalisme" besucht, den dieser auf eigene Rechnung errichtet hatte, als er von der Jury für die Pariser Weltausstellung 1855 abgelehnt worden war.

Insbesondere MENZELS Ölgemälde des Flötenkonzerts (ca. 142 x 205 cm) könnte für die Schülerinnen und Schüler in seinem Realitätsgehalt schwer einzuschätzen sein, da der äußerliche Glanz (durchaus realistisch beleuchtet, die Flötenkonzerte fanden vor dem Abendessen statt) den Verzicht auf Pathos (v. a. in den Gesichtern der Zuhörer des Königs) überdecken kann. Ergänzend könnten impressionistische Bilder herangezogen werden, die ebenfalls unter dem Anspruch von Wahrheit das Licht mit neuer Technik darzustellen wissen, wie es bis dahin niemand gesehen hatte.
Eine Auseinandersetzung mit den Begriffen „Wirklichkeit" und „Wahrheit" sollte als ein Ergebnis erbringen, dass das, was uns als „wirklich" erscheint, von unseren (veränderbaren) Sehgewohnheiten und unserer kulturellen Prägung sehr beeinflusst ist. Vermutlich werden viele Schüler das Bild von den gefallenen Soldaten als realistisch einschätzen; im Sinne des poetischen „Realismus" wäre es dennoch nicht unbedingt „wahr", weil es nur einen kleinen Ausschnitt aus der Realität zeigt, nicht aber das Ganze oder die große Tendenz; unter letzterem Gesichtspunkt hätten sicher viele in der Zeit des Realismus Preußen in einem freundlicheren Licht gesehen, als es MENZELS Bild zeigt.

MENZELS „Drei gefallene Soldaten" können also Anlass sein, über die politischen Vorgänge der Zeit zu sprechen, insbesondere über Preußens Aufstieg zur bestimmenden Macht im Deutschen Bund. (OTTO VON BISMARCK, 1815–1898, war seit 1862 preußischer Ministerpräsident und betrieb eine **Revolution von oben.**) Auch die soziale Lage der Arbeiter, Wohnverhältnisse und Kinderarbeit können thematisiert werden. Geschichtsbücher bieten dazu ausreichend Material. MENZEL entzog sich der bei vielen Künstlern und Schriftstellern beobachtbaren Neigung, das erfolgreiche Preußen zu verherrlichen, wie die Gefallenenbilder beweisen, er zeigte die Kehrseite

des politischen und wirtschaftlichen Fortschritts, ohne in jungdeutsche Agitation zurückzufallen.

Zu den prinzipiellen Fragen nach Wirklichkeit und Wahrheit wäre das Kapitel 2.1.4 (↗ S. 227–229) heranzuziehen.

S. 377, Aufgabe 7:
Stellen Sie den Gedankengang des Textes dar. Berücksichtigen Sie dabei besonders die Begriffe des „Wahren" und des „Wirklichen". Klären Sie auch möglichst konkret, was Fontane an welcher Literatur kritisiert bzw. lobt.

Der abgedruckte Textausschnitt beginnt mit einer fundamentalen These über THEODOR FONTANES Literaturverständnis: Alle wahre Kunst sei realistische Kunst und die zeitgenössische Kunst begebe sich auf den Weg des Realismus zurück. Die Kunst, die er verurteilt, belegt er mit dem sehr voraussetzungsreichen Begriff des Kranken. Wer sich den Ansprüchen realistischer Kunst nicht beugt, erscheint so als jemand, der von Natur aus (nicht etwa von gesetzten und diskutablen Normen aus) Kunst verfehlt und von selbst absterbe (vgl. Z. 57: „das Abgestorbene").
FONTANE führt nun konkreter aus, welche Literatur er als unrealistisch ablehnt (Z. 4 ff. und ab Z. 56) und welche er für wahre Literatur hält (Z. 8–17). Im Anschluss daran expliziert er die Normen, die den Realismus festlegen sollen (↗ S. 31 ff.).
Was lehnt FONTANE ab? Zunächst nennt er JOHANN CHRISTOPH GOTTSCHED (↗ Lehrbuch, S. 42, 326 f.). Der Vorwurf der Geschraubtheit ist verständlich, wenn man daran denkt, wie sich GOTTSCHED am französischen Vorbild orientierte; dass er damit von der deutschen Literatur, v. a. von der Theaterliteratur, durchaus ein in der Sprache und Komposition anspruchsvolleres Niveau abforderte, erwähnt FONTANE nicht. Verurteilt wird dann die Literatur der „dreißiger Jahre", also die Jahre, die auf die Goethezeit folgten. Zu denken wäre an die Zeit der Spätromantik (die späten Werke von LUDWIG TIECK, 1773–1853, JOSEPH VON EICHENDORFF, 1788–1857, CLEMENS BRENTANO, 1778–1842), des Biedermeier (FRANZ GRILLPARZER, 1791–1872, EDUARD MÖRIKE, 1804–1875, NIKOLAUS LENAU, 1802–1850, ADALBERT STIFTER, 1805–1868) und des „Jungen Deutschland" (CHRISTIAN DIETRICH GRABBE, 1801–1836, LUDWIG BÖRNE, 1786–1837, KARL GUTZKOW, 1811–1878).
Als Bundesgenossen werden der Aufklärer GOTTHOLD EPHRAIM LESSING mit seinem „Nathan" (↗ Lehrbuch, S. 295 bis 299) und die Stürmer und Dränger gelobt (↗ Kap. 3.1.3). Dass LESSING bzw. Nathan gesunder Menschenverstand zugesprochen wird, dürfte ebenso unstrittig sein wie der Verweis auf den Kampf gegen „Unnatur" und Lüge sowie die Shakespeare-Bewunderung der Stürmer und Dränger.
Aus seinen normativen Ausführungen zum Realismusbegriff lassen sich zwei wesentliche Kriterien herausfiltern: a) das „ganze reiche Leben" (Z. 50 f.) als Stoff der Literatur, b) die künstlerische Formung des Stoffs im Sinne einer ideellen Überformung des Stoffs. FONTANE spricht von „Läuterung" der nackten Sinnlichkeit (Z. 23, 31), von

der „Wahrheit" des „größern Ganzen" (Z. 39, 56). Ausgeschlossen werden damit „Lügen" (Z. 57); wie problematisch diese Kennzeichnung ist, wird deutlich, wenn man sich anschaut, was als Lüge gebrandmarkt wird: Darstellungen von „Elend", „Schattenseiten" des Lebens (Z. 24) wie z. B. von „hungernden Kindern" (Z. 27 f.).

Es zeigt sich, dass unter den scheinbar harmlosen Etiketten der Wahrheit und des Realismus ein politisch enttäuschtes Bürgertum seinen eigenen Kunstbegriff schafft, der kampfbereit ablehnt, was die gesuchte Harmonie der Gesellschaft und die ersehnte Einigkeit der Nation stören könnte.

Die Rezeption der Literaturgeschichte durch FONTANE ist tendenziös. Den Stürmern und Drängern hätte er sehr wohl auch „Bilderwust", und „Sentimentalität" vorwerfen können und „gesunder Menschenverstand" war nicht gerade eine Stärke dieser Jugendbewegung. Schroffe Stimmungswechsel, wie sie für Werther typisch sind (oder dann wieder bei BÜCHNERS „Lenz") lehnten die Realisten jedenfalls als störend ab. Hatte der Sturm und Drang mit der Emanzipation der Gefühle ein eingeengtes Verständnis der Aufklärung als bloße Verstandesaufklärung erweitert, so konnte man auch die Romantik mit der Emanzipation der Fantasie als eine konsequente Fortsetzung des eingeschlagenen Weges und als Bereicherung des Menschenbildes verstehen und rechtfertigen. Das bleibt bei FONTANE ausgeblendet. Den Autoren der Romantik und des Biedermeier stand er später viel freundlicher gegenüber. In einer Liste der besten Bücher, 1889 verfasst, erwähnt er neben manchen heute vergessenen Autoren erwartungsgemäß z. B. GOETHE und SCHILLER, WALTER SCOTT, CHARLES DICKENS, IWAN TURGENJEW, LEO TOLSTOI, ÉMILE ZOLA, aber auch JOSEPH VON EICHENDORFF, NIKOLAUS LENAU, AUGUST VON PLATEN, HEINRICH HEINE, EDUARD MÖRIKE, GRIMMS und ANDERSENS Märchen. Natürlich auch GUSTAV FREYTAGS Roman „Soll und Haben" sowie GOTTFRIED KELLER („alles, mit Ausnahme der Gedichte"[1]).

Zu den Aufgaben S. 380 (Gottfried Keller: Romeo und Julia auf dem Dorfe):
Die Novelle ist beliebt in der Zeit des Realismus, sie gilt als die „Schwester des Dramas", so THEODOR STORM.
Zur hier exemplarisch zu besprechenden Novelle wurde KELLER durch eine Meldung der Züricher Freitagszeitung vom 03.09.1847 angeregt. (Handlungsort: bei Leipzig, Selbsttötung des jungen Paars durch Pistolenschüsse auf einem Feld)
So versichert der auktoriale Erzähler im ersten Absatz, dass die Geschichte „auf einem wirklichen Vorfall beruhte". Danach setzt der abgedruckte Text ein.
Auf dem Land um das fiktive Schweizer Städtchen Seldwyla leben (offenbar in der ersten Hälfte des 19. Jahrhunderts) zwei Bauern charakterlich und ökonomisch in vorbildlichen Verhältnissen. Allerdings lebt die Ordnung auf Kosten dessen, was ausgeschlossen wird, in diesem

Fall ein vagabundierender Geiger, dem der scheinbar herrenlose und unkrautbewachsene Acker zwischen den wohlbestellten Feldern gehört, der aber keinen Heimatschein bekommen hatte und damit keine Anerkennung als Bürger. Die unausgesprochene Gier nach der Vergrößerung des eigenen Ackers treibt die beiden Bauern in ihr Unglück. Das Habenwollen erweist sich als nicht weniger dämonisch als der vom Dorf abgewiesene Geiger.

S. 380, Aufgabe 1:
Erklären Sie den Titel der Novelle von Gottfried Keller.

Die Anspielung auf WILLIAM SHAKESPEARES Drama ist unverkennbar, ebenso die Verlagerung des Stoffs von der unglücklichen Liebe zweier junger Menschen aus verfeindeten Familien aus dem Milieu des Adels in das des bäuerlichen Standes.

S. 380, Aufgabe 2:
Interpretieren Sie den räumlichen Standort des Erzählers bzw. seine Veränderung in den Zeilen 1 bis 9 – auch hinsichtlich der Erwartungshaltung des Lesers.

Wie ein Film zoomt der Erzähler heran: Die geschilderte Landschaft ist eine Idylle in dörflicher Umgebung; die Auflistung der Adjektive bis Z. 6 kann es leicht zeigen. Das ändert sich, sobald der mittlere Acker beschrieben wird. Da richtet sich die Beschreibung nicht mehr auf die ungestörte großzügige Weite, sondern in den Mikrokosmos der Kleinsttiere. Man kann sich denken, dass aus diesem mittleren Acker Streit entstehen konnte.

S. 380, Aufgabe 3:
Ermitteln Sie Hinweise auf die bürgerliche Ordnung. Stellen Sie dann fest und belegen Sie, inwieweit sich Sali und Vrenchen aus dieser Ordnung lösen.

Die bäuerlich-bürgerliche Ordnung wird gleich zu Beginn in eine ungestörte Landschaft gestellt. Die Bauernhöfe zeugen von Fleiß, Unkraut gibt es nur auf dem scheinbar besitzfreien Acker. Die Bauern sind gut gekleidet (Z. 12 f.), ja überkorrekt und sicher (Z. 11, 13, 45; vgl. aber Z. 33) und stehen für eine scheinbar ewige Ordnung („wie in Stein gemeißelt", Z. 13). Die Rollen sind klar verteilt: Der „fleißige Meister" wird von der „zärtlichen Bäuerin" über die spiegelbildlich braven Kinder bescheiden und gut versorgt. Lediglich die „nackte Puppe" mit verschmiertem Gesicht und nur einem Bein stört die Idylle ein wenig und kann als vorausdeutendes Unglückssymbol aufgefasst werden.
Mit dem Beginn des nächsten Abschnitts, der zwölf Jahre überspringt, werden die wichtigen bürgerlichen Tugenden genannt: Ehrlichkeit, gutes Gewissen, Ehre (Z. 30–35), Vermehrung des Eigentums (Z. 35, 40) an „gutem Grund und Boden" (Z. 49).
Bevor mit dem „wallenden Blut" (Z. 50) eine auch bürgerlicher Rationalität nicht fassbare Macht ihre Wirkung tut, hält der Erzähler inne angesichts des gerade erzählten Familienelends (vgl. FONTANES Warnung, ↗ S. 376, Z. 6)

---

1 Fontane, Theodor: Aufsätze zur Literatur, hrsg. von Kurt Schreinert. München: Nymphenburger Verlagsbuchhandlung, 1963, S. 497–499.

und nimmt den Standpunkt über dem Geschehen ein, den Blick über das größere Ganze (↗ S. 377, Z. 39), um den Anspruch auf Wahrheit erfüllen zu können: Er verallgemeinert den Fall (↗ S. 378, Z. 40 f.) und stellt allgemeine Reflexionen über das Schicksal an: die Familiengeschichte als moralisches Exempel (Z. 37 f.)

Im Rausch der die körperliche Vereinigung vorwegnehmenden Seligkeit (Z. 53) löst Sali „die starken Seile" eines Schiffes und damit die starken Bindungen der bürgerlichen Ordnung – furchtlos sogar gegenüber dem Tod (Z. 55) und daher ohne sichernde Bindung außer der Liebe zueinander. Und doch bleiben ihnen bürgerliche Werte wichtig: Sie rechtfertigen vor sich (und dem Leser) den Schiffsdiebstahl und inszenieren ihr Ende teilweise wie eine bürgerliche Hochzeit. Mit Versatzstücken der Liebesschilderung, wie sie seit der Empfindsamkeit, dem Sturm und Drang und der Romantik vertraut sind (Fluss, dunkle Wälder, überschattet, Stille, Morgenröte, Mond), fahren die Liebenden einem symbolisch überhöhten (Z. 78 f.) und dadurch friedvollen (dreifache Stille, Z. 76) Tod entgegen.

S. 380, Aufgabe 4:
Überlegen Sie, weshalb Kellers Novelle mit dem Hinweis auf Zeitungsberichte schließt.

Hier wird gegenüber dem unmittelbaren Erzählen eine Distanz aufgebaut. Sie erleichtert es dem Leser, die packende Geschichte reflektiert zu betrachten und zu beurteilen. Dem konventionellen Urteil der bürgerlichen Welt, die sich stabilisieren will, wenn ihre eigene Unzulänglichkeit offenbar wird, wird selbst der bürgerliche Leser, der mit Sali und Vrenchen mitgefühlt hat, sich kaum anschließen. Denn aus der selbstgerechten Zeitungsnotiz spricht eben der Geist, der das unglückliche Ende mitverursacht hat. Als Leser endet man nicht in passivem Mitleiden mit dem Paar, sondern in reflektierter Anklage gegen die Umwelt.

S. 380, Aufgabe 5:
Erörtern Sie, inwieweit das Ende der Novelle mit Kellers optimistisch-diesseitiger Lebensbejahung übereinstimmt.

Das Ende der Novelle distanziert sich von der überstrengen, ihrer allzu sicheren (Z. 33) bürgerlichen Moral. KELLER schaut kritisch auf einen Fortschritt, der sich materialistisch auslebt.
Das Ende der sich im Tod vereinigenden Liebenden wird erkennbar verklärt. Die Extremsituation wird nicht als solche dargestellt. (Man vergleiche etwa die aufgeregte Darstellung von Werthers nahendem Ende.) Die körperliche Liebe wird vollzogen, während der Leser gleichsam am Ufer betrachtend zurückbleibt, obwohl der auktoriale Erzähler allwissend ist und eine andere Perspektive hätte wählen können. Auch der Tod selbst wird verklärt: Beide gleiten wie Fischer in das Wasser. Weder beim Lieben noch beim Sterben bekommt der Leser unmittelbaren Einblick in die Gefühlswelt von Vrenchen und Sali.

Dennoch ist klar, dass das Paar beide Extremsituationen sehr bewusst erlebt. Sie geben dabei auch ein Gegenbild zum Ende ihrer beiden einst so geachteten Väter.
Zwar ist dieses Ende düsterer als manch andere Erzählung KELLERS, dennoch leistet die Verklärung dies, dass der Leser schwerlich verzweifelt zurückgelassen wird. Es gibt keinen Trost aus christlicher Religion, sondern eher aus einer Welt erfüllten Gefühls.

Im Anschluss an die Novelle ließe sich die aktualisierende Verfilmung des **Romeo-und-Julia-Stoffs** besprechen: Shakespeare in Love (USA 1998, deutsche Version 1999).

Zu den Aufgaben S. 383 (Gustav Freytag: Soll und Haben):
GUSTAV FREYTAG erscheint uns heute als sehr widersprüchlich, insofern er in seinem Roman judenfeindliche Klischees bedient, aber in seinem Leben ganz und gar nicht judenfeindlich erscheint. Immerhin wird es heutzutage viele Leser geben, die GUSTAV FREYTAG als Lektüre ablehnen würden. Als der WDR den Roman 1977 von RAINER WERNER FASSBINDER (1945–1982) verfilmen lassen wollte, gab es vehemente Proteste, sodass das Projekt abgesagt wurde.
Seine Verbreitung als erfolgreichster Roman des 19. Jahrhunderts ist gewiss nicht Grund genug, ihn im Unterricht zum Gegenstand zu machen. Aber er wurde eben nicht nur von der breiten Masse der Leser geschätzt, sondern auch von anspruchsvollen Literaturkennern wie FONTANE. GUSTAV FREYTAG gibt wohl wie niemand sonst ein Bild von wesentlichen Zügen seiner Zeit.
Der Adel verarmte; die neue Mittelschicht der besitzenden Bürger orientierte sich in den Formen am Adel, doch las man unedle Unterhaltungsliteratur („Die Gartenlaube"); Kunst diente als Statussymbol.
THEODOR FONTANE schreibt in seiner Rezension: „ ‚Soll und Haben' ist eine Verherrlichung des Bürgertums und insonderheit des deutschen Bürgertums." Zwar sei der Kaufmann als Repräsentant des Bürgertums politisch machtlos, doch habe er sich den „Blick für das Allgemeine", „das Höchste" bewahrt, überschaue Rechten und Pflichten über die „pfahlbürgerlichen Polizeitugenden" hinaus, und deshalb sei der Roman im Vergleich mit dem englischen Roman der „Sieger". Der bis 1848 erfolgreiche Schriftsteller KARL GUTZKOW dagegen kritisiert aus seiner jungdeutschen Position konsequenterweise, dem Roman fehle „richtige Parteinahme" und „hingebende Leidenschaft", er sei „ohne Tendenz" und daher „ohne Idee".

Der Roman war streng komponiert nach dem Modell eines Dramas. (Von FREYTAG stammt ein bis heute in Lehrbüchern – so auch in diesem – benutztes Pyramidenmodell für den Aufbau eines Dramas, ↗ Lehrbuch, S. 428 f.)

S. 383, Aufgabe 1:
Überprüfen Sie, inwieweit dieser Romanbeginn der Programmatik des poetischen Realismus entspricht.

Der Beginn des Romans beschreibt auch atmosphärisch den „altväterischen" Handlungsraum, der ungestört und gemütlich entwickelt wird und unentwegt das Kopfnicken des Lesers erheischt, sei es bei der Charakterdarstellung Wohlfarts (ein sprechender Name; Einschränkungen der Tugend gibt es nicht), sei es bei der Schwangerschaft seiner Frau, die mit ihren Freundinnen und ihrem Wäscheschrank in bester Harmonie steht. Auch der kleine Anton erlaubt sich Verfehlungen nur in homöopathischen Dosen.

Nicht mit Kunst oder Literatur, sondern mit einer Weihnachtskiste erhält die vorbildliche Kaufmannsfamilie einen „poetischen Duft" (Z. 41, ähnlich Z. 63 f.). Auch dem Kalkulator wird die wiederkehrende Produktion eines Kunstwerks zugesprochen: eines Dankesbriefs für das Dankpaket seines Chefs (Z. 56). Wenn der kleine Anton ein „hübsches Bild" vor Augen hat (Z. 85), besteht es aus Kolonialwaren. Die „poetischen Stimmungen" werden nicht in der Literatur, sondern im „Leben" und in geheimen Seelenwinkeln gefunden (Z. 90-93).

Freude und Stolz zeigt man innerlich (Z. 11, 62). Auch die Frau Kalkulatorin passt bestens zu ihrem Mann, nicht nur weil sie die Wäsche tadellos pflegt, sondern auch wie sie Wirtschaftspläne für den Haushalt erstellt (Z. 62); die Zukunft des Kindes zu bestimmen, überlässt sie ganz ihrem Mann (Z. 96 f.).

Die Geschäftstätigkeit ist mit Attributen versehen, die einen ganzheitlichen Menschen auszeichnen, ohne Entfremdung und Entzweiung: „angenehm", „würdig", „poetisch", „vergnügt"; die Rede von der „sauren Amtstätigkeit" (Z. 10) bleibt somit eine Ausnahme und nicht überzeugende Einschränkung. Das die Wohltaten auslösende Aktenbündel ist nicht staubig, sondern „bestäubt" (Z. 44), andere Akten werden wie Liebesbriefe gebunden (Z. 65-67).

Alles in allem ergibt sich ein Bild von einem kaufmännischen Arbeitsleben, doch die Arbeit des deutschen Volkes, die im vorangestellten Motto des Romans angesprochen wird, wird dabei doch sehr tendenziös dargestellt, schöngefärbt und poetisiert.

Der auktoriale Erzähler wacht über diese schöne Ordnung, fühlt sich wohlwollend in die Figuren ein und bewahrt den Leser vor jeder verstörenden Einseitigkeit und Relativierung.

S. 383, Aufgabe 2:
Untersuchen Sie die zeitlichen Aspekte der erzählerischen Gestaltung und erklären Sie deren Funktion bzw. Leistung im Zusammenhang mit dem „Inhalt" des Romanbeginns.

Die Zeitangaben bleiben durchweg sehr unbestimmt. Dadurch erspart sich der Autor eine Festlegung, die möglicherweise den Realitätsgehalt der Darstellung des Kaufmannslebens infrage gestellt hätte. Das Leben wirkt eher idyllisch, biedermeierlich.

Das Geschehen wird chronologisch erzählt, von der Geburt bis zur Berufsentscheidung des Helden; jede Aufregung wird vermieden. Es läuft auf eine große Zukunft des Helden hinaus, angedeutet durch das unaufdringlich

sichtbare Band zur „großen Welt", das dem Heranwachsenden als „Leitseil" dient (Z. 79 f.). Es ist ein weiter Weg der Ernüchterung für den Roman: von der „Fülle des Herzens" bei „Werther" (Brief vom 20 Januar, Lehrbuch, S. 318) zur „Fülle der herrlichsten Sachen" (Z. 83) im poetisch verklärten Realismus.

S. 383, Aufgabe 3:
Erörtern Sie, warum es poetischen Realisten wie Gustav Freytag oder Theodor Fontane gelingt, die Ansprüche populären und literarisch anspruchsvollen Schreibens zu verbinden. Vergleichen Sie damit andere Epochen, auch Ihre Zeit.

Die Aufgabe ist von den Schülerinnen und Schülern *individuell* zu lösen. Hinweisen könnte man auf den großen Erfolg des jungen GOETHE mit dem „Werther", auf den Erfolg SCHILLERS mit seinen „Räubern", auf die Gedichte HEINRICH HEINES und auf die „Dreigroschenoper" BERTOLT BRECHTS. – Auch die Medien spielten schon damals eine wichtige Rolle. Im Realismus waren die Zeitschriften wie „Die Gartenlaube" eine für die Verbreitung von Romanen günstige Gelegenheit; man druckte in kleinteiligen Fortsetzungen.

S. 383, Aufgabe 4:
Der höchst einflussreiche Berliner Hofmaler Anton von Werner ließ 1892 eine Ausstellung des Malers Edvard Munch schließen. Ermitteln Sie die Gründe und die Folgen. Zeigen Sie Parallelen zu Courbets Auftreten in Paris und zur literarischen Entwicklung.

ANTON VON WERNER (1843–1915) ist bis heute in Geschichtsbüchern zu finden mit einer Darstellung der Kaiserproklamation von 1871. (Er hatte drei durchaus unterschiedliche Gemälde von diesem Akt produziert; die ersten beiden, in den Jahren 1877 und 1882 geschaffen, wurden im Zweiten Weltkrieg zerstört, das erhaltene dritte stammt erst aus dem Jahr 1885.)

WERNER war der Zeichenlehrer des späteren Kaisers gewesen und war sein künstlerischer Berater. 1875 wurde er zum Präsidenten der Akademie der Schönen Künste ernannt, 1885 zum Vorsitzenden des „Vereins Berliner Künstler". In dieser Funktion lud er 1892 den Maler EDVARD MUNCH (1863–1944) ein, denn skandinavische Künstler waren damals gefragt. Erst nach der Eröffnung am 5. November sah WERNER – und mit ihm breite konservative Kunstkreise –, wen sie da eingeladen hatten. Die 55 Bilder wurden als hässlich und abstoßend gebrandmarkt. Am 12. November wurde die Ausstellung bereits wieder geschlossen, auf Betreiben WERNERS, der für diesen Beschluss eine knappe Mehrheit im Verein gefunden hatte. WERNER und KAISER WILHELM II. waren sich einig in der Ablehnung der „Rinnsteinkunst"[1] und „Armeleutmaler".

MUNCH genoss den Skandal, machte er ihn doch bekannt, und ein Jahr später konnte er Unter den Linden ausstel-

---

1 „Rinnsteinkunst": So nannte Wilhelm II. die Kunst der Moderne in seiner Rede am 18. Dezember 1901 anlässlich eines Festbanketts für die Schöpfer der Berliner Siegesallee.

len. Der Schriftsteller STANISLAW PRZYBYSZEWSKI (1868–1927) verteidigte MUNCHS Stil 1894 als „psychischen Realismus". – Der Skandal um MUNCH beförderte die Abspaltung junger Künstler aus dem „Verein Berliner Künstler" zu einer „Secession" im Jahr 1898. Bereits ein Jahr später setzten sich die jungen Künstler mit ihrem Präsidenten MAX LIEBERMANN (1847–1935) durch. Die „Armeleutmaler" KÄTHE KOLLWITZ (1867–1945) und HEINRICH ZILLE (1858–1929) gehörten dazu, ebenso Impressionisten wie LOVIS CORINTH (1858–1925) und MAX SLEVOGT (1868–1932). Die Zeit WERNERS war abgelaufen.

GUSTAVE COURBET erregte mit seinen Steinklopfern einen Skandal, er wiederholte sich 1850 mit dem Monumentalgemälde „Begräbnis in Ornans". Als die Pariser Weltausstellung 1855 sein Werk „Das Atelier" ablehnte, errichtete er einen eigenen „Pavillon des Realismus". Als er 1871 zum Sturz der Pariser „Vendôme-Säule"[1] aufrief, wurde er für ein halbes Jahr zu Gefängnis verurteilt. Danach emigrierte er in die Schweiz.

Zu den Aufgaben S. 387 (Theodor Fontane: Effi Briest):
Der Roman kann als gescheiterte Liebesgeschichte gelesen werden. FONTANE hält Liebesgeschichten für langweilig, „aber der Gesellschaftszustand, das Sittenbildliche, das versteckt und gefährlich Politische, das diese Dinge haben [...], das ist es, was mich so sehr daran interessiert"[2]. Das Sittenbild will im poetischen Realismus natürlich nicht als bloßes Abbild geschrieben werden: „So wie in den Romanen Zolas ist das Leben nicht, und wenn es so wäre, so müßte der verklärende Schönheitsschleier dafür geschaffen werden. Aber dies ‚erst schaffen' ist gar nicht nötig, die Schönheit ist da, man muß nur ein Auge dafür haben oder es wenigstens nicht absichtlich verschließen. Der echte Realismus wird auch immer schönheitsvoll sein, denn das Schöne, Gott sei Dank, gehört dem Leben gerade so gut an wie das Häßliche. Vielleicht ist es noch nicht einmal erwiesen, daß das Häßliche präponderiert"[3].

S. 387, Aufgabe 1:
Analysieren Sie den Romanbeginn mit Blick auf Fontanes Äußerung, dass bei einem richtigen Romanaufbau auf der ersten Seite „der Keim des Ganzen stecken" müsse. (Brief an G. Karpeles vom 18. 08.1880)

Hohen-Cremmen ist ein erfundener Ort. (Es gibt Hinweise z. B. auf das Dorf Nennhausen, so BERND SEILER auf seiner Website zu „Effi Briest"[4]. Für das Textverständnis dürfte das nicht von Belang sein.)
Der erste Satz deutet bereits vieles an. Das Haus der von Briests hat eine lange Tradition (GEORG WILHELM, 1595–

1640). Auf der öffentlich sichtbaren Seite des Hauses glänzt „heller Sonnenschein", auf den der Öffentlichkeit uneinsehbaren Park (in dem Effi später begraben wird) fällt ein „breiter Schatten". Auch die erwähnten Formen sind antithetisch: der Seitenflügel und die Fliesen sind „rechtwinklig" bzw. „quadriert" (Symbole für eine durch feste Regeln gebändigte Natur?), auf dem Rondell wird der Grabstein der bis zum Ende (trotz bürgerlicher Ehe) ungebändigten Effi stehen. Die Sonnenuhr wird am Ende, als wäre sie abgelaufen, durch den Grabstein ersetzt (Z. 6, 91 f.). Vielleicht kann man die Hufeisenform (Z. 8) als Verbindung von Quadrat und Rondell sehen; es wäre ein Glückssymbol, dessen offene (gefährdete?) Seite durch Boot und Schaukel (letztere überdies an schiefen Pfosten hängend) gefährlich schwankende Elemente bekommt. Die offenen Fenster (Z. 19 f.) sind für Effi ein bevorzugter Platz (auch Z. 83 und z. B. am Ende des 24. Kapitels, als sie über ihre Schuld nachdenkt), öffnen sie doch die Verbindung zur Natur. Die Natur, zu der Effi sich hingezogen fühlt (siehe den „wilden Wein", der zu ihr passt und sie gefährdet) spendet auch Ruhe, selbst wenn sie keine Antwort auf die Fragen gibt, die Effi an das Leben hat, sondern sich nur in einem geheimnisbewahrenden „feinen Rieseln" äußert (Z.84f.); 24. Kapitel, vorletzter Absatz: „ein leiser, feiner Ton") Auch die Dauer und Ruhe versprechenden „mächtigen alten Platanen" (Z. 13), auf die das Rieseln fällt, werden am Ende wieder erwähnt (Z.85).

S. 387, Aufgabe 2:
Bestimmen Sie die Mittel der erzählerischen Gestaltung ab Zeile 21.

Hinweise: Der Erzähler beschreibt Effi eher noch als Kind (Kleidung: Hänger und Matrosenkragen), nicht als eine junge Frau, die davor steht zu heiraten (bzw. von der Mutter zur Heirat gedrängt zu werden). Ihr werden dabei in direkter Charakterisierung wichtige Tugenden attestiert: „Grazie", „natürliche Klugheit, und viel Lebenslust und Herzensgüte". Nur der „Übermut" (wie zuvor indirekt die Natursymbolik) deutet eine Gefahrenquelle an.
Dann wechselt der Erzähler in eine szenische Darstellung („Eben hatte sich Effi ..."). Im direkten Dialog von Mutter und Tochter scheint eine entspannte Atmosphäre zu herrschen; der Ehrgeiz der beiden Frauen, Effi vorteilhaft zu verheiraten, ist hier noch kaum spürbar. Immerhin spricht die Mutter (durchaus mit leichtem Wohlgefallen) Gefahren an, wenn sie ihre Tochter als eine „Tochter der Luft" bezeichnet.

Effi ihrerseits charakterisiert sich scheinbar als harmloser „Backfisch", aber doch mit unverkennbar erotischen Zügen (Z. 38–40). Die Zweideutigkeit erzeugt Spannung, sie deutet hinter der unbeschwerten Fröhlichkeit Ansatzpunkte für Gefahren an.

S. 387, Aufgabe 3:
Charakterisieren Sie Effis Eltern und deuten Sie ihre Ehe als eine Alternative zu Effis gescheiterter Ehe.

---

1   Die 44 m hohe Triumphsäule (Colonne Vendôme) auf dem Place Vendôme aus den Jahren 1806–1810 mit einer Statue von Napoleon I.
2   Fontane, Theodor: Brief an Friedrich Stephany, Berlin, 2. Juli 1894. In: Theodor Fontane, Werke, Schriften und Briefe. Hrsg. v. Walter Keitel und Helmuth Nürnberger. Teil 4, Bd. 4. München: Hanser Verlag 1982, S. 370.
3   Fontane, Theodor: Brief an Emilie Fontane vom 14.06.1883, zit. in: Horst Albert Glaser: Fontane: Effi Briest. In: Interpretationen. Romane des 19. Jh., Stuttgart: Reclam, 1992, S. 400. Im gleichen Sinn: Brief an Friedrich Stephany vom 10.10.1889.
4   http://www.uni-bielefeld.de/lili/personen/seiler/effikurz/lokales.htm

Effis Eltern haben lange gebraucht, bis sie ihrer geschiedenen Tochter Hilfe anboten (34. Kapitel). Der Vater will sich nicht länger als „Großinquisitor" aufspielen, sondern besinnt sich auf die „Liebe der Eltern zu ihren Kindern", die Mutter behauptet, sie liebe ihre Tochter nicht weniger, hält aber „Katechismus und Moral" und „den Anspruch der Gesellschaft" hoch. Doch dann ist sie einverstanden, dass der alte Briest Effi telegrafiert „Effi komm".
Am Romanende sind beide erstaunlich gefasst. Zwar redet die Mutter verständnisvoll mit der sterbebereiten Tochter, doch dann spricht sie leichthin einen ungeheuerlichen Satz: Dem Hund Rollo sei Effis Tod „doch noch tiefer gegangen als uns" (Z. 104 f.).

Dabei klingen die Gespräche zwischen beiden harmonisch und humorvoll, durchaus mit Verständnis, auch wo Widerspruch angemeldet oder Schwächen expliziert werden. Sie vermeiden beide Streit, stützen sich, wenn Zweifel aufkommen, die an wichtige Fundamente rühren, v. a. bei der Frage, ob sie wohl als Eltern Schuld trügen. Die Frage ist kaum gestellt, da ist sie schon wieder vom (Frühstücks-)Tisch. Die Alternative, an die die Mutter denkt (mehr „Zucht"), verschiebt die Schuldfrage auf Effis Charakter. So halten es die beiden aus, auch miteinander. Effi hatte höhere Ansprüche an ihre Ehe und sie hat es nicht ausgehalten.
Obwohl sie ihrem früheren Mann glaubwürdig attestiert, er sei „ohne rechte Liebe" gewesen (Z. 79), ist sie ganz auf Versöhnung gestimmt. Die Probleme werden nicht gelöst, es gibt auch keine Utopie einer gelingenden Ehe. Eine warmherzige Ironie beschließt den Roman: Der Hund mit seinem Instinkt gibt den letzten Fragen der Frau von Briest scheinbar eine Antwort, indem er den Kopf schüttelt. Die „beständigen Zweideutigkeiten" in existenziellen Fragen werden so aushaltbar, ihre Lösung verliert sich in der weiten Metapher des Schlusssatzes:

„Ach Luise, laß ... das ist ein zu weites Feld." (Auch ein Gegensatz zum geordneten Park des Novellenbeginns.)

Heutige Leser werden geneigt sein, für Effi mehr Partei zu ergreifen, als es Fontane in seinem Briefe tat. So sensibel und nüchtern Fontane das Ende des Adels diagnostizierte, so aufgeschlossen er für die jungen naturalistischen Autoren Partei ergriff (Hendrik Ibsen, Gerhart Hauptmann), so skeptisch bleibt er gegenüber einer kritischen Haltung der Besserwisserei in Bezug auf die bestehende gesellschaftliche Ordnung:
„Die Sitte gilt und muss gelten, aber daß sie's muß, ist mitunter hart."[1]
Die Schüler können natürlich ihre eigene Leseweise von „Effi Briest" gegen die Autorkommentare verteidigen.

S. 387, Aufgabe 4:
Recherchieren Sie die Ardenne-Geschichte, die 1886 Schlagzeilen machte und Fontane den Stoff für sei-

nen Roman lieferte. Erläutern Sie den Unterschied zwischen einem Zeitungsbericht und einem „realistischen" Roman.

Zur Ardenne-Geschichte gibt es viele publizierte Materialien (Im Internet z. B.: Bernd Seiler: Fontanes „Effi Briest"[2]).
Bei der zweiten Frage kann auch gegebenenfalls auf das Ende von Gottfried Kellers „Romeo und Julia auf dem Dorfe" Bezug genommen werden, wo der auslösende Zeitungsbericht in das erzählte Geschehen verarbeitet wurde.
Wenn Schüler allzu sicher an einer klaren Unterscheidung von Tatsachen und Fiktionen festhalten, kann eine Fontane-Briefstelle Anlass zu vertiefenden Gesprächen sein: „Personen, denen irgend etwas absolut feststeht, sind keine Genossen für mich; nichts steht fest, auch nicht einmal in Moral- und Gesinnungsfragen und am wenigsten in sogenannten Thatsachen."[3]

Es wird sich lohnen, auch unter dem für den poetischen Realismus wichtigen Gesichtspunkt der Verklärung, Auszüge aus der Verfilmung von „Effi Briest" (1974) durch Rainer Werner Fassbinder anzusehen.
Eine Brücke zur neueren Literatur könnte (vielleicht als Referat eines Lesefreudigen) mit Günter Grass' Roman „Ein weites Feld" (1995) geschlagen werden.

Zu den Aufgaben S. 389 (Wilhelm Busch: Die fromme Helene):
Nach einem wechselhaften Leben hat Wilhelm Busch (1832–1908) mit seiner Bildergeschichte „Max und Moritz" 1864 großen Erfolg. Drei Jahre später lernt er die Philosophie Arthur Schopenhauers (1788–1860) kennen, die seinem Menschenbild sehr entgegenkommt.
Ein Lebensbild zeichnet Gert Ueding: „Wer einsam ist, der hat es gut." (In: ZEIT Geschichte 4/2007: Wilhelm Busch. Das Genie des Humors: Sein Leben, seine Kunst, seine Epoche)

S. 389, Aufgabe 1:
Interpretieren Sie den Anfang der Bildergeschichte. Achten Sie auf Andeutungen gesellschaftlicher Probleme.

In den beiden ersten Versen erhebt sich ein Ton romantischer Frömmigkeit, der sogleich in den beiden folgenden Versen mit dem krassen Gegensatz städtischen Sündenlebens konterkariert wird. In der zweiten Strophe wird ein Klischee aufgegriffen: Das bürgerliche Lesepublikum empört sich, selbst scheinbar schuldlos, über die Sittenlosigkeit der Städte und über die der Presseleute. Wenn der Vormund Lenchen das Land anempfiehlt, dann wird es sogleich entlarvt: Dort lebten „sanfte Schafe" und „fromme Lämmer". Die Verwandtschaft wird so beschrie-

---

1 Theodor Fontane am 16. Juli 1887 an Friedrich Stephany, den Chefredakteur der Vossischen Zeitung.

2 http://www.uni-bielefeld.de/lili/personen/seiler/effikurz/ardenne.htm (letzter Zugriff am 28.10.09)
3 Theodor Fontane im Brief an Georg Friedlaender vom 07.11.93.

ben, wie es der Wunschvorstellung der Bürger entspricht: mit „Tugend und Verstand". So wird die Erwartung aufgebaut, dass sich Tugend und Verstand im weiteren Verlauf der Geschichte zu bewähren haben.

S. 389, Aufgabe 2:
Tauschen Sie sich über die Aussage des Schlusses (↗ 17. Kapitel) aus.

Die Aufgabe ist von den Schülerinnen und Schülern *im gemeinsamen Gespräch* zu lösen. Eine Rolle sollte dabei die Selbstgerechtigkeit der Schlussworte des Onkels Nolte spielen.

S. 389, Aufgabe 3:
Erläutern Sie, inwiefern sich Wilhelm Busch der Programmatik des poetischen Realismus, wie sie z. B. Fontane entworfen hat, nicht fügt.

WILHELM BUSCH ist zu sehr von SCHOPENHAUERS pessimistischer Philosophie geprägt, um sich dem Programm bürgerlicher Versöhnung zu verschreiben. Zwar kann man in seinem Humor auch etwas Versöhnliches entdecken, doch er verklärt die Lebensverhältnisse nicht. Es gibt keine Behaglichkeit, ohne dass eine krasse Störung folgen würde. Er verteidigt nicht die bürgerliche Welt, sondern entlarvt ihre Verlogenheiten.

S. 389, Aufgabe 4:
Erklären Sie, wie Busch die biedermeierliche Idylle des bürgerlichen Lebens entzaubert. (Verwenden Sie dabei auch die Begriffe „Ironie" und „Groteske".)

WILHELM BUSCH beobachtet die bürgerlichen Lebensverhältnisse. Er entdeckt darin nicht das so gerne propagierte Gute, Wahre und Schöne, sondern das Böse, Verlogene und Hässliche. Er stellt sich unwissend (erheuchelte Unwissenheit ist die Ironie). Er greift scheinbar naiv in die Kluft zwischen Anspruch und Wirklichkeit, zwischen Wunsch und Realität. Er entdeckt die Absurditäten der Bürger und treibt sie zeichnerisch und in pointierten Worten auf die Spitze.
So entdeckt er das Widersprüchliche in der Welt, das Grausige im Komischen, das Schreckliche im Lächerlichen, das man seit der Renaissance als das „Groteske" bezeichnet, z.B., wenn der Hausdiener den Franz erschlägt: „Es dringt der scharfe Schlag [sprich: Schlach]/ Bis tief in das Gedankenfach."

S. 389, Aufgabe 5:
Beschreiben Sie Buschs Humor und seine Wirkung auf den Leser.

BUSCH verwendet einen lakonischen Stil, formuliert aphoristisch und einprägsam. Er liebt Kontraste und schnelle Wendungen zum Grotesken. Er lacht aus, selbst Schadenfreude genießt er. Interessanterweise war er trotz der boshaften Geschichten sehr beliebt – vermutlich weil man jeweils den eigenen Nachbarn entlarvt sah. Onkel

Noltes Resümee von „Die fromme Helene" wäre dann der Spiegel seiner Leser und Betrachter.

S. 389, Aufgabe 6:
Zeigen Sie auf, warum Wilhelm Busch als ein Begründer des Comics gilt.

Zunächst einmal wird man sich darüber verständigen, was ein Comic ist: eine Bildgeschichte; dazu zählt nicht die Auswahl einzelner Episode einer Geschichte, sondern die Bildfolge muss den Zusammenhang erkennbar werden lassen.
In diesem Sinn hat WILHELM BUSCH Comics gezeichnet. Doch war er nicht der Erste. Es gab sehr wohl Vorläufer. Der deutsche Comicverleger ECKART SACKMANN (geb. 1951) kritisiert, dass einer vom anderen die Behauptung abschreibe, WILHELM BUSCH sei der Vater der Comics; seine Vorläufer würden dabei übersehen. Immerhin habe BUSCH auch in den USA große Resonanz gefunden und möglicherweise war er es, der die Bildgeschichten für Kinder anziehend machte.[1]

S. 389, Aufgabe 7:
Verfassen Sie einen Text oder eine Grafik, die den Weg von den Leitgedanken der Aufklärung zu Wilhelm Buschs Weltansicht nachvollziehbar darstellt. Geben Sie Ihrem Werk eine aussagekräftige Überschrift.

Die Aufgabe ist von den Schülerinnen und Schülern *individuell* zu lösen. Erörternswert ist im Blick auf BUSCH, inwieweit Weltauffassungen, die dem Optimismus der Aufklärer widersprechen, aufklärerisch wirken können. Gerade der Humor kann aus dem Bewusstsein entstehen, dass alle vernünftigen Erklärungen ihre Grenzen haben. Der gegenaufklärerische Umschlag des Humors wäre der Zynismus; für ihn ist alles sinnlos.

Weiterführende Literatur

Aust, Hugo: Realismus. Lehrbuch Germanistik. Stuttgart: Metzler, 2006.

Becker, Sabina: Bürgerlicher Realismus: Literatur und Kultur im bürgerlichen Zeitalter 1848–1900. Tübingen und Basel: A. Francke 2003 (= UTB 2369).

Bremerich-Vos/Fingerhut/Sieber/Stückrath (Hrsg.): Diskussion Deutsch. Zeitschrift für Deutschlehrer aller Schulformen in Ausbildung und Praxis. Band 26, Heft 144: Theodor Fontane. Frankfurt/M.: Diesterweg, 1995.

Martini, Fritz: Deutsche Literatur im bürgerlichen Realismus. Stuttgart: Metzler, 3. Aufl. 1974.

---

1 Vgl.: URL: http://www.comic.de/buchmesse2002/vorbusch.html – Letzter Zugriff am 30.10.09.

3.2.2 Naturalismus und Antinaturalismus

Didaktische Zielsetzungen

Die Auseinandersetzung mit der **Literatur der Jahrhundertwende** eröffnet den Lernenden einen Zugang zu der facettenreichen Poetik der **Moderne**. Sie erkennen in dieser Auseinandersetzung, wie sich das Bewusstsein, in einer Zeit beschleunigten wissenschaftlichen, technischen und sozialen Wandels zu leben, auf sehr unterschiedlich anmutende Weise in Literatur eingeschrieben hat. Zeitgenössische Diskurse, an denen die Literatur teilhat, fokussieren u. a. die menschliche Psyche, die Genetik, die „soziale Frage", NIETZSCHES Theorie der Décadence, die Krise neuhumanistischer Bildung, die Ästhetisierung des Alltagslebens.

Naturalismus und antinaturalistische Bewegungen sind in ein Kapitel integriert, um zu verdeutlichen, wie eng in der Zeit der Jahrhundertwende um 1900 scheinbar völlig konträre Positionen zusammenhängen.

Exemplarisch lässt sich das an einem Autor wie HERMANN BAHR (1863–1934) verdeutlichen, der im Oberstufenbuch als Überwinder des Naturalismus präsent ist (↗ S. 399 f.). BAHR kam 1884 als Student von Österreich nach Berlin. Seine deutschnationalen Haltungen (wegen seiner antiösterreichischen und antisemitischen Aktivitäten wurde er von der Wiener und Czernowitzer Universität relegiert) wichen in dieser Zeit einer deutlichen Orientierung an KARL MARX, dessen Schriften er gründlich studierte und über den er sogar eine Dissertation vorlegte, die aber nicht angenommen wurde. Als Student publizierte er in sozialdemokratischen Organen, nach ausgedehnten Reisen zwischen 1888 und 1890 distanzierte er sich wieder von sozialistischen Projekten, wurde im Mai 1890, erneut in Berlin, Redakteur im naturalistischen Hausblatt „Die freie Bühne".

Nach einem Disput mit OTTO BRAHM (1856–1912) verließ er diese Zeitschrift aber bereits nach wenigen Monaten und wirkte dann zur Überraschung seiner früheren Gefährten publizistisch als Importeur und Vermittler französischer Literaturprogramme des Postrealismus und Postnaturalismus. Mit seinen Schriften und seiner Förderpolitik ging er in die Literaturgeschichte als Inspirator des Jungen Wien ein, das er deutlich gegen Berlin und den Naturalismus positionierte. 1890 erschien BAHRS Roman „Die gute Schule". Ein gekürzter (und gereinigter) Vorabdruck erschien in der naturalistischen „Freien Bühne", obgleich der Roman weniger dieser Linie folgt als vielmehr den Versuch darstellt, impressionistisch zu erzählen. In der Literaturgeschichte firmiert der Roman dann auch weniger als Paradigma naturalistischer Prosa denn als deutschsprachiger Reflex auf den berühmten Décadence-Roman „A Rebours" von JORIS-KARL HUYSMANS (1884).[1]

---

1 Bahr, Hermann: Die gute Schule. Seelenstände. Mit einem Nachwort v. G. Helmes. Berlin: Ullstein Verlag, 1997. Husmans, Joris-Karl: Gegen den Strich. Aus d. Frz. v. U. Momm. München: dtv, 1995. Die Schwierigkeit, zwischen Naturalisten und Antinaturalisten Grenzen zu ziehen, bestätigt auch die von Gerhard Schulz zusammengestellte Textsammlung „Prosa des Naturalismus" (Stuttgart: Reclam 1995). Die Sammlung enthält erwartungsgemäß Texte von Max Kretzer, Arno Holz, Jo-

Hinweise zu den Aufgaben

Zu den Aufgaben S. 391 ff.:
Auszüge aus ARNO HOLZ' Schrift „Die Kunst, ihr Wesen und ihre Gesetze" eröffnen das Kapitel, da hier die griffige Kunstformel abgeleitet wird, die zu einem programmatischen Markenzeichen des sogenannten **konsequenten Naturalismus** werden sollte. Die gewisse Schnoddrigkeit, mit der HOLZ auf seine Formel zusteuert, das fiktional Induktive seiner Gedankenentwicklung – der Junge mit der Schiefertafel – strahlen ein Selbstbewusstsein aus, das durchaus als Provokation gewirkt haben dürfte.

ARNO HOLZ (1863–1929), der das Gymnasium aus finanziellen Gründen vor dem Abitur verlassen musste, schlug sich mehr schlecht als recht als Publizist und Schriftsteller durchs Leben. Er nahm seit 1886 an den Sitzungen des Vereins „Durch!" (Die „Thesen der ‚Freien litterarischen Vereinigung Durch!'", ↗ DVD) teil und schuf 1889 mit seinem damaligen Freund JOHANNES SCHLAF (1862–1941) die Prosasammlung „Papa Hamlet".

In diesen Prosaskizzen, unter dem Pseudonym „Bjarne P. Holmsen" veröffentlicht, zeigt sich erstmalig der sogenannte „Sekundenstil". Bei diesem auch als „phonographisch" bezeichneten Erzählverfahren hat der Leser die Empfindung, er habe es mit transkribierten Tonbandaufnahmen zu tun. Minutiös wird alles Wahrnehmbare sprachlich detailgetreu wiedergegeben, während auf Erzählerkommentare stark verzichtet wird. HOLZ und SCHLAF, die zeitweilig in einer Wohngemeinschaft lebten, brachten 1890 das Drama „Die Familie Selicke" heraus, von dem sie sich einen großen Erfolg versprachen. Doch diese Hoffnungen trogen. In der Folgezeit trennten sich ihre Wege.

Über die Wirkung der Kunstformel auf GERHART HAUPTMANN (1862–1946) berichtet PETER SPRENGEL (geb. 1949):

> „Gerhart Hauptmann, doch immerhin eine Art Weggenosse, ärgerte sich heftig bei der einstündigen Lektüre des Büchleins am 16. November 1890, wie sein Tagebuch bezeugt. Neben die Kunstformel schreibt er an den Rand des ihm von Holz geschenkten Exemplars: ‚Mit diesem Gesetz kann man Schuhmacher ausbilden.' Aber offenbar keine Dichter!"[2]

S. 393, Aufgabe 1:
Ermitteln Sie, welche Erkenntnisse Arno Holz aus dem Beispiel des Schiefertafel-„Suldaten" für sein Kunstgesetz gewinnt.

Die Aufgabe sichert das Textverständnis. Die Lernenden sollen die Schritte wiedergeben, über die HOLZ sein Gesetz in der Beschäftigung mit der Zeichnung des kleinen Jungen entwickelt.

---

hannes Schlaf oder Gerhart Hauptmann, aber auch Auszüge von Bahrs „Die gute Schule" und eine Erzählung von Arthur Schnitzler.

2 Sprengel, Peter: Geschichte der deutschsprachigen Literatur 1870–1900. Von der Reichsgründung bis zur Jahrhundertwende. München: C. H Beck Verlag, 1998, S. 86.

S. 393, Aufgabe 2:
Erläutern Sie, was als Handhabung der Reprodukti-
onsbedingungen zu verstehen ist.

Hier wird einer der wenigen sperrigen Begriffe HOLZ' fokussiert. Gemeint sein kann einerseits ein subjektives Un-
vermögen, reproduzierende Werkzeuge (wie Stift, Pinsel,
Fotoapparat usw.) zu handhaben, andererseits können
die technischen Limitationen des Reproduktionsverfah-
rens die Höhe von x steigern. Im Falle des Jungen mit der
Schiefertafel ist beides der Fall.

S. 393, Aufgabe 3:
Überlegen Sie aus dem Blickwinkel einer Autorin oder
eines Autors, welche Schwächen Holz' Argumenta-
tion haben könnte, und legen Sie Ihre Überlegungen
in einem kritischen Kommentar dar.

Die Aufgabe bereitet auf den nächsten Textauszug vor.
Beispielsweise könnte gesagt werden, dass an einer Verdoppelung von „Natur" kaum Interesse bestehen dürfte.
Thematisiert werden sollte zudem, weshalb HOLZ für
seine Formel „Natur" und nicht „Realität" wählt. Hier bestünde dann die Möglichkeit, der Breitenwirkung naturwissenschaftlicher Paradigmen, wie im Einführungstext
(↗ S. 390) angeführt, ausführlicher nachzugehen. Dies
kann beispielsweise über ein Referat geschehen, das sich
mit dem seinerzeit viel beachteten Band „Die naturwissenschaftlichen Grundlagen der Poesie" (1887) von WIL-
HELM BÖLSCHE beschäftigt.[1]
MAXIMILIAN HARDEN (1861–1927) stand den Berliner Naturalisten durchaus nahe. 1892 gründete er die Kultur-
zeitschrift „Zukunft", die mit einer Auflage von bis zu
70 000 Exemplaren eines der wichtigsten Organe der
Intellektuellen im Wilhelminischen Deutschland wurde.
Eine am 29.10.2002 „Zum 75. Todestag des Publizisten
Maximilian Harden" im Radio ausgestrahlte Würdigung
von WOLFGANG FRIEDRICH STAMMLER gibt weitere Einblicke zu
HARDEN und seinen antisemitischen Feinden. Der Text ist
im Internet abrufbar unter:
http://www.dradio.de/dlr/sendungen/merkmal/145747/.

S. 393, 1 unten:
Ermitteln Sie, weshalb Harden den Vorwurf der „Pho-
tographie" gegenüber den Naturalisten ernst nimmt.

Abzuheben ist hier auf die Betonung der intellektuellen
Trennung des Wesentlichen vom Unwesentlichen als
künstlerische Aufgabe. Diskutiert werden kann, inwieweit
die Analogie mit der **Fotografie** hierbei (noch) trägt.

S. 393, 2 unten:
Diskutieren Sie, welche unterschiedlichen Auffas-
sungen von der Leistung eines Autors sich bei Holz
einerseits und Harden andererseits zeigen.

---

1   Bölsche, Wilhelm: Die naturwissenschaftlichen Grundlagen der Poesie. Hrsg.: J. J. Braakenburg. München/Tübingen: dtv/Niemeyer Verlag,
1976.

Wichtig ist, dass nach HOLZ die Funktion des Autors sich
auf eine reproduzierende Rolle beschränkt. In der Beurteilung seiner Qualitäten käme es demnach auf seine
technischen Kompetenzen an. Bei MAXIMILIAN HARDEN
bleibt der Autor ein aktiver Geist. Sein Rekurs auf GUY DE
MAUPASSANT (1850–1893) verdeutlicht, dass er vom Schriftsteller eine Durchdringung der Wirklichkeit in Richtung
Wahrheit erwartet und eine anschauliche Darstellung
dieser. Damit entspricht er einem Realismuskonzept wie
dem THEODOR FONTANES (S. 376 f.).

Zu den Aufgaben S. 394 ff.:
Die Theaterkritik THEODOR FONTANES führt die Lernenden
nicht nur in GERHART HAUPTMANNS Drama ein; für sie wird
auch deutlich, dass FONTANE als Kritiker durchaus die Naturalisten förderte, obgleich ihre **Poetik** erkennbar von
der seinen abwich.

S. 399, Aufgabe 1:
Ermitteln Sie, ob es nach Auffassung des Arztes klar
ist, dass Helene alkoholkranke Kinder gebären wird.

Die Aufgabe fordert zu einer Auseinandersetzung mit
dem Dialog zwischen Z. 62 und Z. 80 auf. Deutlich werden
sollte, dass der Mediziner die Lage weniger kategorisch
beurteilt als Loth. Eine Frage des urteilenden Verstehens
ist es, ob die Aussagen Schimmelpfennigs als Versuch verstanden werden, Helene eine schwere Enttäuschung zu
ersparen.

S. 399, Aufgabe 2:
Erläutern Sie, was Fontane meint, wenn er notiert:
„Die Szene bleibt leer, während der Vorhang nieder-
geht."

Vgl. S. 395, Z. 40. Um die Aufgabe lösen zu können, müssen die Regieanweisungen S. 398 f., Z. 94 ff. mental umgesetzt werden. Man kann zum Schluss zwar noch etwas
hören, aber keine Figur auf der Bühne sehen.

S. 399, Aufgabe 3:
Diskutieren Sie, inwiefern Sie Fontanes Charakterisie-
rung der Figur Loth folgen können.

Die Diskussion zielt auf ein Schlüsselthema der Rezeptionsgeschichte, nämlich auf die Frage, ob – mit THEODOR
FONTANE – in Loth der Doktrinär zu sehen ist, dem das
wirkliche Leben entgeht, oder ob durch ihn gezeigt werden soll, welche Konsequenzen von Erbkrankheiten und
Milieuschädigungen ausgehen. PETER SPRENGEL berichtet,
dass das zeitgenössische Theaterpublikum auf Loth je
nach Sozialstatus unterschiedlich reagiert habe:

> „Johannes Schlaf bewunderte ihn als ‚ein herzerfri-
> schendes gesundes Stück Positivismus', und das Ar-
> beiterpublikum der ersten Volksbühne-Inszenierung
> jubelte ihm zu. Das bürgerliche Publikum der Freien
> Bühne dagegen lachte über seine sozialutopischen
> Tiraden, und Interpreten der zweiten Hälfte des

20. Jahrhunderts sahen in ihm einen ‚jämmerlichen Ideologen' von ‚empörender Inhumanität.' "[1]

S. 399, Aufgabe 4:

Stirbt eine Protagonistin, bevor der Vorhang im letzten Akt fällt, fragt sich der Zuschauer wahrscheinlich, wem er Verantwortung oder die Schuld für das tödliche Geschehen geben soll. Wie entscheiden Sie sich angesichts des Ausschnitts?

Im Fokus sollte hier nicht die Tendenz des Urteils stehen, sondern die Bereitschaft, sich auf den historischen Horizont des Dramas urteilend einzulassen.

S. 399, Aufgabe 5:

Überlegen Sie, weshalb Hauptmanns Darstellungsweise am Schluss vom Dialogprinzip abweicht.

Mit PETER SZONDI (↗ vgl. S. 430) kann man hier eine formale Konsequenz der **Tendenz zur Episierung** sehen. Man kann aber auch, wie FONTANE, auf die theatralische Wirkung der leeren Bühne verweisen. Zu „Vor Sonnenaufgang" notiert SZONDI unter anderem:

„Die dramatische Handlung ist nichts anderes als die thematische Travestie des epischen Formprinzips: der Besuch Loths bei der Familie Krause gestaltet im Thematischen das formbegründende Herantreten des Epikers an seinen Gegenstand. […] Den Ablauf der Handlung bestimmt nicht die zwischenmenschliche Auseinandersetzung, sondern das Vorgehen des Fremden: so wird auch die dramatische Spannung aufgehoben. […] Was am Schluß die Züge Loths verzerrt, liegt in der Konsequenz nicht seines thematischen Charakters, sondern seiner formalen Funktion. Denn wie es die formale Forderung des klassischen Lustspiels ist, daß der Wirbel der Hindernisse, bevor der Vorhang zum letzten Mal fällt, in der Verlobung der Liebenden sich beruhige, so verlangt die Form eines Dramas, das durch den Besuch eines Fremden ermöglicht wird, daß dieser zum Schluß von der Bühne wieder abtrete."[2]

S. 399, Aufgabe 6:

Sondieren Sie, welche Wirkungsabsichten damit verbunden sein könnten, dass der Vater Helenes hier nur als anrückende Stimme zu vernehmen ist.

Es könnte beispielsweise auf den Gegensatz zwischen dem Inhalt seines Gebrülls und der tatsächlichen Situation seiner Töchter hingewiesen werden, die ihm gänzlich entgeht.

---

1 Sprengel, Peter: Geschichte der deutschsprachigen Literatur 1870–1900. Von der Reichsgründung bis zur Jahrhundertwende. München: C. H. Beck Verlag, 1998, S. 494.
2 Szondi, Peter: Theorie des modernen Dramas 1880–1950. Frankfurt am Main: Suhrkamp Verlag, 1963, S. 66 ff.

S. 400, Aufgabe 1:

Prüfen Sie, von welchen Epochen oder Kunstströmungen der Autor in diesem Textauszug spricht. Ordnen Sie den Strömungen in der Sicht Bahrs Eigenschaften zu.

(Zu HERMANN BAHR, ↗ S. 145)
Wird in der Aufgabe auf BAHRS Rekurs auf **Klassik und Romantik** eingegangen, gilt es, sich bereits Gelerntes noch einmal bewusst zu machen, um BAHRS Perspektive auf „die Moderne" beurteilen zu können.

S. 400, Aufgabe 2:

In unserem Alltag verbinden wir mit „Nervosität" eher ein Zeichen der Schwäche und deshalb wohl eher etwas Negatives. Diskutieren Sie, ob diese Konnotation (assoziative Nebenbedeutung) auch Bahrs geballte Hinweise auf die Rolle der Nerven prägen.

BAHRS Rekurs auf die **Nerven als Wahrnehmungsorgan** ist wegen seines hymnischen Duktus nicht sonderlich konsistent und letztlich ambivalent. Die Reduktion des Menschen auf seine Nerven wird als eine Übergangsphase bestimmt, die notwendig zu passieren ist. Dabei ist BAHR nicht frei von Faszination. Dass das medizinische Interesse, das zuvor primär dem Blut galt, auf eine Beschäftigung mit dem Nervensystem übergeht, ist übrigens eine diskursgeschichtliche Zäsur, die bereits im 18. Jahrhundert ansetzt.

S. 400, Aufgabe 3:

Erläutern Sie, weshalb Bahr den Sprachgebrauch der „neuen Menschen" mit einer Blumensprache in Verbindung bringt.

(↗ Lehrbuch, S. 400, Z. 30)
Hier folgt BAHR einer eigenwilligen Prämisse, indem er die Sprache an **Sinnlichkeit und Vernunft** bindet. Mit der Reduktion auf die Nerven wäre so der direkte Bezug auf die Sprache hinfällig. Für den Nervenmenschen hätten sprachliche Repräsentationen lediglich uneigentliche Bedeutung. Man kann das auch pathologisch deuten, wenn man sich vorstellt, dass jemand hinter jedem Wort eine uneigentliche, aber eigentlich gemeinte Bedeutung wittert.

S. 400, Aufgabe 4:

Verfassen Sie eine Entgegnung aus der Sicht eines Berliner Naturalisten, in der Sie gegen eine künstlerische Alleinherrschaft der Nerven argumentieren.

Die produktive Aufgabe sollte die Gelegenheit geben, Kenntnisse von und Einstellungen gegenüber dem Naturalismus neu zu sortieren. Man könnte etwa argumentieren, dass ein guter Autor seine Psyche nicht mit dem dargestellten Gegenstand vermischen dürfe, sondern kühl und beherrscht hinter die Darstellung (Reproduktion) zurückzutreten habe, damit Literatur in der Konkurrenz mit der Naturwissenschaft als Erkenntnismedium bestehen könne.

Zu den Aufgaben ab S. 401:
Unter der Überschrift „ ‚Nervös' – ein Zeitdiskurs zittert durch WALSERS Werk" stellt PETER UTZ dar, wie sich die allgemeine Fixierung auf nervöse Befindlichkeiten in Literatur einschreibt. Ansatzpunkt hierfür ist ROBERT WALSERS (1878–1956) Prosastück „Nervös" aus dem Jahr 1916, das auf faszinierende Weise, nämlich durch einen artifiziell nervösen Sprachhabitus, das Thema verarbeitet.[1]

S. 402, Aufgabe 1:
Fassen Sie den Inhalt von diesem Schülerwerk Thomas Manns knapp zusammen. Tauschen Sie sich darüber aus, ob die Aufgabe leicht oder schwer zu bewältigen ist.

„Vision" wurde nicht ausgewählt, um zu demonstrieren, wie glanzvoll THOMAS MANN[2] (1875–1955) bereits als Pennäler geschrieben hat. Eher sollte deutlich werden, wie sich ein junger Mann mit dem Willen zum Autor um 1893 an herrschenden Moden orientiert. Die erste Aufgabe zielt auf eine Differenzerfahrung, wenn Zusammenfassung und Prosaskizze verglichen werden. Leicht ist die Aufgabe nicht zu bewältigen.

S. 402, Aufgabe 2:
Diskutieren Sie, ob Hermann Bahr diese Schülerarbeit als Beleg für seine postnaturalistische neue Kunst verbuchen könnte.

In dieser Diskussion sollte der Versuch unternommen werden, die recht blumige Programmatik auf einen konkreten poetischen Text zu applizieren. Dabei kann auch deutlich werden, dass die Fixierung auf die eigene Nervenlage an die Grenzen des verständlich Sagbaren stößt.

S. 404, Aufgabe 1:
Fassen Sie den Inhalt des Textauszugs in drei Sätzen zusammen.

Die Zusammenfassung wird notwendigerweise eine Außensicht einnehmen und einerseits verdeutlichen, wie handlungsarm der Textauszug ist, wenn man unter Handlung äußere Aktionen in der Präsenzzeit des Erzählens begreift. Andererseits kann auch bereits deutlich werden, dass Schnitzler seinen **inneren Monolog** so komponiert, dass der Leser auch über Hintergründe des Geschehens informiert wird.

S. 404, Aufgabe 2:
Überlegen Sie, was den Autor dazu bewogen haben mag, seine Erzählung in einem Konzertsaal einsetzen zu lassen.

Die Entfaltung der durchaus **nervösen Gedankenflut** wird durch die physische Statik forciert, zu welcher das erwartet stille Sitzen im Konzertsaal zwangsläufig führt. Dies gilt besonders, wenn einen die Musik nicht anspricht. Auf diesen Effekt weist Gustl selbst metakognitiv hin.

S. 404, Aufgabe 3:
Verändern Sie den zweiten Abschnitt des Textauszugs, indem Sie ihn als Erzählerbericht gestalten bzw. in den narrativen Modus wechseln. Diskutieren Sie, welche Differenzen sich für den Leser ergeben.

Hierbei geht es wiederum darum, über eine Differenzerfahrung die Leistungen der von ARTHUR SCHNITZLER gewählten Erzähltechnik zu sondieren.

S. 404, Aufgabe 4:
Entwerfen Sie ausgehend vom Text ein Psychogramm des Leutnants Gustl.

Für ein solches **Psychogramm** dürften bereits die durch den Textauszug vermittelten Impressionen ein ausreichendes Material sein. Wird nicht die Lektüre der gesamten Erzählung angeschlossen, könnten einzelne Lernende eine stellvertretende Lektüre übernehmen und über das durch den Fortgang der Geschehnisse präzisierte Bild der psychischen und moralischen Disposition des Leutnants informieren.

Zu den Aufgaben S. 405 ff.:
Für die folgenden Seiten besteht die Möglichkeit, **Querbezüge** zu den Themenseiten „Epochenbegriff und Stilpluralismus" zu nutzen. HUGO LAURENZ AUGUST HOFMANN, EDLER VON HOFMANNSTHAL, wurde 1874 als Sohn eines wohlhabenden Bankdirektors geboren. Bereits seinem Urgroßvater, einem jüdischen Unternehmer, wurde 1835 der Adelstitel verliehen. Unter dem Pseudonym LORIS publizierte HUGO VON HOFMANNSTHAL bereits als Schüler eines Elitegymnasiums Gedichte, die für Furore sorgten und ihm den Ruf eines „Wunderkindes" eintrugen.[3] Mit HERRMANN BAHR, ARTHUR SCHNITZLER und anderen gehörte er als Youngster zur literarischen (und nervösen)[4] Kerntruppe des legendären Café Griensteidl. Das Image HOFMANNSTHALS, ein elitärer Verächter des Massengeschmacks gewesen zu sein, wurde durch diverse Anekdoten und Sprüche genährt. Berühmt wurde in dieser Beziehung das am 1. Mai 1890 von dem damals 16-jährigen im Prater auf eine Visitenkarte gekritzelte Gedicht mit den Anfangsversen: „Tobt der Pöbel in den Gassen, ei, mein Kind, so lass ihn schrein/Denn sein Lieben und sein Hassen ist verächtlich und gemein!"[5]

---

1   Walser, Robert: Nervös. In: ders.: Das Gesamtwerk. Hrsg. v. J. Greven. Bd. VIII, S. 346–349; vgl. Utz, Peter: Tanz auf den Rändern. Robert Walsers „Jetztzeitstil". Frankfurt am Main: Suhrkamp Verlag, 1998, S. 53–89.
2   Anregungen für die Beschäftigung mit Texten Thomas Manns im Literaturunterricht enthält: Kämper-van den Boogaart, Michael: Thomas Mann für die Schule. Berlin: Volk und Wissen Verlag, 2001.

3   Die Resonanz auf den jungen Hofmannsthal lässt sich sehr schön über eine Schilderung Stefan Zweigs aus dem Jahr 1944 nachvollziehen: Zweig, Stefan: Die Welt von gestern. Erinnerungen eines Europäers. Frankfurt/M: S. Fischer Taschenbuch Verlag, 1970, S. 64 ff.
4   Vgl. Lorenz, Dagmar: Wiener Moderne. Stuttgart/Weimar: J. B. Metzler Verlag, 1995, S. 86 ff.
5   Für Interessierte der vollständige Text:
    „Tobt der Pöbel in den Gassen, ei mein Kind, so lass ihn schrei´n./Denn sein Lieben und sein Hassen ist verächtlich und gemein!/ Während sie

S. 405, Aufgabe

Recherchieren Sie im Textkorpus zur Romantik (↗ S. 364 ff.), ob Sie Gedichte finden, die Prätexte („Vorgängertexte") dieses Gedichts darstellen könnten. Überlegen Sie, ob die Wahrnehmung eines solchen intertextuellen Zusammenhangs das Verständnis des Hofmannsthal-Gedichts erleichtern kann. Kennzeichnen Sie für diese Prüfung zunächst die Stellen, die Ihnen Verständnisprobleme bereiten.

Ziel dieser Aufgabe ist eine **Beschäftigung mit dem Arsenal romantischer Lyrik** auf der DVD. Hier sollte es den Lernenden möglich sein, die romantischen Affinitäten von „Weltgeheimnis" selbstständig nachzuweisen.

„Das Gedicht *Weltgeheimnis* beklagt zwar den Verlust des ‚Zauberworts', widerlegt sich aber selbst durch den intensiven Sprachzauber, den es vor allem mittels Häufung dunkler Vokale und der beschwörenden Wiederkehr der Anfangszeile entfaltet. ‚Ja, das Brunnenlied kenn' ich schon lange, fast als ob's mit mir geboren wäre; es ist unendlich', schreibt Richard Dehmel an Hofmannsthal im Juni 1896 nach Übersendung des Erstdrucks. Genau auf diese Wirkung scheint es der Dichter abgesehen zu haben."[1]

S. 406, Aufgabe 1:

Sammeln Sie Informationen zu den im Textausschnitt genannten Personen und tauschen Sie diese aus.

Der Textauszug verdeutlicht auf witzige Art, dass die konkurrierenden Stile und Bewegungen nicht das Produkt miteinander ringender Generationen sind, sondern durchaus Interessenschwankungen einzelner Protagonisten der Literaturgeschichte um 1900 ausdrücken konnten. Das einen Teil des Witzes ausmachende ‚Name-Dropping' erfordert die in der Aufgabenstellung genannten Recherchenaktivitäten.
Reizvoll dürfte es sein, die Lernenden darum zu bitten, einmal darzustellen, wie sie sich eine analoge Musterbiografie der 1980 geborenen Generation vorstellen.

S. 406, Aufgabe 2:

Recherchieren Sie, wo sich Überschneidungen mit der Biografie Rainer Maria Rilkes erkennen lassen und wo dessen Entwicklung von der idealtypischen des ‚Jahrhundertwendlers' abweicht.

Bei ihren Recherchen werden die Lernenden die erhebliche Mobilität RILKES bemerken, seine Bindung zu LOU

ANDREAS-SALOMÉ (1861–1937), das Künstlerdorf Worpswede registrieren und auf die Begegnungen mit AUGUSTE RODIN in der Pariser Zeit stoßen. Vielleicht werden sie auch auf die Korrespondenz mit der berühmten schwedischen Pädagogin ELLEN KEY und auf RILKES Interesse an Reformschulen aufmerksam.

S. 408, Aufgabe 1:

Diskutieren Sie, ob die Gedichte so etwas wie eine gemeinsame Handschrift verbindet.

S. 408, Aufgabe 2:

Überlegen Sie, ob sich zwischen den 1895 und 1915 entstandenen Gedichten eine Entwicklung erkennen lässt.

S. 408, Aufgabe 3:

Überprüfen Sie, welche Gedichte sich am stärksten einer möglichen Übertragung in die Prosaform widersetzen.

S. 408, Aufgabe 4:

Von einem Gedicht mit dem Titel „Der Dichter" kann man Aufschluss über das Dichterbild eines Autors erwarten. Klären Sie, was dahingehend die Verse „Alle Dinge, an die ich mich gebe,/werden reich und geben mich aus" bedeuten könnten.

S. 408, Aufgabe 5:

Das berühmteste unter den hier versammelten Gedichten dürfte „Der Panther" sein. Diskutieren Sie, was den Erfolg dieses Gedichtes ausmachen könnte.

Auf der Basis der sieben Gedichte RILKES sollte es den Lernenden möglich sein, sich über Kontinuitäten und Wandlungen innerhalb eines dichterischen Œuvre (S. 260 ff.) zu verständigen. „Hinter Smichov", dem Frühwerk zugeschrieben, zeigt noch deutliche Affinitäten zum Naturalismus. „Du mußt das Leben nicht verstehen", ebenfalls zum Frühwerk zu rechnen, ist mit seinem Plädoyer für Genügsamkeit einer jener Texte, hinter denen der Wille zu erkennen ist, die Décadence zu überwinden. Das hier erkennbare Kindheitskonzept, das übrigens auch der allgemeinen Schulkritik der Zeit folgt, entspricht den kunsttheoretischen Überlegungen RILKES um 1898:

„Wenn ich die Kunst als eine Lebensanschauung bezeichne, meine ich damit nichts Ersonnenes. Lebensanschauung will hier aufgefaßt sein im Sinne: Art zu sein. Also kein Sich-Beherrschen und – Beschränken um bestimmter Zwecke willen, sondern ein sorgloses Sich-Loslassen, im Vertrauen auf ein sicheres Ziel. Keine Vorsicht, sondern eine weise Blindheit, die ohne Furcht einem geliebten Führer folgt. Kein Erwerben eines stillen, langsam wachsenden Besitzes, sondern ein fortwährendes Vergeuden aller wandelbaren Werte. Man erkennt: diese Art zu sein hat etwas Naives und Unwillkürliches und ähnelt jener Zeit des Unbewußten an, deren bestes Merkmal ein freudiges Vertrauen ist: der Kindheit. Die Kindheit ist das

---

uns Zeit noch lassen, wollen wir uns Schönerm weih'n./Will die kalte Angst dich fassen, spül sie fort mit heissem Wein! Lass den Pöbel in den Gassen: Phrasen, Taumel, Lügen, Schein,/Sie verschwinden, sie verblassen – Schöne Wahrheit lebt allein."
In: Riesenfellner, Stefan: Freiheitsbilder: Kunst und Agitation in den Maifestschriften der österreichischen Arbeiterbewegung, 1890–1918, Graz: Leykam Verlag, 1990, S. 13.

[1] Sprengel, Peter: Geschichte der deutschsprachigen Literatur 1870–1900. Von der Reichsgründung bis zur Jahrhundertwende. München: Verlag C. H. Beck Verlag, 1998, S. 598. Sprengel weist auch darauf hin, dass das Gedicht die Thematik des berühmten Chandos-Briefs vorwegnimmt.

Reich der großen Gerechtigkeit und der tiefen Liebe. Kein Ding ist wichtiger als ein anderes in den Händen des Kindes. Es spielt mit einer goldenen Brosche oder mit einer weißen Wiesenblume. Es wird in der Ermüdung beide gleich achtlos fallen lassen und vergessen, wie beide ihm gleich glänzend schienen in dem Lichte seiner Freude. Es hat nicht die Angst des Verlustes. Die Welt ist ihm noch die schöne Schale, darin nichts verloren geht. Und es empfindet als sein Eigentum Alles, was es einmal gesehen, gefühlt oder gehört hat. Alles, was ihm einmal begegnet ist. Er zwingt die Dinge nicht, sich anzusiedeln. Eine Schar dunkler Nomaden wandern sie durch seine heiligen Hände wie durch ein Triumphtor. Werden eine Weile licht in seiner Liebe und verdämmern wieder dahinter; aber sie müssen Alle durch diese Liebe durch. Und was einmal in der Liebe aufleuchtete, das bleibt darin im Bilde und läßt sich nie mehr verlieren. Und das Bild ist Besitz. Darum sind Kinder so reich.

Ihr Reichtum ist freilich rohes Gold, nicht übliche Münze. Und er scheint immer mehr an Wert einzubüßen, je mehr Macht die Erziehung gewinnt, die die ersten unwillkürlichen und ganz individuellen Eindrücke durch überkommene und historisch entwickelte Begriffe ersetzt und die Dinge, der Tradition gemäß, zu wertvollen und unbedeutenden, erstrebenswerten und gleichgiltigen stempelt. Das ist die Zeit der Entscheidung. Entweder es bleibt jene Fülle der Bilder unberührt hinter dem Eindrängen der neuen Erkenntnisse, oder die alte Liebe versinkt wie eine sterbende Stadt in dem Aschenregen dieser unerwarteten Vulkane. Entweder das Neue wird der Wall, der ein Stück Kindsein umschirmt, oder es wird die Flut, die es rücksichtslos vernichtet. Das heißt das Kind wird entweder älter und verständiger im bürgerlichen Sinn, als Keim eines brauchbaren Staatsbürgers, es tritt in den Orden seiner Zeit ein und empfängt ihre Weihen, oder es reift einfach ruhig weiter von tiefinnen, aus seinem eigensten Kindsein heraus, und das bedeutet, es wird Mensch im Geiste aller Zeiten: Künstler.

In diesen Tiefen und nicht in den Tagen und Erfahrungen der Schule verbreiten sich die Wurzeln des wahren Künstlertums. Sie wohnen in dieser wärmeren Erde, in der niegestörten Stille dunkler Entwicklungen, die nichts wissen von dem Maß der Zeit. Möglich, daß andere Stämme, die aus der Erziehung, aus dem kühleren, von den Veränderungen der Oberfläche beeinflußten Boden ihre Kräfte heben, höher in den Himmel wachsen als so ein tiefgründiger Künstlerbaum. Dieser streckt nicht seine vergänglichen Äste, durch welche die Herbste und Frühlinge ziehen, zu Gott, dem Ewigfremden, hin; er breitet ruhig seine Wurzeln aus, und sie umrahmen den Gott, der hinter den Dingen ist, dort, wo es ganz warm und dunkel wird.

Darum, weil die Künstler viel weiter in die Wärme alles Werdens hinabreichen, steigen andere Säfte in ihnen zu den Früchten auf. Sie sind der weitere Kreislauf, in dessen Bahn immer neue Wesen sich einfügen. Sie sind die Einzigen, die Geständnisse tun können, wo die Anderen verhüllte Fragen haben. Niemand kann die Grenzen ihres Seins erkennen.

Den unmeßbaren Brunnen möchte man sie vergleichen. Da stehen die Zeiten an ihrem Rand und werfen ihr Urteil und Wissen wie Steine in die unerforschte Tiefe und lauschen. Die Steine fallen immer noch seit Jahrtausenden. Keine Zeit hat noch den Grund gehört."[1]

„In diesem Dorf steht das letzte Haus" erschien in dem Band „Stunden-Buch". Dieser, durchaus ein Rezeptionserfolg, galt vielfach als Nachweis der Frömmigkeit RILKES. Hierbei muss aber gesehen werden, dass solche Frömmigkeit kaum klerikale Züge besitzt und eher heterodox ist. Das Werk geht auf Russlandreisen zurück. RILKES Eindrücke von einem großen, ihm vormodern anmutenden Land waren durchaus vorteilhaft. Im Zyklus „Von der Pilgerschaft", in dem das Gedicht auftaucht, heißt es wenig zuvor:

„Ein jedes Ding ist überwacht
von einer flugbereiten Güte
wie jeder Stein und jede Blüte
und jedes kleine Kind bei Nacht.
Nur wir, in unsrer Hoffahrt, drängen
aus einigen Zusammenhängen
in einer Freiheit leeren Raum,
statt, klugen Kräften hingegeben,
uns aufzuheben wie ein Baum.
Statt in die weitesten Geleise
sich still und willig einzureihn,
verknüpft man sich auf manche Weise, –
und wer sich ausschließt jedem Kreise,
ist jetzt so namenlos allein.
Da muß er lernen von den Dingen,
anfangen wieder wie ein Kind,
weil sie, die Gott am Herzen hingen,
nicht von ihm fortgegangen sind."[2]

Sowie:

„Du meinst die Demut. Angesichter
gesenkt in stillem Dichverstehn.
So gehen abends junge Dichter
in den entlegenen Alleen.
So stehn die Bauern um die Leiche,
wenn sich ein Kind im Tod verlor, –
und was geschieht, ist doch das Gleiche:
es geht ein Übergroßes vor."[3]

Das hier spürbare Werben für ein demütiges Einverständnis mit der Welt korrespondiert auch im abgedruckten

---

1 Rilke, Rainer Maria: Über Kunst. In: ders.: Werke in vier Bänden hrsg. v. H. Nalewski. Bd. 4. Frankfurt am Main/Leipzig: Insel Verlag, 1996, S. 114–120, S. 116–118.
2 Rilke, Rainer Maria: Das Stunden-Buch. In: ders.: Werke in vier Bänden hrsg. v. H. Nalewski. Bd. 1. Frankfurt am Main/Leipzig: Insel Verlag, 1996, S. 214.
3 Ebenda, S. 215.

Gedicht mit einem Duktus des Ahnungsvollen, der sich nicht nur in V.6, sondern ebenso im „vielleicht" des Schlussverses zeigt.

> „Wenn das Stunden-Buch [...] zu Rilkes großen lyrischen Werken [...] gehört, so nicht zuletzt deshalb, weil sich in ihm eine kulturkritische Haltung des Dichters erkennen läßt, deren Grundpositionen das Bewußtsein des modernen Menschen nachhaltig geprägt haben. [...] Dazu gehört auch das Ergriffensein von der russischen Frömmigkeit, wenn man es als Zeichen für das Bedürfnis des Individuums interpretiert, Entgrenzungserfahrungen zu machen, die der eigenen Existenz eine über das Materielle, Rationale hinausgehende Bedeutung verleihen."[1]

Das außerordentlich oft zitierte Gedicht **„Der Panther"** demonstriert den Übergang in eine Poetik, in der sich der lyrische Sprecher nicht mehr in sich selbst, sondern in ein beobachtetes Objekt oder Ding versenkt. Hier zeigt sich deutlich der Einfluss einer Ästhetik der Plastik, die RILKE in der Auseinandersetzung mit RODIN vertieft wahrnimmt. Charakteristisch für RILKE bleibt der Einsatz von „manchmal" in V. 9, eine Vokabel, die sich auch in den Ahnungen des „Stunden-Buchs" oft findet. Verbunden ist jenes „nur manchmal" mit dem großen Thema des Schauens, das der müde gewordenen Wildkatze nur noch selten gelingt. Zur Lösung der fünften Aufgabe können auch Recherchen im Internet hilfreich sein. Hier finden sich neben zahllosen Interpretationsversuchen auch diverse Diskussionsforen, auf denen etwa die schöne Melancholie des Gedichts gerühmt wird.

Die **Dingpoetik** wird in „Der Dichter" aufgenommen (Z. 7). Gezeichnet wird hier ein recht heroisches Bild des Poeten, der sich für die poetische Transformation der Dingwelt verausgabt, indem er sich und sein Fühlen „ins Werk transponiert"[2].
Es bietet sich an, dieses Gedicht mit „Der Leser" aus „Der Neuen Gedichten anderer Teil" (↗ DVD) zu konfrontieren.

„Der Junggeselle" zählt zu den Gedichten RILKES, die, ebenso wie „Der Mann mit dem verregneten Gesicht", das Thema ‚Einsamkeit' fokussieren. Der ältliche Junggeselle verliert sich projizierend in die Vergangenheit seiner Ahnen und verliert so den Kontakt mit seiner Realität. Das Gedicht von 1915 ist in manchen Ausgaben in der letzten Strophe irrtümlich mit falschen Zeilenumbrüchen wiedergegeben. Richtig lautet das Gedicht:

„Der Mann mit dem verregneten Gesichte
steht starr im Mantel, innen mannigfalt.
Ein wenig Nachtwind wird zerstreut zunichte
an seiner unbenachbarten Gestalt.

---

1 Schank, Stefan: Rainer Maria Rilke. München: dtv, 1998, S. 55.
2 Müller, Wolfgang: Neue Gedichte/Der Neuen Gedichte anderer Teil. In: Engel, Manfred (Hrsg.): Rilke Handbuch. Leben-Werk-Wirkung. Stuttgart/Weimar: J. B. Metzler Verlag/c. E. Poeschel Verlag, 2004, S. 296–318, Zitat S. 316.

O Taumelnde, o Treibende, o Spiel
wo ist der Hund der ihm die Kniee leckte?
wo ist die Zögernde, die ihm gefiel?
Wieso geschah's, dass er sie alle schreckte?

Nun schreckt der Mann, wen schreckt er jetzt, wen schreckt
ein Mann zuletzt? Dort die Laterne, dort
das Häusereck"

Der Vergleich der fehlerhaften Wiedergabe mit der richtigen Version lässt die Lernenden auf Technik und Wirkung der Enjambements aufmerksam werden.

S. 410, Aufgabe 1:
Überlegen Sie, was die Motive dafür sein könnten, dass der „Cornet" dem lyrischen Werk Rilkes zugeschrieben wird.

Die kommentierte Ausgabe der Rilke-Werke in vier Bänden von MANFRED ENGEL und ULRICH FÜLLEBORN nimmt „Cornet" in den Band „Gedichte von 1895 bis 1910" auf. Die Herausgeber verweisen hierbei auf eine traditionell nur in der Lyrik mögliche Schreibweise und auf ein Zurücktreten des epischen Elements.

S. 410, Aufgabe 2:
Überlegen Sie, wie der Zusammenhang von sexueller Initiation und schnellem Tod des jugendlichen Helden in den Kontext der Jahrhundertwende passen könnte.

„Die Verschränkung von Sexuellem und Soldatischem kann man kaum deutlicher formulieren. In der drastischen Symbolik dieser Szene erscheint der soldatische Kampf als Ort der eigentlichen Bewährung männlicher Liebeskraft: Das ist schrecklich, zumal es hier so affirmativ gesetzt wird. Und doch sieht R. hier etwas, was in den Kriegen unserer Tage noch immer eine fürchterliche Aktualität zeitigen kann."

ENGEL und FÜLLEBORN führen den enormen Publikumserfolg darauf zurück, dass RILKE das traditionelle Muster einer Initiationsgeschichte mit dem zeitgenössischen Ideal eines gefährlich-intensiven Lebens verbunden habe.

S. 410, Aufgabe 3:
Informieren Sie sich über die verschiedenen Vertonungen, die zum „Cornet" erfolgten.

Eine Bibliografie zu Rilke-Vertonungen ist im Internet erhältlich: http://www.rilke.ch/Vertonungen.pdf.

Weiterführende Literatur

Fähnders, Walter: Avantgarde und Moderne 1890–1933. Stuttgart/Weimar: Metzler, 1998.

Schutte, Jürgen/Sprengel, Peter (Hrsg.): Die Berliner Moderne 1885–1914. Stuttgart: Reclam, 1987.

Sprengel, Peter: Geschichte der deutschsprachigen Literatur 1870–1900. Von der Reichsgründung bis zur Jahrhundertwende. München: Beck, 1998.

Wunberg, Gotthart: Die Wiener Moderne. Literatur, Kunst und Musik zwischen 1890 und 1910. Stuttgart: Reclam, 1981.

3.2.3 Expressionismus und Literatur in der Weimarer Republik

Didaktische Zielsetzungen

Die Beschäftigung mit den Texten dieses Kapitels führt die Lernenden zu einem erweiterten Verständnis der literarischen Produktion der **Moderne**. In der Auseinandersetzung mit der Lyrik des **Expressionismus** und des **Dadaismus** werden sie auf die performativen Qualitäten poetischer Darbietungen aufmerksam. Sie erfassen, wie das Thema einer verstörten Subjektivität im Expressionismus und bei FRANZ KAFKA (1883–1924) fortgeschrieben wird. Sie realisieren ebenso, dass es neben den Erfahrungen des Ersten Weltkriegs die **Großstadt** ist, durch die das Konzept des bürgerlichen Individuums zur Disposition gestellt wird.

Der einführende Text konzentriert sich auf das sogenannte **expressionistische Jahrzehnt**. Deutlich werden sollte, dass es sich beim Expressionismus nicht um eine alle literarischen Produktionen dominierende Epoche handelte, sondern um eine **Strömung** überwiegend junger und zumeist akademisch gebildeter Autoren. Dass es mit dem Stilpluralismus um 1900 unwahrscheinlich geworden ist, dass sich hegemoniale Schreibweisen entwickeln, zeigt auch die Zeit zwischen 1918 und 1933. Zwar redet man über Neue Sachlichkeit, Fräuleinwunder oder Amerikanismus und huldigt einem Reportagestil, doch kann dabei weniger von einer gemeinsamen Poetik geredet als das Bemühen des Feuilletons erkannt werden, Trends zu diagnostizieren. Einblicke in den expressionistischen **Simultanstil** und in die **Montagetechnik,** die ALFRED DÖBLIN (1878–1957) aus dem Dadaismus in den Roman exportiert, führen die Lernenden zu der Erkenntnis, dass sich die literarische Produktion in der Konkurrenz zur illustrierten Massenpresse und zum Film auch in ihrer Ästhetik verändert.

Hinweise zu den Aufgaben

S. 415, Aufgabe 1:
Suchen Sie Beispiele für Simmels These, dass es in den Großstädten zu einer „Steigerung des Nervenlebens" (↗ Zeile 2) komme.

GEORG SIMMELS (1858–1918) Essay lässt deutliche Bezüge auf den **Nervositätsdiskurs** erkennen, der im vorausgehenden Kapitel thematisiert wurde. Dies sollte von den Lernenden selbst erkannt werden. Die eigentliche Aufgabe sichert das Textverständnis ab. Hintergründe für die These, dass in der Großstadt sich das Nervenleben intensiviere, lassen sich leicht ermitteln, wenn man, etwa tabellarisch, mit SIMMEL die Anforderungen großstädtischen gegen die des kleinstädtischen und ländlichen Lebens gegenüberstellt. Wichtig ist, dass es SIMMEL um die mentale Verarbeitung von Reizen geht.

S. 415, Aufgabe 2:
Diskutieren Sie, ob Simmel den Begriff der „Blasiertheit" (↗ Zeile 44) abschätzig benutzt.

Diese Diskussion lässt sich weitgehend **ergebnisoffen** führen. Einerseits erklärt GEORG SIMMEL die Blasiertheit als pathogenen Effekt von Maßlosigkeit und als eine Unfähigkeit. Andererseits lässt sich gut vorstellen, dass SIMMELS Leser die großstädtische Blasiertheit auch als Form einer Coolness verstanden haben, die geradezu einen modernen Habitus ausmacht. Diese Lesart wird mit Blick auf die Weimarer Republik später aufgegriffen (↗ Lehrbuch, S. 423 ff.).

S. 415, Aufgabe 3:
Erläutern Sie das Verhältnis von „Atrophie der individuellen Kultur" und „Hypertrophie der objektiven Kultur" (↗ Zeile 65 f.) mit Blick auf den Großstädter.

Durch diese Klärung werden die Lernenden auf eine eher ungewöhnliche These GEORG SIMMELS aufmerksam. Wird in anderen Arbeiten der Untergang des Individuums oft über die These einer Vorherrschaft der Masse beschworen, so argumentiert SIMMEL weniger plakativ, wenn er gewissermaßen die Komplexität der objektiven Kultur ins Auge fasst und darauf hinweist, dass sich die großstädtische Szene mit ihren intellektuellen Angeboten und Manifestationen dem Individuum als permanente Erfahrung solcher überfordernden Komplexität darbietet.

S. 415, Aufgabe 4:
Erörtern Sie die Aktualität der Ausführungen Simmels.

Die Diskussion ist **ergebnisoffen** zu führen. Einzubeziehen ist neben der Entstehung von sogenannten Megapolen die mit dem Internet vollzogene Virtualisierung des Raumes, die mit Blick auf Fragen der Reizüberflutung möglicherweise alte Differenzen zwischen Groß- und Kleinstadt marginalisiert.

Zu den Aufgaben S. 416:
ALFRED LICHTENSTEIN (1889–1914) räumte selbst ein, dass die Lyrik JAKOB VAN HODDIS' ihn stark beeinflusst habe. Im selben Jahr, in dem „Punkt" erschien, promovierte LICHTENSTEIN in Jura. Er starb wenige Wochen nach Kriegsbeginn als Freiwilliger an der Westfront.

S. 416, Aufgabe 1:

Vergleichen Sie die im Gedicht vorgenommene metaphorische Kennzeichnung der Außenwelt und der Innenwelt des lyrischen Sprechers. Gehen Sie in folgenden Arbeitsschritten vor:
- *Lokalisieren Sie die Außenwelt.*
- *Kommentieren Sie die Dornrosenmetaphorik im vierten Vers.*
- *Ziehen Sie eine Verbindung zwischen Gedichttitel und Schlussvers.*

Die Impulse der Aufgabenstellung sind vergleichsweise instruktionistisch, um den Lernenden die Chance zu geben, ein verallgemeinerbares Verfahren für die Interpretation stark metaphorischer Lyrik erfolgreich anzuwenden. Angeknüpft wird hierbei deutlich an die Ausführungen zur bildhaften Sprache (↗ Lehrbuch, S. 178 ff.).

S. 416, Aufgabe 2:

Verfassen Sie eine Interpretation des Gedichts von Lichtenstein und beziehen Sie dabei den Textauszug aus „Die Großstädte und das Geistesleben" von Georg Simmel (↗ S. 414 f.) ein.

Sind die in der ersten Aufgabe empfohlenen Operationen vollzogen, sollte ein Anschluss an GEORG SIMMELS Thesen nicht allzu schwer sein.

S. 417, Aufgabe 1:

Erläutern Sie Lichtensteins Konzept „ideelicher Bilder" (↗ Zeile 9) und prüfen Sie am Gedicht, ob eine visuelle Gestaltung der einzelnen Verse tatsächlich nicht möglich ist.

Die Aufgabe dient zunächst der Verständnissicherung. Im zweiten Teil sollte überlegt werden, ob die Redeweise von „ideelichen Bildern" sinnvoll ist, wenn sich diese nicht visualisieren lassen.

S. 417, Aufgabe 2:

Nutzen Sie Lichtensteins Verfahren für einen eigenen lyrischen Versuch mit dem Titel „Morgengrauen".

Diese **produktionsorientierte Aufgabe** setzt voraus, dass zuvor die semantischen Regelverstöße sowie der parataktische Stil LICHTENSTEINS identifiziert worden sind:

„Als stilanalytischer Begriff benennt ‚Parataxe' ein syntaktisches Phänomen: die ‚Nebenordnung' im Kontrast zur ‚Überordnung' (Hypotaxe) von Sätzen. Statt einen Haupt- und einen Nebensatz hypotaktisch zu koordinieren (‚Mir ist warm, weil die Sonne scheint.'), können beide als Hauptsätze parataktisch gereiht werden (‚Die Sonne scheint. Mir ist warm.'). Das parataktische Nebeneinander von Hauptsätzen in den expressionistischen Simultangedichten, das durch die Übereinstimmung von Satz- und Versgrenzen sowie durch syntaktische Parallelismen noch pointiert wird, erreicht poetische Auffälligkeit zusätzlich dadurch, dass die Sätze auch semantisch unkoordiniert erscheinen. Zwischen den Sätzen fehlen syntagmatische Kontiguitätsbeziehungen: Keiner der Sätze berührt semantisch einen Bestandteil des jeweils vorausgegangenen Satzes. Die Sätze ließen sich allenfalls durch die Verwendung temporaler Nebensätze hypotaktisch koordinieren, die mit einem lediglich die Gleichzeitigkeit anzeigenden ‚Während' beginnen [...]. Die Abfolge der Sätze ist dabei beliebig, ihr entspricht keine zeitliche oder kausal bedingte Abfolge von Ereignissen."[1]

Zu den Aufgaben S. 418 (Jakob van Hoddis):
JAKOB VAN HODDIS alias HANS DAVIDSOHN (1887–1942) wurde 1911 „wegen Unfleißes" an der Berliner Friedrich-Wilhelms-Universität (heute: Humboldt-Universität) exmatrikuliert. Zu diesem Zeitpunkt hatte er bereits erste Gedichte publiziert und mit dem „Neopathetischen Cabaret" durch spektakuläre Auftritte reüssiert. 1912 geriet er in Bayern ins Drogenmilieu und wurde im selben Jahr erstmalig in einer psychiatrischen Heilanstalt untergebracht.
1926 wurde VAN HODDIS entmündigt; 1933 landete er in den Israelitischen Heilanstalten in Bedorf-Sayn. Von hier wurde er mit den anderen Patienten 1942 nach Lublin deportiert und in einem Massenvernichtungslager ermordet.
Die Herausgeberin seiner Werke, REGINA NÖRTEMANN, betont, dass JAKOB VAN HODDIS Gleichzeitigkeit nicht durch eine einfache Aneinanderreihung verfremdeter Zeitungsmeldungen aus dem Berliner Tageblatt (Dezember 1909) erreiche, sondern indem er Zusammenhänge darstelle, die nicht ausgesprochen werden müssten.[2] Hier wäre allerdings darauf zu verweisen, dass der Gedichttitel schon einen Zusammenhang ausspricht.

S. 418, Aufgabe 1:

Manche Verse weisen sprachliche Anomalien auf. Erklären Sie, was im Gedicht „Weltende" nicht zu stimmen scheint.

Identifiziert werden sollen die **Konflikte** zwischen Rundem und Eckigem (Kopf), Menschen und Gegenständen (Dachdecker), Schwerem und Leichtem (Meere), Bedeutendem und Banalem (Schnupfen).[3]

S. 418, Aufgabe 2:

Diskutieren Sie, welche Haltung der lyrische Sprecher gegenüber seinen Mitteilungen einnimmt.

Der **lyrische Sprecher** verweist in V. 4 auf schriftliche Quellen – wahrscheinlich Zeitungen –, die seinen aneinandergereihten Aussagen zugrunde liegen. Seine Darstellung ist distanziert (etwa gegenüber „dem Bürger")

---

1 Anz, Thomas: Literatur des Expressionismus. Stuttgart/Weimar: J. B. Metzler Verlag/C. E. Poeschel Verlag, 2002, S. 177 f.
2 Nörtemann, Regina: Nachwort. In: Jakob van Hoddis. Dichtungen und Briefe. Hrsg. v. R. Nörtemann. Göttingen: Wallstein Verlag, 2007, S. 297–334, S. 312.
3 Vgl. Anz, a. a. O., S. 172.

und lakonisch. Durch die in (1) notierten semantischen Konflikte entfalten seine Parataxen Komik.

S. 418, Aufgabe 3:
Lichtenstein bemerkte, dass Gedichte wie „Die Dämmerung" (↗ S. 416) von der Lyrik des Neopathetikers Jakob van Hoddis beeinflusst wurden. Prüfen Sie das.

Hier sollte für „Weltende" das Muster des Reihungs- oder Simultangedichts (↗ Kommentar zu S. 417, Aufgabe 2) erkannt werden.

S. 419, Aufgabe 1:
Klären Sie Vers für Vers, welche „Mitarbeit" des Lesers nötig ist, um ein Verständnis der Gedichte von Stramm zu gewinnen. Halten Sie dabei auch fest, wo für Sie die Grenzen des Verstehens erreicht sind.

S. 419 Aufgabe 2:
Mit Blick auf Autoren wie Stramm wird auch von einer „Zertrümmerung der Syntax" gesprochen. Beschreiben Sie die Wirkungen, die von Stramms Verfahren auf Ihre Gedichtrezeption ausgehen.

Vor der Bearbeitung der Aufgaben zu AUGUST STRAMM (1874–1915) sollte selbstverständlich mit der **klanglichen Interpretation** beider Gedichte experimentiert werden, um die Wirkungen der lyrischen Strategie STRAMMS sinnlich und intellektuell erfahrbar werden zu lassen.

Selbstverständlich erfordert jeder poetische Text die Mitarbeit seines Lesers. Bei STRAMMS Lyrik ist solche Mitarbeit aber forciert gefordert, da er nicht nur die Interpunktion auflöst, die Varietät der Wortarten drastisch reduziert und Neologismen bildet. Beide Gedichte erfordern seitens des Lesers, eine zu dem poetisch gereihten und zum Teil metaphorisch strukturierten Wortmaterial passende Situation aus seinem Weltwissen zu imaginieren.
Interessant ist, dass die Szenerie des modernen Kriegs, in dem dank der Ferngeschosse, der Bomben und des Giftgases der Feind oft unsichtbar bleibt, dem schon vor 1914 entwickelten poetischen Verfahren STRAMMS zupass kommt:

„Was für die Produktionsverhältnisse im Frieden galt, das wurde im Krieg auf unmittelbare, lebensbedrohende Weise offenbar: das sogenannte Heldentum, das Heym noch erträumt hatte (auf Barrikaden zu sterben) und das den Kämpfenden suggeriert wurde, war endgültig vorbei; die Menschen waren zu Bedienern der Todesmaschinen geworden und wurden ebenso unbarmherzig von diesen getötet. Die sinnlosen ‚Materialschlachten', wie sie unfreiwillig beziehungsreich genannt wurden, bereiteten der bürgerlichen Individualität endgültig den Garaus."[1]

Dass die Texte des dichtenden Kriegsteilnehmers STRAMM alles andere als pazifistisch inspiriert sind, betont THOMAS ANZ:

„August Stramms Kriegsgedichte sind keineswegs, wie zuweilen immer noch behauptet wird, kriegskritisch. Hier mischen sich Grauen und Faszination. ‚Es bäumt sich alles in mir dagegen und doch fühle ich mich hingezogen', bekennt Stramm in seinen Kriegsbriefen […]. Die Kriegsberichterstatter in den Zeitungen kritisiert er mit dem Satz: ‚Dieses Lügengeschmiere! Diese Entweihung alles Gewaltigen und Großen, das man hier durchlebt' […]. Es ist die Nähe des Todes, die das Leben zu intensivieren vermag: ‚Das Leben hat herrliche Momente hier. Vielleicht weil es so nahe am Tode liegt' […]. Der Kampf als inneres Erlebnis, das Stramms Lyrik wie seine Kriegsbriefe zu vermitteln suchen, ist in seiner ganzen Ambivalenz durch die drei Wörter getroffen: ‚Grausig! Gewaltig! Groß!' […] Der im Prozess der Zivilisation zunehmend ungestillte Hunger nach Leben bringt bei August Stramm und seinen expressionistischen Zeitgenossen so produktive wie fragwürdige Exaltationen hervor. In Stramms Existenz des Postbeamten und Offiziers sind die Bürokratisierungstendenzen und Disziplinierungstechniken des Zivilisationsprozesses exemplarisch verkörpert, in der Existenz des Wortkünstlers rebelliert dagegen, ebenso typisch, das Leben."[2]

Geboren wurde AUGUST STRAMM am 29.07.1874 in Münster; gestorben ist er am 01.09.1915 bei Gorodec.

AUGUST STRAMM verdiente als Verwaltungsbeamter sein Brot; nach der während der Berufsausübung zustande gekommenen Promotion (über das Welteinheitsporto) von 1912 machte der Familienvater im Reichspostministerium als Inspektor Karriere. Seit 1897 Reservist der preußischen Armee, erreichte er den höchsten für Zivilisten erreichbaren Offiziersrang, den eines Hauptmanns. Während des Krieges war er Kompanieführer, zuletzt Bataillonskommandeur. Als solcher starb er am 1. September 1915 bei einem Angriff aus Stellungen der russischen Armee.

S. 419, Aufgabe unten:
Von Gedichten wie diesem wird eine schockierende Wirkung auf zeitgenössische Leser bezeugt. Zeigen Sie in einer Interpretation, wie hier eine Technik des Schocks eingesetzt wird. Charakterisieren Sie hierzu auch die Haltung des lyrischen Sprechers.

GOTTFRIED BENNS (1886–1956) Gedicht „Schöne Jugend" erschien 1912 in dem Zyklus „Morgue und andere Gedichte" in einer Auflage von 500 Exemplaren. Die Reaktion auf diese Publikation war heftig:

„Vor dreißig Jahren stand Benn, der heute zu den modernen Klassikern gezählt wird, als einer von vielen

---

1 Knopf, Jan/ Žmegač, Viktor: Expressionismus als Dominate. In: Žmegač, Viktor (Hrsg.): Geschichte der deutschen Literatur. Vom 18. Jahrhundert bis zur Gegenwart. Bd. II/2. 4. Aufl. Weinheim: Beltz Athenäum Verlag, 1995, S. 397–500, S. 477.

2 A. a. O., S. 59.

mitten im literarischen Wirbel der Zeit. Seine ersten Veröffentlichungen in den ‚Lyrischen Flugblättern' bei Alfred Richard Meyer, wie ‚Morgue' oder ‚Söhne', seine 1917 unter dem Titel ‚Fleisch' erstmals ‚Gesammelte Lyrik' im Verlag der Wochenschrift ‚Die Aktion' bei Franz Pfemfert hatten die literarische Gesellschaft weitgehend schockiert und die Presse empört. Über die Veröffentlichung ‚Morgue und andere Gedichte' war zum Beispiel in der Zeitschrift ‚Janus' zu lesen: ‚Über die Perversität dieser Gedichte zu schreiben, ist als Lyrikkritiker nicht meine Sache.' Im ‚Zwiebelfisch' ‚Wer sie aber lesen will, diese -- Gedichte, der stelle sich einen sehr steifen Grog zurecht. Einen sehr steifen!!' Oder in der ‚Augsburger Abendzeitung': ‚Pfui Teufel! Welch eine zügellose, von jeglicher Herrschaft geistiger Sauberkeit bare Phantasie entblößt sich da ...' Jahrelang war Benn nicht nur umstritten, sondern geradezu verpönt, und seine literarische Bedeutung wurde nur allmählich von einem kleinen Kreise erkannt."[1]

Der Benn-Biograf GUNNAR DECKER bestätigt diese Rezeptionstendenz, macht aber selbst auf eine Tradition aufmerksam, in die sich BENNS frühe Lyrik eingeschrieben habe:

„In ‚Morgue' kehrt etwas wieder, was im Barock in hoher Blüte stand: das Vanitas-Gedicht, das Andreas Gryphius berühmt gemacht hatte. Wisse den Tod in dir, unter der Haut zeichnet sich schon das Skelett ab. Das ist die Atmosphäre des Barock: Totentanz-Zeit. Gewiß darf man sagen, daß sowohl der Barock etwas Expressionistisches hat als auch der Expressionismus etwas Barockes. Was vor allem heißt, daß man das moderne Gefühl, von Gott verlassen zu sein, ohne ein zuverlässig schützendes metaphysisches Dach über dem Kopf leben zu müssen, bereits im späten siebzehnten Jahrhundert in sich zu spüren begann."[2]

Herauszustellen ist durchaus in diesem Sinne, dass das Gedicht zwar einer Strategie des Schocks folgen mag, der lyrische Sprecher aber keine Anzeichen des Schockiertseins zeigt. Grotesk nennt THOMAS ANZ das Rattennest im Zwerchfell der Mädchenleiche, da hier die Grenze zwischen tierischem und menschlichem, zwischen lebendigem und totem Körper verwischt sei.[3]
BENNS Gedicht „Schöne Jugend" korrespondiert mit anderen lyrischen Texten, die das Motiv von WILLIAM SHAKESPEARES Ophelia aus „Hamlet" verarbeiten. Wenn es zeitlich möglich ist, bietet sich unter dieser Perspektive ein Vergleich mit ARTHUR RIMBAUD („Ophelia" 1870), GEORG HEYM („Die Tote im Wasser", 1910, „Ophelia", 1910) und BERTOLT BRECHT („Vom ertrunkenen Mädchen", 1919, „Von den verführten Mädchen", 1927) an. Eine eingängige

Vorlage (sowie die Texte) dazu liefert FRITZ J. RADDATZ in seiner BENN-Biografie.[4]
Informationen zur Biografie GOTTFRIED BENNS finden sich im Oberstufenbuch auf S. 455.

S. 420, Aufgabe 1:
Eine digitale Sammlung dadaistischer Publikationen finden Sie im Internet unter
http://sdrc.lib.uiowa.edu/dada/collection.html.
Wählen Sie einen Autor aus und beschreiben Sie seine Produktionsweise.

Diese Aufgabe soll die Lernenden dazu motivieren, einen individuellen Zugang zu dadaistischer Ästhetik zu finden. Durch die Recherche in der sehr schönen Onlinedatenbank werden die Lernenden dazu angeregt, sich über die Entstehung von DADA im Züricher Exil (Club Voltaire) zu informieren.

S. 420, Aufgabe 2:
Zeigen Sie an Balls Manifest, wo und wie auf die Sprache der Werbung zurückgegriffen wird.

Die (ironischen) Parallelen zu Werbestrategien sind nicht schwer zu identifizieren. HUGO BALL (1886–1927) hebt die Vorzüge des Kunstworts Dada wie die eines Produktnamens heraus, der weltweit alle möglichen positiven Assoziationen hervorruft. Explizit wird diese Affinität in Z. 20 (↗ Lehrbuch, S. 420): „Dada ist die beste Lilienmilchseife der Welt."

S. 422, Aufgabe:
Erörtern Sie Walter Benjamins Kommentar am Beispiel der Kafka-Texte aus dem Nachlass (↗ S. 421 f.).

Die Texte aus FRANZ KAFKAS Nachlass lassen sich mit WALTER BENJAMIN (1892–1940) als Parabeln beschreiben, die die Erwartung auf ein lehrhaftes Gleichnis evozieren, dieses ihrem Leser indes so offenbaren, dass er ratlos, aber beeindruckt zurückbleibt.
Die Orientierung auf solches Spiel mit dem Parabolischen soll die Lernenden vor der oft zu registrierenden Tendenz schützen, in einem Top-down-Verständnis KAFKAS Arbeiten stets die immergleiche Botschaft zuzuschreiben. So kann man über den Geier-Text im Internet eine Interpretation erwerben, die hier „einmal mehr die Wehrlosigkeit und Ohnmacht des Individuums gegenüber einer höheren Macht" verdeutlicht sieht. Abgesehen davon, dass die Identifikation des Geiers mit einer höheren Macht nicht sonderlich zu motivieren ist, zumal derselbe ja „unrettbar" ertrinkt, ist auch die Rede vom Verdeutlichen alles andere als zielführend.
MAX BROD (1884–1968) publizierte ab den 1930er-Jahren gegen die Intentionen des verstorbenen KAFKA Teile seines literarischen Nachlasses und modifizierte diese sogar, darunter auch „Der Geier". Von BROD darin gestärkt,

---

1 Hillebrand, Bruno: Über Gottfried Benn. Kritische Stimmen 1912–1956. Frankfurt/M: Fischer Verlag, 1987, S. 51f.
2 Decker, Gunnar: Gottfried Benn. Genie und Barbar. Biographie. Berlin: Aufbau Verlag, 2008, S. 63.
3 A. a. O., S. 170.

---

4 Raddatz, Fritz J.: Gottfried Benn. Leben – niederer Wahn. Eine Biographie. München/Zürich: List 2003, S. 102–108.

wandelte sich durch diese Publikationen das Kafka-Bild vieler Rezipienten. Angesichts der rätselhaften und paradoxalen Parabeln begann man in KAFKA einen philosophischen, vom Abstrakten ausgehenden Autor zu sehen, der metaphysische Botschaften poetisierte. In seiner umfassenden, die Grenzen des Genres sprengenden Kafka-Biografie stellt sich REINER STACH diesem Verständnis entgegen:

„So rigide er selbst bei der Auswahl publikationswürdiger Texte war, so selbstverständlich folgte alles, was Kafka hervorbrachte, der Dynamik eines imaginativen Blutkreislaufs. Keine Frage wird hier gestellt, keine Antwort wird erteilt, die nicht aus einem Geflecht intimer Erfahrung hervorgegangen wäre. Noch im abstraktesten Problem pochen der Schmerz der kreatürlichen Existenz und die Qual der Neurose. Und je präziser wir unseren Blick auf diese Sprache einstellen, desto wesenloser erscheint die Differenz zwischen ‚persönlichem‘ und ‚literarischem‘ Ausdruck. ‚Auch ich bin sehr gegen das Durchdenken der Möglichkeiten‘, schrieb er etwa an Milena kurz nach der Begegnung in Wien, ‚bin dagegen, weil ich Dich habe, wäre ich allein, könnte mich nichts vom Durchdenken abhalten – man macht sich schon in der Gegenwart zum Kampfplatz der Zukunft, wie soll dann der zerwühlte Boden das Haus der Zukunft tragen?‘ Schneiden wir die Parenthese heraus, die allein für die Adressatin bestimmt ist, dann bleibt ein Satz, der ebenso gut in der Geschichte vom babylonischen Turm stehen, der sogar als ihr Fazit gelten könnte.
Es ist das Bild, die Metapher, die den Kreislauf in Gang hält. Nirgendwo bei Kafka werden irgendwelche ‚Aussagen‘ – von metaphysischen Thesen ganz zu schweigen – lediglich illustriert, bei keinem Autor führt dieses Missverständnis des kreativen Prozesses mehr in die Irre als bei ihm. Kafka sucht nicht das Bild, vielmehr: er folgt ihm; und lieber verfehlt er sein Thema als die Logik des Bildes. Das war bereits einigen frühen Lesern aufgefallen. ‚Ihr müsst nicht fragen, was das soll‘, mahnte etwa Tucholsky in der ersten Rezension der STRAFKOLONIE. ‚Das soll gar nichts. Das bedeutet gar nichts.‘ Doch derartige Appelle an das ästhetische Empfinden des Lesers hatten von Anbeginn wenig Chancen, immer wieder scheiterten sie an der provokativen Rätselhaftigkeit von Kafkas Texten selbst, die ja auch Tucholsky keineswegs ungerührt ließ […].
Tucholsky konnte noch nicht wissen, dass dieses Eigenleben bildhafter Vorstellungen den Autor Kafka über die Grenzen des einzelnen Werks, der Gattung, ja selbst des dezidiert literarischen Schreibens weit hinausführte. Er folgt den Bildern ins Dickicht unüberschaubarer Assoziationen, er differenziert sie aus, macht sich ihre Dynamik zunutze, auch dann, wenn ihm nicht mehr bewusst ist, dass auf diese Weise Literatur entsteht, ja sogar dann, wenn er selbst den Bedeutungskern, die Metapher, noch gar nicht erfasst hat. Gerade das Fragment vom großen Schwimmer bietet dafür eines der eindrücklichsten Beispiele.

Brod verzichtete zunächst darauf, das Bruchstück in seine Nachlassedition aufzunehmen, da es über einen Entwurf kaum hinauskommt und völlig unklar bleibt, wie Kafka die bizarre Situation erklären oder auflösen will.“[1]

Im Nachlass KAFKAS befindet sich auch eine Geschichte über einen Schwimmer, der bei der Olympiade in X (durch das X wird das zunächst angeführte Antwerpen, der Austragungsort der Olympiade von 1920, ersetzt) mit einem Weltrekord eine Goldmedaille erzielt hat.[2] Nach seiner Heimkehr hält er, von Trauer übermannt, eine Festrede, in der er den Gästen eines Ehrenbanketts gesteht, dass er weder wisse, weshalb ihn sein Land zur Olympiade entsandt habe, noch wie ihm ein Weltrekord gelingen konnte, da er eigentlich gar nicht schwimmen könne. STACH bringt dieses Fragment mit dem im Oberstufenbuch zweiten Nachlasstext KAFKAS in Verbindung und notiert:

„Die später publizierten Manuskripte und biographischen Dokumente ermöglichen hier eine ganz andere Tiefenschärfe: Sie zeigen, dass Kafka das Bild vom Schwimmer, der nicht schwimmen kann, noch keineswegs ausgeschöpft hatte. Da er im heißen Spätsommer 1920 häufig in der Moldau badete, ist sogar denkbar, dass der Akt des Schwimmens selbst jenes Bild am Leben hielt und Kafka dazu veranlasste, dessen innere Logik weiter auszufalten. Etwa zwei Monate nach der Niederschrift des Fragments hatte er einen Einfall:
‚Ich kann schwimmen wie die andern, nur habe ich ein besseres Gedächtnis als die andern […].‘
Hier spricht, zweifellos, der Olympiasieger von Antwerpen, und dass diese Erklärung im Widerspruch steht zu anderen Sätzen seiner Festrede (‚Seitjeher wollte ich es lernen …‘), stört Kafka überhaupt nicht. Er hat die Kohärenz seines plots erhöht, man kann jetzt erahnen, warum jener Mann gerade das Schwimmen trainiert. Und die Idee, dass man eine Aufgabe ‚eigentlich‘ beherrschen und praktisch an ihr scheitern kann, ist kein Gedankenspiel mehr, sondern ein vitales Paradox, eine Erfahrung, die durchaus nachvollziehbar ist. Es ist eine Erfahrung, wie sie vornehmlich in *Prüfungen* vorkommt. Man kann nicht glauben, dass man es kann, und darum kann man es nicht. Mit solcher Angst aber hält niemand sich lange über Wasser.“[3]

Explizit wird das Thema Gleichnis und Realität im dritten Text aus dem Nachlass. Dass die Pointe, mit der dieser schließt, eigentlich weniger verwirrend als häufig konstatiert ist, meint KLAUS MÜLLER-RICHTER:

---

1 Stach, Reiner: Kafka. Die Jahre der Erkenntnis. Frankfurt/M: S. Fischer Verlag, 2008, S. 406 ff.
2 Kafka, Franz: Nachgelassene Schriften und Fragmente II. In: ders.: Schriften, Tagebücher, Briefe. Kritische Ausgabe, Bd. 2., hrsg. v. J. Schillemeit. Frankfurt/M: S. Fischer Verlag, 1992, S. 254–257.
3 Stach, Reiner: Kafka. Die Jahre der Erkenntnis. Frankfurt/M: S. Fischer Verlag, 2008, S. 406 ff.

„Denn das Metagleichnis, das darin besteht, daß aus dem Befolgen eines Gleichnisses ein Zum-Gleichniswerden resultiert, kann nur aus der Perspektive der sogenannten Wirklichkeit als ein Gleichnis beurteilt werden. Fehlt der solcherart konstituierte Differenzkontext, ist es, ohne einen kategorialen Fehler zu begehen, unmöglich, das Gleichnis als Gleichnis zu klassifizieren. Man kann nicht die Gleichnishaftigkeit der Lebensform feststellen, ohne sich über sie zu erheben, und man kann sich nicht über sie erheben, ohne sie aufzuheben: im Gleichnis ist die Wette tatsächlich verloren."[1]

Zu den Aufgaben ab S. 423 (Neue Sachlichkeit):
Das im Einführungstext aufgeführte kulturkritische Zitat STEFAN ZWEIGS (1881–1942) könnte den Eindruck evozieren, hier kompensiere der Autor seinen eigenen Misserfolg. Das ist mitnichten der Fall. Für ZWEIG waren die 1920er-Jahre eine Zeit des Ruhms. Wie er selbst schreibt, brachte es allein der kleine Band „Sternstunden der Menschheit" von 1927 in kurzer Zeit auf eine Auflage von 250 000 Exemplaren. Jedes von ihm verfasste Buch sei am ersten Tag seiner Veröffentlichung mindestens zwanzigtausendmal verkauft worden.[2]

KURT PINTHUS (1886–1975) war einer der wichtigsten Literaturvermittler in der Zeit um den Ersten Weltkrieg und in der Weimarer Republik. Er arbeitete als Lektor in den Verlagen Kurt Wolff und Rowohlt, war kurze Zeit Dramaturg bei MAX REINHARDT (1873–1943) und löste mit seinen Publikationen zahlreiche Debatten aus, 1915 etwa die sogenannte Kino-Debatte. Die expressionistische Lyrikanthologie „Menschheitsdämmerung" (1920) führte wegen ihrer anhaltenden Verbreitung dazu, dass sein Name auch heute noch bekannt ist. PINTHUS musste 1937 in die USA emigrieren.

Die angesprochene Kritik JOSEPH ROTHS (1894–1939) an den Forderungen nach einer Neuen Sachlichkeit lässt sich in den Essays „Es lebe der Dichter!" von 1929 und ausführlicher „Schluß mit der ‚Neuen Sachlichkeit'" vom Januar 1930 nachlesen.[3]

S. 425, Aufgabe 1:
Interpretieren Sie Brechts Gedicht „Vier Aufforderungen". Beachten Sie dabei die Modifikationen der Angebote und schließen Sie auf den Wandel der Zeiten.

Die Lernenden werden erfassen, dass sich entweder die Zeiten oder die Lebensbedingungen des Mannes negativ verändert haben. Erkennbar wird dieser Abstieg des Mannes durch den Inhalt und den Ton der vier Aufforderungen. Die Aufforderung der letzten Strophe stammt offensichtlich von einer armen Prostituierten. Angedeutet wird, dass der Mann sich die Kosten für die Extranacht nicht leisten kann.

S. 425, Aufgabe 2:
Kennzeichnen Sie die Sicht des lyrischen Sprechers auf seinen Adressaten im zehnten Gedicht. Diskutieren Sie die Beweggründe für seine Art der Anrede.

Das zehnte Gedicht ist ein nachgeschobener Kommentar zur Poetik des „Lesebuchs". Adressiert wird auf explizit kalte Weise ein Mensch, der noch an seine Autonomie glaubt und dem der lyrische Sprecher den Wirklichkeitssinn vermitteln will, dass Individualität unter den Bedingungen kapitalistischer Vergesellschaftung lebensuntüchtige Ideologie ist.

Die Gedichte des „Lesebuchs" haben Bezüge zu Aspekten Neuer Sachlichkeit, die BERTOLT BRECHT einerseits ablehnt, andererseits aber als Durchgangspassage zu einer nachbürgerlichen Literatur bewertet. Die Gedichte zeugen von BRECHTS Interesse an Theorien des Behaviorismus und des Marxismus-Leninismus.[4]

S. 427, Aufgabe 1:
Bestimmen Sie satzweise die Erzähltechnik mithilfe der Grundbegriffe für die Analyse erzählender Texte (↗ S. 150 ff.). Notieren Sie auch Schwierigkeiten der Bestimmung.

Die geforderten **Operationen** sind bewusst sehr kleinschrittig angelegt, um das Changieren des **Erzählmodus** fassbar zu machen. Es sollte gegebenenfalls vorher geklärt werden, ob die Beschreibung nach dem Modell JÜRGEN H. PETERSENS (Lehrbuch, S. 151 ff.) oder GÉRARD GENETTES (Lehrbuch, S. 154 ff.) erfolgen soll. Man kann die Lernenden auch parallel mit beiden narratologischen Modellen arbeiten lassen.
Dies ermöglicht eine Diskussion darüber, welche Begriffe sich präziser applizieren lassen. Sätze wie der auf Z. 24 f. (Lehrbuch, S. 427) sind in jedem Fall interpretationsbedürftig. Liegt hier eine externe oder eine interne **Fokalisierung** bzw. ein **personales Erzählverhalten** vor? Liest man genau, erkennt man die Bewegung hin zu den Erscheinungen:

Häuser treten dazwischen, Straßen tauchen auf. Die Wahrnehmung ist also mit der Bewegung der Straßenbahn, in der sich Biberkopf befindet, verbunden. Es handelt sich also auch hier um eine interne Fokalisierung bzw. ein personales Erzählverhalten.

1 Müller-Richter, Klaus: Die Metapher in der Poetologie der klassischen Moderne. In: ders./Arturo Larcati: Der Streit um die Metapher. Poetologische Texte von Nietzsche bis Handke. Darmstadt: WBG, 1998, S. 70–91, S. 87.
2 Zweig, Stefan: Die Welt von gestern. Erinnerungen eines Europäers. Frankfurt/M: Fischer Verlag, 1970, S. 362.
3 Roth, Joseph: Das journalistische Werk 1929–1939. In: ders. Werke. Bd. 3. Hrsg. v. K. Westermann. Köln/Amsterdam: Kiepenheuer & Witsch/Allert de Lange, S. 44–46 u. S. 153–164.
4 Mehr zum Kontext auch in didaktischer Perspektive in: Michael Kämper-van den Boogaart: Lässt sich normieren, was als literarische Bildung gelten soll? Eine Problemskizze am Beispiel von Brechts Erzählung „Der hilflose Knabe". In: Rösch, Heidi (Hrsg.): Kompetenzen im Deutschunterricht. Frankfurt/M u.a.: Peter Lang Verlag, 2005, S. 27–50.

S. 427, Aufgabe 2:
Döblins Roman wird wegen seiner Montagetechniken als innovativ gerühmt. Überprüfen Sie, was im vorliegenden Ausschnitt „einmontiert" ist und welche Wirkung davon ausgeht.

Eindeutig einmontiert sind die Rufe der Zeitungsverkäufer (↗ Text im Lehrbuch, Z. 26 f.). Man kann aber auch weitergehen und den gesamten Modus, die Stadt in Bildern und Tönen zu Wort kommen bzw. „hineinschneien" zu lassen, unter dem Begriff **Montageprinzip** subsumieren. In diese Richtung gingen bereits die Beobachtungen WALTER BENJAMINS 1930:

„Stilprinzip dieses Buches ist die Montage. Kleinbürgerliche Drucksachen, Skandalgeschichten, Unglücksfälle, Sensationen von 28, Volkslieder, Inserate schneien in diesen Text. Die Montage sprengt den ‚Roman', sprengt ihn im Aufbau wie auch stilistisch, und eröffnet neue, sehr epische Möglichkeiten. Im Formalen vor allem. Das Material der Montage ist ja durchaus kein beliebiges. Echte Montage beruht auf dem Dokument. Der Dadaismus hat sich in seinem fanatischen Kampf gegen das Kunstwerk durch sie das tägliche Leben zum Bundesgenossen gemacht. Er hat zuerst, wenn auch unsicher, die Alleinherrschaft des Authentischen proklamiert. Der Film in seinen besten Augenblicken machte Miene, uns an sie zu gewöhnen. Hier ist sie zum ersten Male für die Epik nutzbar geworden. Die Bibelverse, Statistiken, Schlagertexte sind es, kraft deren Döblin dem epischen Vorgang Autorität verleiht. Sie entsprechen den formelhaften Versen der alten Epik.
So dicht ist diese Montierung, daß der Autor schwer darunter zu Wort kommt. Die moritatenähnlichen Kapitelansagen hat er sich vorbehalten; im übrigen ist's ihm nicht eilig, sich vernehmen zu lassen. (Aber er wird sein Wort noch anbringen.) Erstaunlich, wie lange er seinen Figuren folgt, ehe er's riskiert, sie zur Rede zu stellen. Sacht, wie der Epiker es soll, geht er an die Dinge heran. Was geschieht, auch das Plötzlichste, scheint von langer Hand vorbereitet. In dieser Haltung aber inspiriert ihn der berlinische Sprachgeist selbst. Sacht ist das Zeitmaß seiner Bewegung. Denn der Berliner spricht als Kenner und mit Liebe zu dem, wie er's sagt. Er kostet es aus. Wenn er schimpft, spottet und droht, will er dazu sich Zeit nehmen, genau wie zum Frühstück. Glaßbrenner pointierte das Berlinische dramatisch. Hier ist es nun in seiner epischen Tiefe ermessen; Franz Biberkopfs Lebensschiffchen hat schwer geladen und braucht doch nirgends auf Grund zu stoßen. Das Buch ist ein Monument des Berlinischen, weil der Erzähler keinen Wert darauf legte, heimatkünstlerisch, werbend zur Stadt zu stehen. Er spricht aus ihr. Berlin ist sein Megaphon."[1]

---

1 Benjamin, Walter: Krisis des Romans. Zu Döblins „Berlin Alexanderplatz". In: ders.: Gesammelte Schriften. Band III: Kritiken und Rezensionen. Hrsg. v. H. Tiedemann-Bartels. Frankfurt/M: Suhrkamp Verlag, 1991, S. 230–236, S. 232 f.

S. 427, Aufgabe 3:
Versuchen Sie an einem Berliner Stadtplan nachzuvollziehen, welche Route die Straßenbahn der Linie 41 nimmt.

Die gut lösbare Aufgabe soll vermitteln, dass ALFRED DÖBLINS Großstadtroman eine präzise topografische Grundlage hat. Auf dieser Basis kann man sich zudem um weitere Dokumente bemühen, die wiedergeben, um was für Gegenden es sich Ende der 1920er-Jahre in Berlin gehandelt hat.

S. 427, Aufgabe 4
Vergleichen Sie den Romananfang mit der Verfilmung von Phil Jutzi (↗ DVD). Notieren Sie Ihre Ergebnisse und tauschen Sie diese untereinander aus.

Die Lernenden werden insbesondere die **Schnitttechnik** ansprechen, mit der die Blicke Biberkopfs simuliert werden. Eine ausführliche Analyse findet sich im Oberstufenbuch auf S. 172 ff., weitere Aufgaben in den Themenseiten S. 501 ff. Auf diese Seiten kann an dieser Stelle im Unterricht gut „gesprungen" werden.

Weiterführende Literatur

Das Angebot weiterführender Literatur zum literarischen Expressionismus und zur Literatur der Weimarer Republik ist derart umfangreich, dass hier auf gesonderte Einzelempfehlungen verzichtet werden soll. Unter dem Aspekt avantgardistischer Schreibweisen siehe aber auch hier:

Fähnders, Walter: Avantgarde und Moderne 1890–1933. Stuttgart/Weimar: J. B. Metzler Verlag, 1998.

Zudem fast ein Klassiker:
Lethen, Helmut: Verhaltenslehren der Kälte. Lebensversuche zwischen den Kriegen. Frankfurt/M: Suhrkamp Verlag, 1994.

Thema: Dramentheorien und Theaterkonzepte

Didaktische Zielsetzungen

Die Themenseiten „Dramentheorien und Theaterkonzepte" stehen in einem engen Bezug zu den Lehrbuchabschnitten „1.1.4 Theaterpraxis", „1.5.4 Analyse dramatischer Texte" und zu den Themenseiten zum Nationaltheater (↗ Lehrbuch, S. 54 ff., 187 ff., 324 ff.).

Das Kapitel 1.1.4 zeigt u. a. mit der Diskussion über das Regietheater, dass Dramentheorien und Theaterkonzepte in ständiger Fortentwicklung sind. Viele Eindrücke aus der heutigen *Theaterpraxis* werden sich den Schülerinnen und Schülern eher erschließen, wenn sie sie als Ergebnisse einer bestimmten Theaterkonzept-Entwicklung betrachten. Dazu aber braucht es Wissen über die theoretischen Reflexionen, die die Gattungsgeschichte des Dramas begleitet haben.

Im Kapitel 1.5.4 werden den Schülerinnen und Schülern grundlegende Begriffe zum *Drama* erläutert, wobei sich diese vor allem auf das klassische Drama beziehen. Der historische Wandel der Gattung wird dabei aber nicht betrachtet. Mit dem das Kapitel abschließenden Hinweis auf die „offene Form des Dramas" klingt der Schwerpunkt dieser Themenseiten jedoch schon an.

Die Themenseiten zum *Nationaltheater* gehen gattungsgeschichtlich den hier vorliegenden Themenseiten zu den „Dramentheorien" unmittelbar voraus. Es empfiehlt sich, bei der Behandlung der beiden Themenseitenabschnitte in der Chronologie zu bleiben.

Ziel dieses Kapitels ist es, dass die Schülerinnen und Schüler Einblicke in den Wandel, der die Gattungsgeschichte des Dramas seit dem Sturm und Drang kennzeichnet, sowie in dessen poetologische Reflexion gewinnen.

Im Einzelnen sollen sie
- die Überwindung der aristotelischen bzw. Aristoteles (384–321/22 v. Chr.) zugeschriebenen „Dramengesetze" als längerfristigen, unabgeschlossenen Prozess kennenlernen,
- Gustav Freytags (1816–1895) Dramenpyramide als bereits zu seiner Entstehungszeit überholten Versuch, allgemeingültige Regeln für ein Drama aufzustellen, kennenlernen,
- eine Traditionslinie des modernen Dramas von William Shakespeare (1564–1616) über die Dramatiker des Sturm und Drang, Georg Büchner (1813–1837) bis hin zum epischen und absurden Theater ziehen können,
- über das Auseinanderfallen von dramatischer Form und modernen Inhalten anhand einzelner Dramen reflektieren können,
- das epische und das absurde Theater als wichtige antiaristotelische Theaterkonzepte des letzten Jahrhunderts kennenlernen und über Mittel und Ziele dieser Konzepte diskutieren können.

Hinweise zu den Aufgaben

S. 428, Aufgabe:
Informieren Sie sich über die Merkmale der „offenen" und der „geschlossenen" Dramenformen (↗ Kap. 1.5.4, S. 197) und begründen Sie, warum Schillers „Räuber" und Goethes „Götz von Berlichingen" beispielhaft für die „offene" Dramenform sind.

In die Terminologie von Volker Klotz können sich die Schülerinnen und Schüler am besten einarbeiten, wenn sie den Verweis auf das Kapitel 1.5.4 beachten. In 1.5.4 finden sie eine tabellarische Gegenüberstellung von Merkmalen der geschlossenen und der offenen Form des Dramas (↗ Lehrbuch, S. 197).

Friedrich Schillers (1759–1805) **„Die Räuber"** entspricht in vielem den Kriterien der offenen Form: Von den „drei Einheiten" abweichend beträgt die Zeit der Handlung in „Die Räuber" etwa zwei Jahre, die Schauplätze sind weit verteilt „in Deutschland". Das Personal des „Trauerspiels" entstammt zwar dem Adel, allerdings wendet sich Karl Moor mit seiner Entscheidung, Räuber zu werden, von diesem Stand ab – sodass auch die Ständeklausel nicht greift. Die Sprache des Dramas spricht ebenfalls für die offene Form: In Prosa gehalten wird sie zum Ausdruck von Charakter und Affekten der handelnden Personen. Komposition, Zeiten und Orte der Handlung, Personal (allein das Personenverzeichnis!) und Sprache (u. a. das berühmte Götz-Zitat) weisen auch Johann Wolfgang Goethes (1749–1832) **„Götz von Berlichingen"** als Drama der offenen Form aus.

S. 430, Aufgabe:
Vollziehen Sie Szondis Argumentation nach und stellen Sie für die im Text genannten Dramatiker heraus, inwiefern bei ihnen das „gegenwärtige zwischenmenschliche Geschehen" des klassischen Dramas in die Krise gerät.

Die Aufgabe des „Nachvollziehens" ist angesichts der Dichte des Szondi-Textes sicherlich angebracht. In einem zweiten Schritt sollte die von Szondi dargestellte Entwicklung der Gattung anhand einiger der erwähnten Dramatiker, d. h., durch die Lektüre geeigneter Texte wie „Nora" oder „Drei Schwestern" (↗ auch die Szenenfotos aus Inszenierungen dieser Stücke in Kapitel 1.1.4, Lehrbuch, S. 58 f. veranschaulicht werden.

S. 432, Aufgabe:
Diskutieren Sie Mittel und Ziele von Brechts „epischem Theater".

Die Diskussion könnte sich an der brechtschen Gegenüberstellung „Spannung auf den Ausgang" bzw. „Spannung auf den Gang" entzünden – wodurch auch die Erfahrungen der Schüler mit Büchern und Filmen einbezogen werden können. Bertolt Brecht (1898–1956) begründet den Verzicht auf Finalspannung durch den Hinweis, dass das Theater nicht Erlebnisse, sondern Erkenntnisse vermitteln soll. In der Diskussion könnte es auch um die Frage gehen, welche Rolle die Theatermittel Brechts im heutigen Theater spielen können, wenn eine gesellschaftliche Zielstellung im Sinne „die Welt, wie sie wird" bei heutigen Theatermachern schlecht auszumachen ist.

Brecht verwendete seit den frühen 1930er-Jahren (Essay: „Die dialektische Dramatik", 1931) statt des nach seiner Meinung zu ungenauen Begriffs **„episches Theater"** den treffenderen **„dialektisches Theater"**.

S. 433, Aufgabe:
Stellen Sie die Theaterkonzepte Brechts und Ionescos gegenüber. Achten Sie dabei besonders auf die Haltung gegenüber dem aristotelischen Drama, auf die

dem Theater jeweils zugeschriebenen Funktionen und auf die Rolle, die dem Denken im jeweiligen Konzept zukommt. Diskutieren Sie Ionescos Kritik am epischen Theaterkonzept Brechts.

BRECHT und EUGÈNE IONESCO (1909–1994) stehen dem aristotelischen Drama kritisch gegenüber, allerdings aus völlig unterschiedlichen Motiven. BRECHT setzt auf Erkenntnisse, die das Theater vermitteln soll, weswegen er dem Illusionskonzept des aristotelischen Dramas ablehnend gegenübersteht. In seinem epischen Theater steht dem Denken ein zentraler Platz zu.

Für IONESCO dagegen darf Theater nicht ein „Sprachrohr von Ideen" sein, da immer die Gefahr der „Abhängigkeit" besteht, zumal man etwa an politische Informationen besser durch die Tageszeitung oder Politikerreden gelangen kann. IONESCO räumt ein, dass solche Stücke, die bestimmte Thesen gleichsam illustrieren, oft sehr intelligent gemacht sind, dass das 3-Akt-Schema solcher Stücke oft wie ein Syllogismus ausgestaltet wird. Dennoch lehnt IONESCO „diese Art zu schreiben" ab. Das Denken dürfe in der Kunst „bloß Hilfsmittel" sein. Diese Einschränkung richtet sich sowohl gegen die ausgeklügelten aristotelischen Bauprinzipien des Dramas als auch gegen die Funktionalisierung des Dramas durch BRECHT.

3.2.4 Varianten der Exilliteratur

Didaktische Zielsetzungen

Ja, es wird eine Zeit geben, wo
Diese Klugen und Freundlichen
Zornigen und Hoffnungsvollen,
Die auf dem nackten Boden saßen, zu schreiben,
Die umringt waren von Niedrigen und Kämpfern,
Öffentlich gepriesen werden.

(Brecht, Bertolt: Die Literatur wird durchforscht werden. [1940])

Die Frankfurter Publizistin STEFANA SABIN beschreibt in ihrem 2008 erschienenen Essay „Die Welt als Exil"[1] die potenzielle Erfahrung der Heimatlosigkeit als ein mittlerweile universelles Schicksal. Wenn bis in die Moderne die Mehrsprachigkeit als ein Zeichen des Exils galt, so könne sie inzwischen als ein „Merkmal der dezentralen und zugleich globalen Gesellschaft"[2] angesehen werden. Nach GEORGE STEINER (geb. 1929) wird der Dichter der Zukunft polyglott sein.

Wie können vor diesem Hintergrund Jugendliche heute an diese spezielle Literatur herangeführt werden, die in den Dreißiger- und Vierzigerjahren des letzten Jahrhunderts entstanden ist: geschrieben von Deutschen in deutscher Sprache, außerhalb Deutschlands? Wie kann verhindert werden, dass die literarischen Texte, die in

diesem Kapitel zusammengestellt wurden, lediglich als historische Dokumente einer Schreckenszeit rezipiert und damit allein als Unterstützung für den Geschichts- und Politikunterricht verstanden werden? Wie kann es gelingen, *die Balance zu wahren zwischen dem ästhetischen Eigenwert der lyrischen und epischen Texte und ihrer Bedeutung als Informationsquelle* für die Ereignisse im faschistischen Deutschland sowie für die Situation der aus Deutschland Vertriebenen in ihren Zufluchtsländern?

Das Gedicht von BERTOLT BRECHT (1898–1956), dessen letzte Strophe hier vorangestellt wurde, thematisiert diese Dialektik von der „köstliche[n] Musik der Worte", der „edlen Sprache" und der „erlesenen Ausdrücke", die „vordem der Verherrlichung der Könige [reserviert]" waren und nun von Hunger berichten, „von den Leiden der Niedrigen", „von den Taten der Kämpfer". Es motiviert auf diese Weise dazu, die künstlerische Gestaltung nicht losgelöst von den Mitteilungen über das Leben und Leiden der Menschen zu betrachten, aber auch diese Mitteilungen nicht von ihrem Kunstcharakter zu trennen.

Ausgehend von der Lebenswelt der Jugendlichen, ihren soziokulturell vermittelten Interessen und Bedürfnissen, muss die didaktische Aufbereitung des Lerngegenstandes nach dessen Relevanz für die Gegenwart und Zukunft der Lernenden fragen, um der Gefahr zu entgehen, die Kenntnisse von den Eigenschaften der Kunstwerke, von kulturellen Traditionen wie von historischem und politischem Geschehen als „träges Wissen" zu vergeuden. Ein *problemorientierter Unterricht* zielt demzufolge darauf ab, die Auseinandersetzung mit bedeutsamen Fragen und Konflikten zu initiieren, um auf diese Weise die intellektuelle, moralische, ästhetische und soziale Entwicklung zu unterstützen. Er ist an der Vermittlung und Förderung von *Kompetenzen* ausgerichtet, die alle wesentlichen Bereiche des Lernens umfassen. Sie erstrecken sich von der Aneignung und Anwendung fachlichen Wissens als Voraussetzung für das Verstehen über die Förderung der Kommunikation bis zum Aufbau von Sicherheit in der Beurteilung/Bewertung von Erkenntnissen und dem Entwickeln von Problemlösungen und Handlungsstrategien.

Voraussetzung für die Arbeit an den Texten und Medien dieses Teilkapitels sind Basiskompetenzen im Bereich der Text- (und Medienanalyse und -interpretation, die neben dem Instrumentarium zur werkimmanenten Erschließung auch biografisches, historisches, kulturelles Kontextwissen wirksam werden lassen.

Die *Materialauswahl* berücksichtigt literarische – und hier vor allem lyrische und epische – sowie pragmatische Texte; diese werden ergänzt durch Medienprodukte wie Bilder, Filme und Tonaufnahmen.

Sie bieten zahlreiche, vielfältig variabel zu gestaltende Alternativen für einen handlungs- und produktionsorientierten Unterricht und für eine Vielzahl von Unterrichtsverfahren, die eigenständiges Lernen ebenso fördern wie die Initiierung sozialer Prozesse. Zurückhaltend und sensibel angesichts der Thematik sollte mit Formen der szenischen Interpretation umgegangen werden. Die Erarbeitung der Materialien kann in unterschiedlichen, von

---

1 Sabin, Stefana: Die Welt als Exil. Göttinger Sudelblätter, hrsg. von Heinz Ludwig Arnold, Göttingen: Wallstein-Verlag, 2008.
2 Ebenda, S. 41.

der didaktischen Zielsetzung abgeleiteten Lernarrangements, wie dem Lernen in kooperativen Arbeitsformen oder in Einzelarbeit, erfolgen; außerunterrichtliche Verfahren können ebenso integriert werden wie die Heranziehung von außerschulischen Experten, die breite Palette von fachspezifischen wie fachübergreifenden oder fächerverbindenden Arbeitsweisen ermöglicht gerade bei diesem Thema ein abwechslungsreiches Vorgehen.

Vor diesem Hintergrund sind die Aufgaben zu den einzelnen Abschnitten/Materialien als Anregungen für einen lebendigen Unterricht zu verstehen, der die Interessen und Bedürfnisse der Lernenden ernst nimmt und sie auffordert, ihre nicht nur im schulischen Kontext erworbenen Kompetenzen zu nutzen, um das Verständnis von der Bedeutung historischer, politischer und kultureller Prozesse zu erweitern und für die Bewältigung der eigenen Gegenwart und Zukunft problembewusst und kreativ verfügbar zu machen.

Hinweise zu den Aufgaben

S. 437, Aufgabe 1:
Überprüfen Sie auf der Karte „Brechts Wege im Exil" (↗ S. 436 und DVD) an einer Station Ihrer Wahl die Gründe Brechts für seine Entscheidung, diesen Ort aufzusuchen und ihn wieder zu verlassen. Nutzen Sie bei Ihrer Recherche das Internet und die Bibliothek.

Die Karte vermittelt einen Eindruck vom quer durch Europa verlaufenden Fluchtweg von BRECHT und wirft damit die Frage nach den Ursachen für die „Rastlosigkeit" des Schriftstellers auf. Allein im Jahr 1933 sind auf der Karte fünf Stationen verzeichnet, die den ständigen Wechsel des Aufenthaltsortes kennzeichnen und die Begriffe von „Flucht" und „Vertreibung" augenfällig werden lassen. Bei einer genaueren Recherche werden die Lernenden feststellen, dass die Stationen „Wien" (März 1933) und „Lugano/Carona" (März 1933) in der Karte nicht aufgenommen wurden, obwohl letztere mit der Suche nach Wohnmöglichkeiten verknüpft ist.

Die Schülerinnen und Schüler sind nun aufgefordert, einen Ort zu bestimmen und dessen Rolle genauer zu untersuchen. Für diese Arbeit bietet sich eine arbeitsteilige Gruppenarbeit an, deren Einzelprodukte zusammengetragen und auf einer Landkarte mit Zusatzinformationen zu den einzelnen Stationen visualisiert werden können. Das Vorgehen wird hier exemplarisch am Mittelmeerort Sanary-sur-Mer gezeigt.

In Buchform könnten die Schülerinnen und Schüler z.B. die Brecht-Chronik von KLAUS VÖLKER[1] (geb. 1938) zurate ziehen, die, wie oben schon gezeigt, akribisch alle Aufenthaltsorte von BRECHT in dieser Zeit verzeichnet.

So auch den Besuch bei LION FEUCHTWANGER (1884–1958) in Sanary-sur-Mer im September 1933, der „Hauptstadt der deutschen Literatur im Exil", wie sie der Philosoph LUDWIG MARCUSE (1894–1971) nannte. BRECHT trifft hier auf andere vertriebene Schriftsteller: THOMAS MANN (1875–1955) und HEINRICH MANN (1871–1950), ARNOLD ZWEIG (1887–1968), ERNST TOLLER (1893–1939), FRANZ WERFEL (1890–1945) u.a. Eine sorgfältige Recherche könnte der Bedeutung dieses Ortes für die deutsche Schriftstellerelite nachgehen und ermitteln, warum BRECHT es bei einem kurzen Abstecher beließ, nach Paris weiterreiste und sich schließlich im dänischen Exil für einige Jahre einrichtete. Der ständige Wechsel des Aufenthaltsortes ist nur durch fachübergreifende Fragestellungen zu erklären, die historische, politische und geografische Kontexte einbeziehen.

S. 437, Aufgabe 2:
Informieren Sie sich in Wörterbüchern über die Bedeutung der Begriffe „Emigranten" und „Exil". Erläutern Sie die Aussage Brechts in seinem Gedicht „Über die Bezeichnung Emigranten", indem Sie seine Perspektive einnehmen. Untersuchen Sie die sprachlichen Mittel, die der Dichter verwendet, und stellen Sie Bezüge zur inhaltlichen Aussage her.

BRECHT spricht in seinem Gedicht auf die unterschiedliche Bedeutung der Begriffe „Emigranten" und „Exil" an.
Emigrant: (lat.) der Auswanderer, von e- (in Zus. für ex) = aus, heraus und *migrare* = wandern, übersiedeln, an einen anderen Ort ziehen.
Exil: (lat.) 1. die Verbannung, der Verbannungsort; 2. nach Tacitus: die Verbannten, mittellat.: Ausland, Fremde (Elend), von *exilium*[2].

BRECHT geht es um den feinen *etymologischen Unterschied* zwischen den beiden Begriffen und er lehnt demzufolge die Bezeichnung „Emigrant" ab. Er möchte das Unfreiwillige, das Erzwungene betonen, da er sich zu Recht als einen Flüchtigen, einen Verbannten sieht, der nicht aufgrund freier Entscheidung in ein anderes Land einwandern will, „womöglich für immer". Demgegenüber stellt er den Begriff des Emigranten als eines „nach freiem Entschluß" Auswandernden, der im Land seiner Wahl ein „Heim" sucht, während der Vertriebene es nur als „Exil", als vorübergehenden Verbannungsort sieht, der ihm kein Heim bieten und Heimat nicht ersetzen kann.

Von dem Wunsch auf baldige Rückkehr zeugt auch der Aufenthalt „möglichst nahe den Grenzen", der Blick zurück in das Land, aus dem man vertrieben wurde, das brennende Interesse an dem, was in dem Land „Jenseits der Grenze" geschieht.

Trotz der Entfernung – die „Sunde" (= Meerengen) liegen zwischen BRECHTS Exilort Svendborg auf der dänischen Insel Fünen und der deutschen Küste – sind die „Schreie Aus ihren Lagern bis hierher [zu hören]". Er vergleicht die Entkommenen mit „Gerüchte[n] von Untaten", die „von der Schande [zeugen]", die ihrem Heimatland anhaftet.

---

1 Brecht-Chronik. Daten zu Leben und Werk. Zusammengestellt von Klaus Völker, München: Hanser Verlag, 1971.

2 Nach Langenscheidt(s) Handwörterbuch Lateinisch-Deutsch. Berlin und München: Langenscheidt Verlag, 5. Auflage, 1975.

Am Ende greift der Sprecher noch einmal den Gedanken des Anfangs auf: „Aber keiner von uns / Wird hier bleiben." Und fast drohend und gleichzeitig die Hoffnung nicht aufgebend, wird verkündet, dass „Das letzte Wort […] noch nicht gesprochen [sei]".

Das Gedicht ist wie ein *innerer Monolog* verfasst, der von der Ich-Perspektive, in der Kritik an der falschen Bezeichnung „Emigranten" geübt wird, zum „Wir" wechselt und damit die große Zahl der Vertriebenen umfasst. Es besteht aus drei Teilen:
– Zunächst geht es um die Semantik der Begriffe.
– Im zweiten Teil werden die Situation der Exilanten, ihre Gebundenheit an das Herkunftsland und die Geschehnisse dort beschrieben.
– Schließlich findet eine Selbstvergewisserung statt, die in einem Ausblick auf die Zukunft mündet.

Zur Ergänzung könnte an dieser Stelle ein weiteres Gedicht von BRECHT herangezogen werden, das über die konkrete Situation hinausweist.
Geradezu prophetisch wirkt sein ebenfalls in der Zeit des dänischen Exils 1939 verfasstes Gedicht „An die Nachgeborenen"[1], in dem er das Verhalten dessen reflektiert, der „in finsteren Zeiten" lebt und die Nachgeborenen um „Nachsicht" für die „Schwächen" derer bittet, deren „Kräfte gering [waren]". Eine mögliche Aufgabenstellung:

S. 437, weiterführende Aufgabe:
Analysieren und interpretieren Sie das Gedicht „An die Nachgeborenen". Beachten Sie dabei die Gliederung des Gedichts unter inhaltlichen und formalen Gesichtspunkten.

S. 440, Aufgabe 1:
Zeigen Sie an Textbeispielen, was Joseph Roth unter der „enorme[n] Diskrepanz zwischen dem Klang der vertriebenen Namen und ihrer materiellen Situation" (↗ Zeile 41 f.) versteht.
Legen Sie dar, worin er den Unterschied zwischen der Exilliteratur während des NS-Regimes und der Emigrationsliteratur früherer Epochen sieht.
Beachten Sie den jeweiligen historischen Hintergrund.

Zur Lösung der Aufgabe bieten sich ein arbeitsteiliges Verfahren und eine Visualisierung der Ergebnisse an, um den Gegensatz, die „Diskrepanz", zwischen dem „Klang der vertriebenen Namen" und der „materiellen Situation" zu veranschaulichen:
– Berühmte Schriftsteller wie HEINRICH MANN, ALFRED DÖBLIN erhielten keine Vorschüsse mehr.
– Im Deutschland der 1920er-Jahre gab es Auflagen von 40 000 – im Exil Auflagen von 3 000–4 000.
– …

Ähnlich könnte vorgegangen werden, um den von JOSEPH ROTH (1894–1939) angesprochenen Unterschied zwischen der „Emigrationsliteratur" früherer Epochen und der Exilliteratur während des NS-Regimes zu verdeutlichen:
– Die Autoren wurden vertrieben – ihre Werke durften nicht erscheinen und waren offiziell verboten. Vertrieben wurde nur der Autor – seine Werke wurden herausgegeben, honoriert, gelesen und verbreitet.
– …

S. 440, Aufgabe 2:
Informieren Sie sich – ausgehend von den in Joseph Roths Text genannten Namen und Titeln – über Exilverlage und Exilzeitschriften und erstellen Sie dazu eine Präsentation.

Dieser Arbeitsauftrag eignet sich für ein projektartiges Arbeiten in Gruppen, bei dem folgendes Verfahren gewählt werden könnte:
– Alle verschaffen sich zunächst einen Überblick über Exilzeitschriften und -verlage.
– Die einzelnen Gruppen wählen jeweils eine Zeitschrift und/oder einen Verlag aus, mit dem sie sich genauer beschäftigen, und bereiten dazu eine mediengestützte Präsentation vor.
– Die Präsentation kann im Klassenraum oder in größerem Rahmen stattfinden. Denkbar ist auch eine Ausstellung der Ergebnisse.

Bei ihren Recherchen dürften die Schülerinnen und Schüler auf folgende Quellen stoßen:
– die *Sammlung Exilliteratur* 1933–1945 der Deutschen Nationalbibliothek in Leipzig,
– das *deutsche Exilarchiv* 1933–1945 am Standort Frankfurt am Main. Beide sind digital z. T. erschlossen.
– Über den Link
http://www.dnb.de/sammlungen/dea/exil/ueberblick.htm ist das Projekt **„Exilpresse digital"** zu erreichen, das einen Einblick in eine Vielzahl von Exilzeitschriften ermöglicht.
– Eine Auswahl wichtiger Exilzeitschriften mit einigen Anmerkungen zur Erscheinungszeit und zu den Autoren bietet auch **Wikipedia:**
http://de.wikipedia.org/wiki/Exilzeitschriften
Hier trifft man darüber hinaus auf einen Experten zum Thema „Exilliteratur": HANS-ALBERT WALTER (geb. 1935, ↗ auch Weiterführende Literatur, S. 169).
– Eine weitere Recherche lässt sich, ausgehend von dem Überblick, den der Band „DUDEN Basiswissen Schule Literatur" S. 393–407 (↗ Weiterführende Literatur, S. 169) zum Thema „Literatur des Exils …" gibt, betreiben. Hier werden zahlreiche Namen von Verlagen in den Zufluchtsländern genannt.

S. 442, Aufgabe:
Analysieren Sie den Verlauf des Gesprächs zwischen den beiden Schriftstellern Müller und Meier in Alfred Polgars Text. Wählen Sie eine Passage von etwa 20–25 Zeilen aus und gestalten Sie diese so um, dass Mit-

---

1 Brecht, Bertolt: Gesammelte Werke. Bd. 9, Gedichte Bd. 2, Frankfurt/M.: Suhrkamp Verlag, 1968 (51. bis 75. Tausend), S. 722.

gefühl und Vertrauen zwischen den beiden Schrift-
stellern zu erkennen sind.

Hier sollten die Schülerinnen und Schüler zunächst mit
den Mitteln der **Gesprächsanalyse** die wesentlichen Elemente des Gesprächs erarbeiten., d. h.
- Feststellung der *Ausgangssituation,*
- Ermittlung der *Gesprächsphasen,*
- Untersuchung der inhaltlichen Koordination durch
  die Gesprächspartner und Entwicklung eines *Ge-*
  sprächsfadens sowie
- Beobachtung von *sprechaktinternen und nicht sprach-*
  lichen Faktoren.
Sie könnten dabei zu folgenden Ergebnissen kommen:

Ausgangssituation
Zwei aus der Heimat vertriebene Schriftsteller (Müller
und Meier) begegnen sich in der Fremde und versuchen
mühsam, ihre tatsächliche Situation hinter der „Würde"
zu verbergen, die gegenüber dem jeweils anderen schon
immer aufrechterhalten wurde.

Gesprächsphasen
Eröffnung:
- Durch verlegenes Grüßen, Sprechen über „die allge-
  meinen Dinge" findet ein wager Kontakt statt.
- Widersprüchliche Gefühle von „altem Misstrauen und
  neuer Solidarität" wirken paralysierend („wie Bettler
  vor der gleichen Tür").
- Gestehen des jeweiligen Unglücks ist nicht mög-
  lich, stattdessen Selbstvergewisserung – Darbietung
  dichterischer Fähigkeiten: „gestirnte Erde" (Müller),
  „Möwen"/„weiße Schlipse" (Meier).
- Gespräch über die Sinnlosigkeit der Schriftstellerei

Gesprächsmitte:
- Abbruch der Verständigung – Rückkehr zu der unaus-
  gesprochenen alten Kontroverse: Wer darf sich Dichter nennen?
- ...

Eine differenzierte Analyse des Gesprächs der beiden
Schriftsteller, die auch die Namensgebung beachtet sowie die nonverbale Kommunikation einbezieht, die der
Erzählerbericht vermittelt, fördert das Textverstehen und
versetzt damit die Lernenden in die Lage, den Text gemäß der Aufgabenstellung umzugestalten.
Hierbei geht es vor allem um die Fähigkeit zum *Perspek-*
tivwechsel (imaginative Vergegenwärtigung – KASPAR H.
SPINNER, geb. 1941) und zur produktiven Gestaltung von
Textpassagen mit dem Ziel, die Aussageabsicht zu kon-
trastieren.

S. 444, Aufgabe 1:
Charakterisieren Sie die beiden Protagonisten sowie
die Beziehung des Paares in dem Textauszug aus der
Erzählung „Letztes Gespräch" von Klaus Mann. Lesen
Sie dann den gesamten Text (↗ DVD) und überprüfen
Sie Ihre Ergebnisse.

Junge Menschen zwischen 15 und 20 Jahren, für die dieses
Lehrbuch vorgesehen ist, befinden sich in einer Lebensphase der Selbstfindung, in der das soziale Umfeld und
insbesondere die Entwicklung von Partnerbeziehungen
eine wesentliche Rolle spielen. Die Erzählung von KLAUS
MANN (1906–1949) thematisiert den Verlauf einer solchen
Beziehung und ist damit geeignet, ihr Interesse zu wecken und den Hintergründen für deren Gelingen und
Misslingen nachzugehen.
An konkreten Beispielen in diesem Text werden sie Bezüge zu eigenen Erfahrungen herstellen, die das Glück
der Liebe („Spaziergänge, endlos, und das endlose Gespräch") wie auch die Entfernung voneinander („Merke
ich das erst jetzt? Wir gehören nicht mehr zusammen")
beschreiben. Sie werden jedoch erkennen, dass sich dieses
Paar nach einem langjährigen Zusammensein („Das macht
elf Jahre.") in einer Grenzsituation befindet, die nur vor
dem historischen und politischen Hintergrund der 30er-
Jahre des 20. Jahrhunderts zu verstehen ist. Die Erfahrung des Exils hat zu einer Entfremdung geführt, die tief-
gehender und dramatischer nicht sein könnte. „Ich habe
eine Aufgabe, sie hat keine", so nimmt es der Mann wahr
und meint, sich gegen ihre „schaurige Resignation" weh-
ren zu müssen, während sie dem Tod „allein die tröstliche
Macht (zuerkennt)" und – nach seinem Weggang zu den
„Genossen" – ihr Leben beendet. (↗DVD)

S. 444, Aufgabe 2:
Informieren Sie sich über die politischen Beziehungen
zwischen NS-Deutschland und Frankreich und erläu-
tern Sie vor diesem Hintergrund die Bedrohung der
Exilanten im Süden des Landes.

Kenntnisse über die **Entwicklung der politischen Bezie-**
hungen zwischen NS-Deutschland und Frankreich sind
notwendig, um die besondere Situation der im französischen Exil lebenden Schriftsteller zu verstehen:
- Münchner Konferenz im September 1938,
- Anerkennung der deutsch-französischen Grenzen am
  06.12.1938,
- Angriff auf Polen am 01.09.1939,
- Frankreichs ultimative Forderung nach Abzug deutscher Truppen aus Polen bis 03.09.1939 und Kriegszu-
  stand mit dem Deutschen Reich nach Ablauf des Ulti-
  matums,
- Internierung aller in Frankreich lebenden Deutschen
  und Österreicher zunächst in der Nähe von Paris und
  später an der Loire,
- Einfall deutscher Truppen in Frankreich im Juni 1940
  und Besetzung von Paris,
- Waffenstillstand und Teilung Frankreichs in ein be-
  setztes Gebiet und das unbesetzte „Vichy"-Frankreich
  unter dem mit Hitler-Deutschland kollaborierenden
  General (HENRI PHILIPPE BENONI OMER JOSEPH) PÉTAIN
  (1856–1951) am 22.06.1940,
- Einverständnis der Pétain-Regierung, „auf Verlangen
  alle Deutschen, die von der deutschen Regierung gewünscht würden, auszuliefern" und in dessen Folge

Schaffung von Internierungslagern in Südfrankreich, wie z. B. Les Milles bei Aix-en-Provence.

Vor diesem Hintergrund können stellvertretend für viele andere Vertriebene WALTER BENJAMINS (1892–1940) Jahre im französischen Exil nachgezeichnet werden. (↗ DVD)

S. 444, Aufgabe 3:
Wählen Sie eines der Gedichte aus und untersuchen Sie, mit welchen inhaltlichen und sprachlichen Mitteln die Autoren des Toten gedenken. (↗ DVD)

Die Auswahl eines Gedichtes sollte den Schülerinnen und Schülern überlassen werden, um einen subjektiven Verstehensprozess zu fördern. Als Hilfestellung für die Analyse und Interpretation kann das im Lehrbuch angebotene Instrumentarium genutzt werden (z. B. Kapitel 1.5.3, Analyse lyrischer Texte sowie entsprechende Abschnitte in Kapitel 1.1, ↗ Lehrbuch S. 175 ff. und S. 12 ff.).

S. 444, Aufgabe 4:
Walter Benjamin nennt in einer seiner Schriften 1936 die faschistische Kunst eine „Propagandakunst". Vollziehen Sie seine Argumentation nach und fassen Sie sie in eigenen Worten thesenartig zusammen. Beurteilen Sie die Schlüssigkeit seiner Gedankenführung. (↗ DVD)

WALTER BENJAMIN beschäftigt sich in diesem sogenannten **„Pariser Brief"**, der zunächst in der Exilzeitschrift „Das Wort" (1/1936) erschienen ist und den Untertitel *„André Gide und sein neuer Gegner"* trägt, mit einer Kontroverse zwischen dem Genannten und dem Schriftsteller und Journalisten THIERRY MAULNIER (1909–1988, „Echo de Paris") über den *Topos der Gedankenfreiheit.* MAULNIER, der als geistiger Führer der extremen Rechten in Frankreich galt, reagiert mit mehreren polemischen Artikeln auf den ersten Band von GIDES (1869–1951) Tagebüchern, in dem dieser seinen Weg zum Kommunismus beschreibt. Seine zentrale These, so BENJAMIN: GIDE habe „die ‚Kultur' dem Kommunismus preisgegeben und verraten". BENJAMIN erkennt darin „eine Kritik, die viel Licht auf die faschistische Position und besonders auf den Kulturbegriff des Faschismus wirft"[1].
Da es nicht darum geht, diese Kontroverse zu rezipieren, wurden in dem gewählten Auszug die Verweise auf MAULNIER herausgenommen; die Argumentationsstruktur BENJAMINS zum Charakter der faschistischen Kunst wird davon nicht berührt. (↗ DVD)
Der vorliegende Text in der benjaminschen Diktion verlangt ein konzentriertes Lesen, das mithilfe eingeübter Lesestrategien bewältigt werden kann.

Mögliche Thesen:
– Widerspruch in der faschistischen Kunst zwischen Praxis und Theorie:

---
1 Benjamin, Walter: Angelus Novus. Ausgewählte Schriften 2. Frankfurt/M.: Suhrkamp Verlag, 1988, S. 506.

Kunsttheorie: reiner Ästhetizismus – für die wenigen
Praxis: Kunst der Propaganda – für die vielen
– Propaganda durchdringt gesamtes gesellschaftliches Leben – faschistische Kunst wird nicht nur für die Massen, sondern von den Massen realisiert.
– …

Als zentrale These ist BENJAMINS Aussage zu benennen, dass die faschistische Kunst des Monumentalen auf *Suggestion der Massen* abzielt, nicht auf Aufklärung, und damit die ihr zugedachte, das System stabilisierende Funktion erfüllt.

S. 445, Aufgabe:
Analysieren Sie die Radioansprache Thomas Manns (↗ DVD) in Bezug auf seine Selbstdarstellung sowie sein Verhältnis zum amerikanischen Volk. Überlegen Sie, welche Wirkung er erzielen will.

Zunächst sollte eine **Redeanalyse** anhand der dafür vorgesehenen Kategorien durchgeführt werden:
– Ausgangssituation/politisch-historischer Kontext,
– Inhalt,
– Aufbau und Einsatz rhetorischer Mittel,
– Adressaten/beabsichtigte Wirkung,
– Beurteilung/Bewertung.

Folgende *Ergebnisse* sind zu erwarten:
In seiner **Radioansprache** (↗ DVD) spricht THOMAS MANN die Deutschen direkt an und benennt seine Situation als vertriebener deutscher Schriftsteller, dessen Werke – in deutscher Sprache geschrieben – in Deutschland nicht erscheinen dürfen und der dennoch die Hoffnung nicht aufgibt, dass sie dorthin zurückkehren werden. Wie er bereits in der Einleitung zu den Radioansprachen erwähnt, ersetzt er *das geschriebene Wort durch das gesprochene,* um aus „Amerika, dem großen und freien Land" zu seinen Landsleuten durchzudringen.

Intensiv widmet er sich in seiner Ansprache der Entwicklung in Amerika und konstatiert eine tiefgreifende Wandlung, die das amerikanische Volk und die Verantwortlichen in der Regierung angesichts der Ereignisse in Deutschland und Europa vollziehen. Ohne es direkt zu benennen, beschreibt er die Abkehr vom Isolationismus des „alten Amerika, das glaubte, für sich leben zu können, ohne sich um die Welt jenseits des Ozeans zu kümmern", und erklärt dies mit dem Gerechtigkeitsempfinden der Menschen, aber auch mit dem Wissen um ihre Wurzeln in den europäischen Ländern, aus denen ihre Vorfahren nach Amerika aufgebrochen sind.
Demzufolge richtet sich seine Ansprache nicht nur an das deutsche, sondern auch an das amerikanische Volk und an seine Politiker, alles zu tun, um dem Ziel „eine[s] gerechten Frieden[s] für alle Welt" näherzukommen.

S. 447, Aufgabe 1:
Stellen Sie die Informationen über die materielle Situation des Ehepaars Teetjen zusammen, die Sie dem

ersten Textauszug aus *„Das Beil von Wandsbek"* entnehmen können.

In seinem Taschenkalender vermerkt ARNOLD ZWEIG am 14. April eine Notiz „für den Henkerroman", in der es heißt: „Da ist ein Schlächtermeister, SS-Mann, alter Etappensoldat des vorigen Krieges, der Gefreite Albert Teetjen. Es geht ihm schlecht, die Warenhäuser auf der einen Seite, der sinkende Verdienst der Massen auf der anderen haben das Geschäft ruiniert, das er von seinem Vater übernommen hat."[1]

Vor diesem Hintergrund gestaltet er die materielle Situation des Ehepaars Teetjen in seinem Roman, von der GEORG LUKÁCS (1885–1971) sagt, sie sei „nicht nur in allen Details echt und lebenswahr, sondern zugleich auch von einer großen gesellschaftlichen Allgemeinheit".[2]
Gemäß der Aufgabenstellung wären folgende Informationen aufzulisten:
– Geldsorgen („Die Sorge um den verfluchten Zaster"),
– Konkurrenz der Lebensmittelketten („die Lebensmittel von Ehape machen mich tot …"),
– Verlust der Kundschaft (die Hausfrauen „sagen, die Auswahl ist größer"),
– …

S. 447, Aufgabe 2:
Entwerfen Sie ein Rollenprofil von Stine und Albert auf der Grundlage der beiden Textauszüge.

Aus der Arbeit mit dem Verfahren der szenischen Interpretation (↗ Lehrbuch, Kapitel 1.1.5) kennen die Schülerinnen und Schüler das Rollenprofil als Methode der Annäherung an literarische Figuren und nutzen folgende oder ähnliche Formulierungen:

„Ich, Stine, soll jetzt wohl fragen: Albert, wie hast du das Geld verdient?, aber ich lasse mich nicht darauf ein. Ich tue so, als ob es ganz selbstverständlich wäre, dass Albert plötzlich mit so viel Geld nach Hause kommt. Sicher verwahrt werden muss es auf jeden Fall. Er wird es mir schon sagen, wie er es verdient hat, auch wenn er etwas Verbotenes getan hat. (…)"

„Ich, Albert, muss jetzt doch staunen über meine Frau. Ich hätte wissen müssen, dass sie es faustdick hinter den Ohren hat. Da komme ich mit viel Geld nach Hause und sie bleibt ganz gelassen und will nicht wissen, wie ich es verdient habe. (…)"

Unter Einbeziehung weiterer Materialien, die über den Roman hinausgehen, z. B. des Textes von HANS ALBERT WALTER „Der ‚selbständige' Kleinbürger", und weiterer Analysen der Geschichtswissenschaft (↗ Weiterführende Literatur, S. 169), könnte das erstellte Rollenprofil zu einer Rollenbiografie weiterentwickelt und die Figur auf diese Weise mit Leben aus dem historischen und politischen Kontext gefüllt werden. Es ist denkbar, den Jugendlichen dafür Rollentexte zur Verfügung zu stellen, in denen sozialgeschichtlich und literaturwissenschaftlich relevante Informationen zusammengetragen werden.

Im Rahmen einer Facharbeit oder eines Projektes könnten sich interessierte Schülerinnen und Schüler darüber hinaus mit der Thematik beschäftigen und zum Studium des Prozesses der Deklassierung des „selbständigen" Kleinbürgers in den 20er- und 30er-Jahren des letzten Jahrhunderts unter fachübergreifenden Aspekten folgende Materialien heranziehen:
– Walter, Hans-Albert: Der „selbständige" Kleinbürger. In: ders: Im Anfang war die Tat. Arnold Zweigs „Beil von Wandsbek". Frankfurt/M.: Büchergilde Gutenberg, 1986, S. 53–57.
– Mommsen, Hans: Aufstieg und Untergang der Republik von Weimar 1918–1933. Berlin: Ullstein-TB, 2001.
– Wehler, Hans-Ulrich: Deutsche Gesellschaftsgeschichte. 5 Bd. München: C. H. Beck, 1987–2008. Bd. 4: Vom Beginn des Ersten Weltkrieges bis zur Gründung der beiden deutschen Staaten 1914–1949 (2003), darin bes. in Teil 8: Die Weimarer Republik, S. 271–309, sowie in Teil 9: Charismatische Herrschaft und deutsche Gesellschaft im „Dritten Reich" 1933–45, S. 715–751.
– Leppert-Fögen, Annette: Die deklassierte Klasse: Studien zur Geschichte und Ideologie des Kleinbürgertums. Frankfurt: Fischer-TB, 1974.

Die in dem Text von HANS-ALBERT WALTER enthaltenen Fakten zur Situation der selbstständigen Gewerbetreibenden in den 30er-Jahren könnten die Grundlage für die weitere Recherche bilden.
Die Kapitalkonzentration als eine Erscheinungsform des entwickelten Kapitalismus bedeutet für die kleinen Ladeninhaber eine Bedrohung durch die großen Warenhäuser und damit Käuferschwund. Ihr Kapitalmangel macht sie konkurrenzunfähig und führt am Ende zur Aufgabe des Geschäfts und zum Absinken in die Masse der „unselbständig" Beschäftigten, der Angestellten und Arbeiter. Die fehlende Einsicht in die Dynamik dieser Entwicklung, die sie nicht individuell, sondern als ökonomische Schicht trifft und die mit einem sozialen Abstieg verbunden ist, treibt sie den politischen Kräften zu, die ihnen die Bewahrung der wirtschaftlichen Selbstständigkeit und damit des bedrohten sozialen Ansehens versprechen. Dies kennzeichnet die Politik der Nationalsozialisten der Weimarer Republik gegenüber dem Mittelstand.

Unter der NS-Diktatur setzt sich die Kapitalkonzentration fort und wird verstärkt durch die Kriegsvorbereitungen. Am Beispiel der Metzgereien wird die stetige Deklassierung durch die Zahl der Konkurse, die Reduzierung der Handelsspannen, die Erhöhung der Viehpreise usw. verdeutlicht, alles Faktoren, die Ladeninhaber und ihre Familien in die wirtschaftliche Situation von Proletariern

---

1 Wenzel, Georg (Hrsg.): Arnold Zweig 1887–1968, Werk und Leben in Dokumenten und Bildern. Berlin und Weimar: Aufbau Verlag, 1978.
2 In einem Brief an Arnold Zweig vom 18.08.1951, In: Zweig, Arnold: Das Beil von Wandsbek. Berlin: Aufbau Verlag, 1994, Anhang S. 557.

drängen. Die NS-Wirtschaftspolitik beschleunigt diese Vorgänge noch und zwingt viele zur Aufgabe ihrer Betriebe. Die hier dargestellten ökonomischen Prozesse am Ende der Weimarer Republik und im NS-Staat verdichten sich auf der Ebene des Romans im drohenden wirtschaftlichen und sozialen Abstieg des Ehepaars Teetjen, den Albert mit seinem Hilferuf an seinen Frontkameraden und mit der Ergreifung des Angebots, Henkersdienste auszuführen, aufzuhalten versucht. Stines Aussage, „Was die Zeit alles aus den Menschen machte!", spiegelt das Dilemma wider, in dem sich der in seiner Existenz bedrohte Kleinbürger wiederfindet, und kann die Grundlage für eine Auseinandersetzung mit der Entscheidung Albert Teetjens bilden.

Für eine weitere Beschäftigung mit dem Stoff bieten sich zwei **Verfilmungen** an:
- Das Beil von Wandsbek (Fernsehspiel von 1982), Regie: HEINRICH BRELOER, Drehbuch: HORST KÖNIGSTEIN, eine Co-Produktion des NDR und WDR (weitere Hinweise über www.deutsches-filmhaus.de).
- Das Beil von Wandsbek (DEFA-Spielfilm von 1951), Regie: FALK HARNACK, Darsteller: ERWIN GESCHONNECK, KÄTHE BRAUN u. a.

In der Vergangenheit wurde der Roman wiederholt für die **Theaterbühne** aufbereitet:
- MICHAEL SCHNEIDER: Das Beil von Wandsbek nach dem gleichnamigen Roman von ARNOLD ZWEIG, uraufgeführt am 31. März 1988 am Staatstheater Darmstadt.
- KARL MICKEL: Das Beil von Wandsbek. Historie. Nach ARNOLD ZWEIG, uraufgeführt am 1. Oktober 1994 am Staatstheater Cottbus.

S. 449, Aufgabe 1:
Analysieren Sie die Beziehung zwischen Höfgen und dem Ministerpräsidenten anhand der ausgewählten Romanszenen und Filmsequenzen (↗DVD).

S. 449, Aufgabe 2:
Vergleichen Sie die spezifischen Darstellungsmöglichkeiten der beiden Medien.

KLAUS MANNS Roman „Mephisto" trägt den Untertitel „Roman einer Karriere". Er thematisiert im Gegensatz zu ZWEIG, der den Abstieg des Schlachtermeisters Albert Teetjen stellvertretend für seine soziale Schicht darstellt, den Aufstieg des ehrgeizigen Künstlers Hendrik Höfgen unter den Bedingungen des NS-Regimes. Anhand von drei ausgewählten Textpassagen und der entsprechenden Filmsequenzen (↗DVD) ist die Beziehung zwischen dem Ministerpräsidenten und Höfgen in ihrer Entwicklung zu analysieren. Dies wird an einem Beispiel ausführlich dargestellt, während die anderen Text-/Filmverbindungen auf ihre Hauptaussagen beschränkt bleiben.

1. Textauszug:
Der Ministerpräsident besucht eine „Faust"-Aufführung des Staatstheaters und fühlt sich nach anfänglichem Desinteresse „animiert", als Mephisto aus der Rolle des Pudels schlüpft und als fahrender Scholar vor Faust erscheint, was dieser kommentiert: „[…] Der Casus macht mich lachen." Dies reizt auch den „hohe[n] Würdenträger" zum Lachen und weckt seine Aufmerksamkeit für das „tänzerisch gewandte, durchtrieben anmutige, ruchlos charmante Spiel Hendrik Höfgens", den er schließlich in seine Loge bittet, um sich – verfolgt von den neugierigen Blicken des übrigen Theaterpublikums – mit dem sich geehrt Fühlenden angeregt zu unterhalten. Die übrigen Theaterbesucher staunen, als der Ministerpräsident dem Schauspieler die Hand reicht, „als wollte der Mächtige einen Bund schließen mit dem Komödianten". Hendrik selbst ist überwältigt von dieser Geste und schwankt zwischen Stolz und aufkommender Angst. „Jetzt habe ich mich verkauft … Jetzt bin ich gezeichnet!"

1. Filmsequenz:
Das Eingangsbild der Sequenz ist eine Totale: Der Betrachter sieht den vollbesetzten Zuschauerraum. Der Ministerpräsident und Lotte Lindenthal nehmen in ihrer Loge Platz, die Kamera schwenkt zur Bühne und verfolgt den Auftritt von Hendrik Höfgen in der Rolle des Mephisto, dessen Spiel den Ministerpräsidenten gefangen nimmt, so dass er Hendrik am Ende in seine Loge bitten lässt und mit ihm - unter den neugierigen Blicken der Zuschauer – ein Gespräch über den Gegensatz zwischen Figur und Person führt. „Diese Maske ist das perfekte Böse!" – „Dabei ist der Blick daraus so mild!"
Die Szene setzt ein, nachdem das Publikum nach der Pause wieder seine Plätze aufsucht und der Saal sich langsam füllt. Aus der Totalen zeigt die Kamera die Menschen von hinten, im Mittelpunkt der Aufnahme ist die Ehrenloge zu sehen mit undeutlich wahrnehmbaren Figuren. Die Einstellung wechselt:
Die Kamera zeigt in Großaufnahme den in ehrerbietiger Haltung versunkenen Mephisto-Darsteller im schwarzen Cape und in der Maske des Mephisto mit weißgeschminktem haarlosem Kopf, der sich langsam erhebt und den nur am Bildrand wahrnehmbaren Ministerpräsidenten anlächelt, welcher gönnerhaft sagt: „Toi, toi, toi, machen Sie weiter so, Mephistopheles." Die Einstellung wechselt wieder zur Totalen und zeigt nun aus der Perspektive der Protagonisten die nach oben starrenden Menschen.
Während diese Szene noch eng mit der entsprechenden Textstelle korrespondiert, arbeitet die folgende Sequenz mit den Mitteln des Zeitraffers. Sie dient dazu, den Aufstieg Hendrik Höfgens in die Nähe der Mächtigen darzustellen und seine Entwicklung zum Mitwisser und kritiklosen Anpasser zu verdeutlichen, der bereit ist, am „geistigen Kontrollsystem für die Schmuggler der Kultur" mitzuwirken. Er fühlt sich geschmeichelt, wenn sein Gönner den Mephisto als „deutschen Nationalhelden" bezeichnet und bleibt stumm, als dieser hinzufügt: „Man darf es nur den Leuten nicht sagen." Dass der Schauspieler Höfgen „das Böse" nur verkörpert und es ihm offensichtlich an Härte fehlt, wird durch die Verwunderung des Mächtigen über den „weichen Händedruck" seines Protegé verdeutlicht.

2. Textauszug und 2. Filmsequenz:
In Text und Filmszene wird demonstriert, welchen Illusionen Höfgen sich hingibt, wenn er meint, Einfluss auf Entscheidungen der Mächtigen nehmen zu können. Zwar gelingt es ihm, die Freilassung seines Freundes Otto Ulrich zu erreichen, aber er verkennt, dass dies nicht seiner Überzeugungskraft zu verdanken ist. Der Text offenbart darüber hinaus seine eigenen egoistischen Motive, während der Film dramaturgisch geschickt diese verbirgt und zudem mithilfe einer effizienten Schnitttechnik lediglich die erfolgreiche Aktion präsentiert.

3. Textauszug und 3. Filmsequenz:
Beide Medien nutzen ihr jeweiliges Potenzial, um vorzuführen, dass Hendrik Höfgen zwar in seinem Metier erfolgreich ist und damit sowohl seinem eigenen als auch dem Bedürfnis nach Selbstdarstellung des Systems dienen kann, jedoch dem Terror und der Gewalt selbst in seinem nahen Umfeld ohnmächtig gegenübersteht. Korrumpiert durch seine Privilegien begreift er, „dass er den Verlust der allerhöchsten Gnade riskiert", wenn er sich für seinen erneut verhafteten Freund Otto Ulrich einsetzt. Filmsequenz und Text bieten unterschiedliche Versionen im Ablauf der Ereignisse. Der *Text* zeigt, dass Höfgen erst bei der Nachricht von Ulrichs Tod aktiv wird, während der *Film* nahelegt, dass er noch einmal für den Freund bitten will und von seinem Tod erst später und ganz beiläufig erfährt.
Beide Medien gestalten die geballte Wut des Ministerpräsidenten auf den „Hochverräter" und zeigen Höfgens Zurückschrecken angesichts der unverhüllten Drohungen gegenüber „dem Intendanten". Mit den dem Film zur Verfügung stehenden Mitteln wird die devote Haltung Höfgens, in der er sich dem Ministerpräsidenten nähert, kontrastiert mit dessen vor Wut verzerrtem Gesicht in Großaufnahme und den herausgebrüllten Worten: „[...] Sie sollten sich nicht zu sehr in andere Angelegenheiten mischen, damit Sie nicht zufällig zertreten werden wie ein Käfer! [...] Raus, Schauspieler!"
Um die Schülerinnen und Schüler mit der *Sprache des Mediums Film* vertraut zu machen, kann auf das Teilkapitel 1.5.2, Filmanalyse (↗ Lehrbuch, S. 164 ff.) zurückgegriffen werden.
Im Rahmen einer Facharbeit, eines Referats oder einer Präsentation bietet sich für interessierte Schülerinnen und Schüler eine Beschäftigung mit der *Geschichte der Veröffentlichung des Romans* an, der nach langjährigen juristischen Verfahren, initiiert durch den Erben von GUSTAF GRÜNDGENS, seit 1981 wieder in der Bundesrepublik erscheinen kann. Der **„Mephisto"-Prozess** gilt als der bekannteste Literaturprozess der deutschen Nachkriegszeit.
Einen Einblick vermittelt folgende Ausgabe:
Mann, Klaus: Mephisto. Reinbek bei Hamburg: Rowohlt, 1982 (416.–445. Tausend), S. I – XVII.

S. 452, Aufgabe 1:
Verschaffen Sie sich – z. B. mithilfe eines Literaturlexikons – einen Überblick über die Handlung des Romans „Das siebte Kreuz" von Anna Seghers.

Um sich einen Überblick über den Inhalt des Romans zu verschaffen, dessen Anfangs- und Schlusspassage im Buch abgedruckt ist, bieten sich jedes gängige Literatur- sowie Autorenlexikon, entsprechende Bände zur Literaturgeschichte oder auch seriöse Internetseiten an. Zurückgegriffen werden kann auch auf den Band „DUDEN Basiswissen Schule Literatur", S. 398 f. (↗ Weiterführende Literatur, S. 169). Hier wird der Roman in das Werk von ANNA SEGHERS (1900–1983) eingeordnet.

S. 452, Aufgabe 2:
Analysieren Sie die beiden Textauszüge im Hinblick auf ihre Funktion für die dramaturgische Gestaltung des Romans. Beachten Sie dabei besonders die Symbolik der Bäume. Vergleichen Sie die erste Textstelle mit der entsprechenden Filmsequenz auf der DVD.

Der Roman:
Die Anfangs- und Schlusspassage bildet den Rahmen des Romans. Er beginnt mit dem Fällen der Platanen auf dem Gelände des Konzentrationslagers Westhofen, den sieben Bäumen also, deren Kronen gekuppt und an denen ein Querbalken in Schulterhöhe angebracht worden war, um ihnen die Form von Kreuzen zu verleihen. An diesen Kreuzen waren die entflohenen und wieder gefangenen Häftlinge gemartert worden, nur eines blieb leer. Der Erzähler spricht in der Person des „Wir", er kennt also die Hintergründe und verweist darauf, dass der Leser es „später erfahren wird".
Die Gefahr ist nicht vorüber, auch der neue Lagerkommandant gilt als unberechenbar und grausam, aber das Fällen der Bäume wird als „Triumph" erlebt, „der einen die eigene Kraft plötzlich fühlen liess". Und bei der Erwähnung des siebten, leer gebliebenen Kreuzes lag „ein schwaches, merkwürdiges Lächeln" auf den Gesichtern, „ein Gemisch von Unvermischbarem, von Hoffnung und Spott [...]". Einem ist es gelungen, den Häschern zu entkommen, der Baum, der auf ihn wartete, ist nun gefällt. Die Flucht des Protagonisten Georg Heisler, sein glückliches Entkommen ist ebenfalls an die Zahl sieben geknüpft, da er sieben Tage braucht, um in Sicherheit zu sein. Er steht im Mittelpunkt der Handlung, die nun in einer Rückblende entfaltet wird und mit seiner Rettung ins sichere Ausland endet.

Die Schlusspassage des Romans nimmt das Motiv des Anfangs wieder auf. Die sieben Bäume in Westhofen, die Kreuze, hat der neue Kommandant gleich abschlagen lassen, „denn sie waren sein Stil nicht". Der kollektive Erzähler vermutet, wie schon in der Eingangsszene, dass das wärmende Feuer von dem Kleinholz stammte, das von den sieben Bäumen kam und das das Gefühl heraufbeschwor, „dem Leben näher als jemals später" zu sein. Und trotz der Bedrohung durch Terror und Grausamkeit der äußeren Mächte „fühlten [wir] auch, dass es im Innersten etwas gab, was unangreifbar war und unverletzbar". Mit diesen Worten schließt der Roman. Damit stehen die Bäume nicht nur für das Leid der sechs getöteten Häftlinge, sondern symbolisieren mit dem siebten Baum, dem siebten Kreuz, die Hoffnung auf Freiheit und Humanität.

Mit dieser Botschaft eröffnet ANNA SEGHERS durch die Komposition des hier skizzierten Rahmens ihren Roman und lässt ihn damit enden.

Der Film:
Der Film setzt ebenfalls mit der Baumsymbolik ein, er verzichtet jedoch auf den Rahmen, den der Roman enthält. Das erste Bild des Schwarz-Weiß-Films, dessen düstere Stimmung noch verstärkt wird durch Dämmerung und Nebel und durch die einsetzende zurückhaltende Melodie von Holzblasinstrumenten, zeigt in einem statischen Bildaufbau eine gekuppte Platane mit einem Querbrett, über das die Ärmel einer zerfetzten Jacke hängen, ein Zeichen für den hier gestorbenen Menschen.
Die Kamera fährt langsam an der Reihe der Kreuze entlang, an denen sich ebenfalls zerfledderte Kleidungsstücke befinden. Zwei zusammengesunkene Menschen sind noch an den Kreuzen zu sehen. Schließlich verharrt sie beim letzten, dem siebten Kreuz. Es ist leer, nichts deutet darauf hin, dass hier ein Mensch gestorben ist. Während der Kamerafahrt ertönt eine Stimme aus dem Off, die zunächst allgemein einführenden Charakter hat. Sie spricht davon, dass man sich später, „wenn alle Geschichten erzählt sein werden", an die Geschichte von ein paar kleinen Leuten erinnern wird, an das Deutschland im Jahre 1936 und an die Geschichte vom siebten Kreuz. Im zweiten Teil erläutert der Off-Sprecher die Situation in Deutschland in diesem Jahr 1936, als „Aggression und Krieg noch nicht begonnen [hatten], aber die Konzentrationslager voll [waren] und die Deutschen noch ihr eigenes Land [reinigten]". Der dritte Teil schließlich führt in die Handlung des Romans ein, indem er berichtet, dass „eines Tages mehreren Häftlingen die Flucht aus dem Konzentrationslager Westhofen [gelang]". Diese Texte sind nicht dem Roman entnommen, sondern entworfen, um – so ist anzunehmen – die Zuschauer in den USA (im Jahre 1944) auf die Filmhandlung vorzubereiten und das Verständnis der Hintergründe zu erleichtern. Der Film verzichtet zwar auf den Rahmen des Romans, konfrontiert jedoch den Zuschauer in der Anfangsszene mit dem Scheitern der Flucht sowie dem Tod von sechs Häftlingen und rückt hier das siebte leere Kreuz ins Zentrum, um den Zuschauer emotional anzusprechen, Spannung aufzubauen und die Dramatik des Geschehens bis zum Ende aufrechterhalten zu können.

S. 452, Aufgabe 3:
Stellen Sie die Textstellen zusammen, die von Hoffnung auf die Zukunft und Zuversicht in die Integrität des Menschen sprechen, und entwerfen Sie in der Rolle der politischen Schriftstellerin Anna Seghers ein Plädoyer für die Bewahrung der Menschenwürde auch in Zeiten der Diktatur.

Neben den bereits im Zusammenhang mit der ersten Aufgabe genannten Textstellen könnte hier noch ein-

mal die Symbolik des Feuers untersucht werden, dessen „ungewohnte[r] Anblick […] [die] Herzen aufwühlte" und das Wärme und damit auch Zuversicht bedeutete. Ebenso wäre das ambivalente Gefühl der Gefangenen anzuführen, das neben die bisher erlebte „Ohnmacht" die „Kühnheit" stellt. Das Bewusstsein des gemeinsam Erlebten und gemeinsam Durchstandenen ebenso wie die gemeinsame Erwartung weiterer Gefahren wird insbesondere durch das kollektive „Wir", das der Erzähler verwendet, verdeutlicht: „Wir hielten den Atem an", „[…] zugleich unser aller Innerstes", „Wir fühlten alle […]"
Den Terminus **Plädoyer** und dessen Kennzeichen sollten den Schülerinnen und Schülern aus dem Ethik- oder Politikunterricht bekannt sein. Ähnlich wie bei einer Debatte (z.B. Wettbewerb „Jugend debattiert") geht es um Sachkenntnis, rhetorische Fähigkeiten und Überzeugungskraft. *Sachkenntnis* sollte in folgenden Bereichen vorhanden sein:
–   Biografie der Schriftstellerin ANNA SEGHERS, insbesondere ihr politisches Engagement,
–   Begriff der Menschenwürde (z.B. UN-Charta der Menschenrechte, Grundgesetz),
–   Wertungsgesichtspunkte (ethisch, politisch, rechtlich),
–   NS-Diktatur (Terror- und Gewaltsystem) und evtl.
–   heutige undemokratische Regime.

Rhetorische Fähigkeiten zeigen sich in
–   einer klaren Gliederung,
–   einem angemessenen Sprachniveau und
–   dem effizienten Einsatz rhetorischer Mittel der Rede.

Überzeugungskraft lässt sich an
–   einer klaren Gedankenführung und
–   einer schlüssigen, zielorientierten Argumentation ablesen.

S. 453, Aufgabe 1:
Analysieren Sie die Rolle der Goethe-Eiche in Joseph Roths Text „Die Eiche Goethes in Buchenwald" und erläutern Sie an diesem Beispiel die inhaltlichen und formalen Merkmale der Glosse.

JOSEPH ROTH (1894–1939) führt in seinem Text bereits im Titel die drei Elemente zusammen, die ihn konstituieren: die Eiche – GOETHE – Buchenwald. Verstärkt wird dies durch die Zueignung des Buchenwaldes zu JOHANN WOLFGANG GOETHE (1749–1832).
Er verspricht dem Leser in seiner Einleitung, die falschen Nachrichten über das Konzentrationslager „auf das rechte Maß zu reduzieren", und erinnert daran, dass GOETHE sich hier mit FRAU VON STEIN getroffen hat: „unter einer schönen, alten Eiche", die jetzt unter Naturschutz stehe. Diese Eiche habe man bei der Rodung des Waldes zur Erweiterung des Lagers um Küche und Wäscherei verschont. ROTH verlässt die Ebene der Erzählung und spricht über die billige Symbolik, die es erleichtere „sogenannte ‚Glossen' zu schreiben". Er wiederholt den bereits ausgeführten Tatbestand in vielfältigen Formulierungen und konstatiert schließlich die Absurdität, ohne sie als solche

zu benennen: „[…] zwischen Wäscherei u. Küche steht die Naturschutzeiche der Frau von Stein und Goethes." Erst der letzte Absatz bringt „die Insassen des Konzentrationslagers" mit der Eiche zusammen: „[…] sie werden dort vorbeigegangen", eine grammatikalische Fehlstellung, die den Zwang und die damit einhergehende Ausübung von Gewalt zum Ausdruck bringt. Schließlich wiederholt ROTH seine einführenden Formulierungen, um die Bedeutung der Eiche drastisch zu überhöhen: „[…] kein einziger der Insassen des Konzentrationslagers (sei an ihr) ‚angebunden' worden", nur an den anderen Eichen sei dies geschehen.

ROTH benutzt in seinem Text das Symbol der Eiche, um – verstärkt durch die Bezüge zu GOETHE als dem Dichter des Schönen, Wahren und Guten – das Nebeneinander von Barbarei und (pervertierter) Pflege kultureller Tradition aufzuzeigen.

Als inhaltliche und sprachliche Merkmale der **Glosse** sind anzuführen und jeweils am Text zu belegen:

- vernichtende Kritik an aktuellen Ereignissen und Sachverhalten,
- sprachlich pointierter Stil (Spott, Häme, Sarkasmus),
- Verwendung von rhetorischen Figuren wie Ironie, Übertreibung (Hyperbel), Euphemismus,
- …

S. 453, Aufgabe 2:
Vergleichen Sie die Darstellung Eugen Kogons „Der SS-Staat" (↗ DVD) mit der von Joseph Roth. Beachten Sie dabei Funktion und Wirkung der unterschiedlichen Textarten und nehmen Sie abschließend Stellung zur „neuen typischen Verbindung Weimar – Buchenwald" (Kogon).

Die Baumsymbolik taucht auch in EUGEN KOGONS (1903 bis 1987) Buch „Der SS-Staat" auf, das, so der Untertitel, das „System der deutschen Konzentrationslager" untersucht. Der Autor, selbst Häftling des KZ Buchenwald von 1939–1945, hat bereits im Jahre 1946 die erste Analyse des nationalsozialistischen Terrorsystems vorgelegt und „zum ersten Mal das ganze Ausmaß der ungeheuerlichen und nahezu unbeschreiblichen Gräuel, die von der SS in den deutschen Konzentrationslagern verübt worden waren, ans Tageslicht [gebracht]".[1]

Im Gegensatz zum journalistischen Text von ROTH handelt es sich bei den Ausführungen von KOGON um einen **Sachtext,** der zudem einer umfangreichen Untersuchung entnommen ist (↗ DVD). KOGON vermittelt einen Eindruck vom Aufbau des Konzentrationslagers Buchenwald über zahlreiche Fakten, die sowohl den zeitlichen Ablauf als auch die Zahl und die Zusammensetzung der ersten Häftlinge betreffen. Zudem erläutert er die Lage des Ortes unter topografischen Aspekten, bevor er sich mit der räumlichen Verortung, der Nähe zu Weimar, beschäftigt. Er verweist auf den Symbolgehalt der Lage und stellt Weimar als „die deutsche Nationalkulturstätte" und Buchen-

wald als „ein raues Stück Land als Stätte neudeutscher Gefühlsentfaltung" einander gegenüber. Schließlich berichtet er von den Rodungen des Waldes und von der „Goethe-Eiche", die dabei „pietätvoll bewahrt" wurde. Er verlässt hier die Ebene des Sachtextes und führt in **Antithesen,** fast schon wie Oxymora wirkend, seine Wahrnehmung an: „Gefühl und Gemeinheit, Sentimentalität und Brutalität, Kulturromantik und Barbarei friedlich gepaart!"

Dies kennzeichnet für ihn „die neue, typische Verbindung Weimar – Buchenwald", eine Verbindung zwischen „sentimental gehüteter Museumskultur", wie sie die Kulturpolitik des NS-Regimes durch die Vereinnahmung der kulturellen Tradition und ihrer Protagonisten betrieb, und einem „hemmungslose[n], brutale[n] Machtwille[n]".

Für eine weitere Beschäftigung mit dem Thema „Buchenwald und Goethe" – „Barbarei und Humanität", etwa im Rahmen einer Facharbeit, sei auf folgende *Literatur* verwiesen:

- Höß, Rudolf: Kommandant in Auschwitz. Autobiographische Aufzeichnungen, hrg. von M. Broszat, München: dtv, 1998.
- Kaiser, Gerhard: Goethe und Buchenwald – oder: Kann Barbarei Dichtung in Frage stellen? In: Politische Studien 50, 1999, H. 366, S. 43–64. (Ebenso www.freidok.uni-freiburg.de/volltexte/425/)
- Über die Goethe-Eiche im Lager Buchenwald von Häftling Nr. 4935. In: Neue Zürcher Zeitung vom 4. November 2006. (www.nzz.ch/2006/11/04/li/articleEMAWX.html)

Weiterführende Literatur

Ackermann, Michael: Exilliteratur 1933–1945. Migration und Deutschunterricht. Frankfurt/M.: Peter Lang Verlag, 2004.

Durzak, Manfred (Hrsg.): Die deutsche Exilliteratur 1933–45. Stuttgart: Reclam Verlag, 1991.

Emmerich, Wolfgang, und Heil, Susanne (Hrsg.): Lyrik des Exils. Stuttgart: Reclam Verlag, 1988, bibliogr. erg. Auflage 2003.

Exilforschung. Ein Internationales Jahrbuch, München: text+kritik, 1983 ff.

Flügge, Manfred: Wider Willen im Paradies. Deutsche Schriftsteller im Exil in Sanary-sur-Mer, Berlin: Aufbau Verlag, 4. Aufl., 2007.

Handbuch der deutschsprachigen Emigration 1933–1945, hrsg. von Claus-Dieter Krohn u. a., in Zusammenarbeit mit der Gesellschaft für Exilforschung, Darmstadt: Primus-Verlag, 1998.

Kindt, Tom: Exilliteratur. Stuttgart: UTB, 2009.

---

1 Kogon, Eugen, Der SS-Staat. Das System der deutschen Konzentrationslager, Gütersloh: Bertelsmann Verlag, o. J., S. 75–76.

Langermann, Detlef (Hrsg.): DUDEN Basiswissen Schule Literatur. Berlin, Frankfurt/M.: DUDEN PAETEC Schulbuchverlag/Mannheim, Leipzig, Wien, Zürich: Dudenverlag, 2006. (Buchenwald/Weimar ↗ Lehrermaterial, S. 121 ff.)

Nationalsozialismus und Exil 1933–1945, hrsg. von Wilhelm Haefs, Reihe Hansers Sozialgeschichte der deutschen Literatur, Band 9, München: Hanser Verlag, 2009. Riegel, Paul u. a. (Hrsg.): Deutsche Literaturgeschichte Bd. 10: Drittes Reich und Exil 1933–45. München: dtv, 2000.

Schoeps, Julius, und Tress, Werner (Hrsg.): Orte der Bücherverbrennungen in Deutschland 1933. Hildesheim: Georg Olms Verlag, 2008.

Serke, Jürgen: Die verbrannten Dichter. Bd. 1 der dreibändigen Ausgabe: Hajo Jahn u. a.: Himmel und Hölle zwischen 1918 und 1989: Die verbrannten Dichter. Berlin: Beltz Verlag, 2008.

Walter, Hans-Albert: Der „selbständige" Kleinbürger. In: ders: Im Anfang war die Tat. Arnold Zweigs „Beil von Wandsbek". Frankfurt/M.: Büchergilde Gutenberg, 1986, S. 53–57.

Walter, Hans-Albert, Deutsche Exilliteratur 1933–1950, Band 7: Exilpresse I, Darmstadt und Neuwied: Luchterhand Verlag, 1974.

Winkler, Michael: Deutsche Literatur im Exil 1933–45. Texte und Dokumente, Stuttgart: Reclam Verlag, 1997.

Thema: Literatur im Nationalsozialismus

Didaktische Zielsetzungen

Die Lernmöglichkeiten des Kapitels bieten die Annäherung an die kulturpolitische Wirklichkeit der nationalsozialistischen Diktatur, an die Nöte und Schwierigkeiten der Künstlerinnen und Künstler zu dieser Zeit und an die Literatur, die in dieser Zeit entstanden ist.

Folgende *Lernziele* können erreicht bzw. folgende *Kompetenzen* erworben werden: Die Schülerinnen und Schüler
- lernen die repressive Vorgehensweise der Reichsschrifttumskammer und die Strategie der Unterhaltungsindustrie kennen,
- erschließen den Begriff der „entarteten Kunst" in seinem historischen Zusammenhang,
- kennen Entstehung und Bedeutung des Begriffs der „inneren Emigration",
- urteilen im Vergleich zweier Biografien (GOTTFRIED BENN/THEODOR W. ADORNO) und im Zusammenhang der Exildebatte (besonders: THOMAS MANN) über Chancen und Gefahren der inneren Emigration bzw. des Exils,
- erkennen verschiedene Methoden des verdeckten Schreibens (BERTOLT BRECHT) und wenden diese auch produktiv an,
- erkennen die gewalttätige Ausmerzung von Kunst und Literatur (z. B. Bücherverbrennung) als Ausdruck totalitärer Unterdrückung auch außerhalb der nationalsozialistischen Herrschaft,
- lernen die verfälschende Rezeption klassischer Künstler durch die Nationalsozialisten am Beispiel HEINRICH VON KLEISTS kennen.

Ausgehend von der demokratisch geprägten Lebenswelt der Schülerinnen und Schüler, die ja selbst auch den Mauerfall gar nicht mehr miterlebt haben, erwachsen Schwierigkeiten, sich den geistigen Alltag in einer Diktatur vorzustellen. Hier gilt es, in der Heranführung besonders darauf zu achten, *Vorurteile auszuräumen,* die entweder die ideologische Verführbarkeit der Bevölkerung auf besondere und gerade zu jener Zeit auftretende Dummheit zurückführen möchten, oder Vorurteile, welche die Repression von Kunst und Künstlern aus einem Mangel an Erfahrung von Unfreiheit verharmlosen. Hier könnte es auch hilfreich sein, die Möglichkeiten zu fächerübergreifendem oder fächerverbindendem Lernen mit den Fächern Geschichte und Kunst zu nutzen. Ein gemeinsames Projekt der Fächer könnte in einer dokumentierenden Ausstellung zu „entarteter Kunst" seinen Abschluss finden. In diesem Zusammenhang könnte man die Schülerinnen und Schüler an Einzelschicksale von Künstlern, die als „entartet" bezeichnet wurden (siehe Liste), heranführen und sich exemplarisch mit dem provokativen Gehalt ihrer Kunst beschäftigen.
Beispiele des *Dadaismus* eignen sich besonders, um die Legitimation der *Frage, ob überhaupt etwas Kunst ist oder nicht,* zu prüfen – an dieser Stelle könnte z. B. HUGO BALLS (1886–1927) Lautgedicht „Karawane" von 1917 im

Unterricht mit den Lernenden besprochen werden, ↗ z. B. http://www.jolifanto.de/karawane/karawane.htm). Hierbei wird es wichtig sein, auf den Unterschied aufmerksam zu machen zwischen einem Geschmacksurteil und einer auf Vernichtung zielenden Stigmatisierung durch den Begriff „entartet". Folgende Schlüsselwörter können in der Diskussion, was Kunst sei oder nicht, orientieren:

- vier Beurteilungsaspekte:
  - Kunst als Produkt,
  - Kunst als Qualität,
  - Kunst als Gegenstand der Bewertung,
  - Kunst als Objekt der Betrachtung;
- Kunst als Fertigkeit <——> Kunst als Produzieren ohne Regeln,
- Wege zur Entstehung von Kunst,
- Prinzip der Freiheit vom Zweck,
- Rolle des Zufalls.

Im Dritten Reich als „entartet" diffamierte Künstler	
Autoren	
Schalom Asch	Erika Mann
Henri Barbusse	Heinrich Mann
Johannes R. Becher	Klaus Mann
Richard Beer-Hofmann	Thomas Mann
Bertolt Brecht	Sandor Marai
Max Brod	Walter Mehring
Alfred Döblin	Erich Mühsam
Iilja Ehrenburg	Robert Neumann
Albert Ehrenstein	Ernst Ottwalt
Lion Feuchtwanger	Erich Maria Remarque
Claire Goll	Ludwig Renn
Jakob Haringer	Arthur Schnitzler
Walter Hasenclever	Anna Seghers
Max Herrmann-Neisse	Ernst Toller
Hans Henny Jahn	Kurt Tucholsky
Franz Jung	Else Ury
Franz Kafka	Jakob Wassermann
Gina Kaus	Armin T. Wegner
Irmgard Keun	Franz Werfel
Klabund	Arnold Zweig
Else Lasker-Schüler	Stefan Zweig
Emil Ludwig	
Schauspieler, Regisseure	
Ralph Enatzky	Joe May
Elisabeth Bergner	Max Ophüls
Curt Bois	Max Reinhardt
Kurt Gerron	Conrad Veidt
Therese Giehse	Otto Wallburg
Fritz Lang	Billy Wild
Peter Lorre	
Darstellende Künstler	
Ernst Barlach	Rolf Kurth
Willi Baumeister	Max Liebermann
Max Beckmann	Ludwig Meidner
Karl Brendel	Jean Metzinger
Marc Chagall	Paula Modersohn-Becker
Otto Dix	Johannes Molzahn
Max Ernst	Wilhelm Morgner
Conrad Felixmüller	Gabriele Münter
Otto Freundlich	Hanna Nagel
George Grosz	Emil Nolde
Hans Grundig	Emil Nolde
Richard Haizmann	Felix Nussbaum
Erich Heckel	Franz Radziwill
Eugen Hoffmann	Emy Roeder
Ernst Ludwig Kirchner	Oskar Schlemmer
Paul Klee	Karl Schmidt-Rottluff
Paul Kleinschmidt	Kurt Schwitters
Oskar Kokoschka	Friedrich Skade
	Christoph Voll

Hinweise zu den Aufgaben

S. 456, Aufgabe 1:

Vergleichen Sie das Gedicht „Verlorenes Ich" mit Benns Gedicht „Nur zwei Dinge"(↗ DVD) von 1953 und achten Sie besonders auf die Bedeutungsverschiebung „verlorenes Ich"/„gezeichnetes Ich".

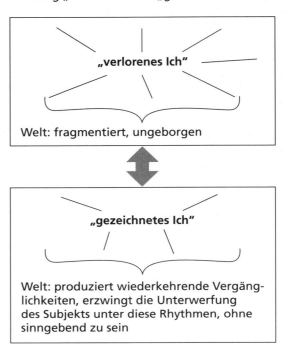

Stichworte zu den Linien in der oberen Abbildung:
- orientierungslos in den bedrohlichen Dimensionen der modernen Naturwissenschaft (V. 1–4)
- kann nichts Überdauerndes fassen (V. 3,7,11/12)
- „Die Welt als Flucht" (V. 8), Erleben statt Erkennen, Überleben am Rande der „Bestien"
- verliert die religiöse Orientierung als gemeinschaftliche Mitte der Welt, Verlust der Hoffnung auf Erlösung und Erfüllung (V. 9–16)
- verliert den Mythos als Erklärung für Weltentstehung und das Dasein (V. 17–20)
- findet kein „Stichwort", um in die Kommunikation zurückzukehren und um wieder in die alte Geborgenheit und Selbstverständlichkeit einzutreten

Stichworte zu den Linien in der unteren Abbildung:
- erleidet das Leben
- wird fremdbestimmt
- ist einsam jenseits und trotz der Nähe zu anderen Menschen (ontologische Einsamkeit)

– findet keinen Sinn außerhalb der nahen und greifbaren und damit aber vergänglichen Sinnhaftigkeiten

▶ **Hinweis:** Aufgrund des Urheberrechts befindet sich BENNS Gedicht „Nur zwei Dinge" nicht auf der DVD. Es ist aber an unterschiedlichen Stellen im Internet zu finden.

S. 456, Aufgabe 2:

Vergleichen Sie Benns Biografie mit der Adornos und diskutieren Sie, ob den in Deutschland gebliebenen Intellektuellen ein Versäumnis vorzuwerfen ist aufgrund der Tatsache, dass sie nicht ins Ausland gegangen sind. Ziehen Sie dazu auch den Textausschnitt aus Adornos „Minima Moralia" (↗ DVD) heran und diskutieren Sie Adornos sehr bekannt gewordene Behauptung, es gebe kein richtiges Leben im falschen, im Zusammenhang mit Benns Konstruktion eines Doppellebens.

Die Aufgabe ist von den Schülerinnen und Schülern *individuell* zu lösen.

▶ **Hinweis:** Aufgrund des Urheberrechts befindet sich der Textausschnitt aus ADORNOS „Minima Moralia" nicht auf der DVD, dafür im Anhang dieses Kapitels des Lehrermaterials (↗ S. 181)!

S. 458, Aufgabe 1 oben:

Entschlüsseln Sie die Metaphern des Textes, indem Sie ihre hintergründige Bedeutung aufzeigen.

Besondere Hinweise auf die hintergründige Bedeutung des Textes:	
„Adolf-Hitler-Brücke"	deutet auf den politischen Bezugsrahmen
„das hat sich heute kundgetan"	alarmiert das Bewusstsein für die tagesaktuelle Situation
Metapher/Personifikation	**Bedeutung**
„befangen [...] seinen gewohnten Weg"	Der natürliche Fluss der Dinge ist gestört.
„hängen graue Schleier"	Trauer, Verdunkelung
„wie Spinnweben"	unheimlich
„Winter werden"	Schlimme, unmenschliche Zeiten kommen.
„schwarze Rauchwolken"	Unheil, Kummer über das drohende Unglück
„langgestreckte Fahnen [...] über der Stadt"	nicht zu verdeckende weithin sichtbare Zeichen des Schreckens
„Grau und Schwarz sind Diktator geworden"	Düsternis regiert. („Diktator" als politisches Signalwort, ohne dass man die politische Bedeutung nachweisen kann, weil sie scheinbar metaphorisch gebraucht wird.)

S. 458, Aufgabe 2 oben:

Weisen Sie die Merkmale einer Glosse nach.

Eine Glosse ist „ein knapper [polemischer] Kommentar in Presse, Rundfunk od. Fernsehen" (in: Deutsches Universalwörterbuch. Mannheim, Leipzig, Wien. Zürich: Dudenverlag, 2007, S. 704); sie ist
– kurz, knapp 10 Zeilen,
– pointiert,
– meinungsäußernd (aber versteckt),
– satirisch, ironisch,
– Sprachglosse: zeitgenössischer Sprachgebrauch wird thematisiert, versteckte Regimekritik.

S. 458, Aufgabe 1 unten:

Untersuchen Sie weitere im Nationalsozialismus verbreitete Ausdrücke wie Blut, Boden, undeutscher Geist … auf ihre „faule Mystik".

Die „faule Mystik" weiterer im Nationalsozialismus verbreiteter Sprachregelungen:
– „Endlösung der Judenfrage": Ein wertfreier sachlicher Ausdruck wird zum Euphemismus, der die Bedeutung Massenmord verschleiert.
– „undeutscher Geist": Dieser Begriff gaukelt vor, man könne „Geist", d. h. die unterschiedlichsten Gedankeninhalte, die in dem Staat und Gebiet Deutschland aufzufinden sind, unter einheitlichen Merkmalen zusammenfassen. Außerdem suggeriert er ein Feindbild, das dem wie auch immer gearteten vermeintlich Eigenem aggressiv zerstörerisch gegenübersteht. Stattdessen müsste man von bestimmten Theorien oder Wertvorstellungen sprechen und diese beim Namen nennen.

Da es zu allen Zeiten und in allen Systemen bestimmte Sprachregelungen gibt, die aus vernebelnden und suggestiven Begrifflichkeiten bestehen, ist es sicherlich sinnvoll, die Aufgabe auf eine Untersuchung zeitgenössischer Begriffe auszudehnen, denen eine „faule Mystik" bzw. verborgene Ideologie anhaftet. Folgende Begriffe ließen sich dazu untersuchen:
– Kampf gegen den Terrorismus,
– Wirtschaftszwang,
– Volkswille.

Erweiterungsmöglichkeiten ergeben sich beispielsweise durch ERICH FRIEDS (1921–1988) Text „Sprachregelungen" (In: Fried, Erich: Das Unmaß aller Dinge. Berlin: Wagenbach Verlag, 1998).

S. 458, Aufgabe 2 unten:

Projekt: Lesen Sie Abschnitt 5 des Brecht-Textes ganz. Erarbeiten Sie die einzelnen Beispiele aus der Literaturgeschichte für verdeckte Schreibweisen, indem Sie sich über den Inhalt der Werke informieren und eine Liste der verschiedenen Formen des verdeckten Schreibens erstellen. Verfassen Sie dann einen Text, in dem Sie Missstände ihrer Alltagsumgebung in einer verdeckten Schreibweise kritisieren. Wählen Sie einen der entstandenen Texte aus, um ihn in der Schülerzeitung zu drucken.

Diese Aufgabe ist von den Schülerinnen und Schülern *in Projektarbeit* zu lösen.

S. 459, Aufgabe:
Informieren Sie sich über den Inhalt der Komödie „Die Schule der Diktatoren" und machen Sie deutlich, was genau Kästner als „chronische Aktualitäten" bezeichnet.

Infos zum Stück finden Sie hier:
http://de.wikipedia.org/wiki/Die_Schule_der_Diktatoren
http://www.projectiv.de/diktatorenschule/start.htm

Die Aufgabe nimmt Bezug auf das Vorwort KÄSTNERS von 1956, „Der Plan ist zwanzig Jahre alt, das Anliegen älter und das Thema, leider, nicht veraltet. Es gibt chronische Aktualitäten". (In: Kästner, Erich: Die Schule der Diktatoren: eine Komödie in neun Bildern. Zürich: Atrium Verlag, 1956 [1986], S. 6.)
Chronische Krankheiten sind lang andauernde Erkrankungen. Wie eine chronische Krankheit nicht ausheilen kann, wenn man die Krankheitsursache nicht zu beseitigen in der Lage ist, wird auch eine Diktatur nicht zu verhindern sein, wenn man ihre Ursache nicht beseitigt. Diktaturen wirken oft sehr lange nach in den Köpfen.

Zusatzinfo zu ERICH KÄSTNERS (1899–1974) Gedicht „Die Entwicklung der Menschheit" (↗ Lehrbuch, S. 460):
Zur Bearbeitung des Gedichts bietet es sich an, nachdem sich die Schülerinnen und Schüler bereits mit dem Kästner-Gedicht vertraut gemacht haben, es mit dem Liedtext „Stadtaffen" von PETER FOX (geb. 1971) zu vergleichen (↗ im Internet: Song z.B. unter http://www.peterfox.de/, Text unter http://www.bonsound.de/peter-fox-fan/peter-fox-songtext-stadtaffe/ oder http://lyricwiki.org/Peter_Fox:Stadtaffe). Aufgaben könnten sein, die menschlichen Eigenschaften, die hier als äffisch paradiert werden, in beiden Texten herauszustellen oder auch Ton und Wirkung der Texte zu analysieren. Dabei basieren KÄSTNERS Witz und feine Ironie darauf, dass der Mensch von seiner mangelnden Entwicklung nichts ahnt, während PETER FOX' selbstironische Persiflage sich drastischer Klischees bedient, derer sich der rauschhaft sich selbst feiernde Mensch nicht einmal schämt.

S. 462, Aufgabe:
Setzen Sie sich mit der Figur des Michael Kohlhaas auseinander. Erläutern Sie den Zusammenhang von Kohlhaas' Handlungsprinzip: „Der Zweck heiligt die Mittel" und dem nationalsozialistischen Interesse an diesem Stoff.

Die Aufgabe ist von den Schülerinnen und Schülern *individuell* zu lösen.

Historisches Vorbild: HANS KOHLHASE
Das NS-Regime versuchte seit 1933 (in einigen Teilen bereits vorher), seine Existenzberechtigung aus der Geschichte heraus zu legitimieren. Sowohl im Volk sehr populäre Stoffe als auch fast vergessene wurden in den 1930er-Jahren auf unterschiedliche Art und Weise zitiert. Zu solchen Stoffen gehört möglicherweise der um den um sein Eigentum gebrachte Kohlhase. Verbürgt ist z.B. auch der Stoff des Verfassers des „Sachsenspiegels", EIKE VON REPGOW, dem im sachsen-anhaltinischen Bernburg ein Historienspektakel gewidmet wurde, das die Legitimation des „Führers" ADOLF HITLER aus der mittelalterlichen Tradition heraus „erklären" sollte. Dabei kam es zwangsläufig zu „Verbiegungen", Verfälschungen der Geschichte. Der in der Aufgabe erwähnte Leitspruch „Der Zweck heiligt die Mittel" ist in diesem Zusammenhang zu sehen.
Die Meinung, dass für einen guten Zweck auch fragwürdige Mittel eingesetzt werden dürfen, erfreut sich auch heute noch großer Beliebtheit. Allerdings wurde die Masse der Bevölkerung über den eigentlichen Zweck der Vereinnahmung der historischen Persönlichkeiten im Unklaren gelassen. Dieses Phänomen begegnet nicht nur im Nationalsozialismus. Beispielsweise wurde der deutsche KAISER WILHELM I. im Kyffhäuserdenkmal als Vollender des Reichseinigungsgedankens jenes FRIEDRICH I. BARBAROSSA gezeigt, der laut Sage in der Barbarossahöhle ausharrt, das Reich zu retten und es wieder zu neuer Herrlichkeit zu führen.
Ähnliche Denkstrukturen kamen auch in der DDR der 1950er-Jahre zum Tragen. Sie wurden dazu benutzt, die „Diktatur des Proletariats" aus der Geschichte heraus zu erklären. Personen wie KLAUS STÖRTEBECKER, THOMAS MÜNTZER, ERNST MORITZ ARNDT (um nur drei zu nennen) wurden in eine Traditionslinie der damaligen Gegenwart gestellt.

S. 463, Aufgabe:
Formulieren Sie die ehedem vertretenen Positionen in der Debatte um die Exilautoren und prüfen Sie die jeweils vorgetragenen Argumente. Ziehen Sie dafür auch das Kap. 3.2.4 (↗ S. 434 ff.) heran. Vertreten Sie eine eigene Meinung.

Nach dem Zweiten Weltkrieg wurde eine Debatte ausgelöst, wer nun das „schwerere Los" gehabt hätte, die Exilanten oder die im Lande Gebliebenen: Man nennt dies die „Debatte um innere und äußere Emigration".
WALTER VON MOLO (1880–1958) hatte THOMAS MANN (1875 bis 1955) 1945 um Rückkehr gebeten. Als dieser nicht gleich euphorisiert nach Deutschland reiste, sondern MOLO seine Bedenken mitteilte, löste das einen Sturm der Entrüstung aus. Gewiss hatte sich MANN keine Freunde geschaffen, als er gestand, dass „Bücher, die von 1933 bis 1945 in Deutschland überhaupt gedruckt werden konnten, weniger als wertlos und nicht in die Hand zu nehmen" seien. „Ein Geruch von Blut und Schande haftet ihnen an. Sie sollten eingestampft werden" (Mann, Thomas: Warum ich nicht nach Deutschland zurückkehre. In: Augsburger Anzeiger vom 12. 10. 1945), fügte er zuspitzend hinzu.

„Wollt ihr Thomas Mann wiederhaben?", war dann auch eine Meinungsumfrage in Bayern übertitelt.

Den inneren Emigranten bescheinigte FRANK THIESS (1896 bis 1977) in der darauffolgenden Debatte ein höheres Maß an Verständnis für die Befindlichkeiten der Deutschen: „Ich glaube, es war schwerer, sich hier seine Persönlichkeit zu bewahren, als von drüben Botschaften an das deutsche Volk zu senden ..." (Thieß, Frank: „Die innere Emigration", Münchner Zeitung, 18 August 1945.) Meinungen, wie „Eine Kritik über sein Heimatland üben kann nur der, der in der schlimmsten Zeit dort gelebt hat", waren nicht selten.

ALFRED POLGAR (1873–1955) äußerte: „Die Fremde ist nicht Heimat geworden. Aber die Heimat Fremde." (Polgar, Alfred: Kleine Schriften, 1, Reinbek: Rowohlt, S. 221). Und ALFRED DÖBLIN (1878–1957) schrieb in „Abschied und Wiederkehr" (1946): „Und als ich wiederkam, da – kam ich nicht mehr wieder." (Döblin, Alfred: Abschied und Wiederkehr. In: ders.: Autobiografische Schriften und letzte Aufzeichnungen. Olten und Freiburg i. Br.: Walter Verlag, 1980, S. 431.) „Heimkehr in die Fremde", „Unter Vorbehalt", „Besuch in der Heimat" lauteten stichwortartig damals die Haltungen vieler Remigrierter.

THOMAS MANN entschloss sich, im Exil zu bleiben, da ihm Deutschland „doch recht fremd geworden" (a. a. O.) war. Mit ihm blieben GEORG GLASER (1910–1995), GÜNTHER ANDERS (1902–1992), WALTER MEHRING (1896–1981), NELLY SACHS (1891–1970) u. a. in den Exilländern. Eine gewisse Versöhnung von Geist und Macht strebten sicher viele der in die sowjetische Besatzungszone remigrierten Autoren an. Jedoch ließ sich angesichts der lediglich postulierten „führenden Rolle der Arbeiterklasse" und der beständigen Eingriffe der Parteiführung in die Kunstproduktion ein Bündnis zwischen Geist und Macht nicht verwirklichen.

Schriftsteller, die ins Exil gegangen waren, fielen zu einem gewissen Teil dem Vergessen anheim. HANS SAHL (1902–1993), der mit DÖBLIN, ROTH, MEHRING UND KLAUS MANN (1906–1949) den „Bund Freie Presse und Literatur" in New York gegründet hatte, ist heute fast unbekannt.

Weiterführende Literatur

Bernhardt, Oliver: Alfred Döblin und Thomas Mann: eine wechselvolle literarische Beziehung. Würzburg: Verlag Königshausen & Neumann, 2007.

Denkler, Horst: Was war und was bleibt? Zur deutschen Literatur im Dritten Reich. Neuere Aufsätze. Frankfurt a. M., u. a.: Lang Verlag, 2004 (= Oppelner Beiträge zur Germanistik; Bd. 7).

Haefs, Wilhelm (Hrsg.): Sozialgeschichte der deutschen Literatur, Band 9: Nationalsozialismus und Exil 1933–1945 München: Hanser Verlag, 2009.

Kurzke, Hermann: Thomas Mann: Epoche, Werk, Wirkung. 3. erneut überarb. Aufl., München: C. H. Beck Verlag, 1997.

Riegel, Paul/van Rinsum, Wolfgang: Deutsche Literaturgeschichte, Bd. 10: Drittes Reich und Exil. München: Deutscher Taschenbuch Verlag, 2004.

Rüther, Günther: Schriftsteller in der Diktatur. In: Konjunktur der Köpfe? Eliten in der modernen Wissensgesellschaft. Düsseldorf: Droste Verlag, 2004.

Rüther, Günther (Hrsg.): Literatur in der Diktatur. Schreiben im Nationalsozialismus und DDR-Sozialismus, Paderborn: Schoeningh Verlag, 1997.

Sarkowicz, Hans / Mentzer, Alf: Literatur in Nazi-Deutschland. Erweiterte Neuausgabe. Hamburg: Europa Verlag, 2002.

Schöll, Julia: Joseph im Exil: zur Identitätskonstruktion in Thomas Manns Exil-Tagebüchern und -Briefen sowie im Roman Joseph und seine Brüder. Würzburg: Verlag Königshausen & Neumann, 2004.

Seo, Jang-Weon: Die Darstellung der Rückkehr: Remigration in ausgewählten Autobiographien. Würzburg: Verlag Königshausen & Neumann, 2004.

Shin, Jong-Rak: Selbstverlag im literarischen Leben des Exils in den Jahren 1933–1945 (Dissertation), Kassel 2007.

Wigand Lange, Jost Hermand: „Wollt ihr Thomas Mann wiederhaben?" Deutschland und die Emigranten. Hamburg: Europäische Verlagsanstalt, 1999.

3.2.5 Literatur von 1945–1989

Didaktische Zielsetzungen

Die Lernmöglichkeiten des Kapitels bieten die Annäherung an eine Epoche, in der sich das Selbstbewusstsein als Nation und auch das literarische Selbstverständnis neu formieren und aufbauen mussten.

Folgende Lernziele können erreicht bzw. folgende Kompetenzen erworben werden:
Die Schülerinnen und Schüler
- lernen das Selbstverständnis des Kahlschlags bzw. der Trümmerliteratur kennen im Zusammenhang mit der historischen Situation des politischen, ökonomischen und menschlichen Zusammenbruchs;
- hinterfragen den Zusammenhang zwischen Kultur und (Un-)Menschlichkeit und setzen sich mit Literatur als Medium der Holocaust-Verarbeitung auseinander;
- erfassen den Roman „Stiller" von MAX FRISCH als Beispiel eines modernen Romans und setzen sich, der Frage nach dem wahren Ich folgend, mit der Bildnisproblematik auseinander;
- erarbeiten themenverschiedene Gedichte der DDR und aus der BRD/Österreich; sie entwickeln und er-

proben Kriterien zur Beurteilung der Qualität von Gedichten; sie setzen sich produktiv mit der Stilrichtung der neuen Subjektivität auseinander;
– lernen die Entwicklung des kulturpolitischen Programms in der DDR kennen und setzen sich in diesem Zusammenhang mit zwei Bespielromanen, „Ankunft im Alltag" von Brigitte Reimann und „Christa T." von Christa Wolf auseinander. „Christa T." dient hier als Eingang zur Betrachtung des je eigenen Lebens und zur produktiven Auseinandersetzung mit seinen Schlüsselmomenten.

Obwohl unsere Gegenwart voller Kriege ist, an denen auch deutsche Soldaten beteiligt sind, kann man nicht davon ausgehen, dass die Schülerinnen und Schüler eine lebendige Vorstellung vom Zustand Deutschlands zur Zeit des Zusammenbruchs und unmittelbar danach haben – unter anderem auch, weil die (Ur-)Großmütter, die von den Ereignissen berichten könnten, aussterben. Der lebendige Einblick in menschliche Schicksale ist – auch wenn nur splitterhafte Vorstellungen entstehen können – hier zunächst geboten wie in jedem historischen Kontext, aber darüber hinaus auf besondere Weise, um zwei Dinge zu verstehen,
1. warum nicht direkt nach Kriegsende eine Auseinandersetzung mit der NS-Zeit begann. Die Menschen befanden sich in Ausnahmesituationen, sie mussten ihr Überleben sichern.
2. dass das Ausmaß des Zusammenbruchs (materiell, menschlich, moralisch) in seiner Radikalität nicht mit jedem anderen krisenhaften Verlust, z. B. in einer Wirtschaftskrise, zu vergleichen ist.

In Annäherung an den Begriff „Die Stunde null" sollte die Metapher auch kritisch beleuchtet werden. Sie drückt die Vorstellung aus, dass die deutsche Gesellschaft aufgehört hat zu existieren, was dann einen Neuanfang so notwendig wie möglich macht. Als solche trägt sie einen utopischen Anteil in sich. Der Begriff selbst ist verräterisch. Er entstammt der Militärsprache[1] und zeigt paradoxerweise so gerade die Kontinuität des Bewusstseins und dass es trotz eines Neubeginns keine tabula rasa[2] des Erlebens gibt.

Um die Erlebnisdimension für die Schülerinnen und Schüler zu öffnen, bietet es sich an, Einblick zu nehmen in ein Einzelschicksal: z. B. die achtwöchige Flucht der Marion Gräfin Dönhoff (1909–2002) im Januar 1945 von Ostpreußen an die Weser (1 600 km), die sie allein mit ihrem Trakehner Fuchs Alarich übersteht. Sie bricht von Quittainen, später Kwitajny, auf und reitet nach Westen bis Vinsebeck in Westfalen.

---

1 „Stunde null" bezeichnet den noch unbestimmten Zeitpunkt einer neuen Ereigniskette, z. B. eines Angriffs oder Marsches.
2 Leere Tafel/unbeschriebenes Blatt; Alfred Andersch hatte als Programm für eine „Deutsche Literatur im Vorraum der Freiheit" formuliert, dass die junge Generation vor einer tabula rasa und so vor der Notwendigkeit stehe, eine Erneuerung des deutschen geistigen Lebens zu vollbringen.

1946, ein Jahr nach ihrer Ankunft, veröffentlicht Marion Gräfin Dönhoff in der Wochenzeitschrift „Die Zeit" einen Artikel über ihre Flucht. Diesen Erlebnisbericht können Sie online abrufen unter:
www.zeit.de/1946/05/Ritt-gen-Westen.

Diese Fluchtgeschichte spricht Jugendliche besonders durch die Abhängigkeit und Verbindung von Mensch und Tier an. Zusätzlich lernen die Schülerinnen und Schüler eine Persönlichkeit kennen, die im Widerstand war und später im intellektuellen Leben der BRD eine bedeutende Rolle spielte. Der Erlebnisbericht lenkt im letzten Teil den Blick auf solche „Gestalten", denen Günther Eich (1907–1972) in dem Gedicht „Inventur" (↗ S. 465) eine Stimme gibt.

Hinweise zu den Aufgaben:

S. 465, Aufgabe 1:
Bestimmen Sie die Bedeutung des „Kahlschlags" in Wolfgang Weyrauchs Vorstellung von einer neuen Literatur.

Die Schülerinnen und Schüler sollten sich zunächst eine Vorstellung davon machen, was das Wort „Kahlschlag" bedeutet. Dazu gibt es im Internet zahlreiche Recherchemöglichkeiten. Hier eine Auswahl:

http://de.wikipedia.org/wiki/Kahlschlag
http://de.wikipedia.org/wiki/Tr%C3%BCmmerliteratur
http://www.zeit.de/1965/48/So-kahl-war-der-Kahlschlag-nicht
http://members.aon.at/education/Deutsch/Giritzhofer/Literatur%20nach%201945.pdf

Es sollte in der Betrachtung die Bedeutung der Sprache für die Literatur nach 1945 herausgestellt werden. Denn „Neuanfang" (Wolfgang Weyrauch, 1907–1980, nennt es „Anfang der Existenz") meint Brechen mit den Traditionen, schließt auch das Erlernen der Sprache ein. Misstrauen gegenüber den „Stilmitteln der Alten" führte zu der Vorstellung, dass die neue Literatur, die zu entstehen hatte, auch „um den Preis der Poesie" entstehen sollte. Das hieß: einfache Formen der Sprache (neuer Realismus), Beschreibung der ungeschönten Wirklichkeit, radikaler Bruch mit der nationalsozialistischen Ideologie, Ablehnung auch der nicht dem Nationalsozialismus anhängenden „schön geschriebenen" Literatur der Alten.

S. 465, Aufgabe 2:
Diskutieren Sie den von Weyrauch hergestellten Zusammenhang von Schönheit und Wahrheit sowie die Frage, ob es illegitime Schönheiten gibt.

Die Diskussion sollte sich auf die Begriffe „Schönheit" und „Wahrheit" fokussieren, ihre Begriffsinhalte zunächst klären und dann darüber spekulieren, was Weyrauch mit „Schönheit" und „Wahrheit" gemeint haben könnte.

Zur Bestimmung der Begrifflichkeiten (vor allem der Bestimmung, was „legitime Schönheit" bedeute) könnte in diesem Zusammenhang auch UMBERTO ECOS „Geschichte der Schönheit" (2004) bzw. seine „Geschichte der Häßlichkeit" (2007) herangezogen werden. „Schönheit und Wahrheit" in den Kontext der Wirklichkeit um 1945 gebracht, kann helfen, den Schülerinnen und Schülern das Phänomen „Trümmerliteratur" nahezubringen.

S. 465, Aufgabe 3:
Analysieren Sie das Gedicht „Inventur" von Günter Eich, indem Sie herausstellen, inwiefern es die Situation des Subjekts und die der Literatur erfasst.

Die Aufgabe ist von den Schülerinnen und Schülern *individuell* zu lösen.

S. 466, Aufgabe 1:
Tragen Sie die Aussagen Hans Werner Richters, Wolfgang Weyrauchs und Heinrich Bölls über die sogenannte Trümmerliteratur zusammen und charakterisieren Sie ausgehend davon diese deutsche Literaturepoche.

- Wirklichkeit: Ruine, Zerstörung, Verfall, Apokalypse
- Menschen: innerlich unsicher
- es bedarf neuer Schreibweisen, um diesen Menschen literarisch darzustellen
- Heimkehr vom Kriege
- Deutschland in Trümmern/Menschen leben in Trümmern
- Menschen müssen von vorne anfangen/Literatur muss von vorne anfangen
- Wahrheit statt Poesie

S. 466, Aufgabe 2:
Prüfen Sie anhand der Zitate, ob das Gedicht „Inventur" (↗ S. 465) zur Trümmerliteratur gezählt werden kann.

Die Aufgabe ist von den Schülerinnen und Schülern *individuell* zu lösen. Die Schüler sollten sich vor allem über die besondere Sprache des Gedichts an die Lösung der Aufgabe herantasten.

S. 466, Aufgabe 3:
Untersuchen Sie den Zusammenhang zwischen Heinrich Bölls Kurzgeschichte „An der Brücke" (↗ DVD) und seinem „Bekenntnis zur Trümmerliteratur".

Die Aufgabe ist von den Schülerinnen und Schülern *individuell* zu lösen.

S.467, Aufgabe 4:
1985 erschien anlässlich des 40. Jahrestages der Kapitulation von Heinrich Böll „Briefe an meine Söhne oder vier Fahrräder". Lesen Sie den Ausschnitt (↗ DVD) aus diesem Text und untersuchen Sie, ob und wie sich die Sicht auf die Kriegs- und Nachkriegszeit 40 Jahre spä-

ter verschiebt. Heinrich Böll spricht hier von Hans Filbinger. Recherchieren Sie dessen Bedeutung im Zweiten Weltkrieg, die Bedeutung des Romans „Eine Liebe in Deutschland" von Rolf Hochhuth im Zusammenhang mit Filbingers Rücktritt 1978 sowie den Skandal der Geschichtsfälschung durch Günther Oettinger im Nachruf auf Filbinger.

Über die Person HANS FILBINGERS ist im Internet sehr viel zu finden. Die folgende Liste stellt lediglich einen Bruchteil der Texte dar:
http://de.wikipedia.org/wiki/Hans_Filbinger
http://www.hans-filbinger.de/
http://www.spiegel.de/politik/deutschland/0,1518,475319,00.html
http://www.spiegel.de/politik/deutschland/0,1518,476898,00.html
http://www.stern.de/politik/deutschland/hans-filbinger-der-furchtbare-jurist-512863.html

Zu ROLF HOCHHUTHS (geb. 1931) Roman (bzw. zur Verfilmung von ANDRZEJ WAJDA) „Eine Liebe in Deutschland":

http://de.wikipedia.org/wiki/Eine_Liebe_in_Deutschland
http://www.referate10.com/referate/Literatur/24/Rolf-Hochhuth-Eine-Liebe-in-Deutschland-reon.php
http://www.theaterkritiken-berlin.de/Regietheater/Eine%20Liebe%20in.htm

S. 467, Aufgabe 5:
Vergleichen Sie die Situation der Deutschen 1945 mit der Stunde null der Einwanderer in dem Theaterstück „Stunde Null" von Nuran David Calis (DVD).

Die Aufgabe ist von den Schülerinnen und Schülern *individuell* zu lösen. Einige Internetquellen könnten bei der Beantwortung helfen:

http://de.wikipedia.org/wiki/Stunde_Null
http://de.wikipedia.org/wiki/Stunde_Null_%E2%80%93_Vol._1-3
http://www.werner-welt.de/index.php?option=com_content&task=view&id=63&Itemid=82

S. 467, Aufgabe 6:
Analysieren Sie das Theaterstück von Calis unter folgenden Aspekten:

- *Betrachten Sie die Bühnenaufnahme der Uraufführung von Calis' Theaterstück (↗ DVD) und beschreiben Sie, welche Atmosphäre die riesenhafte Erde im Bühnenhintergrund schafft. Stellen Sie einen Zusammenhang zu den Sätzen des „Outro" her.*
- *Überlegen Sie, welche Bedeutung die Personifikation Hamadans als Gesprächspartner hat.*
- *Stellen Sie fest, welche Utopie Karim mit seiner „Heimatstadt" verbindet.*
- *Reflektieren Sie Karims Situation und erörtern Sie, was ihm zu raten ist.*

Das Theaterstück von NURAN DAVID CALIS „Stunde Null" schafft einen aktuellen Bezug zu der Situation vieler Einwanderer in Deutschland. Der Titel benennt die Folgen eines Abkommens, das die junge BRD im Wirtschaftswunder der 1950er-Jahre mit Italien und der Türkei abschließt, um ausländische Arbeitskräfte anzuwerben. Das Stück führt in drei Episoden von der Stunde null der Einwanderer nach Deutschland zur Gegenwart, indem es über drei Generationen die Schicksale der Immigranten beleuchtet. Im Gegensatz zu der ursprünglicheren Bedeutung des Begriffs „Stunde null" in Anwendung auf die Situation Deutschlands 1945 werden hier Einzelschicksale bezeichnet, nicht aber die generalisierte Situation einer ganzen Gesellschaft.

Themen wie Fremdsein, Entwurzelung, Heimat als Utopie – vielleicht auch für solche, die sie nie verlassen haben – können aufgegriffen werden. Hier ist evtl. auch ein späterer Rückgriff aus demselben Kapitel von PAUL CELAN aus (↗ S.470) möglich, dessen Biografie eine radikale Entwurzelung aufweist, in deren Zusammenhang Sprache als Heimat in den Blick gerät.

Die Biografie des Autors CALIS erinnert etwas an die von FATIH AKIN (Regisseur unter anderem des preisgekrönten Films „Gegen die Wand"): CALIS stammt aus einer jüdisch-armenischen Einwandererfamilie aus der Türkei. Bereits als Schüler verdient er sich seinen Lebensunterhalt als Türsteher, während seine Liebe für das Theater und die Literatur erwacht. Inzwischen ist er anerkannter Drehbuchautor, Theater- und Filmregisseur.

S. 467, Aufgabe 7:

Böll sagt in seinem „Bekenntnis zur Trümmerliteratur": „Es ist unsere Aufgabe, daran zu erinnern, daß der Mensch nicht nur existiert, um verwaltet zu werden." Marie Luise Kaschnitz sieht die literarische Aufgabe darin, das Erwünschte zu verschweigen und das Unerwünschte zu sagen. Christa Wolf sieht sie darin, die blinden Flecken der Vergangenheit aufzudecken. Verständigen Sie sich darüber, worin heute (!) die Aufgabe der Literatur zu sehen ist.

Hier bietet sich eine moderierte Diskussion an. Eine Schülerin/ein Schüler sollte sich im Vorfeld intensiver mit den Äußerungen der Autorinnen/Autoren beschäftigen und speziell damit, wie HEINRICH BÖLL (1917–1985), MARIE-LUISE KASCHNITZ (1901–1974) und CHRISTA WOLF (geb. 1929) ihre Vorstellungen in ihren Werken festschrieben. Zum Herausarbeiten der heutigen Aufgabe der Literatur könnte THOMAS BRUSSIGS (geb. 1964) „Am kürzeren Ende der Sonnenallee" (1999) oder INGO SCHULZES (geb. 1962) „Simple Storys" (1998) herangezogen werden. Möglich – und für die Diskussion eventuell spannender – sind auch Romane, die nicht der sogenannten „Wendeliteratur" angehören, etwa DANIEL KEHLMANNS (geb. 1975) „Die Vermessung der Welt" (2005) oder JUDITH HERMANNS (geb. 1970) „Sommerhaus, später" (1998). Wahrscheinlich werden die Spiegel-Bestseller von 2009, FRANK SCHÄTZINGS (geb. 1957) „Limit" (2009) und HERTA MÜLLERS (geb. 1953) „Atemschaukel" (2009), noch differenziertere Antworten liefern.

S. 468, Aufgabe 1:

Lesen Sie das Zitat von Max Frisch und antworten Sie auf seine Frage (↗ S. 467). Legen Sie dar, welche Bedeutung Frischs Überlegung Ihrer Meinung nach für die Bedeutung von Kultur überhaupt hat.

Die Aufgabe ist von den Schülerinnen und Schülern *individuell* bzw. in einer Diskussion innerhalb des Kurses zu lösen. Hier sollte vor allem auch thematisiert werden, ob und wann es heute möglich ist, ein „Unmensch" zu werden, und welche (gesellschaftlichen) Voraussetzungen erfüllt sein müssen, Unmenschlichkeit als Gewaltakt Einzelner bzw. von Gruppen gegen einzelne und Gruppen von Menschen zu verhindern.

Dabei kann die Diskussion einen weiten Bogen spannen, der von Gewaltübergriffen in S-Bahnhöfen durch frustrierte Jugendliche über rechte Gewalt gegenüber Andersgläubigen und Ausländern bis hin zu den Amokläufen von Erfurt, Emsdetten, Winnenden und Ansbach reicht.

S. 468, Aufgabe 2:

Erschließen Sie das Zitat Adornos, indem Sie zunächst alle Fremdwörter klären und es wiederholt lesen. Arbeiten Sie mit wachsendem Verständnis die Ambivalenz heraus, die in ihm enthalten ist.

Erläutern Sie unter Berücksichtigung dieser Ambivalenzen die Bedeutung des Satzes: „Alle Kultur nach Auschwitz, samt der dringlichen Kritik daran, ist Müll." (Adorno, Theodor W.: Negative Dialektik. In: ders: Gesammelte Schriften, 20 Bde, Bd. 6, hrsg. von Rolf Tiedemann, Frankfurt/M.: Suhrkamp, 1973, S. 359.)

Die Aufgabe ist von den Schülerinnen und Schülern *individuell* zu lösen. Einige Internetquellen könnten dem Schüler bei der Lösung der Aufgabe behilflich sein:

http://de.wikipedia.org/wiki/Kontemplation
http://de.wikipedia.org/wiki/Entarten
http://de.wikipedia.org/wiki/Entartung_(Medizingeschichte)
http://www.udo-leuschner.de/nordau/entartung1.htm
http://de.wikipedia.org/wiki/Dialektik

S. 469, Aufgabe 1:

Sammeln Sie Assoziationen zu dem Oxymoron „schwarze Milch" (↗ Kap. 1.5.3, S. 179).

Die Aufgabe ist von den Schülerinnen und Schülern *individuell* zu lösen. Hilfestellungen erhalten sie unter:

http://www.celan-projekt.de/verweis-milch.html
http://de.wikipedia.org/wiki/Todesfuge

S. 469, Aufgabe 2:

Recherchieren Sie die Merkmale einer Fuge und zeigen Sie den Bezug zum Gedicht „Todesfuge" von Celan auf.

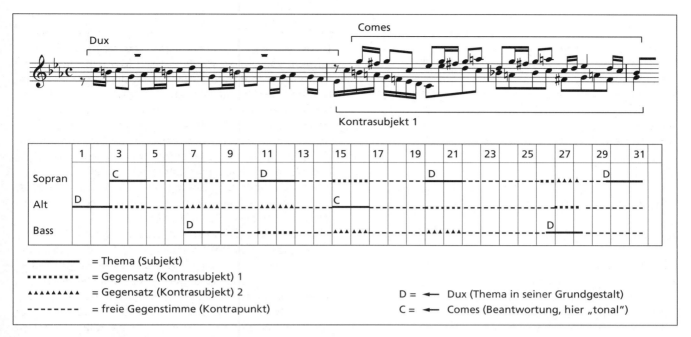

Fuge. Oben: Fugenanfang; darunter: schematische Darstellung der gesamten Fuge

Fuge (italien., zu lat. Fuga „Flucht" [der einen Stimme vor der folgenden]), in der Musik Bezeichnung für ein mehrstimmiges (in der Regel 3- oder 4-stimmiges) Instrumental- oder Vokalstück, dessen streng kontrapunktisch gesetzte Stimmen ein Thema imitatorisch-variativ durchführen. Die in der Bachzeit exemplarisch ausgebildetete Fuge hat etwa folgenden Aufbau: Ein Thema (Subjekt) erklingt zunächst allein in seiner Grundgestalt (Dux, Führer), hierauf wird es in einer anderen Stimme auf der Dominante oder Subdominante beantwortet (Comes, Gefährte). Diese Beantwortung ist entweder „real", d.h. intervallgetreu, oder „tonal", d.h. mit charakteristischen Abweichungen, wobei die Ausgangstonart erhalten bleibt. Danach beginnen sukzessiv die nächsten Stimmen wieder mit dem Dux bzw. Comes. Außer zum ersten klingt zu jedem Themeneinsatz ein Kontrapunkt – häufig als beibehaltener Gegensatz (Kontrasubjekt) –, der schließlich in einen freien Kontrapunkt übergeleitet wird. Die erste Durchführung des Themas, die Exposition, endet, wenn alle Stimmen einmal das Thema als Dux bzw. Comes vorgetragen haben. Hieran schließen sich nach einem freien Zwischenspiel weitere Durchführungen (und Zwischenspiele) an, in denen das Thema in veränderter Gestalt [...] auftritt oder die Themeneinsätze gegeneinander verschoben sind (Engführung). Die Anzahl der Themeneinsätze ist ebenso wenig festgelegt wie Anzahl und Länge der Durchführungen. [...]

(Bild und Text zur Fuge [gekürzt] in: Meyers großes Taschenlexikon, Mannheim: Meyers Lexikonverlag, 1987, Bd. 7, S. 292 f.)

Merkmale der strengen fugischen Form in der Tektonik des Gedichts: Exposition: bis Vers 10 (darin Stimme 1, evtl. chorisch, Vers 1–4; in Vers 4 könnte sich auch eine Einzelstimme lösen, die als Teil von Stimme 1, als Teil des „wir" also zu verstehen ist; darin Stimme 2 Vers 5–10, aus der sich „dein goldenes Haar Margarete" ebenso wie später

als Antwort „dein aschenes Haar Sulamith" als eine andere Einzelstimme im Sinne einer wörtlichen Rede lösen könnte.)
Im Folgenden lösen sich diese Stimmen gegenseitig ab, wobei zu beachten ist, dass die Intervalle kürzer werden und die Stimmen bruchstückhaft ineinander geschoben, also enggeführt werden. Einige Variationen sind so herausstechend, dass man sie vielleicht mit der Klangfarbe einer eigenen Stimme herausheben sollte. So z.B. „Der Tod ist ein Meister aus Deutschland" in V. 26, 30, 32, 36 und „seine Augen sind blau" V. 19, „sein Auge ist blau/ er trifft dich [...] genau" V. 32 f. Der letztgenannte Vers sticht schon dadurch heraus, dass er den einzigen Reim des Gedichts aufweist, dessen Klang den Einschlag der bleiernen Kugel nachahmt, von der die Rede ist.

S. 470, Aufgabe 3:
Erarbeiten Sie in Gruppen verschiedene Stimmen, die in dem Gedicht zu unterscheiden sind, und entwickeln Sie einen Vortrag des Gedichts, in dem diese Stimmen hörbar werden. Experimentieren Sie mit den Regulatoren chorisches Sprechen/Einzelsprechen; laut/leise; tonloses Sprechen/Überbetonung; gedehntes Sprechen/beschleunigtes Sprechen. Nehmen Sie Ihren fertigen Vortrag auf einen Tonträger auf.

Die Aufgabe ist von den Schülerinnen und Schülern *individuell* zu lösen.

S. 470, Aufgabe 1 unten:
Im Zusammenhang mit Celans außergewöhnlich bildstarker, schwer zu durchdringender Lyrik werden oft die Begriffe Hermetismus, Chiffre und absolutes Gedicht verwendet. Recherchieren Sie Herkunft und Bedeutung dieser Begriffe und überprüfen Sie anhand von Celans Aussagen über Lyrik in seiner Preisrede, in-

wiefern man den Gebrauch dieser Begriffe als Merk-malsbeschreibung seiner Lyrik einschränken muss.

Hermetismus:
http://de.wikipedia.org/wiki/Hermetismus_(Literatur)
http://www.wissen.de/wde/generator/wissen/ressorts/bil-dung/index,page=1121110.html
http://lic.ned.univie.ac.at/node/5694

Chiffre:
http://de.wikipedia.org/wiki/Chiffre_(Literatur)
http://de.encarta.msn.com/encyclopedia_761595911/Chiffre.html
http://www.literatur-im-foyer.de/Sites/Glossar/chiffre.htm

Absolutes Gedicht/absolute Lyrik/absolute Poesie
http://www.uni-stuttgart.de/ndl1/schwitters3.htm
http://www.xlibris.de/Epochen/Nachkriegszeit?page=0%2C3
http://de.wikipedia.org/wiki/Absolute_Poesie
http://www.stuttgarter-schule.de/natuerliche_und_kuenstliche_poesie.html

Die Aufgabe ist von den Schülerinnen und Schülern *individuell* zu lösen.

S. 470, Aufgabe 2 unten:
Die Gedichte „Engführung" und „Todesfuge" sind in Celans Gedichtband „Sprachgitter" erschienen. Sammeln Sie Assoziationen zu den Wörtern „Sprache" und „Gitter" und erläutern Sie anschließend, welche Bedeutung Sprache und Lyrik durch diesen Titel zugewiesen wird.

Die Aufgabe ist von den Schülerinnen und Schülern *individuell* zu lösen.

S. 471, Aufgabe 1:
Formulieren Sie Hypothesen darüber, wie Max Frisch das biblische Bildnisverbot in seinem Text „Stiller" auslegt.

Die Aufgabe ist von den Schülerinnen und Schülern *individuell* zu lösen.

S. 471, Aufgabe 2/3:
Setzen Sie sich mit dem Erzähler im Roman „Stiller" auseinander und stellen Sie einen Bezug zur Bildnisproblematik her.
Untersuchen Sie die Erzählsituation des Romans und erläutern Sie die enge Verbindung von Form und Inhalt.

MAX FRISCH über die Ich-Position des Erzählers:
„Die Ich-Position des Erzählers: das ist eine Grundfrage der modernen Epik. Ganz vordergründig gesprochen: natürlich ist das Erzähler-Ich nie mein privates Ich, natürlich nicht, aber vielleicht muß man schon Schriftsteller sein, um zu wissen, daß jedes Ich, das sich ausspricht, eine Rolle

ist. Immer. Auch im Leben. Auch in diesem Augenblick. Jeder Mensch (ich spreche jetzt nicht vom Schriftsteller, sondern von seinem Helden), jeder Mensch erfindet sich früher oder später eine Geschichte, die er, oft unter gewaltigen Opfern, für sein Leben hält, oder eine Reihe von Geschichten, die mit Namen und Daten zu belegen sind, so daß an ihrer Wirklichkeit, scheint es, nicht zu zweifeln ist. Trotzdem ist jede Geschichte, meine ich, eine Erfindung und daher auswechselbar. Man könnte mit einer fixen Summe gleicher Vorkommnisse, bloß indem man ihnen eine andere Erfindung seines Ichs zugrunde legt, sieben verschiedene Lebensgeschichten nicht nur erzählen, sondern leben. Das ist unheimlich ...
Was ich meine: jedes Ich, das erzählt, ist eine Rolle. Das ist es, was ich darstellen möchte. Jede Geschichte, die sich erzählen läßt, ist eine Fiktion ... Was wir in Wahrheit haben, sind Erfahrungen, Erlebnismuster. Nicht nur indem wir schreiben, auch indem wir leben, erfinden wir Geschichten, die unser Erlebnismuster ausdrücken, die unsere Erfahrung lesbar machen. Dabei glaube ich, und das ist entscheidend für die Möglichkeit der Darstellung: Erfahrung ist ein Einfall, nicht ein Ergebnis aus Vorfällen. Der Vorfall, ein und derselbe, dient hundert verschiedenen Erfahrungen. Offenbar gibt es kein anderes Mittel, um Erfahrung darzustellen, als das Erzählen von Geschichten: als wären es die Geschichten, aus denen unsere Erfahrungen hervorgegangen sind. Es ist umgekehrt. Die Erfahrung erfindet sich ihren Anlaß."

(Max Frisch. In: Horst Bienek. Werkstattgespräche mit Schriftstellern, München: Hanser Verlag, 1962, S. 24 ff.)

Der Roman beginnt zwar mit einem Ich-Erzähler, der aus streng personaler Perspektive in das Geschehen involviert ist (1. Satz: „Ich bin nicht Stiller! – Tag für Tag, seit meiner Einlieferung in dieses Gefängnis, das noch zu beschreiben sein wird, sage ich es, schwöre ich es und fordere Whisky, ansonst ich jede weitere Aussage verweigere."), trotzdem handelt es sich nicht um einen reinen Ich-Roman, auch nicht im ersten Teil, der durch die Gefängnissituation besonders auf Selbsterforschung angelegt ist.
Das „Ich", das Tagebuch schreibt, erklärt hauptsächlich seine Gegenwart und scheint keine Vergangenheit zu haben. Vergangenheit hingegen hat der verschollene Stiller, von dem hauptsächlich die Rede ist. Dies aber nicht in der Ich-Form, sondern in der 3. Pers. Sg. So wird durch den Fall White nicht nur die Identität Stillers gebrochen, sondern auch die Erzählhaltung. Einmal wird vom Roman-Ich in der dritten Person gesprochen, dies aber durch einen Ich-Erzähler, der selbst diese dritte Person, nämlich Stiller ist. Die Differenz zwischen dem erzählenden Ich und dem erlebenden Ich, die immer eine gewisse Spannung erzeugt, wird hier noch vergrößert.

S. 471, Aufgabe 4:
Max Frisch sagt in seinem Tagebuch: „In gewissem Grad sind wir wirklich das Wesen, das die anderen in uns hineinsehen, Freunde wie Feinde. Und umgekehrt!" Der inhaftierte White gibt zu keinem Zeitpunkt des Romans zu, dass er Stiller ist. Verständigen

Sie sich darüber, ob sich der Inhalt des Zitats trotzdem im Roman widerspiegelt. Untersuchen Sie in diesem Zusammenhang auch den Tod Julikas.

Die Aufgabe ist von den Schülerinnen und Schülern *in Gruppenarbeit* zu lösen.

S. 474, Aufgabe 1:
Untersuchen Sie Themen und Ausdrucksmittel der verschiedenen Gedichte. Suchen Sie ein Gedicht heraus, das Sie für literarisch besonders gelungen halten, und formulieren Sie anschließend Kriterien, nach denen Sie es beurteilt haben.

Die Aufgabe ist von den Schülerinnen und Schülern *individuell* zu lösen.

S. 474, Aufgabe 2:
Informieren Sie sich über die „Neue Subjektivität" und prüfen Sie, welches Gedicht sich dieser literarischen Strömung zuordnen lässt. Sammeln Sie weitere Gedichte dieser Strömung.

http://lic.ned.univie.ac.at/node/1305
http://de.wikipedia.org/wiki/Neue_Subjektivit%C3%A4t
http://de.encarta.msn.com/encyclopedia_721536807/Neue_Subjektivit%C3%A4t.html
http://www.uni-due.de/literaturwissenschaft-aktiv/nullpunkt/pdf/karin_kiwus_fragile.pdf

S. 474, Aufgabe 3:
Schreiben Sie ein Antwortgedicht zu Ulla Hahns „Ich bin die Frau". Wenn Sie männlich sind, könnten Sie beginnen mit „Ich bin der Mann ...", wenn Sie weiblich sind, könnten Sie z. B. die Rolle verändern und beginnen: „Ich bin die Tochter ...".

Die Aufgabe ist von den Schülerinnen und Schülern *individuell* zu lösen.

S. 474, Aufgabe unten:
Informieren Sie sich über den Inhalt des Romans „Ankunft im Alltag" und erläutern Sie, warum er ein Musterbeispiel für den Bitterfelder Weg (↗Artikel DVD) darstellte. Beziehen Sie den biografischen Hintergrund des Romans dazu mit ein.

Neben einer Reihe von Sekundärliteratur in Bibliotheken stehen den Schülerinnen und Schülern auch zahlreiche Internetseiten zur Recherche zur Verfügung, u. a.:
http://www.brigittereimann.de/werk_alltag.php
http://golm.rz.uni-potsdam.de/germanistik/Reimann/Hoyerswerda/Ankunft/index_hauptseite.html

S. 475, Aufgabe 1:
Tauschen Sie sich über den Eindruck aus, den Sie in dem Romananfang von Christa T. (↗DVD) bekommen. Klären Sie, wofür der Ruf der Trompete steht und inwiefern er ein Schlüsselerlebnis ist. Suchen Sie

nach Schlüsselerlebnissen in ihrem eigenen Leben und Erleben. Machen Sie Notizen zu einem solchen Erlebnis und versuchen Sie eine literarische Umsetzung.

Die Aufgabe ist von den Schülerinnen und Schülern *individuell* zu lösen.

S. 475, Aufgabe 2:
Unterscheiden Sie die Zeitebenen des Erzählten im Text (Gegenwart, nähere Vergangenheit und fernere Vergangenheit) und ordnen Sie ihnen Reflexionsebene und Handlungsebene zu.

S. 475, Aufgabe 3:
Bestimmen Sie unter Rückgriff auf Kap. 1.5.1 die Erzählform und das Erzählverhalten im Text von Christa Wolf. (↗ Übersicht auf S. 184)

S. 477, Aufgabe:
Erläutern Sie das folgende Zitat von Enzensberger im Kontext der Argumentation seines Essays: „Für literarische Kunstwerke läßt sich eine wesentliche gesellschaftliche Funktion in unserer Lage nicht angeben." (Ebenda, S. 195)

Weiterführende Literatur

Barck, Simone/Langermann, Martina/Lokatis, Siegfried: „Jedes Buch ein Abenteuer". Berlin: Akademie-Verlag, 1998.

Durzak, Manfred: Die deutsche Kurzgeschichte der Gegenwart: Autorenporträts. Würzburg: Verlag Königshausen & Neumann, 2002.

Hu, Chunchun: Vom absoluten Gedicht zur Aporie der Moderne. Würzburg: Verlag Königshausen & Neumann, 2004.

Lamping, Dieter: „Wir leben in einer politischen Welt": Lyrik und Politik seit 1945. Verlag Vandenhoeck & Ruprecht, 2008.

Petersen, Jürgen H.: Absolute Lyrik. Die Entwicklung poetischer Sprachautonomie im deutschen Gedicht vom 18. Jahrhundert bis zur Gegenwart. Berlin: Erich Schmidt Verlag, 2006.

Schneider, Sabine (Hrsg.): Lektüren für das 21. Jahrhundert. Klassiker und Bestseller der deutschen Literatur von 1900 bis heute. Würzburg: Verlag Königshausen & Neumann, 2005.

Schössler, Franziska/Schwab Eva: Max Frisch Stiller. Ein Roman. München: Oldenbourg Verlag, 2004.

Skare, Roswitha/Hoppe Rainer B.: Wendezeichen?: Neue Sichtweisen auf die Literatur der DDR. Amsterdam, Atlanta: Editions Rodopi, 1999.

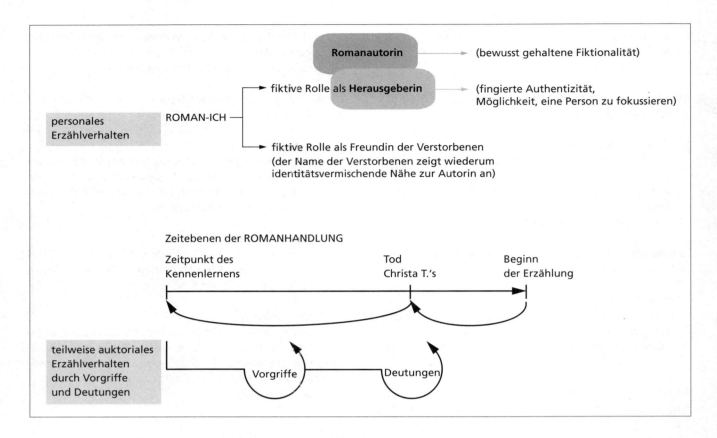

Theodor Adorno
Minima Moralia (18: Asyl für Obdachlose)

Wie es mit dem Privatleben heute bestellt ist, zeigt sein Schauplatz an. Eigentlich kann man überhaupt nicht mehr wohnen. Die traditionellen Wohnungen, in denen wir groß geworden sind, haben etwas Unerträgliches angenommen: jeder Zug des Behagens darin ist mit dem Verrat an der Erkenntnis, jede Spur der Geborgenheit mit der muffigen Interessengemeinschaft der Familie bezahlt.[...] Wer sich in echte, aber zusammengekaufte Stilwohnungen flüchtet, balsamiert sich bei lebendigem Leibe ein. Will man der Verantwortung fürs Wohnen ausweichen, indem man ins Hotel oder ins möblierte Appartement zieht, so macht man gleichsam aus den aufgezwungenen Bedingungen der Emigration die lebenskluge Norm. [....]

Das Haus ist vergangen. Die Zerstörung der europäischen Städte ebenso wie die Arbeits- und Konzentrationslager setzten bloß [....]fort, was die [....] Entwicklung der Technik über die Häuser längst entschieden hat. Diese taugen nur noch dazu wie alte Konservenbüchsen fortgeworfen zu werden. [....]

„Es gehört selbst zu meinem Glücke, kein Hausbesitzer zu sein", schrieb Nietzsche bereits in der Fröhlichen Wissenschaft. Dem müsste man heute hinzufügen: es gehört zur Moral, nicht bei sich selber zu Hause zu sein. Darin zeigt sich etwas an von dem schwierigen Verhältnis, in dem der Einzelne zu seinem Eigentum sich befindet, solange er überhaupt noch etwas besitzt. Die Kunst bestünde darin, in Evidenz zu halten und auszudrücken, dass das Privateigentum einem nicht mehr gehört, in dem Sinn, dass die Fülle der Konsumgüter so groß geworden ist, dass kein Individuum mehr das Recht hat, an das Prinzip ihrer Beschränkung sich zu klammern; dass man aber dennoch Eigentum haben muss, wenn man nicht in jene Abhängigkeit und Not geraten will, die dem blinden Fortbestand des Besitzverhältnisses zugute kommt. Aber die Thesis dieser Paradoxie führt zur Destruktion, einer lieblosen Nichtachtung für die Dinge, die notwendig auch gegen die Menschen sich kehrt, und die Antithesis ist schon in dem Augenblick, in dem man sie ausspricht, eine Ideologie für die, welche mit schlechtem Gewissen das Ihre behalten wollen. Es gibt kein richtiges Leben im falschen.

Textauszug aus: Adorno, Theodor W.: Minima Moralia. Reflexionen aus dem beschädigten Leben. Berlin und Frankfurt/M.: Suhrkamp Verlag, 1951, S. 55–59.

3.2.6 Literatur der Gegenwart

Didaktisch-methodische Hinweise

Die „einheitlichen Prüfungsanforderungen im Fach Deutsch" sehen „Einsichten in literaturgeschichtliche sowie literaturtheoretische Zusammenhänge" vor, die der Deutschunterricht in der Oberstufe vermitteln soll. Dabei sollen die „Korrespondenzen zwischen literarischer Tradition [19. Jahrhundert] und Gegenwartsliteratur" herausgearbeitet werden. Gegenwärtig wird unter „Gegenwartsliteratur" häufig Nachkriegsliteratur und deutschsprachige Literatur bis zur Wende 1989 verstanden. Werke der Gegenwartsliteratur sind jedoch „Texte jüngeren Erscheinungsdatums [...], die weder durch literaturwissenschaftliche Interpretationspraxis noch durch didaktische Analysen und methodische Erprobungen abgesichert sind".

(Paefgen, Elisabeth K.: Einführung in die Literaturdidaktik. Stuttgart: J. B. Metzler Verlag, 2006, S. 89.)

Diese wird in der Schule, wenn überhaupt, häufig recht marginal behandelt. Dabei fordern Rahmenpläne der Bundesländer unter anderem die „kritische Auseinandersetzung mit Gegenwartsliteratur" (Richtlinien für die gymnasiale Oberstufe in NRW). Eine Schwierigkeit besteht – neben der oben erwähnten ungenügenden didaktischen Absicherung – darin, dass es für die Literatur ab 1990 keinen allgemeingültigen Kanon der Lektüre gibt, die Lernenden gelesen haben sollten. Und das aus gutem Grund, kommen doch jährlich hochinteressante Werke hinzu, die im Unterricht behandelt werden könnten, weil sie sehr nahe an der Erlebniswelt der Lernenden sind. So werden diesbezügliche Angebote in Lehrbüchern für den Deutschunterricht stets auch Fragment bleiben müssen. Das vorliegende Lehrbuch versucht diesem Dilemma insofern zu entkommen, als für die erste Dekade dieser Zeit lediglich ein Ausschnitt aus einem der damals meistdiskutierten Werke zur Lektüre angeboten wird:

CHRISTA WOLFS „Was bleibt". Dieser Text wird in den Zusammenhang der Diskussion gestellt, sodass der literaturhistorische Aspekt in den Fokus der Betrachtung gerät. Im Unterricht zu behandelnde Ganzschriften bleiben der individuellen Auswahl durch den Lehrkörper vorbehalten. Für die zweite Dekade trat die Suche nach dem „ultimativen" Wenderoman ins Zentrum des Feuilletons. Die Suche danach ist zwar aufgegeben worden, wird an dieser Stelle jedoch dokumentiert. Als Klammer für die gesamte Zeit ist die Kontinuität des Erzählens anzusehen, die einerseits weit in die Literaturgeschichte hineinragt, andererseits aber auch auf zukünftige Werke deutschsprachiger Literatur verweisen kann.
Für den Literaturunterricht lassen sich somit genügend Anknüpfungspunkte finden und mit den zu lesenden Ganzschriften verbinden. Und das gilt auch, wenn sich die im Unterricht behandelten neuen Werke der Gegenwartsliteratur in den späteren Jahren als literaturgeschichtlich bedeutungslos herausstellen sollten. Denn

es kann bekanntlich „über die Zukunftsbedeutung literarischer Werke [...] prinzipiell nichts Genaues vorhergesagt werden".

(Abraham, Ulf/Kepser, Matthis: Literaturdidaktik Deutsch. Eine Einführung. Berlin: E. Schmidt Verlag, 2006, S. 167.)

Fast unbestritten ist aber, dass es in der Zukunft wohl mehr Offenheit und Flexibilität in Bezug auf einen Lektürekanon im Deutschunterricht der Oberstufe geben wird. Auf diese Umstände reagiert das Lehrbuch mit der Auswahl an pragmatischen und literarischen Texten.

Hinweise zu den Aufgaben

S. 481, Aufgabe 1:
Recherchieren Sie das geistig-politische Klima in der DDR zur Wendezeit.

– Mai 1989: gefälschte Kommunalwahlen in der DDR – erste Proteste
– Sommer 1989: Flucht von Tausenden DDR-Bürgern über Ungarn in die Bundesrepublik
– September 1989: Ausreisemöglichkeit für DDR-Bürger von der Botschaft der BRD in Prag
– erste Montagsdemonstrationen ab 9. Oktober 1989 in Leipzig
– Gründung neuer Parteien und Bürgerbewegungen: Sozialdemokratische Partei der DDR, Neues Forum, Bündnis 90, Demokratie Jetzt, Grüne Liga u. a.
– Die DDR-Regierung reagiert auf die Vorgänge in völliger Verkennung der Situation teilweise mit Ignoranz, teilweise mit öffentlicher Herabwürdigung der Flüchtlinge.
– Großdemonstration am 4. November 1989 in Berlin
– neues Reisegesetz: Öffnung der Mauer für DDR-Bürger am 9. November 1989

Nach dem November 1989 „teilte sich" die Gesellschaft in diejenigen, die eine DDR mit sozialistischem Antlitz beibehalten wollten, und diejenigen, die einen raschen Anschluss an die Bundesrepublik forderten.
Im Internet finden sich zahlreiche Chroniken und Erinnerungsberichte, die zur Beantwortung der Aufgabe herangezogen werden können:
http://bildungsserver.berlin-brandenburg.de/20jahremauerfall.html
http://www.ddr-wissen.de/wiki/ddr.pl?Mauerfall
http://heuteblog.de/2006/11/09/mein-119-gedanken-zum-mauerfall-1989/
http://www.tagesspiegel.de/berlin/1989/

S. 481, Aufgabe 2:
Vergleichen Sie die Gedichte Volker Brauns und Yaak Karsunkes.

VOLKER BRAUNS (geb. 1939) Gedicht ist – laut BRIGITTE BURMEISTER (vgl. Marburger Forum. Beiträge zur geistigen Situation der Gegenwart Jg. 6 [2005], Heft 6) – im Sommer 1990 entstanden. (Die im Lehrbuch angegebene Jahreszahl 1992 bezieht sich auf das Jahr des ersten Drucks, wie ja die genaue zeitliche Verortung von Lyrik prinzipiell schwierig ist, da die Autoren die Angewohnheit haben, ständig daran herumzubasteln.) Wenn Burmeister recht hat, wurde Brauns Gedicht aufgefasst als eines, auf das es die Lyriker in Ost und West drängte zu antworten. In der Folge gab es tatsächlich eine Menge Gedichte, die sich mit Mauerfall und staatlicher Einigung Deutschlands beschäftigten. Im Lehrbuch sind einige Beispiele abgedruckt (S. 480 f.).

Volker Brauns und Yaak Karsunkes (geb. 1934) Gedichte eignen sich hier besonders zum Vergleich. Da beide Autoren in derselben Stadt wohnten und so dieselben Geschehnisse wahrnahmen, Braun im Osten und Karsunke im Westen, musste dies unterschiedliche Wahrnehmungen hervorrufen:

- Sichtweise auf die Ereignisse: Ost (Braun)
- lakonisch und als Beobachter auf der Westseite (Karsunke)
- gekränkt und aus der Haltung des unmittelbaren Beteiligtseins (Braun)
- Täterrolle wird angeklagt: Stasi, SED-Kader (Karsunke)
- Braun beleuchtet die „einfachen Leute".
- Braun reflektiert offensichtlich die Wahl 1990.
- Karsunke geht es um die Auseinandersetzung der ehemaligen DDR-Bürger mit der Staatssicherheit.

Formaler Aufbau
Braun:
Reim (aa,b, cc,bb,dd, eee): regelmäßige Abfolge von Hebungen und Senkungen, fünffüßiger Jambus, ernsthaft, feierlich. Das Versmaß unterstützt den dramatischen Gestus.
„Das Wesen des Jambischen Gedichts besteht keineswegs blos im Lustigen, sondern es überwiegt in ihm das Polemische, Eindringende, Muthige, Frische, Rücksichtslose."
(Pierer's Universal-Lexikon, Band 8. Altenburg: H. A. Pierer, 1859, S. 732–733.)

Interessant in diesem Zusammenhang ist übrigens, dass jambische Verse im antiken Athen u. a. auch Grundlage für „Schmähgedichte" (ebenda) waren.

Karsunke:
freie, metrisch ungebundene Verse, Gliederung in Verszeilen, keine feste Strophenform, zahlreiche Enjambements, dadurch Annäherung an den natürlichen Rhythmus der Alltagssprache

S. 481, Aufgabe 3:
Interpretieren Sie das Gedicht Durs Grünbeins oder Dirk von Petersdorffs.

Durs Grünbein:
- aus der Haltung des unmittelbaren Beteiligtseins (vergleichbar Braun, aber andere Schlussfolgerungen)
- formaler Aufbau: regelmäßig gebautes Gedicht,

jambisch, sechshebig bzw. siebenhebig, reimlos

Dirk von Petersdorff:
unbeteiligt, Mauerfall wie nebenbei registrierend regelmäßig gebautes Gedicht, Reimschema ab, cd, ef, gh meist jambische Verse, V. 7 und V. 8 trochäisch

S. 485, Aufgabe 1:
Analysieren Sie die Texte von Corino und Buch hinsichtlich der sprachlichen Mittel.

Beide Texte sind stark aus der Sicht des Westdeutschen geschrieben, die auf rein westliche Befindlichkeiten abhebt (die der Ostintellektuellen dabei desavouiert) bzw. auf der Erwartungshaltung beruht, dass dieselben Worte in der BRD und in der DDR auch dasselbe bedeuten müssen, z. B.: der Begriff Patriot. Karl Corino (geb. 1942) meint, Vaterlandsliebe müsse für Ost- wie Westdeutsche gleichermaßen bedeuten, es gäbe nur ein Deutschland und ein Patriot müsste also die Wiedervereinigung wollen, während die Intellektuellen in der DDR nur ihre „kleine DDR" meinten, aber in dieser ebenso „Patrioten" sein konnten. Aus diesem Missverständnis heraus wird Ideologie (und zwar eine vom Autor als falsch verstandene!) untergeschoben, wo eine gesellschaftliche Veränderung zu mehr Demokratie gemeint war. Hier hätte der Blick auf eine zu verwirklichende Utopie (die sich allerdings ebenso wenig hätte verwirklichen lassen, wie die untergeschobene Ideologie) einen differenzierteren und weniger anklagenden Ton bewirkt. So aber sind beide Texte (mehr oder weniger) agitatorisch, anklagend, schuldzuweisend, demagogisch.

S. 485, Aufgabe 2:
Diskutieren Sie die Frage, warum gerade Christa Wolfs Erzählung zum Auslöser einer Debatte um moralische Haltungen deutscher Intellektueller werden konnte.

Die Diskussion könnte um die Frage kreisen, warum Christa Wolf (geb. 1929) ihren Text nicht zeitnah, also um 1979 veröffentlicht hat. Wichtig scheint hier ebenso die Frage, warum der Text nicht als ein ästhetischer gelesen worden ist bzw. gelesen werden konnte und ob es heute eher möglich ist, sich an der Literarizität bzw. der Rezipierbarkeit des Textes zu reiben. Eine weitere wichtige Frage ist die nach den moralischen Haltungen der deutschen Intellektuellen und ob diese sich im Vergleich zu heute verändert haben.

S. 485, Aufgabe 3:
Erläutern Sie, weshalb auch Walter Jens, Günter Grass und andere Autoren „der engagierten Literatur" (Ulrich Greiner) in den Strudel der Kritik geraten konnten.

Kern dieser Frage ist die nach den politisch-ideologischen Positionen von Feuilletonisten und Schriftstellern um 1990. Konservative und linke Intellektuelle lieferten sich eine Schlammschlacht auf dem Felde des Feuilletons, auf die die Schriftsteller nur reagieren konnten, obwohl sie gern agiert hätten. WALTER JENS (geb. 1923), GÜNTER GRASS (geb. 1927) und andere wollten ein Fortbestehen der Existenz zweier deutscher Staaten zumindest für die nächsten Jahre und so eine allmähliche Angleichung der Staaten aneinander.

Die Frage danach, ob dies ein sinnvoller Weg gewesen wäre, begibt sich jedoch ins Feld der Spekulation. Einige Historiker gehen davon aus, dass es 1990 nur ein kleines Zeitfenster gegeben habe, in welchem eine Wiedervereinigung möglich gewesen war. Dieses Zeitfenster maß sich an der Figur GORBATSCHOWS und der relativen Schwäche der Außenpolitik der ehemaligen Sowjetunion einerseits und der relativen Offenheit der anderen (d. h. westlichen, sprich: Frankreich, Großbritannien) Siegermächte des Zweiten Weltkrieges gegenüber einer staatlichen Einigung Deutschlands.

S. 489, Aufgabe 1:
Notieren Sie, was Ihrer Meinung nach mit dem Begriff „Wenderoman" gemeint sein könnte. Recherchieren Sie anschließend den Begriff. Gehen Sie der Frage nach, warum es dem Feuilleton so schwer fällt, den „definitiven" Wenderoman zu finden.

Hier könnten folgende Stichworte fallen:
- Literatur, die sich thematisch mit der Wende in der DDR (Mauerfall, deutsche Einheit) beschäftigt
- vom Feuilleton geprägter Begriff
- Zeitroman
- kein homogener Begriff, da die unter ihm subsumierte Literatur sich weder stilistisch noch inhaltlich auf einen Nenner bringen lässt
- Vorstellungen der Feuilletonisten von „Wenderoman" sind sehr unterschiedlich.

Neben den im Lehrbuch genannten Werken ist zum „Genre" zu rechnen:
- Thomas Hettche: „NOX", 1995.
- Reinhard Jirgl: *Abschied von den Feinden. Roman,* 1995.
- Volker Braun: *Der Wendehals. Eine Unterhaltung,* 1995.
- Jens Sparschuh: *Der Zimmerspringbrunnen. Ein Heimatroman,* 1995.
- Christa Wolf: *Medea Stimmen,* 1996.

Dabei ist die Spannbreite riesig: linke Kapitalismuskritik als Satire, pikaresker Roman, historischer Roman, kafkaesker Roman, expressionistischer Roman.

S. 489, Aufgabe 2:
Interpretieren Sie die zeitliche Gestaltung des Romans, besonders auch den Aspekt der „Frequenz" (Kap. 1.5.1, S. 156 f.).

Der Roman wird aus stets wechselnden Erzählperspektiven fortlaufend erzählt. Jedes Kapitel hat einen anderen Erzähler:

- **iteratives Erzählen:** Raffung der Erzählgeschwindigkeit im Präsens,
- **singulatives Erzählen:** Arbeit mit Zeitsprüngen, Dehnungen, Raffungen.

S. 493, Aufgabe 1:
Erläutern Sie, „warum die Deutschen das Erzählen verlernt haben" könnten, aber „jetzt alles besser" werden würde. Gehen Sie dabei auch auf die literarischen Vorbilder der jüngeren deutschen Autoren ein.

Die Schülerinnen und Schüler sollten sich hier mit der Situation der Schriftsteller vor 1989 auseinandersetzen. Die „Schere im Kopf", d. h., die Selbstzensur war nicht nur bei den DDR-Autoren vorhanden, auch (vor allem „linke") Autoren der Bundesrepublik setzten die „innere Schere" an, wenn es um Wirklichkeitsdarstellung ging. Auch die (eher „rechten") Autoren hatten ihre Schwierigkeiten durch Überinterpretation bestimmter gesellschaftlicher Verhältnisse in der Welt.

Deutsche Schriftsteller waren bis 1989 stets gefordert zur Stellungnahme, so blieb es bis zur Mitte der 1990er-Jahre. Die Wiedervereinigung hat zwar keinen politikfreien Raum geschaffen, aber die Autoren werden heute nicht mehr so sehr daran gemessen, welcher politischen Idee sie anhängen. Sie erhielten einen freieren kreativen Raum. Dieser ist dadurch gekennzeichnet, dass Ideologien und Ideen nicht mehr primär innerhalb der Literatur, sondern in Essays, Gesprächen, Talkshows ausgefochten bzw. ausgetauscht werden. Jüngere Autoren haben sich den freien kreativen Raum von vornherein „genommen" und knüpfen an tradierten Erzählweisen an. Die Vorbilder dafür fanden sie vorrangig nicht in der deutschsprachigen Literatur.

Zweiter Denkansatz ist die insgesamt veränderte Weltordnung. Deutschland ist „internationaler" geworden. Berlin erlangt langsam, aber stetig, seine verlorene Rolle (als Weltstadt) zurück, die es in den 1920er-Jahren gespielt hat. Die Stadt ist nicht mehr nur ein Museumsbezirk des Kalten Krieges. Einstige Nischen und Randbezirke Westberlins (Kreuzberg, Neukölln) mit ihren Beschaulichkeiten und ihrer Spaßbetontheit verlagerten sich durch den Mauerfall ins Zentrum der Stadt. Konflikte innerhalb der urbanen Welt prallen nun viel unmittelbarer aufeinander als noch in den 1980er-Jahren. Und die Künstler leben mittendrin. Sie leben zuweilen ein Provisorium, wie die Stadt eines ist, sie konstatieren das Diskontinuierliche dieser Großstadt, das Unfertige, das jedoch jeden Tag fertiger erscheint. Damit ergreift die Stadt von ihren Bewohnern Besitz. In diesem Sinne reihen sich die jungen deutschen Autoren in eine – international sehr erfolgreiche – amerikanische Erzähltradition ein.

Andere Künstler grenzen sich bewusst von der Urbanität ab, siedeln in den Umfeldern der Städte, um von dort aus den Blick in die Welt zu schärfen. Auch dies ist eine Entscheidung, die sich mit internationalen Vorgängen vergleichen lässt.

S. 493, Aufgabe 2:
Verständigen Sie sich darüber, woher die Beliebtheit des Fantastischen bzw. des Historischen in der Literatur nach 1990 rührt (↗ S. 515 ff.).

Ein möglicher Ansatzpunkt der Diskussion könnte JOANNE K. ROWLINGS (geb. 1965) „Harry Potter"-Stoff sein, der die Jugendlichen seit Kindertagen begleitet. Auch die Verfilmung der „Herr der Ringe"-Romane J. R. R. TOLKIENS (1892–1973) wurde zum Anlass genommen, sich mit den literarischen Vorlagen zu beschäftigen. Es lassen sich weitere Ansatzpunkte zum Gespräch finden.

S. 493, Aufgabe 3:
Erläutern Sie, was mit „Kontinuität des Erzählens" gemeint sein könnte.

Kontinuität des Erzählens sollte einerseits begriffen werden als etwas, das individuell fortgeschrieben wurde (also die Kontinuität individueller Erzählweise des Autors), andererseits als etwas, das auch im Kontext der jüngsten Literaturgeschichte als Gemeinsamkeit eines literarischen Trends zu konstituieren ist. Letzteres meint also eine ganz bestimmte Kontinuität **traditionellen Erzählens.** Dabei müssen die Traditionen nicht zwangsläufig der deutschsprachigen Literatur entstammen.

S. 493, Aufgabe 4:
Interpretieren Sie das Gedicht von Martina Hefter. Die Autorin ist im Allgäu aufgewachsen. Hilft Ihnen diese Information bei der Interpretation?

Die Schülerinnen und der Schüler sollten sich über die vorhandenen Signalwörter dem Gedicht nähern und sie in Beziehung zum Titel des Gedichts bringen: „Dorftauben", „Bronze-Marx", „Schulterschluss". Die lyrische Sprecherin/der lyrische Sprecher schließt aus, was für sie oder ihn nicht „daheim" ist. Über das Wort „Bronze-Marx" wird deutlich, dass sie/er nicht in der ehemaligen DDR aufgewachsen ist. Für sie/ihn ist Natur einfach Natur, die Taube ist nur eine Taube, sie wird hier nicht als Symbol für etwas (etwa: „Frieden") verstanden. Dieser Ausschluss scheint dem lyrischen Sprecher so wichtig, dass er mit dieser Feststellung seine Reflexion über das „Daheim" einleitet.

Das Gedicht kann gedeutet werden als Reaktion auf die Vielzahl von „Mauerfallgedichten" der „Wende-Zeit", von denen einige auch im Lehrbuch abgedruckt sind (↗ S. 480 f.).

S. 493, Aufgabe 5:
Vergleichen Sie die Gedichte von Martina Hefter und Herta Müller unter dem Aspekt der Kindheitserinnerungen.

Beim Vergleich der beiden Gedichte ist es vielleicht nicht ganz unwichtig, dass die beiden Autorinnen ein Altersunterschied von zwölf Jahren trennt.

Autorbiografische Fakten:
MARTINA HEFTER, geboren 1965 in Pfronten/Allgäu, Tänzerin, Studium am Deutschen Literaturinstitut Leipzig, lebt seit 1997 in Leipzig; HERTA MÜLLER, geboren 1953 in Nitzkydorf, Rumänien, Studium der Germanistik und rumänischen Literatur, Arbeit als Übersetzerin, erste schriftstellerische Arbeiten, 1987 Ausreise nach Deutschland, 2009 Literaturnobelpreis, lebt heute in Berlin.

Zwei Biografien, wie sie unterschiedlicher nicht sein können. MARTINA HEFTER mit der „Westbiografie" lebt heute im Osten Deutschlands, vielleicht klingt deshalb alles in ihrem Gedicht ein wenig nach Rechtfertigung wegen einer sorglosen, behüteten Kindheit ohne ideologische Einflussnahme durch den Staat.

Ganz anders HERTA MÜLLER: Sie hat sich geweigert, mit dem rumänischen Geheimdienst Securitate zusammenzuarbeiten, war danach Verhören, Hausdurchsuchungen und anderen Repressalien ausgesetzt. In ihrer frühen Biografie liegt wenig „Behütetsein", wie es etwa aus dem Gedicht HEFTERS spricht. Gemeinsam mit dem Lyriker OSKAR PASTIOR (1927–2006), der ebenfalls aus Rumänien stammt, recherchierte sie die Deportation von Rumäniendeutschen in die Sowjetunion zwischen 1945 und 1950 (die dort in Gulags gepfercht und zu Zwangsdiensten verpflichtet wurden) und veröffentlichte darüber ein Buch. Sie hat durch eigenes Erleben und durch Recherche erfahren, wie es sich in einer Diktatur lebt. Sie macht es dem Leser vielleicht deshalb nicht einfach: Man sollte möglichst mit der ungewöhnlichen Sprache beider Gedichte beginnen (Interpretationshilfe zu HEFTERS Gedicht wird in Aufgabe 4 gegeben), Signalwörter, Anschlusswerte suchen, nicht spekulativ mit den Texten umgehen, sondern konkret an den Texten bleiben. MÜLLERS Gedicht spielt mit Erwartungshaltungen: Der kahl geschorene Soldat kam nicht, wie zu erwarten wäre, aus dem Krieg, er kam aus der Stadt. Er kam also aus der „informierten Welt" – im Gegensatz zum abgelegenen Dorf im rumänischen Banat. Das heißt: Es ist kein Krieg. Der Soldat ist auch kein Soldat der Bundeswehr (diese müssen nicht „kahlgeschoren" sein). Hier kommt die Biografie der Autorin ins Spiel.

Dieses Gedicht spielt außerdem mit Enjambements. Der kahl geschorene Soldat ist der Bote, der die Nachricht vom Tod des Vaters ins Dorf bringt. Es bleibt zunächst unklar, ob sich die Fabrik in der Stadt befindet. Das Abhalten von elf Totenwachten bringt die lyrische Sprecherin „fast um den Verstand" – es wird nicht klar, warum. Erst der letzte Satz bringt die Klarheit: „Ein Sarg kam nie". Hat die Autorin im gesamten Gedicht auf Zeichensetzung verzichtet, setzt sie doch im letzten Vers vor diese Sentenz einen Punkt. Nun erst wird klar, dass die Totenwacht ohne Leiche stattfand und dass es dies war, was die Totenwächter fast um den Verstand brachte. Es steht zwar nicht explizit im Gedicht, aber es darf mit Recht vermutet werden, dass MÜLLER in diesem Gedicht auf ihre Recherchearbeit im Zusammenhang mit den Deportationen rumäniendeutscher Männer in die Sowjetunion zurückgegriffen hat oder gar aus eigenem Erinnern schöpfte. Ganz sicher nimmt der lyrische Sprecher diese Position ein.

HERTA MÜLLER verarbeitete ihre Recherchen über die Verschleppung der Rumäniendeutschen in die Sowjetunion u.a. auch in ihrem 2009 erschienenen Roman „Atemschaukel", für den sie 2009 den Nobelpreis für Literatur erhielt. Das im Lehrbuch enthaltene Gedicht eignet sich deshalb sehr gut, es als Einstieg für die Beschäftigung mit MÜLLERS „Atemschaukel" zu behandeln. Der Roman eignet sich – trotz der grausamen Wahrheiten, die in ihm formuliert werden – ausgezeichnet für die Untersuchung von Sprache und Poesie. Dass Metaphern kein Vorrecht der Lyrik allein sind, kann an diesem Buch eindrucksvoll belegt werden. Einige Feuilletonbeiträge zum Roman finden Sie unter:
http://www.tagesspiegel.de/kultur/Herta-Mueller-Atemschaukel;art772,2876606
http://www.arte.tv/de/Herta-Mueller-und-Oskar-Pastior/1510104.html
http://www.vorwaerts.de/artikel/herta-mueller-atemschaukel

S. 493, Aufgabe 6:
Analysieren Sie den Ausschnitt aus Daniel Kehlmanns Roman „Ruhm". Gehen Sie dabei besonders auf Erzählform und Erzählverhalten ein (↗ Kap. 1.5.1, S. 151).

DANIEL KEHLMANNS (geb. 1975) Erzähler ist Schriftsteller. Dieser gewährt Einblick in seinen Schaffensprozess. Der Leser kann dem Erzähler (der nicht der Autor ist!) beim Erfinden seiner Figuren quasi über die Schulter schauen. Er „herrscht" in der fiktiven Welt des Romans, sagt dem Leser, dass seine Figuren erfunden sind, tritt sogar in Dialoge mit ihnen (später wird z. B. zu lesen sein, dass sich die Figur Rosalie direkt an den Erzähler wendet und um Gnade für ihr Leben bittet: Aber sie, so macht der Erzähler klar, ist doch nur eine Figur und er kann sie nicht am Leben lassen).
Der Erzähler herrscht auktorial über seine Personage, tritt aber zugleich als Person auf. Aber weil er der „fiktive" Autor und zugleich Erzähler ist, kann er zugleich aus der Perspektive der Figuren erzählen, Reflektorfigur sein. Er nimmt abwechselnd Innensicht und Außensicht ein, benutzt Ich-Form und Er-Form, kann sich distanzieren oder involvieren, kann die erlebte Rede anwenden oder einen inneren Monolog abhalten: Der Erzähler macht klar: Ich bin der (fiktive) Autor und ich darf alles.

Weiterführende Literatur

Emmerich, Wolfgang: Kleine Literaturgeschichte der DDR. Erw. Neuausgabe, Berlin: Aufbau Verlag, 2007.

Firsching, Annette: Kontinuität und Wandel im Werk von Christa Wolf. Würzburg: Verlag Königshausen & Neumann, 1996.

Grub, Frank Thomas: „Wende" und „Einheit" im Spiegel der deutschsprachigen Literatur: ein Handbuch. Berlin: Walter de Gruyter Verlag, 2003.

Hage, Volker: Letzte Tänze, erste Schritte. Deutsche Literatur der Gegenwart München: DVA, 2007.

Kammler, Clemens/Keller, Jost/Wilczek, Reinhard: Deutschsprachige Gegenwartsliteratur seit 1989. Gattungen – Themen. – Autoren. Eine Auswahlbibliographie. Heidelberg: Synchron Verlag, 2003.

Kammler, Clemens/Pflugmacher, Thomas (Hrsg.): Deutschsprachige Gegenwartsliteratur seit 1989. Zwischenbilanzen – Analysen – Vermittlungsperspektiven. Heidelberg: Synchron Verlag, 2004.

Walser, Angelika: Schuld und Schuldbewältigung in der Wendeliteratur. Ein Dialogversuch zwischen Theologie und Literatur. Theologie und Literatur – Band 12. Ostfildern: Grünewald Verlag.

3.3 Neue Medien und Literaturbetrieb

Didaktische Zielsetzung

Im Kapitel 3.3 geht es um die Themen der **Medienentwicklung** sowie um die Entstehungs-, Vermittlungs- und Rezeptionsbedingungen von Literatur in einem durch **Multimedialität** und zunehmende **Globalisierung** gekennzeichneten Literaturbetrieb.

Aufgezeigt wird im *Kapitelabschnitt* 3.3.1 zunächst die **Medialisierung** als ein seit der Erfindung des Buchdrucks fortschreitender Prozess, wobei im Besonderen auf Veränderungen der Literatur und der Autorschaft eingegangen wird. Dabei aufgeworfene Fragen sind, ob der Schriftsteller heute weniger ein Bildungsautor als vielmehr ein in mehreren Medien operierender Medienarbeiter ist oder wie Literatur durch die spezifischen Ausdruckspotenziale der Medien Kino, Hörfunk, Fernsehen und Internet geprägt und „bereichert" wird.

Die Schülerinnen und Schüler erarbeiten sich damit eine wesentliche Grundlage für das in den Einheitlichen Prüfungsanforderungen ausgewiesene Ziel, eine „vielseitige Medienkompetenz" zu erwerben. Um das zu gewährleisten, bietet das Kapitel im Weiteren Zugänge und Materialien für das Kennenlernen und den sachkundigen Umgang mit verschiedenen Medien und medialen Texten: mit dem Film, dem Hörspiel, dem Drehbuch, dem Internetroman. Herangezogen werden vor allem Medienadaptionen des Romans von ALFRED DÖBLIN – so auch die Verfilmungen von PHIL JUTZI und RAINER WERNER FASSBINDER, deren Anfangssequenzen auf der DVD zu finden sind. Die in Kapitel 1.5.2 bereitgestellten Grundbegriffe der Filmanalyse ermöglichen das sichere Erschließen der jeweiligen Text-Bild-Ton-Beziehungen. In Bearbeitung der darauf zielenden Aufgabenstellungen können die Schülerinnen und Schüler diese im Zentralabitur nachzuweisende Fähigkeit entwickeln.

Anhand des Privatromans „Neid" von ELFRIEDE JELINEK wird zudem das Thema Netz- bzw. Internetliteratur aufgenommen. Es ist mit verschiedenen Positionen zum Einfluss des Internets auf die Literatur sowie zur Netzliteratur flankiert, wobei die Schülerinnen und Schüler gefordert werden, sich kritisch damit auseinanderzusetzen. Pro- und Kontra-Diskussionen, für die in diesem Material weitere Literaturangaben gemacht werden, bieten sich hier im Besonderen an.

Der *Kapitelabschnitt 3.3.2* führt ein in die Grundstruktur und in aktuelle **Entwicklungstendenzen des Literaturbetriebs** in Deutschland. Dabei wird an Fragestellungen angeknüpft, die für die Schülerinnen und Schüler selbst von Bedeutung sein dürften und die gegenwärtig zum Teil auch widersprüchlich diskutiert werden. Das betrifft z. B. das Leseverhalten sozialer Gruppen, das Buch als Leitmedium der Gesellschaft, das Internet als strukturelle Herausforderung für das Buchgeschäft oder die „Stolpersteine", die eine breitere Einführung von E-Books hemmen. Wie der **Buchmarkt** funktioniert, welche Rolle Verlage, der Buchhandel, Medien, Preise, Lesungen oder Bestsellerlisten spielen, ist ein Kenntnisbereich, der für den Umgang mit Literatur unerlässlich ist.

Kapitelabschnitt 3.3.3 wendet sich den Prozessen der **Vermittlung und Vermarktung von Literatur** in der durch Globalisierung geprägten Mediengesellschaft zu. Die Schülerinnen und Schüler sollen dabei erkennen, dass die Wahrnehmung, Einordnung, Interpretation und der Verkauf von Büchern immer nachhaltiger durch nicht literarische Kommunikationsformen – Paratexte – beeinflusst werden. Vor allem Popliteraten und ihre Texte geben Einblick in die Inszenierung von Literatur.
Wie globale Vermarktung funktioniert, wird am Beispiel der Harry-Potter-Heptalogie aufgezeigt, die den meisten Lernenden wahrscheinlich bekannt ist. Im Zusammenhang mit den besonderen Vermarktungschancen von Fantasyliteratur werden die Schülerinnen und Schüler auch aufgefordert, sich mit kritischen Argumenten dazu auseinanderzusetzen.

3.3.1 Medienentwicklung und Literatur

Hinweise zu den Aufgaben

S. 496, Aufgabe 1:
Stellen Sie in einem Zeitstrahl die Entwicklung der Medien dar. Gehen Sie dabei von den vorliegenden Informationen aus und ergänzen Sie sie weiter.

Wichtige Daten sind: Buchdruck (um 1440), erste Tageszeitung in Leipzig (1650), erste öffentliche Filmvorführung (1895), Hörfunk/Radio (um 1920), Fernsehen als audiovisuelles Leitmedium seit den 1950er-Jahren, Internet/ Multimedia seit den 1980er-Jahren, digitale Medien – z. B. DVD, Handy, MP3 – seit den 1990er-Jahren.

Bei der Datenrecherche kann auch die Zeitleiste im hinteren Innendeckel des Buches genutzt werden.
Anhand der Daten kann zum einen der Prozess der Medialisierung charakterisiert, zum anderen der Einfluss der verschiedenen Medien auf die Literaturentwicklung an Beispielen diskutiert werden.

S. 496, Aufgabe 2:
Informieren Sie sich über den Medientheoretiker Marshall McLuhan und erläutern Sie in einem Kurzvortrag seine These „The medium is the message". Gehen Sie dabei auch auf seinen später (1967) erschienenen Buchtitel „The Medium is the Massage" ein.

MARSHALL MCLUHAN (1911–1980) war ein kanadischer Geisteswissenschaftler, Literaturkritiker, Rhetoriker und Kommunikationstheoretiker, der die Medientheorie mitbegründet und die Diskussion über Medien nachhaltig geprägt hat. Mit seiner zentralen These „The medium is the message" vertrat McLUHAN die Auffassung, dass neue Technologien (wie Schriftsysteme, Druckmaschinen und Sprachen) eine Anziehungskraft auf die Wahrnehmungsfähigkeit ausüben, die sich umgekehrt auf die soziale Organisation auswirkt.

Der Titel seines 1967 veröffentlichten und meistverkauften Buches „The Medium is the Massage" war die Folge eines Druckfehlers, den McLUHAN als Verballhornung, aber auch als Bekräftigung seiner eigenen These ausdrücklich beibehielt.

Mit dem Untertitel „Eine Bestandsaufnahme der Auswirkungen" greift er hier sein Hauptargument wieder auf, dass Medien Erweiterungen unserer menschlichen Sinne, des Körpers und des Geistes sind.

McLUHAN entwarf einen *Tetraeder als pädagogisches Werkzeug,* das seine Thesen als Fragen, wie mit einem Medium umzugehen sei, formuliert:

- Was verbessert das Medium?
- Was macht das Medium obsolet?
- Was macht das Medium wieder aktuell, das früher obsolet gemacht worden war?
- Was löst das Medium aus, wenn es bis zu seinen Extremen überzogen wird?

Am Beispiel des Radios ergibt sich mit diesen Fragestellungen folgende Auslegung:

- verstärkend – Radio verstärkt Sprache und Musik
- veraltend – Radio reduziert die Bedeutung von Druck und visuellen Gütern
- rückgängig machend – Radio stellt das gesprochene Wort wieder in den Vordergrund
- umkehrend – Das akustische Radio geht in audiovisuelles Fernsehen über

S. 496, Aufgabe 3:
Im Prozess der sich seit dem 20. Jahrhundert vollziehenden Medialisierung wird aus dem Schriftsteller als Bildungsautor ein „Schriftsteller als Medienarbeiter". Diskutieren Sie diese von Literaturwissenschaftlern vertretene Aussage.

Der Literatur- und Medienwissenschaftler HARRO SEGEBERG (Universität Hamburg) vertritt exponiert diese Auffassung. Er geht in seinen Publikationen davon aus, dass sich seit den Epochen der Weimarer Republik und des Dritten Reichs eine mediengeschichtliche Entwicklung vollzieht, die dazu führt, dass „aus dem Schriftsteller als Bildungsautor ein Schriftsteller als Medienarbeiter wird, der in mehreren Medien zugleich und daher eben auch in ‚nicht'-literaren technisch-apparativen Medien arbeitet." In diesem Sinn nimmt nach SEGEBERG der Dichter eine Entwicklung weg vom exklusiven Wort-Künstler hin zum „in mehreren Medien operierenden Medien-Arbeiter".[1]

---

1 Vgl. Segeberg, Harro: Literatur im Medienzeitalter. Literatur, Technik und Medien seit 1914. Darmstadt: Wissenschaftliche Buchgesellschaft, 2003, S. 184.

S. 498, Aufgabe 1:
Formulieren Sie ausgehend von Scholz' Überlegungen Thesen zum Einfluss des Internets auf die Literatur.

LEANDER SCHOLZ (geb. 1969) ist Kulturwissenschaftler und Schriftsteller. Die in seinem Aufsatz entwickelten Ansatzpunkte zum Einfluss des Internets auf die Literatur könnten in folgenden Thesen erfasst bzw. weitergeführt werden:

- Das Internet ist ein Medium, das alle anderen Medien simulieren kann, so auch das Buch. Die Digitalisierung von Texten hat für die Produktionsbedingungen von Literatur ebenso große Bedeutung wie ehedem die Erfindung des Buchdrucks.
- Das Internet basiert in erster Linie auf Schrift und impliziert Lesen und Schreiben. Es kann insofern nicht nur das literarische Arbeiten erleichtern, sondern auch zur Verbreitung der Buchliteratur und zur Erweiterung des Leserkreises beitragen.
- Das Internet ermöglicht eine „Verräumlichung" von Texten durch intermediale Bezüge. Nicht mehr die Zeitlichkeit des Lesens und der Sprache ist vorrangig, sondern die Organisation eines Textes in einem Bildraum, die Vernetzung von Texten, Bildern und Musik.
- Das Internet thematisiert Medialität, indem neue Verbindungen von Text, Musik, Film hergestellt werden und so das ästhetische Formenangebot erweitert wird. Das prägt Literatur heute.

S. 498, Aufgabe 2:
Verständigen Sie sich über Ihre Erfahrungen mit Netzliteratur und versuchen Sie, diesen Begriff zu definieren.

Diese Aufgabe ist von den Schülerinnen und Schülern *individuell* zu bearbeiten.

Es geht grundlegend um die Frage, was Internetliteratur ausmacht, was sie „leisten" kann bzw. was ihre Besonderheiten sind und welche Konsequenzen sie für einen Autor und sein literarisches Schaffen sowie für den Leser und seinen Umgang mit dieser virtuellen Literatur hat. Netzliteratur ist im Verständnis ihrer Vertreter nicht einfach Literatur im Netz. Abgehoben wird darauf,

- dass im Netz neue Formen von Geschichten und des Geschichtenerzählens entwickelt werden,
- dass durch die Verschiebung von Textebenen oder die Verwendung von Zeitvariablen eine „neue" Ästhetik konkreter Poesie charakteristisch ist,
- dass ein anderes Lesevergnügen entsteht, das sich aus der Verbindung von Wort, Bild, Ton und Programmierung ergibt, und
- dass das Literaturverständnis ein anderes ist, weil die Webprogrammierung eine ebenso große Rolle spielt wie die Beherrschung der Muttersprache.

Das ist eine Beschreibung, die ausführlicher dargestellt ist unter: http://www.litart.ch/litevent.htm.

Die Frage, was Netzliteratur ist, wurde zuerst 1996 in einem von der Wochenzeitung DIE ZEIT, IBM und Partnern ausgeschriebenen Wettbewerb für Internetliteratur gestellt. Es gab Befürworter eines entsprechenden Konzepts, aber mehr noch Ablehner.

Befürworter orientierten auf einen Paradigmenwechsel und eine neue Ästhetik durch das Ersetzen in sich ruhender Werke durch ein „Lese-Schreib-Kontinuum", das im Wechsel von Autoren und Lesern getragen werde. Ablehner verglichen das Lesen im Internet mit „Musikhören übers Telefon" und vertraten die Auffassung, dass allen „Chats zum Trotz, Lektorat und konstruktive Kritik so unvorstellbar (sei) wie ein WWW-Äquivalent zu dem Tisch mit den Neuerscheinungen". Denn „im gigantischen Durcheinander des Internet regiert Zufall, nicht Qualität".

Einen Überblick über diese Auffassungen und Argumente gibt:
Franke, Mattias: Modell einer Ästhetik der Internetliteratur, 2000. URL: http://www.franke-matthias.de/wlbfbtxt.htm (Stand: 19.09.2009)

In die Verständigung darüber, was Netzliteratur ist und ob es sie überhaupt gibt, könnten auch die *Pro- und Kontra-Argumente* von CHRISTIAN DÖMICH einbezogen werden: Dömich, Christian: Netzliteratur – zwei Aspekte ihrer (Un-)Möglichkeit, 2001. URL: http://www.doemich.de/netzliteratur.html. (Stand: 19.09.2009)

S. 498, Aufgabe 3:
Interpretieren Sie den folgenden Text von Elfriede Jelinek und gehen Sie auf die Haltung der Autorin zu ihrem Privatroman ein.

Diese Aufgabe ist von den Schülerinnen und Schülern *individuell* zu bearbeiten.

Den Text „Keine Anweisung, keine Auszahlung, kein Betrag, kein Betrug" schrieb ELFRIEDE JELINEK als Nachwort mit „Gebrauchsanweisung" zu ihrem 2007 und 2008 in unregelmäßigen Folgen erschienenen Privatroman „Neid". Sie erklärt hier, dass dieser Roman kein „ordentliches" Buch ist und auch nicht sein soll. Und sie macht Vorschläge, wie man damit umgehen soll: Man kann den Text laden, überfliegen, fressen, rausschmeißen, sich wieder holen ...
JELINEK macht die Besonderheiten eines Romans, der nur virtuell existiert, aus ihrer Sicht als Autorin und mit Blick auf den Leser deutlich. Für sie selbst ist der Roman in neuer Weise persönlicher und unabhängiger (kein Verlag, keine Bezahlung, keinerlei Rücksichtnahmen), der Leser kann selbst entscheiden, ob, wann, wie oft, wie intensiv er sich mit dem Text auseinandersetzen will.

S. 498, Aufgabe 4:
Lesen Sie Ausschnitte aus Jelineks Privatroman „Neid" (www.elfriedejelinek.com) und diskutieren Sie darüber,

ob der Text als Netzliteratur bezeichnet werden könnte.

Diese Aufgabe ist von den Schülerinnen und Schülern *individuell* zu bearbeiten.
Für die Verständigung über die Bezeichnung des Textes als Netzliteratur können die Hinweise zu den Aufgaben 1, 2 und 3 herangezogen werden.

JELINEK hat „Neid" als virtuell variierten Fortsetzungsroman geschrieben und auf ihre Homepage gestellt. Er umfasst fünf Kapitel mit unterschiedlich vielen Unterkapiteln und Abschnitten auf insgesamt fast eintausend Homepageseiten. „Neid" ist Netzliteratur, wobei der virtuellen Form (Internet, Endlos-Blog) auch der heterogene Inhalt entspricht (in der Geisterstadt Eisenerz hausen die Geister der Geschichte und die neuen der Gegenwart – das Ende ist eine Apokalypse).
In Interviews beantwortete JELINEK Fragen danach, was es mit der Gattungsbezeichnung „Privatroman" auf sich hat und warum sie ihn in das Internet, den öffentlichsten aller möglichen Orte, stellt: Privatroman „bedeutet, dass der Roman nur privat erscheint, sozusagen im Selbstverlag, aber auch, dass, umgekehrt, mehr Privates in den Text einfließt als sonst. ... Das Internet ist aber eine andere Form der Öffentlichkeit, denn die Öffentlichkeit im Netz ist virtuell. Wenn alle etwas lesen können, dann kann es eben auch keiner. Ich schreibe den Text, aber gleichzeitig kann ich mich auch hinter ihm verstecken, denn er ist ja sozusagen nicht-geschrieben."[1]

Thema: Literatur im Medienwandel

S. 501, Aufgabe 1:
Erläutern Sie ausgehend von den Textauszügen die Potenziale der Intermedialität und diskutieren Sie darüber, warum die „Technifizierung der literarischen Produktion [...] nicht mehr rückgängig zu machen" ist (Brecht).

Definiert wird „Intermedialität" beinahe gleichlautend als Kontakt zwischen verschiedenen Medien, als Zusammenspiel verschiedener Medien oder als Wechselwirkung zwischen ihnen. Intermedialität impliziert die Überschreitung von Mediengrenzen, wobei sich in den Formen des Miteinanders sowohl die medialen Verschiedenheiten als auch bestimmte „Stile des Intermedialen" zeigen.
MCLUHAN (↗ Hinweise zur Aufgabe 2, S. 496) wies bereits in den 1960er-Jahren darauf hin, dass durch die Kreuzung oder Hybridisierung gewaltige neue Kräfte frei werden.[2]

---

1 Gropp, Rose-Maria: Dieses Buch ist kein Buch. In: Frankfurter Allgemeine Zeitung, 17.04.2007. URL: http://www.univie.ac.at/jelinetz/index.php?title=Interviews_mit_Elfriede_Jelinek_zu_%22Neid%22 (Stand: 30.09.2009
2 Vgl. Mc Luhan, Marshall: Die magischen Kanäle. ‚Understanding Media', Düsseldorf u.a.: Econ 1992, S. 84.

Als Literatur mit neuen Medien – mit Radio oder Film – konfrontiert wurde, beeinflussten deren neue Techniken auch ihre Produktion und Rezeption. Prosa war z. B. gefordert, mit sprachlichen Möglichkeiten das zu zeigen, was der Film mit seinen Mitteln zeigen kann: verschiedene Perspektiven (Groß- und Nahaufnahmen), Rück- und Vorausblenden, Zeitsprünge u. a.
Die Auffassung, dass eine Technifizierung der literarischen Produktion nicht mehr rückgängig zu machen sei, leitete BERTOLT BRECHT in den 1920er-Jahren aus den Veränderungen der kulturellen Alltagspraxis durch Technik, Naturwissenschaften, Wirtschaft und Massenkultur ab. Er wandte sich zusammen mit LION FEUCHTWANGER und ALFRED DÖBLIN gegen die Vorstellung von der „reinen Kunst" und verwies auf ihre Ökonomisierung: die Kunst als Ware.[1] Es ging und geht somit um die Abhängigkeit der Kunst von ihrer sozialen Funktion bzw. ihrem Gebrauchswert innerhalb der kulturellen Praxis.

S. 501, Aufgabe 2:
Finden Sie Beispiele für verschiedene Medienadaptionen einzelner literarischer Werke und überlegen Sie, warum sich diese Werke für die Bearbeitung in einem anderen Medium besonders eignen.

Zu den bereits genannten Beispielen auf S. 500 des Lehrbuchs kann als ein besonders prägnantes die Tragikomödie „Die Ratten" von GERHART HAUPTMANN hinzugefügt werden. Es gibt von diesem Werk zehn mediale Adaptionen für Kino, Hörfunk, Fernsehen und Theater.
Gegenwärtig wird darüber diskutiert, ob **Medienwechsel** bereits Standard geworden ist. Dessen ungeachtet erweisen sich bestimmte literarische Werke offensichtlich als besonders geeignet für Adaptionen, z. B. DÖBLINS „Berlin Alexanderplatz" durch die Montagetechnik – siehe auch Hinweise zu Aufgabe 2, S. 427, und folgenden Aufsatz:
Hachenberg-Voss, Katja: Literatur zeugt Literatur. Hörbuchadaptionen von Alfred Döblins Roman „Berlin Alexanderplatz". literaturkritik.de, Nr. 12, 2004. URL: http://www.literaturkritik.de/public/rezension.php?rez_id=7690

S. 503, Aufgabe 1:
Sehen Sie sich die Anfangsszene des Films „Berlin Alexanderplatz" von Phil Jutzi mehrmals an (↗ DVD). Achten Sie zunächst darauf, wie die Regieanweisungen des Drehbuchs umgesetzt werden, und analysieren Sie dann die Kamerapositionen und die Gestaltung des Hörraums. Orientieren Sie sich an der Beschreibung der Beispielsequenz in Kap. 1.5.2, S. 172 ff.

Diese Aufgabe sollte von den Schülerinnen und Schülern *selbstständig* unter Heranziehung des Drehbuchtextes (↗ Lehrbuch, S. 502 f.) sowie der in Kapitel 1.5.2 beschriebenen Beispielsequenz des Films bearbeitet werden. Die Analyseergebnisse könnten in einer Übersicht festgehal-

ten und in einem auswertenden Gespräch über die Kameraeinstellungen und die Tongestaltung näher erläutert werden.

S. 503, Aufgabe 2:
Vergleichen Sie den Beginn des Romans von Döblin (↗ S. 426 f.) mit den Filmanfängen von Jutzi und von Rainer Werner Fassbinder (↗ DVD) sowie mit dem Hörspiel (↗ DVD). Stellen Sie Gemeinsamkeiten und Unterschiede geordnet zusammen. Interpretieren Sie die Ergebnisse.

Es bietet sich an, dass die Schülerinnen und Schüler diese Aufgabe in Form einer *tabellarischen Übersicht* bearbeiten, z. B.:

Romananfang (1929)
– breite Darstellung von Biberkopfs Weg in die Stadt
– Montagestruktur wird erkennbar: epischer Bericht – innerer Monolog
– ...

Hörspielanfang (1930)
– Einführung durch einen Dialog zwischen einer Stimme (Satan) und Hiob
– Vorstellung von Biberkopf als Gewerbetreibender
– ...

Jutzi-Verfilmung (1931)
– Gefängnis als Handlungsort vorstellend – Entlassung Biberkopfs, der zögert zu gehen
– Zögern durch Musik verdeutlicht
– Biberkopf in Naheinstellung (amerikanische Einstellung)
– ...

Fassbinder-Verfilmung (1980)
– Einführung in das Berlin der 1920er-Jahre durch wechselnde Bild- und Tonfolge
– Biberkopf im Gefängnis, auf dem Weg zum Tor
– ...

In der vergleichenden Betrachtung sollen vor allem die Besonderheiten der verschiedenen Medien herausgearbeitet werden:
– der Roman mit epischer Grundstruktur, wodurch Personen, Orte und Geschehnisse genau und ausführlich beschrieben werden können,
– das Hörspiel, das allein auf akustische Mittel setzt, aber z. B. mit zeitlichen und räumlichen Sprüngen eigene Darstellungsmöglichkeiten hat,
– der Film mit vielfältigen visuellen und akustischen Darstellungsmöglichkeiten (Gestik, Mimik, Kulissen, Sprache, Musik usw.).

S. 503, Aufgabe 3:
Erschließen Sie sich mithilfe der Grundbegriffe der Filmanalyse (↗ Kap. 1.5.2, S. 164 ff.) die Anfangssequenz des Films von Fassbinder (↗ DVD).

[1] Prinz, Elisabeth: Literatur und Film. Ein Nachschlag im Diskurs über die Reinheit der Medien. URL: http://sinn-haft.at/nr_12/nr12_prinz.html (Stand: 12. 10. 2009).

RAINER WERNER FASSBINDER verfilmte 1980 den Roman von DÖBLIN in vierzehn Teilen. Er verfolgte die Absicht, der epischen Breite der Romanvorlage gerecht zu werden.

Die vierminütige Sequenz des Filmanfangs beginnt mit Großstadtbildern und -geräuschen im Vorspann und stellt Biberkopf auf dem Weg zum Gefängnistor und in seinem Widerstreben, in die Stadt hinauszutreten, dar.
Für das Vorgehen bei der Analyse dieser Sequenz kann das im Lehrbuch zu findende Analysebeispiel zum gleichnamigen Film von PHIL JUTZI orientierend genutzt werden.

3.3.2 Literaturbetrieb

S. 503, Aufgabe 4:
Entwerfen Sie gemeinsam den Anfang eines Hörspiels nach der Romanvorlage von Döblin (↗ S. 426 f.). Hören Sie sich dann die Sequenz aus Döblins Hörspiel an (↗ DVD) und vergleichen Sie die Fassungen.

Diese Aufgabe ist von den Schülerinnen und Schülern *individuell* zu bearbeiten. Es sollte vor allem ein tieferes Verständnis der Besonderheiten des Mediums Hörspiel erreicht werden.

S. 505, Aufgabe 1:
Ermitteln Sie in Ihrem Umfeld, welche Bücher gekauft werden. Stellen Sie die Daten geordnet nach Sachgruppen und bei der Belletristik nach den vom Börsenverein des Deutschen Buchhandels eingeführten Warengruppen zusammen. Vergleichen Sie Ihre Daten mit folgenden Angaben:

Belletristikmarkt 2008 (Anteile in Prozent)

Romane/Gesamtausgaben	51,5 %
Kriminalromane	24,9 %
Science-Fiction/Fantasy	6,7 %
Märchen, Sagen, Legenden	0,2 %
Lyrik/Dramatik/Essays, Aufsätze	1,4 %
Fremdsprachige Literatur	1,7 %
Comic/Cartoon/Humor/Satire	7,3 %
Geschenkbücher	6,3 %

(Quelle: Börsenverein des Deutschen Buchhandels)

Diese Aufgabe ist von den Schülerinnen und Schülern in Anwendung sozialwissenschaftlicher Methodenkenntnisse zu bearbeiten. Um zu Daten zu kommen, mit denen man auch einigermaßen vergleichend arbeiten kann, sollte jede Schülerin und jeder Schüler mindestens fünf Probanden befragen und für mögliche Erklärungsansätze auch berufliche bzw. soziale Zuordnungen erfassen.

Vom Börsenverein eingeführte *Sachgruppen* sind:
1 Belletristik
2 Kinder- und Jugendbücher
3 Reise
4 Ratgeber
5 Geisteswissenschaften, Kunst, Musik
6 Naturwissenschaften, Medizin, Informatik, Technik
7 Sozialwissenschaften, Recht, Wirtschaft
8 Schule und Lernen
9 Sachbuch

S. 505, Aufgabe 2:
Stellen Sie aktuelle, vom Börsenverein des Deutschen Buchhandels herausgegebene Wirtschaftszahlen zur Buchproduktion – Erstauflagen und Warengruppen – zusammen (www.boersenverein.de) und vergleichen Sie sie mit den Angaben zur Titelproduktion in der Zeit der Weimarer Klassik.

Beispielsweise könnten folgende Angaben zur Buchproduktion (Erstauflagen) im Jahr 2007 herangezogen werden:
Etwa 94 000 Novitäten insgesamt, davon in einzelnen Warengruppen:

Sozialwissenschaften	16 724
Belletristik	14 056
Technik, Medizin, angewandte Wissenschaften	13 928
Künste und Unterhaltung	10 484

(Börsenverein der Deutschen Buchhandels 2009)

Bei der Analyse der Daten zur Titelproduktion im 18. und zu Beginn des 19. Jahrhunderts ist vor allem festzuhalten:
– die wachsende Gesamtproduktion – von 1740 bis 1800 mehr als vervierfacht,
– die Ausweitung der schönen Künste und der Dichtung (Belletristik) an der Gesamttitelproduktion – von 1740 über 1770 bis 1800 im Verhältnis 1:13,
– den höchsten Anteil an der Dichtungsliteratur und damit den höchsten Zuwachs haben die Erzählungsliteratur/Romane (von 20 auf 300).

Neben Erklärungsansätzen für die festgestellten Trends könnte bei dem Vergleich der Buchproduktionen im 18./19. Jahrhundert mit denen der Gegenwart vor allem auf die vielfach gewachsene Gesamttitelproduktion, die weitere Differenzierung in Waren- oder Sachgruppen und im Besonderen auf den stabil hohen Stellenwert der Schönen Künste bzw. der Belletristik eingegangen werden.

S. 506, Aufgabe 1:
Diskutieren Sie darüber, warum trotz wachsender Konkurrenz anderer Medien, vor allem des Internets, der Buchmarkt bisher relativ konstant bleibt.

Das Internet stellt durchaus eine Herausforderung für das Buchgeschäft dar, worauf auch der wachsende Onlineverkauf von Büchern mit Zuwachsraten von jährlich zwanzig Prozent verweist. Insgesamt sind die Umsatzzahlen des Buchverkaufs in den letzten Jahren nicht gesunken. Der Umsatz betrug auch 2008 mehr als 9,6 Mrd. Euro. Das hohe Niveau von Neuerscheinungen wurde gehalten: Von 2006 bis 2008 waren es jeweils etwa 94 000 bis 96 000 Bücher. Auch die hohen Besucherzahlen auf Buchmessen belegen ein anhaltend großes Interesse der Leserschaft. Das Kulturniveau und -verhalten deutscher Leser sowie der gut funktionierende Buchmarkt (z. B. bedürfnisorientiertes Angebot, mehr Taschenbuchformate bei Belletristik, Logistik im Buchhandel) dürften wichtige Gründe für die Erhaltung der Konstanz sein.

Zur Thematik kann folgender Artikel herangezogen werden: Fischer, Ernst: Buchmarkt und Bücher in Deutschland. Goethe-Institut e. V., August 2009. URL: http://www.goethe.de/kue/lit/dos/dbb2/de4628794.htm (Stand: 05.10.2009).

S. 506, Aufgabe 2:
Erläutern Sie die Aussage, dass „Bücher nach wie vor das Leitmedium der Gesellschaft" sind.

Der Begriff „Leitmedium" wird allgemein für einzelne Medienangebote gebraucht, die einen besonders starken Einfluss auf die öffentliche Meinung und auf andere Massenmedien ausüben. Diese Bestimmung geht auf den Medienwissenschaftler JÜRGEN WILKE 1999 zurück. Er bezog ihn zunächst auf die gedruckte Presse, so nachzulesen z. B. unter http://www.deuframat.de/parser/parser.php?file=/ deuframat/deutsch/8/8_2/westhoff/kap_34.htm.

Zur Problematisierung der Aufgabenbearbeitung kann darauf hingewiesen werden, dass in der Gegenwart aber auch das Fernsehen, die Zeitung oder das Internet als *das* Leitmedium bezeichnet werden. Das Buch wird dann eher als das Leitmedium in der Zeit vor Existenz dieser Medien charakterisiert.

S. 506, Aufgabe 3:
Recherchieren Sie, welches die „Stolpersteine" bei der Verbreitung von E-Books sind, und nehmen Sie Stellung zu der von Experten vertretenen Auffassung, dass der Umsatzanteil von E-Books am gesamten Buchmarkt in den kommenden Jahren erheblich steigen wird.

Als „Hürden" oder „Stolpersteine", die einer schnelleren Verbreitung von E-Books entgegenstehen, werden vor allem folgende gesehen:
- *Inhalte:* Besonders bei unterhaltender Literatur bieten die Verlage noch zu wenig an.
- *Hardware:* Der Kontrast beim Lesen ist noch viel zu gering und ermüdet schon nach kurzer Zeit.
- *Kopierschutz:* Es ist immer noch umstritten, ob elektronische Bücher per Digital Rights Management (DRM) kopiergeschützt werden sollen; DRM-Maßnahmen verkomplizieren den Downloadprozess.
- *Preisgestaltung:* Es gibt in der Branche noch keine verallgemeinerbaren Vorstellungen darüber, wie teuer elektronische Bücher im Vergleich zu gedruckten sein sollen.

Erläuterungen dazu sind zu finden unter: Perspektiven des E-Book-Marktes 2008. Interview mit acht Experten. http://www.buchreport.de/analysen_und_dossiers/per-spektiven_von_e_books.htm (Stand: 24.10.2009)

Trotz solcher Einwände wird nachhaltig die Auffassung vertreten, dass der Umsatzanteil von E-Books am gesamten Buchmarkt bereits in den kommenden fünf Jahren nachhaltig steigen wird (vgl. dazu auch die Hinweise zu Aufgabe 4, S. 508).

S. 508, Aufgabe 1:
Skizzieren Sie ausgehend von den Darlegungen Kämper-van den Boogaarts die Grundstruktur und die Entwicklungstendenzen des Literaturbetriebs in Deutschland.

Angebot und Nachfrage, Buchproduktion und gewinn orientierter Verkauf sind zentrale Größen eines Literaturbetriebs. Auf dem Markt werden Bücher als Ware gehandelt.

Der deutsche Buchmarkt zerfällt in einzelne Teilmärkte oder Marktsegmente, wobei unterschieden werden kann nach Editionsformen (Hardcoverbücher, Taschenbuch, Hörbuch) oder nach der wertmäßigen Buchproduktion (Belletristik, Sachbücher, Fach- und wissenschaftliche Bücher, Schulbücher, Kinderbücher).

Anteile der Editionsformen 2008

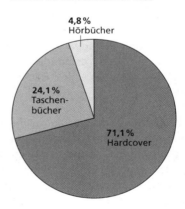

4,8 % Hörbücher
24,1 % Taschen-bücher
71,1 % Hardcover

In der Belletristik hat der Taschenbuchmarkt einen deutlich gewachsenen Anteil – 2008 waren es 51,3 Prozent.

Die Hauptakteure des deutschen Buchmarkts sind
- die Verlage (1 777),
- die Buchhandlungen (3 925),
- die Betriebe des Zwischenhandels (80) und
- selbstständige Verlagsvertreter (30).[1]

---

1 Die Zahlen beruhen auf Angaben des Börsenvereins des Deutschen Buchhandels. Zwar nennt das Adressbuch des deutschen Buchhandels von 2009/10 über 22 000 Unternehmen des herstellenden und verbreitenden Buchhandels, aber hier sind auch Vereine und Institute erfasst, die nur gelegentlich eine Veröffentlichung herausbringen.

Sowohl in den Verlagen als auch im vertreibenden Buchhandel vollzieht sich ein weiter fortschreitender Konzentrationsprozess. In den letzten Jahren ist dieser Prozess vor allem im Sortimentsbuchhandel mit Tempo vorangeschritten, sodass sich die „Marktmacht" zum Nachteil der Verlage verschoben hat.

Aktuelle Daten und Entwicklungen sind einsehbar in: Fischer, Ernst: Buchmarkt und Bücher in Deutschland. Goethe-Institut e. V., August 2009. URL: http://www.goethe.de/kue/lit/dos/dbb2/de4628794.htm (Stand: 05.10.2009).

S. 508, Aufgabe 2:
Informieren Sie sich über das Wirken von Literaturagenturen und erläutern Sie, inwiefern sie die Beziehungen zwischen Autoren und Verlagen verändert haben.

Literaturagenturen sind Einrichtungen, die sich im Auftrag eines Autors für die Verbreitung und Vermarktung seines Werkes einsetzen. Das 1868 gegründete „Institut für Vermittlung literarischer Geschäfte" war das erste dieser Art. Vor dem Ersten Weltkrieg gab es schon über 100 Agenturen, die sich überwiegend in Berlin befanden. Nach 1945 verlagerte sich das Zentrum nach Zürich und München. Ab Mitte der 1990er-Jahre entstanden wieder in Berlin zahlreiche Literaturagenturen, die ihre Arbeit nicht mehr erstrangig auf den internationalen Lizenzhandel ausrichten, sondern deutschsprachige Autoren vertreten. Sie stehen dabei vor grundlegend neuen Herausforderungen: Das Buch ist im Kontext konkurrierender anderer Medien zu sehen, das Leseverhalten hat sich verändert, in den Verlagen vollziehen sich Konzentrationsprozesse mit weit reichenden Folgen auch für Autoren, die Globalisierung des Buchmarkts schreitet deutlich voran.

Für die Autoren stehen die Verlage nicht mehr wie bisher zur Verfügung. Lektoren arbeiten immer weniger mit ihnen direkt zusammen, sondern betreuen ganze Programmbereiche innerhalb eines Verlags wie Profitcenter. Der Anspruch der Autoren an eine professionelle Vertretung ihrer geschäftlichen Interessen ist aber noch gewachsen. Literaturagenturen können dem eher gerecht werden. Sie konzentrieren sich auf bestimmte Marktsegmente, weiten ihre Tätigkeit in den Medienbereich aus, übernehmen die Vermittlung von Lektoraten usw. Es ist anzunehmen, dass die Literaturagenturen zukünftig wohl „nicht mehr einfach nur Profiteure überforderter Lektorate, des raschen Wandels in der Verlagsszene und des freudigen Geschäftssinns bei einer jüngeren Generation von Autoren sein werden, sondern ein Qualitäts-Outsourcing im großen Stil zu verwalten haben"[1].

---

1 Nentwich, Andreas.: Klein und Groß. Publikumsverlage sparen, produzieren weniger und entlassen Personal. Das ist die Stunde der Literaturagenten. In: Die Zeit vom 21.06.2000. URL: http://www.zeit.de/2000/26/200026.l-buecher_.xml (Stand:10.10.2009).

S. 508, Aufgabe 3:
Diskutieren Sie, welche Rolle die Medien im Literaturbetrieb spielen. Ziehen Sie dafür die Texte des Kapitels 1.1.3 Literaturkritik (↗ S. 42 ff.) heran.

Medien nehmen Einfluss auf die literarische Öffentlichkeit vor allem durch Literaturkritik, d. h. durch die journalistische Vermittlung von Belletristik und Sachbüchern in vielfältigen Formen (Rezension, Porträt, Interview, Reportage, Feature, Kommentar u. a.). Auch wenn dabei nur ein schmaler Ausschnitt der kaum noch zu überschauenden Buchproduktion erfasst wird, stellen die verschiedenen Medien – Zeitungen, Rundfunk, Fernsehen, Onlineredaktionen – doch ein breites Spektrum vermittelnder Einflussnahme dar. Den stärksten Einfluss auf den Bücherverkauf hatten in den letzten Jahren die großen Literatursendungen der öffentlich-rechtlichen Sender.
In der Gegenwart nehmen Literaturkritiken im Internet einen wachsenden Raum ein. Hier haben sich mittlerweile so viele Literatur- und Kulturportale mit eigenem Rezensionsteil etabliert, dass die Verlage nur denen mit den höchsten Nutzerzahlen Rezensionsexemplare gewähren. Eine Erfahrung ist, dass oft die Masse der im Netz erscheinenden Kritiken zu Neuerscheinungen große Verkaufswellen in Gang setzt.

S. 508, Aufgabe 4:
Vergleichen Sie die Anteile der verschiedenen Vertriebswege der Verlage und des Buchhandels 2007 mit aktuellen Angaben, die Sie unter www.boersenverein.de finden können. Interpretieren Sie Ihr Vergleichsergebnis.

Anteil der Vertriebsformen 2007 (in Prozent)		Beispiel: Anteil der Vertriebsformen 2008 (in Prozent)
Sortimentsbuchhandel	53,6 %	52,6 %
Warenhäuser	3,7 %	3,0 %
Internet	8,7%	10,7 %
Buchgemeinschaften	3,0 %	2,9%
Versandbuchhandel	3,7 %	3,3 %
Sonstige Verkaufsstellen	9,1 %	9,2 %
Verlage direkt	18,0 %	18,2 %
Quelle: Börsenverein des Deutschen Buchhandels		

Grundlegend ist festzustellen, dass der Onlineverkauf von Büchern deutlich anwächst – mit jährlichen Zuwachsraten von 20 Prozent.

S. 511, Aufgabe 1:
Recherchieren Sie aktuelle Bestsellerlisten und beschreiben Sie ihre Funktionen a) für Verlage, b) für Buchhandlungen und c) für Leser.

Bestsellerlisten kamen in den USA um 1900 auf. In Deutschland werden sie seit 1927 geführt, heute getrennt vor allem nach Belletristik und Sachbuch und bezogen auf Neuerscheinungen. Umstritten war und ist in bestimmter Hinsicht immer noch die Erhebungsmethode, d. h. die tatsächliche Repräsentativität. Dessen ungeachtet ist die Notierung eines Werks auf einer Bestsellerliste stets eine massive Verkaufsförderung.

Verlage können durch Werke auf Bestsellerlisten eine Stärkung ihrer Marktposition erwirken, was auch für andere Titel eine gute Werbung ist und schlecht gehende Titel ökonomisch „auffängt". Häufig erfolgt deshalb eine Konzentration auf Bestseller.

Buchhandlungen können ihre Gewinnspanne durch die Vororientierung erhöhen, indem sie die potenziellen Bestseller partieweise kaufen: für zehn Bestellungen erhält der Buchhändler ein Freiexemplar, für hundert schon zwanzig usw. Allerdings binden die Partien auch viel Kapital.

Für **Leser** können Bestsellerlisten ein wichtiges Instrument zur Orientierung auf dem unüberschaubar gewordenen Titelmarkt sein. Vielfach lassen sie sich dadurch auch zum Kauf anregen, um mitreden können, was im öffentlichen Gespräch ist.

S. 511, Aufgabe 2:
Verschaffen Sie sich einen allgemeinen Überblick über Preise und Ausschreibungen für Schriftsteller in Deutschland und verständigen Sie sich darüber, ob Literaturpreise den Markt beeinflussen.

Literaturpreise sind periodisch vergebene und zumeist dotierte Auszeichnungen, die Schriftsteller für ein Werk oder Gesamtwerk erhalten. Die Auswahl der Preisträger wird in der Regel durch ein Gremium von Kritikern, Literaturwissenschaftlern, Lektoren und Autoren vorgenommen.

In Deutschland gibt es derzeit etwa 120 Literaturpreise, die regional, landesweit, national oder international ausgerichtet sind. Die meisten Preise heben auf die Förderung eines bestimmten literarischen Genres ab, z. B. der *Mülheimer Dramatikerpreis,* der *Peter-Huchel-Preis* für Lyrik, der *Deutsche Jugendliteraturpreis* oder der *Deutsche Krimi-Preis.* Der keinem Genre gewidmete *Georg-Büchner-Preis* ist der wohl wichtigste deutsche Literaturpreis.

Der erst seit 2005 vom Börsenverein des Deutschen Buchhandels vergebene *Deutsche Buchpreis* ist ein sogenannter „meinungsbildender" Literaturpreis. Ausgezeichnet wird der beste Roman eines Jahres.

Ob Literaturpreise den Markt beeinflussen, wird von Verlagen, Grossisten und Buchhandel eher skeptisch bewertet. Erfahrungen belegen, dass bestenfalls der weltweit wahrgenommene Nobelpreis für Literatur zu einem Anstieg der Verkaufszahlen führt. Auf noch unbekannte Autoren kann durch Preise aber durchaus Aufmerksamkeit in der Öffentlichkeit gelenkt werden.

S. 511, Aufgabe 3:
Informieren Sie sich über die „Kritik der Kritik" im Zusammenhang mit der Veröffentlichung des Buches „Ruhm" von Kehlmann.

Es geht um die Vermarktung von Daniel Kehlmanns „Ruhm" und um eine Klage des Rowohlt-Verlages gegen den „Spiegel", weil dieser trotz Verbots eine Besprechung des neuen Buches noch vor seiner Ankunft im Buchhandel veröffentlichte. Der Rowohlt-Verlag hatte unter Androhung einer hohen Konventionalstrafe von immerhin 250 000 € untersagt, vor Erscheinen des Buches Kritiken zu veröffentlichen. Das kann als ein Marketingkonzept angesehen werden, das auf einen durchschlagenden Massenstart gerichtet ist. Die im „Spiegel" erschienene Besprechung hatte die Form eines Porträtgesprächs mit Kehlmann, weshalb das Gericht faktisch darüber zu befinden hat, was ein Autorenporträt von einer Buchrezension unterscheidet. (Rowohlt hatte selbst in der FAZ einen Buchauszug und ein ausführliches Interview mit Kehlmann vorab veröffentlicht – mit Erklärungen zum Verständnis des Buches.)

Das ist ausführlicher nachzulesen unter:
Schütte, Wolfram: Rumor um Kehlmanns Ruhm. Szenen aus der jüngsten Literatur*betriebs*wirtschaft. In: Titel-Magazin für Literatur und mehr, 23. Februar 2009. URL: http://www.titel-magazin.de/modules.php?op=modload&name=News&file=article&sid=7849 (Stand: 30. 09. 2009).

S. 511, Aufgabe 4:
Lesen Sie den Text von Diez und notieren Sie sich zunächst die Fragen und Kritikpunkte zum deutschen Literaturbetrieb, die hier aufgegriffen werden. Verständigen Sie sich dazu in einer gemeinsamen Diskussion, indem Sie fördernde und hemmende Faktoren für die Arbeit von Schriftstellern herausarbeiten und sich einen Standpunkt dazu bilden, was eine funktionierende literarische Öffentlichkeit sein kann.

Diese Aufgabe sollen die Schülerinnen und Schüler *individuell* bearbeiten.

Zu den Verständigungspunkten sollten gehören:
- die Rolle von Preisen, Stipendien und Literaturwettbewerben (mit staatlichen Mitteln),
- das Selbstverständnis von Autoren,
- die Haltung zu/die Funktion von Lesungen,
- die Bedeutung und Möglichkeit einer streitbaren literarischen Öffentlichkeit.

3.3.3 Literaturvermittlung und globale Vermarktung

S. 514, Aufgabe 1:
Klären Sie auf, in welchem Zusammenhang der Begriff „Literaturluder" verwendet wurde. Setzen Sie sich ausgehend davon mit der Funktion von „Skandalisierung" im Literaturbetrieb auseinander.

GEORG FRANCK verwendet den Begriff „Literaturluder" in seinem 1998 erschienenen kulturkritischen Buch „Ökonomie der Aufmerksamkeit". Er verweist auf Mechanismen im alltäglichen Geschäft der Vermittlung und Vermarktung von Literatur in der Mediengesellschaft, öffentliche Aufmerksamkeit durch Beiwerk – sogenannte Paratexte – erreichbar zu machen. Skandalisierung bzw. inszenierter Skandal gehört dazu.

Geht es beim „literarischen Fräuleinwunder" um das Schaffen von Aufmerksamkeit[1] durch die ansprechende visuelle Verpackung weiblicher Autorschaft, stehen „Literaturluder" unter dem latentem Verdacht, „fehlendes literarisches Talent durch außerliterarische Attraktivität zu kaschieren"[2].
Wie schnell das einer Autorin nachgesagt werden kann, zeigt der Fall von ZOË JENNY, die 1997 als Nachwuchsautorin für ihren Debütroman „Das Blütenstaubzimmer" ausgezeichnet wurde, aber danach den Erwartungen nicht mehr genügen konnte. Als 2002 auch ihr dritter Roman verrissen wurde, machte man nicht nur literarische, sondern auch außerliterarische Gründe wie ihre Fotos oder ein zu augenfälliges Marketing geltend – also zu viel Paratext.
Werden visuelle Paratexte ansonsten als wichtiges Beiwerk oder Katalysator für die literarische Karriere betrachtet, bietet es offensichtlich zugleich auch eine Angriffsfläche für Skandalisierung und Verriss – nicht nur des literarischen Produkts. Ohne **Inszenierungen** findet Vermittlung von Literatur heute kaum noch statt.

S. 514, Aufgabe 2:
Stellen Sie ausgehend von den Texten dieses Kapitelabschnitts eine „Kette von Kommunikationsangeboten" zusammen, „die heute ein literarisches Werk auf dem Weg seiner Rezeption begleiten können" (↗ Reichwein, S. 512). Verständigen Sie sich gemeinsam darüber, welche Angebote Ihnen als Leser besonders wirksam erscheinen bzw. wichtig sind.

Diese Aufgabe ist von den Schülerinnen und Schülern *individuell* zu bearbeiten, wobei sie sich kritisch mit den zahlreichen „sekundären" bzw. „parasitären" Elementen in der literarischen Kommunikation auseinandersetzen sollen.

Kommunikationsangebote, die die Wahrnehmung, Einordnung, Interpretation und den Verkauf eines Buches beeinflussen sollen, finden sich sowohl in der engeren wie in der weiteren (Literaturbetrieb) Umgebung eines Buches.
Solche Angebote können sein: Klappentexte, Buchumschläge, Vorwort, Buchtitel, Literaturkritik, Lesungen, Podiumsgespräche, Messen, Ausstellungen ...

S. 514, Aufgabe 3:
Sammeln Sie Informationen über Popliteraten der Gegenwart (Joachim Bessing, Florian Illies, Christian Kracht u. a.). Begründen Sie, warum gerade für sie und ihre Literatur die Buchmesse eine große Rolle spielt.

Den Schülerinnen und Schülern bieten sich im Internet verschiedene Zugriffe, um einen Überblick über deutschsprachige **Popliteraten** der 1990er-Jahre in Porträts und mit ihren Werken und Kontexten zu erhalten, z. B.:
http://www.single-generation.de/kohorten/golf.htm
http://www.c6-magazin.de/monatsthema/2005/10-popliteratur/

Popliteraten wie JOACHIM BESSING, FLORIAN ILLIES oder CHRISTIAN KRACHT sind Vertreter einer Modeströmung, die als Renaissance der Popliteratur der 1960er-Jahre verstanden werden kann. Sie hatten hohe mediale Präsenz und setzten auf bewährte Marketing- und Promotionsstrategien. Kritik an den vorherrschenden Verhältnissen vor allem auch im Bereich des Kulturjournalismus war ihnen ein Anliegen, das sie literarisch umgesetzt haben. Die Buchmesse war ihnen besonders gut einsehbar.

S. 514, Aufgabe 4:
Schildern Sie den Eindruck, den Sie als Leser aus dem Textabschnitt von Stuckrad-Barre über die Buchmesse gewonnen haben. Ziehen Sie die Auszüge der Erzählung „Contrazoom" von Joachim Bessing heran (↗ DVD) und vergleichen Sie beide Texte. Konzentrieren Sie sich dabei auf die Einstellungen der Ich-Erzähler zum Event „Buchmesse".

Diese Aufgabe ist von den Schülerinnen und Schülern *individuell* zu bearbeiten.

S. 514, Aufgabe 5:
Recherchieren Sie, warum die Entstehung der Popliteratur mit Begriffen wie „Jugend-", „Sub-" oder „Gegenkultur" beschrieben wird. Vergleichen Sie unter diesem Aspekt die Popliteratur der „Beatgeneration" mit der der 1960er- und der 1990er-Jahre in Deutschland. Stellen Sie die Ergebnisse in einem Kurzreferat vor.

Als Recherchezugriffe können auch hier die in der Aufgabe 3, S. 514, genannten Links empfohlen werden.
Popliteratur ist eine Literaturform, die an die Pop-Art in der bildenden Kunst anknüpft und in den 1960er-Jahren entstand. Sie wandte sich mit provokanten Mitteln kritisch gegen die etablierte Gesellschaft und vor allem gegen die kommerzielle Unterhaltungsliteratur – daher ihre Charakterisierung als Sub- oder Gegenkultur.
Die in den USA nach dem Zweiten Weltkrieg entstandene *Beatgeneration* war die erste „moderne literarische Subkultur", die sich durch alle nachfolgenden alternativen und gesellschaftskritischen Kulturentwicklungen zieht und auch in die Popliteratur der 1960er- und 1990er-Jahre reicht.

---

1 Ökonomie der Aufmerksamkeit. Ein Entwurf. München: Hanser, 1998.
2 Reichwein, Marc: Diesseits und jenseits des Skandals. Literaturvermittlung als zunehmende Inszenierung von Paratexten. URL: http://www.satt.org/literatur/07_10_skandal.html (Stand: 02. 10. 2009).

Formal kennzeichnet die Popliteratur:
- eine eingängige Sprache,
- die Verwendung einfacher Prosa- und Lyrikformen,
- die Verwendung von Umgangs- oder Szenesprache.

Inhaltliche Merkmale sind:
- Bejahung einer von Medien geprägten Wirklichkeit als junge oder jung gebliebene Menschen,
- Material und Themen sind der wirklichen „Oberfläche" entnommen,
- keine tiefergehende künstlerische Auseinandersetzung mit den Themen.

S. 517, Aufgabe 1:
Diskutieren Sie darüber, welchen Stellenwert die von Bürvenich und Gaschke angesprochenen Vermarktungsarten für den Welterfolg der Potter-Bücher aus Ihrer Sicht hatten.

Diese Aufgabe ist von den Schülerinnen und Schülern *individuell* zu bearbeiten.

Es wurde und wird zwar immer wieder festgestellt, dass es keine „monokausale" Antwort auf die Frage nach dem Grund des großen Erfolgs der Potter-Bücher gibt. Dennoch kann davon ausgegangen werden, dass es einen engen Zusammenhang zwischen den gigantischen Auflagenzahlen und der umfassenden **globalen Vermarktung** der Potterbände gab.

Das Spektrum der Vermarktungsmethoden und -bereiche war (ist) außerordentlich breit. Selbst die auf Tag und Stunde festgelegte Ankündigung der Neuerscheinung eines Bandes war genau kalkuliert.

S. 517, Aufgabe 2:
Im Band „Harry Potter and the Chamber of Secrets" erklärt der Lehrer und Publicity-Profi Gilderoy Lockhart: „No, it's been a lot of work, Harry. It's not all book-signings and publicity photos, you know. You want fame, you have to be prepared for a long hard slog." (London 1998, S. 320) Gehen Sie der Frage nach, inwieweit die Autorin selbst in diesem Sinn bei der Vermarktung ihrer Bücher wirksam geworden ist.

Bekannt ist, dass der Verkauf der ersten Bände in Deutschland bis 1999 eher schleppend erfolgte. Erst als die Medien über die Erfolgsgeschichte der ehemaligen Sozialhilfeempfängerin JOANNE K. ROWLING berichteten, stellte sich auch hier der Umschwung ein. ROWLING hat ihre Möglichkeiten, als Autorin wirksam zu werden, stark eingebracht.

S. 517, Aufgabe 3:
Einige Literaturwissenschaftler und Journalisten machen Rowling den Vorwurf, zugelassen zu haben, dass der „Zauber" Harry Potters auf dem „Altar kommerzieller Interessen" geopfert worden sei. Setzen Sie sich mit dieser Auffassung auseinander.

Diese Aufgabe ist von den Schülerinnen und Schülern *individuell* zu bearbeiten.

Da sie vermutlich als sachkundige Leser und mit einem Zeitabstand urteilen können, dürften gute Voraussetzungen für die Diskussion bestehen. Genauer zu hinterfragen bzw. klarzustellen ist, wohin der Vorwurf der Literaturwissenschaftler und Journalisten zielt.

S. 517, Aufgabe 4:
Erläutern Sie die von Gaschke getroffene Aussage, dass die Potter-Bücher die „Möglichkeit einer Globalisierung" aufzeigen, „die niemanden ängstigen muss". Benennen Sie wichtige Voraussetzungen und Bedingungen für die tatsächlich stattgefundene globale Vermarktung der Bücher.

Bei dieser Aufgabenbearbeitung ist eine Verständigung zum Begriff der **Globalisierung** wichtig. (Grundlegend wird damit der Prozess der zunehmenden weltweiten Verflechtung in allen Bereichen der Gesellschaft – Wirtschaft, Politik, Kultur, Umwelt, Kommunikation u.a. – bezeichnet. Er kann sich auf den Ebenen der Individuen, Organisationen und Institutionen sowie Staaten vollziehen.)

Über Ländergrenzen hinweg in gleicher Weise Inhalte und Botschaften anzunehmen und sie als Entdeckung für sich persönlich zu sehen, dürfte tatsächlich eine Globalisierungstendenz sein, die in hohem Maße eint. Eine solche beruht nicht auf Macht und Konkurrenz, sie bedarf keiner internationalen Regelwerke und Vertragssysteme. Die Realität widerspiegelt das jedoch nicht.

S. 517, Aufgabe 5:
Die starke Verbreitung von Fantasyliteratur und -filmen wird von manchen Gegenwartsautoren sehr kritisiert (z. B. von Klaus Kordon im Tagesspiegel vom 14.09.2008). Erfassen und prüfen Sie die vorgetragenen Argumente.

In den letzten Jahrzehnten gab es einen regelrechten Boom von Fantasyliteratur mit J. R. R. TOLKIENS „Herr der Ringe", JOANNE K. ROWLINGS „Harry Potter" oder TAD WILLIAMS „Otherland"-Tetralogie u. a.
Dass sich so viele Fans durch alle Altersgruppen begeistern konnten, wurde von manchen Autoren eher bedenklich gefunden. Sie sehen in Fantasyliteratur vor allem Fluchtliteratur aus der realen Welt, der unmittelbaren Gegenwart, den Konflikten unserer Zeit. Der in Berlin lebende Schriftsteller KLAUS KORDON, der selbst realistische Romane für Jugendliche schreibt („Krokodil im Nacken", Paula-Kussmaul-Bücher u. a.), kritisiert die starke Verbreitung von Fantasyliteratur unter der Sicht, dass sie eine große Gefahr für Kinder darstelle, weil sie gar nicht mit der Realität, in der sie leben, konfrontiert werden: „Ich stelle mir so ein Hartz-IV-Kind vor, das nur Geschichten über Prinzessinnen und Drachen liest und die Wirklichkeit völlig ausblendet."

Kommentare zu KORDONS Position von DAVID HUGENDICK[1] und einem Gymnasialschüler sind zu finden unter: http://blog.zeit.de/seitenblick/category/muss-das-sein

TOLKIEN bezeichnet in einem 1937 veröffentlichten Aufsatz den Eskapismus – die Realitätsflucht – als integralen Bestandteil der Fantasy. Und die Funktionen einer Fantasygeschichte sieht er immer auch darin,
– die Fantasie zu wecken *(Fantasy)*,
– den Lesern Wiederherstellung zu ermöglichen *(Recovery)*,
– Fluchtmöglichkeiten *(Escape)* und
– Trost *(Consolation)* zu gewähren.

Während die Fantasie gewissermaßen die Eintrittskarte in die fantastischen Welten ist, versteht TOLKIEN die Wiederherstellung als ein „Wiedererlangen eines klaren Blicks" und die Einnahme einer neuen Perspektive.

Weiterführende Literatur

Arnold, Heinz L./Beilein, Matthias (Hrsg.): Literaturbetrieb in Deutschland. München: edition text + kritik, 2009.

Bürvenich, Paul: Der Zauber des Harry Potter. Analyse eines literarischen Welterfolgs. Frankfurt/M.: Peter Lang, europäischer Verlag der Wissenschaften, 2001.

Hüther, Jürgen; Schorb, Bernd (Hrsg.): Grundbegriffe der Medienpädagogik. München: kopaed, 2005.

Roesler, Alexander/ Stiegler, Bernd (Hrsg.): Grundbegriffe der Medientheorie. München: Wilhelm Fink, 2005.

Schütz, Erhard (Hrsg.): Das BuchMarktBuch. Der Literaturbetrieb in Grundbegriffen, Reinbek bei Hamburg: Rowohlt, 2005.

Segeberg, Harro: Literatur im Medienzeitalter. Literatur, Technik und Medien seit 1914. Wissenschaftliche Buchgesellschaft: Darmstadt, 2003.

Segeberg, Harro/Winko, Simone: Digitalität und Literalität. Zur Zukunft der Literatur. Wilhelm Fink Verlag: Paderborn, 2005.

4 Sprachliche Fehler erkennen und vermeiden

Didaktischer Kommentar

Die Vermittlung der elementaren Normen der Muttersprache endet im Deutschunterricht des verkürzten gymnasialen Bildungsgangs (G 8) im Normalfall bereits mit dem Abschluss der 7. Jahrgangsstufe. Dass innerhalb des Arbeitsbereichs „Reflexion über Sprache" bis zu diesem Zeitpunkt nur eine Auswahl rechtschreiblicher und grammatischer Regularitäten thematisiert werden kann, liegt einerseits an der Komplexität der Gegenstandes, andererseits an der unterschiedlichen Relevanz der verschiedenen Regeln und Kategorien für die alltägliche Schreibpraxis.

Vonseiten der Lehrkräfte wird immer wieder moniert, dass Oberstufenschüler(innen) nicht über die erwartete Sicherheit in der Beherrschung der wichtigsten standardsprachlichen Rechtschreib- und Grammatiknormen verfügen – obwohl gehäufte Verstöße gegen die sprachliche Richtigkeit in Klausuren (zumindest des Faches Deutsch) bekanntlich zu empfindlichen Abzügen in der Leistungsbeurteilung führen.

Auch die Klagen der Arbeitgeberverbände und Universitäten darüber, dass die Schulabgänger wesentliche Sprachnormen nur unzureichend beherrschten, wiederholen sich alljährlich anlässlich des Ausbildungs- und Studienbeginns.

Demgegenüber zeigen Repräsentativbefragungen und Studien, dass der vermeintlich unaufhaltsam fortschreitende Verfall sprach(norm)bezogener Kenntnisse keine empirische Grundlage hat.

Absehbar ist jedoch, dass die hohe Wertschätzung der Fähigkeit zum korrekten (schrift)sprachlichen Ausdruck unter dem wachsenden Einfluss moderner Kommunikationsmedien und -formen wie E-Mail, Chat und SMS allmählich abnehmen wird.

Ebenso (ver)führt die weitverbreitete Textverarbeitungssoftware dazu, sich in sprachlichen Zweifelsfällen auf die Korrekturhinweise der integrierten Rechtschreib- und Grammatikprüfprogramme – sogenannte Spellchecker – zu verlassen, selbst wenn man um deren begrenzte Leistungsfähigkeit und Zuverlässigkeit in der Fehlererkennung weiß.

Vor diesem Hintergrund erscheint die Integration eines umfänglicheren sprachnormbezogenen Kapitels in ein Oberstufenlehrwerk für das Schulfach Deutsch legitim. In acht Abschnitten sind typische Fehlerschwerpunkte und Unsicherheitszonen so aufbereitet, dass sie von Lernenden mit überschaubarem Zeitaufwand im Selbststudium bewältigt werden können – unabhängig davon, ob die jeweiligen Inhalte nur zu reaktivieren oder neu zu erarbeiten sind.

Eine annähernd vollständige Abdeckung aller fehleranfälligen Phänomene ist im gegebenen Rahmen natürlich

---

1 Hugendick, David: Kinder, lest keine Fantasiebücher! 15. September 2008 um 14:59 Uhr

nicht zu leisten; sie wird daher auch nicht angestrebt. Die Auswahl der behandelten Sprachnormen orientiert sich deshalb in Bezug auf die Orthografie an den einschlägigen schulischen Fehleranalysen und hinsichtlich der Grammatik an den Anfragestatistiken der meistfrequentierten deutschen Sprachberatungseinrichtungen. Für die Darstellungsweise waren die folgenden Grundsätze leitend:

- Wo es sich anbietet, sollen Einsichten in bestehende grammatische Strukturen bzw. orthografische Prinzipien gefördert und Hintergründe für Regeln, Wortformen oder -schreibungen bewusst gemacht werden (↗ den Abschnitt zur grafischen Anpassung fremder Wörter, 546 ff.). Besonders gut lassen sich Zusammenhänge zwischen dem grammatischen System und den Rechtschreibnormen an der syntaktisch fundierten Kommasetzung aufzeigen (↗ Abschnitt 4.1.4).

- Wenn durch die Beschreibung sprachlicher Regularitäten und Gesetzmäßigkeiten größere Lerneffekte erreichbar scheinen als mit einer umfassenden Zusammenstellung von Haupt- und Zusatzregeln, Ausnahmebestimmungen und Einzelfestlegungen, wurde dieser Weg bevorzugt. So werden in der Darstellung des besonders komplexen orthografischen Teilgebiets der Getrennt- und Zusammenschreibung syntaktische Operationen in den Vordergrund gestellt (↗ S. 542 ff.), die an HANS GLINZ' bewährte Grammatikproben anknüpfen und den Lernenden noch aus der Satzgliedanalyse bekannt sein dürften. Weiterhin ist die Kommasetzung konsequent von den beiden Grundfunktionen dieses Satzzeichens (Abgrenzung vs. Eingrenzung) abgeleitet, die auch formal (Einzelkomma vs. Doppelkomma) zum Ausdruck kommen.

- Regeln und Formen sollen, wo immer möglich, nicht „naturgegeben" bzw. selbstzweckhaft erscheinen, sondern entweder sprachhistorisch erklärt werden (etwa zur Großschreibung der Nomen und Nominalisierungen, ↗ S. 536 f.) oder funktional – also im Hinblick auf die Aufgabe, die sie in einem sprachlichen Verwendungskontext erfüllen – begründet werden (das gilt bspw. für die unterschiedlichen Konjunktivformen, Abschnitt 4.2.4).

- Obwohl auch in Sprachfragen der Wunsch nach Präskription und das Denken in den Kategorien „richtig" vs. „falsch" ebenso verbreitet wie verständlich sind, sind Hinweise auf bestehende Entscheidungsfreiheiten wichtig, wo diese fließenden Grenzen innerhalb unsers Sprachsystems entsprechen oder dem sich permanent vollziehenden Sprachwandel angemessen Rechnung tragen. (Bsp.: die Bildung der Genitiv-Singular-Endungen, ↗ S. 556 f.). Was heute noch als ungrammatisch gilt, kann schon in naher Zukunft eine zulässige Formvariante sein. Exemplarisch für diese Entwicklung sei hier die Klasse der zweisilbigen Farbadjektive fremdsprachlicher Herkunft genannt:

Als indeklinabel gelten heute nur noch diejenigen mit einem unbetonten Vollvokal im Auslaut (lila, magenta, rosa; ↗ S. 561); hingegen werden Flexionsformen wie ein beiger Pullover oder ihr oranges Kleid im gegenwärtigen Standarddeutsch bereits toleriert.

Selbstverständlich wurde durchgängig darauf geachtet, dass die gewählten Formulierungen für die Zielgruppe hinreichend verständlich sind und dass die zahlreichen konkreten Beispiele zur Lebens-/Erfahrungswelt von Oberstufenschüler(inne)n passen.

Weiterführende Literatur

Aus dem Dudenverlag empfehlen wir folgende Werke für die Hand des Lehrers:

Burkhardt, Armin (Hrsg.): Was ist gutes Deutsch? [Thema Deutsch, Band 8, hrsg. von Wermke, Matthias/Eichhoff-Cyrus, Karin], Mannheim, Leipzig, Wien, Zürich: Dudenverlag, 2007

Hoberg, Rudolf (Hrsg.): Deutsch–Englisch–Europäisch. Impulse für eine neue Sprachpolitik [Thema Deutsch, Band 3, hrsg. von Wermke, Matthias/Eichhoff-Cyrus, Karin], Mannheim, Leipzig, Wien, Zürich: Dudenverlag, 2002

Deutsche Rechtschreibung und Grammatik – leicht gemacht. Mannheim, Leipzig, Wien, Zürich: Dudenverlag, 2007
Reden halten – leicht gemacht. Mannheim, Leipzig, Wien, Zürich: Dudenverlag, 2007

Als Standardwerke aus dem Dudenverlag empfehlen wir:
Das Stilwörterbuch. Duden, Band 2, 8., neu bearb. Auflage, Mannheim, Leipzig, Wien, Zürich: Dudenverlag, 2001

Die deutsche Rechtschreibung. Duden. Band 1, 25. völlig neu bearb. und erweiterte Auflage, Mannheim, Wien, Zürich: Dudenverlag, 2009

Die Grammatik. Unentbehrlich für richtiges Deutsch. Duden, Band 4, 7., völlig neu erarbeit. und erweiterte Auflage, Mannheim, Leipzig, Wien, Zürich: Dudenverlag, 2006

Für die Hand des Schülers aus dem Dudenverlag empfehlen wir:

Schülerduden Grammatik. Das unentbehrliche Arbeitsmittel für den Sprachunterricht. Mannheim, Leipzig, Wien, Zürich: Dudenverlag, 2006 ff.

Schülerduden Rechtschreibung und Wortkunde. Mannheim, Leipzig, Wien, Zürich: Dudenverlag, 2001 ff.

3   Anhang

Zur Arbeit mit der DVD

Einordnung des Lehrwerkes

Multimedial orientierte Lehrwerke gehören inzwischen zum Standard in vielen Unterrichtsfächern. Dabei werden von den Entwicklern unterschiedliche Strategien verfolgt und das Lern- und Übungsprogramm dürfte am weitesten verbreitet sein. Einen solchen Weg der Konzipierung will dieses Lehrbuch jedoch nicht mitgehen, sondern – nicht mehr und nicht minder – ein Zusatzangebot an multimedialen Texten für den Unterricht bereitstellen. Damit folgt das Lehrbuch den Vorgaben durch die EPA Deutsch, die „Einheitliche(n) Prüfungsanforderungen in der Abiturprüfung Deutsch" (Beschluss der Kultusministerkonferenz vom 01. 12. 1989 i. d. F. vom 24. 05. 2002), in denen es heißt:
„Die Erschließung medial vermittelter Texte erfordert die Fähigkeit, Text-Bild- bzw. Text-Bild-Ton-Beziehungen sachgerecht zu untersuchen, die Bedingungen ihrer Vermittlung einzubeziehen, Umgestaltungen von sprachlichen in mediale Texte (und umgekehrt) zu untersuchen und zu werten sowie ihre Wirkungsmöglichkeiten einzuschätzen."
(http://www.kmk.org/fileadmin/veroeffentlichungen_beschluesse/1989/1989_12_01-EPA-Deutsch.pdf)

Auf diese Prämisse haben inzwischen alle Bundesländer in ihren Bildungsplänen reagiert und unterstützen die Entwicklung einer „vielseitigen Medienkompetenz" (ebenda) der Schülerinnen und Schüler.
Auch in Fachzeitschriften und an den lehrerbildenden Hochschulen wird diesem Trend große Aufmerksamkeit zuteil. Die Zeitschrift DEUTSCHUNTERRICHT widmete z. B. ihr Dezemberheft 06/2008 dem Thema „Neue Medien – recherchieren, produzieren, präsentieren"; unter dem Titel „Neue Medien in Alltag, Schule und Unterricht" fand im August 2009 eine Tagung an der Johannes-Gutenberg-Universität Mainz statt.
Medienkompetenz wird in vielen Äußerungen als „Schlüsselqualifikation der Zukunft" bezeichnet.
Die DVD will dazu beitragen, intertextuelle und intermediale Zusammenhänge verdeutlichen zu helfen.

Lehrbuch und DVD sind konzeptionell aufeinander abgestimmt. In der Marginalspalte des Lehrbuchs finden Sie DVD-Symbole als Verweise auf entsprechende Texte und Medien der DVD. Einige Aufgaben und Übungen sind z. T. am besten mithilfe der Texte und Medien auf der DVD lösbar. Entsprechende Verweise finden Sie an diesen Stellen. Das Lösen der Aufgaben ist in den meisten Fällen jedoch auch ohne Zuhilfenahme der DVD möglich, erfordert dann aber intensive Internetrecherche.

Einsatzgebiete der DVD

Einsetzbar in der **Großgruppenarbeit** im Unterricht ist die DVD durch die Verwendung von Beamern oder interaktiven Whiteboards. Eine **individuelle Schülerarbeit** wird durch den Einsatz in Computerkabinetten bzw. durch die Nutzung der DVD am heimischen Computer möglich. Eine Internetverbindung ist nicht notwendig, denn bei der Entwicklung der DVD wurde berücksichtigt, dass die Schülerinnen und Schüler auf dem heimischen Computer bereits jetzt zahlreiche Informationen aus dem Internet abrufen. Die DVD möchte deshalb nicht ein Offline-Internet vorgaukeln, d. h. den Schülerinnen und Schülern nicht die Recherche im Internet ersparen, die ihnen **Medienkompetenz** vermittelt. Zwar werden sie auf der DVD Texte finden, die so oder ähnlich auch im Internet zu finden sind. Während allerdings längere Texte im Internet zumeist auf mehrere Dateien aufgeteilt sind, sind sie auf dieser DVD in einem Dokument zusammengefasst. Das hat mehrere methodische Vorteile, auf die in den Kapiteln „Arbeit mit PDF-Texten" und „Arbeit mit HTML-basierten Texten" näher eingegangen wird. Außerdem finden die Schülerinnen und Schüler auf der DVD Texte und Medien, die aufgrund von vorhandenen Copyrights im Internet nicht verbreitet werden dürfen. Einige dieser **Texte und Medien** sind auch kaum noch im Handel erhältlich und wären somit für den Unterricht nicht nutzbar. Ein Beispiel dafür sind die Filmausschnitte des Films „Das siebte Kreuz" nach dem Roman von ANNA SEGHERS, der letztmalig als VHS-Kopie in den Handel kam und seit Langem vergriffen ist.

Öffnen und Navigieren der DVD

Nach dem Einlegen der DVD in das DVD-Laufwerk öffnet sich – gemeinsam mit dem **„DudenDesktop"** – zunächst ein kleines Begrüßungsfenster. Es werden im Folgenden keine Programme auf Ihrem Computer installiert. Allerdings müssen einige wichtige Hilfsprogramme auf dem PC/MAC installiert sein, damit Sie alle Features der DVD nutzen können. Näheres entnehmen Sie bitte dem Begrüßungsfenster.

Im oberen Teil des DudenDesktops befindet sich eine **Navigationsleiste**, mit der Sie alle Medien unter den unterschiedlichsten Suchoptionen finden.

Im unteren rechten Rand ist der **Notizzettel** platziert. Es ist möglich, Textpassagen aus allen Texten in den Notizzettel zu kopieren. Der Notizzettel kann ohne Textverlust jederzeit geschlossen und wieder geöffnet werden, solange der DudenDesktop nicht geschlossen wird. Alle im Notizzettel befindlichen Informationen können als Textdokument gespeichert und mit anderen Textverarbeitungsprogrammen weiterbearbeitet werden.

Unter dem Menüpunkt **„Das Oberstufenbuch"** finden Sie das Inhaltsverzeichnis des Lehrbuches, dem alle Medien zugeordnet sind, auf welche die DVD-Symbole im Buch verweisen.

Der Menüpunkt **„Texte"** ordnet alle auf der DVD vorhandenen Werke – Ganzschriften bzw. Auszüge aus Ganzschriften – nach Autoren, Werktiteln bzw. Gattungen. Als Angebot für Sie als Lehrer(in) haben wir zusätzlich ausgewählte Werke nach Stoffen, Themen bzw. Motiven zusammengefasst. Außerdem finden Sie wichtige ästhetische Schriften der Literatur- und Kulturgeschichte unter dem entsprechenden Pop-up-Menü. Um gezielt Schriften zur Sprachkritik bzw. Sprachgeschichte auffinden zu können, wurde ein gesonderter Unterpunkt „Essays" geschaffen, der das mühevolle Durchsuchen nach diesen speziellen Texten erspart.

Die multimedialen Daten sind im Menüpunkt **„Medien"** unter „Video", „Audio", „Animationen" und „Bilder" eingeordnet. Im Untermenü „Bilder" finden sich Porträts, Handschriften, Zeichnungen, Drucke, Malereien, Bühnenbilder und Karten.
Für die Hand des Schülers haben wir ausgewählte Artikel unter dem Menüpunkt **„Rechtschreibung/Grammatik"** zusammengefasst, mit denen es den Schülerinnen und Schülern gelingen wird, Defizite in diesem Bereich auszugleichen.

Unter dem Menüpunkt **„Extras"** haben Sie Zugriff auf spezielle Artikel aus der Reihe „Basiswissen Schule", die zum großen Teil den fächerübergreifenden Aspekt des Deutschunterrichts aufgreifen. Als spezielles Angebot für den Schüler sind unter diesem Menüpunkt Artikel zu den am häufigsten benötigten rhetorischen Figuren und Tropen zu finden, die sowohl die Analyse politischer Reden unterstützen als auch bei der Interpretation lyrischer Texte helfen.

Die im Menü installierte **Suchfunktion** ermöglicht es, Medien nach Werktitel bzw. Autor aufzulisten. Dies schließt eine Mehrfachnennung insofern ein, als Medien auch innerhalb des letztmöglich aufklappbaren Pop-up-Menüs mehrfach aufgelistet sind.

Arbeit mit Texten

Arbeit mit PDF-Texten

Die DVD enthält rund 800 literarische und Sachtexte, die über unterschiedliche Suchoptionen abgerufen werden können.
Die meisten dieser Texte liegen im Portable Document Format (PDF) vor. Zum Öffnen wird ein spezielles kostenfreies Programm benötigt, der „Adobe Reader", das der DVD beiliegt. Der Umgang mit PDF-formatierten Texten ist einfach, aus ihnen lassen sich Passagen in ein Textverarbeitungsprogramm wie „Microsoft Word", einen Edi-

tor oder das kostenlose „Open Office" kopieren. Man kann über eine spezielle Suchfunktion die Dokumente nach bestimmten **Schlagwörtern oder Textstellen** durchsuchen oder in einem speziell generierten Inhaltsverzeichnis navigieren.
Diese Eigenschaften von PDF-Texten lassen sich für den Deutschunterricht fruchtbringend nutzen. Da Bücher den Schülern und Lehrkräften oft nicht in seitenidentischen Ausgaben vorliegen, müssen Textpassagen für den Unterricht derzeit oft mühselig mit der Hand digitalisiert werden. Die Suchfunktion hilft beim Auffinden der relevanten Textstellen, die nun mit den Befehlen *Kopieren* (copy, Tastenkombination: Strg+c) und *Einfügen* (paste, Tastenkombination: Strg+v) in Arbeitsblätter, eigene Dokumente oder Präsentationsprogramme eingefügt werden können. Ihnen als Lehrkraft wird es so möglich, konkrete Lektüreaufträge zu vergeben bzw. kurze Zitate für individuelle Aufgaben zu recherchieren.
PDF-Dokumente bleiben in jeder Bildschirmauflösung **seitengenau,** d.h., Lektüreaufträge können auch, wie bei Büchern gewohnt, durch die konkrete Angabe der Seiten erteilt werden, was in HTML-formatierten Texten, wie sie im Internet gebräuchlich sind, nicht möglich ist. Trotzdem ist es noch nicht allgemein anerkannt, aus PDF-Dokumenten wissenschaftlich, d.h. mit genauer Quellenangabe, zu zitieren. Ein Verweis auf die dem PDF-Dokument angefügten Originalquellen hilft hier nicht weiter, da die Seiten des digitalisierten nicht mit denen des gedruckten Werkes übereinstimmen. Da sich aber in wissenschaftlichen Werken eine **Quellenangabe** mit genauer Angabe von Onlinequellen immer mehr durchsetzt, ist eine analoge Technik im Bereich von DVD-Dokumenten hier ebenfalls möglich, indem Sie die folgende Schrittfolge vorgeben:

Nachname des Verfassers, Vorname des Verfassers: Titel des Werkes. Untertitel. In: Lehrbuch Deutsch – DVD, Berlin, Mannheim: Duden Paetec Schulbuch Verlag, 2009, genaue Seitenangabe des Zitats.

Arbeit mit HTML-basierten Werken

Einige Werke auf der DVD liegen nicht im PDF-Format vor, sondern sind auf der Grundlage von Hypertext Markup Language (HTML) erstellt worden. Das erkennen Sie daran, dass im geöffneten Fenster unten links der Vermerk *„im Browser öffnen"* steht. Wenn Sie diese Funktion aktivieren, öffnet sich das Werk in dem Internetbrowser Ihres Computers. In diesem können Sie nun nach Stichworten oder Textpassagen suchen, allerdings ist es nicht möglich, seitengenau zu arbeiten, da sich die Zeilenlänge der Dokumente je nach Bildschirmauflösung des Computers bzw. nach Größe des Browserfensters ändert. Zu beachten ist, dass diese Werke deshalb auch nicht zeilen- bzw. seitengenau zitiert werden können. (Eine Ausnahme bildet hier die Gattung Lyrik. Zitierungen können hier wie folgt vorgenommen werden: genaue Angabe der unter dem Werk befindlichen Quelle. Zitiert nach: Lehrbuch

Deutsch – DVD, Berlin, Mannheim: Duden Schulbuch Verlag, 2009).

Diese Darreichungsform hat jedoch einige Vorteile für die didaktisch-methodische Arbeit, worauf im folgenden Abschnitt „Vergleich medialer Texte" näher eingegangen wird.

Vergleich medialer Texte

Vergleich zweier oder mehrerer Texte

Zwei oder mehrere Texte können innerhalb des Duden Desktops nebeneinandergestellt und somit miteinander verglichen werden, ohne dass eines der Fenster verschwindet. Das bietet sich z. B. bei unterschiedlichen Versionen eines Werkes an.

Dieses Verfahren ist analog möglich, wenn nur ein Text im HTML-basierten Format, der andere jedoch als PDF-Dokument vorliegt. Dazu müssen Sie zunächst das infrage kommende PDF-Dokument öffnen, die entsprechende Passage kopieren und anschließend in den Rahmen des Notizzettels (wird durch Drücken des Buttons im Duden Desktop unten rechts aktiviert) einfügen. Der Notizzettel bleibt so lange geöffnet, wie Sie es wünschen. Texte können auch ausgetauscht werden, wie in jedem Textverarbeitungsprogramm.

Vergleich eines literarischen Werkes mit der filmischen Adaption

Auf der DVD finden Sie drei Ausschnitte aus dem Roman „Mephisto" von KLAUS MANN sowie drei Filmausschnitte der Filmadaption von ISTVÁN SZABÓ. Die Texte und **Filmausschnitte** können nebeneinandergestellt und so miteinander verglichen werden. Beispielsweise ist es vorstellbar, dass die Lehrkraft bzw. ein Schüler den Text passagenweise vorliest und danach die entsprechende filmische Umsetzung gezeigt wird. Den Schülerinnen und Schülern wird es dadurch erleichtert, die Spezifika der Kunstgattungen nachzuvollziehen.

Die Spezifik der Medien verdeutlicht auch der Anfang des Romans „Berlin Alexanderplatz" von ALFRED DÖBLIN, den Sie im Lehrbuch (↗ S. 426 f.) finden, im Vergleich mit zwei filmischen Adaptionen und einer auditiven Umsetzung auf der DVD. Ähnlich können Sie mit dem Romananfang „Das siebte Kreuz" von ANNA SEGHERS verfahren.
Eindrücke des Lebens in einer Großstadt in den 1920er-Jahren vermitteln Ausschnitte aus dem Film „Berlin – Die Symphonie der Großstadt" von WALTER RUTTMANN, die als Teile eines eigenständigen experimentellen Filmkunstwerkes zu Vergleichen mit Literatur zur Großstadtproblematik herangezogen werden können.

Vergleich eines Gedichttextes mit seiner Interpretation durch einen Sprecher

Auf der DVD finden Sie (unter Medien/Audio) zahlreiche Gedichte (auch althochdeutsche bzw. mittelhochdeutsche Texte), die von Sprechern interpretiert wurden. Diese Texte sind auch in den vielen **Gedichtsammlungen** auf der DVD vorhanden. Eine zugleich optische und akustische Erfassung der Texte kann dazu beitragen, Diskussionen über das Vortragen als spezifische Interpretationsleistung auszulösen. Das Hören und zugleich Mitlesen althochdeutscher bzw. mittelhochdeutscher Texte wird helfen, Ausspracheprobleme beim Vortragen dieser Texte durch die Schüler abzubauen, obwohl auch hier verdeutlicht werden sollte, dass das Gehörte immer nur als eine mögliche Interpretation neben anderen zu betrachten ist.

Vergleich multimedialer Dateien

Der DudenDesktop ermöglicht es, mehrere **Film- und Audiodateien gleichzeitig zu öffnen**. So lassen sich z. B. die Eingangsszenen der beiden Verfilmungen von „Berlin Alexanderplatz" zeitgleich abspielen und hinsichtlich der Kameraperspektiven bzw. der Kamera- und Objektbewegungen (↗ Lehrbuch, S. 165 ff.) vergleichen. Sie können die Filme beliebig oft anhalten und weiterspielen lassen. Dasselbe gilt für alle anderen Multimediadateien auf der DVD.

Arbeit mit multimedialen Texten in Präsentationsprogrammen und Word-Dokumenten

Die multimedialen Daten sind im Menüpunkt „Medien" als Videos, Audios, Animationen und Bilder geordnet. Der Aufruf erfolgt über das jeweilige Pop-up-Menü. Auf der DVD liegen:
- die Bilder im JPG-Format (.jpg),
- die Audios als MPEG-1 Audio Layer 3 (.mp3) bzw. als Windows Media Audio (.wma),
- die Videos im Flashwave-Format (.flv) und die
- Animationen im Shockwave-Format (.swf) vor.

Viele Präsentationsprogramme bieten die Möglichkeit, multimediale Texte in **Präsentationen** einzufügen. Das Programm „Microsoft PowerPoint" z. B. gewährt dies in seiner Version 2000 unter dem Menüpunkt „Einfügen > Film und Sound". Das kostenlose „OpenOffice" bietet den Menüpunkt unter „Einfügen > Film und Klang" an. Derzeit erlauben beide Präsentationsprogramme allerdings nicht den Import von FLV- und SWF-Dateien. Importierfähige Audiodateien finden Sie auf der DVD unter „app > data > mp3" (x:/app/data/mp3).
Animationen können Sie in „OpenOffice 3.1" unter „Einfügen > Objekt > Video" einfügen. Die Dateien finden Sie auf der DVD unter „app > data > swf". Videodateien liegen unter „app > data > movie" (x:/app/data/movie). Shockwave- und Flashwave-Dateien können in „PowerPoint" und „OpenOffice" derzeit nur über einen Hyper-

link abgespielt werden. Das allerdings mit sehr gutem Erfolg, denn der FLV-Player setzt sich über die Oberfläche der Präsentation und kann somit problemlos navigiert werden. Der Haken in „OpenOffice" unter „Bildschirmpräsentation > Bildschirmpräsentationseinstellungen > Bildschirmpräsentation immer im Vordergrund" sollte dabei jedoch nicht gesetzt sein.

Hyperlinks setzen Sie, indem Sie ein Wort (bzw. eine Wortgruppe) oder ein eingefügtes Bild markieren und dann über „Einfügen > Hyperlink" den Pfad der SWF- bzw. FLV-Datei auswählen. Der Pfad sollte bei der Präsentation allerdings verfügbar sein, d. h., verweist der Hyperlink auf eine Datei auf der DVD, muss die DVD im DVD-Laufwerk eingelegt sein. Ist auf dem Präsentationscomputer kein DVD-Laufwerk vorhanden, empfiehlt es sich, die entsprechende Multimediadatei in dem Ordner abzulegen, der auch die Präsentation enthält.

Möchten Sie ein **Standbild** („still") aus einem Filmausschnitt als Hyperlink verwenden, erstellen Sie dieses Still am besten über folgenden Weg:
Öffnen Sie den Film im DudenDesktop bzw. mit Ihrem FLV-Player und suchen Sie sich das entsprechende Still aus. Drücken Sie die „Print"-/„Druck"-Taste Ihrer Tastatur. Öffnen Sie nun Ihr Bildbearbeitungsprogramm (z. B. „Adobe Photoshop" oder das kostenlose „Photo-Filtre") und legen Sie über „Neu" ein leeres Bilddokument an. Über die Tastenkombination Strg + v kopieren Sie den Screenshot in das Bilddokument, beschneiden ihn nach Ihren Wünschen und speichern das entstandene Bild als JPG-Datei in Ihrem Präsentationsordner auf der Festplatte. Das Bild wird dann in der Präsentation auf die oben beschriebene Weise hyperverlinkt. Achtung: Nicht jeder **Media-Player** ist in der Lage, Stills zu extrahieren. Das kostenlose „VirtualDub" kann jedoch Standbilder exportieren. Mitunter ist in einen Media-Player auch eine „Schnappschuss-Funktion" integriert (allerdings funktioniert die "PrintScreen"-Funktion der Tastatur bei Filmen nicht).

Wollen Sie die Filmausschnitte **in ein Präsentationsprogramm einbetten,** müssen die FLV-Dateien in ein Format umgewandelt werden, das die Präsentationsprogramme unterstützen. Gemeinhin ist dies das Video-Containerformat Audio Video Interleave (.avi). Meistens wird auch Quicktime (.mov) unterstützt. Mit einigem Können lassen sich auch SWF-Dateien in AVI-Dateien umwandeln. Zum Umwandeln von einem Dateiformat in ein anderes gibt es im Internet zahlreiche Foren.
Bilder können in beiden Präsentationsprogrammen problemlos verwendet werden. In „PowerPoint" geschieht dies über „Einfügen > Grafik > aus Datei", in „OpenOffice" über „Einfügen > Bild > aus Datei".

Analog zur Arbeit mit Präsentationsprogrammen können Sie multimediale Word-Dokumente erstellen.

Ein Verzeichnis aller Texte und Medien der DVD finden Sie auf S. 208–224.

Bildungsplan Gymnasium Baden-Württemberg (2004): Standards für Deutsch Kursstufe mit Verweisen zum Oberstufenbuch Deutsch

Kompetenzen und Inhalte für Deutsch – Kursstufe	Deutsch. Das Oberstufenbuch
1. UND 2. SPRECHEN UND SCHREIBEN	
Praktische Rhetorik – einen Diskussions- und Redebeitrag vorbereiten, formulieren und vortragen – eine Diskussion vorbereiten, durchführen und auswerten – eigenes und fremdes Gesprächsverhalten kritisch beobachten und angemessen darauf reagieren – verschiedene Vortrags- und Präsentationstechniken funktional einsetzen, auch unter Einbeziehung der neuen Medien – Kriterien der Bewertung anwenden (auch Feedback geben) – Leitungs- und Moderationsaufgaben übernehmen	**Thema: Rhetorik, S. 240 ff.** Thema: Vortrag (Referat) vorbereiten und halten, S. 243 f. Kap 2.1.3 Sprache als Werkzeug, S. 225 f. Kap. 2.1.5 Verständigungsprobleme und ihre Überwindung, S. 230 ff.
Informieren – Methoden der Beschaffung und Verarbeitung von Information zielgerichtet anwenden (Nutzung von Bibliotheken, audiovisuellen und digitalen Medien, Interviews) – Methoden der Aufbereitung und Vermittlung von Informationen anwenden (Strukturierung und Visualisierung)	**Kap. 1.4.2 Informationsrecherche und wissenschaftliche Standards, S. 139 ff.** Kap. 1.2 Texte schreiben, S. 90 ff.
Texte wiedergeben – das Wesentliche eines anspruchsvollen Textes mit eigenen Worten sachgerecht wiedergeben – Techniken des Zitierens und des referierenden Sprechens sicher anwenden	 Kap. 1.4.2 Zitieren, S. 142 f.
Argumentieren – komplexe Fragestellungen erfassen und Problemfelder erschließen – eine präzise und adäquate Begrifflichkeit verwenden – mit Techniken und Formen des Argumentierens und Erörterns selbstständig umgehen – Norm- und Wertvorstellungen reflektieren und sich ein begründetes Urteil bilden – erörternde Schreibformen verwenden (die nicht textgebundene Erörterung, die textgebundene Erörterung, auch produktionsorientiert, die literarische Erörterung)	**Kap. 1.3.3 Texte erörternd erschließen, S. 119 ff.** Kap. 1.3.3 Argument und Argumentation, S. 119 ff. Kap. 1.3.3 Verfahren des Erörterns, S. 123 Kap. 1.3.3 literarische Erörterung und Sachtexterörterung, S. 124 ff.
Texte analysieren und interpretieren – Verstehensvoraussetzungen klären – bei ihrer Interpretation textexterne und intertextuelle Bezüge berücksichtigen – eine funktionale, auf Inhalt und Wirkung bezogene Analyse von Texten durchführen und deren Darstellungsmittel einbeziehen (auch Glosse, Satire, Reden, Kommentare) – Fachausdrücke der Textbeschreibung verwenden – Sach- und Gebrauchstexte in unterschiedlichen medialen Erscheinungsformen auf ihre Funktion hin untersuchen und beurteilen – Formen gestaltenden Interpretierens (auch szenische Verfahren) anwenden und reflektieren – texterschließende Schreibformen (die Textanalyse, den analytischen Interpretationsaufsatz, den gestaltenden Interpretationsaufsatz) anwenden	**Kap. 1.1 Texte interpretieren, S. 12 ff.** **Kap. 1.5. Texte analysieren, Grundbegriffe anwenden, S. 150 ff.** **Kap. 1.3 Abituraufgaben lösen, S. 103 ff.** Kap. 1.1.2 Interpretationsverfahren, S. 24 ff. Kap. 1.5.1 Grundbegriffe der Erzähltheorie nach Petersen, S. 151 ff., nach Genette, S. 154 ff. Handlungselemente und -strukturen nach Martinez/Scheffel, S. 163 Kap. 1.1.5 Szenische Interpretation, S. 77 ff. Kap. 1.3 Abituraufgaben lösen, S. 130 ff., S. 106 ff. und S. 113 ff., vgl. S. 133 ff.
Rechtschreibung und Zeichensetzung	**Kap. 4.1, S. 520 ff.**
3. LESEN/UMGANG MIT LITERARISCHEN SOWIE NICHTLITERA-RISCHEN TEXTEN UND MEDIEN	
Lesekompetenz – mit anspruchsvollen literarischen und nichtliterarischen Texten umgehen	**Kap. 1.1 Leseverstehen im Pisa-Test, S. 17 ff.** **Kap. 1 Kompetent mit Texten arbeiten, S. 12 ff.**

– literaturtheoretisches Basiswissen und poetologisches Vokabular zur präzisen Beschreibung von Texten anwenden – sich mit dem in einem Text dargestellten Menschen- und Weltbild auseinander setzen. Dabei auch geistes-, sozial- und kulturgeschichtliche Zusammenhänge berücksichtigen – die Mehrdeutigkeit von literarischen Texten erläutern und sich im Interpretationsgespräch über unterschiedliche Lesarten verständigen	Kap. 2 Sprache und Literatur in Kontexten, S. 200 ff. Kap. 3 Literaturgeschichte, S. 278 ff. Kap. 1.5: Texte analysieren und Grundbegriffe anwenden (auf neuestem wissenschaftlichen Stand nach Petersen und Genette sowie nach Martinez/Scheffel), S. 150 ff. Kap. 2.2 Literatur in Kontexten S. 248 ff. Kap. 1.1 Texte interpretieren, S. 12 ff.
Literaturgeschichtliches Orientierungswissen – verfügen über literaturgeschichtliches Orientierungswissen (Epochen, Strömungen, exemplarische Werke) – sich mit der geschichtlichen Bedingtheit von Literatur auseinander setzen; Schwerpunkt : Epoche der Aufklärung – Erkennen und Reflektieren der geschichtlichen Bedingtheit eines Werkes und des eigenen Verstehens und Urteilens – Erkennen von Zusammenhängen zwischen Texten (Intertextualität); Vergleich von themenverwandten bzw. motivähnlichen Texten aus verschiedenen Epochen – sich mit der Rezeption literarischer Werke auseinander setzen Außerdem erweitern die SuS ihre Leseerfahrung durch die Beschäftigung mit mindestens zwei Werken der Gegenwartsliteratur	**Kap. 3 Literaturgeschichte, S. 278 ff.** Kap. 2.2 Literatur in Kontexten, besonders: Kap. 2.2.3 Epochen, Umbrüche, Strömungen, S. 258 ff. Kap. 3.1.2 Aufklärung, S. 290 ff. Thema „Aufklärung als unabgeschlossener Prozess", S. 302 ff. Kap. 2.2.5 Intertextualität, S. 262 f. z. B. Kap. 1.1.3 Literaturkritik, S. 42 ff. z. B. Judith Hermann „Nichts als Gespenster" (2003), S. 248 f.; Daniel Kehlmann „Ruhm" (2009), S. 492 f., S. 509 ff.
Medienkompetenz – die verschiedenen Medien als Mittel der Information, Meinungsbildung, Manipulation, Unterhaltung, Kommunikation und ästhetischen Gestaltung gezielt nutzen – die unterschiedlichen medialen Gestaltungen literarischer Werke vergleichen und die Funktion der jeweiligen Gestaltungsmittel erläutern – spezifische Darstellungsmittel der traditionellen und neuen Medien, ihre Rezeptionsweise, Wirkung und Problematik darstellen und erläutern (auch Hypertexte, Hypermedien, virtuelle Welten)	**Kap. 3.3 Neue Medien und Literaturbetrieb, S. 494 ff.** Thema „Literatur im Medienwechsel", S. 500 ff. Kap. 1.5.2 Grundbegriffe der Filmanalyse, S. 164 ff. Kap. 3.3.1 Medialisierung, S. 494 ff.
4. SPRACHBEWUSSTSEIN ENTWICKELN **Sprachwissen und Sprachkompetenz** – zentrale grammatische Erscheinungen bestimmten Kategorien zuordnen und die entsprechenden Fachbegriffe verwenden – ein Repertoire semantischer, syntaktischer und stilistischer Möglichkeiten situationsgerecht und funktional anwenden – sprachliche Mittel einsetzen, um Inhalte miteinander zu verknüpfen und den Textzusammenhang zu sichern – den logischen Zusammenhang von Satzgefügen erfassen – Sätze konstruieren, die einen Sachverhalt in seiner Komplexität deutlich machen – semantische Erscheinungen wie Ein- und Mehrdeutigkeit, Denotation und Konnotation erkennen und sie bei der eigenen Sprachproduktion verwenden – das Sprachwissen bei Sprachanalyse und -produktion (auch Textüberarbeitung) anwenden	**Kap. 2.1 Sprache in Kontexten, S. 211 ff.** Kap. 2.1.1 Das gegenwärtige Deutsch, S. 211 ff. Kap. 2.1.2 Varietäten der Gegenwartssprache, S. 212 Kap. 2.1.3 Sprache als Werkzeug, S. 225 f. Kap. 2.1.4 Sprache und Wirklichkeit, S. 227 ff. Kap. 2.1.5 Verständigungsprobleme und ihre Überwindung, S. 230 ff. Kap. 4.2 Grammatikfehler, S. 540 ff. Kap. 1.2 Formulierungshilfen durch Textbausteine, S. 95 z. B. Kap. 1.3.2 Texte untersuchend erschließen (Lösungsskizze), S. 115 Kap. 1.2 Texte schreiben (Kap. 1.2.4 Überarbeiten), S. 97 ff.
Sprachbewusstsein und kommunikative Kompetenz – Bedingungen gelingender und misslingender Kommunikation erkennen und in das eigene Sprachhandeln einbeziehen – darstellen, dass die neuen Informations- und Kommunikationstechnologien Wahrnehmung und Kommunikation beeinflussen und deren Auswirkung auf die Sprache reflektieren	**Kap. 2.1.5 Verständigungsprobleme und ihre Überwindung, S. 230 ff.**

Texte und Medien der DVD „Deutsch. Das Oberstufenbuch"

Die Listen sind **alphabetisch nach Autor, bei unbekannten Autoren** und **Filmen nach Titel** geordnet:
PDF finden Sie unter „app > data > pdf" (Laufwerk:\app\data\pdf)

A	**Dateiname**
Althochdeutsche Sprüche	ahd.pdf
Äsop: Fabeln	aesop.pdf
Aischylos:	
Die Orestie, Tragödien	aisch.pdf
Die Perser, Schauspiel	aisch1.pdf
Der gefesselte Prometheus, Schauspiel	aisch2.pdf
Die Sieben gegen Theben, Schauspiel	aisch3.pdf
Die Schutzflehenden, Schauspiel	aisch4.pdf
Alberti, Konrad: Im Suff, Drama	alberti.pdf
Andersen, Hans Christian: Märchen	andersen.pdf
Annolied	annolied.pdf
Aristophanes:	
Der Friede, Drama	friede.pdf
Die Frösche, Schauspiel	aristop2.pdf
Lysistrata, Schauspiel	aristop.pdf
Arnim, Achim von: Der tolle Invalide auf dem Fort Ratonneau, Erzählung	arnim.pdf
Arnim, Bettine von: Die Günderode, Briefe	guender.pdf
Ascher, Saul: Die Germanomanie, Aufsatz	ascher.pdf
Frau Ava: Das Jüngste Gericht, Poem	ava.pdf
Augustinus: Die Bekenntnisse des heiligen Augustinus	lachma.pdf
Aristoteles:	
Über die Dichtkunst, Abhandlung	arispoet.pdf
Nikomachische Ethik, Abhandlung	ethik.pdf
B	
Bahr, Hermann:	
Symbolismus, Aufsatz	bahr2.pdf
Die Moderne, Aufsatz	bahr3.pdf
Der böse Goethe, Aufsatz	bahr4.pdf
Expressionismus, Aufsatz	bahr1.pdf
Loris, Aufsatz	bahr.pdf
Balzac, Honoré de:	
Die Frau von dreißig Jahren, Roman	balzac.pdf
Eugénie Grandet, Roman	balzac1.pdf
Bandemer, Susanne von: Prometheus, Gedicht	bandem.pdf
Baudelaire, Charles:	
Die Blumen des Bösen, Gedichte	fleurs.pdf
Abel und Kain, Gedicht	kain1.pdf
Ball, Hugo:	
Die Flucht aus der Zeit, Tagebuch, Auszüge	ball1.pdf
Eroeffnungs- Manifest, 1. Dada-Abend	ball2.pdf
Simultan Krippenspiel, Schauspiel	ball3.pdf
Flametti oder Vom Dandysmus der Armen, Roman	ball.pdf
Bessing, Joachim: Contrazoom, Popliteratur, Auszug	contrazoom.pdf
Bibel	
Gleichnis vom verlorenen Sohn, Neues Testament	sohn.pdf
Kain und Abel	kain.pdf
Berthold von Regensburg: sælic sint die reines herzen sint, Predigt (regens.pdf)	
Bleibtreu, Karl:	
Ein Faust der Tat, Tragödie	bleibtre.pdf
Aus meiner Werkstatt, Bericht	bleibtr1.pdf
Andere Zeiten, andere Lieder! Aufsatz	bleibtr2.pdf
Bodmer, Johann Jacob: Critische Abhandlung von dem Wunderbaren in der Poesie, Regelpotik	bodmer.pdf
Boccaccio Giovanni: Decameron, Novellenzyklus	decam.pdf
Börne, Ludwig: Bemerkungen über Sprache und Stil, Aufsatz	boerne.pdf
Boëtie, Étienne de la: Von der freiwilligen Knechtschaft des Menschen, Abhandlung	boetie.pdf
Boldt, Paul: Gedichte	boldt.pdf

Bote, Hermann: Ein kurzweiliges Buch von Till Eulenspiegel, Schwänke   eule.pdf
Brachmann, Louise: Antigone, Gedicht   antigon1.pdf
Braun, Volker: Benjamin in den Pyrenäen, Gedicht   braun.pdf
Brecht, Bertolt:
    An Walter Benjamin, der sich auf der Flucht vor Hitler entleibte, Gedicht   brecht1.pdf
    Über die Bezeichnung Emigranten, Gedicht   brecht2.pdf
    Zum Freitod des Flüchtlings W. B., Gedicht   brecht1.pdf
Brentano, Clemens: Geschichte vom braven Kasperl und dem schönen Annerl, Märchen   brentano.pdf
Brinkmann, Rolf Dieter: Einen jener klassischen…, Gedicht   brinkm.pdf
Büchner, Georg:
    Dantons Tod, Drama   danton.pdf
    Lenz, Novelle   lenz.pdf
    Leonce und Lena, Lustspiel   lena1.pdf
    Woyzeck, dramatisches Fragment   woyzeck.pdf
    Woyzeck, dramatisches Fragment, vollständige Fassung   woyzeck1.pdf
Burckhardt, Jacob: Die Kultur der Renaissance in Italien, Abhandlung   burckhar.pdf
Bürger, Gottfried August:
    Gedichte. Erster Theil, Vorrede   bürger3.pdf
    Gedichte und Balladen   buerger6.pdf
    Herzensausguß über Volks-Poesie, Aufsatz   buerger1.pdf
    Münchhausen, Roman   buerger.pdf
    Prometheus, Gedicht   buerger5.pdf
    Von der Popularität der Poesie, Aufsatz   buerger4.pdf
    Vorläufige Antikritik, Aufsatz   buerger2.pdf
Busch, Wilhelm: Max und Moritz, Sechster Streich   busch.pdf
Busoni, Ferruccio Benvenuto: Doktor Faust, Schauspiel   busoni.pdf
Lord Byron: Manfred, dramatisches Gedicht   manf.pdf

C
Calis, Nuran David: Stunde Null, Schauspiel, Auszüge   calis.pdf
Chamisso, Adelbert von:
    Peter Schlemihls wundersame Geschichte, Erzählung   schlem.pdf
    Über Zensur und Preßfreiheit, Aufsatz   chamisso.pdf
Calderon de la Barca, Pedro: Das große Welttheater, Schauspiel   calderon.pdf
Catull (Gaius Valerius Catullus): Gedichte, in der Übertragung von Mörike   catull.pdf
Cervantes Saavedra, Miguel de: Don Quijote, Roman   quijote.pdf
Chaucer, Geoffrey: The Canterbury Tales (engl.)   tales.pdf
Claudius, Matthias:
    Brief an seinen Sohn Johannes   claudius2.pdf
    Ernst und Kurzweil, von meinem Vetter an mich, Aufsatz   claudius1.pdf
    Über das Genie, Aufsatz   claudius.pdf
Conrad, M. G. / Alberti. C.: Bjarne P. Holmsen: Papa Hamlet. Rezension   holz.pdf
Conradi, Hermann: Gedichte   conradi.pdf
Czechowski, Heinz: Prometheus, Gedicht   czechow.pdf

D
Dadaistisches Manifest, 1918   dada.pdf
Däubler, Theodor:
    Attische Sonette   daeubl1.pdf
    Das Nordlicht. Gedichte   daeubl.pdf
Dante Alighieri: Die Göttliche Komödie, Poem   dante.pdf
Das buoch von guter spîse, Kochbuch   spise.pdf
Das Hohelied der Liebe, Lyrik   liebe.pdf
Defoe, Daniel: Robinson Crusoe, Roman   defoe.pdf
Dehmel, Richard: Der befreite Prometheus, Gedicht   dehmel.pdf
Dickens, Charles: Oliver Twist, Roman   twist.pdf
Dialektliteratur, Sammlung   dialekt.pdf
Dilthey, Wilhelm:
    Die Entstehung der Hermeneutik, Aufsatz   dilthey.pdf
    Johann Georg Hamann, Aufsatz   dilthey1.pdf
    Goethe und die dichterische Phantasie, Aufsatz   dilthey2.pdf
    Über die Einbildungskraft der Dichter, Aufsatz   dilthey3.pdf
Doering, Heinrich:
    Goethe's Biographie   doerin2.pdf

Schiller's Biographie   doering.pdf
Wieland's Biographie   doerin1.pdf
Doktor Faust. Fliegendes Blat aus Cöln   drfaust.pdf
Doyle, Arthur Conan: Die Refugées, Roman   doyle.pdf
Droste-Hülshoff, Anette von:
    Briefwechsel mit Levin Schücking   droste1.pdf
    Die Judenbuche, Sittengemälde   judbuc.pdf
    Gedichte   droste.pdf
Dunkelmännerbriefe   dunkel.pdf

E

Ebert, Friedrich: Rede zur Eröffnung der Nationalversammlung   ebert.pdf
Ebner-Eschenbach, Marie von: Erzählungen   ebner.pdf
Eckermann, Johann Peter: Gespräch mit Goethe vom 04.01.1824, Auszug   eckerm.pdf
Eichendorff, Joseph von:
    Ahnung und Gegenwart, Roman   eichen3.pdf
    Auch ich war in Arkadien, Erzählung   eichen4.pdf
    Aus dem Leben eines Taugenichts, Erzählung   taugen.pdf
    Das Marmorbild, Erzählung   eichen1.pdf
    Das Schloß Dürande, Erzählung   eichen2.pdf
    Erlebtes, Erinnerungen   eichen6.pdf
    Geschichte der poetischen Literatur Deutschlands, Abhandlung   eichen5.pdf
Engelke, Gerrit: Herbst, Gedicht   engelke.pdf
Essig, Hermann: Der Taifun, Roman   essig.pdf
Euripides:
    Alkestis, Schauspiel   eurip2.pdf
    Der Kyklops, Satyrspiel   eurip4.pdf
    Helena, Drama   eurip1.pdf
    Iphigenie in Aulis, Drama   eurip.pdf
    Medea, Drama   eurip3.pdf
    Phönizierinnen, Drama   eurip5.pdf
Ezzos Gesang, das Ezzolied   ezzo.pdf

F

Fabeln   fabel.pdf
Fallersleben, August Heinrich Hoffmann von: Die unmündigen Aufgeklärten, Gedicht   fallers.pdf
Faustartikel aus Meyers Konversationslexikon   faust_ml.pdf
Faustbuch des Christlich-Meynenden   fauchrmy.pdf
Federer, Heinrich:
    Das letzte Stündlein des Papstes Innocenz des Dritten, Erzählung   federer.pdf
    Der gestohlene König von Belgien, Geschichten   federer1.pdf
Feuerbach, Ludwig: Das Wesen des Christentums, Abhandlung   feuerb.pdf
Fichte, Johann Gottlieb:
    Vom Ursprung der Sprache, Aufsatz   fichte.pdf
    Zurückforderung der Denkfreiheit von den Fürsten Europens. Eine Rede   fichte1.pdf
Flaubert, Gustave: Frau Bovary, Roman   flaubert.pdf
Fleming, Paul: Deutsche Gedichte   fleming.pdf
Fontane, Theodor:
    Cécile, Roman   fonta1.pdf
    Effi Briest, Roman   effi.pdf
    Frau Jenny Treibel, Roman   fonta4.pdf
    Gerhart Hauptmann, Vor Sonnenaufgang, Literaturkritik   fontane.pdf
    Grete Minde, Roman   fonta5.pdf
    Irrungen, Wirrungen, Roman   fonta3.pdf
    L'Adultera, Erzählung   fonta7.pdf
    Schach von Wuthenow, Erzählung   fonta2.pdf
    Unsere lyrische und epische Poesie seit 1848, Aufsatz   fonta6.pdf
Forster, Georg: Ueber die Humanität des Künstlers, Aufsatz   forster.pdf
Fouqué, Friedrich de la Motte: Undine, Märchen   undine.pdf
Freiligrath, Ferdinand: Ça ira! Gedichte   freilig.pdf
Freytag, Gustav: Die Technik des Dramas, Abhandlung   freytag.pdf
Fried, Erich:
    Was es ist, Gedicht   fried1.pdf
    Die Maßnahmen, Gedicht   fried.pdf

G
Gedichtsammlung:
   Berlin-Gedichte   berlin.pdf

Gedichtsammlung:	
Berlin-Gedichte	berlin.pdf
Berühmte Sonette	sonett.pdf
Balladen Goethes und Schillers	ballad.pdf
Der Rhein/Die Loreley	rhein.pdf
Dinggedichte	dingged.pdf
Gedichte aus zwei Jahrtausenden	gedicht.pdf
Großstadtgedichte	stadt.pdf
Naturalismus	lyrnat.pdf
Vanitas	vanitas.pdf
Weltuntergang	wende.pdf
Geibel, Emanuel:	
Brünhild, Tragödie aus der Nibelungensage	geibel.pdf
Gedichte an Deutschland	geibel3.pdf
König Abels Ende, Gedicht	geibel1.pdf
Nausikaa, Gedicht	geibel2.pdf
George, Stefan:	
Blätter für die Kunst, Zeitschrift	George3.pdf
Das Jahr der Seele, Gedichte	George5.pdf
Die Bücher der Hirten- und Preisgedichte	George6.pdf
Die Fibel. Auswahl erster Verse	George7.pdf
Dramatische Fragmente	George2.pdf
Tage und Thaten, Aufzeichnungen und Skizzen	George4.pdf
Über Dichtung, Aufsatz	George1.pdf
Georgslied (ahd.), Epos	georgs.pdf
Gellert, Christian Fürchtegott:	
Abhandlung für das rührende Lustspiel	gellert.pdf
Die zärtlichen Schwestern, Schauspiel	gellert1.pdf
Gerhardt, Paul:	
Gedichte	gerhardt.pdf
„Testament" für seinen Sohn	gerhardt1.pdf
Gilgamesch-Epos	gilgam.pdf
Glassbrenner, Adolf: Die jüngste Walpurgisnacht, Schauspiel	glassbr.pdf
Goering, Reinhard: Seeschlacht, Tragödie	goering.pdf
Goethe, Johann Wolfgang:	
Anekdote zu den Freuden des jungen Werthers	werth.pdf
An Herder („Pindar-Brief")	goethe16.pdf
Aus meinem Leben. Dichtung und Wahrheit	duw.pdf
Campagne in Frankreich, Abhandlung	goethe17.pdf
Das Jahrmarktsfest zu Plundersweilern, Schauspiel	goethe18.pdf
Die Leiden des jungen Werthers, Briefroman	werther.pdf
[Die Zusammenkunft der Naturforscher in Berlin], Aufsatz	goethe20.pdf
Ein Fastnachtsspiel […] vom Pater Brey	goethe19.pdf
Egmont, Trauerspiel	egmont.pdf
Elegien	elegie.pdf
Faust: Der Tragödie erster Teil	faust1.pdf
Faust. Der Tragödie zweiter Teil	faust2.pdf
Faust: Ein Fragment	faustfr.pdf
Gedichte	goethe7.pdf
Gespräch mit Eckermann vom 31. Januar 1827	goethe11.pdf
Götz von Berlichingen mit der eisernen Hand, Schauspiel	goetz.pdf
Iphigenie auf Tauris, Schauspiel	iphigen.pdf
Italienische Reise, Reisebericht	goethe1.pdf
Litterarischer Sansculottismus, Aufsatz	sansc.pdf
Nachlese zu Aristoteles' Poetik	goethe13.pdf
Noten und Abhandlungen zu besserem Verständnis des west-östlichen Divans, Aufsatz	goethe21.pdf
Pandora, Schauspiel	goethe12.pdf
Prometheus, Dramatisches Fragment	goethe4.pdf
Prometheus, Gedicht, frühe und späte Fassung	goethe22.pdf
Proserpina, Schauspiel	goethe10.pdf
Reinecke Fuchs, Epos	goethe14.pdf
Shakespeare und kein Ende! Aufsatz	goethe8.pdf
Unterhaltungen deutscher Ausgewanderten, Erzählungen	goethe3.pdf

Wilhelm Meisters Theatralische Sendung, Roman	goethe9.pdf
Winckelmann, Aufsatz	goethe2.pdf
Versuch als Vermittler von Objekt und Subjekt, Aufsatz	goethe6.pdf
Urfaust, Drama	urfaust.pdf
Zum Schäkespears Tag, Aufsatz/Rede	goethe1.pdf
Goethe, Johann Wolfgang/Schiller, Friedrich:	
Briefwechsel in Auszügen	briefgs.pdf
Über epische und dramatische Dichtung	goethe.pdf
Xenien	xenien.pdf
Goldoni, Carlo: Der Diener zweier Herren, Lustspiel	goldoni.pdf
Gotter, Johann Friedrich Wilhelm: Medea, Drama	gotter.pdf
Gotthelf, Jeremias:	
Die schwarze Spinne, Erzählung	spinne.pdf
Elsi, die seltsame Magd, Novelle	gothelf.pdf
Gottsched, Johann Christoph:	
Der Biedermann, Zeitschrift	gottsch.pdf
Sterbender Cato, Trauerspiel	cato.pdf
Versuch einer critischen Dichtkunst, Regelpoetik	gottsch1.pdf
Grabbe, Christian Dietrich:	
Don Juan und Faust, Tragödie	grabbe.pdf
Napoleon oder die hundert Tage, Drama	grabbe1.pdf
Welch ein Gallimathias von höfischer Kriecherei […], Aufsatz	grabbe2.pdf
Grillparzer, Franz:	
Das Kloster bei Sendomir, Erzählung	grill2.pdf
Der arme Spielmann, Erzählung	grill3.pdf
Der Traum ein Leben, Drama	grill4.pdf
Die Argonauten, Schauspiel	grill1.pdf
Die Jüdin von Toledo, Schauspiel	grill.pdf
Grimm, Jacob und Wilhelm:	
Kinder- und Hausmärchen	grimm.pdf
Vorrede (zum ersten Band) in Ortssagen, 1816	grimm1.pdf
Grimm, Wilhelm: Das Grimildlied. Epos	grimm2.pdf
Grimmelshausen, Hans Jakob Christoffel von:	
Der Abenteuerliche Simplicissimus Teutsch, Roman	simplzis.pdf
Trutz Simplex, Roman	courasch.pdf
Gryphius, Andreas:	
Absurda Comica oder Herr Peter Squentz, Schauspiel	gryphius.pdf
Gedichte	gryphiu1.pdf
Papinian, Trauerspiel	gryphiu2.pdf
Gundolf, Friedrich: Rede zu Goethes hundertstem Todestag	gundolf.pdf
Günderrode, Karoline von:	
Gedichte	guender1.pdf
Geschichte eines Braminen u. a. Texte	guendero.pdf
Gutzkow, Karl:	
Die Ästhetik des Hässlichen, Aufsatz	gutzkow2.pdf
Die „realistischen" Erzähler, Aufsatz	gutzkow.pdf
Literarische Industrie, Aufsatz	gutzkow3.pdf
Über Goethe im Wendepunkt zweier Jahrhunderte, Aufsatz	gutzkow1.pdf

H

Haller, Albrecht von:	
Ossian, Literaturkritik	ossian.pdf
Versuch Schweizerischer Gedichte, u. a. „Die Alpen"	haller.pdf
Hamann, Johann Georg: Leser/Schriftsteller und Kunstrichter, Aufsatz	hamann.pdf
Hamerling, Robert: Homunculus. Modernes Epos	hamerl.pdf
Hart, Heinrich: Neue Welt, literarischer Essay	hart2.pdf
Hart, Heinrich und Julius:	
Ein Lyriker à la mode	hart4.pdf
Für und gegen Zola, Polemik	hart3.pdf
Wozu, Wogegen, Wofür? Aufsatz über Literatur	hart.pdf
Hart, Julius: Die Entwicklung der neueren Lyrik in Deutschland	hart1.pdf
Hartleben, Otto Erich: Die Wiederkunft, Gedicht	hartleb.pdf
Hartmann von Aue: Der arme Heinrich, Epos	hvaue.pdf
Hauptmann, Carl: Einhart der Lächler, Roman	hauptm.pdf

Hebbel, Friedrich:
    Maria Magdalene, bürgerliches Trauerspiel   hebbel.pdf
    Die Nibelungen, Drama   hebbel1.pdf
    Mein Wort über das Drama, Aufsatz   hebbel3.pdf
    Über den Stil des Dramas, Aufsatz   hebbel2.pdf
Heine, Heinrich:
    Deutschland – Ein Wintermärchen, dramatisches Gedicht   heine1.pdf
    Die Götter im Exil, Aufsatz   heine6.pdf
    Die romantische Schule, Aufsatz   heine1a.pdf
    Der Doktor Faust, Tanzpoem   heine4.pdf
    Der Rabbi von Bacherach   heine8.pdf
    Gedichte   heine2.pdf
    Reisebilder   heine5.pdf
Heinrich von Meißen (Frauenlob): Owê herzelîcher leide, Gedicht   fraulob.pdf
Heinrich von Melk: Von des todes gehugde, mhd.   melk.pdf
Heinrich von Morungen: Gedichte   morungen.pdf
Hegel, Georg Wilhelm Friedrich: Vorlesungen über die Ästhetik   hegel.pdf
Heliand, altsächsische Bibelübersetzung   heliand1.pdf
Heliand, Nach dem Altsächsischen von Simrock   heliand.pdf
Henckell, Karl: Prometheus   henckel.pdf
Herder, Johann Gottfried:
    Abhandlung über den Ursprung der Sprache   herder1.pdf
    Briefe zur Beförderung der Humanität   herder5.pdf
    Fragmente einer Abhandlung über die Ode   herder.pdf
    Pindar und der Dithyrambensänger, Aufsatz   herder4.pdf
    Shakespeare, Aufsatz   herder2.pdf
    Ueber die neuere Deutsche Litteratur, Aufsatz   herder6.pdf
    Von Aehnlichkeit der mittlern englischen und deutschen Dichtkunst […], Aufsatz   herder3.pdf
Herwegh, Georg:
    Faust bei drei Nationen, Aufsatz   herwegh.pdf
    Lieder eines Lebendigen   herwegh2.pdf
    Salon und Hütte   herwegh1.pdf
Heym, Georg:
    Atalanta oder die Angst, Drama   heym3.pdf
    Der Gott der Stadt, Gedicht   heym4.pdf
    Der Irre, Erzählung   heym2.pdf
    Der Krieg, Gedicht   heym1.pdf
    Gedichte   heym.pdf
Heyse, Paul:
    Andrea Delfin, Novelle   heyse.pdf
    Die Falkentheorie, Aufsatz   heyse1.pdf
Hexenbulle von 1484   bulle.pdf
Hille, Peter: Prometheus, Gedicht   hille.pdf
Hirt, Aloys:
    Laokoon, Aufsatz   hirt.pdf
    Versuch über das Kunstschöne, Aufsatz   hirt1.pdf
Historia vnd Geschicht Doctor Johannis Faustj, Faustbuch   faustbc.pdf
Hoffmann, E.T.A.:
    Das Fräulein von Scuderi, Erzählung   hoffm4.pdf
    Der goldne Topf, Märchen   hoffm2.pdf
    Der Sandmann, Erzählung   hoffm3.pdf
    Die Elixiere des Teufels, Roman   hoffm.pdf
    Die Geschichte vom verlornen Spiegelbilde, Erzählung   hoffm5.pdf
    Don Juan, Erzählung   hoffm6.pdf
    Lebensansichten des Katers Murr, Roman   hoffm1.pdf
Hofmannsthal, Hugo von:
    Brief des Lord Chandos an Francis Bacon   chandos1.pdf
    Das Salzburger große Welttheater, Drama   hofm2.pdf
    Das Märchen der 672. Nacht   hofm9.pdf
    Der Dichter und diese Zeit, Aufsatz   hofm11.pdf
    Der Tor und der Tod, Spiel   tor.pdf
    Die Briefe des Zurückgekehrten   hofm4.pdf
    Die Gedichte   hofm10.pdf
    Gabriele d'Annunzio, Essay   hofm3.pdf

Keyserling, Eduard von:
    Die schwarze Flasche, Drama   keyer2.pdf
    Dumala, Erzählung   keyser1.pdf
    Schwüle Tage, Erzählung   keyser.pdf
Kierkegaard, Sören: Don Juan nach Byron, Dichtung. Literarischer Essay   kierke.pdf
Kirchner, Friedrich:
    Wörterbuch der philosophischen Grundbegriffe: Ästhetik   kirch1.pdf
    Wörterbuch der philosophischen Grundbegriffe: Kunst   kirch2.pdf
Klabund:
    Der Kreidekreis, Drama   klabund1.pdf
    Der Bär, Erzählung   klabund1.pdf
    Deutsche Literaturgeschichte in einer Stunde   klabund.pdf
    Hölderlin, Essay   klabund2.pdf
    Mohammed. Roman eines Propheten   klabund2.pdf
Klaj, Johann: Lobrede der Teutschen Poeterey, Regelpoetik   klaj.pdf
Kleist, Heinrich von:
    Amphitryon, Lustspiel   kleist4.pdf
    Das Erdbeben in Chili,Novelle   kleist.pdf
    Der zerbrochne Krug, Lustspiel   kleist3.pdf
    Die Familie Schroffenstein, Trauerspiel   kleist6.pdf
    Die Hermannsschlacht, Drama   kleist9.pdf
    Michael Kohlhaas. Aus einer alten Chronik   kleist10.pdf
    Prinz Friedrich von Homburg, Schauspiel   kleist7.pdf
    Penthesilea, Trauerspiel   kleist1.pdf
    Prosa   kleist5.pdf
    Robert Guiskard, Herzog der Normänner, Fragment   kleist8.pdf
    Über das Marionettentheater, Aufsatz   kleist2.pdf
Klinger, Friedrich Maximilian:
    Die Zwillinge, Trauerspiel   zwill.pdf
    Sturm und Drang, Schauspiel   sud.pdf
Klopstock, Friedrich Gottlieb:
    Der Messias, Poem   klopst2.pdf
    Über Sprache, Aufsatz   klopst1.pdf
    Von der heiligen Poesie, Aufsatz   klopst.pdf
Konrad von Würzburg:
    Das Herzmære, mhd.   Konrad1.pdf
    Der Welt Lohn,mhd.   Konrad.pdf
Körner, Christian Gottfried: Über die Freiheit des Dichters bei der Wahl seines Stoffs, Brief   koerner.pdf
Kotzebue, August von:
    Der hyperboräische Esel, Schauspiel   kotzebue.pdf
    Die deutschen Kleinstädter, Lustspiel   kleinst.pdf
Kraft, Werner: Grab in Spanien, Gedicht   kraft.pdf
Kraus, Karl:
    Der Reim, Aufsatz   kraus2.pdf
    Die chinesische Mauer, Essay   kraus6.pdf
    Die Einacter, Aufsatz   kraus3.pdf
    Die letzten Tage der Menschheit, Schauspiel   kraus5.pdf
    Kunst, Aufsatz kraus.pdf
    Sprachlehre, Aufsatz   kraus1.pdf
Kreft, Jürgen: Kleists „Bettelweib von Locarno" – naiver oder kritischer Geisterdiskurs? Essay   kreft.pdf
Kudrun. Heldengedicht, mhd.   kudrun2.pdf
Kudrun. Heldengedicht, übersetzt von Felix und Therese Dahn   kudrun.pdf
Kulka, Georg: Gedichte aus „Der Stiefbruder"   kulka.pdf

L
La Mettrie, Julien Offray de: Der Mensch eine Maschine, Abhandlung   mettrie.pdf
Lalebuch   lalebuch.pdf
Langermann, Linde: Phänomen des Lesens: Über P. Bichsel: „Die Leser", Aufsatz   bichsel.pdf
Lasswitz, Kurd:
    Auf zwei Planeten, Roman (science fiction)   lasswitz.pdf
    Prost. Der Faust-Tragödie (-n)ter Teil.   faulass.pdf
Laudse: Daodedsching   laudse.pdf
Lavater: Ein Wort eines freien Schweizers an die große Nation   lavater.pdf
La Roche, Sophie von: Geschichte des Fräuleins von Sternheim, Erzählung   roche.pdf

Leibniz, Georg Wilhelm:

    Ermahnung an die Teutsche, ihren verstand und sprache beßer zu üben [...], Aufsatz   leibniz1.pdf

    Unvorgreiffliche Gedancken, betreffend die Ausübung [...] der Teutschen Sprache, Aufsatz   leibniz1.pdf

Lenau, Nikolaus:

    Don Juan, dramatische Szenen   lenau1.pdf

    Faust. Ein Gedicht   lenau.pdf

Lenz, Jakob Michael Reinhold:

    Anmerkungen übers Theater   lenz6.pdf

    Der Hofmeister, Lustspiel   hofm.pdf

    Der Waldbruder, ein Pendant zu Werthers Leiden   lenz4.pdf

    Die Soldaten, Komödie   lenzsold.pdf

    Über Götz von Berlichingen, Aufsatz   lenz2.pdf

    Zerbin oder die neuere Philosophie, Erzählung   lenz5.pdf

Lessing, Gotthold Ephraim:

    Abhandlungen über die Fabel   lesfab.pdf

    Der 17. Literaturbrief   lesbrief.pdf

    Die Erziehung des Menschengeschlechts   leserz.pdf

    Emilia Galotti, bürgerliches Trauerspiel   galotti.pdf

    Hamburgische Dramaturgie   dramat.pdf

    Laokoon, Abhandlung   leslaok.pdf

    Minna von Barnhelm, Lustspiel   lesmin.pdf

    Nathan der Weise, dramatisches Gedicht   lesnath.pdf

    Philotas, Einakter   lesphil.pdf

Lessing/Nicolai/Mendelssohn: Briefwechsel über das Trauerspiel   lesnime.pdf

Lichtenberg, Georg Christoph:

    Rede der Ziffer 8 am jüngsten Tage des 1798sten Jahres [...]   lichtbg.pdf

    Sudelbücher, Aphorismen   lichtb.pdf

Lichtenstein, Alfred:

    Gedichte   lichtst1.pdf

    Gesänge an Berlin   lichtst.pdf

Liliencron, Detlev von:

    Der Dichter, Erzählung   lilienc1.pdf

    Ich war so glücklich, Gedicht   liliencr.pdf

Lingg, Hermann von: Prometheus, Gedicht   lingg.pdf

Lipps, Theodor:

    Der Streit über die Tragödie, Polemik   lipps.pdf

    Komik und Humor, Aufsatz   lipps1.pdf

Locke, John: Ein Versuch über den menschlichen Verstand, Abhandlung   locke.pdf

Lotz, Ernst Wilhelm: Wolkenüberflaggt. Gedichte   lotz.pdf

Ludwigslied, Epos   Ludwigs.pdf

Lukian: Befreiung des Prometheus, Dialog   lukian.pdf

Luther, Martin:

    95 Thesen   95thesen.pdf

    Die Bibelübersetzung von 1545: Das 6. Kapitel   lutbib.pdf

    Kirchenlieder   luther2.pdf

    Sendbrief vom Dolmetschen   luther.pdf

    Verteidigungsrede auf dem Reichstag in Worms   luther1.pdf

M

Mackay, John Henry:

    Der Schwimmer, Roman   mackay.pdf

    Die Selbstfindung, Gedichte   mackay1.pdf

Mayer, Paul: Walter Benjamin, Gedicht   mayer.pdf

Mann, Klaus:

    Letztes Gespräch, Erzählung   mann_k.pdf

    Mephisto, Roman, Auszug 1   mann_k1.pdf

    Mephisto, Roman, Auszug 2   mann_k2.pdf

    Mephisto, Roman, Auszug 3   mann_k3.pdf

Marlowe, Christopher: Doktor Faustus, Trauerspiel   marlowe.pdf

Marc Aurel: Selbstbetrachtungen   aurel.pdf

Mauthner, Fritz:

    Goethe, Aufsatz   mauthne2.pdf

    Götter sind Worte, Aufsatz   mauthne3.pdf

    Schule, Aufsatz   mauthner.pdf

Selbstmord der Sprache, Aufsatz	mauthne1.pdf
Sprachkritik, Aufsatz	mauthne4.pdf
Wahrheit, Aufsatz	mauthne5.pdf
May, Karl: Winnetou I, Roman	may1.pdf
Mechthild von Magdeburg: aus: Fließendes Licht der Gottheit	mechth.pdf
Mendelssohn, Erich von: Phantasten, Roman	mendel.pdf
Mendelssohn, Moses:	
Philosophische Gespräche	moses1.pdf
Über die Frage: was heißt Aufklärung? Aufsatz	moses.pdf
(Mendoza,D.H., zugeschrieben) Leben des Lazarillo von Tormes, Roman	lazaro.pdf
Menzel, Wolfgang: Die literarischen Parteien, Essay	menzel.pdf
Meyer, Conrad Ferdinand:	
Das Leiden eines Knaben, Erzählung	meyer1.pdf
Der Schuß von der Kanzel, Erzählung	meyer3.pdf
Die Richterin, Erzählung	meyer2.pdf
Gedichte	meyer4.pdf
Gustav Adolfs Page, Erzählung	meyer.pdf
Meyrink, Gustav: Der Golem, Roman	golem.pdf
Milton, John: Das verlorene Paradies, Poem	milton.pdf
Morgenstern, Christian:	
Eine Großstadt-Wanderung, Gedicht	ringel1.pdf
Promentheus, Gedicht	morgenst.pdf
Mörike, Eduard:	
Mozart auf der Reise nach Prag, Novelle	moeri.pdf
Maler Nolten, Novelle	nolten.pdf
Moriz, Karl Philipp:	
Anton Reiser, Roman	reiser.pdf
Ideal einer vollkommnen Zeitung, Aufsatz	moriz1.pdf
Rezension zu „Kabale und Liebe" von Schiller	kabale1.pdf
Über die bildende Nachahmung des Schönen, Aufsatz	moriz.pdf
Mühsam, Erich:	
Die Befreiung der Gesellschaft vom Staat, Aufsatz	muehsam1.pdf
Prosatexte	muehsam.pdf
Müller, Friedrich (Maler): Fausts Leben dramatisiert	mueller.pdf
Müller, Heiner: Die Befreiung des Prometheus, Sage	hmueller.pdf
Musäus, Johann Karl August: Legenden von Rübezahl, Sagen	musaeus.pdf
Mûspili (ahd.)	muspilli.pdf

N

Nibelungenlied nach Handschrift A	nibel.pdf
(Sage von den) Nibelungen	nibel1.pdf
Neidhard von Reuental: Minnelieder	neidhart.pdf
Nicolai, Friedrich: Freuden des jungen Werthers. Leiden und Freuden Werthers des Mannes. [...]	nicolai.pdf
Niebergall, Ernst Elias: Datterich. Localposse	nieberga.pdf
Nietzsche, Friedrich:	
Also sprach Zarathustra, Aufsatz	nietzara.pdf
Die Geburt der Tragödie aus dem Geiste der Musik, Aufsatz	nietzsch.pdf
Logik des Traumes, Aufsatz	nietzsc2.pdf
Mein Leben, Erinnerungen	nietzle.pdf
Unzeitgemäße Betrachtungen, Aufsatz nietzbet.pdf	
Über Lüge und Wahrheit im außermoralischen Sinn, Aufsatz	nietzsc1.pdf
Novalis:	
Blüthenstaub, Fragmente	novalis.pdf
Fragmente über Poesie	novalis1.pdf
Heinrich von Ofterdingen, Roman	ofterd.pdf
Hymnen an die Nacht. (2 Fassungen)	novalis2.pdf

O

Oden	oden.pdf
Opitz, Martin: Buch von der Deutschen Poeterey, Regelpoetik	opitz.pdf
Oswald von Wolkenstein: Gedichte	oswald.pdf
Otfrid von Weißenburg: Das Evangelienbuch, Auszug	otfrid.pdf
Ovid (Publius Ovidius Naso): Metamorphosen, Poem	ovid.pdf

P

Pastor, Eckart/Leroy, Robert: Die Brüchigkeit als Erzählprinzip in Kleists „Bettelweib von Locarno"	pastor.pdf
Paternoster aus dem Weißenburger Katechismus	katech.pdf
Paul, Jean:	
Erstes Blumenstück: Rede des toten Christus vom Weltgebäude herab, daß kein Gott sei	jpaul.pdf
Vorschule der Ästhetik, Abhandlung	jpaul1.pdf
Paul, Hermann: Prinzipien der Sprachgeschichte, Abhandlung	paul.pdf
Petiscus, Hermann: Das Wesen und die Bedeutung der Götter des klassischen Altertums	klassalt.pdf
Petrarca, Francesco: Rime in vita e morta di Madonna Laura, Gedichte, ital./dt.	laura.pdf
Platen, August von:	
Der romantische Ödipus, Schauspiel	platen1.pdf
Des Sophokles Antigone, Gedicht	platen.pdf
Platon:	
Apologie des Sokrates, Rede	sokrat.pdf
Politeia, Das Höhlengleichnis und Volltext	platon1.pdf
Plautus, Titus Maccius: Amphitryon, Schauspiel	plautus.pdf
Poe, Edgar Allan:	
Das ovale Porträt, Erzählung	poe1.pdf
Der Doppelmord in der Rue Morgue, Erzählung	poe.pdf
Der Goldkäfer, Erzählung	poe2.pdf
Skurrile und groteske Geschichten	poe3.pdf
Puschkin, Alexander:	
Der Postmeister, Erzählung	puschk1.pdf
Dubrowskij, Erzählung	puschk.pdf
Puschman, Adam: Gründlicher Bericht des deutschen Meistergesangs, Abhandlung	puschm.pdf

R

Raabe, Wilhelm:	
Die Chronik der Sperlingsgasse, Roman	raabe.pdf
Die Akten des Vogelsangs, Erzählung	raabe1.pdf
Rabelais, François: Gargantua und Pantagruel, Roman	rabelais.pdf
Racine, Jean: Phaedra, Trauerspiel, übersetzt von Schiller	phaedra.pdf
Radisch, Iris: Zeichen und Wunder – Gute Bücher bilden nicht nur Herz und Verstand […]	radisch.pdf
Rechtstexte des Mittelalters	recht.pdf
Reuter, Christian: Schelmuffskys warhafftige […] Reisebeschreibung […], Roman	schelmuf.pdf
Reuter, Fritz: De Reknung ahn Wirt, Gedicht in mecklenb.Platt	reuter.pdf
Reynke de Vos: Epos, mnd.	reynke.pdf
Rilke, Rainer Maria:	
Auguste Rodin, Künstlerbiografie	rilke2.pdf
Briefe an einen jungen Dichter	rilke6.pdf
Das Buch der Bilder, Gedichte	rilke12.pdf
Das Stundenbuch, Gedichte	rilke9.pdf
Die Aufzeichnungen des Malte Laurids Brigge, Erzählung	malte1.pdf
Die Sonette an Orpheus	rilke1.pdf
Die Weise von Liebe und Tod des Cornets Christoph Rilke, Prosadichtung	rilke8.pdf
Der neuen Gedichte anderer Teil	rilke10.pdf
Duineser Elegien	rilke4.pdf
Gedichte	rilke.pdf
Moderne Lyrik, Vortrag	rilke3.pdf
Neue Gedichte	rilke11.pdf
Ohne Gegenwart, Drama	rilke7.pdf
Requiem	rilke5.pdf
Ringelnatz, Joachim: Totentanz, Erzählung	ringel.pdf
Roquette, Otto: Tristan, Gedicht	roquette.pdf
Roswitha (Hrotsvit) von Gandersheim: Die Bekehrung der Buhlerin Thais, Drama	hrotsv.pdf
Rotwelsch: Kleines Lexikon der Gaunersprache	rotwelsh.pdf
Rubiner, Ludwig:	
Gedichte	rubiner.pdf
Der Dichter greift in die Politik, Aufsatz	rubiner1.pdf
Robespierre, Maximilien: Rede im Nationalkovent am 3.12.1792	robes.pdf
Romulus und Remus, Sage	rom.pdf

S

Saar, Ferdinand von: Die Steinklopfer, Novelle	saar.pdf

Sack, Gustav: Prometheus	sack.pdf
Santa Clara, Abraham A: Wunderlicher Traum von einem großen Narren-Nest	clara.pdf
Sachs, Hans:	
Der fahrendt Schuler im Paradeiß, Fastnachtspiel (frnhd. Fassung)	sachs1.pdf
Eulenspiegel mit dem blauen Hosentuch und dem Bauern, Fastnachtspiel	sachs.pdf
Der hörnen Sewfried, Nibelungenstoff, frnhd	sachs2.pdf
Die wittenbergisch Nachtigall, Gedicht sachs3.pdf	
Schwänke	sachs4.pdf
Saint-Just: Anklagerede gegen Danton und die Partei der Milde	saint.pdf
Schelling, Friedrich Wilhelm Joseph von: Über die Natur der Philosophie als Wissenschaft	schell.pdf
Schiller, Friedrich:	
Ankündigung der Horen, Aufsatz	schill5.pdf
Briefe über Don Carlos	acarlos.pdf
Die Jungfrau von Orleans, Tragödie	orleans.pdf
Die Piccolomini, Schauspiel	wallpic.pdf
Die Räuber, Schauspiel	raeuber.pdf
Die Schaubühne als eine moralische Anstalt betrachtet, Aufsatz	schiller.pdf
Die Verschwörung des Fiesco zu Genua, Trauerspiel	fiesco.pdf
Demetrius, Fragment	demetr.pdf
Don Carlos, Infant von Spanien, Schauspiel	(carlos.pdf
Gedichte	schill4.pdf
Homer und Ossian, Aufsatz	ossian1.pdf
Kabale und Liebe, bürgerliches Trauerspiel	kabale.pdf
Maria Stuart, Trauerspiel	mstuart.pdf
Merkwürdiges Beispiel einer weiblichen Rache, Erzählung nach Diderot	schill8.pdf
Shakespeares Macbeth, Übersetzung	shaksch.pdf
Über Anmut und Würde, Aufsatz	schill6.pdf
Über Bürgers Gedichte, Literaturkritik	schill3.pdf
Über die ästhetische Erziehung des Menschen in einer Reihe von Briefen	schill2.pdf
Über die Iphigenie auf Tauris, Aufsatz	schill7.pdf
Über naive und sentimentalische Dichtung, Aufsatz	schill1.pdf
Wallensteins Lager, Schauspiel	walllag.pdf
Wallensteins Tod, Schauspiel	walltod.pdf
Wilhelm Tell, Schauspiel	tell.pdf
Schink, Johann Friedrich: Der neue Doktor Faust, Plaisanterie mit Gesang	schink.pdf
Schlegel, August Wilhelm: Briefe über Poesie, Silbenmaaß und Sprache	aschleg.pdf
Schlegel/Novalis/Schleiermacher: Athenäums-Fragmente	frschle4.pdf
Schlegel, Friedrich:	
116. Athenäums-Fragment	frschleg.pdf
Beiträge zur Geschichte der modernen Poesie […], Brief	schlegel.pdf
Brief über den Roman	frschle1.pdf
Kritische Fragmente (Lyceums-Fragmente)	frschle5.pdf
Lucinde, Roman	lucinde.pdf
Trutznachtigall, Polemik	frschle6.pdf
Über das Studium der griechischen Poesie, Aufsatz	frschle3.pdf
Schnitzler, Arthur:	
Casanovas Heimfahrt, Erzählung	schnitz4.pdf
Die grüne Krawatte, Erzählung	schnitz2.pdf
Flucht in die Finsternis, Erzählung	schnitz3.pdf
Fräulein Else, Novelle	schnitz1.pdf
Leutnant Gustl, Erzählung	schnitz.pdf
Liebelei, Schauspiel	liebelei.pdf
Reigen, Zehn Dialoge	reigen.pdf
Traumnovelle	schnitzl.pdf
Schopenhauer, Arthur: Die Welt als Wille und Vorstellung, Abhandlung	schopen.pdf
Schopenhauer, Johanna: Reise durch England und Schottland, Reisebericht	schope1.pdf
Schottel, Justus Georg: Teutsche Vers- oder Reimkunst, Regelpoetik	schottel.pdf
Schurig, Arthur: Der Roman von Tristan und Isolde	tristan2.pdf
Schwab, Gustav:	
Sagen des klassischen Altertums	sage.pdf
Schillers Leben in drei Büchern: Frau von Staël und andre Gelehrte im Verkehr mit Schiller	stael4.pdf
Schwänke	schwank.pdf
Shakespeare, William:	
Das Leben und der Tod des Königs Lear, Schauspiel	shaklear.pdf

Das Trauerspiel vom Macbeth	macbeth.pdf
Der Kaufmann von Venedig, Schauspiel	shakkauf.pdf
Ein Sommernachtstraum, Schauspiel	shaksom.pdf
Hamlet, Prinz von Dänemark, Ü.: Wieland, Schauspiel	hamlet.pdf
Hamlet, Prinz von Dänemark, Ü.: Schlegel, Schauspiel	shakham.pdf
Julius Cäsar, Trauerspiel	shakjul.pdf
Richard III., Trauerspiel	shakes.pdf
Romeo und Julia, Trauerspiel	(shakruj.pdf
Wie es euch gefällt, Schauspiel	shakwie.pdf
Shelley, Percy Bysshe: Der entfesselte Prometheus, Poem	shelley.pdf
Steig, Reinhold: Kleist's Berliner Kämpfe: Frau von Staël, Abhandlung	stael1.pdf
Staël, Madame de:	
Corinna oder Italien, Roman, Auszug	stael3.pdf
Über den Einfluß der Leidenschaften auf das Glück ganzer Nationen [...], Auszüge	stael2.pdf
Versuch über die Dichtungen	stael.pdf
Seume, Johann Gottfried:	
Spaziergang nach Syrakus, Reisebericht	seume.pdf
Mein Leben, Lebenserinnerungen	seume1.pdf
Simmel, Georg:	
Die Grosstädte und das Geistesleben, Abhandlung	simmel.pdf
Der Krieg und die geistigen Entscheidungen, Aufsatz	simmel1.pdf
Stefan George. Eine kunstphilosophische Studie	simmel2.pdf
Bemerkung über Goethe, Aufsatz	simmel3.pdf
Fragmente eines Goethe-Buches	simmel4.pdf
Simrock, Karl:	
Alpharts Tod, Epos	simrock6.pdf
Das jüngere Hildebrandslied, Epos (Übersetzung)	simrock1.pdf
Das Nibelungenlied, Epos (Übersetzung)	niblied.pdf
Der hörnerne Siegfried, Epos	simrock5.pdf
Der Rosengarten, Epos	simrock7.pdf
Die Edda (Ü.), Epos	edda.pdf
Erläuterungen zur Edda	edda_1.pdf
Hildebrant und Hadubrant	simrock4.pdf
Lieder der Minnesinger	simrock3.pdf
Parzival, Epos (Übersetzung)	parziv.pdf
Siegfried und Kriemhild, Prosafassung Nibelungenlied	simrock2.pdf
Soden, Julius von: Doktor Faust, Volks-Schauspiel	faustsod.pdf
Sophokles:	
Antigone, Schauspiel	antigone.pdf
Elektra, Schauspiel	elektra.pdf
König Ödipus, Tragödie, übersetzt von Hofmannsthal	oedipus1.pdf
Ödipus auf Kolonos, Schauspiel	kolonos.pdf
Ödipus der Tyrann, Schauspiel. In der Übersetzung Hölderlins	oedipus.pdf
Sorge, Reinhard Johannes: Odysseus, dramatische Phantasie	sorge.pdf
Spee von Langenfeld, Friedrich: Trutznachtigall, Liedersammlung	spee.pdf
Stadler, Ernst: Baldur, Gedichtzyklus	stadler.pdf
Staiger, Emil: Heinrich von Kleist „Das Bettelweib von Locarno"	staiger.pdf
Sterne, Laurence: Empfindsame Reise, Roman	sterne.pdf
Stifter, Adalbert:	
Bunte Steine, Erzählungen	bustein.pdf
Der Nachsommer, Erzählung	stifter.pdf
Storm, Theodor:	
Aquis submersus, Novelle	storm2.pdf
Der Schimmelreiter, Novelle	schimlr.pdf
Hans und Heinz Kirch, Novelle	storm1.pdf
Immensee, Novelle	immen.pdf
Pole Poppenspäler, Novelle	pole.pdf
Stowe, Harriett Beecher: Die Verfasserin steht Rede und Antwort, Nachwort	stowe.pdf
Stramm, August:	
Geschehen, Drama	stramm.pdf
Kräfte, Drama	stramm1.pdf
Strindberg, August:	
Die Gespenstersonate, Drama	strindb.pdf
Fräulein Julie, Drama	strindb1.pdf

Sudermann, Hermann:
    Die Reise nach Tilsit, Erzählung   tilsit.pdf
    Die Ehre, Drama   suderm.pdf
Sulzer, Johann Georg: Allgemeine Theorie der Schönen Künste: Auszüge   sulzer.pdf

T
Theokrit: Idyllen   Theokrit.pdf
Thesen der „Freien litterarischen Vereinigung Durch!"   durch.pdf
Tieck, Ludwig:
    Der gestiefelte Kater, Märchen   kater.pdf
    Die neue Volkspoesie, Aufsatz   tieck.pdf
    Franz Sternbalds Wanderungen, Roman   tieck2.pdf
    Ueber Hamlets Monolog, Literaturkritik   tieck1.pdf
Trakl, Georg: Gedichte   trakl.pdf
Tschechow, Anton:
    Die Dame und das Hündchen, Erzählung   dame.pdf
    Der Bär, Posse   tschech.pdf
Tucholsky, Kurt:
    An Arno Holz, Brief   tuchol13.pdf
    Augen in der Großstadt, Gedicht   tuchol16.pdf
    Berlin! Berlin! Satire   tuchol18.pdf
    Brief an Arnold Zweig vom 15.12.1935   tuchol12.pdf
    Das Feuilleton mit einem Knacks, Aufsatz   tuchol14.pdf
    Das Recht in Goethes Faust, Aufsatz   faustuc.pdf
    Der Mensch, Satire   tuchol2.pdf
    Der Geschäftsmann in der Literatur, Satire   tuchol5.pdf
    Der bewachte Kriegsschauplatz, Satire   tuchol6.pdf
    Der Prozeß, Literaturkritik   tuchol7.pdf
    Die hochtrabenden Fremdwörter, Satire   tuchol9.pdf
    Ein Ehepaar erzählt einen Witz, Satire   tuchol4.pdf
    Großstadt-Weihnachten, Gedicht   tuchol17.pdf
    Kunst und Zensur, Aufsatz   tuchol8.pdf
    Ratschläge für einen schlechten Redner   tuchol3.pdf
    Rheinsberg, ein Bilderbuch für Verliebte   tuchol10.pdf
    Röhm, Satire   tuchol15.pdf
    Schloss Gripsholm, Erzählung   tuchol11.pdf
    Was darf Satire?   tuchol.pdf
    Yousana-wo-bi-räbidäbi-dé? Satire   tuchol1.pdf
Turgenjew, Iwan: Faust: Erzählung in neun Briefen   turgen.pdf
Twain, Mark:
    Der Schrecken der deutschen Sprache, Aufsatz twain.pdf
    Abenteuer und Fahrten des Huckleberry Finn, Roman twain1.pdf

U
Uhland Ludwig:
    Das Wesen der Poesie, Aufsatz   uhland1.pdf
    Über objektive und subjektive Dichtung, Aufsatz uhland2.pdf
    Über die Aufgabe einer Gesellschaft für deutsche Sprache, Aufsatz uhland3.pdf
    Balladen   uhland4.pdf
    Über das Romantische, Aufsatz   uhland.pdf
    Lied der Nibelungen, Sage   uhland5.pdf
    Gesang und Krieg, Gedicht   uhland6.pdf

V
Vergil:
    Aeneis, Epos   vergil1.pdf
    Bukolische Gedichte   vergil.pdf
Verne: Von der Erde zum Mond, Roman   verne.pdf
Voltaire: Kandide oder Die beste aller Welten, Erziehungsroman voltaire.pdf
Vischer, Friedrich Theodor:
    Zur Fortsetzung des Faust, Dialog   vischer.pdf
    Faust. Der Tragödie Dritter Teil   vischer1.pdf
Voß, Julius von: Faust, Trauerspiel   faustvos.pdf

W

Wächter, Oskar: Femgerichte und Hexenprozesse in Deutschland, Abhandlung	feme.pdf
Wackenroder, Wilhelm Heinrich: Herzensergießungen eines kunstliebenden Klosterbruders	wack1.pdf
Wagner, Heinrich Leopold: Die Kindermörderin, Trauerspiel	wagner.pdf
Wagner, Richard:	
Der Ring des Nibelungen, Oper	wagner1.pdf
Tristan und Isolde, Oper	tristan3.pdf
Oper und Drama	wagner2.pdf
Walther von der Vogelweide: Lyrik	wvv.pdf
Wassermann, Jakob: Mein Weg als Deutscher und Jude, Abhandlung	wasserm.pdf
Caspar Hauser, Roman	wasserm1.pdf
Wedekind, Frank:	
Frühlings Erwachen, Schauspiel	erwach.pdf
Erdgeist, Schauspiel	pandora .pdf
Die Büchse der Pandora, Schauspiel	pandora .pdf
Tod und Teufel, Totentanz,	wedekind.pdf
Weidmann, Paul: Johann Faust, Allegorisches Drama	faustwei.pdf
Weißmann, Maria Luise: Verlornes Ithaka, Prosadichtung	weissma.pdf
Wenker, Georg: Das rheinische Platt, Aufsatz	wenker.pdf
Wernher der Gartenaere: Meier Helmbrecht, Epos	helm.pdf
Wieland, Christoph Martin:	
Sendschreiben an einen jungen Dichter	wieland.pdf
Über die Rechte und Pflichten der Schriftsteller, Aufsatz	wieland1.pdf
Ein paar Goldkörner aus – Makulatur Oder Sechs Antworten auf sechs Fragen	wieland2.pdf
Horazens Brief an die Pisonen	wieland3.pdf
Wienbarg, Ludolf: Soll die plattdeutsche Sprache gepflegt oder ausgerottet werden?	wienbarg.pdf
Wilde, Oscar:	
Das Bildnis des Dorian Gray, Roman	dorian.pdf
Der junge König, Märchen	wilde.pdf
Die Relation zwischen Kleidung und Kunst, Aufsatz	wilde2.pdf
Die Seele des Menschen im Sozialismus, Aufsatz	wilde3.pdf
Salome, Tragödie	wilde4.pdf
Wille, Bruno: Einsiedler und Genosse: Gedichte	wille.pdf
Winckelmann, Johann Joachim:	
Gedanken über die Nachahmung der griechischen Werke [...], Abhandlung	winck.pdf
Von der Grazie in Werken der Kunst, Aufsatz	winck1.pdf
Wolfram von Eschenbach: Parzival, Buch I-IV, mhd., Epos	parzival.pdf
Wulfila: Matthäus 6 in der Bibelübersetzung des Wulfila	wulfila.pdf

Z

Zech, Paul: Fabrikstraße tags, Gedicht	zech.pdf
Zetkin, Clara: Frauenarbeit und gewerkschaftliche Organisation, Abhandlung	zetkin.pdf
Zola, Emile: Nana, Sittenroman	nana.pdf

Einige Texte befinden sich nur **HTML-formatiert** unter "app > data > paper" (D:\app\data\paper)

Anders, Günther: Vermächtnis, Gedicht	anders.htm
Arendt, Hanna: W.B., Gedicht	ahrendt.htm
Böll, Heinrich: An der Brücke, Prosa	boell.htm
Böll, Heinrich: Briefe an meine Söhne	boell1.htm
Handke, Peter: Hilferufe, Prosa	handke.htm
Karst, Helmi: Einzelschicksal? - Benjamin, Aufsatz	karst.htm
Stuckrad-Barre, Benjamin von: Show 9, Popliteratur	show9.pdf
Wolf; Christa: Nachdenken über Christa T., Roman (Auszug)	wolf.htm

Audios finden Sie unter „app > data > mp3	**Dateiname**
Apollinaire, Guillaume: Loreley	titel38.mp3
Birken, Sigmund von / Klaj, Johann: Befärbet/Umnärbet	titel40.mp3
Brentano, Clemens: Zu Bacherach am Rheine	b5rt0011.mp3

Claudius, Matthias: Abendlied	b5rt0006.mp3
Das Hildebrandslied (Auszug)	hildebra.mp3
Das Nibelungenlied (Auszug)	titel03.mp3
Der von Kürenberg:	
Ich zoch mir einen falken	titel12.mp3
Minnesangs Frühling, 2, 1,1	titel13.mp3
Sol ich jemer frouwen leid	titel02.mp3
Die Neuberin 1	szene1.mp3
Die Neuberin 2	szene3.mp3
Die Neuberin 3	szene5.mp3
Die Neuberin 4	szene6.mp3
Die Neuberin 5	szene10.mp3
Die Neuberin 5	info2.mp3
Die Neuberin 6	info4.mp3
Döblin, Alfred: Berlin Alexanderplatz (Hörspiel)	01Wer_ruft.mp3
Droste-Hülshoff, Anette von: Am Letzten Tag des Jahres – Silvester	b5rt0015.mp3
Eichendorff, Joseph von:	
Mondnacht	b5rt0012.mp3
Waldgespräch	titel36.mp3
Falke, Gustav: De Stormflot	titel49.mp3
George, Stefan:	
Komm in den totgesagten Park	titel22.mp3
Meine weißen Ara	titel21.mp3
Gellert, Christian Fürchtegott: Der Selbstmord	titel23.mp3
Goethe, Johann Wolfgang:	
Gespräch mit Eckermann vom 31. Januar 1827	titel20.mp3
Mailiedt	itel50.mp3
Prometheus	b5rt0007.mp3
Prometheus	titel04.mp3
Willkommen und Abschied	titel10.mp3
Gryphius, Andreas:	
Es ist alles eitel	titel44.mp3
Menschliches Elende	titel45.mp3
Thränen des Vaterlandes anno 1636	titel43.mp3
Heine, Heinrich: Der Rabbi von Bacherach, 1. Kapitel, Einstieg	titel17.mp3
Heliand (Auszug)	heliand.wmv
Heym, Georg:	
Der Gott der Stadt	titel24.mp3
Die Tote im Wasser	titel25.mp3
Ophelia	titel30.mp3
Hölderlin, Friedrich:	
An die Parzen	titel28.mp3
Hälfte des Lebens	titel29.mp3
Holz, Arno: In der Sonnengasse	titel35.mp3
Keller, Gottfried: Winternacht	titel39.mp3
Klabund: Deutsches Volkslied	titel42.mp3
Klaj, Johann: Vorzug des Frühlings	titel41.mp3
Kleist, Heinrich von:	
Anekdote aus dem letzten preuß. Kriege	titel34.mp3
Die Fabel ohne Moral	titel33.mp3
Mann, Thomas: Deutsche Hörer	mann.mp3
Meyer, Conrad Ferdinand:	
Der römische Brunnen	titel26.mp3
Eingelegte Ruder	titel27.mp3
Mörike, Eduard: Im Weinberg	b5rt0014.mp3
Novalis: An Tieck	b5rt0010.mp3
Platen, August von: Wer die Schönheit angeschaut mit Augen	b5rt0013.mp3
Rilke, Rainer Maria:	
Der Dichter	titel46.mp3
Liebeslied	titel47.mp3
Sachs, Hans: Der Edelfalk	b5rt0002.mp3
Schiller, Friedrich:	
Nänie	b5rt0008.mp3
Würde der Frauen	titel31.mp3

Schlegel, August Wilhelm: Schillers Lob der Frauen	titel32.mp3
Trakl, Georg:	
De profundis	b5rt0018.mp3
Ein Winterabend	titel15.mp3
Uhland, Ludwig: Des Sängers Fluch	titel48.mp3
Walther von der Vogelweide:	
Das Palästinalied	titel19.mp3
Fro Welt	titel18.mp3
Herzeliebes Frouwelin	titel11.mp3
Ich han min lehen	titel06.mp3
Owe, war sind verswunden	titel07.mp3
Reichston	titel05.mp3
Under der Linden	b5rt0001.mp3
Under der linden	titel08.mp3
Wernher der Gaertenaere: Meier Helmbrecht (Auszug)	titel09.mp3

Hörbeispiele Dialekte

Barssel	03-Barssel.mp3
Wulfen	07-WulfenLD229.mp3
Ostfälisch	10-Ostfälisch.mp3
Niederfränkisch	11-Niederfränk.mp3
Mecklenburgisch Platt	12-MeckPom.mp3
Mittelpommern	13-Mittelpomm.mp3
Berliner Platt	19-Berlin1937.mp3
Ostsächsisch	mp3/22-OsächsFlöha.mp3
Thüringisch	mp3/23-Thüringisch.mp3
Hessisch: Frankfurt am Main	mp3/29-Ffm1936.mp3
Moselfränkisch: Altrich	30-MoselfrkAltrich.mp3
Südfränkisch: Odenheim	33-Suedfrk.Odenheim.mp3
Ripuarisch	39-Ripuar.1936.mp3
Schwäbisch: Möglingen	42-SchwäbMöglingen.mp3
Mittelalemannisch	47-Mittelalem.1936.mp3
Mittelbairisch	54-Mittelbair1936.mp3

Videos finden Sie unter „app > data > movie" (Laufwerk:\app\data\movie)

Berlin – Alexanderplatz (Fassbinder)	b_alex_fass_1.flv
Berlin – Alexanderplatz (Jutzi)	b_alex_jutzi_1.flv
Berlin – Die Symphonie der Großstadt – Intro	berlin1.flv
Berlin – Die Symphonie der Großstadt	berlin2.flv
Das siebte Kreuz (Filmanfang)	kreuz1.flv
Das siebte Kreuz (Volksgenossen! Bürger von Mainz!)	kreuz2.flv
Das siebte Kreuz (Feine Sache, Georg!)	kreuz3.flv
Das siebte Kreuz (Fünfundsiebzig Mark, nicht viel)	kreuz4.flv
Kanak Attak (Die Vater-Story)	kanack2.flv
Kanak Attak (Die Glorreiche-Sieben-Story)	kanak1.flv
Mephisto (Ausschnitt 1)	mephisto1.flv
Mephisto (Ausschnitt 2)	mephisto2.flv
Mephisto (Ausschnitt 3)	mephisto3.flv

Animationen finden Sie unter „app > data > swf (Laufwerk:\app\data\swf)

Die Reisen des Kolumbus	bmmahk08.swf
Die Entwicklung des Frankenreiches	bmmahk11.swf
Napoleonische Vorherrschaft in Europa	bmmahk13.swf
Der Siebenjährige Krieg in Europa	bmmahk16.swf
Deutsches Reich – Von der Revision zur Expansion	bmmahk20.swf